# BERTRAM · NIETZSCHE

# ERNST BERTRAM

# NIETZSCHE
## VERSUCH EINER MYTHOLOGIE

10. unveränderte Auflage
Mit einem Nachwort von Hartmut Buchner

1989

BOUVIER VERLAG · BONN

Die erste Auflage dieses Buches erschien im August 1918
2. durchges. Auflage 1919
3. unver. Auflage 1919
4. unver. Auflage 1920
5. unver. Auflage 1921
6. unver. Auflage 1922
7. durchgehend verbesserte und ergänzte Auflage
(XVIII.—XXI. Tausend) 1929
8. um einen Anhang erweiterte und aus dem
Nachlaß ergänzte Auflage 1965. Mit einem
Nachwort von Hartmut Buchner
9. unver. Auflage 1985

CIP-Kurztitelaufnahme der Deutschen Bibliothek
BERTRAM, ERNST:
Nietzsche: Versuch e. Mythologie / Ernst Bertram. – 10., unveränd. Aufl. / mit e. Nachw. von Hartmut Buchner. –
Bonn: Bouvier, 1989.

ISB N 3-416-00310-1

Alle Rechte vorbehalten. Ohne ausdrückliche Genehmigung des Verlages ist es nicht gestattet, das Buch oder Teile daraus zu vervielfältigen. © Bouvier Verlag Herbert Grundmann, Bonn 1965. Printed in Germany. Umschlaggestaltung: Anna Braungart. Druck und Einband: Druckerei Plump KG, Rheinbreitbach. Umschlagbild: Ullstein.

## MEINEM FREUND ERNST GLÖCKNER

„Wir alle sprechen zu viel. Wir sollten weniger sprechen und mehr zeichnen. Ich möchte .. wie die bildende Natur in lauter Zeichnungen fortsprechen. Alle Wesen und Dinge um uns sind inhaltschwere Signaturen; ja wer nur ihre Bedeutung recht zu entziffern vermöchte, der würde alles Geschriebene und alles Gesprochene bald entbehren können."

Goethe.<br>1809

„Alles was geschieht ist Symbol, und indem es vollkommen sich selbst darstellt, deutet es auf das Übrige."

„Alles ist gleich, alles ungleich, alles nützlich und schädlich, sprechend und stumm, vernünftig und unvernünftig. Und was man von einzelnen Dingen bekennt, widerspricht sich öfters."

Goethe

„Alles Vollendete spricht sich nicht allein, es spricht eine ganze mit verwandte Welt aus."

Novalis

# INHALT

| | |
|---|---:|
| Einleitung: Legende | 9 |
| Ahnentafel | 19 |
| Ritter, Tod und Teufel | 50 |
| Das deutsche Werden | 72 |
| Gerechtigkeit | 100 |
| Arion | 111 |
| Philoktet | 135 |
| Judas | 152 |
| Maske | 167 |
| Weimar | 191 |
| Napoleon | 211 |
| Scherz, List und Rache | 225 |
| Anekdote | 237 |
| Nachsommer | 247 |
| Claude Lorrain | 259 |
| Venedig | 271 |
| Portofino | 281 |
| Kündertum | 290 |
| Sokrates | 318 |
| Eleusis | 351 |
| Anhang: Alexander (der östliche Nietzsche) | 373 |
| Annalen | 394 |
| Namenverzeichnis | 397 |
| Nachwort des Herausgebers | 401 |

# EINLEITUNG: LEGENDE

> Gebieten wir denn dem Gewesenen?
> Wir dienen dem Kommenden.

Alles Gewesene ist nur ein Gleichnis. Keine geschichtliche Arbeitsart verhilft uns — wie ein gutgläubiger geschichtlicher Realismus des 19. Jahrhunderts so oft zu glauben scheint — zum Anblick leibhaftiger Wirklichkeit, „wie sie eigentlich gewesen". Geschichte, zuletzt doch Seelenwissenschaft und Seelenkündung, ist niemals gleichbedeutend mit Wiederherstellung irgendeines Gewesenen, mit der möglichsten Annäherung auch nur an eine gewesene Wirklichkeit. Sie ist vielmehr gerade die Entwirklichung dieser ehemaligen Wirklichkeit, ihre Überführung in eine ganz andere Art des Seins; ist eine Wertsetzung, nicht eine Wirklichkeitsherstellung. Das Gebilde, welches die Geschichtsschreibung schafft (oder dem sie dient: denn führend wird der Geschichtsschreiber noch in seiner nüchternsten und wägendsten Erkenntnis geführt von etwas, das Gebild werden *will*), dies Gebilde ist durchaus eine Wirklichkeit neuen und sozusagen höheren Grades und gleichsam ein neuer Ablauf des trüben Geschehens in kristallnerem Stoffe und nach durchsichtigeren Gesetzen. Das wird deutlich vor allem, wo es sich um Geschichte im eigentlichsten Sinne handelt, um die Geschichte einzelner sichtbar gebliebener oder wieder sichtbar gewordener Menschen. Wir vergegenwärtigen uns ein vergangenes Leben nicht, wir entgegenwärtigen es, indem wir es geschichtlich betrachten. Wir retten es nicht in unsre Zeit hinüber, wir machen es zeitlos. Indem wir es uns verdeutlichen, deuten wir es schon. Was von ihm bleibt, wie immer wir es zu erhellen, zu durchforschen, nachzuerleben uns mühen, ist nie das Leben, sondern immer seine Legende. Was als Geschichte übrigbleibt von allem Geschehen, ist immer zuletzt — das Wort ganz ohne kirchliche, romantische oder gar romanhafte Obertöne genommen — die *Legende*.

Die Legende in solchem entkirchlichten Sinne ist die lebendigste Form geschichtlicher Überlieferung. Ihre urtümlichste wie ihre endgültigste, ihre älteste zugleich und ihre tiefste. Sie allein verknüpft wirklich, als ein jederzeit Wirkendes, Urzeit und Heute; sie nur verbindet den Heiligen und das Volk, den Helden und den Bauern; Seher und Nachwelt finden sich nur hier. Und einzig in der Form der Legende überdauert die Persönlichkeit, auch die am schärfsten umrissene, am deutlichsten vom geschichtlichen Wissen umzirkelte, als wirkende und fortzeugende Macht die Zeiten. (Denn auch das „Werk" ist ja Persönlichkeit und unterliegt den Gesetzen der Legende.) Nur als Bild, als Gestalt, nur als Mythos also lebt sie, nicht als Kenntnis und Erkenntnis eines Gewesenen. Keine Philologie, keine Zergliederung vermag das Bild zu formen, noch seine, einem innern Gesetz und Eigenantrieb gehorchenden Wandlungen zu verhindern oder zu beschleunigen.

Die Legende einer im engeren Sinne geschichtlichen Persönlichkeit wird nicht bestimmt durch die Begriffe etwa des Wundermäßigen, unbeglaubigt Anekdotischen, nicht durch die interessante, reizvolle oder rührende, aber ungeschichtliche Einzelüberlieferung. Nicht entfernt ist sie so etwas wie eine unzuverlässigere Biographie, die allenfalls an romantischer Farbigkeit, an lehrhaftem Gleichniswert ersetze, was ihr an Vertrauenswürdigkeit mangele. Sondern die Legende eines Menschenlebens, dessen Gedächtnis auf unsere Tage gekommen ist vermöge der Gewalt seiner Tat, seines Werkes, seines Wortes, sie gehört von vornherein einer ganz anderen Atemluft an als alles wissenschaftlich Biographische oder als irgendein nur erzählerisch Reizvolles. Sie hat weder mit dem Wissen noch mit dem Reiz irgend etwas zu tun. Die Legende eines Menschen, das ist sein in jedem neuen Heute neu wirksames und lebendiges Bild. Nicht als Niederschlag eines jeweiligen Standes genauer, strenger Forschung, auch nicht als bewußt künstlerische Zusammenfassung, als philosophische Deutung eines zerstreuten und beseelbaren Baustoffs. Ein eigenlebendiger Organismus vielmehr ist dies Bild, der sein selbständiges Dasein führt. Wandelbar, wandelwillig ist es und wandelt sich auch stets, zeigt immer wenigere, immer größere Linien; wird zugleich typischer und einmaliger, zugleich parabolisch und unvergleichbar. Es steigt langsam am Sternenhimmel der menschlichen Erinnerung hinan; es scheint in jedem der mythischen Tierkreisbilder, der zwölf großen „Häuser des Himmels", einmal zu verweilen, als sei es gerade in diesem Zeichen geboren und eigentlich zu Hause; und es kreist, ist seine innere Umlaufskraft so stark, daß sie unter Menschen ewig heißt, allmählich so hoch gegen den Pol, daß es, gleich einem Gestirn des Nordens, niemals wieder unter den Himmelsrand unseres Gedächtnisses hinuntergeht.

Den psychologisch sichtbaren Vorgang solcher Legendenbildung bestimmen Gesetze, deren Wirksamkeit sich an den verschiedensten Arten von Legenden in gleicher Weise beobachten läßt. Kein grundsätzlicher methodischer Unterschied besteht etwa zwischen dem antiken Heroenmythos und der mittelalterlichen Heiligenlegende. Der Weg, auf dem die Gestalt einer Persönlichkeit legendenhaft wird, ist typisch und trotz der wechselnden äußeren Form, die der Zeitcharakter bestimmt, im Grunde immer der nämliche. Auch hängt die Kraft der Legendenbildung keineswegs von urtümlichen geistigen Bildungszuständen ab. Denn selbst in sehr bewußten, analytisch gerichteten Zeiten, in Zeiten sogenannter Allgemeinbildung, wird die Legende nicht ausgeschaltet, ja nicht einmal zurückgedrängt. Die zunehmende Bewußtheit, die Selbstbeobachtung, das philologische Wissen um die tatsächlichen Lebensumstände einer großen Erscheinung, all das hat nur einen recht schmalen Einfluß auf die Entstehung der Legende. Weder hemmend noch fördernd ist dieser Einfluß wesentlich. Der überwache und überwachende Verstand hat, wo ein Mythos sich durchsetzen will, auch heute nicht anders als früher seine unverrückbaren Schranken. Jedes Fortleben aber und Fortwirken einer Individualität über die Grenzschwelle ihres persönlichen Lebens hinaus ist, mit Jakob Burckhardt, Magie, ist ein religiöser Vorgang und als solcher jeder mechanischen, jeder rationalen Einwirkung entzogen. Das Unwissenschaftliche, das Unphilologische in jedem Sinne, bleibt das äußerlich bezeichnendste Merkmal dieses Vorgangs. Was als Legende des großen zweimalgeborenen Menschen, zu seinen Lebzeiten oder nach seinem Tode, langsam aufzustehen, langsam zu wachsen beginnt, lebt, wenn auch nicht in vollständigem Gegensatz, so doch in weitgehender Unabhängigkeit von jeder lebensgeschichtlich quellenmäßigen, jeder stofflichen Erkenntnis, welche, wie achtungswürdig, wie selbst unentbehrlich (als Rohstoff) auch immer, doch durchaus nur die niedere Art echter Überlieferung vertritt. Goethe drückt einmal, 1825 zu Eckermann, diese Unabhängigkeit aus: „Mangel an Charakter der einzelnen forschenden und schreibenden Individuen ... bringt uns durch ein ärmliches Wahre um etwas Großes, das uns besser wäre. Was sollen wir aber mit einer so ärmlichen Wahrheit. ... Wenn die Römer groß genug waren, dergleichen zu erfinden, so sollten wir wenigstens groß genug sein, daran zu glauben." (In unserm Zusammenhang ist nur die Wendung

„erfinden" zu tätig, zu bewußt: Legenden in dem Sinn, um den es sich hier handelt, erfinden sich natürlich nicht.) Das scheint zugleich die Meinung des Aristoteles zu sein, wenn er sagt, die Dichtung sei philosophischer als die Geschichte. „Das Poetische hat immer recht; es wächst weit über das Historische hinaus", drückt ein deutscher Skeptiker des 19. Jahrhunderts dies aus. Dies Poetische, nicht freilich zu verstehen als bewußte künstlerische Erfindung oder gar als schönfärbende Anordnung einer Vergangenheit, es ist eben die mythenschaffende Kraft, welche von einer wirklich großen Gestalt notwendig ausstrahlt und die sich, ganz ohne Wissen und Willen, ihren nachgeborenen Leib, die Legende, selber bildet.

Denn ganz allmählich, wie die Schichtungen eines geologischen Vorgangs, pflegen sich die Geschlechterwandlungen eines unmerkbar sich verändernden Bewußtseins über das frühste Bild des Großen Menschen zu legen. Und so unmerklich, so unaufhaltbar zugleich. Nie können die einzelnen Zeitabschnitte der Fortwirkung künstlich über ihre „geologische" Epoche hinaus lebendig erhalten werden. In einem vorherbestimmten, vielsinnig vertieften und vertiefbaren Nacheinander erst erfüllt das einmalige irdische Dasein der echten, das ist dauernd fruchtbaren und wandelbaren Größe seine einwohnende und verheißene Sendung. Keine einzelne Gegenwart vermag jemals das ganze Wesen eines Großen Menschen zu schauen, noch jede mögliche Ausstrahlung seiner seelischen Macht an sich zu erleben. Nur auf geschichtlichem, verstandesmäßigem Wege ist etwas wie eine Gesamtwirkung nachträglich sichtbar zu machen, aber sie ist nicht individuell erlebbar, noch im voraus zu errechnen. Im Besitz aller methodischen Mittel, aller psychologischen Einsicht, alles philologischen Rohstoffs wird dennoch keine Gegenwart jemals künftige Stufen und Möglichkeiten einer bestimmten Legende der unerbittlichsten aller Dunkelheiten entreißen können. Eine volle Einsicht in das zeitlose Wesen, ein prophetischer Fernblick über die ganze Strahlungsweite der schaffenden Kraft ist gewissermaßen schon perspektivisch undenkbar. Das gilt vor allem für die den Lebenden umlagernde Geschlechterfolge. „Erst wenn du die Stadt verlassen hast, siehst du, wie hoch sich ihre Türme über die Häuser erheben." Was Mitlebende gewahren, sind unter allen Umständen perspektivische Trugbilder. Denn gerade die Mitlebenden stehen am Fuß eines Berges, dessen Gipfelmaß nur aus der Ferne erschaut werden kann. Höchstens mag einigen, wie flüchtig, wie blitzartig auch immer, doch die Ahnung einer zeitlosen Kraft aufgehen, wenn sie auch im Dunkeln bleiben über

Art und Richtung künftiger Wirksamkeit, kommender Legende. Aber auch die folgenden Geschlechter gewahren niemals das endgültig wahre Bild, ein Bild davon, „wie es eigentlich gewesen". Auch sie sehen nur, was gerade ihrer wenn auch günstigeren perspektivischen Entfernung angemessen ist, und alle Hilfsmittel ihrer Methoden können dies ihnen bestimmte Bild zwar künstlich scheinbar näher rücken, aber nicht in seinem Aufbau verändern.

Die Geschichte jedes großen menschlichen Bildes, das durch die Jahrhunderte gewandelt ist (in zwiefachem Sinne gewandelt ist), erzieht zu dieser Demut des Sehens. Allem gehäuften Wissen, allen Methoden, aller gerechten Abwägung zum Trotz: wir wisen nur, was wir schauen, und wir schauen nur, was wir sind und weil wir es sind. In der einsamen Einmaligkeit jedes Bildes, in diesem Niewiederkommen jeder einzelnen Perspektive liegt beides: Verzicht und Glück. Ein großer, das ist „bedeutender" Mensch ist immer unvermeidlich unsere Schöpfung, wie wir die seine sind. Gehen wir daran, das Bild eines Menschen uns zu verdeutlichen, so geschieht es in dem Bewußtsein, daß es nur heute, nur uns, nur als Augenblick so „erscheint". Aber dies Bewußtsein, weit entfernt, zur geschichtlichen Zweifelsucht und zum Wissensverzicht zu verführen, erzieht uns vielmehr dazu, mit vertiefter Gewissenhaftigkeit eben diesen Augenblick der Legende festzuhalten und zu überliefern, der so nie wiederkehrt. Denn auch vor dem winzigsten Ausschnitt einer Vergangenheit sind wir Zeugen einer Vergangenheit, die so nie wieder *erscheint*. Darin liegt sogar die endgültige Befreiung von jeder geschichtlichen Skepsis, von jedem Relativismus: jeder Augenblick auch der Legende, wie der alles Lebendigen, ist Ewigkeit. Und mehr: jeder einzelne dieser Augenblicke ist unentbehrlich zu der ganzen Legende; keine spätere Form der Legende wird, und sei es unwissentlich, ohne Hilfe aller früheren Gestaltungen geformt. An der Vollendung eines großen Bildes zu arbeiten, das jeder einzelne nur in einem Spiegel, in einem dunklen Worte, nie von Angesicht zu Angesicht sehen wird, diese entsagende Beglückung erfüllte zwei Jahrtausende hindurch die Seele, wenn auch nicht das Bewußtsein all derer, die sich dem Andenken einer großen Erscheinung geweiht hatten, seien sie Christen, Platoniker oder was immer. Von solchem Glück, tätig an einer großen Bildwerdung zu arbeiten, spricht der Neophyt in den Albigensern Lenaus, und nicht zufällig gerade in den Rhythmen des Angelus Silesius:

> „Auf! wecken wir vom Tod die heilige Geschichte,
> Die erst lebendig wird im Geist und seinem Lichte;
> Mit dieser Leuchte soll der Mensch den wunderbaren
> Und heilig tiefen Schacht, des Heilands Herz, befahren.
> Der volle Christus ist erschienen nicht auf Erden,
> Sein göttlich Menschenbild muß noch vollendet werden."

In diesen Zeilen — sie gestalten im Grunde nur den alten paulinischen Gegensatz zwischen dem Christus κατὰ σάρκα und dem ἐν δυνάμει noch einmal neu — ist so deutlich wie möglich das Wesen alles echten geschichtlichen Wissens ausgedrückt (das ja zuletzt immer nur dem der Erinnerung der Menschheit irgendwie heiligen Menschenbilde gilt): Geschichte ist tätige Bildschaffung, nicht Bericht, Abbildung, Bewahrung des Gewesenen. Legende ist in Wahrheit das, was das Wort im nacktesten Sinn besagt: nicht ein Geschriebenes, sondern etwas, das immer *neu zu lesen* ist, das erst entsteht durch immer erneutes Anderslesen. In dem Sinn sagt Burckhardt (in der Einleitung zur Griechischen Kulturgeschichte wie auch in den Weltgeschichtlichen Betrachtungen) vom Wesen der geschichtlichen Quelle, es könne im Thukydides eine Tatsache ersten Ranges berichtet sein, die man erst in hundert Jahren bemerken werde. Und neben dem Geschichtschreiber Burckhardt der Philologe Nietzsche: „Derselbe Text erlaubt unzählige Auslegungen — es gibt keine ‚richtige' Auslegung". Was aber schon für alles Geschriebene gilt: sein im angedeuteten Sinne legendärer Charakter — um wieviel mehr gilt es von allem Geschehenen. Niemals und nirgends ist es in voller Wirklichkeit „auf Erden erschienen"; sein Bild, heilig oder unheilig — aber jedes Bild wird zuletzt „göttlich", nämlich zum Bilde Gottes, wie der Mensch selber — muß immer „noch vollendet werden". Alles Geschehene will zum Bild, alles Lebendige zur Legende, alle Wirklichkeit zum Mythos.

Und so ist alles ein Mythos, was wir vom Wesen der Menschen aussagen können, deren Gedächtnis auf die Lebenden gekommen ist. Ein Mythos ist jeder Verstorbene schon — „alle Toten werden Götter" drückt der japanische Gedanke das kultisch aus, den antiken Heroengedanken seltsam steigernd und aufhebend zugleich —, und die Kraft, die dieser Mythos ausstrahlt, die Umlaufszeit, die Verwandlungsfähigkeit, die ihm gegönnt sind, sie entsprechen nach unbeugsamen Gesetzen der Kraft, die das Wesen des Lebenden angehäuft hat. Die kurze Bahn der Namenlosen verlischt mit dem Gedächtnis des letzten Enkels. Sokrates und Christ,

Homer und Shakespeare, Cäsar und Napoleon haben Umlaufszeiten ihres Gestirns, deren Länge der Lebensdauer des menschlichen Geschlechts gleichzukommen scheint. Ihr Mythos — das ist der zwingende Anruf, ihr Bild immer neu zu vollenden — stirbt nicht. Kein einzelner kann und wird jemals ihre Legende, den vollendeten Mythos ihres Wesens zu Ende dichten. Bruchstücke zu ihrer großen zeitlosen Mythologie zu geben, ist alles, was dem einzelnen oder einer einzelnen Geschlechterfolge gegönnt ist.

In solcher Begrenzung wollen die folgenden Blätter Versuche zu einer Mythologie des letzten großen Deutschen bieten; einiges von dem festhalten, was der geschichtliche Augenblick unserer Gegenwart in Nietzsche und als Nietzsche zu sehen scheint. Der Mythos, der diesen umtosten Namen trägt, ist noch immer in seinem Beginn. Aber schon hat er die ersten Wandlungsformen hinter sich: die Stadien der unbedingten Vergötterung, des verblendeten Hasses, der Mode wie der Verachtung liegen hinter uns. Immer deutlicher werden Züge, die dem Nietzschebild der neunziger Jahre ganz fremd sind. Andere Züge verblassen zusehends. Sein Antlitz schimmert zuweilen ungewiß im Licht eines Übergangs. Was wir heute sehen oder zu sehen glauben, ist etwas anderes schon, als jene erste Generation der verzückten Bestürzung im Seher des Übermenschen und Verherrlicher der Blonden Bestie zu sehen wähnte. Noch immer sind wir wohl zu nahe, um den Höhenmaßstab für eine so fremdartige Gestalt — eine namentlich unter Deutschen zunächst so fremdartig scheinende Gestalt — im Vergleiche zu ihren unmittelbaren Vorgängern festzulegen. Es mag uns mit Nietzsche begegnen, was bis ins 19. Jahrhundert hinein dem St. Gotthard geschah: man nannte ihn stets unter den höchsten Erhebungen des Erdteils, weil man glaubte, ein Gebirgsblock, in dem die mächtigsten Bergketten der Alpen sich begegnen, von dem aus die Ströme nach den vier Weltenden hinunterrinnen, müsse notwendig auch an sich eine der höchsten Aufgipfelungen des Erdteils sein. Ein solcher perspektivischer Irrtum mag uns auch heute noch in Nietzsches Wertung begegnen, dessen Name die mächtigsten geistigen Erhebungen seines Jahrhunderts und mehr als seines Jahrhunderts in sich vereinigt und der die Ausströmungen seines nach Norden wie nach Süden blickenden Wesens nach allen vier Enden des geistigen Europa hinuntergesandt hat. Aber der tiefe Eindruck des Erlebnisses Nietzsche auf eine ganze Geschlechterfolge ist von solcher vergleichenden Höhenwertung ja ganz unabhängig. Dieser ungeheure Eindruck Nietzsches, an sich ein Einzigartiges in der neueren Geistesgeschichte, scheint, von jeder unbedingten Wertung abgesehen, deshalb so stark zu sein, weil dieser Mann mit seltener Reinheit das Seelengeschick seines Jahrhundertaugenblicks verkörperte und verdeutlichte, weil er die Unheilbarkeit seines Jahrhunderts zugleich war und sah, zugleich bekämpfte und erlitt. Wie sein Jahrhundert, war Nietzsche im Zeichen der Wage geboren, jener Wage eines gefährlichen Vielleicht, das den Zauber und das Verhängnis seines zwischen zwei Welten schwebenden geistigen Jahrhunderts ausmacht. Auch das ist möglicherweise ein perspektivischer Trug — gewiß ist nur, *daß* wir, im gegenwärtigen Stande seines Mythos, gerade Nietzsche als den echtesten Vertreter und Darsteller des gefährlichen Vielleicht sehen, dessen neue Philosophen er selber heraufkommen sah: „Philosophen des gefährlichen Vielleicht in jedem Verstande", wie „Jenseits von Gut und Böse" sie benennt. Auch darin gleicht er heute dem Bilde seines Wagner, „über welchen, als über einen wohlgeratenen Typus deutscher Unklarheit, sich durchaus nichts ohne ein solches ‚Vielleicht' aussagen läßt". Wir fassen Nietzsche, wie er den deutschen Philosophen gefaßt hat: „Leibniz, Kant, Hegel, Schopenhauer, ihre deutsche Zweinatur"; wir erleben ihn, wie er den Romantiker erlebt hat: als den „typischen Zweideutigen"; wir sehen ihn, wie er den platonischen Sokrates gesehen hat: als „im eigentlichen Sinne eine Karikatur, weil überladen mit Eigenschaften, die nie an *einer* Person zusammensein können". Er ist uns das große Erscheinungsbild der Grenze geworden, die jüngste geschichtliche Verkörperung des ἀνὴρ δίψυχος aus dem Jakobusbrief, des Zweiseelenmannes; das unvergeßbarste Beispiel zu Lichtenbergs Satz, daß auf der Grenze immer die seltsamsten Geschöpfe liegen. Wenn Kant sagt, daß wir einen Gegenstand dann „erkennen", wenn wir in dem Mannigfaltigen seiner Anschauung Einheit bewirkt haben — so ist diese Einheit des Mannigfaltigen, welches die Erscheinung Nietzsches darbietet, widerspruchsvoll genug gerade in der bis zum Grunde ihres Daseins hinabreichenden Zweiheit bewirkt und ausgedrückt. (Daher das Verwirrende seiner Erscheinung für so viele, die sich an eine der Seiten ihres Gegensatzes halten, und die von dieser einen Seite aus Nietzsches Widersprüche freilich nicht zum Menschen, geschweige zum Bilde zwingen können.) Ja, es scheint uns, als nehme die ganze Entwicklung des Nietzschebildes den Verlauf zu einem Mythos des gläubigen Zweiflers, zu einer Legende des gottsuchenden Lästerers, zur Gestalt eines prophetischen Endbeginns hinüber.

Trotz ihrer ewigen Wandlung strebt ja doch eine jede Legende nach einer einmaligen äußersten und reinsten Verkörperung hin, die eine höchste Möglichkeit des Menschlichen, eine dichteste Gestaltwerdung der Seele einmal ohne Erdenrest darstelle, wirksam durch ihr bloßes Gleichnisdasein bis ans Ende der menschlichen Dinge. Die meisten Legenden, entsprechend der ihnen mitgegebenen Seelenkraft, bleiben freilich Ansätze zu solchen äußersten Vor- und Schaubildern, mythische Möglichkeiten nur, die wie schmerzliche Schatten die Nähe des einen großen Urbildes umschweben, dem es bestimmt war, vom Blut der Seele und der Vollkommenheit zu trinken. Diese tragischen Unvollendeten dienen zuletzt ihrem größeren Ebenbilde, und ihre brüderlichen Züge werden schließlich alle auf das eine letzte Schaubild übertragen. Auch für die Legende menschlicher Größe gilt das Gesetz der steigernden Häufung, wonach dem, der da hat, gegeben wird, auf daß er die Fülle habe. „Am liebsten schenkt man den Königen." Der ewige Schatz der großen Taten und der unsterblichen Worte wird nach und nach auf immer wenigere gehäuft. Das Gedächtnis der Menschheit ist undankbar, aber wo sie dankt, dankt sie überschwenglich und beraubt alle kleinen Altäre der Vergangenheit, um ihre größten Denkbilder zu schmücken. Platon und Alexander, Franziskus und Dante, Lionardo, Rembrandt und Goethe sind so aus mächtigen Ichheiten eigene Welten geworden. Und nur für den Ruhm der größten Könige haben alle kleineren ihre Siege getan; nur für den Ruhm der größten Dichter schufen die zarteren und stilleren.

> „Zehntausend sterben ohne Klang: der Gründer
> Nur gibt den Namen .. für zehntausend Münder
> Hält einer nur das Maß. In jeder Ewe
> Ist nur ein Gott und einer nur sein Künder."

Auch Nietzsche scheint auf die Stirn seines vielgesegneten und vielverlästerten Namens die Schicksale und das Andenken vieler Vorläufer magnetisch herabzuziehen. Er erscheint, heute, als der letzte und größte Erbe aller derer, die vom Stamme des luziferischen Trotzes sind — aber eines Trotzes, der mit göttlichem Heimweh rätselhaft vermischt und beinahe eins ist; der Erbe alles prometheischen Hochmuts, alles prometheischen Willens zum neuen götterlos göttlichen Menschen, und alles prometheisch stolzen Duldens. Er ist der Erbe und Schicksalsbruder aller, deren Geschlecht nicht nur goethisch aus dem Dunklen ins Helle strebt, sondern die eine tiefe Not wiederum aus dem Hellen, allzu Erhellten hinab ins Dunkle, ins Ungewisse hinab treibt; deren Wesen, „eins und doppelt" wie die Lieder des Divan, gleich Proserpina zwei Reichen der Seele angehören muß. Und wenn Nietzsche, der Mörder Gottes, auf seine Weise auch Künder eines Gottes ist, so ist es sicherlich ein Gott, der neben dem lichten Namen eines Gottes auch einen sehr dunklen Namen trägt — gleich dem Eros des Platon und gleich dem „zweimal geborenen" Dionysos.

Die einzelnen Abschnitte, welche hier folgen, suchen also gerade die einwohnende Doppelseelenhaftigkeit dieses Geistes, die große unentscheidbar schwebende Wage seines Wesens und seiner Werte deutlich zu machen; jedes einzelne von einem besonderen Blickpunkt aus, dessen Möglichkeit doch wiederum aus der Betrachtung Nietzsches genommen ist. So erwandert man das Bild eines geliebten Berges auf manchen Vorhöhen, die von seinem Kernblock ausstrahlen, und die Aussichten von jeder einzelnen, die sich zuweilen perspektivisch widersprechen, ergänzen einander doch zu *dem* Bilde des Bergs, das sich nie aus einer vereinzelten Schau ergibt. Das Bild Nietzsches, wie es sich aus diesen Stücken zusammenschließt, ist das Bild des Augenblicks, in dem sein Mythos uns eben zu stehen scheint. Mit dem Vorrücken seiner Bahn wird er in immer andere Häuser des Himmels eintreten. Genug, wenn Nietzsches Gestalt einmal auch so vor Augen gelebt hat; wenn sie für einen Augenblick ihrer langsamen Bildwerdung jene Wahrheit hat, die keiner höheren Stufe künftiger Legende, keinem tieferen Mythos seines Wesens die Gültigkeit weigert.

> „Leg ich mich aus, so leg ich mich hinein,
> Ich kann nicht selbst mein Interprete sein.
> Doch wer nur steigt auf seiner eignen Bahn,
> Trägt auch mein Bild zu hellerm Licht hinan."
>
> Nietzsche: Scherz, List und Rache. Vorspiel in deutschen Reimen, 1881—82.

# AHNENTAFEL

„Was bleibet aber stiften die Dichter."
Hölderlin.

„.. Dann ist Vergangenheit beständig,
Das Künftige voraus lebendig —
Der Augenblick ist Ewigkeit."
Goethe.

Alles Revolutionäre unterliegt und dient dem Gesetz, daß es dem bekämpften Dauernden in seinem besten Wesen gerade zu weiterer Dauer verhelfen muß. Revolution, vor allem geistige — aber jede Revolution ist zuletzt geistig — ist das Jungbad des Dauernden. Catilina ist, mit Nietzsche, die Präexistenzform jedes Cäsar: alles groß Legitime hat die Spanne anrüchiger und verbrecherischer Illegitimität zu durchmessen; aber alles Cäsarische bedarf auch immer wieder der Taufe des Catilinarischen. Cäsar ist immer schon ein Erbe, der sich einer thronräuberischen Kraft in sich erinnern muß, um nicht in bloßer augustischer Legitimität zu verdorren; aber Catilina ist auch schon Cäsars Ahnherr und in den Ablauf der Dinge noch in der Empörung bereits legitim eingeordnet. Immer sind die Bringer des frevelnd Neuesten und Unerhörtesten zugleich gerade die Wahrer und Wiederheraufführer des am längsten Gehörten. Das wahrhaft Umwälzende, echte Neueste, das ist Lebendigste einer Epoche, ist immer zugleich das irgendwie am tiefsten ahnenhaft im Alten Verwurzelte — nemo contra regem nisi rex ipse. Den catilinarischen Trägern des Neuen kommt dies ihr einwohnendes Gesetz zumeist gar nicht oder ganz spät an der Schwelle der eigenen Legitimität zum Bewußtsein. Denn vom Winde des Geistes darf keiner ahnen, von wannen er kommt, noch wohin er geht, soll er Segel zu neuen Küsten hin ermutigen; keiner darf ahnen, daß die Umsegelung seiner Erde ihn nur in den eigenen Hafen zurückführen kann. Und es gehört wohl mit zu der rätselhaften, sehr seltenen und immer verhängnisvollen Doppelbrechung von Nietzsches

Natur, die zwiegeschlechtlich Erkenntnisdrang und dämonische Blindheit vereinigt, daß er, der Genuesergeist und Sucher fernster Meere, unentdecktester Küsten des Wissens und der Seele, dennoch zu gleicher Zeit und schon von früh auf um jene Ahnenbedingtheit, jene Einordnung seiner selbst, ja um seine tragische Grenze zu wissen scheint. Daß er weiß, „woher ich stamme" — und wo er enden wird. Vielleicht ist jene Scheinoffenbarung der Ewigen Wiederkunft, dies trügerisch äffende Wahnmysterium des späten Nietzsche, nur die Versinnbildung des Schauders, des Schwindelgefühls im Anblick des unentrinnbar sich schließenden Ringes, der Hafenrückkehr zu sich selber. Je mehr man kennt, je mehr man weiß, Erkennt man: alles dreht im Kreis — sagt Goethes mystisch warnender Spruch. Die ewige Wiederkunft der Dinge in sich selber, das mit festlich ausschweifender Verzückung drohende erzieherische Geheimnis des geistigen Weltenumseglers, die triumphierend bewußte Verdammnis zum ewig selben Ausgangshafen, das scheint nur die metaphysische Form, die dämonische Formel des tiefen Ahnengefühls, das in Nietzsches Blut und Geist von Anbeginn pocht. Dieser Verwandlungssüchtigste, Verwandlungsfreudigste, seiner Verwandlungen Bewußteste — „nur wer sich wandelt, bleibt mit mir verwandt" — unterliegt dennoch, wie kaum ein anderer Seelenführer und Geisterverführer, der stärksten inneren Bindung und Bewahrung durch bewußte Überlieferung, durch die Idee erblicher Dauerwerte, durch bejahte Ahnenbestimmtheit. Der die Alten Tafeln zerbrechen heißt und die Liebe zu „eurer Kinder Land" lehrt — Ahnenehrfurcht ist dennoch in allem, was er predigt, ja noch darin, wie er es predigt. Der hoffnungberauschte Jünger Wagners, dem die Kunst seines Meisters die wahre „Musik der Zukunft", die Ankündigung einer völlig neuen Kultur bedeutet, er schreibt, in den Vorstudien zu „Richard Wagner in Bayreuth": „Ich könnte mir auch eine *vorwärts*blickende Kunst denken, die ihre Bilder in der Zukunft sucht. Warum gibt es solche nicht? Die Kunst knüpft an die *Pietät* an." Welch seltsames Bild, dieser Unbedingte und Umwerter der Werte, dem „Dauer auf Erden ein Wert ersten Ranges" ist! Dieser Verherrlicher der dionysischen Rauschgegenwart, des Heiligen Augenblicks, der zugleich bekennt, nicht die Stärke, sondern die Dauer der hohen Empfindung mache die hohen Menschen! Er, der in jedem Sinne nicht den Frieden, sondern das Schwert zu bringen wähnte, zu verherrlichen stolz war („ich schwöre Ihnen zu, daß wir in zwei Jahren die Erde in Konvulsionen haben werden"), der nämliche gelobt seinem Herzen: „Ich will den

Menschen die *Ruhe* wieder geben, ohne welche keine Kultur werden und bestehen kann. Auch im Stil ein Abbild dieses Strebens, als Resultat der konzentriertesten Kraft meiner Natur."

Der umwertende Kulturrevolutionär, dem Stifters Nachsommer, die ruheseligste aller deutschen Dichtungen, eines der am meisten geliebten Bücher war, sein Leittraum ist die große fruchtbar sich erneuernde Dauer der höchsten menschlichen Werte. Aller menschlichen Dauer Mutter aber, Urquelle und Gewähr ist das Gedächtnis. Gedächtnis schuf den Menschen, wie es jede Art menschlicher Gemeinschaft schuf. „Wer Gedächtnis hat, sollte niemand beneiden" — das zeichnet nicht der rückschauende späte, sondern der vorweimarische Goethe seinem Tagebuch ein. Sich mitten im lebendig jugendlichsten Augenblick derjenigen Kraft mit Ehrfurcht bewußt zu bleiben, deren Magie allein den Augenblick zur Ewigkeit erweitert: — wenn das goethisch ist (und goethisch auch die Neidlosigkeit im und aus dem Besitzgefühl dieses Gedenkenkönnens) — so ist es vor allem auch nietzschisch. Trotz immer der Unzeitgemäßen Betrachtung über Nutzen und Nachteil der Historie für das Leben; welche Schrift als ein entschlossenes Heil- und Gegenmittel gegen die eigenen inneren Versuchungen zu übertriebenem Kult aller großen Überlieferung, alles nur rückschauenden Gedenkens — eine Romantikerversuchung — zu verstehen und zu deuten ist. (Wie immer bei Nietzsche ist auch hier nur in der äußerlichen Sphäre ein Gegner außerhalb seiner gemeint und bekämpft — sein im Allzuhistorischen verdorrendes Zeitalter; tiefer nach innen ist das Buch, wie jedes einzelne dieser erlittensten Bücher ihres Jahrhunderts, eine Auseinandersetzung mit sich, ein Kampf mit seiner jeweils dringendsten und geliebtesten Gefahr, ist eine Selbstverteidigung und ein Opfer.) Dankbarkeit des Gedächtnisses, bewußte, ausdeutend gesteigerte und fruchtbar gedeutete Abhängigkeit vom Vergangenen, biologisch, geistig, seelisch — darauf, als einer entscheidenden seelischen Grundtatsache, baut sich ein wichtiger Teil von Nietzsches denkerischem Leben auf. Die einzige der Alten Tafeln, die während gewisser radikaler Perioden sein mühsam und künstlich gehärteter Hammerwille unzertrümmert ließ, war die Ahnentafel. Dauer, Zusammenhang, ehrfürchtige Überlieferung als Grundlage jeder menschlichen Kultur, Geistigkeit, Humanität — hier haben wir eine der mächtigsten Grundvorstellungen, die den jungen Schüler von Pforta zur Philologie der Alten zogen, den Freigeist des Menschlichen, Allzumenschlichen zum Seher des Zarathustra hinauf- und hinübertrieben. „Erhaltung der Tradition ist Hauptaufgabe" heißt es in der ersten Basler Zeit; „in der Höhe großartiger Freiblick. Beides verträgt sich wohl". „In Revolutionen wird alles vergessen," sagte Napoleon, und deshalb haßt Nietzsche alles Revolutionäre, wie es wohl kaum jemals ein Mensch gehaßt hat. Tief in ihm selber ist jener „Wille, Instinkt und Imperativ" der Tradition lebendig, den er in der Götzendämmerung als Voraussetzung jeder dauernden Institution kennzeichnet, ein Wille, „antiliberal bis zur Bosheit: der Wille zur Tradition, zur Autorität, zur Verantwortlichkeit auf Jahrhunderte hinaus, zur Solidarität von Geschlechterketten vorwärts und rückwärts in infinitum". Überlieferung — so oft nichts als eine Zuflucht und Formel der Unschöpferischen und Vergreisten, hier ist sie Leidenschaft, Rausch, ja dämonisches Getriebenwerden. Keiner unserer Denker verrät, bei solcher ichhaften Vereinsamung, zugleich solche Ahnensucht, keiner fast ein so stark betontes „Denken in Generationen". Das alte „Weh dir, daß du ein Enkel bist" erscheint hier geradezu ins Gegenteil gewandt: „Alles Gute ist Erbschaft" — das ist einer der erlebtesten, am tiefsten in seiner Natur verwurzelten Sätze Nietzsches. „Die guten Dinge," sagt selbst noch die Götzendämmerung, „sind über die Maßen kostspielig: und immer gilt das Gesetz, daß, wer sie *hat*, ein anderer ist, als wer sie *erwirbt*. Alles Gute ist Erbschaft: was nicht ererbt ist, ist unvollkommen, ist Anfang." Wohl weiß daneben Zarathustra, daß es gefährlich ist, Erbe zu sein. Aber Gefahr adelt ja für ihn, Gefahr legitimiert, beweist, bezeugt Wert, Gefahr *ist* Wert. Die Gefahr der Erbschaft, das eben ist für Nietzsche nur das Glück, die Auszeichnung der Erbschaft.

In völlig einzigartiger Weise mischt sich dies doppelte Erbgefühl — Erbe zu sein ist Gnade und Gefahr, jeder Erbe ist ausgezeichnet *und* gezeichnet — in Nietzsches eigentümlich starkem und eigenwillig betontem Familiengefühl. Jeder Leser Nietzsches spürt die merkwürdig bewußte Blutsgebundenheit, den stolzen Schicksalglauben seiner phantastischen und strengen Ahnenliebe, die mit den Jahren nur immer mehr zunimmt („erst im Manne wird das Familientypische völlig sichtbar; am wenigsten bei leicht erregbaren, anregbaren Jünglingen. Es muß erst Stille eingetreten sein," lautet es im Nachlaß zur Umwertung; und ebendort sogar: „Man ist viel mehr das Kind seiner vier Großeltern als seiner zwei Eltern. Die Keime des großväterlichen Typus werden in uns reif, in unseren Kindern die Keime unserer Eltern„). Der besonderen Mischung seines Blutes aus entgegenstrebenden Elementen (entgegengesetzt im Sinne des Volkstums, der Temperamente, des eingeborenen Ethos, des Grades an Lebenskraft), solcher von ihm noch ins Legendäre, Überdeutsche und Halbdeutsche gesteigerten und ausgedeuteten biologischen Mischung meint er die Einzigartigkeit seiner in jedem Sinne so „äußersten" Natur zu verdanken. Erbschaft aus zwei streitenden Kräften bestimmt ihm sein Leben als Aufgabe, als Auszeichnung, als Verhängnis. Denn der Mensch der weitesten Spannungen erlebt und erleidet das Leben als eine Aufgabe der Versöhnung, der Vereinigung des Nichtzuvereinenden. Er ist die aus feindlicher Gegensätzlichkeit geborene gewittertragende Wolke, die sich zu Verderben entladen, zu Segen fruchtbar entbinden kann. Das Ecce homo vor allem fugiert dies Thema, das in seinem Kernmotiv den romantischen Musiker verrät, so gegenromantisch seine Durchführung sich geben möchte. Aber schon zwei Jahre vorher schreibt aus solcher Grundempfindung heraus Nietzsche an die Schwester von „unserem eigentlichen Familientyp, der seine Kunst im Versöhnen zwischen Kontrasten hat". Und die Schwester selber urteilt einmal, ihr Bruder habe die Idealität von seinem Vater, aber den Sinn für die Realität und den Skeptizismus menschlichen Vorgängen gegenüber von seinen mütterlichen Vorfahren geerbt; Nietzsche selber habe dies empfunden. Gleich mit den ersten Worten seiner Lebensdarstellung drückt Nietzsche das Grundgefühl der Abhängigkeit von der besonderen Ahnenmischung in ihm aus: „Warum ich so weise bin. Das Glück meines Daseins, seine Einzigkeit vielleicht, liegt in seinem Verhängnis: ich bin, um es in Rätselform auszudrücken, als mein Vater bereits gestorben, als meine Mutter lebe ich noch und werde alt. Diese doppelte Herkunft, gleichsam aus der obersten und der untersten Sprosse an der Leiter des Lebens, décadent zugleich und *Anfang* — dies, wenn irgend etwas, erklärt jene Neutralität, jene Freiheit von Partei im Verhältnis zum Gesamtproblem des Lebens, die mich vielleicht auszeichnet." Welche Dankbarkeit, einige Seiten später, für das väterliche Erbe eines so besonderen Lebens: „Ich betrachte es als ein großes Vorrecht, einen solchen Vater gehabt zu haben: es scheint mir sogar, daß sich damit alles erklärt, was ich sonst an Vorrechten habe, — das Leben, das große Ja zum Leben *nicht* eingerechnet. Vor allem, daß es für mich keiner Absicht dazu bedarf, sondern eines bloßen Abwartens, um unfreiwillig in eine Welt hoher und zarter Dinge einzutreten: ich bin dort zu Hause, meine innerste Leidenschaft wird dort erst frei. . Um nur etwas von meinem Zarathustra zu verstehn, muß man vielleicht ähnlich bedingt sein, wie ich es bin, — mit einem Fuße *jenseits* des Lebens.." Denn ein ungemein merkwürdiges Gefühl mystischer Abhängigkeit, ja geheimnisvoll überursächlichen Zusammenhangs verbindet ihn mit der früh entrückten Existenz des Vaters: „Mein Vater starb mit sechsunddreißig Jahren: er war zart, liebenswürdig und morbid, wie ein nur zum Vorübergehen bestimmtes Wesen, — eher eine gütige Erinnerung an das Leben als das Leben selbst. Im gleichen Jahr, wo sein Leben abwärts ging, ging auch das meine abwärts: im sechsunddreißigsten Lebensjahre kam ich auf den niedrigsten Punkt meiner Vitalität — ich lebte noch, doch ohne drei Schritt weit vor mich zu sehn." Diese geheimnisvoll gesteigerte Wiederholung des väterlichen Lebens im Leben des Sohnes tönt auch im Zarathustra wieder: „Was der Vater schwieg, das kommt im Sohne zum Reden; und oft fand ich den Sohn als des Vaters entblößtes Geheimnis." Mystisch klingt ein Genueser Brief gerade der Zarathustrazeit an Gast: „Es regnet in Strömen, aus der Ferne klingt Musik zu mir. Daß mir diese Musik gefällt und wie sie mir gefällt, weiß ich nicht aus meinen Erlebnissen zu erklären, eher noch aus denen meines Vaters. Und warum sollte nicht —?" hier bricht der Brief geheimnisvoll ab. Und ein anderer Brief der Zarathustrazeit gesteht an Overbeck: „Von meiner Kindheit an hat sich der Satz ‚im Mitleiden liegen meine größten Gefahren' immer wieder bestätigt — vielleicht die böse Konsequenz der außerordentlichen Natur meines Vaters, den alle, die ihn kannten, mehr zu den ‚Engeln' als zu den Menschen gerechnet haben." Nietzsches Freund Deussen erzählt in seinen Erinnerungen, daß Nietzsche ihm im August 1887 bei einem Besuche in Sils Maria ein Requiem zeigte (offenbar den Hymnus an das Leben), welches er für seine eigene Totenfeier komponiert hatte, und dabei sagte: „Ich glaube, daß es nicht mehr lange mit mir dauern wird; ich bin jetzt in den Jahren, in welchen mein Vater starb, und ich fühle, daß ich demselben Leiden erliegen werden, wie er."

Aber betonen solche merkwürdigen Einzelgeständnisse gern die Gefahr, selbst den Fluch des väterlichen Erbes, so kommt doch die Gesamtwertung dieses Erbes ganz aus einer stolzen Dankbarkeit, aus einer Art Adelsgefühl. Der bewußte und festgehaltene Familienstolz auf „die Rasseneigenschaft derer, die Nietzsche heißen", begleitet ihn bis in seine letzten Jahre hinauf: „Lieber sterben, als ihre Sache im Stich lassen: aber das ist nietzschisch!" schreibt er von der Schwester 1887, der er ein Jahr später bekennt: „Wie stark fühle ich bei allem, was du sagst und tust, daß wir derselben Rasse angehören: du verstehst mehr von mir als die anderen, weil du dieselbe Herkunft im Leibe hast. Das paßt sehr gut zu meiner ‚Philosophie' ". Ähnlich an den Schwager: „in summa es erwartet meine Schwester eine *tapfere* Zukunft. In dem allen tut sie mir es gleich: es scheint, dies gehört zur Rasse." Oder an den Freund Gersdorff: „Unsere nietzschische Art, die ich mit Freude selbst an allen Geschwistern meines Vaters wiedergefunden habe, hat nur am Fürsichsein ihre Freude, weiß sich selber zu beschäftigen und *gibt* eher den Menschen, als daß sie viel von ihnen fordert."

Sinnlich und symbolisch verdichtet wird der Stolz auf die väterliche Rasse in der Nietzsche so teuren Legende von der ursprünglich polnischen Herkunft seiner Familie. Man weiß, wie diese genealogisch so äußerst fragwürdige, gänzlich unbewiesene Annahme ihn, mit all ihrer Ausdeutbarkeit, beinahe rührend beglückte; wie sie sein ganzes Schicksal, seine Aufgabe und seinen Ausgang ihm bereits aus- und vorzuzeichnen schien. Eine genealogische Prophezeiung seiner selbst, ein schattenhaftes „es steht geschrieben", ein Fatum liest Nietzsche aus der für ihn ausgemachten Tatsache seiner überdeutschen Herkunft, seiner gefährlich genialen Erbmischung heraus; und im Ecce homo tut er das mit dem unverkennbaren Ton einer groß fatalistischen Genugtuung darüber, daß „erfüllt wurde die Schrift". Der amor fati — „es *muß* also gehen" — gilt gerade dort auch den Ahnenwurzeln seines Daseins. Aber schon den Knaben beschäftigt und berauscht die legendarische Familienüberlieferung, steigert und erzieht unbewußt die Leitvorstellung seiner besonderen verpflichtenden Abkunft. Die Schwester bezeugt ausdrücklich, daß in ihrer ganzen Kinderumgebung nichts gewesen sei, was dazu aufgefordert hätte; niemand in der Familie habe der angeblichen adligen Abkunft irgendwelche Bedeutung beigelegt. Und schon der Knabe zieht aus jener eingebildeten und liebevoll gepflegten Ahnenlegende bezeichnend genug einzig eine moralisch verpflichtende Folgerung, wie die Schwester berichtet: „Übrigens war Wahrheit und Lüge das einzige, worin wir beide (ich durch meinen Bruder beeinflußt) ein gewisses hochmütiges Standesbewußtsein untereinander äußerten: wir logen nicht, weil sich das für uns, die Grafen Nietzky, nicht schickte. Mochten andere lügen, soviel ihnen beliebte, für uns beide geziemte sich: Wahrhaftigkeit." Wahrscheinlich ist es eine Beobachtung des Bruders, was die Schwester bei dieser Gelegenheit mit bezeichnender Haltung hinzufügt: „Vielleicht brach bei uns ein nietzschischer Familienzug als Standesbewußtsein hervor; ich erinnere mich, daß eine der Tanten einmal mit kühlem Stolz sagte: ‚Wir Nietzsches verachten die Lüge' ". Eigene Aufzeichnungen Nietzsches aus dem ersten Zarathustrajahr erzählen von dem bestimmenden Eindruck der Ahnenlegende auf den Knaben: „Man hat mich gelehrt, die Herkunft meines Blutes und Namens auf polnische Edelleute zurückzuführen.. Ich will nicht leugnen, daß ich als Knabe keinen geringen Stolz auf diese meine polnische Abkunft hatte. Es wollte mir scheinen, als sei ich in allem Wesentlichen trotzdem Pole geblieben.. im Auslande, in der Schweiz wie in Italien hat man mich oft als Polen angeredet.. Ein kleines Heft Mazurken, welches ich als Knabe komponierte, trug die Aufschrift ‚Unserer Altvordern eingedenk!' — und ich war ihrer eingedenk in mancherlei Urteilen und Vorurteilen.. Es tat mir wohl, an das Recht des polnischen Edelmanns zu denken, mit seinem einfachen Veto den Beschluß einer Versammlung umzuwerfen; und der Pole Copernicus schien mir von diesem Rechte gegen den Beschluß und Augenschein aller anderen Menschen eben nur den größten und würdigsten Gebrauch gemacht zu haben.. An Chopin verehrte ich namentlich, daß er die Musik von den deutschen Einflüssen.. freigemacht habe."

Man fühlt leicht die eigentümliche Genugtuung heraus, mit der hier wie an anderen Stellen (namentlich im Ecce homo) Nietzsche sein „gutes Europäertum", seine strenge Kulturkritik und romantische Hyperionverdammung alles Deutschen und Allzudeutschen mit der gewissermaßen lebensgesetzlichen Legitimität seiner (in Wahrheit so dürftig bezeugten und bestenfalls durch seine deutschen Ahnenanteile nahezu aufgesogenen) polnischen Urabstammung unterbaut, dem hohen Undeutschtum gerade seiner letzten Jahre eine ehrwürdige Altnotwendigkeit zu verleihen sucht. (So liebte es schon Nietzsches großer philosophischer Lehrer, seine doch so echt deutsche innere Weltoffenheit durch genealogische Ableitung zu erklären; Schopenhauers Biograph sagt von ihm geradezu: „Von keiner Schwäche war er freier als vom Nationalstolze.. er schämte sich, wie mancher große Deutsche vor ihm, ein Deutscher zu sein und gedachte mit Vorliebe des Herkommens seiner Ahnen aus den Niederlanden." Man sieht, der scheinbar so persönliche Zug von Nietzsches Kult seiner ausländischen Ahnen ist zugleich ebenso deutsch wie „philosophisch"). Aber genau wie Nietzsche andrerseits dennoch „vielleicht mehr deutsch ist, als jetzige Deutsche, bloße Reichsdeutsche es noch zu sein vermöchten — er, der letzte *antipolitische* Deutsche" (Ecce homo), so ist auch wiederum sein

Stolz auf die mütterliche „sehr deutsche" Herkunft ungemein bezeichnend, und es hat etwas Rührendes, zuweilen beinahe leise Komisches, mit welchem Eifer er im Ecce homo, wie auch in biographischen Abrissen der Briefe die mütterlichen Ahnen dem wichtigsten deutschen Kulturkreise, dem von Weimar, einzuordnen bemüht ist. „Es könnte scheinen," sagt er im Blick auf seine vermeintliche polnische Abkunft, „daß ich nur zu den angesprenkelten Deutschen gehörte, aber meine Mutter, Franziska Oehler, ist jedenfalls etwas sehr Deutsches; insgleichen meine Großmutter väterlicherseits, Erdmuthe Krause. Letztere lebte ihre ganze Jugend mitten im alten guten Weimar, nicht ohne Zusammenhang mit dem goetheschen Kreise." (An Brandes, im selben Jahr heißt es, stilisierender, bereits kurzweg: meine Großmutter gehörte zu dem Schiller-Goetheschen Kreise Weimars.) „Ihr Bruder .. wurde nach Herders Tode als Generalsuperintendent nach Weimar berufen. Es ist nicht unmöglich, daß ihre Mutter, meine Urgroßmutter, unter dem Namen ‚Muthgen' im Tagebuch des jungen Goethe vorkommt. Sie verheiratete sich .. mit dem Superintendenten Nietzsche in Eilenburg; an dem Tage des großen Kriegsjahres 1813, wo Napoleon mit seinem Generalstabe in Eilenburg einzog, am 10. Oktober, hatte sie ihre Niederkunft." (Man bemerkt hier eins der zahllosen Beispiele für ahnensüchtige Datierungen und geheimnisvoll weissagendes Zusammentreffen von Daten der großen Geschichte mit persönlichen oder familiengeschichtlichen.) „Sie war, als Sächsin, eine große Verehrerin Napoleons; es könnte sein, daß ich's auch noch bin." Womöglich noch eigentümlicher und bezeichnender für die Pietät vor familienhaft überlieferten Wertungen und Schätzungen ist Nietzsches Festhalten an gewissen dynastischen Ehrerbietungen; mit fast kindlich anmutender Genugtuung berichtet er von der Tätigkeit seines Vaters als Prinzessinnenerzieher. Er erwähnt die „tiefe Pietät" des Vaters für Friedrich Wilhelm IV.: „die Ereignisse von 1848 betrübten ihn über die Maßen". Er selbst, am Geburtstage des genannten Königs geboren, am 15. Okober, erhielt, „wie billig", die Hohenzollernnamen Friedrich Wilhelm. Man liest wie einen rührenden Zeitwiderspruch gegen die eigene Geschichte Nietzsches das kleine Geständnis im Ecce homo — so seltsam im Munde des Zarathustra-Dichters, denn „was liegt noch an Königen"? —, daß Ort und Landschaft von Portofino durch die große Liebe, welche Kaiser Friedrich III. für sie fühlte, seinem Herzen noch näher gerückt seien; „ich war zufällig im Herbst 1886 wieder an dieser Küste, als er zum letzten Mal diese kleine vergeßne Welt von Glück besuchte". Und man erinnert sich angesichts dieser so lange bewahrten Gefühlsreste ererbter legitimistischer Pietät jenes uns überlieferten mündlichen Bekenntnisses des geistigen Umwälzers Nietzsche, daß ihm im letzten Grunde „alles Illegitime eigentlich entsetzlich" sei. Legitimität — welch wunderlicher Klang im Munde des Umwerters! Und doch nicht wunderlich — denn sie ist ja ein Siegel, eine Bürgschaft alles Zusammenhangs und aller Dauer. Tatsächlich ist Nietzsche ein Verehrer und Verfechter der Legitimität in ihrem genausten und ursprünglichsten Sinne: im Sinne der Familie, des Blutes, der Ahnenkette, ja der bewußt verengten und verengenden Überlieferung, wo sie durch Einseitigkeit aus Kraft steigernd, züchtigend, vorbereitend wirkt. Nur im Vordergrund erscheint es seltsam, Nietzsche den Ahnenstolz rechtfertigen zu hören, ihn, der den „neuen Adel" predigt. Aber ist nicht Ahnenstolz auch Ahnenverantwortung? Und was klänge nietzschischer, als das Wort „Verantwortung"? Eine frühe Stelle schon betont solche Ahnenverantwortung. „Auf eine ununterbrochene Reihe *guter* Ahnen bis zum Vater herauf darf man mit Recht stolz sein.. Die Herkunft von guten Ahnen macht den echten Geburtsadel aus; eine einzige Unterbrechung in jener Kette, *ein* böser Vorfahr also, hebt den Geburtsadel auf" (Menschliches). Das ist bereits ungemein nietzschisch: die Kostbarkeit, die verhältnismäßige Seltenheit des guten Erbes liegt eben in dieser Vorbedingung einer nicht unterbrochenen Kette, einer gleichmäßigen Anhäufung des Erbes durch Geschlechterfolgen. „Ein böser Vorfahr hebt den Geburtsadel auf" — so streng hat vielleicht noch niemand den Begriff des Geburtsadels zu nehmen gewagt. Aber Dauer, das ist: nie unterbrochene Überlieferung, ist eben auch hier für Nietzsche ein Wert ersten Ranges. Wille zur Macht behauptet, unbedingter, geradezu: „Es gibt nur Geburtsadel, nur Geblütsadel. (Ich rede hier nicht vom Wörtchen ‚von' aus dem Gothaischen Kalender: Einschaltung für Esel.) Wo von ‚Aristokraten des Geistes' geredet wird, da fehlt es zumeist nicht an Gründen, etwas zu verheimlichen; es ist bekanntermaßen ein Leibwort unter ehrgeizigen Juden. Geist allein nämlich adelt nicht, vielmehr bedarf es etwas, das den Geist adelt. Wessen bedarf es denn dazu? Des Geblüts." Solch geistiges Geblüt aber entsteht nur durch ununterbrochene, lange fortgesetzte Züchtung: „Es ist kein Zweifel: wenn eine Art Mensch ganze Geschlechter hindurch als Lehrer, Ärzte, Seelsorger und Vorbilder gelebt hat, ohne beständig nach Geld oder Ehren oder Stellungen auszublicken: so entsteht endlich ein höherer, feinerer und geistigerer Typus. Insofern ist der Priester, vorausgesetzt, daß er sich durch kräftige Weiber fortpflanzt, eine Art der Vorbereitung für die einstmalige Entstehung höherer Menschen" (Nachlaß zur Umwertung.) Denn, in der Ausdrucksweise des Jenseits, es ist aus der Seele eines Menschen nicht wegzuwischen, was seine Vorfahren am liebsten und beständigsten getan haben: „Der Krämer Nachkommen sind unanständig" (Nachlaß zum Zarathustra). „Geht in den Fußstapfen, wo schon eurer Väter Tugend ging," rät Zarathustra den höheren Menschen; „wie wolltet ihr hochsteigen, wenn nicht eurer Väter Wille mit euch steigt? Wer aber Erstling sein will, sehe zu, daß er nicht auch Letztling werde! Und wo die Laster eurer Väter sind, darin sollt ihr nicht Heilige bedeuten wollen!"

Deutlich schimmert ein Selbstschilderndes, eine Erspürung und Wertung des eigenen Typus, der eigenen Ahnengeschichte in solchen Stellen durch. Der Antichrist, der sich selbst als „Nachkommen ganzer Geschlechter von christlichen Geistlichen" empfand, sieht bedeutsam genug im Lehrer, Seelsorger, Priester als *Kaste* eine Art der Vorbereitung für Zarathustras künftige höhere Menschen. Ja, sich selber, den höheren Menschen in sich, dankt er diesem ganze Geschlechter hindurch gehäuften Ahnenschatze: „Mir fiel ein, lieber Freund", schreibt er noch 1881 an Gast, „daß Ihnen an meinem Buche (Morgenröte) die beständige innerliche Auseinandersetzung mit dem Christentume fremd, ja peinlich sein muß: es ist aber doch das beste Stück idealen Lebens, welches ich kennen gelernt habe; von Kindesbeinen an bin ich ihm nachgegangen, in viele Winkel, und ich glaube, ich bin nie in meinem Herzen gegen dasselbe gemein gewesen. Zuletzt bin ich der Nachkomme ganzer Geschlechter von christlichen Geistlichen — vergeben Sie mir diese Beschränktheit!" Eine Ahnenehrung, die noch Zarathustra mit ihm teilt: „Hier sind Priester: und wenn es auch meine Feinde sind, geht mir still an ihnen vorüber und mit schlafendem Schwerte.. mein Blut ist mit dem ihren verwandt; und ich will mein Blut auch noch in dem ihren geehrt wissen." Auch Zarathustra ist Erbe und mehr Erbe als Zarathustra selber weiß: Brücke nach rückwärts vielleicht noch mehr als Brücke ins Kinderland. Wie ja auch in den unerhörtesten Worten seiner Prophetensprache gerade ein uralt gesammeltes, alttestamentlich überkommenes Priestererbe erneuert zum letzten Male aufglüht — und sich in spätem Rausch verschwendet. Aber alle Menschen des Wortes, alle Propheten und alle Künstler, „insgleichen die Redner, Prediger, Schriftsteller", sind für Nietzsche Erben; Erben und aufgehäuftes

Erbteil zugleich: „alles Menschen", wie die Fröhliche Wissenschaft sagt, „welche immer am Ende einer langen Kette kommen, Spätgeborene jedesmal.. und ihrem Wesen nach Verschwender.."; sie verschwenden den in ganzen Rassen und Geschlechterketten langsam gesammelten Überschuß in der Kraft und Kunst der Mitteilung, „ein Vermögen, das sich allmählich aufgehäuft hat und nun eines Erben wartet, der es verschwenderisch ausgibt." „Große Männer", nimmt noch die Götzendämmerung diesen Gedanken wieder auf, „sind wie Explosivstoffe, in denen eine ungeheure Kraft aufgehäuft ist. Ihre Voraussetzung ist immer, historisch und physiologisch, daß lange auf sie hin gesammelt, gehäuft, gespart und bewahrt worden ist — daß lange keine Explosion stattfand." Verschwenden können, vielmehr verschwenden müssen macht somit das Glück des Erben aus, seine „schenkende Tugend". Und auch seine Gefahr, insofern er in jedem Sinne leicht das Ende der Reihe bleibt, an einen Abgrund gerät, über den keine Brücke mehr ins Künftige führt, es sei denn die des Wunsches und Wahns. Vom innerlich gehäuften Erbe gesprengt zu werden, für eine weitere Reihe unfruchtbar gemacht zu werden, so daß das jüngste und reichste Glied der Geisterkette auch das letzte wird — das ist immer die eine nahe „Gefahr des Erben". „Die Gefahr, die in großen Menschen und Zeiten liegt, ist außerordentlich", heißt es in der Götzendämmerung; „die Erschöpfung jeder Art, die Sterilität folgt ihnen auf dem Fuße. Der große Mensch ist ein Ende.. Das Genie — in Werk, in Tat — ist notwendig ein Verschwender: daß es sich ausgibt, das ist seine Größe."

Die andere, moderne und untragischere, aber fast noch nähere Erbgefahr jedoch ist für Nietzsche die Möglichkeit, ja die anwachsende Wahrscheinlichkeit, der Kreuzungspunkt zweier einander widerstreitender, innerlich unverschmelzbarer langer Erbketten zu sein, in den fragwürdigen Wirbel einer jähen Mischung zu geraten, deren beide Teilkräfte in ihrer Art gleich stark sind. Es ist die vorzüglich moderne Gefahr des Erben, und Nietzsches Zergliederung ist auch hier nur im Vordergrunde unbeteiligt und erkenntniskühl. Mischung — das heißt der Mangel eines lenkenden und bestimmenden Erbes und Geschlechterwillens, im biologischen und natürlich auch im geistigen Sinne — ist das moderne Verhängnis. „Der moderne Mensch stellt biologisch einen Widerspruch der Werte dar, er sitzt zwischen zwei Stühlen. Er sagt in einem Atem ja und nein.. Wir alle haben wider Wissen, wider Willen Werte, Worte, Formeln, Moralen entgegengesetzter Abkunft im Leibe, — wir sind, physiologisch betrachtet, *falsch"* (Fall Wagner). Mischung aus widersprechenden Werten, in solchem Sinne, ist die Ursache, „weshalb alles Schauspielerei wird — dem modernen Menschen fehlt: der sichere Instinkt (Folge einer langen gleichartigen Tätigkeitsform einer Art Mensch); die Unfähigkeit, etwas Vollkommenes zu leisten, ist bloß die Folge davon" (Wille zur Macht). Denn „auch der Begabteste bringt es nur zu einem fortwährenden Experimentieren, wenn der Faden der Entwicklung einmal abgerissen ist" (Menschliches). Das verräterische Kennzeichen aber solch innerer zwiespältiger Herkunft, solchen Kampfs entgegengearteter langer Tätigkeitsformen (sei es innerhalb eines Individuums, einer Klasse, einer Kulturgeneration), und folglich das Stigma der Modernität, das ist die Skepsis. „Skepsis", sagt Nietzsche im Jenseits, „ist der geistigste Ausdruck einer gewissen vielfachen physiologischen Beschaffenheit .. sie entsteht jedesmal, wenn sich in entscheidender und plötzlicher Weise lang voneinander abgetrennte Rassen oder Stände kreuzen. In dem neuen Geschlechte, das gleichsam verschiedene Maße und Werte ins Blut vererbt bekommt, ist alles Unruhe, Störung, Zweifel, Versuch; die besten Kräfte wirken hemmend, die Tugenden selbst lassen einander nicht wachsen und stark werden. In Leib und Seele fehlt Gleichgewicht, Schwergewicht, perpendikuläre Sicherheit. Was aber in solchen Mischlingen am tiefsten krank wird und entartet, das ist der Wille .."

Tief bekennerisch auch das: kein Zweifel, Nietzsche redet auch hier von sich, von einer überwundenen Gefahr, überwunden dank dem Triumph einer Selbsterziehung zum langen Willen. Er empfindet die eigene innere und gefahrvolle Fragwürdigkeit bedingt durch das Zusammentreffen einmal der langen Ahnenreihe, des Erbgutes ganzer Geschlechter von christlichen Geistlichen, und dann des Faktors einer jähen Mischung, die irgendwie, wenn auch nicht in dem von ihm angenommenen grelleren Sinne eines plötzlichen Ahnenrückschlags auf das polnische Bluterbe, hinzugekommen ist. (Man denkt an jenes „Versöhnen zwischen Kontrasten", an die elterlichen Gegenbilder des Ecce homo; und erinnert sich auch der breiten, immer noch wirksamen slawischen Grundschicht in der leiblichen und geistigen Zusammensetzung gerade des obersächsischen Stammes und seines besonderen Wesens — eine Tatsache, welche die polnische Hypothese noch entbehrlicher macht, sogar zur Erklärung des Familiennamens, und die gleichwohl fast die nämlichen Vermutungen und Folgerungen gestattet, die Nietzsche aus seiner Abstammungslegende zog.) In ihm ist das „Gute" der lange gesammelten Erbschaft, die seine mächtig aufbauenden und dankbar erhaltenden Kräfte speist, verhängnisvoll gemischt mit dem Zweifel, dem Zwielicht alles Erlebens und der schweren Erschütterung des Instinktwillens, die Nietzsche in sich selbst beobachtete und bekämpfte. Der in aller Geistesgeschichte unerhörte Wechsel seiner geistigen und seelischen Haltung vor doch immer den wandellos selben, fast erinnyenhaft ihn bedrängenden Problemen („.. .nichts um mich als meine alten Probleme, die alten rabenschwarzen Probleme" 1886), er ist ein vereinfachtes Sinnbild dieser bis in die Ahnenwurzeln seines Wesens hinabreichenden Zwiespältigkeit und Mischung aus starrster glaubenswilliger Treue und reizbar mißtrauischem Zweifel. Er selbst ist, und noch vor sich selber, die beispielhafte Kreuzungs- und Grenzfigur, und jene Gefahren sind die seinen. Es ist von tieferer als nur zufälliger Sinnbildlichkeit, wenn Nietzsche den Ahnherrn seines Zarathustra-Ichs, den frühhellenischen Propheten-Philosophen Empedokles (dem er, gleich Hölderlin, eine Tragödie zu weihen gedachte), wenn er diesen neben Heraklit frühesten geistigen Ahnen seiner selbst nicht nur als den großen Alliebenden, hölderlinisch einheitlich, faßt, sondern ihn zugleich auch (in seiner Vorlesung über die vorplatonischen Philosophen) als echte Grenzgestalt zeichnet, eindringlich selbstbildhaft: „Er schwebt zwischen Arzt und Zauberer, zwischen Dichter und Rhetor, zwischen Gott und Mensch, zwischen Wissenschaftsmensch und Künstler, zwischen Staatsmann und Priester, zwischen Pythagoras und Demokrit.." In ihm ringen zwei Zeitalter: das Zeitalter des Mythos, der Tragödie, des Orgiasmus, und das des demokratischen Staatsmannes, Redners, Aufklärers, Allegorikers, des wissenschaftlichen Menschen. Er ist, wie Nietzsche an anderer Stelle sagt, eine Doppelnatur — er vereinigt das Agonale, Kämpferische *und* das Liebende. Das bewußte Erlebnis solchen empedokleischen Zwiespalts wird Nietzsche geradezu eine Methode seines Denkens: Darwins Gesetz des Atavismus, des namentlich geistigen Rückschlags auf Ahnenstufen und die Folgen der Kreuzung solcher Atavismen, die Deutung des individuellen Wesens oder Geschehens aus seiner Ahnenschaft, die Aufweisung des Erben, — das dient Nietzsches physiologischer Forschung als wertvollstes leitendes Findemittel. (Wie bezeichnend ist nicht schon die Überschrift der *Genealogie der Moral*! Wie einseitig-eigensinnig die Methode dieses Buches, oder etwa des Hauptstücks „Was ist vornehm?" in Jenseits von Gut und Böse! Welche ahnensuchende Spürlust und verknüpfende Skepsis bei der

Aufstellung der Ahnentafel für Tugenden und Wertschätzungen!) Ja, er verwertet dies Mittel zum Durchschauen und Aufspüren gelegentlich so bedenkenlos, so leidenschaftlich auslegend, wie es nur mit einer Methode geschieht, die zugleich Erlebnis ist. Die Fröhliche Wissenschaft bietet vielleicht die meisten Zeugnisse dieser methodischen Leidenschaft, dieses Erspähens der „verborgenen Gärten in uns". „Manchen Zeitaltern scheint dies oder jenes .. ganz zu fehlen, wie manchen Menschen: aber man warte nur bis auf die Enkel und Enkelskinder, wenn man Zeit hat zu warten, — sie bringen das Innere ihrer Großväter an die Sonne, jenes Innere, von dem die Großväter selbst noch nichts wußten. Oft ist schon der Sohn der Verräter seines Vaters: dieser versteht sich selber besser, seit er seinen Sohn hat. Wir haben alle verborgene Gärten und Pflanzungen in uns; und .. wir sind alle wachsende Vulkane, die ihre Stunde der Eruption haben werden.." Das typische durchgeführte Beispiel solchen Verfahrens zeigt etwa der Abschnitt desselben Buches „Von der Herkunft der Gelehrten". Die genealogischen Schichten des gegenwärtigen europäischen Gelehrtenstandes werden hier, ganz in der positivistischen Art des „diesseitigen" mittleren Nietzsche, gleichsam im Schema verdeutlicht. Der Gelehrte wachse in Europa aus aller Art Stand und gesellschaftlicher Bedingung heraus, als eine Pflanze, die keines bestimmten Erdreichs bedürfe: darum gehöre er wesentlich und unfreiwillig zu den Trägern des demokratischen Gedankens. Aber diese Herkunft verrät sich. „Fast immer wird man hinter der intellektuellen Idiosynkrasie des Gelehrten — jeder Gelehrte hat eine solche — die Vorgeschichte des Gelehrten, seine Familie, insonderheit deren Berufsarten und Handwerke zu Gesicht bekommen. Wo das Gefühl zum Ausdruck kommt, ‚das ist nunmehr bewiesen, hiermit bin ich fertig', da ist es gemeinhin der Vorfahr im Blute und Instinkte des Gelehrten, welcher von seinem Gesichtswinkel aus die gemachte Arbeit gutheißt, — der Glaube an den Beweis ist nur ein Symptom davon, was in einem arbeitsamen Geschlechte von alters her als ‚gute Arbeit' angesehn worden ist. Ein Beispiel: die Söhne von Registratoren und Bureauschreibern jeder Art, deren Hauptaufgabe immer war, ein vielfältiges Material zu ordnen, in Schubfächer zu verteilen, überhaupt zu schematisieren, zeigen, falls sie Gelehrte werden, eine Vorliebe dafür, ein Problem beinahe damit für gelöst zu halten, daß sie es schematisiert haben ... ihnen ist das Formale des väterlichen Handwerks zum Inhalte geworden. Das Talent zu Klassifikationen, zu Kategorientafeln verrät etwas; man ist nicht ungestraft das

Kind seiner Eltern. Der Sohn eines Advokaten wird auch als Forscher ein Advokat sein müssen: er will mit seiner Sache in erster Hinsicht recht behalten, in zweiter vielleicht recht haben. Die Söhne von protestantischen Geistlichen und Schullehrern erkennt man an der naiven Sicherheit, mit der sie als Gelehrte ihre Sache schon als bewiesen nehmen, wenn sie von ihnen eben erst nur herzhaft und mit Wärme vorgebracht worden ist: sie sind eben gründlich daran gewöhnt, daß man ihnen glaubt, — das gehörte bei ihren Vätern zum Handwerk! Ein Jude umgekehrt ist, gemäß dem Geschäftskreis und der Vergangenheit seines Volks, gerade daran — daß man ihm glaubt — am wenigsten gewöhnt; man sehe sich darauf die jüdischen Gelehrten an — sie alle halten große Stücke auf die Logik, das heißt auf das Erzwingen der Zustimmung durch Gründe ... selbst wo Rassen- und Klassenwiderwille gegen sie vorhanden ist, wo man ihnen ungern glaubt." Und fast bis zur Parodie geht die Anwendung dieser lebensgesetzlichen Deutungsmethode etwa bei der Zergliederung der darwinistischen Dogmatik: „Daß unsere modernen Naturwissenschaften sich dermaßen mit dem spinozistischen Dogma (vom sogenannten Selbsterhaltungstrieb) verwickelt haben (zuletzt noch und am gröbsten im Darwinismus mit seiner unbegreiflich einseitigen Lehre vom Kampf ums Dasein—), das liegt wahrscheinlich an der Herkunft der meisten Naturforscher: sie gehören in dieser Hinsicht zum ‚Volk'. Ihre Vorfahren waren arme und geringe Leute, welche die Schwierigkeit, sich durchzubringen, allzusehr aus der Nähe kannten. Um den ganzen englischen Darwinismus herum haucht etwas wie englische Übervölkerungssticklutt, wie Kleiner-Leute-Geruch von Not und Enge. Aber man sollte, als Naturforscher, aus seinem menschlichen Winkel herauskommen: und in der Natur herrscht nicht die Notlage, sondern der Überfluß, die Verschwendung sogar bis ins Unsinnige." Im Typus der deutschen Gelehrten spricht ihm ein ähnliches Erbgesetz: „Die deutschen Gelehrten, welche den historischen Sinn erfunden haben, verraten samt und sonders, daß sie aus keiner herrschenden Kaste stammen; sie sind als Erkennende zudringlich und ohne Scham" (Nachlaß zur Umwertung).

Doch sieht Nietzsche sein Gesetz der Herkunft natürlich nicht etwa überwiegend im Kleinlich-Verneinenden tätig: gerade das kostbar Seltene gilt es ja als Erbgut nachzuweisen; und so ist ihm das Kostbarste, der bedeutende Mensch, geradezu selber ein Erbrückschlag — wie man sieht, eine nahezu romantisch-rückgewandte Ideenfolge. Die seltenen Menschen einer Zeit versteht er (in der Fröhlichen Wissenschaft) „am liebsten als plötzlich auftauchende Nachschößlinge vergangener Kulturen und deren Kräften: gleichsam als den Atavismus eines Volks und seiner Gesittung... Jetzt erscheinen sie fremd, selten, außerordentlich: und wer diese Kräfte in sich fühlt, hat sie gegen eine widerstrebende andere Welt zu pflegen, zu verteidigen, zu ehren, großzuziehn: und so wird er damit entweder ein großer Mensch, oder ein verrückter und absonderlicher; sofern er überhaupt nicht beizeiten zugrunde geht... Die erhaltenden Geschlechter und Kasten eines Volks" — fährt Nietzsche weiterhin bezeichnend und auch hier verborgen selbstbiographisch fort — „sind es vornehmlich, in denen solche Nachschläge alter Triebe vorkommen, während keine Wahrscheinlichkeit für solchen Atavismus ist, wo Rassen, Gewohnheiten, Wertschätzungen zu rasch wechseln."

Die Sendung der erhaltenden Geschlechter und Kasten ist damit im äußerst aristokratischen Sinne — gewissermaßen dem eines Adels im zweiten Grade — festgelegt: sie sollen nicht etwa nur einen wertvollen Typus gleichmäßig bewahren, sie sollen vielmehr gerade die Möglichkeit des seltenen Menschen bewahren, des nach rückwärts aus der Art schlagenden Menschen sehr alten Kulturerbes und längster biologischer Erinnerung; sie sollen solche Rück- und Nachschläge uralt kostbarer Triebe und Antriebe weiterhin ermöglichen, innerhalb einer immer rapideren demokratischen Mischung von Rassen, Gewohnheiten und Wertschätzungen. Der atavistische Mensch ist somit, in gerader Durchführung dieser Lieblingsidee, geradezu auf die oberste Stufe der biologischen Wertordnung vorgerückt. Denn ein Geschlecht, eine Kaste, eine Rasse *kann* — so sagt es ein Nachlaßfragment — „wie sonst irgendein organisches Gebilde nur wachsen oder zugrunde gehen; es gibt keinen Stillstand. Eine Rasse, die nicht zugrunde gegangen ist, ist eine Rasse, die in einem fort gewachsen ist. Wachsen heißt vollkommen werden. Die Dauer im Dasein einer Rasse entscheidet mit Notwendigkeit über die Höhe ihrer Entwicklung: die älteste *muß* die höchste sein". Deshalb sind die seltenen Menschen immer die Menschen des inneren längsten Gedächtnisses. Deswegen sind ihm die Juden „im unsicheren Europa die stärkste Rasse: denn sie sind dem Rest durch die Länge ihrer Entwicklung überlegen"; darum ist „Jud beinahe eine Formel für Überlegenheit". Daß die großen Menschen „über ihre Zeit Herr werden, liegt nur darin, daß sie stärker, daß sie *älter* sind", sagt die Götzendämmerung; „zwischen einem Genie und seiner Zeit besteht ein Verhältnis wie zwischen ... alt und jung: die Zeit ist relativ immer viel jünger, dünner, unmündiger, unsicherer, kindischer". Deshalb, „weil Napoleon *anders* war, Erbe einer stärkeren, längeren, älteren Zivilisation als die, welche in Frankreich in Dampf und Stücke ging, wurde er hier Herr, *war* er allen hier Herr". Der atavistische Mensch ist notwendig Herr, ist notwendig selbst Cäsar — das ist die äußerste Folgerung dieser Lehre vom Vorrang des biologischen Gedächtnisses. Und gleich folgerichtig nimmt innerhalb dieser höchsten Kaste der Seltenen, der papabili ihrer Zeit wiederum für Nietzsche der Philosoph den vornehmsten, den eigentlich cäsarischen Rang ein, als der Mensch des umfänglichsten Gedächtnisses (Gedächtnisses in Blut *und* Geist), als abgekürzte Chronik und lebendige Selbsterinnerung der Menschheit. Aus dem erlebten Wissen um die stolze Erbarmungslosigkeit aller ererbten inneren Rangordnung heraus schließt kategorisch der Abschnitt „Wir Gelehrten" des Jenseits: „Für jede hohe Welt muß man geboren sein; deutlicher gesagt, man muß für sie *gezüchtet* sein: ein Recht auf Philosophie — das Wort im großen Sinne genommen — hat man nur dank seiner Abkunft, die Vorfahren, das ‚Geblüt' entscheidet auch hier. Viele Geschlechter müssen der Entstehung der Philosophen vorgearbeitet haben. Jede seiner Tugenden muß einzeln erworben, gepflegt, fortgeerbt, einverleibt worden sein, und nicht nur der kühne, leichte, zarte Gang und Lauf seiner Gedanken, sondern vor allem die Bereitwilligkeit zu großen Verantwortungen, die Hoheit herrschender Blicke und Niederblicke ... die Lust und Übung in der großen Gerechtigkeit..."

Jenseits der bloßen Bluts- und Züchtungsvoraussetzungen wird dann der Ahnengedanke ins immer Geistigere hinaufgesteigert, die stolze Dankbarkeit für ein auszeichnendes Vätererbe des Bluts zuletzt zum Bewußtsein einer mystischen Ahnenreihe aus Geisterblut großartig verwandelt: „Mein Stolz ist: ich habe eine *Herkunft*" — lautet es in einigen kritischen persönlichen Bemerkungen der Zarathustrajahre — „deshalb brauche ich den Ruhm nicht. In dem, was Zarathustra, Moses, Muhammed, Jesus, Plato, Brutus, Spinoza, Mirabeau bewegte, lebe ich auch schon, und in manchen Dingen kommt in mir erst reif ans Tageslicht, was embryonisch ein paar Jahrtausende brauchte. Wir sind die ersten Aristokraten in der Geschichte des Geistes — der historische Sinn beginnt erst jetzt." Und weiterhin, in Abwandlung dieses Gedankens der geistigen Ahnentafel, mit Enkelstolz: „Wenn ich von Plato, Pascal, Spinoza und Goethe rede, so weiß ich, daß ihr Blut in dem meinen rollt — ich bin stolz, wenn ich von ihnen die Wahrheit sage — die Familie ist gut genug, daß sie nicht nötig hat zu dichten oder zu verhehlen: und so stehe ich zu allem Gewesenen, ich bin stolz auf die Menschlichkeit und stolz gerade in der unbedingten Wahrhaftigkeit." Endlich ganz zusammengedrängt noch eine letzte Ahnenreihe aus der Entstehungszeit des Zarathustra: „Meine Vorfahren Heraklit, Empedokles, Spinoza, Goethe."

Es ist die echteste, die älteste, die vornehmste Ahnenreihe der Welt, welche auf Zarathustra hinzielt, und über ihn hinweg gegen das Enkelsternbild des Übermenschen weitergeht. Ihr Zusammenhang ist enger, älter, geheimnisvoller als der irgendeiner Ahnenlinie des Blutes. Denn der groß zusammenschauende, weltbindende, philosophisch-religiöse Künstlergeist — den jene letzten großen Vier vielleicht am reinsten versinnbildlichen —, er ist auf Erden die mächtigste Form, in welcher das Gesetz des Atavismus, der geheimen Urenkelschaft sich offenbart; ja geradezu die Form einer heraklitischen Wiederkehr des Gleichen in der geistigen Sphäre, einer platonischen Erinnerung des uralt einst Angeschauten. So sagt es das Jenseits: die verschiedenen Philosophen „laufen unter einem unsichtbaren Banne immer von neuem noch einmal dieselbe Kreisbahn: sie mögen sich noch so unabhängig voneinander mit ihrem kritischen oder systematischen Willen fühlen, irgend etwas in ihnen führt sie, irgend etwas treibt sie in bestimmter Ordnung hintereinander her... Ihr Denken ist in der Tat viel weniger ein Entdecken als ein Wiedererkennen, Wiedererinnern, eine Rück- und Heimkehr in einen fernen uralten Gesamthaushalt der Seele... Philosophieren ist insofern eine Art von Atavismus höchsten Ranges". Und vom Künstler gilt, in minder platonischem Zusammenhang, ein ähnliches Gesetz; man wird ihn, sagt das Menschliche, bald „als ein herrliches Überbleibsel ansehen und ihm, wie einem wunderbaren Fremden, an dessen Kraft und Schönheit das Glück früherer Zeiten hing, Ehren erweisen, wie wir sie nicht leicht unseresgleichen gönnen. Das Beste an uns ist vielleicht aus Empfindungen früherer Zeiten vererbt, zu denen wir jetzt auf unmittelbarem Wege kaum mehr kommen können..."

Wie stark und vor allem wie umfänglich die Idee des Ahnenerbes Nietzsche beherrscht, dafür zeugen fast noch deutlicher die kleinen verräterischen Neigungen seines verwandtschaftsuchenden Denkens. Ein seltsames Bedürfnis nach Symbolen eines geistigen Ahnenzusammenhanges, nach mystischen Vordeutungen und Vorbedeutungen seines eigenen Schicksals, nach bestätigender Einordnung in ein großes Verhängnis, nach verborgenen Götterwinken und Prophezeiungen auf ihn selber wurzelt tief, fast antik zu nennen, in seinem Wesen. Viele Stellen seiner Werke und Briefe reden beglückt von solchen Bruchstücken einer vorpersönlichen Biographie, von orakelhaften Hinweisen und orakelerfüllenden Zufällen. Humanistisches wie theologisches Geisteserbe offenbart sich in dieser Vorliebe: wie man auf alten Glasgemälden und Altartafeln wohl typologische Gegenüberstellungen vordeutender Geschehnisse des Alten Testaments, erfüllender des Neuen sieht, wie die Predigt noch heute solche Parallelthematik liebt, so überträgt der Enkel ganzer Geschlechter von christlichen Geistlichen diese christlich-mythologische Predigt- und Anschauungstechnik unbewußt auf den Text des eigenen Lebens, bis er ihn, im Ecce homo, wirklich bewußt als Legende behandelt und hintergründlich vertieft. Kein Predigereifer kann leidenschaftlicher nach ausdeutenden Gedankenverbindungen dieser Art suchen, als Nietzsche nach solchen, oft miniaturhaft winzigen Verflechtungen und Datenverbindungen Ausschau hält, die ihn, zuweilen beinahe strindbergisch, in ganz besonderer Weise mit „Mächten" verknüpfen, sein Geschick von Mächten durchwaltet erscheinen lassen. Es ist wohl die seltsamste Seite von Nietzsches Ahnenkult, dies Streben nach Selbsteinordnung in eine mystische Überlieferung. „Ich bin auf dem Schlachtfelde von Lützen geboren. Der erste Name, den ich hörte, war der Gustav Adolfs" (an Brandes 1888). Sein Vater wird 1813 geboren am selben Tag, wo Napoleon in die kleine sächsische Landstadt einzieht, in welcher der Großvater als Superintendent lebt. Nietzsche verschmäht es nicht, in seinem kleinen Lebensbericht für Brandes anzumerken, sein Pulsschlag sei so langsam gewesen, wie der des ersten Napoleon: gleich sechzig. (Wie er denn sogar in den „physiologischen Niederträchtigkeiten" seiner Krankheitsanfälle „eine Abundanz von Symbolik und Sinn empfindet".) Die Urgroßmutter kommt in Goethes Jugendtagebuch vor. Ins Buch der Universität Leipzig trägt er sich 1865 zufällig gerade an dem Tage ein, an dem vor hundert Jahren Goethe sich in das Album eingezeichnet hatte; und der dreiundzwanzigjährige Student schreibt noch zwei Jahre später: „Ich kann nicht sagen, wie erfrischend dieses zufällige Ereignis auf mich wirkte; sicherlich war es ein gutes Omen für meine Leipziger Jahre, und die Zukunft hat dafür gesorgt, daß es mit Recht ein gutes Omen heißen konnte." Die in jedem Sinne entscheidende erste Begegnung mit Schopenhauers Hauptwerk vollzieht sich nicht ohne dämonische Überschattung; in einer Leipziger Altbuchhandlung findet er das ihm völlig fremde Buch: „Ich weiß nicht, welcher Dämon mir zuflüsterte: nimm dir dies Buch mit nach Hause. Es geschah jedenfalls wider meine sonstige Gewohnheit, Büchereinkäufe nicht zu überschleunigen." Das schreibt schon der Leipziger Student. In derselben Zeit heißt es an Rohde: „Wie sehr wir beide wirklich dieselbe Straße ziehn, ist mir wieder an einem wirklich amüsanten Synchronismus klar geworden; wir trieben nämlich genau zur selben Zeit Romantik und sogen mit gieriger Nase anheimelnde und verwandte Düfte, ohne daß der eine von des andern immerhin abnormer Beschäftigung wußte" (abnorm — denn man schrieb 1868). „So etwas Zufall zu nennen, wäre Sünde wider den heiligen Geist Schopenhauers." Nach dem Erscheinen der Geburt der Tragödie: „Die erste Anzeige meines Buches ist auch erschienen und sehr gut ausgefallen — aber wo? In der italienischen Rivista Europea! Das ist hübsch und symbolisch!" Das Wagnererlebnis scheint dem späten Nietzsche besonders reich an solchen vordeutenden Fügungen. Als der Basler Jünger zum erstenmal nach Tribschen kommt und vor dem Eintritt in das Landhaus lange draußen stillsteht, hört er von drinnen einen immer wiederholten schmerzlichen Akkord: es war, wie Nietzsche später entdeckt, die Stelle aus dem dritten Akt des Siegfried: „Verwundet hat mich, der mich erweckt." „Durch ein Wunder von Sinn im Zufall" kommt gleichzeitig mit der Übersendung des voltairischen Menschlichen Allzumenschlichen an Wagner bei Nietzsche ein schönes Exemplar des Parsifaltextes an... „seinem teuren Freunde Friedrich Nietzsche, Richard Wagner, Kirchenrat". Diese Kreuzung der zwei Bücher — ihm ist es, als ob er einen ominösen Ton dabei hörte. „Klang es nicht, als ob sich Degen kreuzten? Jedenfalls empfanden wir es beide so, denn wir schwiegen beide." Die Schlußpartie des Zarathustra wird „genau in der heiligen Stunde fertig gemacht, in der Richard Wagner in Venedig starb.." Unüberhörbar sind die Obertöne der schicksalhaften Verbundenheit mit Wagner noch in den wenigen Zeilen gleich nach dem Empfang der Todesnachricht, an Gast: „Soeben kommt die Nachricht seines Todes aus Genua. Ich bin heute ohne allen Grund hierher gereist und kaufte eben, wider meine Gewohnheit, die eben erschienene Abendnummer des Caffaro. Mein erster Blick fällt auf das Telegramm aus Venedig." Das Erdbebenschicksal Ischia's erschüttert ihn auf eine ganz besondere „eigene schauerliche Weise: diese Insel lag mir so in den Sinnen: wenn Sie Zarathustra II zu Ende gelesen haben werden, wird dies Ihnen deutlich sein, wo ich meine glücklichen Inseln suchte. ‚Cupido mit den Mädchen tanzend' ist nur in Ischia sofort verständlich... Kaum bin ich mit meiner Dichtung fertig, bricht die Insel in sich zusammen." Und ganz im Banne dieser mystischen Zusammenhänge fügt er unmittelbar an: „Sie wissen, daß in der Stunde, in der ich den ersten Zarathustra im Druckmanuskript vollendete, Wagner gestorben ist. Diesmal bekam ich in der entsprechenden Stunde Nachrichten, die mich so empörten, daß es wahrscheinlich in diesem Herbst ein Pistolenduell gibt" (1883 an Gast). In den letzten Briefen aus der euphorischen Jahreswende um Weihnachten 1888 steigert sich dieser Mystizismus: „Es gibt keine Zufälle mehr: wenn ich an jemand denke, tritt ein Brief von ihm höflich zur Tür herein..." „Es gibt jetzt in meinem Leben Curiosa von Sinn im Zufall, die nicht ihresgleichen haben..."

Nicht anders sieht Nietzsche auch die Orte und Aufenthalte seiner Wahl — seine „Residenzen" — mit Vorliebe ahnenhaft überschattet; ja, er trifft seine Wahl gelegentlich geradezu aus dem Bedürfnis nach solchen bedeutsamen und bestärkenden Erinnerungen. In Rom verdrießt ihn dieser für den Dichter des Zarathustra unanständigste Ort der Erde über die Maßen: „Ich versuchte loszukommen, — ich wollte nach Aquila, dem Gegenbegriff von Rom, aus Feindschaft gegen Rom gegründet, wie ich einen Ort dereinst gründen werde, die Erinnerung an einen Atheisten und Kirchenfeind comme il faut, an einen meiner Nächstverwandten, den großen Hohenstaufenkaiser Friedrich den Zweiten. Aber es war ein Verhängnis bei dem allen: ich mußte wieder zurück. Zuletzt gab ich mich mit der Piazza Barberini zufrieden, nachdem mich meine Mühe um eine antichristliche Gegend müde gemacht hatte." „Ich bin also wieder in meiner guten Stadt Turin, dieser Stadt, welche auch Gobineau so sehr geliebt hat — wahrscheinlich gleicht sie uns beiden." „Zuletzt muß ein Energie gebendes Element hier, in Turin, in der Luft sein: wenn man hier heimisch ist, wird man König von Italien..." Über die in Genua vollendete Morgenröte schreibt er an Gast, nicht viele Bücher hätten soviel Inhalt: „Rede ich jetzt als Vater des Buchs? Ich glaube nicht. Meine drei Genueser Schutzpatrone Columbus, Mazzini und Paganini haben, wie mir scheint, etwas die Hand im Spiele gehabt." In der Zarathustrazeit wünscht er sich ein Holzhaus auf der Halbinsel Chasté im Silser See zu erbauen, „auf der einst ein römisches Kastell gestanden hat" — in Wahrheit weiß man dort nur von kärglichen Resten einer mittelalterlichen Burg —, ähnlich wie schon der junge Mulus auf seiner ersten Rheinreise Römerstraßen oder Trümmer römischer Kastelle zu betreten liebte. 1885 möchte er am liebsten nach Korsika „und zwar nach Corte, meiner Residenz, wie sie als solche schon seit vier Jahren mir im Kopfe spukt. Dort ist Pasquale Paoli Herr der Insel gewesen, der wohlgeratenste Mensch des vorigen Jahrhunderts; dort ist die Stelle für ganz große Konzeptionen (Napoleon wurde dort, 1768, konzipiert: in Ajaccio ist er nur geboren!)". Ein Jahr später abermals: „Corte ist die Stadt der Empfängnis Napoleons... Scheint es nicht, daß eine Wallfahrt dorthin eine geziemende Vorbereitung für den ‚Willen zur Macht. Versuch einer Umwertung aller Werte' ist?" Und die Landschaft des Engadin empfindet er sogar, „mit angenehmem Grausen", als doppelgängerisch, „mir innig vertraut und blutsverwandt, ja noch mehr".

Zuletzt gedenkt man hier auch der vielen, das eigene Leben stilisierenden Rückdatierungen; sie sind für Nietzsche typisch, diese Zurückschiebungen gewisser Eindrücke oder geistiger Erlebnisse in die Morgendämmerung seines Daseins, die Versuche, schon das Kind, in einem besonders schweren Sinn des Goethewortes, als des Mannes Vater erscheinen zu lassen. Das eigene Leben wird durch diese Vertiefung des Fernblicks ins früh Verdämmernde gewissermaßen nach rückwärts verlängert, in die Luft eigener Ahnenschaft getaucht und verzaubert. „In einer absurd frühen Zeit, mit sieben Jahren", wußte er bereits, daß ihn „nie ein menschliches Wort erreichen werde." „Mit Byrons Manfred muß ich tief verwandt sein: ich fand alle diese Abgründe in mir, — mit dreizehn Jahren war ich für dies Werk reif." An die Schwester schreibt er einmal, die Gestalt seines Zarathustra habe er schon als Kind im Traum gesehen. Ein andermal: „Mit zwölf Jahren habe ich Gott in seinem Glanze gesehen" — Äußerung eines halbbewußten starken Drangs nach Selbstausdichtung ins legendenhaft Typische, Religionsstifterliche; wie er denn auch wirklich einmal, als fünfhunderttausend christliche Gesangbücher mit einer, wie ihm scheint, boshaften Symbolik den Druck des Zarathustra verzögert hatten, nur halb selbstironisch an Gast schreibt: „Das sind ganz ‚religionsstifterliche Erlebnisse'!" Bereits als dreizehnjährigem Knaben geht ihm das Rätsel vom Ursprung des Bösen nach: ihm widmet er, in einem Alter, wo man „halb Kinderspiele, halb Gott im Herzen" hat, sein erstes literarisches Kinderspiel, seine erste philosophische Schreibübung — „und was meine damalige ‚Lösung' des Problems anbetrifft, nun, so gab ich, wie es billig ist, Gott die Ehre und machte ihn zum *Vater* des Bösen. Wollte es gerade so mein

‚A priori' von mir?" fügt Nietzsche höchst bezeichnend hinzu, „jenes neue, unmoralische, mindestens immoralistische A priori ... dem ich inzwischen immer mehr Gehör und nicht nur Gehör geschenkt habe?" Als er 1882 in Naumburg der Schwester den Parsifal vorspielt, überfällt ihn eine seltsame Doppelgängerempfindung: ganz diese Art Musik, weiß er plötzlich, hat er als Knabe gemacht, damals, als er sein „Oratorium" komponierte — „und nun habe ich die alten Papiere hervorgeholt", schreibt er ganz erregt an Gast, „und, nach langer Zeit, wieder abgespielt: die Identität von Stimmung und Ausdruck war märchenhaft! Ja, einige Stellen, zum Beispiel der Tod der Könige, erschienen uns beiden ergreifender als alles, was wir uns aus dem Parsifal vorgeführt hatten, aber doch ganz parsifalesk! Ich gestehe: mit einem wahren Schrecken bin ich mir wieder bewußt geworden, wie nah ich eigentlich mit Wagner verwandt bin". „Als Knabe war ich Pessimist, so lächerlich dies klingt," lautet eine Aufzeichnung in den Vorredenstudien der letzten Jahre; „einige Zeilen Musik aus meinem zwölften, dreizehnten Lebensjahre sind im Grunde von allem, was ich an rabenschwarzer Musik kenne, das Schwärzeste und Entschiedenste. Ich habe bei keinem Dichter oder Philosophen bisher Gedanken und Worte gefunden, die so sehr aus dem Abgrunde des letzten Neinsagens heraus kämen." Selbst eine Art Abkehr von Wagner sieht ein Rückblick derselben Zeit schon früh vorgedeutet: „Als Knabe liebte ich Händel und Beethoven: aber Tristan und Isolde kam, als ich fünfzehn Jahr alt war, hinzu als eine mir verständliche Welt. Während ich damals den Tannhäuser und Lohengrin als ‚unterhalb meines Geschmacks' empfand: — Knaben sind in Sachen des Geschmacks ganz unverschämt stolz."

Endlich zeigt sich das Bedürfnis nach solch vertiefender Zurückdatierung sogar im Verhältnis zu den eigenen Büchern, von denen er in der zweiten Vorrede zum „Menschlichen" 1886 sagt: „Alle meine Schriften sind, mit einer einzigen, allerdings wesentlichen Ausnahme zurückzudatieren; — sie reden immer von einem Hinter-mir..." Das ist die Neigung des Ecce homo, welche dort bewußt eine künstliche Perspektive, einen gewollten Abstand zu sich selber schafft, um das Recht zur eigenen Legende zu gewinnen, um das noch im Fleische wandelnde Ich schon als Ahnherrn seiner künftigen geistigeren Gestalt sehen zu dürfen.

Diese besondere Neigung und Fähigkeit, in Ahnenform zu denken und anzuschauen, sich anzuschauen vor allem, verrät, bis in jene kleinsten Züge, daß sie eine Sache des Instinktwillens ist, keine rückschauende Liebhaberei des zum Historiker Erzogenen. Denn ersichtlich unterscheidet sich Nietzsches stolzer oder ehrfürchtiger Ahnenkultus völlig sowohl von einer bloß historizistischen Neigung wie von einer dulderisch gestimmten Determiniertheit, einem Gefühl des lastenden Erbgeschicks, das gerade in den Jahren seiner Schaffenskraft, unter dem Einfluß darwinistischer Vorstellungen, die Mode des öffentlichen Denkens vielfach bestimmte. Noch weniger als für Goethe hat jenes „So mußt du sein, dir kannst du nicht entfliehen" für Nietzsche in irgendeiner seiner Epochen etwas fatalistisch Lähmendes. Wohl wird er immer entschiedener Fatalist, je näher er dem Fatum kommt, das hinter dem Ecce homo lauert. Aber es ist ein tätiger Fatalismus, ist jener nicht resignierte, sondern genesungsfrohe amor fati, der auch seine Stellung zu aller „Krankheit", aller Unzulänglichkeit seines Lebensablaufs kennzeichnet. Zweierlei hebt seinen Ahnenglauben über bloßen Determinismus entscheidend hinaus. Einmal der starke Willensbefehl einer Jahrhundert-Verantwortung, jener Wille zur Autorität, zur Verantwortlichkeit auf Jahrhunderte hinaus, zur Solidarität von Geschlechterketten vorwärts und rückwärts in infinitum; die in Geschlechterfolgen denkende Verantwortlichkeit, welche in dem erzieherischen Idol, dem hinaufziehenden Phantasma des Zarathustra sich ihr Bild schafft, und die ihre höchste fordernde Formel in dem Worte Übermensch findet. „Dort wars auch, wo ich das Wort Übermensch vom Wege auflas, und daß der Mensch ... eine Brücke sei", aus bejahter Vergangenheit hinüber in das größere Ja seiner Zukunft. Zum andern aber wird jeder Rest von Determinismus im passiven, entsagenden Sinne vernichtet durch die völlige Willenshaltung nicht nur zum Künftigen, sondern auch zum Vergangenen; durch einen seherisch überglänzten Willen zur Erlösung des Vergangenen, eine Erlösung, in der alles Einst nicht verneint, sondern gesteigert wird. Vor diesem Willen ist Vergangenheit nicht nur ein Gleichnis und zaghafter Vortraum künftiger Möglichkeiten; sie ist eine Schöpfung des Seher-Dichters selbst, nicht eine Auslegung nur, sondern eine Wahrdichtung. Das Romantikerwort vom Historiker als dem rückwärts gekehrten Propheten vertieft sich erst hier zum innersten Brunnengrund seines Sinnes; und Zarathustra, der sich selber befragt, ob er ein Versprechender sei oder ein Erfüller, ein Eroberer oder ein Erbender, ein Herbst oder eine Pflugschar, — ein Dichter oder ein Wahrhaftiger, antwortet sich selber: „Ich wandle unter Menschen als den Bruchstücken der Zukunft: jener Zukunft, die ich schaue. Und das ist all mein Dichten und Trachten, daß ich in Eins

dichte und zusammentrage, was Bruchstück ist und Rätsel und grauser Zufall ... als Dichter, Rätselrater und Erlöser des Zufalls lehrte ich sie an der Zukunft schaffen und alles, das *war* —, schaffend zu erlösen..."
Die Vergangenen zu erlösen und alles „Es war" umzuschaffen in ein „So wollte ich es!" — diese Erlösung und Erfüllung aller Ahnenehrfurcht durch einen handelnden Fatalismus, dies nicht gefühlstrunkene sondern wollende Gedächtnis macht die Haltung des Geschichtsforschers Nietzsche, des rückwärts gekehrten Propheten zu einem ganz einzigartigen Bild in der Geistesgeschichte. Kaum irgendwo anders in seinem Werk scheint jener Rausch der Vereinung, die Trunkenheit im Vereinen des nicht zu Vereinigenden, die sein romantisches Erbgut ist, zu einer so ergreifenden Willensverzückung gesteigert — es wäre denn im Verhältnis zur eigenen Vergangenheit, zur Krankheit und Unzulänglichkeit des eigenen Ichs. Das vermählungsfreudige Rauschgefühl der deutenden Mitte zwischen Vergangenem und Künftigem, das Brückenglück des hohen Mittags zwischen Einst und Dereinst ist auch nicht erst seit der Zarathustrazeit Nietzsche eigen und eigentümlich, wiewohl es hier und im letzten Jahre des Ecce homo zur Verzückung erhöht und verwandelt wird; mit vollkommener Klarheit wird bereits in der Zweiten Unzeitgemäßen das „Maß der Mitte", der höchsten Kraft der Gegenwart und des göttlichen Augenblicks an die Vergangenheit gelegt, wird schon hier der echte Geschichtsdeuter als rückwärts und aufwärts gerichteter Prophet gefordert und gepredigt; „Wer nicht einiges größer und höher erlebt hat als alle, wird auch nichts Großes und Hohes aus der Vergangenheit zu deuten wissen. Der Spruch der Vergangenheit ist immer Orakelspruch: nur als Baumeister der Zukunft, als Wissende der Gegenwart werdet ihr ihn verstehen." „Nur aus der höchsten Kraft der Gegenwart dürft ihr das Vergangene deuten." „Jetzt geziemt sich zu wissen, daß nur der, welcher die Zukunft baut, ein Recht hat, die Vergangenheit zu richten." Und mit reifer Klarheit stellt die Fröhliche Wissenschaft nicht die Forderung, aber das Gesetz auf, daß jeder große Mensch eine rückwirkende Kraft habe: „Alle Geschichte wird um seinetwillen wieder auf die Wage gestellt, und tausend Geheimnisse der Vergangenheit kriechen aus ihren Schlupfwinkeln, hinein in *seine* Sonne. Es ist gar nicht abzusehen, was alles einmal noch Geschichte sein wird" — das ist Nietzsches entscheidendste geschichtsphilosophische Wendung. „Die Vergangenheit ist vielleicht immer noch wesentlich unentdeckt! Es bedarf noch so vieler rückwirkender Kräfte!" Der Geschichtsschreiber

beschreibt nicht Geschichte, er schafft das Geschehene: Geschichte ist Schöpfung, Gewesenes ist Werden. „Zarathustra will keine Vergangenheit der Menschheit *verlieren*, alles in den Guß werfen" lautet ein Satz des nachgelassenen Materials zum Zarathustra; will „einem neuen Geiste die alten Opfer bringen, die alte Seele durch einen neuen Leib umwandeln."

Nietzsches mißtrauisches Verstandesgewissen erlaubt ihm indessen nicht, die Gefahren zu übersehen, die aus solchem Schmelz- und Verwandlungswillen, aus solchem hohen Wunsch zur Deutung und Entdeckung des Vergangenen unvermeidlich mit erwachsen. Wie, wenn das Wissen um die totenerweckende Magie solcher rückwirkenden Kraft den Wunsch nach ihrem Besitz erweckte, ihr Besitz zum Gebrauch als Mittel zu persönlichen, nur-persönlichen Zielen verführte? Wenn es zuletzt, verborgen, halbbewußt, eine Magie des abgefeimtesten Ehrgeizes, eine schwarze Magie würde, die tausend Geheimnisse der Vergangenheit aus ihren Schlupfwinkeln gerade in die eigene Sonne zu locken? Wie, wenn der orphische Seelenführer und -Entführer, der Schatten aus dem Hades aller Vergangenheit zum listigen Rattenfänger würde, der die erweckungssüchtigen Seelen insgesamt in den Zauberberg der eigenen Verherrlichung zwänge? Dieser böseste Verdacht war Nietzsche nicht fremd. Die Geistesgeschichte seines Jahrhunderts wies ihm mehr als ein Schaubeispiel der großartigen perspektivischen Vergewaltigung alles Vergangenen durch einen mächtigen Willen, einen deutenden und toteweckenden philosophisch-künstlerischen Willen, der alle Wege des Einst perspektivisch auf sich zuwandern wähnt, der die Wasser alles Gewesenseins durch die Stromenge seines Ich gebieterisch hindurchbrausen läßt. Für die Geistigkeit der frühen goethenahen Romantik, deren Enkel und Erbe Nietzsches Gedanke ist (ohne jemals zu ahnen bis zu welchem Grade innerer Identität), für sie war es ein Grunderlebnis, daß, mit Novalis, die Welt ursprünglich ist wie ich sie will; daß die Welt eine ursprüngliche Fähigkeit hat, durch mich belebt zu werden. In Schopenhauers stolz ehrfürchtiger Aufstellung einer geistigen Ahnentafel, die sich in der Welt als Wille und Vorstellung großartig vereinigt — Goethe und Kant, Platon und Indien —, noch mehr in Hegels herrscherlichem Pyramidenaufbau der geistigen Welt von oben her, zum eigenen Gipfelstandort herauf, hatte Nietzsche die denkbar mächtigsten und gefährlichsten Bilder einer solchen Unterjochung des Vergangenen durch geistige Gewaltherren vor sich. Und in seiner allernächsten, schmerzhaft persönlichen Nähe überdies das Schauspiel eines ungeheuren Künstlerehrgeizes nach einer legitimen geistigen Ahnentafel, einer fast theologischen Unterbauung der eigenen Frohen Botschaft, zu der immer auch irgendein Altes Testament mit vordeutenden Gestalten und typologischen Ahnungen gehört. Mehr als alles: Nietzsche weiß und spürt diesen Versucher in sich. Er weiß um die Versuchungen Zarathustras, um den brennend eifersüchtigen Wunsch Catilinas, sich selber noch als Cäsar zu sehen, den tragischen Neid aller Vorläuferschaft auf den Erben, ihren eigenen Erben — „wenn ich mein Enkel gewesen wäre!" war der verräterische Seufzer Napoleons am Ende seiner Bahn — und er selber kennt aus menschlichster Nähe das schier Übermenschliche des großen Johannesverzichtes, den die Schrift den Täufer tun läßt: „Er muß wachsen, ich aber muß abnehmen..." Er weiß um den unlöschbaren bösen Macbeth-Ehrgeiz, der nicht nur die Zukunft, sondern auch die Vergangenheit erobern und vergewaltigen möchte. „Vor allem heißt es sich des Geistes versichern, in dem Geschichte geschrieben werden soll", war die Maxime des korsischen Cäsar Catilina. Das ist die verschlagenste Weisheit des Ehrgeizes, wie das „Menschliche" sie durchschaut: „Weil die Menschen eigentlich nur alles Altbegründete, Langsamgewordene achten, so muß der, welcher nach seinem Tode fortleben will, nicht nur für Nachkommenschaft, sondern noch mehr für seine *Vergangenheit* sorgen, weshalb Tyrannen jeder Art (auch tyrannenhafte Künstler und Politiker) der Geschichte gern Gewalt antun, damit diese als Vorbereitung und Stufenleiter zu ihnen hin erscheine." Dieser großartig zweckbewußte Wille zur Vergangenheit, zur geistigen Ahnentafel veranschaulichte sich samt seinen Gefahren für Nietzsche am deutlichsten im Bilde Wagners, dieses nach den Wonnen der Legitimität durstigsten Condottieres, den der Bereich der Kunst jemals gesehen. Schärfer noch auf Wagner zielend verdichtet den Gedanken eine andere Stelle des „Menschlichen": „Es gibt so anmaßende Menschen, daß sie eine Größe, welche sie öffentlich bewundern, nicht anders zu loben wissen, als daß sie dieselbe als Vorstufe und Brücke, die zu *ihnen* führt, darstellen." Endlich wird die Ahnensucht Wagners — in der hier Nietzsche schon dunkel die ihm selbst innewohnende Neigung und Gefahr befehdet, wie immer, wenn sein Stimmklang gereizt, seine Beobachtung rachsüchtig scharf wird — in den Vorarbeiten zu Richard Wagner in Bayreuth, merkwürdig früh, 1874, mit vollkommener Schonungslosigkeit gekennzeichnet: „Eine besondere Form des Ehrgeizes Wagners war es, sich mit den Größen der Vergangenheit in Verhältnis zu setzen: mit Schiller-Goethe, Beethoven, Luther, der griechischen Tragödie, Shakespeare, Bismarck. Nur zur Renaissance fand er kein Verhältnis; aber er erfand den deutschen Geist gegen den romanischen. Interessante Charakteristik des deutschen Geistes nach seinem Vorbilde." Noch in den Zarathustra ist das Bild dieser wagnerischen Herrschsucht über alles groß Vergangene hinübergenommen, die alles, was war, zu ihrer Brücke umdeutet: „Ein großer Gewaltherr könnte kommen, ein gewitzter Unhold, der mit seiner Gnade und Ungnade alles Vergangene zwänge und zwängte: bis es ihm Brücke würde und Vorzeichen und Herold und Hahnenschrei." Und so ist, bedeutsam, Zarathustras erstes Mitleid mit allem Vergangenen, daß er sieht: „es ist preisgegeben, — der Gnade, dem Geiste, dem Wahnsinne jedes Geschlechts preisgegeben, das kommt, und alles, was war, zu seiner Brücke umdeutet!" Aber sogleich wird wieder die Ahnenlosigkeit, die Ehrfurchtlosigkeit vor dem Vergangenen zur drohenden anderen Gefahr und zum anderen Mitleiden Zarathustras: „Wer vom Pöbel ist, dessen Gedanken geht zurück bis zum Großvater, — mit dem Großvater aber hört die Zeit auf. Also ist alles Vergangene preisgegeben: denn es könnte einmal kommen, daß der Pöbel Herr würde und in seichten Gewässern alle Zeit ertränke." Von beiden Gefahren erlöst kann das Vergangene nur durch ein Einziges werden: „Darum ... bedarf es eines neuen Adels, der allem Pöbel und allem Gewaltherrischen Widersacher ist."

Dieser neue Adel, gleich entfernt von Tyrannis wie von Pöbelherrschaft des Geistes, verkörpert sich Nietzsche eben in Zarathustra, dem sehnsüchtigen Wunsch- und Wahnbild eines tausendjährigen Vorläufers und Erben seiner selbst. In Zarathustra sieht er den Menschen einer geschichtlich-seherischen Einung, den Menschen des längsten Willens und der längsten Erinnerung; den neuen Wissenden, der sein leidvolles Wissen um alles Vergangene zum bejahenden Schauen des Künftigen steigert, den Dichter, der mit der verdichtenden Kraft seiner Schau die Vergangenheit beschenkt, um ihr verworrenes Bild ins Fruchtbare, Zukunftsvordeutende erhoben zu vereinfachen. Ein solcher Seher-Dichter wäre der eigentliche Übermensch, den Zarathustra lehrt, das ist der Mensch jener zukünftigen wahren Menschlichkeit, welcher vor Zarathustra schon in der Fröhlichen Wissenschaft als Vision erscheint; dort, wo der erste Ansatz solcher Menschlichkeit gerade in der „eigentümlichen Tugend und Krankheit des historischen Sinns" gefunden wird: der Mensch, der „die Geschichte der Menschen insgesamt als *eigne Geschichte* zu fühlen weiß ... der Mensch eines Horizonts von Jahrtausenden vor sich und hinter sich, als der Erbe aller Vornehmheit alles vergangenen Geistes und der verpflichtete Erbe, als der Adligste aller alten Edlen und zugleich der Erstling eines neuen Adels, dessen gleichen noch keine Zeit sah und träumte: dies alles auf seine Seele nehmen, Ältestes, Neuestes, Verluste, Hoffnungen, Eroberungen, Siege der Menschheit; dieses alles endlich in Einer Seele haben und in Ein Gefühl zusammendrängen: — dies müßte doch ein Glück ergeben, das bisher der Mensch noch nicht kannte, — eines Gottes Glück voller Macht und Liebe, voller Tränen und voll Lachens ... dieses göttliche Gefühl hieße dann — Menschlichkeit!"

Damit ist, in letzter kühner Hinaufwendung, ein äußerster Triumph jenes „Versöhnens zwischen Kontrasten" erobert, durch das Nietzsche seine Familienart gekennzeichnet fand; eine der vorbildlichen Synthesen geschlossen, an denen seine Denkerleidenschaft ihre tiefsten Beglückungen erlebt. In der Idee höchster Menschlichkeit schaut er die Vereinigung von Geschichte und Weissagung, im Bild des Neuen Adels Ahnentafel und Kinderland. Das ist der Sinn von Nietzsches Selbstbezeichnung als des ersten Aristokraten, dies die eigentliche Füllung seines Selbstwiderspruchs, daß es erst von ihm ab historischen Sinn gebe (gegen dessen lebenerdrosselndes Übermaß seine Anfänge selber protestiert hatten). Rückwärts gerichtete Prophetie, vorwärts gesandte Ahnensehnsucht — das ist Nietzsches göttliches Gefühl der Menschlichkeit. Das Ich reif und verantwortungsbewußt die ganze Last menschlicher Überlieferung tragend, höchster Wölbepunkt der zwischen Einst und Dereinst schwebenden Brücke, göttlicher Augenblick „auf hohem Joche", gleich Zarathustra, „zwischen zwei Meeren, zwischen Vergangenem und Zukünftigem als schwere Wolke wandelnd", — das ist Nietzsches Mensch der eigentlichen zukünftigen Menschlichkeit. In seinem Sinn ist der Dichter der Schöpfer der Vergangenheit, der Stifer alles dessen, was bleibt; der Wissende aber und Weise ist der Prediger und Sucher des Künftigen: „Wer über alte Ursprünge weise wurde", sagt Zarathustra, „siehe, der wird zuletzt nach Quellen der Zukunft suchen und nach neuen Ursprüngen." Das Vergangene zu erlösen, indem man es als zukunftstragend bejahend deutet; am Künftigen zu bauen, indem man ihm die gläubigen Kräfte der Jahrhunderte als dauerschenkende Krypta unterwölbt — damit geschieht die großartige Verschmelzung der frühen „philologischen" Ideale Nietzsches mit dem dionysischen Traumrausch des fordernden Zarathustrawillens. Geschieht eine Vermählung, kein Vermitteln der scheinbaren Gegensätze, ganz im Endsinn jener reinen „humanistischen" Menschlichkeit, von der Nietzsches früheste Bildung ausging und in die er mit dem Besten seiner Wirkungen wiederum einmündet und fortlebt — einer goethischen neidlosen Menschlichkeit, neidlos, weil einzig sie ein menschlich Höchstes zugleich bewahren und fruchtbar steigern darf: das Gedächtnis, diese edelste rücklenkende Kraft, die allein uns, zur platonischen Erinnerung erhöht, nach rückwärts wie nach vorwärts mit dem zeitlos Göttlichen verbindet.

# RITTER, TOD UND TEUFEL

> „.. Der Ritter, Herr, seid Ihr!
> .. Er fühlt der Zeiten ungeheuren Bruch..
> In seiner Seele kämpft, was w i r d und w a r,
> Ein keuchend hart verschlungen Ringerpaar.
> Sein Geist ist zweier Zeiten Schlachtgebiet —
> Mich wundert's nicht, daß er Dämonen sieht!"
>
> Conrad Ferdinand Meyer,
> Huttens letzte Tage.

Der romantische Nordmensch will, gleich Schopenhauers Metaphysik, das Weltwesen zuletzt als Musik erhorchen, nicht als Gestalt erschauen. Nietzsche, der sich selbst „zu sehr Musiker ist, um nicht Romantiker zu sein", war nicht so unsinnlich, wie man gesagt hat. Aber er bekennt selbst: ich bin sehr unplastisch. „Dargestellte historische Bilder, der Mensch in seiner Bewegung bleibt mir ewig fern." Nur Landschaftsbilder vermögen ihn „ruhig und erwartungsvoll" zu stimmen; sie versetzen ihn in den erhöhten Zustand unbestimmt hoffnungsvoller Euphorie, die seinen schöpferischen Zeiten vorauszugehen pflegt. Fern bleibt alle bildende Kunst, bleiben ihre gegenwartfrohen Beglückungen diesem sucherischen und verwandlungsüchtigen Geiste, diesem nach innen gerichteten Musikerblick. Man suchte vergebens nach dem kleinsten Zeugnisse eines Eindrucks, den etwa der gewaltige doppelchörige Raum des heimatlichen Naumburger Domes, mit seinen adligen und strengen romanischen Stiftersteinbildern, auf den Knaben gemacht haben möchte; kein Hauch der gotischen Klosterstimmung Schulpfortas. In den plauderlustigen Briefen des jungen Bonner Studenten, in den mit musikfrohen Einzelheiten beladenen Berichten über die Fahrten nach Köln — nicht ein Wort etwa vom Dominnern, oder von den schönsten romanischen Baubildern diesseits der Alpen. Aus Basel hören wir nichts über die so eigentümliche bauliche Erscheinung dieser alten Reichs- und Bürgerstadt; hören nicht einmal den großen Namen, der dem Seelendeuter Nietzsche nicht weniger als dem Überdeutschen wahlverwandt hätte erklingen müssen, wäre er im mindesten augenhaft geartet gewesen — den Meisternamen Hans Holbeins. Wenn in den Schriften Nietzsches, selten genug, einmal ein bestimmtes Gemälde genannt wird, etwa von Rafael, so geschieht es ausschließlich, um daran psychologisch-philosophische Erkenntnisse gleichnishaft in schopenhauerscher Art zu verdeutlichen, und niemals, wie doch bei musikalischen Beispielen, mit dem Unterton dankbarer Beglücktheit. Selbst die einzige malerische Liebe seines Lebens, die zu den Landschaften Claude Lorrains, ist ja seltsam unsinnlich und gleichnisfroh; niemals nennt er ein bestimmtes Bild dieses Meisters, und immer ist es der Typus, die Idee „Claude Lorrain", welche ihn beschäftigt: seine Bilder „geben ihm zu denken", wie er aus Rom schreibt. Ein „dichterischer Claude Lorrain" ist es, nach dem „sein Herz ihn verlangen heißt" (im Menschlichen Allzumenschlichen.) In allem dem ist Nietzsche ganz und gar der Enkel der lutherischen Reformation, welche, auch wo sie sich nicht im Symbol des Bildersturms äußerte, doch dem deutschen Menschen die heitere Augenfreudigkeit seines Mittelalters geraubt hat und ihn dafür mit dem Heimweh des Ohres, dem unstillbaren und jenseitigen Durst nach Musik beschenkte.

Nur von einer einzigen bildlichen Darstellung wissen wir, daß Nietzsches Herz an ihr gehangen hat durch lange Jahre hindurch, nur von einer, daß er sie als ein bestes Stück seiner selbst betrachtet und verehrt hat: es ist Albrecht Dürers Stich von Ritter, Tod und Teufel, aus dem Jahre 1513, als Luther nach den Erschütterungen seiner Romreise mit den langsam wachsenden Gesichten seines künftigen Sehertums kämpfte. Es ist das einzige, zu einer bestimmten Gestalt verdichtete Geschenk, das die bildende Kunst dem großen Halbblinden, dem tonsüchtigen romantischen Sokrates jemals hat machen dürfen; und er hat es mit einer Art von Erschütterung als selbstbiographisch, als ein Mahnzeichen seiner selbst empfunden, wie man nur Dinge empfindet, die einen Schnittpunkt verschiedener lebenswichtigen Kurven, entscheidender Linien der eigenen Bahn gleichsam gespenstisch versinnlichen.

„Ein hiesiger Patrizier," meldet er 1875 aus Basel an Malwida, „hat mir ein bedeutendes Geschenk in einem echten dürerschen Blatte gemacht; selten habe ich Vergnügen an einer bildnerischen Darstellung, *aber dies Bild ‚Ritter, Tod und Teufel' steht mir nahe, ich kann kaum sagen wie. In der Geburt der Tragödie habe ich Schopenhauer mit diesem Ritter verglichen; und dieses Vergleiches wegen bekam ich das Bild."* Aus der

Zeit der „Geburt" stammt denn auch die erste Neigung Nietzsches zu diesem Dürerblatt; und zwar war es Wagner, von dem, wie zu so viel Entscheidendem für Nietzsche, auch hier der Anstoß gegeben wurde. Aus schopenhauerschen Gedankengängen und Erinnerungen heraus beschäftigen Wagner in Tribschen die beiden Blätter des „Ritters" und der „Melancholie". Beide erhält er von dem Basler Freunde und Jünger als eine Morgengabe ihrer jungen musikalisch-philosophischen Freundschaft.

Weihnachten 1870 bringt Nietzsche als Geschenk für Wagner „ein von ihm längst gewünschtes Lieblingsblatt von Albrecht Dürer" nach Tribschen mit: dies Lieblingsblatt war „Ritter, Tod und Teufel", das ihm durch einen glücklichen Zufall in die Hände gekommen, wie er an Mutter und Schwester berichtet. Von da an begleitet das Blatt auch Nietzsches äußeres Leben. Er schenkt es dem Freunde und kritischen Theologen Overbeck, als eine Art von Wahr- und Mahnzeichen gemeinsamer christlich-unchristlicher Wahrheitsritterschaft. Und als nach Jahren die Schwester nach dem fernen Paraguay auswandert, wo „eine tapfere Zukunft" sie erwartet, da glaubt Nietzsche wiederum nichts Besseres, nichts eindringlicher Gleichnishaftes als Hochzeitsgeschenk und Reisesegen mitgeben zu können, als eben das dürersche Blatt vom geharnischten Ritter zwischen Tod und Teufel.

Was fesselte den jungen Nietzsche so magisch gerade an dieses Blatt (während wir bezeichnenderweise zu der durch Wagners Vorliebe ebenfalls nahegelegten „Melancholie" außer Anklängen in zwei Gedichten vom Juli 1871 keinerlei Zeugnisse Nietzsches besitzen), welcher Zauber hielt noch den über Schopenhauer und Wagner hinauswachsenden daran gebunden? Die früheste Antwort Nietzsches darauf ist zugleich die wichtigste: es ist die Stelle der Geburt der Tragödie, um derentwillen er das Blatt aus dankbaren Basler Händen erhielt, ist die Stelle des Erstlingswerkes, welche von Cosima Wagner am meisten bewundert wurde. In der Tat bezeichnet sie genau und bildnerisch verdichtet gerade den fruchtbaren seelischen Augenblick, in dem die Verbindung von Schopenhauers Metaphysik mit Wagners Musikwillen in Nietzsches Geist möglich wurde. Sie entsteht ganz aus der seelischen Lage, die Nietzsches Brief an Rohde vom Oktober 1868 kennzeichnet: „Mir behagt an Wagner, was mir an Schopenhauer behagt, die ethische Luft, der faustische Duft, Kreuz, Tod und Gruft .." — eine Gesamtstimmung, die einige Monate später in Nietzsches Brief zu Wagners Geburtstag dankbar in die Worte gefaßt wird: „Ihnen und Schopenhauer danke ich es, wenn ich bis jetzt festgehalten habe an dem germanischen Lebensernst, an einer vertieften Betrachtung dieses so rätselvollen und bedenklichen Daseins." Aus dem „germanischen Lebensernst" dieser Frühjahre Nietzsches, aus der Überschattung Schopenhauers und des schopenhauerisch gesteigerten Wagner ist die bedeutsame Dürerstelle der „Geburt" erwachsen, welche das Gefühl der Einsamen vergegenwärtigen will, der sich, noch ohne den „neuen Glauben" an eine bevorstehende Wiedergeburt des hellenischen Altertums, ohne die Hoffnung auf eine Erneuerung des deutschen Geistes durch den Feuerzauber der Musik, inmitten der Wildnis unserer ermüdeten Kultur vergebens nach „Zukünftigem" umsieht:

„Da möchte sich ein trostlos Vereinsamter kein besseres Symbol wählen können, als den Ritter mit Tod und Teufel, wie ihn uns Dürer gezeichnet hat, den geharnischten Ritter mit dem erzenen, harten Blicke, der seinen Schreckensweg, unbeirrt durch seine grausen Gefährten, und doch hoffnungslos, allein mit Roß und Hund zu nehmen weiß. Ein solcher dürerscher Ritter war unser Schopenhauer: ihm fehlte jede Hoffnung, aber er wollte die Wahrheit. Es gibt nicht seinesgleichen" (Geburt der Tragödie). Dies Gleichnisbild wird ergänzt in Aufzeichnungen zu einem späteren Entwurf der „Geburt der Tragödie", 1871: „.. Der germanische Pessimismus — dabei starre Moralisten, Schopenhauer und kategorischer Imperativ! .. Wir *brauchen* eine besondere Art der Kunst. .. Dürers Bild vom Ritter, Tod und Teufel als Symbol unseres Daseins". Die beiden Stellen geben zusammen die ganze sittliche Haltung des frühen Nietzsche: „Kreuz, Tod und Gruft" sowohl wie auch bereits den latenten Lebenswillen, den moralistisch starren Trotz, der im Begriff des germanischen Pessimismus zu liegen scheint; die schopenhauerische Todesromantik wie den Wahrheitsmut schlechthin; den jungendlichen Rausch schmerzlich-wissender „Hoffnungslosigkeit" wie die besondere Art der Kunst, die daraus erwächst; Kantischer Imperativ und Luthersches Doch — und zuletzt noch die beiden Dämonen jener siebenten Einsamkeit, jener verhängnisvoll „protestantischen" Vereinzelung des Individuums, welcher Luther einmal die tapfer verzichtenden Worte gibt: „Euer Leben ist eine Ritterschaft .. Jeder muß in eigner Person geharnischt und gerüstet sein, mit dem Teufel und Tode zu kämpfen .. Ich werde dann nicht bei dir sein, noch du bei mir .." Dämonen jenes bösen Willens zur Erkenntnis, der ein „Wille zum Tode" sein muß — „Das Begreifen ist ein Ende", das Wissen *ist* der Tod.

All das wittert und gewittert für Nietzsche aus der großartigen Düsternis dieses Blattes, das so überaus deutsch und so nietzschehaft überdeutsch ist, selbst noch in der Zwiespältigkeit seines halb künstlerischen, halb philosophisch - humanistichen Entstehens, selbst noch in der rein formalen Zwitterhaftigkeit, die es aus Studien nach Lionardo da Vinci und Mantegna und wiederum aus der phantastischen Freude an nordischem Teufelsspuk, nordischer Waldeinsamkeit und Burgenromantik entstehen ließ, wie einen Vorklang vom verwandten Werdegeschick der größten deutschen Dichtung. Vor allem aber ist es das Bild des schlechthin „Mutigen", das Nietzsche an diesem Blatt aus der Stimmung der nahenden Reformation bezaubert, das stille und unbeirrbare „Dennoch" einer Seele, die ritterlich ihren dämonisch gewiesenen Weg „zwischen den Zeiten" wählt und verfolgt. Es ist der Ritter der Wahrheit (sei sie christlich oder unchristlich), der Wahrheit des Tapferen, der Wahrheit um jeden Preis, vor allem den Preis des eignen Glücks. Ein ganz unrevolutionärer Wahrheitsritter: ohne jeden Fanatismus also und ohne Haß, vielmehr ein reformatorischer, ein Ritter wie Hutten, wie der Luther von Worms, der allein dasteht und nicht anders kann, der hin muß, wo es zu bekennen gilt: „und wären soviel Teufel dort wie Ziegel auf den Dächern". Noch in einem Sinnspruch des Jahres 1884 heißt es von dem damals längst „überwundenen" Schopenhauer mit einem vielleicht nicht zufälligen wörtlichen Anklang an die lutherische Freiheit eines Christenmenschen, der, als Herr über alle Dinge, „niemandem untertan" ist:

> „Was er lehrte, ist abgetan;
> Was er lebte, wird bleiben stahn:
> Seht ihn nur an —
> Niemandem war er untertan!"

Und sogar noch die Genealogie der Moral von 1887 nimmt unverkennbar das Dürergleichnis aus der Geburt der Tragödie noch einmal auf, dort, wo sie von einem „wirklich auf sich gestellten Geist wie Schopenhauer" redet, einem „Mann und Ritter mit erzenem Blick, der den Mut zu sich selber hat, der allein zu stehn weiß".

Ein „Symbol seines Daseins" redet zu ihm, der immer „eine besondere Art der Kunst" nötig zu haben fühlte: das Symbol eines „germanischen Pessimismus", der weder skeptisch noch romantisch ist, sondern „reformatorisch", moralistisch, „Schopenhauer und kategorischer Imperativ",

Luther und Kann-Nicht-Anders. „Es gibt einen Willen zum Tragischen und zum Pessimismus", sagt die zweite Vorrede zum „Menschlichen", „der das Zeichen ebensosehr der Strenge als der Stärke des Intellekts (Geschmacks, Gefühls, Gewissens) ist. Man fürchtet, mit diesem Willen in der Brust, nicht das Furchtbare und Fragwürdige, das allem Dasein eignet; man sucht es selbst auf. Hinter einem solchen Willen steht der Mut, der Stolz, das Verlangen nach einem *großen* Feinde. Dies war *meine* pessimistische Perspektive von Anbeginn, — eine neue Perspektive, wie mich dünkt? .. Bis zu diesem Augenblicke halte ich an ihr fest .." So sieht der späte Nietzsche die beherrschende Perspektive seines Lebens. Hinter seinem ritterlichen Pessimismus steht von Anbeginn der *Mut*, der nicht das Furchtbare, den Tod, noch das Fragwürdige, den Teufel, scheut, sondern der es sucht, der es bejaht, der es will. Ein Mut, der das Tragische zum Dionysischen steigert, den Pessimismus zum Wiederkunftswillen, Schopenhauer zu Zarathustra. Das Bild solchen Mutes ahnte Nietzsche bei Dürer: er ahnte sich, indem er Schopenhauer zu sehen meinte. Wie das Blatt ihn als einziges begleitet, so begleitet und beherrscht ihn die Idee des geistig-geistlichen Muts, die Idee eines Templers der Wahrheit — der Wahrheit, die nicht tötet, sondern lebendig macht. „Was ist gut? Tapfer sein ist gut", fragt und antwortet Zarathustra, der den Menschen als das mutigste Tier verherrlicht: Mut — damit überwand er jedes Tier (und noch sich selber als Tier): „Mut aber ist der beste Totschläger, Mut, der angreift: Der schlägt noch den Tod tot, denn er spricht: War *das* das Leben? Wohlan! Noch Ein Mal!" „Ich bin meiner Art nach kriegerisch. Angreifen gehört zu meinen Instinkten", ergänzt und unterbaut Ecce homo das persönlicher. In einem Brief an die Mutter, kurz vor dem Zarathustra, spricht Nietzsche bereits von sich selber als dem wenn nicht Glücklichsten, so jedenfalls dem Mutigsten der Menschen, und nennt die „Morgenröte" eines der mutigsten Bücher, welche jemals geboren seien. „Drei Viertel alles Bösen, das in der Welt getan wird, geschieht aus Furchtsamkeit", sagt eben dies Buch selber, in dessen Paralipomena ganz protestantisch-templerisch eine „Religion der Tapferkeit" verlangt wird und die Forderung aufgestellt, die Wissenschaft müsse gefährlicher werden, mehr Aufopferung bedingen: „Ich will es dahin bringen, daß es der *heroischen* Stimmung bedarf, um sich der Wissenschaft zu ergeben." Nietzsche weiß, wie nur einer, um die Versuchungen, um den „Tod und Teufel" der Furchtsamkeit, aller Art Furchtsamkeit des Geistes. Die Wahrheit — das ist für ihn eine Frage des Mutes und eine Antwort des Mutes. „Auch in den Wissenschaften ist alles ethisch," klingt es bei Goethe vor; „man kann in ihnen eigentlich nichts wissen, es will immer getan sein." „Man hat nur spät den Mut zu dem, was man eigentlich *weiß*" — das ist einer der am häufigsten wiederholten und abgewandelten Sätze des letzten Nietzsche (er steht im Willen zur Macht). Die Götzendämmerung sagt es ähnlich: „Auch der Mutigste von uns hat nur selten den Mut zu dem, was er eigentlich *weiß*.." Ausführlicher an Brandes (Dezember 1887): „Es scheint mir mehr am Mute, am Stärkegrade seines Mutes gelegen, was ein Mensch bereits für ‚wahr' hält oder noch nicht. (Ich habe nur selten den Mut zu dem, was ich eigentlich weiß.)" Im selben Jahre an Overbeck: „Wenn ich nur den Mut hätte, alles zu *denken*, was ich weiß.." Endlich am schonungslosesten im Ecce homo: „Wieviel Wahrheit *erträgt*, wieviel Wahrheit *wagt* ein Geist? Das wurde für mich immer mehr der eigentliche Wertmesser. Irrtum ist nicht Blindheit, Irrtum ist Feigheit.." Und Geist hat nur Wert als tätige Blutzeugenschaft, nämlich als Kampf: „Die geistigsten Menschen, vorausgesetzt, daß sie die mutigsten sind, erleben auch bei weitem die schmerzhaftesten Tragödien; aber eben deshalb ehren sie das Leben, weil es ihnen seine größte Gegnerschaft entgegenstellt" (Götzendämmerung). Denn *alles* Entscheidende entsteht nur „trotzdem", wie Nietzsche noch im Ecce homo sich selbst anführt.

Der schärfste Vorwurf, den der reife Nietzsche dem Denker Schopenhauer macht, ist bezeichnend genug der — der Feigheit. Während er ihn 1870 im Bilde des dürerschen Ritters verehrt, als Vorbild jeglicher philosophischer Tapferkeit rühmt, wirft er ihm später vor, er habe jene größte Gegnerschaft des Daseins verschmäht, sich der Tragödie des eigenen Lebens entzogen: er habe nicht um der Wahrheit willen *leiden* wollen. „Ich finde Schopenhauer etwas oberflächlich in seelischen Dingen, er hat sich wenig gefreut und wenig gelitten; ein Denker sollte sich hüten, *hart zu werden*: woher soll er dann sein Material bekommen? Seine Leidenschaft für die Erkenntnis war *nicht groß* genug, um ihrethalben leiden zu wollen: er verschanzte sich" (Nachlaß zur Morgenröte). Sich zu verschanzen — das ist das Unritterlichste. Die Vorsicht ist dem Denker die schlimmste Versuchung. Denken ist Krieg, Erkenntnis, ist Ritt zwischen Tod und Teufel. Schopenhauer aber flieht, wie er einst von dem Ort seines philosophischen Amts floh, aus Furcht vor dem Tod, den er doch predigte; er *weiß*, aber er *tut* nicht — das verzeiht ihm Nietzsche nicht. Seiner

Lehre fehlt die Beglaubigung des Luthermutes, so empfindet es der Unmut des letzten Nietzsche; darum ist sie verworfen; weil kein „Blut" sie bezeugt, darum zeugt sie nicht weiter. „Erasmus liebt den Frieden mehr als das Kreuz" — das war Luthers Richterspruch. Und eine gewisse luthersche Ungeduld, die Ungeduld eines Hutten im Anblick der Erasmusnaturen — „vale Erasme! Tot und abgetan!" — glaubt man öfter selbst in der unwillkürlichen Haltung Nietzsches den Freunden gegenüber zu bemerken: gegen Overbeck, den wägenden und klug schweigenden Historiker von Kirche und Christlichkeit, gegen Rohde, den vorsichtigen Deuter der griechischen Psyche, der Zunftgenosse genug war, um den Namen seines großen Freundes, des „Zukunftsphilologen" und Ketzers, in seinem Buche nicht zu nennen, obwohl es keinen gibt, der mehr hinein gehörte; selbst in der bis zuletzt festgehaltenen Verehrung für Jakob Burckhardt gewittert diese Ungeduld spürbar — wie verräterisch ist nicht schon die frühe Briefstelle über den Skeptiker der Weltgeschichtlichen Betrachtungen aus dem Jahre 1870: „Dieser ältere, höchst eigenartige Mann ist zwar nicht zu Verfälschungen, wohl aber zu Verschweigungen der Wahrheit geneigt, aber in vertrauten Spaziergängen nennt er Schopenhauer ‚unsern Philosophen'.. ich glaube der einzige seiner Zuhörer zu sein, der die tiefen Gedankengänge mit ihren seltsamen Brechungen und Umbiegungen, wo die Sache an das Bedenkliche streift, begreift.." Oder die Aufzeichnung in den nachgelassenen Vorarbeiten zu „Richard Wagner in Bayreuth": „Die sich Zurückhaltenden, aus Desperation wie Jakob Burckhardt." Und an Overbeck, mit nachsichtiger aber deutlich hinabblickender Duldsamkeit: „Deine Lage in Basel, wahrlich nicht zu beneiden, aber mindestens auch nicht zu bejammern, hat etwas Vorsichtiges und Feines.." Vorsichtig und fein — das ist Erasmus, der den Frieden mehr liebt als das Kreuz.

Aber wo der Lehrer ihn enttäuschte, wo die Freunde zurückblieben, sollen seine idealen Leser, seine geträumten Schüler wenigstens es wagen, ihm auf reformatorischen Wegen ohne erasmische Selbstschonung zu folgen: „Jeder ‚Femininismus' im Menschen, auch im Manne, ist ein Torschluß für mich: man wird niemals in dies Labyrinth verwegener Erkenntnisse eintreten. Man muß sich selbst nie geschont haben, man muß die *Härte* in seinen Gewohnheiten haben, um unter lauter harten Wahrheiten wohlgemut und heiter zu sein. Wenn ich mir das Bild eines vollkommenen Lesers ausdenke, so wird immer ein Untier von Mut und Neugierde daraus.. ein geborener Abenteurer und Entdecker" (Ecce homo).

Härte, Verwegenheit, Mut und Entdeckerlust — das werden immer mehr die Herztugenden Nietzsches; „gefährlich" sein auszeichnendes Lieblingswort neben „böse" und „ungeheuer". Allen denen, „welche ihn etwas angehen", wünscht er die Große Gefahr, als „das einzige, was heute beweisen kann, ob einer *Wert* hat oder nicht, — *daß er Stand hält*". Erst die Große Gefahr beweist den Ritter — ja sie macht ihn erst. Den einzelnen wie ganze Völker: „Die Völker, die etwas wert waren, wert *wurden*, wurden dies nie unter liberalen Institutionen: die *Große Gefahr* machte etwas aus ihnen, das Ehrfurcht verdient, die Gefahr, die uns unsre Hilfsmittel, unsre Tugenden, unsre Wehr und Waffen, unsern *Geist* erst kennen lehrt, — die uns *zwingt*, stark zu sein.. Erster Grundsatz: man muß es nötig haben, stark zu sein: sonst wird man's nie" (Götzendämmerung).

Das geht Nietzsche immer wieder am Schicksal des deutschen Geistes auf. „Wenn je ein Deutscher etwas Großes tat," sagt die Morgenröte, „so geschah es in der Not, im Zustande der Tapferkeit, der zusammengebissenen Zähne, der gespanntesten Besonnenheit.." Und es ist tief bedeutsam, daß die einzige deutsche Eigenschaft, welche Nietzsche bis zuletzt, bis in seine gegendeutscheste Leidenschaft hinein als gut bewertet und bejaht, die Eigenschaft ist, aus der die deutsche Reformation erwuchs: die stille *Kühnheit* des ritterlichen Einzelnen, die Tapferkeit des „hier stehe ich, ich kann nicht anders". Kühnheit nach innen und Bescheidung nach außen, nach allem Außen ist ihm „eine deutsche Vereinigung von Tugenden" (die er freilich heute am schönsten bei schweizerischen Künstlern oder Gelehrten gefunden zu haben meint). Seine eigene Sprache kennzeichnet er noch in seinem vorletzten Jahr als „kühn und deutsch". Im Basler Vortrag von 1871/72 über die Zukunft unserer Bildungsanstalten hält Nietzsche gegen die „romanische Zivilisation" „um so fester an *dem* deutschen Geiste fest, der sich in der deutschen *Reformation* und in der deutschen *Musik* offenbart hat und der in der *ungeheuren Tapferkeit und Strenge der deutschen Philosophie* und in der neuerdings erprobten Treue des deutschen Soldaten jene nachhaltige, allem Scheine abgeneigte Kraft bewiesen hat, von der wir auch einen Sieg über jene modische Kultur der ‚Jetztzeit' erwarten dürfen." Im „Jenseits" findet er zu Ehren der deutschen Natur Richard Wagners, daß er es in allem stärker, *verwegener*, härter, höher getrieben habe, als es ein Franzose des 19. Jahrhunderts treiben könnte, — „dank dem Umstande, daß wir Deutschen der Barbarei noch näher stehen als die Franzosen" —; vielleicht sei sogar das Merkwürdigste, was Wagner geschaffen habe, der ganzen so späten lateinischen Rasse für immer und nicht nur für heute unzugänglich, unnachfühlbar, unnachahmbar: die Gestalt des Siegfried, jenes *sehr freien* Menschen, der in der Tat bei weitem zu frei, zu hart, zu wohlgemut, zu gesund, zu *antikatholisch* für den Geschmack alter und mürber Kulturen sein möge. Und ebenfalls das „Jenseits" bezeichnet als die *deutsche* Form der Skepsis eine Skepsis der verwegenen Männlichkeit, welche in der Gestalt des großen Friedrich ihren ersten Einzug in Deutschland gehalten habe. „Diese Skepsis verachtet und reißt trotzdem an sich; sie untergräbt und nimmt in Besitz; sie glaubt nicht, aber sie verliert sich nicht dabei; sie gibt dem Geiste gefährliche Freiheit, aber sie hält das Herz streng; es ist die *deutsche* Form der Skepsis, welche, als ein fortgesetzter und ins Geistige gesteigerter Friderizianismus, Europa eine gute Zeit unter die Botmäßigkeit des deutschen Geistes und seines kritischen und historischen Mißtrauens gebracht hat." Aber das ist das Dürerideal des christlichen Ritters, der strengen und tapferen Skepsis „trotz Tod und Teufel", in eine seelisch und geschichtlich jüngere Welt übertragen, in den Mythos Friedrichs hinüber verwandelt, dessen luthergroßes „Und doch" einer ganzen Welt Trotz bot und Stand hielt. Und auch die humanistische Wendung fehlt an dieser Stelle nicht, die Deutung des Gelehrten als eines „christlichen Ritters" der Erkenntnis, eines gegenromantischen Huttentypus: „Dank dem unbezwinglich starken und zähen Mannescharakter der großen deutschen Philologen und Geschichtskritiker .. stellte sich allmählich und trotz aller Romantik in Musik und Philosophie ein *neuer* Begriff vom deutschen Geiste fest, in dem der Zug zur männlichen Skepsis entscheidend hervortrat: sei es zum Beispiel als Unerschrockenheit des Blicks, als Tapferkeit und Härte der zerlegenden Hand, als zäher Wille zu gefährlichen Entdeckungsreisen, zu vergeistigten Nordpolexpeditionen unter öden und gefährlichen Himmeln. Es mag seine guten Gründe haben, wenn sich warmblütige und oberflächliche Menschlichkeitsmenschen gerade vor diesem Geiste bekreuzigen: cet esprit fataliste, ironique, méphistophélique nannte ihn, nicht ohne Schauder, Michelet."

Hier ist schon die Gleichsetzung von „deutsch" mit „mephistophelisch" vorbereitet, die an späterer Stelle ausdrücklich wieder aufgenommen wird. Sie kennzeichnet höchst ausgesprochen die von Wagner her übernommene sehr „deutsche" Verschmelzungstechnik Nietzsches, der mit genial kühner Auslegungskunst allenthalben die in ihm gegebenen Unvereinbarkeiten zur Einheit des vermählenden Augenblicks zusammenzwingt. Hier soll das von ihm einzig noch bejahte Element des deutschen Geistes, seine „Kühnheit", vermählt werden mit dem überdeutschen Drang seiner Südanbetung, das Reformatorische mit dem Heidnischen, Faust mit Helena. Den Mündungspunkt der beiden Tiefströmungen in seiner eigenen, wie in jeder „überdeutschen" Natur bezeichnet ihm Mephistopheles, dem auch hier wieder friderizianische Züge geliehen werden.

„Was ich an dem Deutschen gerne wahrnehme," sagt eine Nachlaßstelle zur Umwertung, „das ist seine Mephistophelesnatur: aber die Wahrheit zu sagen, man muß sich einen höheren Begriff von Mephistopheles machen, als Goethe, der nötig hatte, um seinen ‚inwendigen Faust' zu vergrößern, seinen Mephistopheles zu *verkleinern*. Der wahre deutsche Mephistopheles ist viel gefährlicher, kühner, böser, verschlagener und *folglich* offenherziger: man denke sich das Inwendige von Friedrich dem Großen, oder von jenem viel größeren Friedrich, jenem Hohenstaufen Friedrich II. — Der echte deutsche Mephistopheles" — hier wieder die alte Gleichung von „sehr deutsch" gleich südlich-überdeutsch — „steigt über die Alpen, glaubt, daß *ihm* dort alles zugehört." Ein Meister- und Musterstück jener herrischen Auslegung alles „Geschriebenen", die namentlich der späteste Nietzsche zu üben liebt. Die „Entdeutschung" des goetheschen Teufels zum *wahren* deutschen Mephistopheles (ein deutscher Welscher werde ein diabolo incarnato, läßt Luther die Italiener behaupten) ist vor- und sinnbildlich für die Hinüberführung von Nietzsches deutschem Ideal (denn es gibt ein solches für Nietzsche auch in seiner entdeutschtesten Zeit) ins gefährlich Südliche, noch über Goethes Nordentfremdung hinaus, bis an den äußersten Gegen- und Südpol deutschen Wesens, bis an die lutherfernste Schranke deutscher innerer Möglichkeiten überhaupt.

Dennoch — gerade *die* deutsche Eigenschaft, vermöge deren Nietzsche sein überdeutsches Ideal erbauen kann, die „gefährliche Kühnheit" des deutschen Geistes, sein innerer böser Friderizianismus, eben diese hält ihn an den nordischsten Gegenpol deutschen Wesens gebunden, an alles das, was der Name der lutherischen Reformation an Größe und Verhängnis, an deutschestem und allzu deutschem Schicksal und Fatum umfaßt. Mehr — sie weist auf die Stelle, sie ist die Stelle, wo Nietzsche am tiefsten im Wesen des eigenen Volkes, im Wesen seiner Sprache und seines „Jenseits-der-Sprache" verwurzelt ist. Es ist die Stelle, an der Nietzsche das Deutschtum am ingrimmigsten befehdet, ja gelästert hat;

die Stelle, an der er sich selber am bösesten bekämpft, ja gehaßt hat; die Stelle, wo er Tod und Teufel alles deutschen Wesens zu sehen wähnt, sie selber bestritten und besiegt zu haben glaubte. Sie ist bezeichnet durch den Namen, der angesichts jenes Dürerblatts nicht zu umgehen ist, und der zugleich den ältesten deutschen Namen in Nietzsches geistiger Ahnentafel bedeutet: den Namen Martin Luthers. Man darf sich nicht einen Augenblick irre machen lassen durch die überaus heftige, ja zügellos gehässige Lutherfeindschaft des Nietzsche jenseits der Wagnerzeit. Sie ist, wie der Kampf mit Wagner und Schopenhauer, der Kampf gegen Romantik und Christentum, nur Sinnbild eines Bruderzwistes in der eigenen Brust, wie er so wild, so schonungslos gegen sich, so faustisch-überdeutsch, so unauskämpfbar verhängnisvoll vielleicht nur in einem deutschen Herzen sich zutragen kann. Nietzsches Lutherhaß — das ist die Stelle, wo sich die Aussicht über die weltlich-geistige Landschaft Nietzsches hinaus öffnet auf das Massiv des *geistlichen* Problems, von dem ein gewaltig ausstrahlender Gipfel den Namen Nietzsches trägt. Denn so viel verschiedenartige Perspektiven auf Nietzsche hin auch gültig, weil möglich und fruchtbar sind — man wird immer wieder, von jedem thematischen Standort aus, an den Blick auf das mächtige *theologische* Rätsel gemahnt, das eine Erscheinung wie die Nietzsches auch darstellt. Fraglos ist der Dichter des Propheten Zarathustra, von der geziemenden Höhe aus betrachtet, eines der großartigsten Bilder innerhalb der Geschichte nordischen Christentums, ja, mit dem nötigen Zartgeist verstanden, selbst innerhalb der „Kirchengeschichte". Längst ist es uns gemäß, Nietzsches Halbbruder Schopenhauer als eine geistig überaus christliche Erscheinung zu betrachten, nicht seinen intellektualistisch-lateinischen Vordergründen nach, sondern gemäß seiner innersten philosophischen Trieb- und Willensrichtung, als welche in ihm einen echten Erben gotischer Askese und Metaphysik erkennen läßt. Nietzsche selber hat das wohl zuerst mit aller Deutlichkeit ausgedrückt, unbeirrt durch Schopenhauers scheinvoltairesche Kirchen- und Christenfeindschaft. „Die ganze mittelalterlich christliche Weltbetrachtung und Menschenempfindung konnte noch einmal in Schopenhauers Lehre trotz der längst errungenen Vernichtung aller christlichen Dogmen eine Auferstehung feiern" — so heißt es im „Menschlichen"; ja sogar: „Ich glaube, daß es jetzt niemandem so leicht gelingen möchte, ohne Schopenhauers Beihilfe dem Christentum und seinen asiatischen Verwandten Gerechtigkeit widerfahren zu lassen." Aber nur für eine zu vordergründliche Betrachtungsart liegt zwischen Schopenhauer und Nietzsche irgendeine letzte Grenze und Schwelle der „Christlichkeit". Die geistesgeschichtlich der europäischen „christlichen Romantik" einzuordnende Erscheinung Schopenhauers erneuert sich nur weiter hinauf in einer dünneren, durch die größere Nähe des tödlichen Selbsterkennens gefährlicheren Atemluft. Wie Schopenhauer nicht sowohl Erbe der Seneca und Montaigne, als des christlich angeschauten Platon, des christlich gedeuteten Indien ist, so ist Nietzsches seelischer Grundantrieb den Pascal und Angelus Silesius tiefer verwandt als dem „überchristlichen Blick" Lionardos oder des Hohenstaufen Friedrichs II.; er ist, mit dem gottsüchtigen Primat der Lebensidee vor dem Erkenntnisbegriff, der Innigkeit eines Franziskus doch immer noch um Welten näher als der „Spinne Skepsis", der Aufklärung seines verehrten Voltaire. Er ist freilich Sokrates, und wie dieser ein Auflöser der Mysterien und Zerstörer der Göttermythen; aber er ist auch Paulus, der Überwinder des Gesetzes, der „Alten Tafeln", der Künder, Diener und Deuter eines neuen Herrn über die Seelen. Nicht jener Paulus freilich, den der „Antichrist" aus rachsüchtigstem Selbsthaß heraus zu einem décadence-Typus zerdeutet, mit allen Mitteln einer bösartig fanatischen Seelenzerlegung. Nicht Paulus der „Dysangelist", das schauspielerische „Genie des Hasses", der „Tschandala-Typus", der machtsüchtige Kranke, der „größte aller Apostel der Rache" — (es ist nur die brüchige Seite in Nietzsches Wesen, die sich hier ein brüderliches Zerrphantom erschafft, um es aus leidenschaftlichem Selbsthaß heraus anklagen, verfolgen, ingrimmig vernichten zu dürfen; so wie sein allzu intellektualistisches Halb-Ich aus nämlichem Ich-Haß seinen Doppelgänger Sokrates befehden mußte). Sondern die bejahend gerichtete Hälfte seines Wesens ist eher dem dürerschen Paulus verwandt, der, mit Buch *und* Ritterschwert, in gesammelter, halb attisch weiser, halb nordisch grübelnder Männlichkeit, aus tiefliegendem Auge mit edel forschender Wachsamkeit und leise schmerzlicher Bewußtheit aus den Münchner Aposteltafeln herausblickt, verwandt zugleich dem „Sankt Paulus wie ein Ritter derb", den Goethes Reformationsspruch schnitzt. Dieser reformatorische Paulus, als tapfer-ernster Ritter christlicher Wahrheit, dem Luther sein eigenes trotziges Wormser „Und doch!" geschenkt hat, er hat freilich nicht einen Zug mehr gemein mit dem asiatischen, leidend tückischen Racheapostel des „Antichrist", mit diesem Sklavengenie, das mit überreiztem französischen Psychologismus und wie aus der Welt eines russischen Romans stammend — so sagt es

Nietzsche — angeschaut ist, und in dem Nietzsche das Urbild aller religiös-moralischen décadence und alles europäischen „Nihilismus" sieht. Nietzsche nennt „Paulus", formt zur Gestalt *seines* Paulus alles, was er in sich haßt und befehdet, eingerechnet das „Theologenblut, mit dem im Leibe man von vornherein zu allen Dingen schief und unehrlich steht," und eingerechnet jene tiefe Anbrüchigkeit und décadence, als deren Erben und Typus er sich kennt. Aber auch jenen Überwinder der décadence in sich („abgerechnet nämlich, daß ich ein décadent bin, bin ich auch dessen Gegensatz", sagt Ecce homo), den großen religiösen Jasager in sich, er hätte ihn unter dem Bild des Paulus begreifen und ehren können, jenes Luther-Paulus vom zweiten Korintherbrief, der Christum den großen Jasager predigt: „Jesus Christus, der war nicht Ja und Nein, sondern es war Ja in ihm"; des Paulus, der eine Dichtung Luthers, eine Dichtung der Reformation, eine Schöpfung des nordischen Menschen ist. Alles Bejahende, alles Schöpferische in Nietzsche wurzelt ja eben hier, kommt aus seinem lutherischen, reformatorischen, nordisch-romantischen Erbe, wie sehr es sich immer ins Hellenische, romanisch Seelenbelauernde, klassisch Südliche berauscht verschwendet. Noch 1875 kann er, an Rohde, von „unsrer guten reinen protestantischen Luft" sprechen und all ihren „befreienden Genien", kann geradezu bekennen: „Ich habe nie bis jetzt stärker meine innigste Abhängigkeit von dem Geiste Luthers gefühlt als jetzt." Und noch im Nachlaß der allerletzten Jahre findet sich das Zeugnis: „Die beiden vornehmsten Formen Mensch, denen ich leibhaft begegnet bin, waren der vollkommene Christ — ich rechne es mir zur Ehre, aus einem Geschlecht zu stammen, das in jedem Sinne Ernst mit seinem Christentum gemacht hat — und der vollkommene Künstler des romantischen Ideals, welchen ich tief unter dem christlichen Niveau gefunden habe.." *Nordische Christlichkeit*, das ist ganz und gar der Mutterboden seiner sittlich-geistigen Triebkräfte, wie viel andere Säfte auch noch in den Verzweigungen seines Wesens zu hellenischeren Himmeln streben. Gerade aus dieser nordischen Christlichkeit heraus geschieht ja sein Angriff gegen ein durchaus kleinasiatisch, vorderasiatisch gesehenes, verfallshellenistisches Christentum, gegen die Sklavenreligion *seines* Paulus. Nichts anderes tat die Reformation, in welcher das eigentümlich germanische, nordische Christentum nur seinen mächtigsten Ausdruck suchte. Vom Heliand und den ersten niedersächsischen Domen an — immer ist es das Ideal eines handelnden, gegenpessimistischen, eines jasagenden, jatuenden Christentums, das der Norden verwirklichen möchte, ein gegenasiatisches, gegenasketisches „Dennoch" und „Ja" zum Leben. Und Nietzsches Selbstmißverständnis als eines Antichristen ist ebenso gültiger Ausdruck dieser nordischen Christlichkeit (wenn auch nicht Kirchlichkeit), als es Luthers bäurische antipapistische Kraft im Zerbrechen des „römischen" Mittelalters war. Auch Goethes noch deutlich nordgeborenes Hellenentum entzieht sich nicht dem kräftigen Bekenntnis seines nordischen Blutes:

> „Den deutschen Mannen gereicht's zum Ruhm,
> Daß sie gehaßt das Christentum,
> Bis Herrn Karolus' leidigem Degen
> Die edlen Sachsen unterlegen.
> Doch haben sie lange genug gerungen ..
> Doch haben sie immer einmal gemuckt.
> Sie lagen nur im halben Schlaf,
> Als Luther die Bibel verdeutscht so brav.
> Sankt Paulus, wie ein Ritter derb,
> Erschien den Rittern minder herb
> Freiheit erwacht in jeder Brust,
> Wir protestieren all' mit Lust."

Solch ritterlich lebenslustige protestantische Freiheit, solch „antichristliches", „sächsisches" Christentum im goetheschen Sinne ist auch für Nietzsche eine Schöpfung des *nordischen* Menschen, während die römische Kirche und mit ihr und durch sie der ganze europäische Süden „die Erbschaft des tiefen Orients, des uralten geheimnisreichen Asien und seiner *Kontemplation* gemacht" habe. Und eben diese ist es ja, welche von Nietzsche in ihren wechselnden Verwandlungen aufs bitterste bekämpft wird, als „historischer Sinn", als schopenhauerscher Pessimismus, als Parsifalmusik, als judenchristliche Moral, als Paulus. „Das Bedeutendste, was Luther gewirkt hat", sagt die Morgenröte, „liegt in dem Mißtrauen, welches er gegen die Heiligen und die ganze christliche vita contemplativa geweckt hat". Indem Nietzsche mit der ganzen Inbrunst und der ganzen groß einseitigen, schicksalhaften Ungerechtigkeit seines obersächsischen Landsmannes Luther ein „jasagendes, jatuendes", ein lebendiges Lebensideal sucht und als Forderung aufstellt, speist er sich völlig aus lutherischem, aus nordisch protestantischem Erbe, gleich dem Goethe des ersten Faust. Der Ingrimm gegen seinen verzerrt orientalisch, kontemplativ asiatisch umgedichteten Paulus kommt aus demselben kräftigen nordischen Gegenideal heraus, welches die lutherische Reformation gerade von Paulus, als Paulus, aufgestellt hat. Nicht zufällig baut sich das protestantische Christentum gerade auf dem Grundwerk eines neuen paulinischen Ideals auf, wie das noch in jenem Reimspruch Goethes ausgedrückt ist. Und nicht zufällig schafft gerade Albrecht Dürer, der treue Gefolgsmann Luthers, das neue, männlichere, nordisch tapfere Paulusbild. „Wer einmal unter der Macht dieses Apostelauges gestanden hat," sagt Wölfflin von dem Paulus der Münchner Tafeln, „der weiß, daß hier nicht nur ein neuer Begriff von heiligen Männern in die Erscheinung getreten ist, sondern ein neuer Begriff von menschlicher Größe überhaupt. Von solchen Männern ist das Werk der Reformation getan worden. Das Zeitalter ist ein männisches Zeitalter gewesen, und nur in männlichen Typen hat Dürer sein Höchstes geben können." Dürer ist damit nur ein Erfüller und Versinnlicher nordischen christlichen Ideals; schon im Heliand beginnt, was Dürer vollendet; es gilt zuletzt vom ganzen germanischen Norden, was Wölffins Dürerbuch von der Kunst des Meisters der Reformation sagt: „Man kann von einer neuen Christusidee sprechen, die Dürer gebracht hat, sofern er das Leiden und die Ergebung, worin die alte Zeit den wesentlichen Inhalt der Gestalt sah, mit Stärke und Männlichkeit durchsetzte." (Es ist die Rede von jenem Christusantlitz im „Schweißtuch der Veronika", das im selben Jahr entstand wie das Blatt Ritter, Tod und Teufel.)

Damit ist die Stelle bezeichnet, welche Nietzsches Wahlverwandtschaft mit Dürers Kunst völlig deutet. „Ritter, Tod und Teufel", dieses am meisten „protestantische" Blatt Dürers, voll Paulustapferkeit und Pauluszuversicht — „Tod, wo ist dein Stachel? Hölle, wo ist dein Sieg?" — mußte wohl wie kein andres dürersches Werk eine Funkenbrücke hinüberschlagen zwischen diesen beiden reformatorischen Meistern, welche als Künstler freilich keinen Sinn, kein Organ, kaum einen Zug gemeinsam haben — es sei denn ihrer beider tiefe Südsehnsucht, mit der sie so deutsch, so verhängnisvoll deutsch in der Geschichte der Kunst wie des Geistes verzeichnet stehen. „Ein neuer Begriff von heiligen Männern, von menschlicher Größe überhaupt" — wenn es dürerisch ist, ihn ersehnt, erformt, uns neu geschenkt zu haben, ist es nicht auch überaus nietzschisch? Ist es nicht der edelste Sinn seines Lebens, einen neuen Begriff von großen und „heiligen" Männern gegeben zu haben, eine neue Form menschlicher Größe vorgelebt und, wo nicht erfüllt, so doch vorgefordert zu haben? Auch Nietzsches Ideal war ein reformatorisch männisches: männlichere Wertschätzungen, männlichere Tugenden, männlichere Leitbilder — auch Nietzsche hat, gleich Dürer, nur in männlichen Typen sein Höchstes sehen und geben können. Und war es nicht die vornehmste Aufgabe seines ganzen Lebens, das Leiden und die Ergebung seiner eigenen innern Passion „mit Stärke und Männlichkeit zu durchsetzen"? War nicht „Überwindung" beider letzter und eigentlichster Lebenssinn? „Es ist Großes, was Dürer getan hat," so zieht Wölfflin die Summe des deutschesten Künsterlebens, „aber vielleicht liegt das Größere in dem, was er dabei überwunden hat." Ist das nicht geradezu die Formel auch für Nietzsches Leben, Leistung und Schicksal? Was in Nietzsches Philosophie dürerisch, was an Dürers Kunst nietzschisch erscheint, verkörpert sich in jenem Blatt vom Christlichen Ritter; und es mochte den jungen Schopenhauerjünger und Wagnerbegeisterten wohl mit einem unbewußten aber vernehmlichen tat twam asi — „Das bist du" — anreden, ihn dunkel vorempfinden lassen, daß hier ein „Gesicht" zu ihm herblicke, ein Vorspuk und weissagender Traum ihm im Gewande der Kunst nahe sei. („Glühend und streng" nannte Peter Cornelius Dürers Art und Kunst; „glühend und stark" verläßt, als seine Stunde kam, Zarathustra, im letzten Satz des Buches, seine Höhle.) Etwas davon spricht aus seinen Worten, fünf Jahre nach jenem Weihnachtsgeschenk an Wagner: „Das Bild steht mir nahe, ich kann kaum sagen, wie."

Weshalb es ihm so nahe zu stehen schien, drückt jene Stelle der „Geburt" aus: das Schopenhauergleichnis war es, was ihn in der Gestalt des einsam zwischen den Dämonen Reitenden bezauberte. Daß in dieser Anziehung hinter dem schopenhauerschen Gedanken der christliche seine Macht ausübte, und zwar der christliche in einem Augenblick der Weltverwandlung, reformatorisch, zwischen zwei Zeiten Kampfbild und Brücke, gleich ihm selber — das hätte Nietzsche damals nicht zugeben können. Dennoch war es, in der Maske Schopenhauers, das Christentum seiner gläubigen Kindheit und seines Vorfahrenblutes, das hier fremd vertraut zu ihm redete, jenes „beste Stück idealen Lebens", das er, nach seinem eigenen Zeugnis, jemals wirklich kennen gelernt hatte; dem er von Kindesbeinen an nachgegangen ist, in viele Winkel, und von dem er noch in seinem letzten, antichristlichen Jahrzehnt bezeugt, daß er „nie in seinem Herzen gegen dasselbe gemein gewesen sei". Schopenhauer ist seiner Jugend die Form, in welcher sein christliches, protestantisches, nordisches Erbe für ihn möglich bleibt — das besagt und verrät die Vorliebe für das dürersche Blatt. „Kreuz, Tod und Gruft", das ist es, was ihm an

Schopenhauer, an dem schopenhauerisch ausgelegten Wagner des Tristan behagt, was ihn zu Dürers melancholischer Tapferkeit und auch zu der tief gläubigen, reformatorisch heldischen Kunst Johann Sebastian Bachs hinzieht. Sein schopenhauerisch ausgedeuteter Eindruck von der Matthäuspassion ist ein genaues Seitenstück und Beispiel jener gefühlshaften Auslegung „christlicher" Erlebnisse als Erfahrungsbeispielen zur Lehre seines Lieblingsphilosophen. Im selben Jahr, in dem Wagner ihm das Kunstwerk Dürers deutet, deutet ihm Schopenhauer das erhabenste christliche Gebilde der Musik, das Werk des „Fünften Evangelisten"; in der Karwoche 1870 heißt es an Rohde: „In dieser Woche habe ich *dreimal* die Matthäuspassion des göttlichen Bach gehört, jedesmal mit demselben Gefühl der unermeßlichen Verwunderung. Wer das Christentum völlig verlernt hat, der hört es hier wirklich wie ein Evangelium; es ist dies die Musik der Verneinung des Willens, ohne die Erinnerung an die Askesis." Später, als Schopenhauer wie Wagner zu Nietzsches Überwindungen zählen, ist ihm Dürers Blatt „unheimlich" und „zu düster", und in Bach, der sich (wie Dürer an der Schwelle der europäischen Renaissance nach der deutschen Gotik) „an der Schwelle der europäischen Musik nach dem Mittelalter umschaut, noch zuviel crude Christlichkeit, crudes Deutschtum"; aber dennoch weiß er noch spät kein edleres Geschenk als jenes Blatt, dennoch ist er noch im letzten Turiner Frühling ganz erregt und beglückt von einer sinnbildlichen Vermählung seiner Früh- und seiner Spätwelt, von der Nachricht nämlich, daß Paris toll sei vor Begeisterung für — die Matthäuspassion, und daß selbst der Figaro — „wirklich der Figaro!" — eine ganze Seite einer Notenbeilage gewidmet habe: der schwermütigen Geigenarie „Erbarme dich, mein Gott.."; dennoch ist Dürer und ist Bach in der chromatischen Phantastik des Zarathustra, wie Schopenhauer und Wagner in seiner leidenschaftlichen Einsamkeit, seiner verzückten Agogik darin sind — wie vor allem, mächtig im Rhythmus seines gläubigen Zornes, Luther darin ist. Daß der Stil des Zarathustra eine späte, großbarocke Steigerung und Auflösung des lutherschen Alten Testaments wurde, ist nur Ausdruck und Sinnbild einer noch näheren inneren Verwandtschaft und Enkelschaft. Wir besitzen im deutschen Schrifttum kaum ein Werk hohen Ranges, dem Luther in solchem Maße rhythmische Voraussetzung wäre, wie gerade Zarathustra. Und wie das Wort „Übermensch" seine Ahnherrn in Herder und im faustischen Goethe hat, so könnte man die Ahnenreihe des Übermenschen selbst bis zu dem göttlich freien Christenmenschen hinauf verfolgen, den Luthers protestantischer Nordstolz zuerst gepredigt hat: „Jeder einzelne Christ ist ein solcher Mann, wie Christus selbst auf Erden gewesen ist, und kann die ganze Welt in göttlichen Sachen regieren.. So sind die Christen wahre Helfer und Heilande, *ja Herren und Götter der Welt.*" Das stolze „Jenseits von Gut und Böse" aber dieses Übermenschen ist geradezu vorgebildet in Luthers Kommentar zum Römerbrief. Und trotz aller Lutherfeindseligkeit seiner immer südlicheren Mittel- und Spätjahre war sich Nietzsche stets noch dieser Ahnenschaft dunkel bewußt. Zuweilen erhellt er sie blitzartig selbst. „Unser letztes Ereignis ist immer noch Luther." „Es war, nach Luther und Goethe, noch ein dritter Schritt zu tun", schreibt er, über die Sprache des Zarathustra, an Rohde. Und im Nachlaß zum Fall Wagner, also ganz spät: „Die Sprache Luthers und die poetische Form der Bibel als Grundlage einer neuen deutschen *Poesie*: — das ist *meine* Erfindung! Das Antikisieren, das Reimwesen — alles falsch und redet nicht *tief* genug zu uns.. das Spiel mit den verschiedensten Metren und zeitweilig das Unmetrische ist das Rechte: die Freiheit, die wir bereits in der Musik erlangt haben, dürfen wir uns wohl für die Poesie nehmen! Zuletzt: es ist die einzige, die stark zu Herzen redet! — dank Luther." Selbst seine letzte Lieblingsmusik trägt ihm den deutschen dürerischen Lutherzug, trotz aller Verfremdung ins Südliche: „Sie wissen," schreibt er aus seinem letzten Engadiner Sommer an Gast, „daß ich Ihre Opernmusik sehr deutsch empfinde — *alt*deutsch, gutes sechzehntes Jahrhundert!"

Schon die Geburt der Tragödie feiert Luther geradezu als eigenen, als dionysischen Vorläufer: „Aus dem Abgrunde einer herrlichen, innerlich gesunden uralten Kraft (die freilich nur in ungeheuren Momenten sich gewaltig einmal bewegt und dann wieder einem zukünftigen Erwachen entgegenträumt) ist die deutsche Reformation hervorgewachsen: in deren Choral die Zukunftsweise der deutschen Musik zuerst erklang. So tief, mutig und seelenvoll, so überschwenglich gut und zart tönte dieser Choral Luthers, als der erste dionysische Lockruf.. Ihm antwortete.. jener weihevoll übermütige Festzug dionysischer Schwärmer, denen wir die deutsche Musik danken — und denen wir die Wiedergeburt des deutschen Mythus danken werden!" Und „Wagner in Bayreuth" rühmt die deutsche *Heiterkeit* Luthers, als gerade das, was noch der letzte Nietzsche am höchsten wertete an jeder neuen Wahrheit: das Lachen. Aber selbst die gehässige Feindseligkeit gegen die luthersche Tat (die Wiederherstellung des Christentums durch den Angriff auf Rom) hat zuweilen, gleich der gegen Paulus, den Ton des Hasses zwischen „feindlichen Brüdergenies", welche, mit den Worten des „Jenseits", „nach den entgegengesetzten Polen des deutschen Geistes auseinanderstreben und sich dabei Unrecht tun, wie sich eben nur Brüder Unrecht tun". Nietzsche hatte eine dunkle Ahnung davon, daß ihm eine ähnliche Schicksalsstellung beschieden sein könnte, wie die, welche er Luther beschieden sein läßt: nämlich, wiederherzustellen, was er angriff, und zwar dadurch, *daß* er es angriff. In Luthers Fall: das mittelalterliche Christentum, in und durch Rom bereits im Zustand der farbigsten Auflösung. In Nietzsches Fall — ? Aber es grollt etwas wie Erbitterung gegen eigene innere Bindungen aus dem Worte des „Antichrist": „Wenn man nicht fertig wird mit dem Christentum, die *Deutschen* werden daran schuld sein. Sie haben den Protestantismus auf dem Gewissen." Aber wer wäre innerhalb der deutschen Entwicklung in solchem Sinne „protestantischer" als der allzeit „mit Lust protestierende" Geist Nietzsches? Wer wäre weniger jemals innerlich mit dem Christentum „fertig geworden" als dieser unbedingteste und unerschrockenste Gottleugner unter den Deutschen, unbedingter er und unerschrockener noch als selbst Schopenhauer? „Der Christ will von sich *loskommen*" heißt es im „Fall Wagner" — wer wäre dann jemals leidenschaftlicher, heldisch asketischer, hoffnungsloser Christ gewesen als Nietzsche? Bis in die Augenblicke des geistigen Hinübergangs verfolgen wir die Spuren dieses unablässigen Kampfes mit dem „innewendigen Christen". Und wie zuweilen solchen Menschen, deren geistiges Gesamtbild vorzeitig entrückender Wahn zum ehrfurchtgebietenden, Ausdeutung heischenden Torso macht, gerade der Augenblick der Verwünschung und Verwandlung ein paar lallende Formeln über die Lippen treibt, in denen sich wetterleuchtend die bald auf immer verlorene Landschaft ihrer künftigen geistigen Möglichkeiten ahnen läßt, so gibt es auch in den verworrenen Zeugnissen des vom Verhängnis eben ereilten Nietzsche ein paar Laute, die erraten lassen, welche Verneinung sich, noch immer, in diesem religiösen Zwittergenie, das sich selbst als Gottleugner mißdeutete, zu erfüllen sehnte: von seinen letzten Brief-Erlassen sind einige „Dionysos" unterzeichnet, andere tragen die Unterschrift „der Gekreuzigte". Dionysos am Kreuz — war dies mehr als ein frevlerisches Wahnbild — war es die letzte, verzweifelt gedrängte Formel für eine äußerste religiöse Erschütterung und Erkenntnis? Fast erscheint diese Schau des Wahns als eine späteste Geburt und letzte Erfüllung jener ewigen nordischen Sehnsucht nach einem jasagenden Christentum, nach einer Christlichkeit des höchsten gesteigertsten Lebens, nicht mehr im Spiegel eines dunklen Wortes, sondern von Angesicht zu Angesicht. Wie eine neue Ahnung der ritterlichen Freiheit eines nordischen Christenmenschen, der, mit Luther, ein Herr aller Dinge ist, ein ganz freier Mensch und niemandem untertan, eines wiedergeborenen hellenisch-deutschen „Idealismus der Lebenden zum Leben": „Ein Kreuz mit Rosen umhüllt, wie Goethe in den Geheimnissen" — so heißt es schon in einem Nachlaßbruchstück zur Geburt der Tragödie. Geheimnisvoll berühren sich gerade hier Nietzsches Anfang und Ausgang; so durchläuft er des Lebens Bogen und kehrt, woher er kam.

Von dieser ganzen Entwicklung, diesem großgespannten Bogen eines fragwürdigen religiösen Daseins aber scheint jener dürersche Stich eine Vorahnung und Formel zu sein. Eine Ahnung davon, daß hier etwas wie ein Sinnbild seines Schicksals bildlich vorgeformt war, muß das bilderfremde Auge des jungen Nietzsche erschüttert haben, als ihm das Blatt so nahe kam. Er glaubte die Erschütterung zu deuten als eine künstlerische Traumahnung vom Lebenswege seines großen Lehrers Schopenhauer und seines mächtigen Freundes und Erweckers Richard Wagner. Aber wie dem späten Nietzsche „Wagner in Bayreuth" eine Vision seiner eigenen Zukunft war, wogegen in „Schopenhauer als Erzieher" seine innerste Geschichte, sein „Werden" eingeschrieben sei, vor allem sein Gelöbnis — „beide reden nur von mir, anticipando!" — so möchte ihm das Blatt, wäre es ihm in den Jahren seines Ausgangs noch einmal zu Gesicht gelangt, wohl auch als ein „Selbstbildnis mit Tod und Teufel", gleich den eigenen Jugendwerken, spukhaft vorgekommen sein. Nietzsches letzte Äußerung über den Stich lautet: „zu düster", und in der Tat, die Stimmung des Reformationsblattes möchte für den „germanischen Lebensernst" der ‚Welt als Wille und Vorstellung' zunächst eher bedeutsam erscheinen als für das halkyonische Spätglück, die Musik des Südens, wovon der letzte Nietzsche träumte. Doch für die Gesamtanschauung Nietzsches gilt dasselbe, was er von dem Schopenhauercharakter des Blattes aussagt. Das hat der theologische Freund Nietzsches, hat der Erasmusblick Overbecks schon früh vorempfunden, als er 1871 an Nietzsche schrieb: „Sie erinnern mich auf Ihrem ausdrucksvollen Bildnis an den mutigen dürerschen Ritter, den Sie mir einmal zeigten." Ein wahrsagerisches Freundeswort: denn auch Nietzsche ist uns nun „ein solcher dürerscher Ritter"; nicht zwar „ohne jede

Hoffnung", und als ein solcher, der mehr wollte, mehr von sich wollte als „die Wahrheit". Aber gleich Schopenhauer und Luthers freiem Christenmenschen „niemandem untertan", zieht er furchtlos zur Stunde eines gefährlichen Zwielichts seine Straße, im Geleit der Dämonen, zwischen dem Tod, der das „Wissen" ist, und dem Teufel, der sich „Versuchung der Einsamkeit" nennt. Oben erglänzt die Burg einer gotischen Romantik, von der Gewissen ihn harten Abschied nehmen hieß, noch in tönendem Abendlicht. Aber der Pfad, der böse Pfad durch den Engpaß zweier Zeiten hindurch, erdunkelt in der Nacht eines künftigen Schicksals. Wohin er führt, wo er endet? Aber führt er überhaupt, endet er überhaupt? „Dennoch —"

## DAS DEUTSCHE WERDEN

„Der Deutsche war bis jetzt der Narr der Erde.. Er ist ein Adam, doch in Ketten, im Kreis der Tiere.."

Hebbel 1861.

„. . Deutschland, dem Götterbilde Hellas gleichend.."

Stifter 1859

Als den ältesten Ahnherrn seiner Philosophie ehrt Nietzsches Dankbedürfnis, durch alle wechselnden Landschaften seines Denkens hindurch, den Namen Heraklits. Der große Entdecker und Rechtfertiger des Werdens war für den Dichter des Zarathustra vielleicht das fruchtbarste Ur- und Vorbild seiner selbst; sein dunkles und dunkel überliefertes Weltbildnis gewährte ihm früh das strenge Rauschglück einer Begegnung mit seinem gesteigerten Selbst, wie es später nur noch die eigene Eingebung des Zarathustra ihm geschenkt hat, in dessen Gestalt ja viele Züge des ephesischen Weisen eingegangen sind. Kein Philosoph und keine Philosophie hat dem Denken Nietzsches, das immerfort im Zwischenreiche eines „gefährlichen Vielleicht" sich bewegte, solche Töne beglückter Gewißheit, und zwar zu den verschiedensten Zeiten, abgenötigt; und nicht umsonst gipfelt sein prachtvoller Torso über die Philosophie im tragischen Zeitalter der Griechen durchaus in der Darstellung Heraklits. „Die Welt braucht ewig die Wahrheit, also braucht sie ewig Heraklit"; „was er schaute, muß von jetzt ab ewig geschaut werden"; „Heraklit kann nie veralten" — Steigerungen von dieser Unbedingtheit begegnet man bei Nietzsche kaum noch anderswo. „In Heraklits Nähe," sagt noch das Ecce homo, „wird überhaupt mir wärmer, mir wohler zumute als irgendwo sonst. Die Bejahung des Vergehens *und Vernichtens*, das Entscheidende in einer dionysischen Philosophie, das Jasagen zu Gegensatz und Krieg, das *Werden*, mit radikaler Ablehnung auch selbst des Begriffs ‚Sein' — darin muß ich unter allen Umständen das mir Verwandteste anerkennen, was bisher gedacht worden ist."

Die mächtige Grundeingebung, das tragisch-dionysische Geheimnis vom Ewigen Werden (das in Nietzsches Denken dann, unter dem Einfluß pythagoräischer und empedokleischer Gedanken zur Eingebung der Ewigen Wiederkunft noch gesteigert werden sollte) war für Nietzsche, neben Schopenhauers Anschauung der Welt als Wille, ohne Zweifel die stärkste Bestätigung seiner eigenen philosophischen Grundrichtung, die entscheidendste Begegnung mit sich selber in einem großen Urbilde. (Um eine wirkliche „Begegnung", nicht um eine bloße Abhängigkeit und Schülerschaft handelt es sich hier, ganz abgesehen davon, daß ja schon in der Wahl des Lehrers eine ursprüngliche Eigenbewegung der Seele, eine Willens- und Triebrichtung sich anzeigt; wir besitzen Äußerungen Nietzsches aus seiner Klosterschulzeit, die ihn bereits über der Frage des ewigen Werdens grübelnd zeigen.) Nietzsche hat seine eigene Philosophie vor allem als eine Philosophie des Werdens selbst empfunden und gekennzeichnet, nicht nur in der Ecce homo-Stelle über Heraklit. Und wenn bei solchen Gelegenheiten der Name Heraklit fehlt, so erinnert oft noch irgendeine Wendung, eine Bildlichkeit aus der großartigen Gleichniswelt des Ephesers an die bewußt oder halbbewußt festgehaltene Ahnenschaft: „Was uns ebenso von Kant wie von Plato und Leibniz trennt," heißt es im späten Nachlaß: „wir glauben an das Werden allein auch im Geistigen ... dies ist der große Umschwung. Lamarck und Hegel ... die Denkweise Heraklits und Empedokles' ist wieder erstanden ... Die Philosophie, so wie ich sie allein noch gelten lasse, als die allgemeinste Form der Historie: als Versuch, das heraklitische Werden irgendwie zu beschreiben und in Zeichen abzukürzen (in eine Art von scheinbarem Sein gleichsam zu übersetzen und zu mumisieren)." In der Zeit der Fröhlichen Wissenschaft heißt es, mit einem vollkommen heraklitischen Bilde: „Sähest du feiner, so würdest du alles *bewegt* sehen: wie das brennende Papier sich krümmt, so vergeht alles fortwährend und krümmt sich dabei ... wir sind nicht *fein* genug, um den mutmaßlichen *absoluten Fluß des Geschehens* zu sehen: das *Bleibende* ist nur vermöge unserer groben Organe da ... der Baum ist in jedem Augenblick etwas neues: die *Form* wird von uns *behauptet*..." Und in der Schrift vom Werden der Moral, in der „Genealogie" heißt es etwa: „Es gibt kein ‚Sein' hinter dem Tun, Wirken, Werden; ‚der Täter' ist zum Tun bloß hinzugedichtet — das Tun ist alles."

Die große Idee der Verwandlung hat Nietzsche in all seine Fragestellungen hineingetragen, mit einer leidenschaftlichen Unbedingtheit, welche die Vorläuferschaft Goethes, der Romantiker, Hegels in der Herausarbeitung dieser Leitidee weit hinter sich läßt. Vor allem hat er sie hineingetragen in *das* Problem, welches ihn am meisten „anging", gegen dessen Angriff er sich am bittersten gewehrt hat — gegen sich selbst. Als den ewigen Wanderer, Wandler und Verwandler seiner selbst hat Nietzsche sich immer genommen — dies war *seine* „Rechtfertigung des Werdens": wenn er sich irgendwo gleich blieb, treu blieb, so war es einzig darin. „Nur wer sich wandelt, bleibt mit mir verwandt" ist eine seiner tiefsten Selbstdeutungen. Nur als sich verwandelnd, nur als werdend schien Nietzsches Dasein sich selber gerechtfertigt — so wie das Werden, der „Streit der Dinge", die Feindschaft bei Heraklit die Rechtfertigung des Seins ist. Und man kann sagen, daß Nietzsche seinen Fragestellungen um so mehr von der „Rechtfertigung durch das Werden" mitgegeben hat, je näher er sie seiner Mitte fühlte: das Maß ihres Anteils am Begriff der Verwandlung bezeichnet geradezu den Grad des ihn *Angehens*. So wie auch aus dem nämlichen Grunde die Feindschaft Nietzsches wider eine Sache den hohen Grad innerer Verwandtschaft mit ihr anzeigt.

In seiner Darstellung Heraklits zitiert Nietzsche eine Stelle aus dem ersten Buch der Welt als Wille und Vorstellung, um die ‚heraklitische Konsequenz" zu verdeutlichen, „daß das ganze Wesen der Wirklichkeit eben nur Wirken sei und daß es für sie keine andre Art Sein gibt". Das Sein der Materie *sei* ihr Wirken, sage Schopenhauer; und höchst treffend werde daher im *Deutschen* der Inbegriff alles Materiellen *Wirklichkeit* genannt, welches Wort viel bezeichnender sei als „Realität". Wenn hier der deutschen Sprache ein besonderes Gefühl für das Wirkende und Werdende des Seins zugeschrieben wird, im Gegensatz zu dem lateinischen Seins-Realismus, so hat das für Nietzsche ohne Zweifel den Reiz und die Bedeutung eines Sinnbilds für einen tieferen Zusammenhang gehabt. Denn seine Vorstellung des Deutschtums gehört in allererster Reihe zu den Fragen, welche durch ihren Anteil an Nietzsches leidenschaftlicher Feindseligkeit wie an der Idee des Werdens die „lebensgefährliche" Nähe zur lebendigen Mitte von Nietzsches Wesen unzweideutig offenbaren. Das immer wieder hervorbrechende Gefühl für das *Werden* im deutschen Wesen, ja die Gleichsetzung von „Werden" und „deutsch sein", die bei Nietzsche in immer neuen Masken begegnet, — es spricht für das Vorhandensein einer tiefen inneren Selbstgleichsetzung mit dem deutschen Wesen, dem doch niemand so vernichtende „Wahrheiten", so leidenschaftliche Verneinungen entgegengebracht hat wie eben Nietzsche. Jene Betonung, jenes Heraustreiben des deutschen, und gerade des deutschen, Werdens hat die Bedeutung einer Selbstzergliederung, einer Selbstkritik: im deutschen „Werden", „mit radikaler Ablehnung auch selbst des Begriffs ‚Sein' ", muß er unter allen Umständen ein ihm Verwandtestes anerkennen, muß er sich selbst wiedererkennen; wie er sich selber am meisten in Heraklit wiederfindet, so das deutsche Wesen im heraklitischen Werden — so *sich* im deutschen Wesen.

„Wir Deutsche", sagt die Fröhliche Wissenschaft, „sind Hegelianer, auch wenn es nie einen Hegel gegeben hätte, insofern wir (im Gegensatz zu allen Lateinern) dem *Werden*, der Entwicklung instinktiv einen tieferen Sinn und reicheren Wert zumessen als dem, was ‚ist' — wir glauben kaum an die Berechtigung des Begriffs ‚Sein'." Das ist ganz jene heraklitische radikale Ablehnung des Begriffs „Sein". Aber wenn der deutsche Gedanke so dem Werden, der Entwicklung instinktiv einen tieferen Sinn und reicheren Wert zumißt als allem Seienden, so ist das zugleich eine Form der Selbstbejahung, wenn man will, auch der Selbstkritik des deutschen Wesens (Selbstkritik ist immer zuletzt eine Selbstbejahung durch Selbstverdeutlichung: es gibt keine unbedingte Selbstverneinung). Das deutsche Wesen empfindet sich als werdend; deutsch sein *heißt* im Werden sein, deutsch ist so viel wie: werdend; deshalb drückt das deutsche Wort für das Seiende: „Wirklichkeit" — nicht ein Sein, sondern ein Wirken, ein Werden aus: Deutschtum empfindet sich, erlebt sich selber als Puppenzustand des Geistes, als Ungegenwart und Wachstum, als widrige Unzulänglichkeit und ungeheure Hoffnung. „Wie jeglich Ding sein Gleichnis liebt." sagt das Jenseits, „so liebt der Deutsche die Wolken und alles, was unklar, *werdend*, dämmernd, feucht und verhängt ist: das Ungewisse, Unausgestaltete, Sich-Verschiebende, Wachsende jeder Art fühlt er als ‚tief'. Der Deutsche selbst *ist* nicht, er *wird*, er ‚entwickelt sich'. ‚Entwicklung' ist deshalb der eigentlich deutsche Fund und Wurf im großen Reich philosophischer Formeln." Immer wieder, man sieht es, mündet Nietzsches Kennzeichnung des deutschen Wesens in jenes innerste und eingeborene Hegelianertum, das, nach seinem eigenen Wort, allen Deutschen erb- und eigentümlich ist. Das Nämliche meint Fichte, wenn er in dem Glauben an die „unendliche *Verbesserlichkeit* des deutschen Wesens" eben das Tiefste dieses deutschen Wesens selber erkennt; meint Friedrich Schlegel: „die Deutschheit liegt nicht hinter uns, sondern vor uns"; meint Novalis: „das Volk ist eine *Idee:* wir sollen ein Volk *werden.*" Diese ganze Auffassung vom Wesen des Deutschen als eines Postulats, als einer nie erfüllten, nie erfüllbaren Leitidee ist so kantisch, wie sie platonisch, so höchst deutsch, wie sie tief griechisch ist: ganz und gar geboren aus einem deutsch erlebten Platonismus, dem Nietzsche selber so Entscheidendes verdankt, obwohl er auch über ihn das denkbar Härteste gesagt hat (wie über alles, was ein Stück seiner selbst war); einem deutschen Platonismus, der Goethe speiste („wir müssen nichts *sein,* sondern alles *werden* wollen"), wie er Hölderlin erfüllte („wir sind nichts; was wir suchen, ist alles"). Und deutsch, wie nur irgendein Wort dieses grundlegenden Deutschen, in dem zum erstenmal das deutsche Volk mühselig und gewissensschwer über sich selbst grübelte und Gericht hielt, deutsch ist Luthers Bekenntnis zum Werden: „Dies Leben ist nicht ein Frommsein, sondern ein Frommwerden, nicht ein Gesundsein, sondern Gesundwerden, überhaupt nicht ein *Wesen,* sondern ein *Werden,* nicht eine Ruhe, sondern eine Übung. Wir sind's noch nicht, wir werden's aber, es ist noch nicht getan und geschehen, es ist aber im Schwang, es ist nicht das Ende, es ist aber der Weg..."

All dies entspricht völlig dem Deutscherlebnis des jungen Nietzsche, wie er es sich, im Nachlaß zur Zweiten Unzeitgemäßen, fragend selber zu vergegenwärtigen sucht: „Ist es wahr, daß es zum Wesen des Deutschen gehört stillos zu sein? Oder ist es ein Zeichen seiner Unfertigkeit? Es ist wohl so: das, was deutsch ist, hat sich noch nicht völlig klar herausgestellt.. Das deutsche Wesen ist noch gar nicht da, es muß erst werden; es muß irgend einmal herausgeboren werden, damit es vor allem sichtbar und ehrlich vor sich selber sei. Aber jede Geburt ist schmerzlich und gewaltsam..." Sätze, die Nietzsche in der Handschrift nicht umsonst unterstreicht. Denn daß der Deutsche nicht *ist,* daß er *wird* — das bleibt wirklich Nietzsches verdichtetste Formel für alles Deutschtum. Dies Werden aber ist auch der Grund, warum von Nietzsche die Frage, was zum Wesen des Deutschen gehöre, immer wieder neu gestellt wird, warum unter Deutschen überhaupt die Frage „was ist deutsch?" niemals aussterben will: es *kennzeichne* die Deutschen, sagt geradezu das Jenseits, *daß* bei ihnen diese Frage niemals aussterbe. Und sie kann nicht aussterben, weil eben das Werden des Deutschen, als eine Mannigfaltigkeit von möglichen Entwicklungen, ein umschreibbares Sein logisch und selbst metaphysisch ausschließt. Der Deutsche ist immer nur die *Möglichkeit* zum Deutschen, die bloße Möglichkeit dessen, als das wir ihn „eigentlich" zu kennen oder zu deuten glauben. Deutschtum erscheint als eine Anlage, ein Keim, nirgends als eine, auch nur gedanklich realisierbare, Vollendung und Entelechie, wie *der* Grieche, *der* Italiener oder Franzose, *der* Engländer eine solche darstellt. Diese andern Völker finden sich alle irgendwie „verkörpert", sehen irgendwie ihr „Bild" ausgeprägt; die Deutschen aber finden gerade in dem Fehlen jeder solchen sinnlichen Verleiblichung, jeder Gestalt, finden im Suchen und in der Sehnsucht nach ihr beinah *ihr* Kennzeichen, *ihr* „Bild". „Was der deutsche Geist sein *könnte*, wer hätte nicht schon darüber seine schwermütigen Gedanken gehabt!" sagt die Götzendämmerung.

Wirklich eignet dem Deutschen, völlig unvergleichbar mit allen andern Völkern, das merkwürdig gespaltene Ich-Bewußtsein eines demütig-stolzen „Über sich selbst hinaus" — das „Über" immer zugleich im Sinn eines „Hinüber", als Steigerung des eigenen Wesens und zugleich als Verwandlung. „Deutscher werden" ist eine ganz nur deutsche Vervollkommnungsidee. (Ein entsprechendes „französischer werden" als Ideal des französischen Geistes, oder „englischer werden" als Forderung des englischen Wesens an sich selber wäre widersinnig. Der französische Geist ist so französisch wie möglich, mag er geschichtlich immerhin seine Möglichkeiten naturgemäß im Nacheinander ausformen; das englische Wesen kann nie „englischer" sein oder gedacht werden. Der Steigerungsgrad entbehrt hier jeder Möglichkeit, selbst der rein sprachlichen.) Zugleich aber, und dies ist das Seltsame, unerhört Einmalige in der Seelengeschichte aller Völker, heißt deutscher werden auch: sich in einem hohen Sinne *entdeutschen*, das Deutsche in sich überwinden, um zur deutschen Vollkommenheit, zum deutschen Sein erst recht zu gelangen. Das gerade ist Nietzsches entscheidende Erkenntnis: „Gut deutsch sein heißt sich entdeutschen", so formuliert bereits das Menschliche eine Einsicht nicht so sehr als ein Erlebnis Nietzsches. Er wirft den Deutschen des neuen Reichs geradezu eine Verleugnung der Deutschheit vor, wenn sie ihm in dieser Erkenntnis nicht Folge zu leisten scheinen. „Es scheint, ich bin etwas von einem Deutschen einer aussterbenden Art", sagt eine entsagungsvolle späte Nachlaßstelle: „ ‚Gut deutsch sein heißt sich entdeutschen' habe ich einmal gesagt: aber das will man mir heute nicht zugeben. Goethe hätte mir vielleicht recht gegeben." Denn „Goethes Stimme und Beispiel," ergänzt das Menschliche, „weisen darauf hin, daß der Deutsche mehr *sein* müsse als ein Deutscher ... und *in welcher Richtung* er bestrebt sein solle, über sich und außer sich hinauszugehen." Außer und über sich hinausgehen — das ist deutsche Vorherbestimmung; und noch die Eingebung des Übermenschen speist sich aus dieser deutschen Schicksalshaftigkeit, dieser deutschen Metaphysik. „Alles Vollkommene in seiner Art muß über seine Art hinausgehen", sagt Goethe, „es muß etwas anderes, Unvergleichbares werden. In manchen Tönen ist die Nachtigall noch Vogel; dann steigt sie über ihre Klasse hinüber und scheint jedem Gefiederten andeuten zu wollen, was eigentlich singen heiße..." Und an anderer Stelle: „Wer weiß, ob nicht der ganze Mensch wieder nur ein Wurf nach einem höheren Ziele ist?" Das ist schon der deutliche Keim von Zarathustras Lehre des Übermenschen: „Alle Wesen bisher schufen etwas über sich hinaus ... der Mensch ist etwas, was überwunden werden soll. Was habt ihr getan, ihn zu überwinden?" Und wenn Zarathustras Übermensch bei Nietzsche nicht sowohl als eine künftige Realität, eine prophezeite Wirklichkeit erscheint, vielmehr als ein hinaufziehendes, an sich unerreichbares Leitphantom, so ist auch dieser tief platonische, tief deutsche Gedanke des vorwärts geworfenen Ideals, das so wenig zu errreichen ist wie der Fuß des Regenbogens, bei Goethe vorgebildet, der bei aller seiner höchsten Vollkommenheit, die je ein Deutscher erreichte, dennoch, in Dichtung und Wahrheit, diesem „Über sich hinaus" die Worte gibt: „Niemand, wenn er auch noch so viel besitzt, kann ohne Sehnsucht bestehen; die wahre Sehnsucht aber muß gegen ein *Unerreichbares* gerichtet sein."

So hat denn die Vorstellung eines deutschen Seins immer etwas von einem Jenseitigen, verheißend und hinaufziehend Unerreichbaren; es ist „Wirklichkeit" nur insofern es wirkt; dem Reiche Gottes gleichend, ist es immer „kommend", höchstens „nahe", niemals „da". Allem deutschen Wesen ist dies faustische, dies gotische „Jenseits seiner" eingeboren. Die deutsche Sprache schon ist davon Ausdruck und Sinnbild: keine, die so „unvollkommen" in all ihrer mächtigen und jenseitigen Großartigkeit wäre, keine, die so leicht widriger Formlosigkeit erläge oder läppischer Willkür. Keine ist so wehrlos gegen alles auflösend Fremde, keine widerstrebt so sehr wie sie der Meisterschaft, der Vollkommenheit. Aber auch keine im Umkreis des Europäischen birgt in sich solche Möglichkeiten über sich hinaus, keine vermag alles Werdende, Künftige, dämmernd Herannahende, alles echt Sibyllinische so auszusagen wie die unsre. Sie widersteht wie keine dem Nur-Logischen, sie ist déraisonnable, wie der Franzose mit Recht urteilt; aber seit den Tagen der Sprache Platons gab es keine, fähig wie sie, das Jenseits des Logischen, das Mystische, ewig Kommende so unmittelbar auszuhauchen, zu weissagen. Sie ist nie fertig, nie, in jeder jeweiligen Zeitspanne, vollendet in sich, wie etwa die französische seit Jahrhunderten; sie ist immer, wie das Volk das sie redet, eine Sprache „in der Hoffnung". Das liegt im Untergrund von Goethes Bemerkung an Schiller, daß in einer so wunderlichen Sprache, wie es die deutsche sei, freilich immer etwas zu wünschen übrig bleibe. Und das nämliche gilt ja von aller deutschen Kunst: „Nordische Schönheit," prägt Wölfflin, „ist nicht eine Schönheit des In-sich-Geschlossenen und Begrenzten, sondern des Grenzenlosen und Unendlichen... Die fertige Form bedeutet der germanischen Phantasie zu wenig, sie muß immer überspielt sein von dem Reiz der Bewegung... In aller deutschen Architektur ist der Bewegungsrhythmus das Entscheidende, nicht die ‚schöne Proportion'."

Im Untergrund solch wunderlich bewegten Werdegefühls ist auch Nietzsches Erlebnis der deutschen Sprache, des deutschen Wesens und Nichtwesens verhaftet. Hier wurzelt seine leidenschaftlich überdeutsche Kritik, hier alle Härte eines enttäuschten Liebenden seines Volks, hier seine Hyperionstrenge und zuletzt doch auch seine „ungeheure Hoffnung", die nicht nur aus der „Geburt der Tragödie" redet. Man wird kaum eine Äußerung Nietzsches über das Deutschtum, sei es nun positiv, zweifelnd oder verneinend gerichtet, finden, die nicht im deutschen immanenten Werden ihre innerste Mitte hätten. Woran alle führenden Geister deutschen Wesens gearbeitet haben, daran arbeitete auch Nietzsche: aus jenem heraklitischen Strom eines ewigen deutschen Werdens, — dessen strömendes Abbild unsere Sprache ist — die Welle zu kristallener Kugel zu ballen, dem Chaotischen das Bild, dem musikalisch und vieldeutig Rauschenden die klare, einmalig umrissene deutsche Gestalt zu entreißen. Denn bis jetzt gab es nur Ansätze, nur Bruchstücke, nur tragische Torsi solcher Bildwerdungen; nicht umsonst war „Bildung", Bildschöpfung, Bildwerdung gerade Goethes Lieblingsformel und -Aufgabe, ja die eigentliche Goethe-Idee. Es gab wirklich, wie eine Nachlaßäußerung Nietzsches lautet, bisher „noch keine deutsche Bildung: es gab Einsiedler, welche sich mit erstaunlichem Geschick verborgen zu halten wußten, inmitten der gröbsten Barbarei" — denn „Barbarei" ist schon der Ausdruck Goethes für den noch chaotischen Seinszustand eines Volkes, Goethes, der zu Eckermann, in jenem berühmten Gespräch vom Jahre 1827 sagte, daß noch ein paar Jahrhunderte hingehen könnten, bis man von den Deutschen würde sagen können, es sei lange her, daß sie Barbaren gewesen — eine Stelle, auf die Nietzsche sich in der Ersten Unzeitgemäßen mit so ganz besonderem Nachdruck beruft. Es gab noch keine deutsche Bildung, sagt Nietzsche mit Goethe; es gab noch kein deutsches Bild, kein Abbild deutschen Wesens, keine Gestalt des deutschen Menschen. Die Deutschen sind das einzige in der Helle des europäischen, hellenisch-christlichen Kulturkreises tausendjährig lebende Volk, das zur tiefen und dauernden Unruhe all seiner Nachbarn, zur ratlosen und schamvollen Verstörung seiner eigenen edelsten Geister, kein irgendwie in sich mögliches und haftendes Wesensbild in der Seele gewährt. Es eignet ihm etwas von jener mystischen „Bildlosigkeit aller Bilder", welche alle Bilder in sich trägt, aber gleichsam im Zustande einer ewigen Vorgeburt. Sein eigenes mühsames Bewußtwerden seiner selbst (von einem Bewußt*sein* seiner selbst kann man bei dem deutschen Menschen nicht reden, und vielleicht ist das der tiefste Grund, warum es ihm auch an „Selbstbewußtsein", im weltlichen Sinne, von jeher so sehr gefehlt hat), dies Bewußtwerden ist immer geheimnisvoll durchklungen von der schmerzlichen Hölderlinfrage: „Wann erscheinest du *ganz*, Seele des Vaterlands?" Und bisher klingt immer nur *eine* volle Antwort darauf: in der deutschen Musik. Nietzsches besonderes Verhältnis zur Musik (das *alle* seine Fragen und Antworten mit einem gemeinsamen musikalischen Herzstrom durchblutet), es gewinnt auch in diesem Zusammenhang seiner Deutschkritik eine innerste Bedeutung. Er hat deutsches Wesen und deutsche Möglichkeit am tiefsten, am hoffnungsfreudigsten und am ingrimmig schmerzlichsten als deutsche Musik erlebt — die Geburt der Tragödie ist ja nur das klassische, nicht das einzige Zeugnis; hat der „aus dem Wesen des Romanischen hervorgewachsenen Zivilisation" bewußt *den* deutschen Geist entgegengehalten, der sich in der deutschen Reformation — dem mächtigsten Einspruch und Widerstand des deutschen Werdens gegen das europäische Sein — und in der deutschen Musik offenbart habe; und hat noch im Jenseits, tief in seiner überdeutsch-gegendeutschen Zeit, am Schlusse jener Meisterdeutung des Meistersingervorspiels, gesagt, diese Musik drücke am besten aus, was er von den Deutschen halte: „Sie sind von vorgestern und von übermorgen — sie haben noch kein Heute." Nietzsche hat sein eigenes Deutschtum nirgends so tief bekannt als in seinem Verhältnis zur Musik; das „Schicksal der Musik" war das letzte, was ihn, nach seinem eigenen Geständnis aus dem letzten Jahr, noch „anging"; das Leben ohne Musik deuchte dieser Seele ein Exil, ein Irrtum; „nur wer sich wandelt, bleibt mit mir verwandt", bekannte dieser werdesüchtigste und verwandlungsfroheste Geist: nichts blieb ihm von den frühesten Knabentagen bis in den Wahn hinein („Singe mir ein neues Lied: die Welt ist verklärt...") so innerlich verwandt, so ganz Ausdruck seiner selbst, wie Musik. Darin ist Nietzsche, trotz seines betonten Gegendeutschtums, trotz seiner härtesten und schneidendsten Worte gerade gegen die deutsche Musik, ein lebendiges Gleichnis des deutschen Wesens: denn hier allein, in der fließenden, immerfort *werdenden*, gestaltlos raunenden „Kunst des Unendlichen" — wie die deutsche Romantik sie faßte — ist bisher jene hölderlinsche Seele des Vaterlandes „ganz erschienen". Aber ihr Wesen daraus zu deuten, dazu bedarf es eben schon der musikgeborenen deutschen Seele, welche immer, mit Nietzsches spätem Wunsche, singen sollte und nicht reden; in der Sphäre von Wort, Bild und Gestalt verstummt diese einzige Deutung des Deutschen. Nicht, als habe sich die deutsche Seele nicht auch in dieser Luft zu formen versucht. Aber dort haftet immer gerade an ihren größten und kühnsten Gebilden das tragische Jenseits, das diese nicht zur Vollkommenheit in sich gelangen, nicht rund, nicht selbstgenugsam werden läßt. Welche Architektur der Welt vergewaltigt und quält in solch inbrünstiger Verachtung den eigenen Werkstoff, wie die große deutsche Baukunst es tut, auch die Baukunst unserer Philosophie, als welche immer etwas wie Spätgotik gewesen ist? Wie ringt gerade die bedeutendste deutsche Malerei und Bildnerei immer mit den Problemen eines bildlich nicht Auszudrückenden, wie sehr ist jedes deutschere Bild immer auch ein Jenseits des Bildes (man darf sich nur Dürers erinnern)! Der innere Zwang, immer in dem gerade nicht Gegenwärtigen, dem „Andern", das Wesentliche, Wesenhaftere, das „Sein" suchen zu müssen, das ist deutsches Schicksal, ist das eigentlich deutsche „Leiden an sich selber". „Jedes unfertige Wesen *leidet*", schreibt Hebbel, ein Jahr vor seinem Tode. „Es blieb den Deutschen vorbehalten," sagt Wölfflin in seinem Dürerbuch, „die Apostel nicht als die selbstherrlichen, vollendeten Existenzen darzustellen, sondern als Menschen, die sich verzehren in schmerzlichem Ungenügen." Die Gestaltlosigkeit in diesem Sinne, die musikalische Unplastik, die wohl unbeschränkte — „unborniertere" — aber auch grenzenlose Zerflossenheit deutscher Geistesart, sie ist es, die das Deutschtum den „gebildeten", d. i. schon begrenzten, schon formgewordenen Völkern oft so widrig, so tief verdächtig macht. Zum Anwalt dieses Weltverdachtes gegen alles Deutsche macht sich ja gerade der späteste Nietzsche, der Nietzsche besonders des Ecce homo-Jahres, der in der Reformation nunmehr ein großes Kulturverbrechen sieht, der vor der deutschen Musik jedes „an sich glaubende Dasein" *warnt*, der bewußt nunmehr der romanischen Zivilisation sich eingeordnet glaubt und mehr französisch, mehr lateinisch als deutsch zu schreiben stolz ist; er, dem die Deutschen die „unverantwortliche Rasse" sind, die „in allen entscheidenden Momenten der Geschichte etwas ‚Anderes' im Kopfe hatte". Nietzsche ist in dieser seiner späten Deutschenfeindschaft zwar vor allem ein Anzeichen und Zeugnis des deutschen „Leidens an sich selber", des typischen deutschen Selbsthasses; sowie der Deutschenhaß Nietzsches wiederum ein Anzeichen und Zeugnis seines eigenen Selbsthasses ist, jener edlen Sucht, sich selber zu überwinden, in der Nietzsche selbst „im Grunde seine stärkste Kraft" sah (sein Deutschenhaß gehört seelisch in dieselbe Ebene mit seinem Haß gegen das Christentum, gegen Wagners Musik, gegen Sokrates und den Platonismus: er ist eine Form seiner „Askese"). Dennoch ist in objektiver Sphäre Nietzsche der berufene Anwalt einer wirklichen geistigen Weltfeindschaft gegen das deutsche Wesen, der Nietzsche nur mehr Waffen geschenkt hat, als er von ihr entlieh (auch darin ist ja Nietzsche, noch einmal, überaus deutsch). Diese Feindschaft der Welt hat mit politischen Dingen nichts zu tun (auch Nietzsches Haß gegen das „Reich" richtet sich unbewußt vor allem gegen Selbst-„Entdeutschung" eines Volkes, das er aus einem reichen Werden in ein kleinliches, zu frühes Sein, in eine widrige und sehr undeutsche Selbstgenügsamkeit hinabsteigen sah); sie ist uns aus allen Jahrhunderten bezeugt und all unsere Großen haben sie empfunden. „Es ist keine verachtetere Nation denn die Teutschen," sagt Luther; „Italiäner heißen uns Bestien, Frankreich und Engelland spotten unser, und alle anderen Länder. Wer weiß, was Gott will und wird aus den Teutschen machen? Wiewohl wir eine gute Staupe vor Gott wohl verdienet haben." Und resignierter ein andermal: „Man weiß von den Teutschen nichts in andern Landen." Am Ausgang des 18. Jahrhunderts sah Hölderlin Deutschland „‚allduldend gleich der schweigenden Mutter Erd' und allverkannt"; und Hebbel schrieb 1860 in sein Tagebuch: „Alle Nationen hassen den Deutschen ... Wenn es ihnen aber wirklich einmal gelingt, ihn zu verdrängen, wird ein Zustand entstehen, in dem sie ihn wieder mit den Nägeln aus dem Grabe kratzen möchten." Eine Atmosphäre von unbeschreiblicher *Fremdheit* scheint das Deutsche, von außen gesehen, zu umwittern — schon Luthers Wort deutet gerade darauf. „Ce peuple est d'un autre âge", sagte 1871 ein französischer Autor, redlich bemüht um Deutschlands rätselvolle „Wirklichkeit", mit achselzuckendem Verzicht. Dies Volk gehört einem andern Weltalter an — das besagt zuletzt auch der Namen des „Barbaren", sei es im Munde Goethes oder in der Vorstellung von Ländern, in denen man „von den Deutschen nichts weiß". Und eben das, dies einem *andern* Alter Angehören, meint auch Nietzsches erbittertes Wort von der Rasse, die in allen entscheidenden Augenblicken der europäischen Geschichte etwas „Anderes" im Kopfe hatte, voll tiefer Fremdheit und in unerreichbarer innerer Abseitigkeit mit ihrem eigenen „Heil" dunkel und verworren beschäftigt. Immer ist es irgendein „Anderes", was der Deutsche sucht, ein Jenseitiges, irgend etwas „nicht von dieser Welt", irgend etwas, was nicht der „Angst des Irdischen" angehört. Gerade durch dies ewige d'un autre âge aber ist der Deutsche die fortwährende Unruhe in Europas Zeitgefühl, ein beständiger Zweifel, was er denn „eigentlich" sei, da er nichts „ganz" zu sein scheint. Der Deutsche ist immer *noch etwas anderes,* und meist sein gerades Widerspiel. Er vereinigt das schlechthin Unvereinbare, das eben ist das Barbarische an ihm (denn im griechischen Sinne gebildet ist nur der, welcher gewissen Möglichkeiten des Chaos entschlossen absagt, um andere desto klarer zu verkörpern); dadurch ist er der Spott und auch die unausrottbare Furcht aller andern: die Furcht vor dem Inkommensurablen, das der auf Maß und Grenze angewiesenen „griechischen" Menschlichkeit und ihren spätlateinischen Erben widrig und feindselig vorkommen muß. Jenes odium generis humani ist in seinem metaphysischen Grunde der Haß alles Gestalteten gegen das noch nicht Gestaltete, des Gebildeten gegen das Chaotische, des Gewordenen gegen das Werdende, des Eindeutig-Klaren gegen das Vielfältig-Dunkle.

An diesem Punkte setzt Nietzsche seine „Vivisektion der deutschen Seele" an, aus dieser ungeformten Vielfalt deutet er ihre Undeutlichkeit, ihre Fremdheit. „Die deutsche Seele ist vor allem vielfach", sagt er im „Jenseits", zugleich mit einem Versuch, diese Erscheinung rassenbiologisch zu erklären, das heißt begrifflich zu vereinfachen; „sie ist verschiedenen Ursprungs, mehr zusammengesetzt als wirklich gebaut: das liegt an ihrer Herkunft". (Nietzsches Lieblingsbegriffe des Atavismus und des Vorbestimmtseins durch Ahnenmischung spielen auch hier herein.) „Ein Deutscher, der sich erdreisten wollte, zu behaupten, ‚zwei Seelen wohnen, ach! in meiner Brust', würde sich an der Wahrheit arg vergreifen, richtiger, hinter der Wahrheit um viele Seelen zurückbleiben. Als ein Volk der ungeheuerlichsten Mischung und Zusammenrührung von Rassen, vielleicht sogar mit einem Übergewicht des vor-arischen Elementes, als ‚Volk der Mitte' in jedem Verstande, sind die Deutschen unfaßbarer, umfänglicher, widerspruchsvoller, unbekannter, unberechenbarer, überraschender, selbst erschrecklicher, als es andere Völker sich selber sind: — sie entschlüpfen der *Definition* und sind damit schon die Verzweiflung der Franzosen." Nicht zu definieren, nicht zu umgrenzen, innerhalb keiner Grenze endgültig festzulegen und festzuhalten (sinnbildlich, daß kein anderes Volk der Welt eine so wenig geschlossene Sprachgrenze besitzt): das ist wirklich immer das letzte Urteil der Fremden (der gewissenhaften Fremden), in deren Wortführer sich Nietzsches Überdeutschtum hier wie fast überall in seinem späteren Werken wandelt, über deutsches Wesen; namentlich aber ist es das „verzweifelte" Urteil der lateinischen Völker, deren deutsche Perspektive Nietzsche im engeren Sinne zu der seinen macht. „Wenn ich nicht klar sehen darf, ist meine ganze Welt aufgehoben" — dies Wort Stendhals gilt für die ganze französisch-lateinische Sehart, und gerade davor versagt sich das widerspruchsvoll Unberechenbare des deutschen Wesens. „Im Gegensatz zu allen Lateinern," sagt Nietzsche, „messen wir dem Werden instinktiv einen tieferen Sinn und reicheren Wert zu als dem was ist" — die lateinische Geistigkeit fühlt ihre Welt, eine Welt der Seinsgläubigkeit, vereint und vernichtet durch diesen hegelischen Protestantismus des Werdens, der, mit Nietzsche, kaum an die Berechtigung des Begriffs „Sein" glaubt. („Sein" ist eine römische Realität, wie „Werden" eine deutsche Wirklichkeit.) Keine „klare", rationalistische Betrachtungsweise ist zugänglich vor einem Volk, das zur Verstörung der Bildungsvölker und derer, die ihnen nachstreben, *nicht* die Raison, die zivilisierte und zivilisierende Vernunft als höchsten Kulturmaßstab und Daseinsinn anerkennt. Die Deutschen sind als déraisonnables (Nietzsche selber nimmt diese Bezeichnung aus der französischen Literatur herüber), als tief Närrische, auf keine Verstandesformel zu bringen; ihr ewiger Selbstwiderspruch scheint schlechterdings nicht auflösbar. „Es kennzeichnet die Deutschen," heißt es an der angeführten Stelle des Jenseits weiterhin, „daß man über sie selten Unrecht hat... Die deutsche Seele hat Gänge und Zwischengänge in sich, es gibt in ihr Höhlen, Verstecke, Burgverließe; ihre Unordnung hat viel vom Reize des Geheimnisvollen; der Deutsche versteht sich auf die Schleichwege zum Chaos." (Auch hier gewahrt man Spuren einer versteckten Selbstcharakteristik, wie überall, wo Nietzsche das deutsche Wesen kennzeichnet; man erinnert sich der Stelle des Ecce homo, wo Nietzsche sich die „angenehme Verdorbenheit" zuschreibt, welche die Thüringer auszeichne: „Wir ziehn selbst, um zur Wahrheit zu gelangen, die Schleichwege vor.") „Die Ausländer stehen erstaunt und angezogen vor den Rätseln, die ihnen die Widerspruchsnatur im Grunde der deutschen Seele aufgibt (welche Hegel in System gebracht, Richard Wagner zuletzt noch in Musik gesetzt hat)... Wie unordentlich und reich ist dieser ganze Seelenhaushalt! Wie steht da das Edelste und Gemeinste nebeneinander!" Dies „Gemeine", das heißt Chaotische als Gefahr und selbst Kennzeichen der deutschen Seele hat vor Nietzsche, dem schonungslosesten Richter und Selbstrichter, namentlich Goethe häufiger und streng betont: „Die Deutschen, bei denen überhaupt das Gemeine weit mehr überhand zu nehmen Gelegenheit findet als bei andern Nationen..." heißt es mit echt deutscher Selbstkritik in Dichtung und Wahrheit. Das Gemeine — das ist der allen gemeinsame ungeformte Urgrund, die gefährliche und fruchtbare Nähe des Chaos, das allzeit rachsüchtig ist gegen den Willen, der es zur Form zwang, aber unwillig dennoch diese Form mit seinen Kräften zur Blüte nährt. Diese innere Nähe des chaotischen Erdgeistes, die sehr stark zu fühlen gerade dem deutschen Geiste verhängt ist (er „ahnt, daß auf dem Gierigen, dem Unersättlichen, dem Mörderischen der Mensch ruht...", Nachlaß 1873), diese Nähe „schrecklicher Gesichte", die Gefahr der Wiederauflösung bestimmt eben die einwohnende Unzulänglichkeit des *einzelnen* Deutschen, sein Bruchstückhaftes, Zerrissenes, bald schwach Anlehnungsbedürftiges, bald herausfordernd Ichsüchtiges, sein „Übertriebenes" in der jeweiligen fruchtbaren Hauptrichtung seiner einzelnen Natur — mit einem verdeutlichenden Worte: das ewig Jean Paulische in ihm. Nicht wie das französische, englische, italienische Individuum zum Beispiel scheint selbst das gebildete deutsche ein winziges treues Abbild seiner Volksgesamtheit, eine verkleinerte nationale Harmonie; der Deutsche ist fast immer nur wie die an sich leicht mißtönig klingende, scheinbar unordentliche Einzelstimme aus der großen allzu reich harmonisierten Fuge des deutschen Gesamtwesens, indessen uns in jedem Romanen zum Beispiel ein Hauch der klaren Melodie seines Volkes versöhnend und verdeutlichend mitzuschwingen scheint.

Das Unzulängliche des deutschen Selbstwiderspruchs, das Unfaßbare, Unberechenbare einer inneren deutschen Jenseitigkeit zugleich und Chaosnähe, wie Nietzsche es überall, namentlich eben im Jenseits, herausstellt, dies macht gerade alle „Bildung" zu einem so deutschen Ideal und beinah Idol: Bildung als Bildwerdung, Gebildwerdung des eigenen Rohstoffs genommen. Deswegen ist Bildung, Erziehung eine „Idee der Mitte" bei allen deutschen Führern; kaum bei einem so leidenschaftlich wie gerade bei Nietzsche, der auch darin wiederum beinahe deutscher als deutsch sich beweist. Diese erzieherische bildende Leidenschaft deutschen Wesens (die in Luther und Lessing, in Herder und Goethe, in Schiller und Jean Paul, in Novalis, Stifter, Wagner nur deutlichste Typen und Mittler sich schuf), sie ist eins mit dem echt deutschen Heimweh nach allem Sein, nach endlichem, späten und dankbarsten Ausruhen in Sein und Gegenwart, das den deutschen Menschen zu allen geformten Gebilden, Ländern, Völkern in seiner ganzen Geschichte so tragisch hinzieht. Die unauslöschliche, mit dem Bildungstrieb so eng vermählte Sehnsucht nach dem römischen und romanischen Süden, das so nur dem Deutschen eigene Südweh hat die tiefste Wurzel eben in diesem Zauber des Zuständlichen, des schon Gewordenen, des Seins, den alles dort für den deutschen Wanderer (einen „Wandernden" in jedem Sinne) erhält. Es ist die selige „Gegenwart", die Goethe in Italien so magisch beglückt in sich trank und immer von neuem pries: „Wie wahr, wie *seiend!*" erschien ihm dort das Lebendige nach dem nebelnden Immer-Werden des traurigen Nordens. Diese überdeutsche Gegenwart von gestalteter bildgewordener Welt gewinnt ihren letzten schmerzlich beglückenden Reiz, den so nur der Deutsche zu kennen scheint, gerade durch die innere Verführung des Chaos, durch den versucherischen Hang zum Abgrund jenes „Gemeinen", dem er kaum mühevoll entstiegen. Derart weilt der deutsche Geist auf der ewigen Schwelle zwischen dem Zauberreich des Gewordenen, das sich ihm wie eine Erfüllung seiner eigenen, sehr andern, Zukunft vorspiegelt, und der Versuchung des Rücksturzes ins Barbarische, Verworrene, mystisch Vergangene und doch stets Drohende alles Menschlichen. So sieht ihn der beunruhigte, zweiflerische Blick jedes überdeutschen Auges; so sieht er sich selber in den Augenblicken, wo er sich seiner selbst bewußt wird: er ist von vorgestern und von übermorgen — er hat noch kein Heute. Der Übergang, die Verwandlung vom Vorgestern ins Übermorgen, das macht Zauber und Fluch und edle Bestimmung des deutschen Wesens und Werdens aus.

Aber das ist die geistige Stellung Nietzsches selber, sein eigener bewußter und unbewußter Hinübergang vom Vorgestern zum Übermorgen, sein eigenstes Schicksal, verewigter transitorischer Augenblick zu sein; es ist *sein* Südweh, sein Heimweh nach dem Sein, sein erzieherisches Bildungsideal, aus lutherischem Erbe und goetheschem Humanismus genährt, sein liebender Haß auf die süßen Verführungen des musikalischen Chaos, das sich seinem späten Gestaltwillen in Richard Wagners unendlicher Melodie versinnbildete. Nietzsche ist mehr als ein klassisches Sinnbild jenes deutschen Werdens, das er selber deutlich gemacht hat; seine beständigen Auseinandersetzungen mit dem Deutschtum bilden eine großartige, vielleicht die großartigste Auseinandersetzung deutschen Wesens mit sich selber: der deutsche Geist setzt sich in Nietzsche *als* Nietzsche mit sich selbst auseinander, sucht sich leidenschaftlich zu verdeutlichen, mit sich „fertig zu werden"; Nietzsche *ist* eine Form deutschen Werdens, eine einzige unvergeßliche Gebärde des deutschen „Über sich hinaus", deutscher Selbstüberwindung, von der seine einzelnen persönlichen Überwindungen, seine leidenschaftlichen Askesen doch nur Abglanz und Gleichnis sind. „Ein Volk, das sich seiner Gefahren bewußt wird, erzeugt den Genius" — dieses frühe Nietzschewort, aus dem Nachlaß gilt für das deutsche Volk in seinem Verhältnis zu Nietzsche selber. „Wo aber Gefahr ist, wächst das Rettende auch" — der späte Vers seines Lieblings Hölderlin schwang vielleicht unbewußt mit. Nietzsche ist ein solches „Rettendes" nicht bloß im zeitlich bestimmbaren Augenblick einer besonderen Gefahr — jener Gefahr und Krise, in der sich das Deutschtum in dem Augenblick befand, als Nietzsches erstes Buch entstand, 1870 und 71 — er ist nicht bloß das Bewußtwerden solcher zeitlicher Gefahren, sondern darüber hinaus ein geniales Seinerbewußtwerden des deutschen Wesens dort, wo es am gefährlichsten, am verhängnisvollsten zwischen Vorgestern und Übermorgen, zwischen Chaos und Gestalt, in ewigem Werdeaugenblick, hängt und zweifelt: Nietzsche ist die grelle Minute der Selbsterkenntnis eines Volkes im Augenblick (im metaphysischen Augenblick) seiner dringendsten inneren Gefahr — und ist zugleich ein Erwachen und Erwachsen des rettenden Gefühls und des rettenden Willens.

Denn es wäre eine Verkennung und Verfälschung von Nietzsches Haltung zum deutschen Wesen — eine Verkennung, die der vordergründliche Eindruck freilich begünstigt —, wollte man in seiner Kennzeichnung des deutschen Werdens nur seine Erkenntnis und nicht auch seine Hoffnung, nur das Unzulängliche und nicht auch das Gewaltige, nur die „Gefahr", nicht auch das „Rettende" sehen. Beides ruht ja gleicherweise im Inbegriff des Werdens: das Vorgestern wie auch das Übermorgen. So trägt jenes ewig „Andre" im deutschen Wesen denn auch für Nietzsche nicht bloß die Züge des Chaotischen, sondern auch die eines platonischen „Bildes" — vielleicht selbst einer dionysischen Hoffnung. Man weiß freilich, wie jene „ungeheure Hoffnung", die nach seinem eigenen Geständnis aus der Geburt der Tragödie redete, eine Hoffnung auf Wiedergeburt aus dem Geist deutscher Musik, — daß sie die Epoche der Unzeitgemäßen Betrachtungen nicht überlebte: im „Menschlichen" bereits beginnen jene skeptischen Bespöttelungen des Deutschen, die sich bis zu den Anklagen und Schmähungen des Fall Wagner, des Antichrist, des Ecce homo steigern. Aber die „deutschen Hoffnungen" Nietzsches haben sich nur verwandelt: sie sind als Masken überall im mittleren und späten Werk Nietzsches sichtbar und verraten ihr Leben dem aufmerksamen Leser auf Schritt und Tritt. Wie Nietzsche selbst noch einmal zum guten Teil der Erbe des Besten an der Wagnerschen Wirkung zu werden hoffte, so hat er wirklich auch jene frühen deutschen Hoffnungen von ihm geerbt, die er an Wagners reformatorisch deutsche Kulturerneuerung mit Jünglingsschwärmerei geknüpft hatte. Nietzsche beherrscht nun sein eigenes Reich, in dem der *Name* „deutsch" verpönt bleibt; aber dieses Reich selber ist ihm unbewußt ein Reich deutschen Werdens und deutscher Hoffnung geworden, mag die größte dieser Hoffnungen auch den jenseitigen Namen Zarathustra tragen: schon im Worte, das ihn bezeichnet, trägt der *Über*mensch das Stigma seines tiefdeutschen Wesens, des deutschen Werdens. Und Nietzsche selber ahnt dies hier und da, wenn er etwa sagt, daß heute der deutsche Geist nicht mehr im „Reich" zu finden sei — eher schon in Sils Maria... Das „Reich" schien ihm nicht mehr deutsch; aber sein eigenes Reich war und wurde nur um so deutscher.

Früh hat Nietzsche aus dem Erlebnis des deutschen Werdens den Willen zur Kritik deutscher Wirklichkeit, aber auch den Mut zur Hoffnung aufs Unwirkliche, unverwirklicht Überdeutsche gesogen. Der Wagnerjünger ist ganz und gar deutscher Kulturenthusiast, ein Hoffender im Sinne Luthers: „Wer weiß, was Gott will und wird aus den Deutschen machen?" oder des Goethe vom November 1813: „Ich halte ihn fest, diesen Glauben: ja, das deutsche Volk verspricht eine Zukunft, hat eine Zukunft. Das Schicksal der Deutschen ist, mit Napoleon zu reden, noch nicht erfüllt..

sie müssen, nach meinem Glauben, noch eine große Bestimmung haben."
„Wir dürfen wieder hoffen!" schreibt er 1871 an den Freund, „unsre *deutsche* Mission ist noch nicht vorbei! Ich bin mutiger als je: denn noch nicht alles ist unter französisch-jüdischer Verflachung und ‚Eleganz' und unter dem gierigen Treiben der ‚Jetztzeit' zugrunde gegangen. Es gibt doch noch Tapferkeit, und zwar deutsche Tapferkeit, die etwas *innerlich anderes* ist als der élan unsrer bedauernswerten Nachbarn.." Tapferkeit — das ist dem frühen Nietzsche nicht anders als dem späten die Probe des inneren *Zukunftsgehaltes*, ein Erweis der Kraft zu neuen Möglichkeiten künftigen Seins. „Der deutsche Geist ist tapfer" heißt es auch, zur selben Zeit, im Basler Vortrag über die Zukunft unserer Bildungsanstalten; das bedeutet, er ist noch bildbar, ist noch Stoff, er wagt noch zu werden (denn „Sein" ist eine Form des Alterns und der Altersfeigheit). So redet „Schopenhauer als Erzieher" von „jener alten deutschen Art, die zwar hart, herbe und voller Widerstand ist, aber als der köstlichste Stoff, in welchem nur die größten Bildner arbeiten dürfen, ‚weil sie allein seiner wert sind'."

Das ist die Wertung, die der früheste Nietzsche dem deutschen Wesen entgegenbringt — durchaus noch eine bejahend gläubige, die aber schon jetzt keinen Augenblick lang einer deutschen Gegenwart galt (mochte sie durch äußere Erfolge noch so gleißend vergoldet erscheinen), sondern durchaus einem Hoffnungsphantom. Aber die tiefste Enttäuschung dieses Lebens, die lange vorbereitete Abkehr von Wagner, verwandelt auch den deutschen Traum Nietzsches: seine Deutsch-Gläubigkeit versickert immer rascher ins Unterirdische seiner Natur, um ihrem Wesen nach unverwandelt, aber zu überdeutschem, selbst gegendeutschem Ausbruch gezwungen, die kühnen Jenseitigkeiten, das ungeheure Werden des Zarathustragedankens zu speisen. Die sichtbaren Hoffnungen Nietzsches auf deutsches Werden welken in den ersten nachwagnerischen Jahren jäh dahin: „Ein Deutscher ist großer Dinge fähig, aber es ist unwahrscheinlich, daß er sie tut", heißt es bereits in der Morgenröte; „wenn je ein Deutscher etwas Großes tat, so geschah es in der Not, im Zustande der Tapferkeit.." Noch ist hier die deutsche Kardinaltugend des frühen Nietzsche, die Tapferkeit des deutschen Geistes, unangetastet. Aber auch sie wird bezeichnend genug von dem letzten Nietzsche geradezu ins Gegenteil getrieben: seine Auffassung von deutscher Ungegenwärtlichkeit, früher so ehrend, so voll von Hoffnungen, erhält nun einen bösen Blick: er nennt sie *„Feigheit* vor der Realität". Deshalb werden ihm die Deutschen jetzt „die Verzögerer par excellence", welche „alle großen Kulturverbrechen auf dem Gewissen haben". Und der Fall Wagner schließt das Kapitel der deutschen Hoffnungen, welche den Basler Nietzsche „mutiger als je" machten, scheinbar endgültig mit dem brutalen Urteilsspruch: „Die Deutschen selber haben keine Zukunft." Denn diese Zukunft ist für Nietzsche jetzt in einem einzigen Namen Kristall geworden: in Zarathustra. (Ohne es zu ahnen, bleibt Nietzsche auch hier, geheimnisvoll, bis zuletzt der Gefährte und Blutsverwandte Wagners, der in einem Neapler Brief aus der Parsifalzeit, im März 1880, schrieb: ‚Meine Hoffnungslosigkeit für Deutschland und seine Zustände ist durchaus vollständig: und hiermit ist etwas gesagt, denn .. dereinst .. schrieb ich auf meine Fahne: mit Deutschland stehen und fallen!' ")

Dennoch besitzen wir das psychologische Zeugnis dafür, daß die äußerlich unsichtbar werdende Verbindung zwischen den Hoffnungen Nietzsches und seinem Bild des deutschen Werdens in der Tiefe niemals abgerissen ist — ebensowenig, wie Nietzsche selbst in seiner überdeutschesten Zeit jemals aufgehört hat, eine überaus deutsche, ja eine selten echte deutsche Gestalt zu sein. Dies Zeugnis ist sein unglaublich gereizter, leidenschaftlich genährter Haß gegen das Neudeutschtum des siegreichen jungen „Reichs", dem gegenüber er sich als Deutschen einer aussterbenden Art, gleichsam als „letzten Deutschen" empfand, als Deutschen von „vorgestern", aber damit im geheimen auch als eine Art „ersten Deutschen", als Deutschen von „übermorgen". Sein Fanatismus, seine leidenschaftliche Ungerechtigkeit gegen alles, was den Namen des Deutschen trägt, kann nur mit den Ausbrüchen seines Antichrist und seines Fall Wagner verglichen werden: wie diese, ist es ein Liebeshaß, ein Haß aus tiefstem Verwandtschaftsgefühl, aus dem bösen Gewissen eines inneren Einsseins heraus, der sein Gegendeutschtum speist. Es ist ein Haß auf eigene Gefahren, auf eine Bedrohung des Bessern in ihm selber. Die Verkleinerung, die Zerrspiegelung seines eigenen Ideals, die vorzeitige Selbstbescheidung und niedrige Realisierung eines zu höherer Entelechie Vorherbestimmten — das ist es, was Nietzsche dem Deutschtum des bismärckischen „Reichs" nicht verzeihen kann (nur hieraus erklärt sich auch seine merkwürdige Verzerrung und Verkennung Bismarcks, dessen Gestalt gerade er aus unbeteiligter Ferne ohne Zweifel der Reihe seiner macchiavellistischen Machtmenschen großen Stils zugesellt haben würde). Er verzieh dem Christentum im Grunde nur die Verkleinerung, Verfälschung und Umdeutung des griechischen Erbes nicht; er verzieh Wagner nicht, daß er, der Schöpfer des Siegfried, des Tristan, der „lutherischen" Meistersinger, zu deren Gegenidealen „kondeszendiert" sei, daß er der mächtigen Pyramide seines Daseins die letzte krönende Spitze für immer geraubt habe; daß er um zu raschen Erfolges bei Lebzeiten willen sein revolutionäres Werden vorzeitig in einem unechten Sein habe erstarren lassen: daß er, mit einem Wort, Nietzsches eigene Vision seiner selbst (denn eine solche war ja die Geburt der Tragödie, war „Richard Wagner in Bayreuth") durch fratzenhafte Verwirklichung, wie das reale Bayreuth sie darstellte, geschändet habe (der Traum von Tribschen und die reichen Patronatsbanausen von 1876, wie Nietzsche sie schildert). So verzieh Nietzsche es dem Deutschtum nicht, daß es sich durch die satte Selbstgenügsamkeit an dem allzu rasch, allzu leicht errungenen „Sein" des neuen Reichs jenes edlen Ungenügens an sich selber beraubte, das doch einzig den immer noch werdenden deutschen Geist zu der ihm vorherbestimmten Höhe hinauftreiben konnte. Er vergab ihm die widrige Bescheidenheit nicht, mit der es eine erreichte Stufe der äußerlichen Sicherung und Zivilisation im westlichen Sinne für eine Kultur nahm; die ebenso widrige Überhebung nicht, mit der es sich einem Nationalismus zu verschreiben schien, der das deutsche Werden zur Fratze des Seins älterer Völker machen mußte. Das war die Gefühlsangst des jungen Nietzsche, wie es der Ingrimm des späten Einsiedlers wurde. (Die Eingangsseiten der Ersten Unzeitgemäßen und die Ausfälle des Ecce homo-Kapitels „Der Fall Wagner" kommen aus der nämlichen Tiefe und sagen im Grunde dasselbe.) Dieser Nationalismus aber erschien Nietzsches früher Deutschgläubigkeit wie seiner späten Deutschkritik als die eigentliche Ursündigung am deutschen Wesen, als der Frevel, der nicht vergeben wird; deutscher Chauvinismus (die Sprache selber weigert sich, diesem Widerspruch in sich selber ein deutsches Wort zu leihen) blieb ihm der Tod jeder deutschen Hoffnung. Ihm ist Deutschtum nur *als* Hoffnung, als ungeheure Möglichkeit, als Forderung (vor allem an sich selber) denkbar, als ein Stachel zu Überwindungen. Ein Deutschtum, das sich am Ziele glaubt, das schon seine Verkörperung (seine „Kultur") erreicht sieht, ist ihm nichts als ein fratzenhafter Greuel. Gibt es im Grunde eine höhere Auffassung deutschen Wesens, eine anspruchsvollere Wertschätzung seiner inneren Möglichkeiten, als etwa eine Äußerung wie die (in der Form bereits etwas hemmungslose) späte Nachlaßstelle der Umwertungszeit sie bekundet? „‚Deutschland, Deutschland über alles' — ist vielleicht die blödsinnigste Parole, die je gegeben worden ist. *Warum* überhaupt Deutschland — frage ich: wenn es nicht etwas *will, vertritt, darstellt,* das mehr Wert hat, als irgendeine andere bisherige Macht vertritt!.. Wo ist der neue *Gedanke*? Ist es nur eine neue Machtkombination? Um so schlimmer, wenn es nicht weiß, was es will.. Herrschen und dem höchsten Gedanken zum Siege zu verhelfen — das einzige, was mich an Deutschland interessieren könnte. Was geht es mich an, daß Hohenzollern da sind oder nicht da sind? Englands Kleingeisterei ist die große Gefahr jetzt auf der Erde." Wann hat ein Deutscher je stolzer von deutschem Wesen als deutscher Verantwortung gesprochen? „Deutschland über alles" — das könnte, das dürfte ihm nur heißen: der Deutsche muß innere Weltweite behalten, jenes einzigartige (in der äußerlichsten Sphäre „kosmopolitisch" sich darstellende) Verantwortlichkeitsgefühl: eine Welt zu sein, ein echter Kosmos mit all seinen werdenden Möglichkeiten; die Last einer Welt, die Zukunft einer Welt zu tragen — nicht „dieser" Welt, sondern einer „andern", einer neuen Welt deutscher Verwirklichung. Über den jungen Nationalruhm des neuen Reichs denkt Nietzsche, wie sein geistiger Vorfahre Herder über deutschen Nationalruhm gedacht hatte, in dem „Briefe zur Beförderung der Humanität": „Auf dem demütigen Wege wollen wir bleiben, und nicht erwarten, daß man uns verstehe und ehre. Der Nationalruhm ist ein täuschender Verführer. Zuerst lockt er und muntert auf; hat er eine gewisse Höhe erreicht, so umklammert er den Kopf mit einer ehernen Binde. Der Umschlossene sieht im Nebel nichts als sein eigenes Bild, keiner fremden neuen Eindrücke mehr fähig. Behüte der Himmel uns vor solchem Nationalruhm; wir sind noch nicht, und wissen, warum wir noch nicht sind; wir streben aber und wollen *werden*."

Welches ist aber der neue herrschende Gedanke? Welches die goethesche „Richtung, in welcher der Deutsche bestrebt sein soll, über sich und außer sich hinauszugehen"? Welches die ungeheure Traumzukunft des deutschen Werdens, die Nietzsche bedroht empfindet von der neudeutschen Selbstbescheidung mit einer Scheinverwirklichung und trügerischen Gegenwart, von vorzeitigem Selbstgenügen am „Reich", an nationaler Verengung und ihrer vermeintlich erreichten Kultur? Um welcher Hoffnungen willen diese leidenschaftliche, klagende und anklagende, fast verzweifelte Feindseligkeit gegen die „Reichsdeutschheit", statt etwa einer kühlen schopenhauerschen Gleichgültigkeit gegenüber politisch-staatlichen Entwicklungen, statt einer ironischen Verzichtstimmung, die doch einer wirklich echten inneren Hoffnungslosigkeit einzig angemessen wäre? Nietzsche gibt früh die Antwort, welche die Antwort seines Lebens geblieben ist: die höchste Bildung, Bildwerdung erkennt er, gleich nach dem Krieg , "bis jetzt nur als *Wiedererweckung des Hellenentums*. Kampf gegen die Zivilisation .. Herstellung des wahren deutschen Geistes .." so heißt es in den Vorarbeiten zum Vortrag über die Zukunft unserer Bildungsanstalten. Eine tiefe Vorherbestimmung des deutschen Wesens zu innerer Griechenwerdung, eine seltsame, dem gegenwärtigen Augenscheine so ganz widersprechende Verwandtschaft zwischen dem "wahren deutschen Geist" umd dem Griechentume besteht für das Erleben des noch von Hölderlins deutscher Griechheit genährten jungen Nietzsche. "Sehr geheimnisvoll und schwer zu erfassen ist das Band, welches wirklich zwischen dem innersten deutschen Wesen und dem griechischen Genius sich knüpft", so heißt es in jenem Vortrag selber. Und keine wirkliche Gestaltung und Bildwerdung des deutschen werdenden Wesens ist möglich und denkbar, "bevor nicht das edelste Bedürfnis des echten deutschen Geistes nach der Hand dieses griechischen Genius, wie nach einer festen Stütze im Strome der Barbarei hascht, bevor aus diesem deutschen Geiste nicht eine verzehrende Sehnsucht nach den Griechen hervorbricht, bevor nicht die mühsam errungene Fernsicht in die griechische *Heimat* .. zur Wallfahrtsstätte der besten und begabtesten Menschen geworden ist .." Noch allzu lang ist ja für die mühselige Selbstbefreiung des deutschen Geistes, für sein langes und fragwürdiges inneres Selbstwerden, der Weg zu jener griechischen Heimat, zur Hölderlinheimat der deutschen Seele. Noch immer ist "dieser deutsche Geist, durch das edelste Bedürfnis an die Griechen gekettet, in schwerer Vergangenheit als ausdauernd und mutig bewährt, rein und erhaben in seinen Zielen, durch seine Kunst zur höchsten Aufgabe befähigt, den modernen Menschen vom Fluche des Modernen zu erlösen" — noch immer ist dieser Geist "verurteilt, abseits, seinem Erbe entfremdet zu leben .." Aber sein Erbe bleibt dies zeitlose Griechentum: "Es ist etwas in den Deutschen, das *hellenisch* sein könnte," sagt eine Stelle im Nachlaß der letzten Jahre, "das erwacht bei der Berührung mit dem *Süden* — Winckelmann, Goethe, Mozart." Luther schon hatte, in den Tischreden, gemeint, die teutsche Sprache sei die allervollkommenste, habe viel Gemeinschaft mit der griechischen Sprache; und Herder hatte die deutsche Sprache "auf ihrer eignen Wurzel blühend, eine Stiefschwester der vollkommensten, der griechischen

Sprache" genannt. So empfindet es Nietzsche. Das griechische Wesen ist ihm zugleich Erbe und hinaufziehendes Vorphantom des deutschen Werdens: Hellas ist die platonische Idee eines „deutscheren" Deutschtums. Das Wort Pindars, das Nietzsche sich zum Lebensvorspruch wählte, das ihn von früh an bis zuletzt leitete und begleitete und das auch in den Zarathustra eingegangen ist: γένοι' οἷος ἐσσί, „Werde der du bist!" — dieser pindarische Ruf gilt auch seinem deutschen Menschen. Werde, was du schon bist: werde Ich! — das ist der immer erneute, mystisch zweideutige Ruf des Griechischen Menschen über die Jahrtausende hinweg; und unruhig vernimmt das deutsche Gewissen diese halb mahnende, halb verheißende Stimme, wie eine Überredung zur Liebe, zur verwandelnden Liebe. „Mensch, was du liebst, in das wirst du verwandelt werden" — so mahnt die Stimme, und jene „verzehrende Sehnsucht nach den Griechen", welche aus dem deutschen Geist immer und immer wieder, wie ein Urfeuer, hervorbricht, ist nur der Ausdruck des Willens, sich zu verwandeln in sein eigentlicheres Selbst, zu werden, was er im Grunde ist. So lautet ein bedeutendes spätes „Vielleicht" Nietzsches im „Willen zur Macht" (Zweites Buch): „Vielleicht, daß man einige Jahrhunderte später urteilen wird, daß alles deutsche Philosophieren darin seine eigentliche Würde habe, ein schrittweises Wiedergewinnen des antiken Bodens zu sein, und daß jeder Anspruch auf ‚Originalität' kleinlich und lächerlich klinge im Verhältnis zu jenem höheren Ansprüche der Deutschen, das Band, das zerrissen schien, neu gebunden zu haben, das Band mit den Griechen, dem bisher höchst gearteten Typus ‚Mensch' ". Die übertriebene deutsche Aufnahmesucht, die Überdankbarkeit im Lernen und Einschmelzen gerade antiker hellenischer Erbschaft ist schon eine Form dieses Griechenheimwehs: „Ein Werdender wird immer dankbar sein .. man lernt überhaupt nur von dem, den man liebt" erkannte der größte und dankbarste unter den deutschen Schülern der Griechen. Diese edelste und älteste Überlieferung deutschen Wesens: der Verwandlungswille und die Vollkommenheitssehnsucht zum Griechischen hinauf — gerade sie sah Nietzsche von jener bösen Selbstzufriedenheit bedroht, die nach 1870 das deutsche Werden mit dem giftigen Wahn eines vorzeitigen Seins zu lähmen schien. Er sah den Sinn seines geistigen Daseins gefährdet, eines typisch *werdenden* Daseins („nur wer sich wandelt, bleibt mit mir verwandt"), eines vorbildlich deutsch-hellenischen Suchens und „Wallfahrtens" nach einer griechischen Seelenheimat. Daher sein „Deutschenhaß" eine geistige Notwehr darstellt, gleich seinem Gegensokratismus etwa, einen Kampf gegen eine Neigung, die ihn selber verneinen müßte in seinem Wesentlichsten.

Wie tief aber die bejahende Wertung des Deutschtums (eine Selbstwertung, nach allem) in Nietzsche wurzelte, bezeugt zuletzt wohl nichts so unmittelbar, wie seine Steigerung des griechischen Wesens selber ins werdend Deutsche hinüber, die ganz unverkennbar ist. Nietzsche ist vielleicht der erste, der diese Stilisierung des geschichtlichen Hellenentums als des Abschlusses einer Art von „deutschen" Entwicklung gewagt hat. Seine eigene Vorliebe für die frühe *Werdezeit* des hellenischen Geistes ist auch in diesem Zusammenhange nicht ohne Bedeutung — niemand hat so entschieden wie er die sogenannte klassische Epoche des griechischen Wesens, seinen Augenblick des „Seins" so sehr, so bewußt vernachlässigt, beinah ungerecht verkleinert zugunsten der Zeit des griechischen Werdens, wie sie sich in den Gestalten der vorsokratischen Philosophie versinnbildlicht. Und wie ihm „das ideale Altertum vielleicht nur die schönste Blüte germanischer Liebessehnsucht nach dem Süden ist" (Homer und die klassische Philologie), so läßt er es denn auch ein verwandtes geistiges Schicksal erleiden; die „klassische" Vollkommenheitshöhe der winckelmannschen Antike wird dem deutschen Werden gleichsam tröstend als der letzte Lohn einer gleichgerichteten mühsamen Selbstwerdung dargestellt, eine vorbildliche Verheißung. Wenn Nietzsche das Hinaufstreben nach griechischer Höhe aus der inneren Dämmerung eines eingeborenen Chaos als deutsch empfindet, so läßt er die griechische Höhe wiederum aus einer solchen eingeborenen Dämmerung und Chaosnähe hervorwachsen und biegt so die Schicksale dieser beiden Völker und Kulturen aus einer unermeßlichen Spannung einander zu mystischer Einheit entgegen. „Die Ahnung davon, *auf welcher Höhe* erst die Schönheit ihre Zauber selbst über Deutsche ausgießt, treibt die deutschen Künstler in die Höhe und Überhöhe und in die Ausschweifungen der Leidenschaft: ein wirkliches tiefes Verlangen also, über die Häßlichkeit und Ungeschicklichkeit hinauszukommen, mindestens hinauszublicken — hin nach einer besseren leichteren südlicheren sonnenhafteren Welt" — so verdeutlicht die Fröhliche Wissenschaft das hinauftreibende Griechenheimweh des deutschen Wesens an dem innern Schicksal seiner künstlerischen Begabungen. Aber seine Vorlesungen über die Geschichte der griechischen Literatur lassen erkennen, daß eben dies seine Auffassung auch von den psychologischen Bedingungen des griechischen Künstlertums gewesen ist; daß er die allzu erhabene Vorbildlichkeit der hellenischen Kunst durch eine Deutung ins „Deutschere" gewissermaßen ermutigender, möglicher, vorbildlicher zu sehen versucht hat. „Das Hinstreben zum Licht aus einer gleichsam eingeborenen Dämmerung ist *griechisch*," heißt es dort; „es ist dies auch noch bei Euripides, bei Plato. An diesem Kampfe hat man ihre Fruchtbarkeit zu messen." Und wiederum: „Wir lassen uns leicht durch die berühmte griechische Durchsichtigkeit und Leichtigkeit verführen, zu glauben, das sei alles Natur und sei den Hellen geschenkt: Lichtenberg meinte, die Griechen hätten eben gar nicht anders *gekonnt* als gut schreiben. Das ist gar nicht wahr. Die Geschichte der Prosa von Gorgias bis Demosthenes zeigt ein heldenhaftes Hindurchringen zur leichten reinen Komposition .. Im allgemeinen habe ich den Eindruck, daß die griechischen Meister *sehr schwer und langsam* arbeiteten .." (Ganz ähnlich im zweiten Bande des „Menschlichen": Vom erworbenen Charakter der Griechen.)

Auch das deutsche Lernen, jene Überdankbarkeit des deutschen Werdens im Aufnehmen fremder Bildungswerte, sein innerer fruchtbarer Kosmopolitismus — auch dies sieht Nietzsche als eine echte hellenische Fähigkeit: er legitimiert die deutsche Durchdringbarkeit mit dem Urbilde griechischer Alloffenheit. Nichts sei törichter, sagt er im Basler „Philosophenbuch", als den Griechen eine autochthone Bildung nachzusagen; „sie haben vielmehr alle bei andern Völkern lebende Bildung in sich eingesogen, sie kamen gerade deshalb so weit, weil sie es verstanden, den Speer von dort weiter zu schleudern, wo ihn ein anderes Volk liegen ließ. Sie sind bewunderungswürdig in der Kunst, fruchtbar zu lernen .." Das ist, offensichtlich, das Idealbild einer deutschen Möglichkeit und Anlage; und der Erzieher der Deutschen fügt den Worten des Historikers der Griechen sogleich hinzu: „.. und so, wie sie, *sollen* wir von unsern Nachbarn lernen, zum Leben, nicht zum gelehrtenhaften Erkennen, alles Erlernte als Stütze benutzend, auf der man sich hoch und höher als der Nachbar schwingt."

Die Zweite Unzeitgemäße führt dies Thema einer echt deutschen fruchtbaren Gefahr als eines recht eigentlich hellenischen Schicksals weiter durch: „Es gab Jahrhunderte, in denen die Griechen in einer ähnlichen Gefahr sich befanden, in der wir uns befinden, nämlich in der Überschwemmung durch das Fremde und Vergangene, an der ‚Historie' zugrunde zu gehen. Niemals haben sie in stolzer Unberührbarkeit gelebt: ihre ‚Bildung' war vielmehr lange Zeit ein Chaos von ausländischen, semitischen, babylonischen, lydischen, ägyptischen Formen und Begriffen, und ihre Religion ein wahrer Götterkampf des ganzen Orients: ähnlich etwa wie jetzt die ‚deutsche Bildung' und Religion ein in sich kämpfendes Chaos des gesamten Auslandes, der gesamten Vorzeit ist .. Und trotzdem wurde die hellenische Kultur kein Aggregat .. Die Griechen lernten allmählich *das Chaos zu organisieren*, dadurch, daß sie sich, nach der delphischen Lehre, auf sich selbst, das heißt auf ihre echten Bedürfnisse zurück besannen und die Scheinbedürfnisse absterben ließen. So ergriffen sie wieder von sich Besitz: sie blieben nicht lange die überhäuften Erben und Epigonen des ganzen Orients; sie wurden selbst, nach beschwerlichem Kampfe mit sich selbst .. die glücklichsten Bereicherer und Mehrer des ererbten Schatzes und die Erstlinge und Vorbilder aller kommenden Kulturvölker. Dies ist ein Gleichnis für jeden einzelnen von uns: er muß das Chaos in sich organisieren, dadurch daß er sich auf seine echten Bedürfnisse zurückbesinnt." Unverkennbar ist auch hier das Gleichnis, das deutsche Hoffnungen durch griechisches Gewesen ausdrückt. Auch deutsche Gefahren: es ist wundervoll symbolisch, wie der späte Nietzsche die Gefahr, die für ihn dem echten Griechentum durch Sokrates drohte, und die andere Gefahr, von der ihm das echte Deutschtum durch Wagner bedroht schien, wie er sie beide mit der nämlichen Formel eines Todhasses bezeichnet: „War Sokrates überhaupt ein Grieche?" heißt es höhnisch in der Götzendämmerung; „war Wagner überhaupt ein Deutscher?" fragt es antwortend aus dem Fall Wagner.

Ja, selbst die Nähe und Drohung des Chaotischen, das einwohnend Barbarische und Formhassende, doch allem geformteren Fremden widrig Überoffene der deutschen Besonderheit, selbst dies gegengriechischste aller Merkmale des Deutschtums hat Nietzsche — schon die letzte Stelle zeigt es — noch seinem Bilde des Hellenentums einzuverleiben gewußt (seine Wertung des dionysischen Prinzips vor dem apollinischen wurzelt vielleicht gerade hier). Die ganze Geburt der Tragödie ist eigentlich schon eine solche geniale Deutschdeutung des Griechentums. Und in dieser kühnen Deutschdeutung begegnet sich merkwürdig genug noch der späteste Nietzsche mit dem Basler Philologen. Wenn es im Willen zur Macht heißt, das Maßlose, Wüste, Asiatische liege auf dem Grund des Griechischen: die Tapferkeit des Griechen bestehe im Kampf mit seinem Asiatentum; die Schönheit sei ihm nicht geschenkt, so wenig als die Logik, als die Natürlichkeit der Sitte, sie sei erobert, gewollt, erkämpft, sie sei der *Sieg* des Griechen — so ist das nur eine Verdichtung, fast eine Wiederholung der nämlichen Hinüberdichtung des Hellenischen ins Deutschromantische, der wir schon in den Basler Vorlesungen über die griechische Literatur begegnen. Dort lautet es, mit dem jugendlichen Gesangton der „Geburt", aber fast bis in den Wortlaut übereinstimmend: „Immer schwebte die Gefahr eines Rückfalls ins Asiatische (das ist: Chaotische) über den Griechen, sie konnten es von Zeit zu Zeit nicht entbehren, von da aus mußte von Zeit zu Zeit ein neuer Strom von dunklen mystischen Regungen über sie kommen, aber nicht ihnen völlig unterliegend, sondern daraus neugestärkt auftauchend zeigt sich der eigentliche *hellenische* Genius. Deshalb" — fügt Nietzsche mit einem seiner bezeichnend kühnen „Denns" hinzu, „deshalb fällt Dichtkunst unter die σοφία, und der Dichter ist σοφός, d. h. ein scharf Erkennender."

Was der letzte Satz unverkennbar verrät: eine geheime, kaum ins Bewußtsein hinaufreichende Gleichsetzung des griechischen Dichters, als eines Lyrikers der unerbittlichen Erkenntnis, mit Nietzsches eigenem idealen Selbstbildnis — dieser für Nietzsches Denkmethode so typische Vorgang wiederholt sich in allgemeinerer Sphäre all dieser Stellen als Gleichsetzung des eigentlichen hellenischen Genius mit dem deutschen, wie Nietzsche selber ihn kennzeichnete. Es geschieht mit seinem Bilde des Deutschtums genau das, was mit allen den Bildern geschieht, die Nietzsche als ein erweitertes Ich, als Möglichkeiten seines Kosmos liebt und steigert: sie werden ins Hellenische verwandelt; es gibt gar keinen untrüglicheren Erweis für die bejahende Wertung des Deutschtums im Grunde von Nietzsches Deutschenhaß, als eben die Tatsache dieser Hellenisierung des deutschen Werdens, die bis zur Auslegung der griechischen Seele ins nietzschehaft „Deutsche" geht. All sein Geliebtestes läßt er dort einmünden, wohin er selbst seine so ungriechische, so im tiefsten Sinne allzu deutsche Natur einströmen lassen möchte — all sein Unzulänglich-Verwandtes verwandelt er immerfort in das hinüber, was er als das Vollkommene liebt: ins Griechische. Er hat die deutsche Musik, hat Wagner mit großartiger Auslegung und steigender Willkür ins Griechisch-Tragische umgedeutet; hat seine protestantisch-christlichen Grundantriebe ins Dionysische hinübergezwungen, die ihm eingeborene Luthersprache, Lutherpathos und Lutherzorn dem „dionysischen Unhold" Zarathustra in den Mund gelegt; hat das Erlebnis Schopenhauers zu seiner dichterischen Verklärung der vorplatonischen Philosophen gestaltet; hat endlich seiner eignen Krankheit, seiner Askese, seiner inneren „Unzulänglichkeit" die Formel einer griechischen Lebensbejahung abgerungen, in welcher er die Griechen (mit seinem eigenen Ausdruck) noch „übergriecht". Dergestalt gehört auch Nietzsches Philosophie des Deutschtums, als eines leiblichen Schaubilds vom heraklitischen Werden, in die Reihe der Grundfragen, die er durch ihre Hellenisierung als ein Stück seines innersten Wesens anerkannt hat: in Hingebung oder leidenschaftlicher Scheidung, immer sind die einzelnen Antworten zu diesen Fragen doch nur Atemzüge seiner griechensüchtigen deutschen Seele. Und so hat er zu hoffen gewagt, im „Willen zur Macht" (Zweites Buch): „Wir nähern uns heute allen jenen grundsätzlichen Formen der Weltauslegung wieder, welche der griechische Geist" .. (der vorsokratischen Frühe) „erfunden hat, — wir werden von Tag zu Tag *griechischer*, zuerst.. in Begriffen und Wertschätzungen.. aber dereinst hoffentlich auch mit unserm *Leibe*! Hierin liegt (und lag von jeher) meine Hoffnung für das deutsche Wesen!"

# GERECHTIGKEIT

„Gerechtigkeit: Eigenschaft und Phantom der Deutschen".
Goethe.

Bossuet sagt: Die Gerechtigkeit ist eine Art Martyrium. Es bleibt sinnbildlich für das sich selber stets neu kreuzigende Denken Nietzsches, daß es sich mit einer selbstquälerisch grübelnden Strenge immer wieder gerade um das Problem mühen muß: „Wie ist Gerechtigkeit (theoretische und sittliche) möglich — vielmehr: wie muß Gerechtigkeit begriffen werden, um möglich zu sein? — denn möglich muß sie sein." Und es hat etwas Ergreifendes, nach einer durch Jahre stets erneuten Auseinandersetzung mit dem Gerechtigkeitsproblem doch noch, ganz spät, Worten zu begegen, wie dieser Nachlaßstelle:

„Es geschah spät, daß ich dahinter kam, was mir eigentlich noch ganz und gar fehle: nämlich die *Gerechtigkeit*. ‚Was ist Gerechtigkeit? Und ist sie möglich? Und wenn sie nicht möglich sein sollte, wie wäre da das Leben auszuhalten?' — solchermaßen fragte ich mich unablässig. Es beängstigte mich tief, überall, wo ich bei mir selber nachgrub, nur Leidenschaften, nur Winkelperspektiven, nur die Unbedenklichkeiten dessen zu finden, dem schon die Vorbedingungen zur Gerechtigkeit fehlen.." In solchem Maß und mit diesem Ton der Unnachsichtlichkeit wird Gerechtigkeit immer nur dort zu strenger Frage und Entscheidung, wo eine Gefahr ist; wo das Leben, wo Selbsterhaltungs- und Selbststeigerungswille, mit seiner einwohnenden Ungerechtigkeit, in den alttragischen Widerspruch gerät mit eingewurzeltem, ererbtem und anerzogenem Gerechtigkeitsbedürfnis. Wo Gerechtseinwollen des Denkers, wägendes Gewissen des Gelehrten begegnet dem Ungerechtseinmüssen des Künstlers, des seherisch gerichteten Menschen, der Zukunft will, weil er Zukunft ist. Zukunft aber ist immer und unausweichlich irgendwie Ungerechtigkeit und Unrecht an der Form einer Gegenwart. Dies ist, mit Gleichnisdeutlichkeit, der Fall und das Geschick Nietzsches.

Am frühesten wird die Gewissensfrage „Wie ist Gerechtigkeit möglich?" in der zweiten Unzeitgemäßen Betrachtung laut (wenigstens in theoretisch ausgeprägter Form hier zuerst; schon in der „Geburt der Tragödie" hebt eine Stelle über den Prometheus des Äschylos das Gerechtigkeitsproblem und die Rechtfertigung des Großen Frevels in ein vordeutendes Licht). Hier, in der Abhandlung vom Nutzen und Nachteil der Historie für das Leben begegnen zum erstenmal die beiden Haupttendenzen Nietzsches zur Auseinandersetzung: der Gerechtigkeitswille des Geschichtsforschers, des zur Gewissenhaftigkeit theoretischen Richtens erzogenen Denkers, der sehen will, „was war und was ist", und der schon unaufhaltbar durchbrechende Wille zur lebendigen Ungerechtigkeit des Künstlers und Wegedeuters, der sehen muß, „was sein *soll*". Aber auch schon gleich hier, wo der junge Nietzsche mit schopenhauerschem Ernste und wagnerscher Willensleidenschaft den Anwalt des Lebens- und aller notwendigen „perspektivischen Ungerechtigkeit" macht gegen die „rein objektive", historische oder historisch sich verkleidende Nur-Gerechtigkeit seines allzu geschichtlich bewußten Jahrhunderts, schon hier ist er doch heiß bemüht, den Begriff der Gerechtigkeit dem gefährlichen Zwiespalt zu entreißen und ihn jenem scheinbar unentrinnbaren Gegensatz „Leben oder Gerechtigkeit" doch wiederum irgendwie überzuordnen. Eine Grundempfindung, ein Grundbedürfnis Nietzsches spricht sich zunächst aus in einer Verherrlichung der Gerechtigkeit, die noch deutlich den Einfluß antiker Moralisten und die Überschattung Schopenhauers verrät:

„Wahrlich, niemand hat in höherem Grade einen Anspruch auf unsre Verehrung als der, welcher den Trieb und die Kraft zur Gerechtigkeit besitzt. Denn in ihr vereinigen und verbergen sich die höchsten und seltensten Tugenden wie in einem unergründlichen Meere, das von allen Seiten Ströme empfängt und in sich verschlingt. Die Hand des Gerechten, der Gericht zu halten befugt ist, erzittert nicht mehr, wenn sie die Wage hält; unerbittlich gegen sich selbst legt er Gewicht auf Gewicht, sein Auge trübt sich nicht; wenn die Wagschalen steigen und sinken, und seine Stimme klingt weder hart noch gebrochen, wenn er das Urteil verkündet." Wer „aus der seltenen Tugend der Großmut zur allerseltensten der Gerechtigkeit" emporsteigt, gelangt auf einsame Höhe, „als das *ehrwürdigste Exemplar der Gattung Mensch*". „Nur insofern der Wahrhafte den unbedingten Willen hat, gerecht zu sein, ist an dem überall so gedankenlos glorifizierten Streben nach Wahrheit etwas Großes." „Zwar scheint die

Welt voll zu sein von solchen, die ‚der Wahrheit dienen'; und doch ist die Tugend der Gerechtigkeit so selten vorhanden, noch seltener erkannt und fast immer auf den Tod gehaßt." (Das „Menschliche" ergänzt, Gerechtigkeit sei Genialität, und die Genialität der Gerechtigkeit sei durchaus nicht niedriger zu schätzen, als irgendeine philosophische, politische oder künstlerische Genialität.)

Sogleich aber wird dann die Vermengung, die Verunreinigung dieses, sehr moralistischen, Gerechtigkeitideals mit der „historischen Objektivität" des seiner erhabenen Unparteilichkeit sehr bewußten 19. Jahrhunderts zurückgewiesen, und die prüfende Frage gestellt, ob etwa „der historische Virtuose der Gegenwart der gerechteste Mann seiner Zeit" sei? Ob nur der entrückt Anschauende, der untätig Aufnehmende und groß Spiegelnde — wie es dem Schüler Schopenhauers nahe liegen konnte — das Urbild des weisen und gerechten Richters sei, in Nachfolge des vielberufenen Goethewortes, daß niemand Gewissen habe als der Betrachtende? Hier prägt Nietzsche bereits mit der Unbedingtheit seiner spätesten Erkenntnisse: „Objektivität und Gerechtigkeit haben nichts miteinander zu tun." (So sagt es später Zarathustra: „Ich mag eure kalte Gerechtigkeit nicht." „..Das Größte, was ihr erleben könnt, ist die Stunde, wo ihr sagt: ‚Was liegt an meiner Gerechtigkeit! Ich sehe nicht, daß ich Glut und Kohle wäre. Aber der Gerechte ist Glut und Kohle.' " Und im Nachlaß zum Zarathustra, mit verwandter Bekennerschaft: „Nicht um das Recht kämpft ihr alle, ihr Gerechten, sondern darum, daß euer Bild vom Menschen siege. Und daß an meinem Bilde vom Übermenschen alle eure Bilder vom Menschen zerbrechen: siehe, das ist Zarathustras Wille zum Rechte.") Gerechtigkeit ist, wie Nietzsche sie schon hier faßt, durchaus und vor allem eine tätige Tugend. Sie ist ein Kennzeichen der Kraft, sie *ist* Kraft. Die meisten Historiker freilich „bringen es nur zur Toleranz, zum Geltenlassen des einmal nicht Wegzuleugnenden, zum Zurechtlegen und maßvollwohlwollenden Beschönigen, in der klugen Annahme, daß der Unerfahrene es als Tugend der Gerechtigkeit auslege, wenn das Vergangene überhaupt ohne harte Akzente und ohne den Ausdruck des Hasses erzählt wird. Aber nur die überlegene Kraft kann richten, die Schwäche muß tolerieren, wenn sie nicht Stärke heucheln und die Gerechtigkeit auf dem Richterstuhle zur Schauspielerin machen will." *„Nur aus der höchsten Kraft der Gegenwart dürft ihr das Vergangne deuten"* — diesen Satz unterstreicht Nietzsche im Text, als Bekenntnis und Kern seiner Betrachtung;

und wiederum: „Jetzt geziemt sich zu wissen, daß nur der, welcher die Zukunft baut, ein Recht hat, die Vergangenheit zu richten." Dieser Gedanke, daß nur der Wertesetzende Werte verneinen dürfe, nur der Aufrichtende sich zum Richter setzen, diese Zarathustra-Empfindung ist also schon sehr früh bei Nietzsche fertig und geformt. Nicht anders verteidigt noch der Nietzsche der Zeit nach dem Zarathustra, in der „Genealogie der Moral" unbedingt diese Auffassung der Gerechtigkeit, als eines Erweises der Kraft, „gegen neuerdings hervorgetretene Versuche, den Ursprung der Gerechtigkeit auf einem ganz anderen Boden zu suchen, — nämlich auf dem des Ressentiment". Gegen diese Herleitung der Gerechtigkeit aus der Rache macht Nietzsche, mit deutlichem Anklang an die „Unzeitgemäße", geltend: „Gerecht sein ist immer ein *positives* Verhalten.. der aktive, der angreifende, übergreifende Mensch ist immer noch der Gerechtigkeit hundert Schritte näher gestellt als der reaktive.. Tatsächlich hat deshalb zu allen Zeiten der agressive Mensch, als der Stärkere, Mutigere, Vornehmere, auch das *freiere* Auge, das *bessere* Gewissen auf seiner Seite gehabt."
Hier nähert sich Nietzsche deutlich der lebensgesetzlich begründeten, dialektisch überschärften Auffassung der Gerechtigkeit, wie sie der griechische Sophist Thrasymachos in Platons Politeia vertritt, wenn er das Gerechte als das dem Stärkeren Förderliche bestimmt und das Ungerechte etwas Kräftigeres, Edleres und Gewaltigeres als Gerechtigkeit nennt. Aber bereits das „Menschliche" findet eine sozialistische Gerechtigkeit nur als tätige Leistung, nicht als Grundsatz oder Forderung möglich, „nur innerhalb der herrschenden Klasse, welche in diesem Falle die Gerechtigkeit mit Opfern und Verleugnungen *übt*. Dagegen Gerechtigkeit *fordern*, wie es die Sozialisten.. tun, ist nimmermehr der Ausfluß der Gerechtigkeit, sondern der Begehrlichkeit."

Der handelnde, ja „angreiferische" Charakter der Gerechtigkeit, den Nietzsche so stark heraus- und übertreibt, enthält demnach und fordert als Voraussetzung die Fähigkeit, die innewohnende Ungerechtigkeit alles lebendigen Daseins und Werdens mit einzubeziehen, sie in sich aufzuheben. Das ist wiederum schon in der Unzeitgemäßen geprägt; mit dem, der Genealogie der Moral so ganz widersprechenden Unterton freilich der noch echt schopenhauerschen Trauer über die unablösbare Ungerechtigkeit „dieser Welt", aber mit dem kräftigen Entschluß zum jasagenden „Dennoch."

„Es gehört sehr viel Kraft dazu, leben zu können und zu vergessen, inwiefern leben und ungerecht sein Eins ist. Luther selbst hat einmal gemeint, daß die Welt nur durch eine Vergeßlichkeit Gottes entstanden sei; wenn Gott nämlich an das ‚schwere Geschütz' gedacht hätte, er würde die Welt nicht geschaffen haben." „Der Mensch muß die Kraft haben und von Zeit zu Zeit anwenden, eine Vergangenheit zu zerbrechen und aufzulösen, um leben zu können: dies erreicht er dadurch, daß er sie vor Gericht zieht, peinlich inquiriert und endlich verurteilt; jede Vergangenheit aber ist wert, verurteilt zu werden, — denn so steht es nun einmal mit den menschlichen Dingen: immer ist in ihnen menschliche Gewalt und Schwäche mächtig gewesen. Es ist nicht die Gerechtigkeit, die hier zu Gericht sitzt; es ist noch weniger die Gnade, die hier das Urteil verkündet: sondern das Leben allein, jene dunkle, treibende, unersättlich sich selbst begehrende Macht. Sein Spruch ist immer ungnädig, immer ungerecht, weil er nie aus einem reinen Borne der Erkenntnis geflossen ist; aber in den meisten Fällen würde der Spruch ebenso ausfallen, wenn ihn die Gerechtigkeit selber spräche."

Wenn ihn die Gerechtigkeit selber spräche — damit ist, in noch schüchterner Form, doch bereits der Kern des späteren Gerechtigkeitsbegriffs vorweggenommen: daß nämlich Leben, auch in seiner scheinbar ungerechtesten Gestalt, und höchste Gerechtigkeit zuletzt irgendwie geheimnisvoll wesenseins sein müssen. Dieser Gedanke reift erst allmählich bei Nietzsche heran zu dem amor fati, der jasagenden Liebe zum vorherbestimmenden Schicksal, die seine letzten Jahre kennzeichnet.

Zunächst mit dem Beginn der vorwiegend zweiflerischen Periode, vom Menschlichen Allzumenschlichen bis hin zur Fröhlichen Wissenschaft, wird auch die Gerechtigkeitsidee mehr von ihrer verneinten, problematischen Seite her angeleuchtet. Es ist die Zeit, da Nietzsche, sein Bedürfnis künstlerischer Ausdeutung des Seins und Sollens aus tiefster Enttäuschung heraus kasteiend, sich kaum genug tun kann in verstandesmäßiger Vereinfachung und Überhellung der Wirklichkeit. Man findet etwa eine so genügsam nüchterne, klar „diesseitige" Herleitung der Gerechtigkeit, wie diese:

„Die Gerechtigkeit nimmt ihren Ursprung unter ungefähr *gleich Mächtigen*, wie dies Thukydides (in dem furchtbaren Gespräche der athenischen und melischen Gesandten) richtig begriffen hat: wo es keine deutlich erkennbare Übergewalt gibt und ein Kampf zum erfolglosen gegenseitigen Schädigen würde, da entsteht der Gedanke, sich zu verständigen und über die beiderseitigen Ansprüche zu verhandeln: der Charakter des *Tausches* ist der anfängliche Charakter der Gerechtigkeit.. Sie ist also Vergeltung und Austausch unter der Voraussetzung einer ungefähr gleichen Machtstellung.. sie geht natürlich auf den Gesichtspunkt einer einsichtigen Selbsterhaltung zurück, also auf den Egoismus jener Überlegung: ‚Wozu sollte ich mich nutzlos schädigen und mein Ziel vielleicht doch nicht erreichen?'" Oder Nietzsche scheint zuweilen nur noch den Anwalt der Gegengerechtigkeit des Lebens zu machen, gegen das „gerechte Auge": „Du solltest die *notwendige* Ungerechtigkeit in jedem Für und Wider begreifen lernen, die Ungerechtigkeit als unablösbar vom Leben, das Leben selbst als *bedingt* durch das Perspektivische und seine Ungerechtigkeit." „Damit ein Künstler oder Denker seine Art zur Vollendung bringe, muß er wohl den Glauben haben, der eine Ungerechtigkeit und Beschränktheit **gegen den** Glauben anderer ist. Denn er muß *mehr* darin sehen und etwas Größeres, als es ist: sonst wendet er seine ganze Kraft nicht auf." Selbst die Möglichkeit der *Erkenntnis*, also den obersten Wertbegriff dieser Jahre, sieht er von der Gerechtigkeit schlechthin bedroht; die beiden hohen Gegner „Erkenntnis" und „Leben" aus Nietzsches letzter Zeit drohen sich hier gegen die Gerechtigkeit geradezu zu verbünden: „Sobald wir die Gerechtigkeit zu weit treiben", heißt es in den Nachlaßstudien aus der Zeit der „Morgenröte", „und den Felsen unserer Individualität zerbröckeln, unseren festen *ungerechten* Ausgangspunkt ganz aufgeben, so geben wir die Möglichkeit der Erkenntnis auf: es fehlt dann das *Ding*, wozu alles Relation hat (auch gerechte Relation)." Gerechtigkeit wird sogar zum auflösenden Grundsatz, wird gefährlicher Hang zum Chaos: „Jedem das Seine geben, das wäre die Gerechtigkeit wollen und das Chaos erreichen", warnt eine Stelle der Zarathustra-Reste; und Zarathustra bescheidet sich: „Aber wie wollte ich gerecht sein von Grund aus! Wie kann ich jedem das Seine geben! Dies sei mir genug: ich gebe jedem das Meine." Aber in der Gegensetzung von Gerechtigkeit und Liebe, die in dieser Zeit öfter begegnet und die in Zarathustras schmerzlicher Frage gipfelt: „Sagt, wo findet sich die Gerechtigkeit, welche Liebe mit sehenden Augen ist?" — in dieser „größten und unauflösbarsten Disharmonie des Daseins" schimmert doch deutlich das alte moralistische Heimweh nach der Gerechtigkeit aus dem Schwereren, Größeren durch: „Gerechtigkeit ist schwerer als Hingebung und Liebe". Bezeichnend für die geistliche Ahnenreihe der Frage bei Nietzsche ist die Abwandlung dieses Gedankens ins Theologische: „Wenn Gott ein Gegenstand der Liebe werden wollte, so hätte er sich zunächst des Richtens und der Gerechtigkeit begeben müssen: — ein Richter, und selbst ein gnädiger Richter, ist kein Gegenstand der Liebe." Selbst in dieser skeptischen Zeitspanne erträgt Nietzsches Denken doch nicht die bedingungslose Gleich- und Gegenübersetzung der beiden großen Gegner „Leben" und „Gerechtigkeit". Das Amt des Gerechten wird auch wieder zum überhöhten Rang, zum Ausgleich und Zusammenfinden des feindlich Getrennten, zur Liebe mit sehenden Augen. Die Zerspaltung, die tragische Mischung des eigenen Wesens aus Geist und Feuer sucht und dankt ihre späte Einheit allein im Aufblick zur möglichen Gerechtigkeit: „Wir, die wir gemischten Wesens sind und bald vom Feuer durchglüht, bald vom Geiste durchkältet sind, wollen vor der Gerechtigkeit knien, als der einzigen Göttin, welche wir über uns anerkennen."

Und diese ganz aus dem eigensten Erlebnis herausgewachsene Verehrung, diese ganz persönliche Erfahrung bestimmt zuletzt auch entscheidend (wie so häufig) Nietzsches theoretische Haltung. Seine Gerechtigkeit muß alles Lebendige — all *sein* Lebendiges — in sich aufnehmen können, alle Herkunft und alle Zukunft, alles Wissen und alles Gewissen; und weil sie es aus innerster Not heraus muß, so kann sie es. Daß sie es vermag, ist ihr Prüfstein und Endsinn. Über Stufen von Einzel-Ungerechtigkeiten gelangt, wie Nietzsche es sieht, der Gerechtigkeit Wollende zuletzt auf eine höchste Stufe, die alle vorigen in ihrer erreichten Höhe und Aussicht in sich begreift. So werden die Teilungerechtigkeiten des Aufstiegs, für Mensch und Menschengeschichte, notwendige Bedingungen einer lebendigen höchsten Gerechtigkeit. Sie sind Verwandlungen und Masken, Vordaseinsformen gleichsam der Gerechtigkeit selber.

„Willst du ein allgemeines gerechtes Auge werden? So mußt du es als einer, der durch *viele* Individuen hindurchgegangen ist und dessen letztes Individuum alle früheren als Funktionen *braucht*." „Wir fördern mitunter die Wahrheit durch eine doppelte Ungerechtigkeit, dann nämlich, wenn wir die beiden Seiten einer Sache, die wir nicht imstande sind, zusammen zu sehen, hintereinander sehen und darstellen, doch so, daß wir jedesmal die andere Seite verkennen oder leugnen, im Wahne, das, was wir sehen, sei die ganze Wahrheit." Es ist die nämliche Entwicklung im Theoretischen, nämlich zu einer Art Theodicee des Bösen, in dieser „Gerechtigkeit des Ungerechten", wie in der Haltung Nietzsches zum eigenen Lebensleid: eine deutungsentschlossene, hegelische Bejahungsfreude, nicht sowohl am Gewordenen, als am Werdenden, am Sollenden, das, wie alles Werdende, ein Grenzverletzen, ein Unrecht und Notfrevel am Seienden ist. Das Ungerechte wird für diesen handelnden Fatalismus eine Brücke zur Gerechtigkeit; denn, wie eine Nachlaßstelle der Zarathustrazeit sagt, das Zukünftige ist ebenso eine Bedingung des Gegenwärtigen wie das Vergangene: „Was werden soll und werden muß, ist der Grund dessen was ist." Und es blickt wie eine seltsame Vorahnung, wie ein Zweites Gesicht des eigenen Schicksals, wenn gerade die frühste Schrift Nietzsches, die Geburt der Tragödie, aus dem Winter 1870/71, die an selbstseherischen Verkündungen so merkwürdig reich ist, wenn sie den Prometheus des Äschylos ausdeutet:

„Der Glorie der Passivität (im Sophokleischen Ödipus) stelle ich jetzt die Glorie der Aktivität gegenüber, welche den *Prometheus* des Äschylus umleuchtet. Was uns hier der Denker Äschylus zu sagen hatte, was er aber als Dichter durch sein gleichnisartiges Bild uns nur ahnen läßt, das hat uns der jugendliche Goethe in den verwegenen Worten seines Prometheus zu enthüllen gewußt: ‚Hier sitz ich, forme Menschen Nach meinem Bilde, Ein Geschlecht, das mir gleich sei.' . . Das Wunderbarste an jenem Prometheusgedicht . . ist aber der tiefe äschyleische Zug nach *Gerechtigkeit:* das unermeßliche Leid des kühnen ‚Einzelnen' auf der einen Seite, und die göttliche Not, ja Ahnung einer Götterdämmerung auf der andern . . dies alles erinnert auf das Stärkste an den Mittelpunkt und Hauptsatz der äschyleischen Weltbetrachtung, die über Göttern und Menschen die Moira als ewige Gerechtigkeit thronen sieht . . Das Beste und Höchste, dessen die Menschheit teilhaftig werden kann, erringt sie durch einen Frevel, und muß nun wieder seine Folgen dahinnehmen, nämlich die ganze Flut von Leiden und von Kümmernissen, mit denen die beleidigten Himmlischen das edel emporstrebende Menschengeschlecht heimsuchen — müssen . . Dieser titanische Drang . . ist das Gemeinsame zwischen dem Prometheischen und dem Dionysischen. Der äschyleische Prometheus ist in diesem Betracht eine dionysische Maske, während in jenem vorhin erwähnten tiefen Zuge nach Gerechtigkeit Äschylus seine väterliche Abstammung von Apollo, dem Gotte der Individuation und der Gerechtigkeitsgrenzen, dem Einsichtigen verrät. Und so möchte das Doppelwesen des äschyleischen Prometheus, seine zugleich dionysische und appollinische Natur in begrifflicher Formel so ausgedrückt werden können: ‚Alles Vorhandene ist gerecht und ungerecht und in beiden gleich berechtigt'."

Dies aber ist die Stelle, wo die antike tragische Deutung der Gerechtigkeit in die metaphysische zurückbiegt, in jene frühhellenische Metaphysik der Gerechtigkeit, aus der Nietzsches großangeschaute Gerechtigkeitsidee sich unverkennbar speist, ja mit der sie letzten Grundes einsinnig ist — in die Metaphysik Heraklits von Ephesus „Die äschyleischen Helden haben mit Heraklit Verwandtschaft", bemerkt Nietzsche einmal; so hat auch die tragische Gerechtigkeit des äschyleischen Prometheus eine tiefe Gemeinsamkeit mit der heraklitischen Weltrechtfertigung, aus deren Erlebnis Nietzsche der Zarathustra erwuchs. Heraklit, man weiß es, bedeutete für Nietzsche die griechischste unter allen griechischen Philosophengestalten. Und wenn Nietzsche (in Entwürfen zu „Homers Wettkampf") den ganzen Begriff der Gerechtigkeit bei den Griechen deshalb viel wichtiger genommen findet als bei uns (denn „das Christentum kennt ja keine Gerechtigkeit"), weil bei ihnen die Idee des Wettkampfs, des Neides soviel stärker gewesen sei, so ist Heraklits Weltbild auch darin das griechischste, weil es der Gerechtigkeit, der Tochter des Zeus, der Dike, den höchsten weltformenden, weltrichtenden Rang und Sinn gewährt. „Ich schaue," läßt Nietzsche Heraklit aussagen, „die ganze Welt als das Schauspiel einer waltenden Gerechtigkeit." Mit einem Entzücken, in dem sich anschauende Beglückung mit ethischer mischt, dichtet Nietzsche in dem vielleicht schönsten all seiner nachgelassenen Bruchstücke (in dem Torso von der Philosophie im tragischen Zeitalter der Griechen, von 1872/73) die gebieterische Schau der heraklitischen Gerechtigkeitsmetaphysik nach, diese griechischste aller Eingebungen von der Welt als dem Mischkrug, der beständig umgerührt werden muß, um sich nicht zu zersetzen, dem großen Mischtrank, der, wie der Honig aus Bitter und Süß, aus dem Entgegengesetztesten und gerade durch das Engegengesetzte besteht: „Aus dem Krieg des Entgegengesetzten entsteht alles Werden .. Das Ringen dauert in Ewigkeit fort. Alles geschieht gemäß diesem Streite, und *gerade dieser Streit* offenbart die ewige Gerechtigkeit. Es ist eine wundervolle, aus dem reinsten Borne des Hellenischen geschöpfte Vorstellung, welche den Streit als das fortwährende Walten einer einheitlichen, strengen, an ewige Gesetze gebundenen Gerechtigkeit betrachtet. Nur ein Grieche war imstande, diese Vorstellung als Fundament einer Kosmodicee zu finden; es ist die gute Eris Hesiods, zum Weltprinzip verklärt, es ist der Wettkampfgedanke der einzelnen Griechen und des griechischen Staates .. ins allgemeinste übertragen, so daß jetzt das Räderwerk des Kosmos sich in ihm dreht .. Die Dinge selbst .. haben gar keine eigentliche Existenz, sie sind das Erblitzen und der Funkenschlag gezückter Schwerter, sie sind das Aufglänzen des Siegs, im Kampf der entgegengesetzten Qualitäten." Und aus dieser Vorstellung der Welt als eines freudigen Kampfspiels, in dem „die Richter selbst zu kämpfen, die Kämpfer selbst sich zu richten scheinen", aus dieser Wahrnehmung *einer* ewig waltenden Gerechtigkeit heraus *wagt* Heraklit, nach Nietzsche, die „noch höhere Ahnung", den Satz einer ersten Identitätsphilosophie: „Der Streit des Vielen selbst *ist* die reine Gerechtigkeit!"

Was den Jünger Heraklits (so nennt Nietzsche sich selbst), den Schüler der Griechen an dieser Metaphysik der Gerechtigkeit bezaubern mußte, war schon die tiefe Verwandtschaft mit eigenen Erlebensnotwendigkeiten: die echt griechische Mischung von ästhetischer Eingebung und vitalistischer Deutung, die das Denken der Griechen, dieser „Künstler des Lebens", wie Nietzsche sie nennt, charakterisiert, und die vielleicht in den anschauend groß vereinfachten, leidenschaftlich eindeutig ausgelegten Weltbildern der vorsokratischen Philosophie ihre reinste Gestalt fand. In der Weltrechtfertigung Heraklits, so wie Nietzsche sie sich verdeutlichte und deutete, in der Gerechtigkeit als ewiger Vereinung der lebendig streitenden Ungerechtigkeiten, als kämpfender Harmonie, ist tatsächlich ein erstes Urbild und Vorbild von Nietzsches eigener Lebens-Philosophie gegeben, wie sie theoretisch im Willen zur Macht, künstlerisch, „musikalisch", im Zarathustra Form erhalten hat. Und so wie die Lösung des uralten Gerechtigkeitsproblems bei Nietzsche griechisch ist, nämlich sowohl schauend wie wollend, sowohl „musikalisch" wie meißelnd — so ist schon die Art, wie das *Problem* der Gerechtigkeit Nietzsche gegeben ist, griechisch, nämlich „künstlerisch *und* lebendig", theoretisch und leidenschaftlich, tragische Musik und jasagender Machtwille. In beiden Formen hat er mit dem Problem gerungen, in beiden es erlebt. Hellenisch ist es, nietzschisch ist es, wenn er die *Idee* der Gerechtigkeit, im heraklitischen Sinne, wirklich als Musik zu *hören* glaubt, wenn die philosophische Weltrechtfertigung seines ehrwürdigsten griechischen Meisters ihm tönend zusammenrinnt mit der besonnenen Kunst des geliebtesten Meisters seiner Jugend, wie er es in der Schrift „Richard Wagner in Bayreuth" von sich bezeugt:

„Über allen den tönenden Individuen und dem Kampfe ihrer Leidenschaften, über dem ganzen Strudel von Gegensätzen, schwebt, mit höchster Besonnenheit, ein übermächtiger, symphonischer Verstand, welcher aus dem Kriege fortwährend die Eintracht gebiert: Wagners Musik als Ganzes ist ein Abbild der Welt, so wie diese von dem großen ephesischen Philosophen verstanden wurde, als eine Harmonie, welche der Streit aus sich zeugt, als die Einheit von Gerechtigkeit und Feindschaft." Dichterisch, musikalisch ist dies ganz das nämliche griechische Grunderlebnis des Gerechtigkeitssuchers Nietzsche, das die späte kürzeste Nachlaßformel des Umwerters wollend, gebieterisch, mit strenger Nacktheit als Bild und Gebot aufstellt:

„*Gerechtigkeit* als bauende, ausscheidende, vernichtende Denkweise..: *höchster Repräsentant des Lebens selber.*"

# ARION

> „Ehe wir Menschen waren, hörten wir Musik."
> H e b b e l.

> „Die Musik gibt den innersten, aller Gestaltung vorhergängigen Kern."
> S c h o p e n h a u e r.

Musik ist in Nietzsches Leben das Element, welches zuerst sichtbar wird, wenn man sich diesem Leben als Betrachtender, dankbar oder bestreitend, nähert: Musik das Farbigste, was von diesem Dasein bis an den äußersten Fernkreis seiner Wirkungen ausstrahlt; und Musik vielleicht noch das Letzte, was nach abgerollten Jahrhunderten der Bestimmung beim Nennen dieses Namens heimwehhaft heraufklingen wird.

Kein Zweifel, es war auch das Element Musik, das zuerst Nietzsches Werk und Leben dem eigenen Volke sichtbar und wert gemacht hat. Nicht der „aristokratische Radikalismus", den Georg Brandes zuerst bewunderte, als er den in seinem Vaterlande völlig verleugneten und hämisch beschwiegenen deutschen Philosophen seiner europäischen Zuhörerschaft vorstellte, nicht die Erbarmungslosigkeit seiner Psychologie, welche die ersten Geister von St. Petersburg wie von Paris fesselte, nicht die gefährlichen Reize einer für Deutschland unerhörten Abgefeimtheit der Sprache und der Polemik, einer seit Heine nicht mehr gehörten freien Bosheit — nichts davon hat, bei aller starken Wirkung im einzelnen und auf einzelne, dem deutschen Geist die Gesamterscheinung Nietzsches so vertraut gemacht, wie es die tragische Musiknähe dieses Lebens getan hat. Nicht nur die Tragödie seiner Wagnerfreundschaft und seines Wagnerverrats — diese war ja selber nur wieder Ausdruck und Gleichnis —, sondern die ganze Musikverwandtschaft und innere Tonsucht, welche die Seele Nietzsches mit der deutschen Seele gemeinsam hat; beides Seelen, welche, „unmittelbar verwandt mit der Musik, in ihr gleichsam ihren Mutterschoß haben und mit den Dingen fast nur durch unbewußte Musikrelationen in Verbindung stehen" (Geburt der Tragödie). So gilt nicht nur für das eigene musikalische Schaffen, sondern für sein gesamtes Lebenswerk, was Nietzsche im vorletzten Jahr an seinen Musikerfreund schreibt:

„Diese kleine Zugehörigkeit zur Musik und beinahe zu den Musikern, für welche dieser Hymnus (An das Leben) Zeugnis ablegt, ist in Hinsicht auf ein einstmaliges Verständnis jenes psychologischen Problems, das ich bin, ein unschätzbarer Punkt .. Zu allerletzt: er ist etwas für Deutsche, ein Brückchen, auf dem vielleicht sogar diese schwerfällige Rasse dazu gelangen wird, sich für eine ihrer seltsamsten Mißgeburten zu interessieren." Das hat sich bewahrheitet: als der jeanpaulisch große Musiker, der er ist (Musiker auch noch als leidenschaftlicher Gegenmusiker), hat Nietzsche die Brücke zu der innigsten Dankbarkeit seines Volkes gefunden, wie sehr immer die weitere, europäischere Wirkung seines Lebenswerks von dem gegenromantischen Seelenforscher, dem sokratischen Ironiker, ja in dem äußersten Umkreise selbst von dem geistespolitischen Machtprediger ausgegangen ist. Einer der vornehmsten deutschen Wortführer der von Nietzsche entscheidend bestimmten Generation war es, der zuerst die Kennzeichnung Nietzsches als des deutschen Erkenntnislyrikers prägte, und das bedeutsamste deutsche Gedicht, welches bis heute dem Namen Nietzsches geschenkt wurde, nimmt als seine Schlußzeile die Worte des späten Nietzsche über die Geburt der Tragödie, zu erhabener Klage gesteigert, wieder auf:

> „Und wenn die strenge und gequälte Stimme
> Dann wie ein Loblied tönt in blaue Nacht
> Und helle Flut, so klagt: sie hätte singen,
> Nicht reden sollen, diese neue Seele!"

Als Musiker fand der erwachende Nietzsche sich gegeben, als Musiker erlebte der jugendliche den tiefsten Enthusiasmus seines Lebens, als Musiker begriff und umschrieb sich noch der reife, vollendet hinabgehende. Mit fast lutherscher Herzlichkeit klingt es dankbar im Nachlaß der letzten Jahre: „Von Kindesbeinen an bin ich ein Liebhaber der Musik und auch jederzeit guten Musikern selber Freund gewesen: Dies .. ergab, daß ich wenig Grund hatte, mich um die heutigen Menschen zu kümmern: — denn die guten Musiker sind alle Einsiedler und ‚außer der Zeit'" („Musikam hab' ich allzeit lieb gehabt; Singen hat nichts zu tun mit der Welt", gestand Dr. Martin seinen Tischgenossen). Wirklich war es die protestantische Kirchenmusik, in deren Gestalt ihm die geliebte Kunst zuerst nahe kam und ihn sogleich mit dem Zwang zu antwortendem Schaffen verzauberte. Nach dem Lebensbericht des Primaners, beim Abschied von Schulpforta, begann Nietzsche, durch einen besonderen Zufall aufgeweckt, im neunten Jahre leidenschaftlich die Musik zu lieben, und zwar sogleich komponierend, „wenn anders man die Bemühungen des erregten Kindes, zusammenklingende und folgende Töne zu Papier zu bringen und biblische Texte mit einer phantastischen Begleitung des Pianoforte abzusingen, komponieren nennen kann." Ein damals komponiertes Oratorium bestürzte noch den späten Nietzsche durch die „fast märchenhafte Identität" seiner Stimmung und seines Ausdrucks mit der Parsifal-Musik. Der Schüler von Pforta, von der Familie zur Theologie bestimmt, denkt höchst ernstlich daran, sich ganz *der* Kunst zu widmen, die, wie Luther meinte, nahe der Theologie ist. Eine Fülle von Kompositionen ist aus der letzten Schulzeit und den ersten Studentenjahren erhalten, im Charakter der deutschen Romantik, vor allem Schumanns, seines frühsten Lieblings. Die Freunde entzückt noch in der spätesten Erinnerung sein „wundervolles Phantasieren" (Deussen); Freiherr von Gersdorff schreibt in seinen Erinnerungen: „Seine Improvisationen (in der Pfortenser Zeit) sind mir unvergeßlich; ich möchte glauben, selbst Beethoven habe nicht ergreifender phantasieren können, als Nietzsche, namentlich wenn ein Gewitter am Himmel stand." Im Phantasieren scheint Nietzsche wirklich wie in das Bad seiner eigentlichsten Natur eingetaucht zu sein: nie erschien er so sehr er selber. Der junge Erwin Rohde hat die schöpferische Überlegenheit seines Freundes nie so unmittelbar empfunden, wie in den Stunden, da Nietzsche sich vor dem einsam Zuhörenden seinem musikalischen Dämon hingab: „Vor allem denke ich mit Freude zurück an die Abende, wenn Du mir im Finstern auf dem Klavier vorspieltest: ich fühlte den Abstand zwischen einer produktiven Natur und mir ohnmächtig wollenden Halbhexen" (1867). Noch Gast spricht von dem Glück, den Basler Nietzsche als Klavierspieler gehört zu haben; in Basel selbst erzählt man noch von der seltsamen Selbstvergessenheit, die sich des phantasierenden Nietzsche bemächtigen konnte: wie er auf einer Basler Wintergesellschaft, bei der musiziert werden sollte, — der städtische Kapellmeister ist zugegen — zunächst in seiner gewohnten Weise zurückhaltend und vornehm-schüchtern nur ungern der Höflichkeitsbitte der Geladenen um ein wenig Musik nachgibt, wie sein Spiel wärmer werdend alsbald in freies Phantasieren von immer kühnerem improvisatorischen Schwunge übergeht. Er scheint ein ganz anderer, als der abwehrende, gesucht formvolle und selbst zeremoniöse Professor, als den man ihn sonst kennt, er vergißt selbst die Gelegenheit, den Ort, die Zeit, er phantasiert und phantasiert, die Gesellschaft ist betreten, der Kapellmeister, den man eigentlich zu hören wünschte und der sich hören zu lassen wünscht, wird spöttisch, ungeduldig, wird beleidigt — Nietzsche bemerkt nichts, er phantasiert fort, er ist mit sich allein — und der befremdeten Gesellschaft bleibt nichts übrig, als ihn mit sich allein zu lassen.

Solche Rückkehr zu sich selbst im musikalischen Phantasieren ist ja sogar das schriftstellerische Ideal des jungen Nietzsche; der Leipziger Student schreibt im Frühjahr 1867 an einen Freund: „Ich muß auf meinem Stil wie auf einer Klaviatur spielen lernen, aber nicht nur eingelernte Stücke, sondern freie Phantasien, so frei wie möglich, aber doch immer logisch und schön." „Aber das Buch eines Musikers ist eben nicht das Buch eines Augenmenschen," schreibt er ein Jahr später über das Buch eines Leipziger Musikkritikers; „im Grunde ist es Musik, die zufällig nicht mit Noten, sondern mit Worten geschrieben ist." Das gilt für ihn selbst, vor allem für die Geburt der Tragödie, aber auch für den Zarathustra und den Schwanengesang des Ecce homo. „Unter welche Rubrik gehört eigentlich dieser Zarathustra? Ich glaube beinahe, unter die Symphonien. Gewiß ist, daß ich damit in eine andere Welt hinübergetreten bin" (1883 an Gast). Als Vorzeichen, die den Zarathustra ankündigten, sieht er im Ecce homo eine plötzliche und im tiefsten entscheidende Veränderung seines Geschmackes, vor allem in der Musik: „Man darf vielleicht den ganzen Zarathustra unter die Musik rechnen; sicherlich war eine Wiedergeburt in der Kunst zu *hören* eine Vorausbedingung dazu." Selbst ein Wiedererwachen der musikalischen Schaffenslust gehört zu diesen Vorzeichen, die Zarathustra ankündigen. „Gestern überfiel mich der Dämon der Musik," hören wir 1882 an Gast; „mein gegenwärtiger Zustand in media vita will auch noch in Tönen sich aussprechen: ich werde nicht loskommen." Diese Briefstelle bezieht sich auf die Tonsetzung des „Hymnus an das Leben", die Nietzsche eine Woche später dem Freunde schickt: „.. Diesmal kommt ‚Musik' zu Ihnen. Ich möchte gern ein Lied gemacht haben, welches auch öffentlich vorgetragen werden könnte, — ‚um die Menschen zu meiner Philosophie zu *verführen'.*" Und ein unbändiger Durst nach Musik bezeichnet die Entstehungszeit des Zarathustra: „.. Ob schon je ein Mensch solchen Durst nach Musik gehabt hat?" (1884 an

Malwida). „Musik ist bei weitem das Beste; ich möchte jetzt mehr als je Musiker sein" (1884 an Gast). Ja, es erwacht etwas wie eine späte Reue, nicht genug Musiker gewesen zu sein; gleich der deutschen Romantik, der er selbst unwissentlich angehört, scheint zuweilen auch er selber sich nur als „Musik" ans Ziel gekommen zu sein, als „Literatur" ein großes Versprechen geblieben zu sein. Nicht den Gesang statt des Wortes gewagt zu haben, das ist der Selbstvorwurf des letzten Nietzsche, der vielleicht nicht bloß der Geburt der Tragödie gilt.

Vom jugendlichen Dichterphilologen dieses Buches sagt die Vorrede von 1886: „Hier redete eine fremde Stimme.. hier sprach eine mystische und beinahe mänadische Seele.. fast unschlüssig darüber, ob sie sich mitteilen oder verbergen wolle.. Sie hätte *singen* sollen, diese neue Seele — und nicht reden! Wie schade, daß ich, was ich damals zu sagen hatte, es nicht als Dichter zu sagen wagte: ich hätte es vielleicht gekonnt!" Und er nennt den Erstling „ein Buch für Eingeweihte, eine Musik für solche, die auf Musik getauft sind.." Nicht nur dies erste Schwärmerbuch, seine ganze Philosophie wird ihm Musik, der Philosoph zum Musiker, Sokrates zum Dionysos: „Hat man bemerkt," fragt der Fall Wagner, „daß die Musik den Geist *frei* macht? dem Gedanken Flügel gibt? daß man um so mehr Philosoph wird, je mehr man Musiker wird?" Gleich der „Geburt", gleich dem Zarathustra wird ihm sein Bestes und Eigentlichstes immer zur „Musik": noch in einem seiner allerletzten Briefe, vom 27. Dezember 1888, nennt er eine Seite „Musik" über Musik in „Nietzsche contra Wagner" vielleicht das Merkwürdigste, was er geschrieben habe.

Musik beflügelt nicht nur von Anfang an den Denker Nietzsche: sie weist auch die Richtung seines Fluges. Sie führt ihn zu seinem ersten entscheidenden und aufbauenden geistigen Grunderlebnis, der Philosophie Schopenhauers: jener „Dämon", der, wie Nietzsche erzählt, ihm in einem Leipziger Antiquariat zuflüsterte, das ihm völlig fremde Buch von der „Welt als Wille und Vorstellung" mit nach Hause zu nehmen, war sicherlich kein anderer als der Dämon der Musik. Denn Musik ist ja dies Hauptwerk der philosophischen Romantik, diese strenggebaute viersätzige Symphonie, über den Themen des Wahns und der Erlösung mächtig aufgetürmt; eine einzige großartige Apologie und Verherrlichung aller Musik als des angeschauten Weltengrundes die ganze Metaphysik dieses innerlich unseligen Heimwehgeistes. Schopenhauer war für Nietzsche eine erfüllte Ahnung, genau wie Wagners Persönlichkeit ihm eine leibhafte Erfüllung des schopenhauerschen Genies wurde, genau wie Wagners Kunst ihm eine erfüllte Vorherbestimmung wurde. „Von dem Augenblick an, wo es einen Klavierauszug des Tristan gab, war ich Wagnerianer", sagt noch Ecce homo. Und ein Brief der Tribschener Zeit an Rohde: „Mir ging es wie einem, dem eine Ahnung sich endlich erfüllt. Denn genau das ist Musik und nichts sonst! Und genau das meine ich mit dem Wort Musik, wenn ich das Dionysische schildere, und nichts sonst!" Wagner erfüllte ihm leibhaftig, was Schopenhauer geistig vorbereitet hatte: er zerschlug die letzte dünne Scheidewand, die zwischen Nietzsches Bewußtsein und Nietzsches musikalischem Ich noch vorhanden war — daher die überströmende, grenzenlos sich hingebende Dankbarkeit des Jüngers, daher die jähe, beglückt sich verschwendende Hervorbringung „musikalischer" Werke, in der Geburt der Tragödie und den sich stofflich und zeitlich umlagernden Schriften. Wagner gab Nietzsche durch das übermächtig sich eindrückende Erlebnis seiner Person und Kunst den Mut, sich selbst als den Musiker, der er war, zu erleben, den Mut, „zu sich selbst zu kommen" — das hat noch der späteste Nietzsche dem „großen Wohltäter seines Lebens" nie vergessen. Die ungeheure Gewalt des Wagner-Erlebnisses, seine lebenentscheidende und lebensgefährliche, in jedem Sinne verhängnisvolle Bedeutung für Nietzsches Wesen und Werk erklärt sich zuletzt aus diesem Einbruch des gestauten innersten Musikwillens in das tiefeingerissene Strombett eines großen persönlichen Willens. Und indem Nietzsche hier sich hingab, scheinbar aufgab, kam er zum ersten Male ganz zu sich selber. Hier erlebte er sich zum ersten Male als sein eigenes Schicksal, als der mit Musik Blutsverwandte, dessen Seele „mit den Dingen nur durch unbewußte Musikrelationen in Verbindung steht". Und hier wurde Nietzsche zum ersten Male fruchtbar: eine Geburt aus dem Geiste der Musik war sein Erstlingswerk in jedem Sinne. Aber weit darüber hinaus ist der ganze Kulturenthusiasmus des jungen Nietzsche, die berauschte ungeheure Hoffnung auf eine Neugeburt des deutschen Wesens im Bade des griechischen, des althellenischen im Bade des deutschen Wesens, ist auch dies eine äußerste und höchste musikalische Phantasie, möglich nur in dem seelischen Augenblicke, wo eine musikalische Uranlage mit der zielsetzenden Kraft eines mächtigen, zu fruchtbarem Wahn dämonisch verführenden Willens sich dankbar und berauscht einte. Das Liebesphantom einer neuen hellenischen Kultur aus Deutschtum und Musik — es ist selber Musik, eine der Wirklichkeit jedes „Tages" fernste, ganz und gar romantische, tief deutsche Musik.

„Wenn ich mir denke," heißt es 1871 an Rohde, „daß nur einige hundert Menschen aus der nächsten Generation das von der Musik haben, was ich von ihr habe, so erwarte ich eine völlig neue Kultur! Alles, was übrig bleibt und sich gar nicht mit Musikrelationen erfassen lassen will, erzeugt bei mir freilich mitunter geradezu Ekel und Abscheu, und wie ich vom Mannheimer Konzert zurückkam, hatte ich wirklich das sonderbar gesteigerte übernächtige Grauen vor der Tageswirklichkeit: weil sie mir gar nicht mehr wirklich erschien, sondern gespenstisch." In einer solchen Hoffnung sind alle Grundkräfte aus der Musikwelt des frühen Nietzsche vereinigt: die schopenhauersche Metaphysik, die Tristanfeindschaft gegen den „öden Tag", die wagnersche Willensspannung und der Kulturenthusiasmus für eine Wiedergeburt von Hellas — denn Kultur ist für Nietzsche ja immer gleichbedeutend mit einer bewußten Gefolgschaft des Griechentums —, eine Wiedergeburt aus deutschem Geiste, aus dem Geiste der deutschen Reformation und der deutschen Musik, wie der erste Basler Nietzsche im Vortrag über die Zukunft unserer Bildungsanstalten sie gegen die „romanische Zivilisation" fordert und erhofft. Noch der „Ekel und Abscheu" vor der Wirklichkeit der modernen Zivilisation ist ja im letzten Grunde Musikwille, als welcher immer dem Jenseits der Wirklichkeit, vielleicht dem Chaos zugewandt ist. Musik, das ist immer Zivilisationsfeindschaft; eine unüberbrückbare Kluft ist von Anbeginn zwischen beiden befestigt; sie heben einander auf. So heißt es in der „Geburt": „Von der Zivilisation sagt Richard Wagner, daß sie von der Musik aufgehoben werde, wie der Lampenschein vom Tageslicht." Und in den Vorarbeiten zu „Richard Wagner in Bayreuth": „Meistersinger: Gegensatz zur Zivilisation, das Deutsche gegen das Französische." Die Einheit von Musik und Deutschtum, die der junge Nietzsche überall empfindet, läßt ihn dies Deutschtum als ernstesten und ewigen Gegner alles dessen sehen, was nur Zivilisation ist — und damit gerade als Träger einer künftigen „völlig neuen Kultur" aus dem Geiste der Musik. (Die Idee des Urgegensatzes von Zivilisation und Kultur ist ebenso echt nietzschisch wie sie echt deutsch ist. Noch im Willen zur Macht heißt es, man solle sich über den abgründlichen Antagonismus von Kultur und Zivilisation nicht irre führen lassen: „Die Höhepunkte der Kultur und der Zivilisation liegen auseinander: Zivilisation will etwas anderes, als Kultur will: vielleicht etwas Umgekehrtes.") Der triebmäßige Haß, die tiefe Lutherfeindschaft gegen die Zivilisation im romanischen Sinne, die in allen deutschen Krisen und großen deutschen

Menschen stets so elementisch hervorgebrochen ist (aber der große Mensch ist immer die entscheidendste Krise), sie ist für Nietzsche (wie für Wagner) ein Element Musik; es ist die Musik selbst, die sich gegen ihre Feindin, die Zivilisation, mit tiefem Ekel erhebt, wie noch das „Jenseits" vom deutschen Geiste auszeichnend sagt, daß er sich gegen die „modernen Ideen", die Ideen der französischen Revolution „mit tiefem Ekel erhoben" habe. Deutschtum hat sich immer nur als Musik erfüllt, auch seine künftige Kultur — denn „bis jetzt gab es noch keine deutsche Kultur" — wird sich deshalb nur als eine Kultur der Musik erfüllen: das ist die Erkenntnis, die den jungen Nietzsche mit begeisterter Hoffnung erfüllt (wie später den reif gewordenen mit tiefer enttäuschter Trauer, die nur zu unbarmherzig erkennt, daß auf Musik sich niemals eine Kultur, das ist: eine Gesamtform des Lebens gründen könne, da Musik eine Erlebensform jenseits allen Kulturbegriffs ist, zugleich ein Zustand *vor* aller Form und ein Zustand der letzten Auflösung aller Form). Deutsch — das war immer gleichbedeutend mit musikalisch: so faßt es Nietzsche. „Beethoven hat es besser gemacht als Schiller, Bach besser als Klopstock, Mozart besser als Wieland, Wagner besser als Kleist" (Nachlaß zum Menschlichen). „Wieviel Schiller .. ist in Beethoven! Schumann hat Eichendorff, Uhland, Heine, Hoffmann, Tieck in sich. Richard Wagner hat Freischütz, Hoffmann, Grimm, die romantische Sage .." (Wille zur Macht.) Dem entspricht eine Briefstelle des letzten Jahres an Brandes: „Ihre ‚deutsche Romantik' hat mich darüber nachdenken lassen, wie diese ganze Bewegung eigentlich nur als Musik zum Ziel gekommen ist. (Schumann, Mendelssohn, Weber, Wagner, Brahms); als Literatur blieb sie ein großes Versprechen. Die Franzosen waren glücklicher." Und „wie die Franzosen die Höflichkeit und den Esprit der französischen Gesellschaft widerspiegeln," — ihre romanische Zivilisation also — „so die Deutschen etwas vom tiefen träumerischen Ernst ihrer Mystiker und Musiker und ebenso von ihrer Kinderei", heißt es noch im Nachlaß zur Umwertung. Die deutsche Romantik in ihrer Mischung aus Mystik, Musik und echter Kinderei, gibt für Nietzsche allezeit den vollkommensten Ausdruck deutschen Wesens: „Von den deutschen Dichtern hat Clemens Brentano am meisten Musik im Leibe", lautet es auszeichnend im Nachlaß zur Fröhlichen Wissenschaft. Den höchsten Begriff vom Lyriker gibt ihm — noch im Ecce homo — Heinrich Heine. Und das echteste Abbild deutschen Wesens blickt ihm aus dem Spiegel der romantischen Musik entgegen:

„Ich hörte, wieder einmal zum ersten Male, — Richard Wagners Ouvertüre zu den *Meistersingern*. Das ist eine prachtvolle, überladene, schwere und späte Kunst, welche den Stolz hat, zu ihrem Verständnis zwei Jahrhunderte Musik als noch lebendig vorauszusetzen: — es ehrt die Deutschen, daß sich ein solcher Stolz nicht verrechnete! Was für Säfte und Kräfte, was für Jahreszeiten und Himmelsstriche sind hier nicht gemischt! Das mutet uns bald altertümlich, bald fremd, herb und überjung an, das ist ebenso willkürlich als pomphaft-herkömmlich, das ist nicht selten schelmisch, noch öfter derb und grob, — das hat Feuer und Mut und zugleich die schlaffe falbe Haut von Früchten, welche zu spät reif werden .. Alles in allem, keine Schönheit, kein Süden, nichts von südlicher feiner Helligkeit des Himmels, nichts von Grazie, kein Tanz, kaum ein Wille zur Logik; eine gewisse Plumpheit sogar, die noch unterstrichen wird, wie als ob der Künstler uns sagen wollte: ‚sie gehört zu meiner Absicht'; eine schwerfällige Gewandung, etwas Willkürlich-Barbarisches und Feierliches, ein Geflirr von gelehrten und ehrwürdigen Kostbarkeiten und Spitzen, etwas Deutsches, im besten und schlimmsten Sinne des Wortes, etwas auf deutsche Art Vielfaches, Unförmliches und Unausschöpfliches; eine gewisse deutsche Mächtigkeit und Überfülle der Seele, welche keine Furcht hat, sich unter die Raffinements des Verfalls zu verstecken, — die sich dort vielleicht erst am wohlsten fühlt; ein rechtes, echtes Wahrzeichen der deutschen Seele, die zugleich jung und veraltet, übermürbe und überreich noch an Zukunft ist. Diese Art Musik drückt am besten aus, was ich von den Deutschen halte: sie sind von vorgestern und von übermorgen, — *sie haben noch kein Heute"* (Jenseits).

Diese außerordentliche Stelle — außerordentlich als „Musik über Musik", als Psychologie, als Meisterstück an Ausdeutung und als Maske —, dies Stück Meistergesang bezeichnet genau den Augenblick einer inneren Wage in Nietzsches Stellung zur Musik, wie zum Deutschtum, die einander hier und nicht nur hier zum Gleichnis dienen. Zwischen Vorgestern und Übermorgen, zwischen den entgegengesetzten Jahreszeiten und Himmelsstrichen, zwischen altertümlich und überjung, barbarischer Unform und unausschöpflicher Überfülle, — so zeigt sich ihm das Volk, „das noch kein Heute" hat, in der Maske einer Kunst, die zugleich von vorgestern und von übermorgen ist. Die Stelle ist innerhalb von Nietzsches Werk die letzte, an der dem Deutschtum ein „Übermorgen" zuerkannt wird, etwas wie eine Hoffnung mit der Idee „deutsch" noch einmal verbunden wird, und zugleich die letzte, an welcher der eigentümlich *deutsche* Charakter einer Musik noch einmal bejaht wird, wenn auch schon in der äußersten Schwebe zum künftigen Nein hinüber. Abschied kündigt sich schon an — „keine Schönheit, kein Süden, nichts von Grazie, kein Tanz, kaum ein Wille zur Logik: etwas Willkürlich-Barbarisches und Feierliches" — und dieser Abschied gilt ebensosehr dem Deutschtum im Gewand der Musik wie der Musik in der Form des Deutschtums. Denn so wie beide hier im schwebenden Augenblick zwischen Liebe und Verleugnung, den man Abschied nennt, eines sind, so setzt wirklich auch die erste deutliche Abkehr vom Deutschtum genau in demselben Augenblick von Nietzsches Entwicklung ein, wo eine Verleugnung der Musik sich seiner bemächtigt: „Menschlichen Allzumenschlichen". Die große hellsehend machende Enttäuschung enthüllt ihm jäh: der Traum einer künftigen deutsch-hellenischen Kultur aus dem Geiste der Musik war selber nur eine musikalische Wahnschau; nimmermehr läßt sich auf Musik eine Kultur gründen, auf das Versinkende ein Künftiges, auf das Romantische ein Klassisches, auf Heimweh eine Gegenwart. Und Musik *ist* all dies Gegen-Zukünftige, sie ist die Vergangenheit selbst. Ihre Romantik, ihr Heimweh, ihre tiefe Gedankenfeindschaft machen sie zu einem schönen Übergang von Melancholie und Todesliebe, die ein Übergang sein muß, wenn er nicht ein Ende, *das* Ende sein soll. Diesem schmerzlichen Mißtrauen gibt das „Menschliche", halb entschlossen, halb klagend, immer neuen Ausdruck:

„Die Musik als Spätling jeder Kultur. — Die Musik kommt von allen Künsten .. auf einem bestimmmten Kulturboden .. als die letzte aller Pflanzen zum Vorschein, im Herbst und Abblühen der zu ihr gehörigen Kultur .. Ja, mitunter läutet die Musik wie die Sprache eines versunkenen Zeitalters in eine erstaunte und neue Welt hinein und kommt zu spät. Erst in der Kunst der Niederländer Musiker fand die Seele des christlichen Mittelalters ihren vollen Klang: ihre Tonbaukunst ist die nachgeborene, aber echt- und ebenbürtige Schwester der Gotik. Erst in Händels Musik erklang das Beste von Luthers und seiner Verwandten Seele, der große jüdisch-heroische Zug, welcher die ganze Reformationsbewegung schuf. Erst Mozart gab dem Zeitalter Ludwigs des Vierzehnten und der Kunst Racines und Claude Lorrains in *klingendem* Golde heraus. Erst in Beethovens und Rossinis Musik sang sich das 18. Jahrhundert aus, das Jahrhundert der Schwärmerei, der zerbrochenen Ideale und des flüchtigen Glücks. So möchte denn ein Freund empfindsamer Gleichnisse sagen, jede wahrhaft bedeutende Musik sei ‚Schwanengesang'." So erleben wir also in der Musik dasselbe, was wir, nach einer Bemerkung des „Menschlichen", im Schlaf und Traum tun: wir „machen das Pensum früheren Menschentums noch einmal durch". Musik ist in Wahrheit ein wiederkehrender Geist, ein echter „Wiedergänger": „Fast jede Musik wird erst von da an *zauberhaft*, wo wir aus ihr die Sprache der eigenen *Vergangenheit* reden hören: und insofern scheint dem Laien alle *alte* Musik immer besser zu werden, und alle eben geborne nur wenig wert zu sein: denn sie erregt noch keine Sentimentalität" (Menschliches). Musik ist das Ende, der Gegensinn jeder Art von Neugeburt, von Renaissance: sie ist das *Barock* der Seele. Sie ist die ungegenwärtigste, die eigentliche unklassische Kunst: „Noch niemals hat ein Musiker gebaut, wie jener Baumeister, der den Palozzo Pitti schuf.. wohin gehört unsere ganze Musik?.. Gehört es zu ihrem Charakter, Gegenrenaissance zu sein? Ist sie die Schwester des Barockstils?.. Ist Musik .. nicht schon décadence?.. Warum kulminiert die deutsche Musik zur Zeit der deutschen Romantik? Warum fehlt Goethe in der deutschen Musik? Als Romantik hat die Musik ihre höchste Reife und Fülle erlangt, noch einmal als Reaktionsbewegung gegen die Klassizität" (Wille zur Macht). Und als Barockstil, als Romantik welkt Musik, wie jedes Barock, wie alle Romantik, rascher dahin: „Es liegt im Wesen der Musik, daß die Früchte ihrer großen Kulturjahrgänge zeitiger unschmackhaft werden und rascher verderben als die Früchte der bildenden Kunst oder gar die auf dem Baume der Erkenntnis gewachsenen: unter allen Erzeugnissen des menschlichen Kunstsinns sind nämlich *Gedanken* das Dauerhafteste und Haltbarste" (Menschliches). Ja, Nietzsche schlägt sich geradezu, gegen Schopenhauer, auf die Seite der „Zivilisation", der verstandhaften Musikfeindschaft: „Die Musik ist nicht an und für sich so bedeutungsvoll für unser Inneres, so tief erregend, daß sie als *unmittelbare* Sprache des Gefühls gelten dürfte; sondern ihre uralte Verbindung mit der Poesie hat so viel Symbolik in die rhythmische Bewegung, in Stärke und Schwäche des Tones gelegt, daß wir jetzt wähnen, sie spräche direkt zum Innern und käme aus dem Innern.. An sich ist keine Musik tief und bedeutungsvoll.. Der Intellekt selber hat diese Bedeutsamkeit erst in den Klang *hineingelegt*." (Menschliches). Und was die ungeheuren Hoffnungen der Wagnerzeit angeht, so haben sie der halb spöttischen, halb trostlosen Verzichtstimmung Platz gemacht. Die Musik verrät zuletzt noch am deutlichsten, daß es keine Hoffnung für und durch die Musik mehr gibt:

„Unsere Musiker haben nicht den leisesten Geruch davon, daß sie ihre eigene Geschichte, die Geschichte der Verhäßlichung der Seele, in Musik setzen" (Morgenröte). Und wieder: „Was heute gut gemacht, meisterhaft gemacht werden kann, ist nur das Kleine. Hier allein ist noch Rechtschaffenheit möglich. . Was wir, bestenfalls, noch erleben können, sind Ausnahmen. Von der Regel, daß die Verderbnis obenauf, daß die Verderbnis fatalistisch ist, rettet die Musik kein Gott" (Fall Wagner).

So scheinen die Mächte der Enttäuschung, der überhellsichtigen Psychologie, scheint der Kältestrom des Verstandestums das musikalische Glück immer weiter von Nietzsche hinwegzutreiben: „Ich begann damit, daß ich mir grundsätzlich alle romantische Musik verbot, diese zweideutige großtuerische schwüle Kunst, welche den Geist um seine Strenge und Lustigkeit bringt. . ‚Cave musicam' ist auch heute noch mein Rat an alle, die Manns genug sind, um in Dingen des Geistes auf Reinlichkeit zu halten. .", so läßt sich die Vorrede zum zweiten Bande des „Menschlichen" vernehmen. Eine aufklärerische Musikfeindschaft scheint den „Enttäuschtesten aller Wagnerianer" ergriffen zu haben. „Goethes vorsichtige Haltung zur Musik: sehr vorteilhaft, daß die deutsche Neigung zur Unklarheit nicht noch einen künstlerischen Rückhalt bekam. ." „Bei Milton und Luther, wo die Musik zum Leben gehört, ist die mangelhafte, fanatische Entwicklung des Verstandes und die Unbändigkeit des Hassens und Schimpfens vielleicht mit durch die Undisziplin der Musik herbeigeführt. ." „Hier sind Menschen, welche alle Welt mit Musik trunken machen möchten und vermeinen, dann käme die Kultur: bisher aber kam auf die Trunkenheit immerdar etwas anderes als die Kultur" (Nachlaß zur Morgenröte). Und wo es nicht Feindschaft ist, da scheint es doch ein Abschied für immer: der Abschied dessen, der sein Genueser Schiff neuen griechischeren Meeren entgegensendet, hinter sich die verblassende Küste der Kunst, in der alles Vergehende sich aussingt. Der immer stärkere Zarathustrawille, scheint es, müßte der Musikpassion des romantischen Nietzsche noch entscheidender ein Ende bereiten, als es das positivistische Mißtrauen seines Voltairetums aus Enttäuschung getan hatte. Denn wie wäre im neuen Reiche der höheren Menschen Zarathustras, in diesem klassischen Lande des Sonnenaufgangs, des Vormittags und jeder Art Anbeginns eine Stelle für die Kunst aller Gegenrenaissance, alles schönen Verfalls, für das Barock der Seele? Die Musik, so glaubt man, liegt nun dahinten, wo aller Norden, wo Schopenhauers Metaphysik, wo der christliche Pessimismus und die Hoffnungen auf eine deutsche Wiedergeburt, eine deutsche Kultur für immer verdämmern.

Statt dessen erleben wir etwas anderes. Eine schwebende Paradoxie, eine Vertauschung der Seelenjahreszeiten und -himmelsstriche, wie sie so nur Nietzsche wagt, erreicht vor unseren Augen das gerade Unerwartetste: die Musik wird wieder möglich. Mehr als das: sie wird möglicher, notwendiger als jemals. Nietzsche wagt das Kühnste: sein Wille erlebt den Süden unter der Form des Nordens, die Zukunft in der Maske der Vergangenheit, Hellas als Überdeutschtum, Zarathustra als Musik. Seine „Musik des Südens" ist eine großartige Rettung des Nichtzurettenden, ein mächtiger Versuch, den neuen heißeren Süden der Menschheit für sich erlebbar zu machen, indem er ihn geheim übernordet, die Musik für sich dennoch, aller bloßen Einsicht zum Trotze, zu retten, indem er sie gebieterisch entnordet. Eine „Erlösung der Musik vom Norden" ist der Traum, dem er im „Jenseits" eine unvergleichliche Seite widmet und der das Schaffen seines ganzen letzten Jahrzehnts mit immer neuem Traumhorchen künftiger Musik erfüllt. Immer hat Nietzsche „das Vorspiel einer tieferen, mächtigeren, vielleicht böseren und geheimnisvolleren Musik in seinen Ohren, einer überdeutschen Musik, welche vor dem Anblick des blauen wollüstigen Meeres und der mittelländischen Himmelshelle nicht verklingt, vergilbt, verblaßt .. die noch vor den braunen Sonnenuntergängen der Wüste recht behält." Immer möchte er den ewigen Himmel von Hellas — hören. Malwida von Meysenbug erzählt, daß Nietzsche einmal, während sie vom Posilipp aus den Golf, die Berge, die Stadt Neapel in Sonnenuntergangsfarben sahen, gesagt habe: ihm fiele dabei nur das Benediktus aus der großen Messe von Beethoven ein, als die einzig passende Musik zu solchem Anblick. (Ein Zwiegesang übrigens und Gegeneinandergesang von Geige und Menschenstimme, gerade wie Nietzsches frühe Lieblingsmusik, das „Erbarme dich, mein Gott" im zweiten Teil der Matthäuspassion; viele Stücke, die Nietzsche besonders liebt, sind solche Gegeneinandergesänge zweier kämpfender Liebesstimmen — das Tristan-Vorspiel.) „Unsere Musik", lautet es bereits in der noch ziemlich nüchtern und gegenmusikalisch gerichteten Morgenröte, „ist ehemals dem *christlichen Gelehrten* nachgegangen und hat dessen Ideal in Klänge zu übersetzen vermocht; warum sollte sie nicht endlich auch jenen helleren, freudigeren und allgemeinen Klang finden, der dem *idealen Denker* entspricht? — Eine Musik, die erst in den weiten schwebenden Wölbungen seiner Seele sich heimisch auf und nieder zu wiegen vermöchte? — Unsere Musik war bisher so groß, so gut: bei ihr war kein Ding unmöglich! So zeige sie denn, daß es möglich ist, diese drei: Erhabenheit, tiefes und warmes Licht und die Wonne der höchsten Folgerichtigkeit auf einmal zu empfinden!"

Solchem Ideal einer entchristlichten, einer hellenischen Musik des Denkers entspricht in der Fröhlichen Wissenschaft das Traumbild einer goethischen Musik — „Goethe, der Ausnahme-Deutsche, zu dem eine ebenbürtige Musik noch nicht gefunden ist" (noch im Willen zur Macht vermißt Nietzsche in der deutschen Musik „jenes volle erlösende und bindende Element Goethe"); einer Musik, die Vornehmheit, Adel, Eleganz, Grazie, Esprit den Tugenden der deutschen Musik hinzufügen möchte, dieser wie Nietzsche sie hört, tief „bürgerlichen", moralischen Musik, mit ihrer schwärmerischen, gelehrten, oft bärbeißigen „Erhabenheit", der beethovenschen Erhabenheit. Nietzsche verdeutlicht hier die beiden Arten Musik, die er meint, in der Gegenüberstellung Beethovens, „wie er etwa bei jener Begegnung in Teplitz erscheint", und Goethes: die Musik „Beethoven" nebst der Musik „Goethe", „als die Halbbarbarei neben der Kultur, als Volk neben Adel.. als der Phantast neben dem Künstler, als der Trostbedürftige neben dem Getrösteten, als der Übertreiber und Verdächtiger neben dem Billigen, als der Grillenfänger und Selbstquäler, als der Närrisch-Verzückte, der Selig-Unglückliche, der Treuherzig-Maßlose, als der Anmaßliche und Plumpe — und, alles in allem, als der ‚ungebändigte Mensch': so empfand und bezeichnete ihn Goethe selber.." — kurz, als der deutsche Mensch neben dem überdeutschen, als der Nordmensch neben dem Hellenen, — so stehen die beiden „Musiker" Nietzsches nebeneinander. Es gibt gewiß nichts, was Nietzsches Wesen tiefer und umfänglicher kennzeichnete, als seine Sehnsucht, Goethe zu — hören, den Süden, den Hellenen, den dezidierten Nichtchristen in ihm als „ebenbürtige Musik" wiederzufinden.

Aber der Wille zur Entnordung, Entchristlichung, Entdeutschung der Musik, zur Überwindung Beethovens durch Goethe, dieser Wunsch, alle Musik hellenisch zu hören und hellenisch ausdeuten zu dürfen, gewinnt bei Nietzsche noch eine besondere Form: das ist seine zunehmende Liebe zur Melodie, als der Form des Südens, und seine wachsende Feindschaft gegen die Harmonie, als den vorzüglich nordischen Willen zum Nebel. Schon im „Menschlichen" begegnet man der ersten Formulierung dieses nachwagnerischen Ideals der wiedergeborenen mozartisch hellen Kinderglückseligkeit, der zweiten Unschuld, dessen Verwirklichung Nietzsche aus Peter Gasts schlichter Musik später heraushorchte: „Man sei der ernsten und reichen Musik noch so gewogen, um so mehr vielleicht wird man in einzelnen Stunden von dem Gegenstück derselben überwunden, bezaubert und fast hinweggeschmolzen. Ich meine jene allereinfachsten italienischen Opernmelismen, welche, trotz aller rhythmischen Einförmigkeit und harmonischen Kinderei, uns mitunter wie die Seele der Musik selber anzusingen scheinen. Gebt es zu oder nicht, ihr Pharisäer des guten Geschmacks: es *ist* so.. An die ersten musikalischen Entzückungen — die stärksten unsres Lebens — knüpft unsre Empfindung an, wenn wir jene italienischen Melismen hören: die Kindesseligkeit und der Verlust der Kindheit, das Gefühl des Unwiederbringlichsten als des köstlichsten Besitzes — das rührt dabei die Saiten unserer Seele an, so stark wie es die reichste und ernsteste Gegenwart der Kunst allein nicht vermag." Der Nachlaß zur Fröhlichen Wissenschaft gibt der Vorliebe für den südlichen, den melodischen Stil schon entschiedeneren Ausdruck: „Beim Klavierspiel ist die Hauptsache, daß man den Gesang *singen* läßt und die Begleitung *begleiten* läßt. Ich vertrage eine Musik, worin nicht in dieser Weise zwischen Musik und Begleitung geschieden ist, jetzt nur noch als ein kurzes Zwischenspiel, als eine Art idealen Lärm, der uns begierig nach dem Wiederbeginn des Gesanges macht." (Nietzsches eigenes Spiel soll in der Tat durch dieses Herausheben *einer* beherrschenden Stimme, auch bei ausgesprochen polyphoner Musik, charakterisiert gewesen sein.) Man beachte den unduldsamen Ton, mit dem „Musik" und „Begleitung" hier geschieden werden, so daß also eigentlich nur die führende Stimme, die Melodie als Musik gilt — der harmonische Rest als bloße Begleitung sozusagen als untermusikalisch nur geduldet wird — eine sehr „aristokratische" Wertung der Melodie (dem Heroenkult Nietzsches seelisch vielleicht nicht unverwandt!), eine sehr südliche jedenfalls und vollkommen „hellenische" Art, Musik als Nur-Gesang, als Monodie zu erleben, die Harmonie als gewissermaßen skythisch zu empfinden. „Die Verkümmerung der Melodie", lautet es geradewegs platonisch im Willen zur Macht, „ist das gleiche, wie die Verkümmerung der ‚Idee', .. der Freiheit geistigster Bewegung.." Und der Große Stil ist ihm, in einem Brief aus der Mitte des letzten Jahrzehnts, gleichbedeutend mit der höchsten Steigerung der Kunst der Melodie. Es scheint, daß in diesen Wertungen, in dieser griechischen Scheidung von Gesang und Begleitung unbewußt Erinnerungen an Jakob

Burckhardts Auffassung der griechischen Musik nachklingen; in Burckhardts Vorlesungen begegnet ganz die nämliche Tendenz: nur der Gesang, nicht die Instrumentalmusik sei bei den Griechen des Kranzes fähig gewesen, hebt er hervor, und spricht von der Abneigung der griechischen Dichter, Denker und Staatsmänner gegen die überhandnehmende Instrumentalmusik: sie hätten die Musik als „begeisterte Melodie" zu erhalten gewünscht. Er führt die zornige Stimme eines Zeitgenossen des Äschylos an: „Dem Gesang hat die Muse die Herrschaft gegeben! Später soll die Flöte im Reigen kommen, denn sie ist die Dienerin. Aufhören soll der Flötenspieler, der sich laut machen will vor dem Sänger!" Die Verherrlichung der singenden Melodie, als der „Kunst der Kunst", der Haß gegen den „Flötenspieler" begegnet bei Nietzsche in immer neuen Wendungen. Der Nachlaß zur Fröhlichen Wissenschaft nennt geradezu die Menschenstimme die Apologie der Musik. „Ich sehe mir", heißt es 1882 aus Genua, „jetzt alle neue Musik auf die immer größer werdende Verkümmerung des melodischen Sinns an. Die Melodie, als die letzte und sublimste Kunst der Kunst, hat Gesetze der Logik, welche unsere Anarchisten als Sklaverei verschreien möchten —: gewiß ist mir nur, daß sie bis zu diesen süßesten und reifsten Früchten nicht hinauflangen können. Ich empfehle allen Komponisten die lieblichste aller Askesen: für eine Zeit die Harmonie als nicht erfunden zu betrachten und sich Sammlungen von reinen Melodien, z. B. aus Beethoven und Chopin, anzulegen.." Höchst kennzeichnend wiederum belädt Nietzsche nun den Deutschen mit dem gegenmelodischen, gegenhellenischen Musikideal. Schon die Vierte Unzeitgemäße zitiert Wagner, der die Förderung der Musik durch die Deutschen u. a. auch so sich zu deuten suche, daß sie, des verführerischen Antriebes einer natürlich-melodischen Stimmbegabung entbehrend, die Tonkunst etwa mit dem gleichen tiefgehenden Ernste aufzufassen genötigt waren, wie ihre Reformation das Christentum. Was hier noch bejahend, reformatorisch, lutherisch gewertet wird, — der Mangel an eingeborener „Melodie" treibt die Deutschen erst zur höchsten „beethovenschen" Erhabenheit hinauf — wird später Unzulänglichkeit und Verhängnis. Die Fröhliche Wissenschaft erwägt, ob nicht jene jetzt immer mehr um sich greifende Verachtung der Melodie und Verkümmerung des melodischen Sinns bei Deutschen als eine demokratische Unart und Nachwirkung der Revolution zu verstehen ist. (Man sieht, wie selbst noch die politischen Antipathien Nietzsches „Musik" zu werden streben!) „Die Melodie hat nämlich eine solche Lust an der Gesetzlichkeit und einen solchen Widerwillen bei allem Werdenden, Ungeformten, Willkürlichen" (aber das ist für Nietzsche ja alles „Deutsche"!), „daß sie wie ein Klang aus der *alten* Ordnung der europäischen Dinge klingt." 1880 schreibt er an Gast, melodienfreudig: „Ich sang und pfiff mir Ihre Melodien, um mir *Mut* zu machen. . Und wahrlich, alles Gute der Musik muß sich pfeifen lassen; aber die Deutschen haben nie singen gekonnt" — hier taucht das Wagnerzitat der Unzeitgemäßen in einer negativen Verwandlung auf! — „und schleppen sich mit ihren Klavieren: daher die Brunst für die Harmonie."

Bei aller offenkundigen Ungerechtigkeit ist in solchen Stellen ja unleugbar eine musikgeschichtlich wirkliche Tatsache leidenschaftlich erlebt und ebenso leidenschaftlich gedeutet, der Unterschied zwischen melodischer und harmonischer Beglückung und Begabung zum musikalischen Limes zwischen Süd und Nord, zwischen mittelmeerischer und protestantischer Seele vertieft. Aber diese Zerspaltung der Musik in zwei feindliche Gegenpole (von Nietzsche schließlich versinnbildet in Wagners und in Bizets Musik), die Belastung der Deutschen, die „nie singen gekonnt", mit dem Fluch und der Brunst der Harmonie, die Rettung der Melodie für den Süden, *als* Süden — dieser ganze Vorgang ist selbst wiederum nur sinnbildlich: er besagt, daß Nietzsche für den Aufbau seines neuen geistigen Reiches, seinen „Süden", sein erneutes Hellas, für die neue Erde seines Übermenschen die Musik nicht entbehren kann und will; eben die Musik, die er doch selbst als ein Sichaussingen der Zeitalter, als Form und Anzeichen des Endes, als Schwanengesang erkannt und bezeichnet hatte. Von dem Wahn seiner Schwärmerjahre, auf Musik eine völlig neue Kultur aufbauen zu können, hatte ihn die Wagnerenttäuschung zwar geheilt. Nun erlebt er, daß er im hellen, südlich-böseren, mittelmeerisch-hellenischen Reich des Übermenschen dennoch den Norden, den Norden als Musik, nicht droben gelassen hat, daß er die Musik, die er *ist*, nicht vergessen kann — und so tut er mit ihr, was er mit sich selber nur allzu gewaltsam tat: er zerreißt sie, indem er die eine Hälfte ihrer, wie seiner selbst, leugnet, verhöhnt, verdammt, verteufelt — und die andere um so leidenschaftlicher dem schmerzlich ersehnten Gegenideal entgegendichtet und vergöttlicht. Nietzsche tut der Musik an, was er sich selber antut, und wenn er am Schicksal der Musik „wie an einer offnen Wunde leidet", so leidet er an sich. Die Schöpfung seines Liebesphantoms, der „mittelmeerischen Musik", jener tieferen, mächtigeren, vielleicht böseren und geheimnisvolleren Musik, diese seherische Hoffnung des Südfanatikers verrät sich gerade durch ihre ungeheure, bis zur Passion schmerzliche Eindringlichkeit als nordgeboren. So wie sich Nietzsches eigene Musik, die scheindionysische Komposition etwa jenes „Hymnus an das Leben" (1882), in der Nietzsche etwas wie eine gegenromantische, überchristliche, mittelmeerisch „bösere" Musik des Südens zu geben wähnte, — so wie diese dennoch dem Ohre des echten Südmenschen sich als nordisch-christliche, ja als „Kirchenmusik" enthüllte, verwandt immer noch mit der frühsten Knabenmusik Nietzsches und ihrem doppelgängerischen Parsifal-Charakter. Das bezeugt uns eine Mitteilung Peter Gasts: Als dieser im Jahre 1887 zwei Italienern Nietzsches „Hymnus an das Leben" vorspielte, ohne sie den Text ahnen zu lassen, rief der eine, wie Gast an Nietzsche berichtet: „Magnifico!.. *Questa è* la *vera musica ecclesiastica!*" Gast „verbat sich jedoch dieses ‚ecclesiastica' und übersetzte ihnen den Text; da meinte der eine, das hätte er allerdings nicht gedacht — ihm hätte der Calvarienberg mit seinen sieben Leidensstationen vorgeschwebt!!" Das ist mehr als eine Anekdote, es ist ein Gleichnis, dieser Liebesgesang an das Leben, aus dem der Mensch des Lebens nur einen Passionsgang zum Tode heraushört, diese gegen-christliche Musik, die der unbefangene Instinkt des Südländers als die wahre Kirchenmusik empfindet.

Und was schon der Charakter von Nietzsches eigener Südmusik gegen Willen und Wissen verrät, die Tatsache seines Heimwehs gerade nach *Südmusik* verrät es noch einmal: sein tiefes und unaufhebbares Nordtum. Denn der wirkliche Südmensch, der Nietzsche zu sein, geworden zu sein wähnte, der Mensch einer neuen, stärkeren, heidnischeren, hellenischen Gegenwart, er würde auch die Kunst der Gegenwart in die Mitte seiner künstlerischen Träume gerückt haben, wie es die Winckelmann, Goethe und so manche Geringere taten, *die* Kunst, die den Menschen und den Augenblick zugleich verherrlicht: die Plastik. Hatte ja doch Nietzsche selber die Musik als die Kunst aller Vergangenheit, ja als die eigentlich gespenstische Kunst erkannt und bezeichnet, als die Kunst, in der immer nur Versinkendes und Versunkenes sich abendrötlich aussingt, die aber niemals eine Hoffnung, ein Kommendes, ein neues Zeitalter ankünden und ansingen kann. Plastik — das ist Gegenmusik, in jedem Sinne, ist Süden, Gegenwart, Heidentum, Hellas — ist alles, was Zarathustra verkünden möchte. Aber in Nietzsche lebte, Nietzsche war die ganze Feindseligkeit des musikalischen Nordmenschen gegen den bildnerischen Südmenschen:

wenn er in Sokrates die Ursache, die Form der Selbstzerstörung des Griechentums erblickt, so fügt er nicht zufällig (1875) mit der ganzen Verachtung seiner musikalischen Natur, die sich „tiefer" weiß, hinzu: „Ich glaube, es macht, daß er der Sohn eines Bildhauers war. Wenn einmal diese bildenden Künste reden würden, sie würden uns oberflächlich erscheinen; in Sokrates, dem Sohne des Bildhauers, kam die Oberflächlichkeit heraus."
Was der spätere Nietzsche tat, indem er der Musik des Südens, der hellenisch erlebten Melodie genau die Stelle zuwies, welche psychologisch und mehr als psychologisch vielmehr der Plastik zukam, es war im Grunde eben das nämliche, was schon der Enthusiast der „Geburt" getan hatte, was die Gesamtleistung von Nietzsches Leben geblieben ist: er predigt das Unerhörteste, im Herzen das älteste Wort; er verkündet den Antichrist, des Übermenschen drittes Reich, in den Rhythmen der beiden ersten Testamente, gleich Zarathustra; er schaut ein Kommendes, aber er horcht auf das Vergangene. Er singt seinem Herrn, dem neuen, dem wirklicheren Menschen, ein neues Lied — aber er singt es als Schwanengesang. Immer ehe wir Menschen werden, hören wir Musik — immer in der Musik, als Musik singt sich ein Vormenschliches aus — so empfand es Hebbel. Nietzsches „ungeheure Hoffnung" gründet, baut und türmt an einem neuen Kosmos, — aber seine eingeborene Liebe gehört dem innersten, aller Gestaltung vorhergängigen Kern, als welchen Schopenhauer die Musik erlebte, gehört der schönsten Maske des Chaos — dem Gesang.

Nietzsche wußte auch dies, wie er alles über sich wußte (er war der Mensch, der vielleicht am verhängnisvollsten über sich klar war, dem die Wohltat des Wahns über sich dämonisch versagt war: all sein „Irrtum" über sich ist Wille, ist freiwillige Blindheit, um schaffen zu dürfen, weil das Wissen der Tod ist). Seit ihm in der großen Enttäuschung des Bayreuth von 1876 die Augen aufgetan waren, ihm, der bis dahin nur mit dem Ohr seiner Liebe horchte — seitdem hatte er nicht aufgehört, sich selber sein mächtiges „cave musicam!" zuzurufen, wie denn alle seine Schriften Warnungen vor eigenen Gefahren, Warnungen vor sich selber sind. Aber wie er seine Gefahren dennoch bejaht, indem er sie als notwendig und vorherbestimmt lieben lernt, so sieht Nietzsche auch, je später, desto entschiedener, sein unaufhebbares Verhältnis zur Musik im Lichte des amor fati: er bejaht es aufs neue, und diesmal vorbehaltloser, hinströmender, rauschhaft beseligter als jemals selbst in den Jahren der Geburt der Tragödie. Er bejaht nun den Musiker in sich, wie er den Romantiker in sich bejaht, den

er nach 1876 leidenschaftlich bekämpfte, wie er die Krankheit bejaht, als
„Mittel und Angelhaken der Erkenntnis" nicht nur, sondern weil er sie *ist*,
und weil nur die unbedingte Bejahung seines Schicksals ihm noch seiner
würdig erscheint. Er bekämpfte sich, hartnäckig, erbittert, mit tödlichem
Selbsthaß: nun, am Schlusse, gibt er sich an sich selber hin, dankbar, wie
nur je in seiner Wagnerjugend, dankbar nur sich selber: „wie sollte ich
nicht meinem ganzen Leben dankbar sein!" Und nun bricht eine wahrhaft
verzehrende Musikleidenschaft aus ihm heraus, eine Passion — es gibt kein
anderes Wort dafür, als dieses, das er auf sein Verhältnis zu Wagner und
Wagners Kunst selbst angewandt wissen wollte: eine Passion, das kultische
Wort einer Leidenschaft vorbehalten, die sich und den von ihr Besessenen
einem großen Ende zutreiben weiß und will. Solcher Feuerhauch schlägt
aus den letzten Selbstzeugnissen Nietzsches über sein Musikverhängnis:
„Nun aber, da ich im Hafen bin, Musik, Musik!... Niemals in meinem
Leben habe ich Musik so nötig gehabt wie in diesem Jahre" (1884 an Gast).
„Musik gibt mir jetzt Sensationen, wie eigentlich noch niemals. Sie macht
mich von mir los, sie ernüchtert mich von mir, wie als ob ich mich ganz
von ferne her überblickte, *überfühlte;* sie verstärkt mich dabei, und jedesmal kommt hinter einem Abend Musik (ich habe viermal Carmen gehört)
ein Morgen voll resoluter Einsichten und Einfälle. Das ist sehr wunderlich.
Es ist, als ob ich in einem natürlicheren Elemente gebadet hätte. Das
Leben ohne Musik ist einfach ein Irrtum, eine Strapaze, ein Exil" (1888
an Gast). „Ich fürchte, ich bin zu sehr Musiker, um nicht Romantiker
zu sein. Ohne Musik wäre mir das Leben ein Irrtum" (1888 an Brandes).
„Ich kenne nichts mehr, ich höre nichts mehr, ich lese nichts mehr: und
trotz alledem gibt es nichts, was mich eigentlich mehr *anginge* als das
Schicksal der Musik" (1888 an Gast). Und im Ecce homo fühlt er „die
Sache der Musik wie seine *eigene* Sache, wie seine *eigene* Leidensgeschichte", leidet er „am Schicksal der Musik wie an einer offnen Wunde"
— Formeln einer Passion, die sich selber nicht mehr verhehlen will. Von der
fast unglaublichen Inbrunst, mit der der späteste Nietzsche des schicksalhaften Turiner Herbstes Musik erlebte, von dem beispiellosen leidenden Glück
seiner letzten Musik gibt ein Brief aus dem letzten Monat Kunde: „..Un-
bändig schöner Herbsttag. Eben zurückgekommen von einem großen
Konzert, das im Grunde der *stärkste* Konzerteindruck meines Lebens ist..
Etwas für das ganze Streichorchester allein: nach dem vierten Takte war
ich in Tränen. Eine vollkommen himmlische und tiefe Inspiration, von

wem? von einem Musiker, der 1870 in Turin starb, Rossaro — ich schwöre Ihnen zu, Musik allerersten Ranges, von einer Güte der Form *und des Herzens*, die meinen ganzen Begriff vom Italiener verändert. Kein sentimentaler Augenblick — ich weiß nicht mehr, was ‚große' Namen sind. Vielleicht bleibt das Beste unbekannt" (2. Dezember 1888 an Gast). Das ist der Nietzsche des Ecce homo, der „keinen Unterschied zwischen Tränen und Musik zu machen weiß" (schon den Nietzsche der Zarathustrazeit rührte der plötzliche Eintritt eines Dur in Moll-Umgebung zu Tränen — in den „Randbemerkungen zu Bizets Carmen"). Und es öffnet sich hier ein Augenblick noch einmal die vertraute Fernsicht aus der Frühzeit Nietzsches: die Geburt der Musik aus dem Geiste eines tragischen Pessimismus. Musik ist Leiden, wo Musik sich ausströmt, dort tönt sich ein Leiden aus — das war die Wurzelerkenntnis seines Erstlingsbuches, verstärkt durch Schopenhauer — und es wurde noch das Erlebnis des letzten Musikers Nietzsche. Und Musik ist, wie sie Leid ist, auch Leidüberwindung, wie Tränen Leid und Leidüberwindung sind — das war das innerste Erlebnis des Buches von der Geburt der Tragödie aus dem Geiste der Musik, an der Musik des Tristan erlebt wie an keiner andern — und auch das wurde noch die Erkenntnis des späten, durch Erkenntnis nur scheinbar der Musik entführten Denkers Nietzsche. Musik und Pessimismus gehören zusammen, denn beide sind Anzeichen, Formen, Masken des Endes, jeder Art Endes — sie sind in jedem Sinne ein Letztes: das war Erlebnis und Erkenntnis Nietzsches zugleich. Aber in beiden lebt auch ein Element der Überwindung dieses Endfatums, beide sind ein „und doch" — beide sind, auch sie noch, Formen des Lebens, Masken des Glücks. Dies, wenn irgend etwas, wurde das Erlebnis und die Erkenntnis Zarathustras: Singen ist Leid, aber als Glück, Musik ist Weinen, aber als hohe Wollust. „Aber willst du nicht weinen, nicht ausweinen deine purpurne Schwermut, so wirst du *singen* müssen, o meine Seele!.. Schon glühst du und träumst, schon trinkst du durstig von allen tiefen klingenden Trostbrunnen, schon ruht deine Schwermut in der Seligkeit zukünftiger Gesänge!"

„O meine Seele, nun gab ich dir alles und auch mein Letztes und alle meine Hände sind an dich leer geworden: — daß ich *dich singen hieß*, siehe, das war mein Letztes!" (Von der Großen Sehnsucht.)

Es wurde Nietzsches Letztes, wie es sein Erstes gewesen war; der letzte Brief an den Musikerfreund Gast, schon jenseits der Lebendigen geschrieben, lautet: „Singe mir ein neues Lied: die Welt ist verklärt und alle

Himmel freuen sich. ." Gesang geleitet ihn in die alte Nacht zurück, wie Gesang sein Bewußtwerden, sein volles Erwachen zu sich selber begleitete. Sein Leben, dessen vorbildliche und vorbedeutende Selbstüberwindung vielleicht eine Überwindung der Musik darstellt, ein Herbeisehnen, Heranwollen, Heraufrufen übermusikalischer, gestaltender Kräfte — es verließ selber nicht mehr die Grenzen einer noch-musikalischen Welt. Es wollte sie nicht verlassen, wie jene tröstliche Einbildung einer Musik des Südens beweist, jene Fernschau einer schon nicht mehr musikalischen Welt unter der Form der Musik. Es durfte sie zuletzt nicht verlassen, weil Musik in Wahrheit das „natürlichere", das Atemelement dieser Seele war und bleiben mußte. Weil jenseits ihrer Grenze dieses Leben sich selber als ein schauerlicher „Irrtum" vorgekommen wäre. Die tiefwurzelnde Scheu Nietzsches vor dem plastischen Ideal, vor dem Menschen der Gestalt — eine Scheu, die sein ganzes Leben begleitet —, ist nur der verneinende Ausdruck seiner inneren Verkettung mit *der* Kunst, welche, mit Schopenhauer, den aller Gestaltung vorhergängigen Kern gibt. Und noch während Nietzsche an dem neuen Menschen formt, dem kommenden übermusikalischen Menschen Zarathustras, horcht er mit dem Ohr seiner Liebe nach jener Musik hinab, die wir, mit Hebbel, hörten, ehe wir Menschen waren. Der romantische und heimwehvolle Kultus der Vergangenheit, alles Ahnenhaften und alles Ausklingenden, der so seltsam Nietzsches seherisch gerichteten Zukunftswillen immer wieder durchbricht, erweist sich als letzten Grundes eins mit seiner Liebe zur Musik, als welche ihm immer der Schwanengesang eines zum Vergehen reifen Zeitalters ist, als welche immer erst von da an zauberhaft, magisch wirkt, wo wir aus ihr die Sprache der Vergangenheit reden hören — ja, die mitunter wie die Sprache eines versunkenen Zeitalters in eine erstaunte und neue Welt hineinläutet. Nietzsches Selbstgleichsetzung mit der Musik — nichts, was ihn eigentlich mehr anginge, als das Schicksal der Musik, die Sache der Musik seine eigene Sache, seine eigene Leidensgeschichte — gewinnt die Bedeutung einer Gleichsetzung mit Mächten einer versinkenden Welt, nicht einer kommenden. Nicht umsonst sind es die Lieblingswendungen Nietzsches, in denen er sich selber als ein sich Aussingendes, als ein Letztes hinstellt. „Mir scheint, ich bin etwas von einem Deutschen einer aussterbenden Art" (Nachlaß zur Umwertung); „ich, der letzte antipolitische Deutsche" (Ecce homo); „ich, der letzte Jünger und Eingeweihte des Gottes Dionysos" (Jenseits). Auch als Musiker, gerade als Musiker erlebt sich Nietzsche als eine letzte Ausnahme; denn „von der Regel, daß die Verderbnis obenauf, daß die Verderbnis fatalistisch ist, rettet die Musik kein Gott". Aber noch ist Musik jene einzige Macht in ihm, welche ihn davor bewahrt, das „neue Leben" als Irrtum und Verbannung zu empfinden. Dies neue Leben, das er ankündet, vorbereitet, dem er sich als Erstling opfert — er hätte seine Küste nicht mehr gesehen, wenn nicht die Musik ihn getragen hätte. Gleich dem Arion der griechischen Sage bei Herodot (auch eine Maske des Dionysos) hielt ihn in dem schon unatembaren Element seiner „neuen Meere" einzig noch die Gewalt seines inneren Gesanges, ein hilfreicher Delphin, über den Wogen. Dies ist der persönlichste Sinn von Nietzsches Geständnis, am Schicksal der Musik wie an einer offenen Wunde zu leiden: starb die Musik für ihn und in ihm, so versank unter ihm das magisch tragende Geschöpf. Daher die inbrünstige Musikdankbarkeit seines Ausgangs: sie dankte für den ersten Abendanblick der neuen Küste, der Dionysos-Küste eines dritten Reiches, des Landes einer höchsten Gegenwart, des Landes ohne Musik, als welche immer Vergangenheit, immer Romantik ist. So erleben wir die seltsame aber sinnbildliche Paradoxie, daß gerade *die* Gewalt, welche am meisten Nietzsche der alten hinabsinkenden Welt verknüpft, daß sie allein ihm die Kraft schenkt, einen neuen am Horizont der Menschheit heraufsteigenden Kontinent, wenn auch nicht zu betreten, so doch zuerst zu deuten. Daß das gegengriechischste aller Rauscherlebnisse, der musikalische Rausch, ihn, wie schon die Geburt der Tragödie sinnbildlich vorwegnahm, mit dem griechischsten Traum vom dionysischen Menschen, vom Menschen Zarathustras beschenken konnte. („Die Musik als Nachklang von Zuständen, deren begrifflicher Ausdruck *Mystik* war, — Verklärungsgefühl des Einzelnen, Transfiguration —" heißt es im späten Nachlaß der Umwertungszeit, „oder: Die Versöhnung der inneren Gegensätze zu etwas Neuem, *Geburt des Dritten.*" Aber das ist geradezu eine antike, eine eleusische Formel für das Erlebnis Dionysos: dieser mittlere Dritte, der hier aus der Musik geboren wird, es ist der τρίτος μέσος, der kultische Geheimname des wiedergeborenen Dionysos selber.) Wenn Überwindung der Musik das klassische Zeichen ist, unter dessen Stern Nietzsches Leben sich erfüllte — Symbol: das Wagnererlebnis — so glänzt dennoch in dieser Überwindung zugleich eine äußerste Treue und letzte Dankbarkeit für das Überwundene: der die Musik opfern muß, folgt ihr hinab. Und der das Reich des neuen Menschen schon erblickte, verschmähte im letzten Augenblick des Hinabgehens das Glück des Auges: wie sein sterbender Tristan, dem er seine letzte „ungeheure Seite" widmet, *hörte* er das Licht — „Singe mir ein neues Lied: die Welt ist verklärt".. „daß ich dich singen hieß, meine Seele, siehe, das war mein Letztes".

# PHILOKTET

> „Das Außerordentliche, was solche Menschen leisten, setzt eine sehr zarte Organisation voraus, damit sie seltener Empfindungen fähig sein und die Stimmen der Himmlischen vernehmen mögen."
>
> G o e t h e zu Eckermann, 20. Dezember 1829.

> „Siehst du also dem einen Geschöpf besonderen Vorzug
> Irgend gegönnt, so frage nur gleich, wo leidet es etwa
> Mangel anderswo, und suche mit forschendem Geiste,
> Finden wirst du sogleich zu aller Bildung den Schlüssel."
>
> G o e t h e, Metamorphose der Tiere.

Eine eingeborene altvererbte Christlichkeit seines Blutes hat Nietzsche von sich selbst mehr als einmal bezeugt. Aber Blut ist Geist, weiß Zarathustra. Und es bedürfte wahrlich nicht eines solchen bestätigenden Selbstzeugnisses aus Nietzsches Mund, um den tiefwurzelnden christlichen Atavismus dieses Geistes in allen seinen Phasen (nicht nur in der schopenhauerschen Periode) als eine der stärksten heimlichen Bindungen dieses „freien Geistes" und hellenischen Antichristen zu empfinden. Wenn Nietzsche sich selber gern als den ersten radikalen Nichtchristen innerhalb der deutschen Geistesgeschichte versteht, die in seinen Augen ja dem Christentum verhängnisvoll verhaftet bleibt („wenn man nicht fertig wird mit dem Christentum, die Deutschen werden daran schuld sein!"), so ist das vielleicht das entscheidendste Selbstmißverständnis dieses Geistes, der so inbrünstig die Ziele seines Erkenntniswillens mit den Wurzeln seines Wesens zu verwechseln liebte. Man braucht nur einen erinnernden Blick auf wirklich wesentlich nicht-christliche Elemente der deutschen Geistes- und Kunstgeschichte zu werden (versteht sich, daß hier nicht von Dogma und religiösem Bekenntnis die Rede ist, sondern von inneren Grundantrieben), auf die Reihe etwa der Winckelmann, Heinse, Wieland, der Goethe, Hölderlin, Mozart, der Holbein, Böcklin, Marées, — welchen allen, trotz weltweiter Spannungen untereinander, das entscheidende hellenisch-heidnische, das südliche Element, wenn auch in prismatisch ganz verschiedenen Brechungen, gemeinsam ist — und sich daneben eine Gegenreihe wirklich nordisch-christlicher Repräsentanten der Deutschheit zu vergegenwärtigen — die Luther, Angelus Silesius, Novalis, Hebbel, die Bach, Klopstock, Schopenhauer, Brahms, die Grünewald und Rembrandt (deren gemeinsame tiefeingewurzelte „Christlichkeit" gegenüber der ersten Reihe keiner Verdeutlichung bedarf): man braucht diese Antithese nur einen Augenblick zu überdenken, um spontan gewiß zu sein, wie durchaus Nietzsche seinem ganzen Wesen, seinem geistigen Blut nach der zweiten Reihe von Natur angehört, wie sehr ihn auch eigener Wille, Entschluß, Predigereifer und Hellenenheimweh der ersten, der „südlichen" Reihe einfügen möchte. An entlegener Stelle des Nachlasses bestimmt Nietzsche einmal den geistigen geometrischen Ort Goethes als den „zwischen Pietismus und Griechentum": das ist, wie so vieles gerade in der Goethestilisierung Nietzsches, überaus selbstverräterisch, maskenhaft selbstbiographisch, und ohne Zweifel auf Nietzsche noch in weit höherem Maße zutreffend als auf Goethe. Nietzsche ist Schüler des Griechentums (keinen dankbareren, ehrfürchtiger beglückten kennt Europas neuere Geistesgeschichte), aber Enkel des „Pietismus", der nordischen Christlichkeit; ist Wahlerbe des hellenischen, aber Bluterbe des protestantischen Wesens. Nietzsche blieb — trotz jeden Grades von Versüdlichung, von Selbstbefreiung, von Sehnsucht ins Plastische — nordgebundener Musiker, blieb Christ: ja, sein letzter Ausgang scheint ihn „christlicher" zu zeigen, als es schon seine schopenhauerisch dionysische Wagnerromantik war: der Antichrist ist eine theologische Streitschrift, wie der Zarathustra eine spätprotestantische Lutherdichtung, wie der Fall Wagner die Schrift eines Wagnerjüngers, eines mit Wagner tief sich verwandt Wissenden, eines Wagnerliebenden ist. (Es bedürfte nicht der „ungeheuren Seite über den Tristan" im Ecce homo, uns das zu lehren.) Und wenn den beginnenden Wahn dieses schrill zerspringenden Geistes kein Thema so beschäftigte wie die tiefe Einwesenheit des zerschnittenen Dionysos mit dem gekreuzigten Christus (eine übrigens religionsgeschichtlich und nicht nur religionsgeschichtlich wirkliche, seiende Einheit), so ist uns das beinahe eine Vordeutung für den vorgestellten weiteren Bogen dieses Lebens, das hier auf seinem Scheitelpunkt zerbrach: es erlaubt uns die deutende Vermutung, daß Nietzsche vielleicht irgendwann einmal noch die Erkenntnis von dieser seiner eigenen christlichen Wesenheit großartig fruchtbar gemacht hätte, daß er das Bild eines gekreuzigten Dionysos, des sieghaften zerrissenen Lebens mit einem neuen, noch nicht gehörten, dennoch uralten Sinn hätte erfüllen können —, daß er die beiden großen kultischen Gegenpole und Enden der Menschheit, den hellenischen Kult des Leibes und den christlichen Kult des Leidens miteinander irgendwie in einem „neuen Liede" vereinigt hätte.. einem Liede, das nun noch schlafend geblieben ist — wie Beethovens zehnte Symphonie, die eben diese Vereinigung des Christlichen mit dem Dionysischen ertönen lassen sollte — und das, wie diese, von keiner bloßen „Erkenntnis" aufgeweckt werden wird.

Denn wenn Verherrlichung und Rausch des Leibes das Wesen hellenischer Frommheit ausmacht und der Wille zum Rausch das Kennzeichen von Nietzsches Griechenheimweh (das großartig tragische Zeugnis dieses Willens zum leibverherrlichenden Rausche, nicht dieses Rausches selbst, bleibt Zarathustra), — so ist ohne Zweifel die Vertiefung und Anbetung des Leidens, ist die Passion Inhalt und Wesen der christlichen Frömmigkeit, und es gibt kein echteres Zeugnis für Nietzsches tiefeingeborene Christlichkeit, als sein Verhältnis zum Leiden, nicht zum zufälligen, von außen herantretenden, vermeidbaren Lebenseinzelleid (mit dem sich die antike Moralphilosophie fast ausschließlich beschäftigt, mit der Absicht, seine Vermeidung zu lehren, durch innere Starrheit, ἀταραξία), sondern zum eingeborenen zwillingsbrüderlichen Leiden, das man nicht erfährt, sondern das man ist, zum Leben als Passion, die man bejaht, die man will. Die christliche Idee der „Krankheit" (Krankheit als Bezeichnung des miteingeborenen, also wesentlich und notwendig menschlichen Leidens, im Gegensatz zum bloßen hinzutretenden Leiden als zufälliger Einzelerfahrung), jener Krankheit, welche Christus „auf sich nahm" in Form seiner Menschwerdung, sie bildet ja als Passion den innersten kultischen Kern der christlichen Heilslehre und jeder christlichen Metaphysik und ist vielleicht nirgends so inbrünstig gesteigert, so zum verwandelnden Erlebnis verdichtet worden wie in den paulinischen Briefen; und eben diese Idee der „Krankheit", dieser Kult der Passion ist, so bedeutsam als notwendig, Kernidee, vielmehr Mittelerlebnis, des christlichen Nietzsche geworden. Bejahte „Krankheit", als Passion gefaßt, ist die Kernidee des christlichen

Mythos — „Liebe ist durchaus Krankheit: *daher* die wunderbare Bedeutung des Christentums" lautet eines jener Fragmente des christlichen Magus Novalis, die mit ihrem herrscherlichen Fortlassen der logischen Zwischenglieder, mit ihren geheimnisvoll kühnen „denn„ und „daher" so merkwürdig unmittelbar überzeugend, so bezaubernd und verzaubert wirken — (Nietzsche selbst sagt in der Zeit der Morgenröte einmal: „Man denke ja nicht, daß etwa Gesundheit ein festes Ziel [= Ideal, summum bonum] sei: *wie hat das Christentum die Krankheit vorgezogen* und mit guten Gründen! Gesund ist fast ein Begriff wie ‚schön', ‚gut' — höchst wandelbar"!); und bejahte Krankheit, bewußte, gewollte, herbeigelenkte Passion ist ebenso ein Angelpunkt von Nietzsches Philosophie des Lebensheimwehs. Nietzsches Stellung zur eigenen „Krankheit", zum empirischen Kranksein wie zur ideellen Passion des eigenen Lebens ist vollkommen christlich unterbaut, christlich erlebt, ja christlich gedeutet. Nicht der Zufall seines leiblichen Krankwerdens hat Nietzsche zu seiner philosophischen Deutung des Leidens geführt (er selber glaubte nicht einmal an die „Zufälligkeit" dieser Erkrankung: man erinnere sich des Schicksalglaubens, mit dem er Krankheit und frühen Tod des Vaters mit seinem eigenen vorbestimmten Geschick in Zusammenhang bringt), so wenig ihn längst vor der leiblichen Erkrankung ein Zufall (ein buchstäblich zufälliges Aufschlagen, wie Nietzsche bezeugt) gerade zu der großartigen Passionsmetaphysik Schopenhauers führte; sondern wie die Krankheit, so schlief auch ihre Deutung, ihre philosophische wie ihre handelnde Überwindung schon als ein „So mußt du sein" in ihm: wie jedes paulinische Erlebnis schon im Saulus schläft und nicht an irgend einem zufälligen Damaskuswege wartet. Müßig zu fragen, wie Nietzsches Philosophie ohne seine Krankheit sich entwickelt hätte: da doch Nietzsche diese Krankheit *war* und sie als Passion aus sich heraus geformt hätte in welcher Gestalt immer.

So ist Nietzsches Philosophie, diese lebenbejahendste, lebenverherrlichendste, diese gegenchristlichste Philosophie des christlichen Europa, in widerspruchsvoller Schwebe „zwischen Pietismus und Griechentum", eine Philosophie des Leidens, eine Metaphysik aus der Sicht Philoktets, ein Kult der Passion geworden, und damit eine gerade im Kernsinne überaus christliche Philosophie, mit kühnster Willenswendung ins Hellenische hinüber. Denn freilich verspinnt sich bei Nietzsche die christliche Wertung der Passion in der eigentümlichsten und einmaligsten Weise mit der hellenischen Wertung des Rausches, der Lebenssteigerung, so zwar, daß gewissermaßen das hellenische Ideal durch das Mittel seiner Verneinung hindurch bejaht wird (wie denn die Verneinung bei Nietzsche so oft, rein dialektisch, die Zweckform ist, ein Ja um so gewaltsamer auszudrücken), und so, daß das christliche Wurzelgefühl durch ein Sichausblühen ins hellenische Blau gerechtfertigt wird. Zwischen Schopenhauer und dem römischen Goethe, zwischen Novalis und Hölderlin, zwischen Matthäuspassion und dem Frühlingsurrausch der dionysischen Tragödie entsteht so ein seltsames Zwischenreich, das dritte Reich eines Mittlers, dem die eine Welt immer nur das Gleichnis und die Rechtfertigung der andern ist. Nur im Lichte dieses mittleren Reiches sind die sonst unaufhebbaren Widersprüche deutbar, welche zwischen den Äußerungen Nietzsches als tiefe Kluft befestigt sind, zwischen den Formeln griechischen Willens und christlichen Gefühls, zwischen den Idealen des leidenden Erkennens und des rauschhaft beseligten Seins.

Es bestimmt beinahe die Rangordnung, *wie* tief Menschen leiden können, — lautet die christliche Formel des „Jenseits". Aber das ist die Wertung des Märtyrers, der Instinkt gotischer Christlichkeit; es ist die Wertung, beinahe das Wort des Paulus, desselben Paulus, den Nietzsche haßte, wie er kaum einen anderen Menschen gehaßt hat, und zwar gerade um solcher Worte willen, die aus dem Leiden den Triumph, aus der „Krankheit" das Anrecht zum „Ewigen Leben" saugen. Und der christliche Apologet Novalis hätte den Satz aus dem Nachlaß der Umwertung wörtlich ebenso hinterlassen können: „Die Welt, das Leiden weggedacht, ist unästhetisch in jedem Sinne: und vielleicht ist Lust nur eine Form und rhythmische Art desselben!" (Ein durchaus christliches Grundgefühl, mit den Mitteln früher griechischer Dialektik ausgelegt und gerechtfertigt!) Nietzsche, der das griechische Wort fand: „Der *Leib* ist begeistert — lassen wir die Seele aus dem Spiel!" — der die griechische, die eigentlich „antipaulinische" Forderung aufstellte: „Den Menschen über sich hinaussteigern, gleich den Griechen, — nicht unleibliche Phantasmata. Der höhere Geist an einen schwächlichen, nervösen Charakter gebunden — ist zu beseitigen. Ziel: Höherbildung des ganzen *Leibes* — und nicht nur des Gehirns!" — der nämliche sagt wiederum: „Was die Krankheit angeht: würden wir nicht fast zu fragen versucht sein, ob sie uns überhaupt entbehrlich ist? Erst der große Schmerz ist der letzte Befreier des Geistes.. erst der große Schmerz, jener lange langsame Schmerz, der sich Zeit nimmt, in dem wir gleichsam wie mit grünem Holze verbrannt werden, zwingt uns.. in unsere

letzte Tiefe zu steigen .. Ich zweifle, ob ein solcher Schmerz ‚verbessert' —;
aber ich weiß, daß er uns ‚vertieft'." Christlich tief, nicht stoisch flach ist
es zu verstehn, wenn es im Willen zur Macht heißt: „Solchen Menschen,
*welche mich etwas angehn*, wünsche ich Leiden, Verlassenheit, Krankheit,
Mißhandlung, Entwürdigung, — ich wünsche, daß ihnen die tiefe Selbstverachtung, die Marter des Mißtrauens gegen sich, das Elend des Überwundenen nicht unbekannt bleibt: ich habe kein Mitleid mit ihnen, weil
ich ihnen das Einzige wünsche, was heute beweisen kann, ob *Einer Wert*
*hat oder nicht, — daß er Stand hält.*" Aber nichts ist „paulinischer",
nichts christlicher als ein solcher Wunsch nach Martyrium: es ist die eigentümlich christliche Form, das zu verneinende Leid ins Bejahrte der Prüfung, des Märtyrertums, der Bewährung hinüber zu verwandeln; es ist
die Sittlichkeit eines tief und unerlösbar Leidenden, der sich selbst und dem
Freunde gestand: „*In allen* Lebensaltern war der Überschuß des Leidens
ungeheuer bei mir" (1883). Nietzsches Ethik zeigt sich in der Strenge gegen
sich selber und alle die, „welche ihn etwas angehn", durchaus als Erbin
und Enkelin der christlichen Askese, der christlichen Selbstüberwindung,
ja der gotischen Selbstqual, des pascalschen moi haïssable, das „moi"
als Nur-Ich, als Leib, als „Krankheit", als christliches „Nicht-Gott" gefaßt;
ja noch die Metaphysik Nietzsches, die Philosophie der Ewigen Wiederkunft, *sein* Mythos des Ewigen Lebens, ist zuletzt eine Form dieser
Askese, dieser Selbstqual und Selbstüberwindung: sie ist das Selbst-
martyrium eines Ich, das zu sich selber, egoistisch, lieber „Nein" sagen
möchte und das sich, christlich, zu einem ewigen „Ja" zwingt, als zum
äußersten Opfer und Märtyrertum, dessen es fähig ist. Das äußerste
dionysische „Ja" zum Leben, in der Wiederkunftslehre, es hat nicht griechische, es hat pascalsche Voraussetzungen: es ist das „Ja" des Christen
zur letzten und schwersten Askese — einer ins Endlose verlängerten und
gesteigerten Prüfung und immer erneuten Selbstüberwindung. (Die Lehre
von der ewigen Wiederkunft ist psychologisch unzweifelhaft eine äußerste
Form des Selbstmartyriums, eine heldische Verneinung ursprünglicher
schopenhauerischer Lebensangst. „War das das Leben? Wohlan, noch
einmal!" — dieser Ruf des letzten Nietzsche ist wahrlich kein ausbrechender
Jubel, sondern ein Entschluß, ein Opfer, eine ewige Selbstkreuzigung.)
„Meine Selbstüberwindung," heißt es 1882 an Overbeck, „ist im Grunde
meine stärkste Kraft: ich dachte neulich einmal über mein Leben nach und
fand, daß ich gar *nichts* weiter bisher getan habe. Selbst meine ‚Leistungen'

(und namentlich die seit 1876) gehören unter den Gesichtspunkt der Askese.. Auch der Sanctus Januarius ist das Buch eines Asketen." „Was Qual und Entsagung betrifft, so darf sich das Leben meiner letzten Jahre mit dem jedes Asketen irgend einer Zeit messen," lautet es mit einem gewissen Tonfall des Stolzes 1880 an Malwida, und zwei Jahre später, an dieselbe, spricht er von sich als einem wunderlichen Heiligen, „der die Last einer freiwilligen Askese (einer schwer verständlichen Askese des Geistes) zu allen seinen übrigen Lasten und erzwungenen Entsagungen hinzugenommen hat."

Aber „was bedeuten asketische Ideale"? Ist es nicht Nietzsche selber, der in der Genealogie der Moral die unbarmherzigsten Hohnworte, die schneidendsten Erkenntnisse über eben dies asketische Ideal laut werden läßt? „Das asketische Ideal entspringt dem Schutz- und Heilinstinkte eines degenerierenden Lebens.. es deutet auf eine partielle physiologische Hemmung und Ermüdung hin.. es ist ein Kunstgriff in der *Erhaltung* des Lebens.. Was *bedeutet* es, wenn ein Philosoph dem asketischen Ideale huldigt?.. er will *von einer Tortur loskommen*." („Mein Zustand ist unhaltbar und schmerzhaft bis zur Tortur," heißt es im Februar 1888 an Overbeck, „meine letzte Schrift verrät etwas davon: in einem Zustand eines bis zum Springen gespannten Bogens tut einem jeder Affekt wohl, gesetzt, daß er gewaltsam ist —", was die „Genealogie" im Jahre vorher fast wörtlich vorausnimmt: „die Affektentladung ist der größte Erleichterungs- nämlich *Betäubungs*versuch des Leidenden, sein unwillkürlich begehrtes Narkotikum gegen Qual irgendwelcher Art.") Und von wem redet Nietzsche, wenn er von der tiefen Krankhaftigkeit des bisherigen Menschentypus spricht — „denn der Mensch ist kränker, unsicherer, wechselnder, unfestgestellter als irgendein Tier sonst, daran ist kein Zweifel, — er ist *das* kranke Tier: woher kommt das? Sicherlich hat er auch mehr gewagt, geneuert, getrotzt, das Schicksal herausgefordert als alle übrigen Tiere zusammengenommen: er, der große Experimentator mit sich, der Unbefriedigte, Ungesättigte, der um die letzte Herrschaft mit Tier, Natur und Göttern ringt, der Ewig-Zukünftige.. dem seine Zukunft unerbittlich wie ein Sporn im Fleische jeder Gegenwart wühlt: — wie sollte ein solches mutiges und reiches Tier nicht auch das am meisten kranke unter allen kranken Tieren sein?.." An wen denkt er, geheim, wenn er vom Menschen als dem sich Verwundenden, dem Meister der Zerstörung und Selbstzerstörung spricht? vom asketischen Priester als dem fleischgewordenen Wunsch nach einem Anderssein, Anderswosein, und zwar als dem höchsten Grad dieses Wunsches, dessen eigentlicher Inbrunst und Leidenschaft? Und wem gelten alle diese verräterischen, spöttisch ingrimmigen Verneinungen? Was bedeutet die leidenschaftliche Kritik des asketischen Typus? Aber die ganze rachsüchtig überscharfe Zergliederung der Askese und des asketischen Ideals in der „Genealogie" — sie ist selbst Askese, sie ist Nietzsches Askese noch einmal! Ist eine Form christlichen Selbsthasses, christlicher Kasteiung und Selbstüberwindung — ist Nietzsches Selbstopferung. Alles, aber auch alles, was dies Hauptstück der Genealogie an unerbittlichen Feststellungen und bösestem Hohn enthält, Nietzsche greift *sich* damit an, bekennt sich, verneint sich. Was er dort schildert, sind seelische Landschaften aus seinem eigenen Reiche, was er feindselig erhellt, sind die Grotten und Gänge aus dem Bergwerk seiner eigenen Tiefe. Er zeugt von sich, er prophezeit sich, wenn er vom „Triumph gerade in der letzten Agonie" redet: „unter diesem superlativischen Zeichen kämpfte von jeher das asketische Ideal; in diesem Rätsel von Verführung, in diesem Bilde von Entzückung und Qual erkannte es sein hellstes Licht, sein Heil, seinen endlichen Sieg. Crux, nux, lux — das gehört bei ihm in eins." Er schreibt das asketische Gesetz seines und gerade seines Lebens, indem er am Schlusse des Buches sagt: „Alle großen Dinge gehen durch sich selbst zugrunde, durch einen Akt der Selbstaufhebung: so will es das Gesetz des Lebens, das Gesetz der *notwendigen* Selbstüberwindung im Wesen des Lebens — immer ergeht zuletzt an den Gesetzgeber selbst der Ruf: ‚patere legem, quam ipse tulisti'."

Nietzsches ganze Psychologie der Askese ist Askese. Für ihn selber gilt, was er von den Atheisten, Antichristen, Moralisten, Nihilisten, Skeptikern seiner Zeit in der „Genealogie" zu sagen meint: „Sie glauben sich so losgelöst als möglich vom asketischen Ideale, diese ‚freien, *sehr* freien Geister': und doch, daß ich ihnen verrate, was sie selbst nicht sehen können — denn sie stehen sich zu nahe —: dies Ideal ist gerade auch *ihr* Ideal, sie selbst stellen es heute dar, und niemand sonst vielleicht, sie selbst sind seine vergeistigtste Ausgeburt ... wenn ich irgend worin Rätselrater bin, so will ich es mit *diesem* Satze sein!" (Die Stelle ist bezeichnend für Nietzsches rachsüchtiges Alleinsein mit dem Spiegel, für die Scheu zugleich, den spinnwebdünnen Flor zu zerreißen, der ihn von der allerletzten Erkenntnis, dem großen ‚Das bist du!', noch trennt.) Jener Satz: „Wie hat das Christentum die Krankheit vorgezogen und mit guten Gründen!", er hat also wirklich den Wert einer Selbstcharakteristik, wie so viele andere, einer Selbsteinordnung als der eines in wesentlichen Stücken ungemein christlichen Denkers, aus der Verwandtschaft Pascals noch mehr als Schopenhauers. Nietzsches Philosophie ist in ihrem psychologischen Unterbau tatsächlich zunächst durchaus eine christliche Rechtfertigung der Passion, des Leidens und der Krankheit, eine wahre Apologie, in der sich paulinische Gedanken mit romantischen (Novalis), mystische mit goetheschen höchst sonderbar begegnen und vereinigen, und die zuletzt doch ganz einzigartig, mit einer so nur Nietzsche eigenen Kraft der Verwandlung zu vollkommen griechicher Folgerung über sich selbst hinausgesteigert werden.

Nietzsches philosophische Einordnung der Krankheit erscheint zunächst vollkommen paulinisch — und gerade Paulus ist es ja, dem im Antichrist eine vor Haß fast bebende Leidenschaft der Anklage gilt. Mit Erläuterungen voll erbitterten Hohnes führt er im „Antichrist" die Verse des ersten Korintherbriefs an: „.. was schwach ist vor der Welt, das hat Gott erwählet, daß er zuschanden mache, was stark ist; und das Unedle vor der Welt und das Verachtete hat Gott erwählet, und das da nichts ist, daß er zunichte mache, was etwas ist.." Er hätte dieser Stelle — die er ein Zeugnis allerersten Ranges für die Psychologie jeder Tschandala-Moral nennt — noch mehr verwandte aus den paulinischen Briefen anreihen können: aber nur deutlicher würde werden, wie tief die Verherrlichung alles dessen, was gesät wird in Schwachheit und auferstehn wird in Kraft, mit Nietzsches eigener aus tiefstem Erleben geschöpfter Apologie der Krankheit und alles dessen, was mit einem Fuße jenseits des Lebens steht, im Grunde verwandt ist. Was Nietzsche vom Künstler, von Zarathustra, von sich selber sagt, ist recht eigentlich nur eine Neu- und Umformulierung der paulinischen Worte über den Christen — so sehr wurzelt Nietzsches Künstlerbegriff und Selbstbeurteilung ursprünglich in christlichem Boden. „Es sind die Ausnahmezustände, die den Künstler bedingen", heißt es im Willen zur Macht: „alle, die mit krankhaften Erscheinungen tief verwandt und verwachsen sind: so daß es nicht möglich scheint, Künstler zu sein und nicht krank zu sein." „Gesünder werden — das ist ein *Rückschritt* bei einer Natur wie Wagner", sagt Ecce homo gelegentlich des Tristan. Und in Aufzeichnungen zum „Versuch einer Selbstkritik", aus dem Jahr 1886, heißt es über die Geburt der Tragödie, sie sei ein Romantikerbekenntnis: „Der Leidendste verlangt am tiefsten nach Schönheit, — er erzeugt sie." Zarathustra fragt: „Geist ist das Leben, das selber ins Leben schneidet;

an der eigenen Qual mehrt es sich das eigene Wissen, — wußtet ihr das schon? Und des Geistes Glück ist dies: gesalbt zu sein und durch Tränen geweiht zum Opfertier — wußtet ihr das schon?" Das Ecce homo aber bekennt geradezu: „Um nur etwas von meinem Zarathustra zu verstehn, muß man vielleicht ähnlich bedingt sein wie ich es bin, — mit Einem Fuß *jenseits* des Lebens.." Das alles ist paulinische Erbschaft, die auch Luthers Auffassung vom Großen Menschen bestimmt hat: als ihn (in den Tischreden) ein Magister fragt: „Wie achtet Ihr, Herr Doktor, was Paulus sei für eine Person gewest?" da antwortet Doktor Martin: „Ich glaube, Paulus sei eine verachtete Person gewesen, die kein Ansehen gehabt, ein armes dürres Männlein, wie Magister Philippus (Melanchthon)." Und ein andermal: „David wird ärgere Teufel gehabt haben, denn wir; denn er hätte so große Offenbarung und Erkenntnis Gottes nicht können haben, ohne so große Anfechtungen."

Neben der reformatorischen hat romantische Christlichkeit Nietzsches Theodicee der Krankheit schärfer herausbilden helfen. Vor allem dämmert hinter dem „Jenseits des Lebens" Zarathustras der Schatten von Novalis auf, des mystischen Magiers und romantischen Apologeten der Krankheit. Ein Satz wie die Ecce homo-Stelle über den Tristan: „die Welt ist arm für den, der niemals krank genug für diese ‚Wollust der Hölle' gewesen ist: es ist erlaubt, es ist fast geboten, hier eine Mystikerformel anzuwenden" — ein solcher Satz ist nicht nur ohne Novalis nicht denkbar, seine Mystikerformel könnte geradezu in den Fragmenten stehen, und sie steht darin. Und man weiß ja, daß auch Novalis seine Tristanmusik geschrieben, seine „Wollust der Hölle" erlebt hat — in den Hymnen an die Nacht. Krankheit ist Magie — das war Novalis' erlittenster philosophischer Satz. „Krankheiten," klingen die Fragmente nietzschisch vor, „zeichnen den Menschen vor den Tieren und Pflanzen aus. Zum Leiden ist der Mensch geboren. Je hilfloser, desto empfänglicher für Moral und Religion." „Krankheit gehört zur Individualisierung." Ja, Krankheit und ihre Bejahung ist für Novalis, wie für Nietzsche, mehr als eine philosophische Vorbedingung, ein Stachel hinauf, und Angelhaken der Erkenntnis: sie ist ein philosophischer Akt, insofern sie Negierung des Nur-Individuellen fördert und symbolisiert. „Der echte philosophische Akt," findet Novalis, „ist Selbsttötung; dies ist der reale Anfang aller Philosophie. — Der Akt des Sichselbstüberspringens ist überall der höchste, der Urpunkt, die Genesis des Lebens." „Krankheiten," sagt er an anderer Stelle mit beinah spukhafter

Vorwegnahme nietzschescher Krankheitsphilosophie, „Krankheiten sind gewiß ein höchst wichtiger Gegenstand der Menschheit.. Noch kennen wir nur sehr unvollkommen die Kunst, sie zu benutzen. Wahrscheinlich sind sie der interessanteste Reiz und Stoff unseres Nachdenkens und unserer Tätigkeit. Hier lassen sich gewiß unendliche Früchte ernten, besonders, wie mich dünkt, im intellektuellen Felde, im Gebiete der Moral, Religion und Gott weiß in welchem wunderbaren Gebiete noch. Wie, wenn ich Prophet dieser Kunst werden sollte?" („Die Philosophie ist eine höhere Pathologie" nimmt Hebbel vierzig Jahre später und vierzig Jahre vor Nietzsche diesen romantischen Gedanken wieder auf.) Und nochmals, fast schon mit dem unbedingten Herrschertum des spätesten Nietzsche: „Je erzwungener das Leben ist, desto höher."

Ein solcher, überaus nietzschescher Satz klingt, wie die ganze Krankheitsphilosophie von Novalis, als sei er mit der vollen instinktiven Feindseligkeit Goethes, des „dezidierten Nichtchristen", beladen. Und dennoch bezeichnet er genau die Stelle, wo neben der paulinisch-lutherischen Christlichkeit, neben der romantischen Mystik Goethes Weisheit und griechischer Humanismus in Nietzsches Krankheitsphilosophie eindringt. Goethe, dessen Metamorphose der Tiere ein Urgleichnis und erstes Grundgesetz für jedes nietzschesche „Über sich hinaus" und „Jenseits des Lebens" enthält, Goethe hat bei manchen Gelegenheiten umschrieben, was im Todesjahre Schillers Riemer von ihm hörte: daß gewisse Operationen des Geistes nicht anders als bei einer zarteren Organisation gelängen — und was er vierundzwanzig Jahre später zu Eckermann fast wörtlich, aber noch ins Mystische seiner letzten Greisenjahre leise gesteigert, wiederholt hat. Man glaubt zuweilen bei ihm die Worte der Fröhlichen Wissenschaft, nur geflüsterter, vorzuhören: „Ihr habt kein Gefühl dafür, daß prophetische Menschen sehr leidende Menschen sind." Auch im Gebilde hat Goethe diesen Mysteriengedanken von der Krankheit, welche erst die „Stimmen der Himmlischen" vernehmbar macht, mehrmals abgewandelt. (Gundolf bemerkt, zu Gestalten wie der Ottilie der Wahlverwandtschaften, der Makarie der Wanderjahre, bei Goethe sei das körperliche Leiden ein Zeichen für das wehrlos wissende Mitschwingen eines einzelnen gebrechlichen Organismus mit den Gesetzen des Weltganzen: „Wo viel Weisheit ist viel Leiden.") Und sicher hat Nietzsche, dessen Philosophie so durchaus eine „höhere Pathologie" darstellt, Goethes Satz von der Produktivität des Unzulänglichen mit gutem Recht als einsinnig empfunden mit Novalis'

„individualisierender Krankheit" und seiner kühnen Formel: „Je erzwungener das Leben, desto höher." Denn im verteidigenden Rhythmus des goetheschen Wortes, daß das Unzulängliche produktiv sei, schwingen zahllose Äußerungen Nietzsches. Wenn ein englisches hyperbolisches Wort, vielleicht im Nachklang des goetheschen Satzes, besagt: „World's work is done by its invalids", so schärft Nietzsche das in der Genealogie der Moral zu: „Die menschliche Geschichte wäre eine gar zu dumme Sache ohne den Geist, der von den Ohnmächtigen her in sie gekommen ist." Menschliches Allzumenschliches verdeutlicht: „Die abartenden Naturen sind überall da von höchster Bedeutung, wo ein Fortschritt erfolgen soll; jedem Fortschritt im Großen muß eine teilweise Schwächung vorhergehen. Die stärksten Naturen halten den Typus fest, die schwächeren helfen ihn fortbilden." „Europa ist ein Kranker," sagt die Fröhliche Wissenschaft, „der seiner Unheilbarkeit und ewigen Verwandlung seines Leidens den höchsten Dank schuldig ist: diese beständig neuen .. Gefahren, Schmerzen .. haben zuletzt eine intellektuale Reizbarkeit erzeugt, welche beinahe so viel als Genie, und jedenfalls die Mutter alles Genies ist." Seiner Anschau vom Künstlertum, das geradezu unmöglich sei ohne „Krankheit", entsprechen im einzelnen Seiten wie die über Homer oder Epikur — geheime oder kaum noch geheime Selbstbildnisse, wie sich versteht: „Homer — fühlt ihr nicht den Pessimisten und Überreizbaren, der um seiner Leiden willen jene Fülle und Vollendung der Olympier erdichtet!" (Nachlaß zur Umwertung). Und in der Fröhlichen Wissenschaft: „Man verleugne es sich nicht: mit diesem Glück Homers in der Seele — dem Zustand dessen, der den Griechen ihre Götter, — nein, sich selber *seine* Götter erfunden hat! — ist man auch das leidensfähigste Geschöpf unter der Sonne! Und nur um diesen Preis kauft man die kostbarste Muschel, welche die Wellen des Daseins bisher ans Ufer gespült haben!" Oder, gleichfalls in der Fröhlichen Wissenschaft, über Epikur: „Solch ein Glück hat nur ein fortwährend Leidender erfinden können, das Glück eines Auges, vor dem das Meer des Daseins stille geworden ist, und das nun an seiner Oberfläche und an dieser zarten schaudernden Meereshaut sich nicht mehr satt sehen kann: es gab nie zuvor eine solche Bescheidenheit der Wollust." Ja, Nietzsche begnügt sich nicht mit solcher Steigerung einzelner höchster hellenischer Typen ins gewissermaßen Spätantike, beinahe christlich Leidende hinüber: in überaus bezeichnender Weise faßt er selbst das griechische Volk in seiner Gesamtheit als einen Magier der eigenen Krankheit, als einen in der Tiefe Leidenden und die Krankheit Anbetenden. Die Geburt der Tragödie schon rühmt andächtig die Griechen als das „zum Leiden so einzig befähigte Volk", dessen ganzes Dasein „mit aller Schönheit und Mäßigung auf einem verhüllten Untergrunde des Leidens und der Erkenntnis ruhte." Darin ist noch Vermählung schopenhauerscher Metaphysik mit burckhardtscher Geschichtsphilosophie. Aber die Auffassung der Griechen als genialer Leidender bleibt die nämliche weit jenseits der Schopenhauerepoche, und dem unmittelbaren Einfluß Burckhardts längst entzogen: „Einige Völker," sagt das Jenseits mit scheinbarer Sachlichkeit, aber mit geheimer Liebe zu allem siegreich Leidenden, „einige Völker haben aus Krankheiten große Hilfsmächte der Kultur geschaffen: zum Beispiel die Griechen, welche in früheren Jahrhunderten an großen Nervenepidemien (in der Art der Epilepsie und des Veitstanzes) litten und daraus den herrlichen Typus der Bacchantin herausgebildet haben. Die Griechen besaßen nämlich nichts weniger als eine vierschrötige Gesundheit; ihr Geheimnis war, auch die Krankheit, wenn sie nur Macht hatte, als Gott zu verehren."

Aber gerade diese Steigerungen des Griechentums ins Kranke, ins nietzschehaft Kranke hinüber verraten doch zugleich etwas von der ganz besonderen Form seiner Bejahung des Leidens, von der so nur Nietzsche eigentümlichen Rechtfertigung der Krankheit, über das Christliche hinaus und zum Hellenischen hinüber. Seine Bejahung des Leidenden Menschen ist nicht christlich offen; der nietzschesche Mensch bekennt sich nicht als leidenden; gleich seinem Homer und Epikur erfindet er den ergreifenden Schein des Glücks, der Fülle, der Gesundheit, hüllt er sich in den Mantel einer hellenischen Vollkommenheit. Der Grieche, oder der Griechensüchtige in Nietzsche schämt sich des dem Christen eingeborenen gotischen Ideals, das ein Ideal des Leidens und der Entleiblichung ist; und selbst der christliche Mensch in ihm empfindet dunkel, daß Leiden allein noch nicht rechtfertige von dem sinngebenden Blick der Gottheit. Das Kreuz allein macht nicht den Heiland — es hingen auch Schächer auf Golgatha. Und aus dieser echten Nietzschemischung von Christlichkeit und Hellenismus entsteht nun hier, als Übergang und Brücke von beidem zu beidem, als Vereinigung des Unvereinbaren das Idealphantom der Großen Genesung und der Zweiten Gesundheit. Es entsteht die dauernde seelische Haltung jener Homer- und Epikurgleichnisse, die Verherrlichung alles Großen und Bleibenden als einer Kunst gerade dieses Hinübergangs, dieses Augenblicks der Großen Genesung: „Singen ist für Genesende; der Gesunde mag reden" (Zarathustra), ist die Erkenntnis dieser neugeborenen Seele, welche lieber singen mochte als reden und der ohne Musik das Leben zum Irrtum würde. Es entsteht endlich der Kultus des Künstlers als des Großen Arztes; der Künstler ist nun nicht bloß der notwendig Kranke, er ist, gleich jenen bacchantischen Griechen, Kranker und Arzt zugleich, der Magier, der aus der nächsten Nähe des Todes den Zauber eines Ewigen Lebens holt. Es entsteht die „Hauptlehre" Nietzsches, wie sie der Nachlaß zum Zarathustra auf die Formel bringt: „Hauptlehre: in *unserer* Macht steht die Zurechtlegung des Leidens zum Segen, des Giftes zu einer Nahrung. Wille zum Leiden." „Abgerechnet nämlich, daß ich ein décadent bin, bin ich auch dessen Gegensatz.." wiederholt Ecce homo. „Die Menschen sollen mir noch nachsagen, daß ich ein *guter* Arzt gewesen sei — und nicht nur für mich allein" (an die Mutter). „Ich war in allen Punkten mein eigener Arzt" (an Rohde). „Man muß an sich selbst sein Arzt sein" (an Gersdorff). Dieser Stolz dessen, der gleich Zarathustra aus seinen Giften seinen Balsam zu brauen verstand, der Stolz, sich selbst ertrotzt, sich selbst geschaffen zu haben, schwingt je länger je stärker durch Nietzsches Werk und persönliche Äußerungen. Er wird in Ecce homo zum Triumph, zum Übermut, ja zu einer wahren Trunkenheit der Genesung. Aber von solcher „Trunkenheit der Genesung" spricht schon die ganze Vorrede von 1886 zur Fröhlichen Wissenschaft; es ist das ausführlichste Zeugnis, das wir von Nietzsche über die Bedeutng *seiner* Krankheit und *seiner* Genesung für sein Leben und Werk besitzen, und nur das Ecce homo kommt ihm an verräterischer Hellsichtigkeit gleich. „Fröhliche Wissenschaft: das bedeutet die Saturnalien eines Geistes, der einem furchtbaren langen Drucke geduldig widerstanden hat — geduldig, streng, kalt, ohne sich zu unterwerfen, aber ohne Hoffnung —, und der jetzt mit einem Male von der Hoffnung angefallen wird, von der Hoffnung auf Gesundheit, von der *Trunkenheit* der Genesung.." „Damals," ergänzt die Vorrede deselben Jahres zum Menschlichen, „damals lernte ich die Kunst, mich heiter, objektiv, neugierig, vor allem gesund und boshaft zu *geben*.. Einem feineren Auge und Mitgefühl wird es trotzdem nicht entgehen, was vielleicht den Reiz dieser Schriften ausmacht, — daß hier ein Leidender und Entbehrender redet, wie als ob er *nicht* ein Leidender und Entbehrender sei. Hier soll das Gleichgewicht, die Gelassenheit, sogar die Dankbarkeit gegen das Leben aufrecht erhalten werden, hier waltet ein strenger, stolzer.. Wille, der sich die Aufgabe gestellt hat, das Leben *wider* den Schmerz zu verteidigen. . damals war es, wo ich mir den Satz abgewann: ein Leidender hat auf Pessimismus *noch kein Recht!*. . Dazwischen mögen lange Jahre der Genesung liegen, Jahre voll vielfarbiger schmerzlich-zauberhafter Wandlungen, beherrscht und am Zügel geführt durch einen zähen Willen zur Gesundheit, der sich oft schon als Gesundheit zu kleiden und zu verkleiden wagt." Unbedingter, formelhafter, endgültiger noch sagt es, wie immer, das Ecce homo: „Ich machte aus meinem Willen zur Gesundheit, zum *Leben*, meine Philosophie. Denn man gebe acht darauf: die Jahre meiner niedrigsten Vitalität waren es, wo ich *aufhörte*, Pessimist zu sein: der Instinkt der Selbstwiederherstellung *verbot* mir eine Philosophie der Armut und Entmutigung." „Von der Krankenoptik aus nach *gesünderen* Begriffen und Werten, und wiederum umgekehrt aus der Fülle und Selbstgewißheit des *reichen* Lebens hinuntersehen in die heimliche Arbeit des décadence-Instinkts — das war meine längste Übung, meine eigentliche Erfahrung, wenn irgend worin, wurde ich darin Meister."

Von dieser erreichten Höhe aus, im sicheren Bewußtsein der errungenen Zweiten Natur, bedarf es nicht mehr der Scham und Verkleidung jener Ersten, der kranken, Natur; die allzu christlichen Bedingungen seiner Leiblichkeit werden nun selbst im hellenischen Sinne zu einem Ruhme, denn sie bezeugen den Triumph eines langen Willens, und gerade das ist es ja, „was am tiefsten und innigsten erheitert, den siegenden Gott neben allen den Ungetümen, die er bekämpft hat, zu sehen" (Schopenhauer als Erzieher).

So bekennt sich denn Nietzsches letzte Phase, maskenlos, zu dem christlich-hellenischen Ideal jener Großen Gesundheit — „einer solchen, welche man nicht nur hat, sondern auch beständig noch erwirbt und erwerben muß . ." (Ecce homo). Noch in der Zarathustrazeit heißt es, halb widerwillig, an Rohde: „Gut, ich habe eine ‚zweite Natur', aber nicht, um die erste zu vernichten, sondern um sie zu *ertragen*. An meiner ‚ersten Natur' wäre ich längst zugrunde gegangen, — war ich beinahe zugrunde gegangen." Ähnlich, im selben Winter, an Hans v. Bülow: „Was geht es mich an, wenn meine Freunde behaupten, diese meine jetzige ‚Freigeisterei' sei ein exzentrischer, mit den Zähnen festgehaltener *Entschluß* und meiner eigenen Neigung abgerungen und abgezwungen? Gut, es mag eine ‚zweite Natur' sein: aber ich will schon noch beweisen, daß ich mit dieser zweiten Natur erst in den eigentlichen *Besitz* meiner ersten Natur getreten bin." Aber schon 1886, in der Vorrede zur Fröhlichen Wissenschaft, dem eigentlichen „Traktat über Genesung", lautet es stolzer: „Man errät, daß ich nicht mit Undankbarkeit von jener Zeit schweren Siechtums Abschied nehmen möchte, deren Gewinn auch heute noch nicht für mich ausgeschöpft ist: so wie ich mir gut genug bewußt bin, was ich überhaupt mit meiner wechselreichen Gesundheit vor allen Vierschrötigen des Geistes voraus habe. Ein Philosoph, der den Gang durch viele Gesundheiten gemacht hat und immer wieder macht, ist auch durch ebensoviele Philosophien hindurch gegangen. . Und was die Krankheit angeht: würden wir nicht fast zu fragen versucht sein, ob sie uns überhaupt entbehrlich ist? Erst der große Schmerz ist der letzte Befreier des Geistes .." Und im Buche selbst lautet es bereits ähnlich von der großen offenen Frage, „ob wir der Erkrankung *entbehren* könnten, selbst zur Entwicklung unserer Tugend, und ob nicht namentlich unser Durst nach Erkenntnis und Selbsterkenntnis der kranken Seele so gut bedürfe als der gesunden: kurz, ob nicht der alleinige Wille zur Gesundheit ein Vorurteil, eine Feigheit (eine Feigheit!) und vielleicht ein Stück feinster Barbarei und Rückständigkeit sei". Am deutlichsten sagt vielleicht ein Brief an die Schwester Nietzsches Rechtfertigung und dankbares Ja zur Krankheit aus: „Der ganze Sinn der furchtbaren physischen Schmerzen, denen ich ausgesetzt war, liegt darin, daß ich *durch sie allein* aus einer falschen, nämlich hundertmal zu *niedrigen* Auffassung meiner Lebensaufgabe herausgerissen worden bin. Und da ich zu den bescheidenen Menschen von Natur gehöre, so bedarf es der gewaltsamsten Mittel, um mich zu mir selber zurückzurufen."

In dieser Dankbarkeit, darin zugleich „christliche" Demut und hellenischer Höhenwille lebendig ist, haben wir recht eigentlich das Bild von Nietzsches Krankheitsphilosophie, ihres Ausgangspunktes und ihres Zieles. Die ungeheure sinnsetzende Kraft spricht daraus ebenso wie das Geständnis des Unzulänglichen, das hier schöpferisch wurde. Und selbst das darin nachhallende Echo einer schauerlichen Klage möchten wir nicht missen, diesen langen trostlosen Schrei einer kranken einsiedlerischen Seele, der so oft aus den Briefen heraustönt (am unmittelbarsten vielleicht in den Briefen an Overbeck), diesen Schrei des unerträglichsten Leidens, den auch Zarathustras feierliche Triumphgesänge nicht übertönen können, denn wieviel Leiden und innere Angreifbarkeit „verrät diese Maskerade eines einsiedlerischen Kranken!" (Jenseits).

Aber dieser Schrei gehört zum Triumph, wie das „Aus tiefer Not" zum vorbildlichen christlichen Leiden, wie die Klagen Philoktets zum Bilde des hellenischen Helden. („Der ‚Dulder' ist hellenisch: Prometheus, Herakles", lautet eine Aufzeichnung im Nachlaß der Basler Zeit.) Das ist es ja, was am tiefsten und innigsten erheitert, den siegenden Gott neben allen den Ungetümen, die er bekämpfte, zu sehen, und zum Bilde des siegreichen Heiligen gehören die Symbole seines bestandenen Martyriums. Wenn Nietzsches Leben so bildhaft eindringlich wirkt wie kaum ein zweites der neueren Geistesgeschichte, so ist das gleichnishaft nahe Beieinander von heilloser Krankheit und großer Genesung, von Klage und Triumphruf, von Schrei und Gesang vielleicht die sinnlich greifbarste Ursache. Denn wie erschüttert, fast passionshaft, nicht die unmittelbare Nähe des äußersten und unheilbarsten Leidens und Opferendes gleich hinter dem Ecce homo, diesem Dankgesang eines trügerisch Genesenen an die ungeheuerste der Hoffnungen! Wie fast spukhaft die Hybris, mit der dieser willensstarke Arzt seiner selber, vermeintlich des langen Siechtums doch noch Herr geworden, dem Asklepios seinen Hahn opfert, ahnungslos, daß er dennoch das Nämliche vollziehe wie sein Sokrates vor seiner Letzten Genesung! Und selbst diese späteste grausige Hybris, die noch einmal Nietzsches letzte Krankheit mit einer letzten Großen Genesung vereinigt, erfährt durch Nietzsches Gesamtschicksal eine Rechtfertigung sowohl im christlich leidenswilligen wie im hellenisch stolzen Sinne, gemäß den Worten des Hyperion: Zu wem so laut das Schicksal spricht, der darf auch lauter sprechen mit dem Schicksal; je unergründlicher er leidet, desto unergründlich mächtiger ist er.

„Bettler ihr! Denn euch zum Neide
Ward mir, was ihr nie erwerbt:
Zwar ich leide, zwar ich leide,
Aber ihr — ihr sterbt, ihr sterbt!"

# JUDAS

„Judas ist der Allergläubigste."
Hebbel.

Das große apologetische Problem des Judas: — wie war Judas und Judasverrat möglich, und warum nötig? — die grüblerischste aller Rechtfertigungsfragen hat zwei christliche Jahrtausende beschäftigt. Judas' Tat und Schicksal war der Christenheit, nächst Adams Fall, geradezu die sinnlichste Verleiblichung der ewigen Urfrage nach dem Sinn des Bösen, nach dem Verhältnis von Freiheit und Notwendigkeit. Jede Art der Deutung ist über Judas' Bild hinweggegangen. Wir haben Dantes gebieterisch richtende Verweisung hinab in die innerste Hölle, in den zermalmenden Rachen Luzifers; wir haben den Schatz volkstümlicher wie mönchischer Legenden und Mysterienspiele, in denen Judas, gleich dem durch ihn hindurchschimmernden Urbild, dem Bösen selber, durch humorvolle Verzerrung auf weltlich erträgbare Ausmaße rückgeführt wird, oder in denen sein Verrat durch fratzenhafte Motive zur vorübergehenden Entspannung der Zuschauer von der lastenden Passionsstimmung dienen muß. Wir haben Klopstocks Ausdeutung der Judastat als der Rache eines dunklen Liebenden, aus groß verzweifelter Eifersucht gegen den Lieblingsjünger Johannes. (Auch Renans Leben Jesu nimmt Eifersucht auf Johannes als Motiv des Judasverrats an.) Wir besitzen dichterische Apologien des Judas (so hat Hebbel unter seinen dramatischen Plänen einen Judas hinterlassen), Dichtungen, die alle der Deutung, der Vermenschlichung, der Rechtfertigung des Judasverrats dienen; die einen, indem sie seine Motive verehrlichen, aber realistisch verkleinern und gleichsam in Fortsetzung jener Mysterientechnik Judas zum Sinnbild des komischen Alltags, des plattesten Mißverständnisses einer göttlichen Nähe formen; die andern, indem sie ihn am inneren Erlebnis seiner Verräternatur von Anbeginn bewußt sich schleppen lassen und die Last seines Gottesmords nicht einem blind ahnungslosen, zu spät reuigen Hödur, sondern einem hellsichtigen Loki, einem vom bösen Urfeuer verzehrten Dämon zuschieben, dessen Größe darin besteht, daß er die ganze Furchtbarkeit seiner Tat und ihrer Folgen schaut und sie mit dem Stolz einer düsteren, aber schicksalhaften Unseligkeit trägt. Und wir besitzen endlich jene dichterische Legende, in welcher Judas geradezu als die zweite Wagschale im großen Werk der Erlösung erscheint, als das zweite dunklere Opfer des Neuen Bundes. Hier opfert sich Judas, im Wissen, daß die Schrift erfüllt werden muß und daß, tut er das Vorbestimmte nicht, das Erlösungswerk ungeschehen bleibt und die ganze atmende Schöpfung zur Sinnlosigkeit verdammt wird; er opfert sich, indem er bewußt den ärgsten Fluch der Welt auf sich nimmt und hingeht, den zu verraten, den einer verraten muß. Jesus erkennt in dieser Legende das Opfer, das Judas ihm und seinem Erlöserwerke bringt, er weiß, daß einen Augenblick lang das Geschick aller Welt in Judas' Händen ruht; wenn sie sich weigern zu tun was geschrieben steht, wenn sie zurückschrecken vor dem „Wehe über den Menschen, durch welchen des Menschen Sohn verraten wird", dann wird auch das Opfer am Kreuz unvollbracht bleiben. 'So sieht er am letzten Abend in Judas den dunklen Gefährten seines eigenen Opferganges; er spricht von ihm mit Worten, welche die übrigen Jünger nicht verstehen und er dankt dem Verräter mit einer Gebärde der Liebe, die ihm Judas im Garten Gethsemane nur zurückgibt. (Im Johannisevangelium, sonst dem Judas besonders gehässig, finden sich Spuren einer solchen besonderen Gemeinsamkeit, eines geheimnisvollen Einverständnisses zwischen Jesus und Judas; so erscheint der Bissen, den Jesus beim letzten Abendmahl gerade dem Judas reicht, als ein Symbol der Schicksalsgemeinschaft, samt den bittenden Worten: Was du tust, das tue bald.) Wenn Judas nach getanem Verrat hingeht und zur gleichen Stunde sich auslöscht, da auf der Schädelstätte das Werk vollbracht ist, so geschieht es dort nicht aus irgendeiner Reue, sondern im Gefühl der äußersten Schicksalsgemeinschaft auch im Letzten, im Gefühl der Nachfolge und einer Zugehörigkeit, tiefer als die aller derer, die im Augenblick des Verrats verließen und flohen, nicht nur den Meister, sondern vor allem sich selbst und die eigene Jüngerschaft. Während er, Judas, in diesem Augenblick dem Herrn und sich selbst am tiefsten gehorcht hatte. Auch seine letzte Stunde fühlt ein dunkleres „Es ist vollbracht".

In dieser letzten, schon über-ausgedeuteten Judaslegende verrät sich vielleicht gesammelt der geheimere Sinn aller erhöhenden Auslegungen, welche die Judasgestalt in zwanzig christlichen Jahrhunderten erfahren hat. In ihr ist, wie in so vielen Erlösungsgleichnissen der verschiedensten Mythenkreise, die uralte Zweiteilung des Erlösers vorgenommen, seine Zerspaltung in die lichte und die nächtliche Kraft, in die englische und die teuflische Wesenshälfte, welche immer erst zusammen das Werk der Erneuung und Erlösung einer Welt vollbringen können. In allem Menschheitserschütternden, Menschheitserneuenden — das ist der Sinn all dieser Mythen — wirken Gott *und* Dämon zusammen, und einer ohne den andern vermag die altgewordenen Wasser nicht zu verwandeln. Der Mythos verdeutlicht bloß zweifigurig, was er als einwesenhaft erkennt und zum Bewußtsein bringen möchte; er versinnlicht nur in Gegenüberstellung das unerbittliche Gesetz, wonach das Schaffende immer auch Vernichter, das Zeugende immer auch Mörder, das Erlösende immer zugleich Verräter zu sein hat. Daß in jedem großen symbolischen Menschen Christ und Judas aufs neue miteinander den dunklen Kuß tauschen müssen.

Auch Nietzsches Leben hat diesem Gesetze gehorcht, beispielhaft wie wenige Leben. Beinahe grausam eindringlich zeigt es den Kampf des Ich gegen eine Sendung, gegen die Last des Erneueramtes. Und zwar den Kampf sowohl gegen die helle, die Heilands- und Zarathustrasendung, wie gegen den Verräterfluch. Es zeigt den Kampf — und es zeigt auch den Gehorsam gegen beide, die ihm als nicht von Außen herangetragen bewußt wurden, sondern die in ihm aufwuchsen, beide einander widerstreitend, beide einander voraussetzend. Es war das Verhängnis dieses Lebens, nicht einem dieser beiden Gebote der Erneuung mehr als dem andern gehorchen zu dürfen, sondern beiden dienen, beide sein zu müssen. Skeptisch hat Nietzsche das bereits im „Menschlichen", den Asketen in sich kreuzigend, auf die Formel gebracht: in jeder asketischen Moral bete der Mensch einen Teil von sich als Gott an und habe dazu nötig, den übrigen Teil zu diabolisieren. Und ins Bejahende gewendet, ins Erhabene ausgedichtet ist das verhägnisvolle Gleichgewicht dieser ungeheuren Wage im Ecce homo: „Will man eine Formel für ein solches Schicksal, das Mensch wird? Sie steht in meinem Zarathustra.

,— Und wer ein Schöpfer sein will im Guten und Bösen, der muß ein Vernichter erst sein und Werte zerbrechen.

Also gehört das höchste Böse zur höchsten Güte: diese aber ist die schöpferische.'

Ich bin bei weitem der furchtbarste Mensch, den es bisher gegeben hat; dies schließt nicht aus, daß ich der wohltätigste sein werde. Ich kenne die

Lust am Vernichten in einem Grade, der meiner Kraft zum Vernichten gemäß ist, — in beidem gehorche ich meiner dionysischen Natur, welche das Neintun nicht vom Jasagen zu trennen weiß .. ich bin der Vernichter par excellence."

In dieser Seele lebt, sich selber furchtbar, als schicksalhaftes Müssen zur schaffenden Vernichtung ein Bedürfnis nach dem erlösenden Verrat. Diese Seele war ihrer natürlichen Anlage nach dankbar wie wenige — das Verhältnis zu allen Elementen ihrer frühen Bildung bezeugt es, die Beziehungen zu den Freunden, der Familie und jeder Art Ahnenschaft zeigen es bis zum Ergreifenden — aber dieser Überdankbarkeit entspricht, rätselhaft verkettet, ein inneres Getriebenwerden zur Verleugnung und Schändung des Geliebtesten. Dieser dämonischen Verkettung von tiefster Dankbarkeit und krassem Verrat war sich Nietzsche als gerade seines Lebensgesetzes stolz und schmerzlich bewußt. „Angreifen ist bei mir eine Form der Dankbarkeit", heißt es im Ecce homo. Es ist unmöglich, den Ton tiefer Genugtuung zu überhören, die gerade seine schroffsten Absagen, seine bösesten Verleugnungsworte erfüllt — einer Genugtuung, wie sie nur der erlebt, der einem Gesetz in sich nach langem Sträuben endlich nachgibt. Niemand wird glauben, daß Erwin Rohdes harmlose Anzweiflungen Taines als Geschichtsschreiber entfernt genügt hätten, um Nietzsche vor sich selbst den Vorwand einer Absage an den einstmals geliebtesten Freund zu bieten, wie sie sein Brief vom 21. Mai 1887 darstellt. Das ist der Ton eines, der seit langem auf eine Gelegenheit wartete. Nicht anders in den Briefen an Mutter und Schwester. Welche von Haßlust und Begier, tödlich zu verwunden, fast zitternde Ausdrucksweise etwa in der Briefstelle über die Mutter: „Es gehört zu den Rätseln, über die ich einige Male nachgedacht habe, wie es möglich ist, daß wir blutsverwandt sind" (1885 an die Schwester). Verwandte Beispiele bieten die Briefe an Malwida, an Rée, an die Lou (die Gastbriefe sind wohl die einzigen, in denen nichts derart zu beobachten ist). Und ihnen allen gemeinsam ist auch der bedeutsame Umstand, daß es sich für Nietzsche nie um einen beabsichtigten Abbruch handelt, den er etwa deshalb so unwiderruflich schroff wie möglich auszudrücken suche. Es ist immer nur ein Heraussagen, Herausschreien des „Bösen" im Untergrund jeder dieser Beziehungen: dem Verrate folgt nicht die Reue (denn er kam ja aus einer Notwendigkeit), auch kein Zurücknehmen, aber ein wehmütig schicksalbewußtes, fast bittendes Betonen der unzerreißbaren Gemeinsamkeit, der schicksalhaften Zusammengehörigkeit.

So folgt jenem grausamen und kalt zerschneidenden Brief an Rohde der andere: „Nein, laß dich nicht zu leicht von mir entfremden!" und der radikalen Absage an die Schwester (Briefentwurf Dezember 1888) die Bitte, in dieser Absage keine Härte, sondern das Gegenstück dazu zu sehen, und die Bitte um Liebe.

Das großartige, legendarisch hohe Beispiel aber seines tiefer Not gehorchenden Verrats bleibt ja der Fall Wagner und nicht nur in dem Pamphlet dieses Namens. Gibt es in aller Geistes- und Geistergeschichte etwas Schauerlicheres, als nach den Tagen von Tribschen die Leugnungen und Selbstverleugnungen des „Fall Wagner"? als das Bild dieses treusten Jüngers („Ich schwöre Ihnen zu Gott zu, daß ich Sie für den einzigen halte, der weiß, was ich will", Wagner an Nietzsche 1873), der nach jahrelangem Kampf zwischen dankbarster Liebe und verstörendem Zweifel den Meister in dem Augenblick verläßt, da die gemeinsame Sache gesiegt zu haben scheint? als die ratlose, dann ingrimmige und nie verwundene Trauer des sich verraten Glaubenden, der (was man ihm auch in den Mund gelegt hat) wußte, wen und was er verlor („Sagen Sie es ihm: seit er von mir gegangen ist, bin ich allein") — als die Selbstverhärtung des Jüngeren, der dem ehemals Angebeteten den eigenen Verrat nicht vergeben konnte? Gibt es etwas im reinsten Sinne Tragischeres als bei alledem der Anblick der völligen Unentrinnbarkeit, Unvermeidlichkeit, letzten Notwendigkeit? Beide verblendet, beide ungerecht bis zur Grausamkeit, aber beide sich gehorchend, beide sich treu und beide dafür leidend bis an ihr Ende. Wer an der Schuld und am Leid der Schuld schwerer trug? „Ich halte es ja nur mit dem, der in dieser Sache am meisten gelitten hat, und der war mein Bruder —" endete die Schwester einmal das Gespräch. „Wagner den Rücken zu kehren, war für mich ein Schicksal", heißt es im Vorwort zum Fall Wagner. Aber auch hier zeigt sich, was in jenen anderen Beziehungen Nietzsches gleichsam keimhaft vorgebildet war, daß Absage und Verrat selbst in schroffster Form nicht das Verhältnis selbst aufheben, daß Angreifen eine Form seiner Dankbarkeit ist und Abfall eine Form seiner Hingabe. Jener Klang aus dem letzten Brief an Rohde, den Freund seiner Schopenhauerjugend, ertönt motivisch aus den Jahren seiner Wagnerangriffe wieder. Bis zuletzt hat Nietzsche seine schicksalhafte Verbindung mit Wagners Person, Wagners Kunst und Problem, seine verhängnisvolle Verräterjüngerschaft, feindselige Brüderlichkeit, letzte Schicksalseinheit nicht verleugnet; hat nie seine Liebe zu ihm und den zwar reuelosen (weil fatalistisch hellsehenden) aber nie verwindbaren Schmerz des Verrats zu verbergen vermocht, in so viele Gewänder er beides auch kleidete. Ja, man darf sagen, daß selbst der junge wagnertrunkenste Nietzsche nicht solche Betonungen der Liebe und innersten Zugehörigkeit vernehmen läßt, wie der Renegat des Fall Wagner, der Meister der fanatisch vernichtungsfrohsten Polemik, die wir in deutscher Sprache kennen. „Ich habe Richard Wagner mehr geliebt und verehrt als irgend sonst jemand", heißt es in den Vorstudien zum „Fall", und ebendort, man werde es seinem Urteile anmerken, daß er Wagner sehr geliebt habe: denn ein Gegner nehme seinen Gegenstand niemals so tief. Ecce homo bezeugt es mit schwerem testamentarischen Ernst: „Was mich in meinem Leben bei weitem am tiefsten und herzlichsten erholt hat, ist ohne allen Zweifel der intimere Verkehr mit Richard Wagner gewesen. Ich lasse den Rest meiner menschlichen Beziehungen billig; ich möchte um keinen Preis die Tage von Tribschen aus meinem Leben weggeben, Tage des Vertrauens, der Heiterkeit, der sublimen Zufälle — der tiefen Augenblicke. Ich weiß nicht, was andere mit Wagner erlebt haben: über unseren Himmel ist nie eine Wolke hinweggegangen .." „Ich hätte meine Jugend nicht ausgehalten ohne wagnerische Musik .. ich nenne Wagner den großen Wohltäter meines Lebens. Das, worin wir verwandt sind, daß wir tiefer gelitten haben, auch aneinander, als Menschen dieses Jahrhunderts zu leiden vermöchten, wird unsere Namen ewig wieder zusammenbringen .." Im späten Nachlaß zur Umwertung, schmerzvoll ausbrechend: „Ich habe ihn geliebt und niemanden sonst. Er war ein Mensch nach meinem Herzen.. Es versteht sich von selber, daß ich niemandem so leicht das Recht zugestehe, diese meine (jetzige) Schätzung Wagners zur seinigen zu machen, und allem unehrerbietigen Gesindel, wie es am Leibe der heutigen Gesellschaft gleich Läusen wimmelt, soll es gar nicht erlaubt sein, einen solchen großen Namen, wie der Richard Wagners ist, überhaupt in das Maul zu nehmen, weder im Lobe noch im Widerspruche." Und noch in den letzten Dämmerungsjahren von Weimar konnte, wie die Schwester erzählt, der Name Wagners nie angerührt werden, ohne daß Nietzsche hinzusetzte: „Den habe ich sehr geliebt."

Nietzsche hat den tragischen Verrat seines Lebens noch selber als eine Judas-, eine Brutus-Tat schmerzlich verherrlicht in der Maske des Aphorismus „Zum Ruhme Shakespeares", den man in der Fröhlichen Wissenschaft findet. Er dankt es Shakespeare aus ganzer Seele, daß er Brutus gerechtfertigt hat, den Dante zusammen mit Cassius und Judas den Rachen Luzifers überantwortet hatte: die Tragödie von Cäsars Tod ist ihm eine Art Freispruch seiner selber und seines Verrats an Wagner. „Das Schönste, was ich zum Ruhme Shakespeares, des Menschen, zu sagen wüßte, ist dies: er hat an Brutus geglaubt und kein Stäubchen Mißtrauens auf diese Art Tugend geworfen! Ihm hat er seine beste Tragödie geweiht — sie wird jetzt immer noch mit einem falschen Namen genannt —, ihm und dem furchtbarsten Inbegriff hoher Moral. Unabhängigkeit der Seele — das gilt es hier! Kein Opfer kann da zu groß sein: seinen liebsten Freund selbst muß man ihr opfern können, und sei er noch dazu der herrlichste Mensch, die Zierde der Welt, das Genie ohnegleichen, — .. derart muß Shakespeare gefühlt haben! Die Höhe, in welche er Cäsar stellt, ist die feinste Ehre, die er Brutus erweisen konnte: so erst erhebt er dessen inneres Problem ins Ungeheure, und ebenso die seelische Kraft, welche *diesen* Knoten zu zerhauen vermochte.. Stehen wir vielleicht vor irgendeinem unbekannt gebliebenen dunklen Ereignisse und Abenteuer aus des Dichters eigener Seele, von dem er nur durch Zeichen reden mochte? Was ist alle Hamlet-Melancholie gegen die Melancholie des Brutus! — und vielleicht kannte Shakespeare auch diese, wie er jene kannte, aus Erfahrung! Vielleicht hatte auch er seine finstere Stunde und seinen bösen Engel, gleich Brutus!"

Aber das Brutus-Verhältnis zu Wagner ist, so unbedingt es das tiefste, das umwandelnde, das Schicksalereignis seines persönlichen Lebens war, dennoch nur ein Abbild und Gleichnis von Nietzsches Stellung und Verhängnis innerhalb der geistigen und mehr als geistigen Krise der europäischen Menschheit, in die er wie Wagner hineingeboren wurde und deren verzweifelt heroischen Lösungs- und Erlösungsversuch er darstellt, wie Wagner, in seinen höchsten Aufgipfelungen wenigstens, einen solchen Versuch, mit unreineren, weil ichsüchtigeren Mitteln freilich, darstellt. Wagnerliebe und Wagnerverrat sind Parabel jeder Liebe und jedes Verrats bei Nietzsche überhaupt; ihre Bogenlienie ist durchaus die nämliche wie die seines Liebesverrats an der Romantik (Schumann, Schopenhauer, Hölderlin), an der Musik, an der Moral, am Deutschtum, am Luthererbe — am Luthergott. Zarathustra ist Mörder Gottes (gleich seinem „häßlichsten Menschen"), wie Nietzsche Verräter an Wagner ist. Wie er als „böseren" Gegensatz zu Wagners Kunsthimmeln seiner Jugend bewußt Bizets Carmenmusik entdeckt und erfindet, wie die Kunst des im Grunde gering geachteten Franzosen ihm nur helfen muß, Wagner äußerst zu verdeutlichen: „Das was ich über Bizet sage, dürfen Sie nicht ernst nehmen; so wie ich bin, kommt Bizet tausendmal für mich nicht in Betracht. Aber als ironische Antithese gegen Wagner wirkt es sehr stark", 1888 an Fuchs, — so erfindet er sein Antichristentum als Mittel und Weg, Zarathustras neue Göttlichkeit sichtbar zu machen.

Im Nachlaß zum Zarathustra heißt es bedeutsam: „Ich habe den ganzen Gegensatz einer religiösen Natur absichtlich ausgelebt. Ich kenne den Teufel und seine Perspektiven für Gott." (Es ist genau das Grundgefühl hier tätig, wie, im Engeren, bei seinem Verhältnis zur décadence: „Von der Krankenoptik aus nach gesünderen Begriffen und Werten zu sehen — das war meine längste Übung, meine eigentliche Erfahrung, wenn irgend worin, wurde ich darin Meister.." Ecce homo.) Absichtlicher Gegensatz einer religiösen Natur (also doch wohl der unabsichtlichen eigenen) — hier fällt ein Lichtstreif auf die Bedeutung des Kultes, den Nietzsche bezeichnenderweise gerade im Augenblick des Wagnerabfalls, in der Stunde des „Menschlichen Allzumenschlichen" also, mit dem „Geiste" treibt, dem freien Geiste jeder Art von Aufklärung, einem neuen und unbedingteren Voltairetum. Der Geist hat hier nicht den Sinn einer neuen und freien Andacht, er hat nichts vom Gedanken Pascals oder Goethes — die beide dem späteren Nietzsche näherkommen — sondern er ist luziferisches Mittel, den ganzen Gegensatz einer religiösen Natur absichtlich auszuleben. Nietzsches Voltairetum dient als Perspektive für Gott. Und wenn er gerade in dieser verleugnungssüchtigsten Epoche seines Lebens — und nur deshalb — leidenschaftlich die Partei der Erkenntnis gegen das Leben nimmt (Anfang und Ausgang Nietzsches stehen dagegen unter dem Zeichen eines Satzes aus der Zweiten Unzeitgemäßen: „Nur soweit die Wissenschaft (und Erkenntnis) dem Leben dient, wollen wir ihr dienen"), so ist sein Verrat am Lebensbegriff in diesem Augenblick, im Augenblick des Verrats an Wagner, an der eigenen Jugend, am tiefsten Erlebnis seines Daseins, sinnbildlich für die Absicht, den Teufel und seine Perspektive für Gott zu kennen. Denn immer ist es der Geist, der zum Verrat am Leben gefährlich hinneigt: „Geist ist das Leben, das selber ins Leben schneidet", sagt Zarathustra. Und immer der Geist, der sich zur Verteidigung des Bösen, zur Apologie Satans fernher aufgerufen fühlt — und damit das Böse noch einmal ist. Denn der ärgste Grad des Bösen, nach Swift, der eigentliche Judasgrad des Bösen und als solcher der untersten Hölle würdig, ist die Verteidigung des Bösen. Diese aber, gerade diese erlebte Nietzsche als seine eigenste

Aufgabe und Sendung. „Wir sind die Ehrenretter des Teufels", klingt es triumphierend nicht nur im Willen zur Macht. Die Einordnung, Einverleibung von möglichst vielen der Kräfte, welche der christlichen Sittenlehre als böse gelten, in den Organismus, den Nietzsche Kultur nennt, die Rettung der nährenden und erneuernden Kräfte des tiefströmenden „Bösen" für den Baum des Lebens, das ist der Sinn von Nietzsches in der Form zuerst zweiflerischen, in der Wurzel und Ausblüte leidenschaftlichen Immoralismus. „Alles Gute ist die Verwandlung eines Bösen; jeder Gott hat einen Teufel zum Vater" — dieser Satz, aus den Paralipomena zum Zarathustra, formt vielleicht am leidenschaftlich einseitigsten dies Urgefühl. Es ist die stärkste Behauptung eines advocatus diaboli. Gerechter, im innigeren Gefühl der großen Weltwage, drückt das Zarathustragleichnis vom Baum am Berge Nietzsches Immoralismus aus: „Aber es ist mit dem Menschen wie mit dem Baume. Je mehr er hinauf in die Höhe, ins Helle will, um so stärker streben die Wurzeln erdwärts, abwärts, ins Dunkle, Tiefe — ins Böse." Es ist das Übermenschliche, das seine Wurzeln tiefer ins Untermenschliche zu treiben strebt. Es ist der gottsüchtigste Mensch, den es am sehnlichsten nach den Quellen des Bösen hinabverlangt, und es ist vielleicht Gott, der den Schwarzen Engel am schmerzlichsten sucht. Wie ursprünglich diese Vorstellungen Nietzsches Wesen angehören, bezeugt er selber in einer Erwähnung seiner kindlichen theologischen Grübeleien, in der Vorrede zur Genealogie der Moral: „Bereits als dreizehnjährigem Knaben ging mir das Problem vom Ursprung des Bösen nach: ihm widmete ich, in einem Alter, wo man ‚halb Kinderspiele, halb Gott im Herzen' hat, mein erstes literarisches Kinderspiel, meine erste philosophische Schreibübung — und was meine damalige ‚Lösung' des Problems anbetrifft, nun, so gab ich, wie es billig ist, Gott die Ehre und machte ihn zum Vater des Bösen. Wollte es gerade so mein A priori von mir?" (Ähnlich im Vorredennachlaß der Jahre 1885 bis 1888: „Als ich zwölf Jahre alt war, erdachte ich mir eine wunderliche Dreieinigkeit: nämlich Gott-Vater, Gott-Sohn und Gott-Teufel .. damit fing ich an zu philosophieren.") Wirklich war hier ein a priori geheim tätig: wir haben in jenem Kinderspiel — einem der merkwürdig vordeutenden Elemente von Nietzsches Entwicklung — schon den späten Nietzsche, der Gott und Satan in einer höheren Einheit jenseits ihrer aufheben möchte, den Nietzsche, dem das Böse göttlichen Ursprungs ist, ja ein höchstes Merkmal alles dessen, was er göttlich heißt. Dreißig Jahre später macht das Ecce homo noch einmal in spielend boshafter Form, aber gewiß nicht unernster, Gott zum Vater des Bösen: „Theologisch geredet — man höre zu, denn ich rede selten als Theologe" (vielleicht nicht so selten, wie Nietzsche hier erwähnt) — „war es Gott selber, der sich als Schlange am Ende seines Tagewerks unter den Baum der Erkenntnis legte: er erholte sich so davon, Gott zu sein.. Er hatte alles zu schön gemacht.. Der Teufel ist bloß der Müßiggang Gottes an jedem siebenten Tage.."

Seine Theologie des Bösen führt Nietzsche weit in Gedankengänge hinein, in Empfindungsweisen, die wir als russisch zu empfinden und zu bezeichnen gewohnt sind. Wie denn die russische Seele von jenem tiefen und leidenschaftlichen Offensein für alles Böse, durch welches Asiens Urinstinkt sich von Europas sokratischem Zielstreben nach dem „Guten" so völlig und schlechthin unterscheidet, sich noch am meisten bewahrt hat: seine Dichter, diese Prediger der Güte, sind zugleich die tiefsten Wisser und Künder alles menschlich Bösen. Nietzsche nennt im Antichrist das Wort „Widerstehe nicht dem Bösen" (Ev. Matthäi 5, 39) „das tiefste Wort der Evangelien, ihren Schlüssel in gewissem Sinne" — eine Auslegung, die klingt, als wäre sie von Tolstoi geschrieben, ein Wort, das ganz dem Judas jener Legende zu gelten scheint, dessen Frömmigkeit es sein mußte, dem Bösesten nicht zu widerstehen, weil er nur dadurch das Evangelium möglich machte. Und wie unter dem Eindruck Tolstois geschrieben klingt auch der Satz aus dem Nachlaß der Umwertung: „Das tiefste Mißverständnis der Religion: böse Menschen haben keine Religion." Er nennt die ihm gefühlsverhaßte „seltsame und kranke Welt der Evangelien" verächtlich „eine Welt wie aus einem russischen Romane" — im Epilog des Fall Wagner heißt es sogar geradezu: „Die Evangelien führen uns genau dieselben physiologischen Typen vor, welche die Romane Dostojewskis schildern." Dennoch zieht ihn zu gleicher Zeit eine ungemeine Sympathie zu dem kranken und wilden christlichen Genie, in dem die Demut und Güte der Evangelien sich mit dem machtsüchtigen Fanatismus der Kirchenväter so seltsam verbindet; und die Bewunderung für den *Psychologen* Dostojewski, den „einzigen, von dem ich etwas zu lernen hatte", dessen Entdeckung er zu den schönsten Glücksfällen seines Lebens zählt, — sie ist selbst Ausdruck eines Willens, dem Bösen nicht zu widerstehen: denn Nietzsches eigene „Psychologie" ist zuletzt auch nur eine Form seiner Hingabe an das Böse.

Eine Kunst der bösen, der häßlichen Seele fordert und verteidigt schon der Nietzsche des „Menschlichen": man ziehe der Kunst viel zu enge

Schranken, wenn man verlange, daß nur die geordnete, sittlich im Gleichgewicht schwebende Seele sich in ihr aussprechen dürfe. „Wie in den bildenden Künsten, so gibt es auch in der Musik und Dichtung eine Kunst der häßlichen Seele, neben der Kunst der schönen Seele; und die mächtigsten Wirkungen der Kunst, das Seelenbrechen, Steinebewegen und Tierevermenschlichen ist vielleicht gerade jener Kunst am meisten gelungen." Ist hier Orpheus teuflisch gemacht (als den „Orpheus alles heimlichen Elends" bezeichnet Nietzsche einmal Richard Wagner), so macht die „Morgenröte" den Bösen sogar zum dankbarsten Hörer der Musik, in dem Aphorismus „die Bösen und die Musik": „Sollte die volle Seligkeit der Liebe, welche im unbedingten Vertrauen liegt, jemals anderen Personen zuteil geworden sein, als tiefmißtrauischen, bösen und galligen? Diese nämlich genießen in ihr die ungeheure, nie geglaubte und glaubliche Ausnahme ihrer Seele.. wie ein köstliches Rätsel und Wunder voll goldenen Glanzes und über alle Worte und Bilder hinaus. Das unbedingte Vertrauen macht stumm; ja selbst ein Leiden und eine Schwere ist in diesem seligen Stummwerden, weshalb auch solche.. Seelen der Musik dankbarer zu sein pflegen als alle anderen und besseren.."

Zarathustra zuerst wendet die Apologie des Bösen ganz ins Bejahende: „Das allein lernte ich bisher, daß dem Menschen sein Bösestes nötig ist zu seinem Besten, daß alles Böseste seine beste Kraft ist.." Ja, „alle Menschen, auf die bisher etwas ankam, waren böse" — lautet die schärfste, die luziferische Zuspitzung der Umwertungszeit. So gilt denn auch Nietzsches geschichtsphilosophische Anwaltschaft zu allererst den großen Bösen. Sie verteidigt Loki und Kain in ihren geschichtlichen Masken. Und seine Verherrlichung der Macht? Man erinnert sich des Satzes, den Jakob Burckhardt von Schlosser in seine Weltgeschichtlichen Betrachtungen wie ein pessimistisches Leitmotiv von schopenhauerschem Klang herübernahm, in dieselben Weltgeschichtlichen Betrachtungen, deren bestimmender Eindruck auf Nietzsche bis ins Einzelnste dem vergleichenden Leser der beiden Basler Humanisten immer deutlicher wird: „Die Macht an sich ist böse". „Das weltliche Regiment ist von Kain hergekommen", drückte Luther das aus. Nicht weil sie Macht, sondern weil sie böse ist, bejaht Nietzsches ursprüngliche Eingebung sie; und wenn er in der Idee seines Bruchstück gebliebenen Hauptwerks den Willen zur Macht zum brennenden Herzen der Welt macht, so ist dies nicht nur eine umkehrende Bejahung von Schopenhauers Willenmetaphysik; es ist ein geheimes Ja auch zu Schopenhauers Wertung des Willens — als des Urbösen. Die Synthesis von Übermensch und Unmensch erschüttert ihn in der Erscheinung Napoleons. Lionardo, der „einen zu großen Umkreis von guten und schlimmen Dingen gesehen hat", der mächtige Amoralismus Friedrich II., des Hohenstaufen, im Zwielichte seines Judaswortes von den drei großen Betrügern; die mephistophelische Seite an Goethe (gern und bewußt vor der nur faustischen herausgetrieben) — das sind die beispielhaften Vorbilder, nach denen es ihn immer wieder verlangt. Und ein Lieblingsgleichnis, sein bevorzugtes Beispiel eines lebendigen Jenseits von Gut und Böse ist die Vorstellung „Cesare Borgia als Papst" (im Antichrist): „Ich sehe eine Möglichkeit vor mir von einem vollkommen überirdischen Zauber und Farbenreiz: — es scheint mir, daß sie in allen Schaudern raffinierter Schönheit erglänzt, daß eine Kunst in ihr am Werke ist, so göttlich, so teufelsmäßig-göttlich, daß man Jahrtausende umsonst nach einer zweiten solchen Möglichkeit durchsucht. . Cesare Borgia als Papst. . versteht man mich?. " Versteht man ihn? Ahnt man, was im Grunde dieser lästerlichen Vision als Urschau steht? Aber es ist das Schaubild des Bösesten und des Reinsten in Einem, des Urwillens und der Uridee (wie in Schopenhauers Musik), des ewigen Hohngelächters und des ewigen Lobgesangs, — ist das Bild des Judas und des Christs in *einer* Verleiblichung. Nur den Vordergund dieses Schauspiels, nach dem ihn verlangt, bildet der hohe Zynismus dieser erzromantischen geschichtlichen Ironie. Dahinter steht der Wille, zwei Welten vereinigt zu schauen, die er als ewig getrennte beide in sich weiß — eine die andere verratend, eine die andere schmerzlich segnend.

Auch Zarathustra selbst trägt ja neben den Zügen eines kommenden Heilands deutlich Züge Luzifers und Lokis. Man denke an die freche Eselslitanei, an den luziferischen Schrei: „Wenn es Götter gäbe, wie hielte ich's aus, kein Gott zu sein?" Ja, der ganze Stil, der Rhythmus Zarathustras, dieses dionysischen Unholds, wie Nietzsche ihn kennzeichnet, weist das Stigma dieser Teufelsbuhlschaft. Alles Grelle, Parodische, boshaft Spottende, bewußt Lästerliche, das die feierlichen Rhythmen alttestamentlichen Stils, die mildreifen Anreden im Klang der Bergpredigt jäh durchbricht — alle diese Elemente des Zarathustrastils, welcher der Nietzschestil noch einmal ist, wurzeln in der Freude am Verrat, aber am Verrat eines Geliebtesten; die schöpferische und parodische Genialität dieses Stils, die das Unerhörteste mit dem Ältestgehörten zu einer einmaligen Größe und unwiderstehlichen Gewalt zusammenzwingt (und darin wirklich einen „dritten Schritt" über Luther und Goethe hinaus bedeutet), sie ist echtestes Gleichnis dessen, was ihr Schöpfer als Genialität selbstdeutend bezeichnet: „Der geniale Zustand eines Menschen ist der, wo er zu einer und derselben Sache zugleich im Zustand der Liebe und der Verspottung sich befindet" (Nachlaß zum „Menschlichen"). (Die boshaften Elemente dieses Stils haben ganz die nämliche formale und seelische Notwendigkeit, wie auf den leidenschaftlich gottsüchtigsten Bauwerken der Welt — den nordfranzösischen Kathedralen — die beispiellos fratzenhaften, der hingebendsten Freude am Bösen entsprungenen Chimären: ihre dämonische äußerste Bosheit bezeugt die elementische inbrünstige Sehnkraft, der diese Werke entstiegen.) Der Gegenstand aber dieser genialen Liebe und Verspottung zugleich ist in Zarathustra wie im ganzen Nietzsche immer nur einer und derselbe: der Mensch, der selber doppelwesenhafte, armselige und göttliche Mensch.

Zum Judasverrat gehört Judasschicksal. Durch sich selbst zugrunde zu gehen — das ist das letzte Siegel auf die verborgene Einheit des Verräters mit dem Christ. Wir kennen das Wort, mit dem Zarathustras letzte Einsamkeit sich selber martert, mit dem er sich selber und seine scheinbare helle heitere schenkende Göttlichkeit in doppeltem Sinn *verrät*, das böse Judaswort: Selbsthenker.

>„O Zarathustra
>Grausamster Nimrod!
>Jüngst Jäger noch Gottes,
>Das Fangnetz aller Tugend,
>Der Pfeil des Bösen!
>Jetzt —
>Von dir selber erjagt,
>Deine eigene Beute ..
>In eigenen Stricken gewürgt,
>Selbstkenner!
>Selbsthenker!"

Eine Ahnung seines selbstopfernden Ausgangs ist immer in Nietzsche wach: „Man geht niemals durch etwas anderes zugrunde als durch sich selbst"; „das Zugrundegehen präsentiert sich als ein Sichzugrunderichten". Der Schüler Pfortas bereits bewunderte nichts tiefer als das freiwillige Ende des Empedokles („das ganze Werk hat mich immer beim Lesen ganz besonders erschüttert"). Und Ecce homo vollzieht Äußerstes an Selbstrichtung inmitten schon grausiger Selbstvergottung: „Ich habe eine erschreckliche Angst davor, daß man mich eines Tages heilig spricht .. Ich will kein Heiliger sein, lieber noch ein Hanswurst .. Vielleicht bin ich ein Hanswurst .." Noch die letzte erbarmungslose Verwerfung des europäischen Nihilismus und des europäischen Verfalls im ersten Buche des Willens zur Macht, die richtende Kennzeichnung des Nihilisten, des Letzten Menschen, auch sie ist eine Form der Selbstrichtung: denn wer hätte sich tiefer allen Entzückungen und Gefahren, allen Wonnen und jedem grenzenlosen Pessimismus dieses europäischen Nihilismus der zweiten Jahrhunderthälfte hingegeben, als Nietzsche selber, der Jünger Schopenhauers und Wagners, der belastete Erbe aller Romantik, er, der sich selber einen décadent nennt und seines „aus hundert Gründen ewig problematischen Seins" nur zu gewiß war? Die décadence, der Nihilismus waren ihm das eigentlich Teuflische, das Böse an sich, aber er bekämpfte diese Mächte, er überwand sie, indem er sich ihnen hingab, indem er sie tiefer erlitt als irgendein anderer — und sich zuletzt noch dafür richtete, *daß* er sich ihnen hingegeben hatte. Die Überwindung des europäischen Verfalls-Nihilismus ist vorbildlich *in* ihm geschehen, wie sie *durch* ihn geschehen ist. „Widerstehe nicht dem Bösen" — wenn diese Mahnung mit Nietzsche das tiefste und Schlüsselwort der Evangelien ist, so war Nietzsches geistiges Schicksal, wie er es sich zubereitete, ebenso tief evangelisch wie es der Judasverrat der Legende war: es machte, inmitten einer ganz hoffnungslosen, ganz skeptischen, ganz entgötterten Spätmenschheit, ein neues dionysisches Evangelium, das neue und uralte Evangelium vom Menschen erst wieder möglich. Das ist der Sinn der Ecce homo-Worte, in denen er sich den Menschen des Verhängnisses, den Vernichter par excellence, den bei weitem furchtbarsten Menschen nennt, den es bisher gegeben habe — und zugleich den Evangelisten, einen Frohen Botschafter, wie es keinen gegeben habe. Wie lautete der grausige Triumphname, den der schon Hinabgehende sich selbst und seinem letzten Buche beilegte? Es war der Name, dessen erste Verleiblichung Judas gewesen war, der Name des großen Gegenheilands, des geweissagten letzten Gegengottes — der Name des Antichrist.

In seltsamem Doppellicht schimmert so Nietzsches Ausgang: halb Judasselbstrichtung, halb prometheisch stolzes Opfer; beide verknüpft durch das Bewußtsein einer ungeheuren Notwendigkeit, die beide mit einer entscheidenden Drehung der Menschengeschicke, mit dem Kommen irgendeines neuen Bundes und neuen Feuers vereint; so zwar, daß nicht er selber der Bringer des neuen Heiles ist, aber daß ohne gerade *seinen* Frevel, ohne seinen Mord Gottes die ehernen Tore zur Neuen Welt auf immer verriegelt bleiben müßten. Es ist ein luziferisches Ende, nicht wie das des Judas der Schrift in verzweifelter Reue, sondern in der erhabenen Reuelosigkeit dessen, der sich als das dunklere Opfer eines neuen Heiles erkennt und bejaht: „Das Beste und Höchste, dessen die Menschheit teilhaftig werden kann, erringt sie durch einen Frevel.." (Geburt der Tragödie). Wir verehren in Nietzsches Lebenslegende das Abbild eines Glaubens in der Form äußersten Verrats an jedem Glauben, ein Erretten des Göttlichen durch einen Mord Gottes. Seine groß prometheische Feindschaft gegen Jehova ist sein Lob Gottes; sein Mord des Alten Gottes, weit eher übrigens, rein philosophisch, eine Tat Kants als eine solche Nietzsches, ist Wegebereitung und Vorkündung eines neuen Göttlichen, das in der Vision Zarathustras den ersten Schatten über den Weg in der Wüste wirft. (Vielleicht fühlte Nietzsche das Wort Renans, das er kannte, als auf sich gesagt, auf Zarathustra deutend: „Les dieux sont une injure à Dieu. Dieu sera un jour une injure au divin.") Wir ehren seine freiwillige und bewußte Kainschaft, die das brüderlich Geliebteste zu opfern vermag und die das Mal als Makel und Krone zugleich trägt. Vor Bildern wie dem seinen erinnern wir uns, mit Hebbel, das Beste an der Religion sei, daß sie Ketzer hervorruft, und gedenken, daß nie dem thronenden Gott im Weihrauch, sondern dem verleugneten und zerrissenen, daß nur dem toten Gotte die Kraft ewiger Neuerstehung einwohnt — wenn der alte Gott zerstäubt, wird der neue wach —, und daß, wer Gott tötet, ihn gerade dadurch der Menschheit erhält.

# MASKE

> „Spricht man ja mit sich selbst nicht immer, wie man denkt, und es ist Pflicht, andern nur dasjenige zu sagen, was sie aufnehmen können."
>
> „Bedeutend wirkt ein edler Schein."
>
> Goethe.

„Das Problem des Schauspielers hat mich am längsten beunruhigt," gesteht Nietzsche in der Fröhlichen Wissenschaft. Trotz dieses Geständnisses, das offenbar eine seelische Grundtatsache anrührt, erscheint das Schauspielerproblem zunächst als keines von denen, die mit ursprünglicher Notwendigkeit aus Nietzsches elementaren Bedingungen hervorgehen. Es war für ihn zunächst *kein* besonders „selbstbiographisches" Problem. Nietzsche ist seiner ganzen Natur nach im Innersten unschauspielerisch und untheatralisch gewesen, mögen auch Züge einer gewissen geistigen Bespiegelung zu allen Zeiten, namentlich aber in der Spätzeit, bei ihm zu beobachten sein. Sein Jugendfreund Deussen bezeugt: „Nietzsche war von Haus aus eine tiefernste Natur, alles Schauspielerhafte im tadelnden wie im lobenden Sinne lag ihm gänzlich fern." Es ist kaum eine Stilisierung darin, wenn Nietzsche in derselben Schrift wenige Seiten nach jenem Bekenntnis sagt: „Meine Schwermut will in .. der *Vollkommenheit* ausruhn: dazu brauche ich Musik. Was geht mich das Drama an! Was die Krämpfe seiner sittlichen Ekstasen.. was der ganze Gebärdenhokuspokus des Schauspielers! Man errät, ich bin wesentlich antitheatralisch geartet, — aber Wagner war umgekehrt wesentlich Theatermensch und Schauspieler, der begeistertste Mimomane, den es gegeben hat, auch noch als Musiker!" Es ist ein gegenschauspielerischer Stolz seines Ich darin, wenn er, an entlegener Stelle des letzten Nachlasses, einmal sagt: „Wahrhaftig sein ist eine Auszeichnung"; oder in der etymologischen Ableitung aus der Zeit der Morgenröte: „Die Edlen, ἐσθλοί, die Wahrhaften, die sich *nicht zu ver-*

*stellen brauchen!* Als Mächtige und Individuen!" Aber ein „Nicht brauchen" ist auch immer zugleich ein Nicht können: die mächtige Individualität Nietzsches hätte von sich bezeugen dürfen, was Napoleon sich eingestand: „Ich kann mich nicht verkleiden — hinter jeder Maske werde ich erkannt." Sicherlich, Nietzsche *war* von Haus aus, als wesentlich protestantische Natur, wesentlich untheatralisch (die naive Opernfreude des jungen Nietzsche sagt nichts dagegen aus): wie unschauspielerhaft sind trotz aller rührend durchsichtigen Lieblingsgesten seine starr ichbezogenen Briefe, am meisten dort, wo sie sich dem Andern zuliebe verwandeln möchten! Oder man vergleiche all seine fast wehrlos selbstbiographischen Seiten εἰς ἑαυτόν mit den ausgesprochenen Schauspielermemoiren Wagners, in ihrer naiv abgefeimten, beinah schon wieder unbewußt gewordenen Verstellungsfreude und Geschicklichkeit des Sich-Inszenierens! Erst in dem Erlebnis „Wagner" brandete die Welle dieser Frage, dieses Problems vom Schauspieler, an den Saum seines inneren Daseins. Erst die Verzauberung durch Wagners Kunst und mächtige Persönlichkeit hat ihm das Rätsel der „Maske" als ein ihn angehendes erscheinen lassen. Erst in Wagner, *als* Wagner beunruhigt ihn die Frage der Verwandlung, die ihn wirklich „am längsten", bis in die geistige Nacht hinein, beunruhigen sollte.

Die Geburt der Tragödie (mit den sie umlagernden Bruchstücken des Nachlasses) ist das erste großartige Zeugnis jener Unruhe; ein fast dichterischer Versuch, das Rätsel von der Entstehung des schauspielerischen Wesens zu deuten. Welche Mächte schaffen den Verwandelten Menschen? — diese Frage bildet durchaus den Kern des Buchs. Dionysos ist ein Name der verwandelnden Kraft, welche Menschen zwingt, Masken zu werden, Masken eines überpersönlichen, „göttlichen" Seins. Aber zugleich verrät diese Dichtung doch auch, daß hier das Problem der Verwandlung und Maskenverzauberung noch von einem Anschauenden, nicht von einem Verwandelten gesehen und gedeutet wird, theoretisch, nicht dionysisch erlebt ist; es ist dichterische Philologie, ohne Zweifel, aber dennoch Philologie, oder vielmehr philologisch-historische Methode, die über sich hinaus möchte. „Wie schade, daß ich, was ich damals zu sagen hatte, es nicht als Dichter zu sagen wagte: ich hätte es vielleicht gekonnt!" klagt Nietzsches eigene Vorrede zur „Geburt", vom Jahre 1886. Das ist die Klage eines Unverzauberten, der sich schämt, über Dinge der Verzauberung anders als im Zustande der Verzauberung geredet zu haben. Geredet — nicht gesungen, wie es dem „Verwandelten" zukäme: „Sie hätte *singen* sollen, diese neue Seele— und nicht reden!" so der Selbstvorwurf jener Vorrede. Nietzsche empfand später mit quälender Deutlichkeit die innere Doppelung dieses Buches, das im Grunde von der Sehnsucht nach Verzauberung spricht, indem es aus der Verzauberung selber zu reden scheint.

„Die Verzauberung ist die Voraussetzung aller dramatischen Kunst" — dies ist der Kernsatz des Buchs. Aber man höre, wie durchaus der Analytiker, nicht der Schauspieler, nicht der Dramatiker, nicht ein Selbstsichverzaubernder von diesem Phänomen spricht: „Wir reden über Poesie so abstrakt, weil wir alle schlechte Dichter zu sein pflegen. Im Grunde ist das ästhetische Phänomen einfach; man habe nur die Fähigkeit, fortwährend ein lebendiges Spiel zu sehen und immerfort von Geisterscharen umringt zu leben, so ist man Dichter; man fühle nur den Trieb, sich selbst zu verwandeln und aus andern Leibern und Seelen herauszureden, so ist man Dramatiker." „Die dionysische Erregung ist imstande, einer ganzen Masse diese künstlerische Begabung mitzuteilen, sich von einer solchen Geisterschar umringt zu sehen, mit der sie sich innerlich Eins weiß. Dieser Prozeß des Tragödienchors ist das *dramatische* Urphänomen: sich selbst vor sich verwandelt zu sehen und jetzt zu handeln, als ob man wirklich in einen andern Leib, in einen andern Charakter eingegangen wäre . .Und zwar tritt dieses Phänomen epidemisch auf: eine ganze Schar fühlt sich in dieser Weise verzaubert.. Der dithyrambische Chor ist ein Chor von *Verwandelten*, bei denen ihre bürgerliche Vergangenheit, ihre soziale Stellung völlig vergessen ist: sie sind die zeitlosen, außerhalb aller Gesellschaftssphären lebenden Diener ihres Gottes geworden. Alle andere Chorlyrik der Hellenen ist nur eine ungeheure Steigerung des apollinischen Einzelsängers; während im Dithyramb eine Gemeinde von unbewußten Schauspielern vor uns steht, die sich selbst untereinander als verwandelt ansehen." Klarer wird Nietzsches Vorstellung von dieser Epidemie der Verwandlung, von der ekstatischen Verzauberung der ältesten Chorgemeinschaft zur ersten Gemeinde von unbewußten Schauspielern in einer Vorstudie zur „Geburt", in dem Aufsatz über das griechische Musikdrama von 1869/70. Der dionysische Rausch ist hier unmittelbar als Mutterschoß des Dramas geschildert, die Darstellung des verzauberten Zustandes verrät noch merklicher den Einfluß schopenhauerischer Ästhetik. „Die Seele des Atheners, der die Tragödie an den großen Dionysien anzuschauen kam, hatte in sich noch etwas von jenem Element, aus dem die Tragödie geboren ist. Es ist dies der übermächtig hervorbrechende Frühlingstrieb, ein Stürmen und Rasen in gemischter Empfindung .. die allgewaltige, so plötzlich sich kundgebende Wirkung des Frühlings steigert hier auch die Lebenskräfte zu einem solchen Übermaß, daß ekstatische Zustände, Visionen und der Glaube an die eigene *Verzauberung* allerwärts hervortreten, und gleichgestimmte Wesen scharenweise durchs Land ziehen. Und hier ist die Wiege des Dramas. Denn nicht damit beginnt dasselbe, daß jemand sich vermummt und bei andern eine Täuschung erregen will: nein, vielmehr, indem der Mensch außer sich ist und *sich selbst verwandelt und verzaubert glaubt.* In dem Zustande des ‚Außer-sich-seins', der Ekstase, ist nur ein Schritt noch nötig: wir kehren nicht wieder in uns zurück, sondern gehen in ein anderes Wesen ein, so daß wir uns als *Verzauberte* gebärden. Daher rührt im letzten Grunde das tiefe Erstaunen beim Anblick des Dramas: der Boden wankt, der Glaube an die Unlöslichkeit und Starrheit des Individuums." Das ist schopenhauerische Terminologie, in Anwendung auf Wagners Theorien, aber nicht eigentlich Bekenntnis; und dies Nacherlebnis Schopenhauers im Anblick Wagners wird vollends deutlich an anderer Stelle der Parerga zur Geburt der Tragödie:

„Frömmigkeit, wundersamste Maske des Lebenstriebes! Hingabe an eine vollendete *Traumwelt*, der die höchste sittliche Weisheit verliehen wird! Flucht vor der Wahrheit, um sie aus der Ferne, in Wolken gehüllt, anbeten zu können! Versöhnung mit der Wirklichkeit, *weil* sie rätselhaft ist! Abneigung gegen die Enträtselung, weil wir keine Götter sind!.. Verherrlichung und Verklärung der Schreckmittel und Furchtbarkeiten des Daseins als der Heilmittel *vom* Dasein!.. Triumph des Willens in seiner Verneinung!.. Das Schreckliche oder das Absurde ist erhebend, weil es nur *scheinbar* schrecklich oder absurd ist. Die dionysische Kraft der *Verzauberung* bewährt sich hier noch auf der höchsten Spitze dieser Weltanschauung: alles Wirkliche löst sich in Schein auf, und hinter ihm tut sich die einheitliche *Willensnatur* kund, ganz in die Glorie der Weisheit und Wahrheit, in blendenden Glanz gehüllt. *Die Illusion, der Wahn ist auf seiner Höhe.*" (Die dionysische Weltanschauung. 1870.) Man kann das schwere, vielfältige Problem des Dramas und des Mimen nicht zauberhafter vereinfachen und verschopenhauern, als es hier geschehen ist. Die Illusion des wagnerberauschten Nietzsche ist auf ihrer Höhe. Derselbe Aufsatz aber enthält auch schon die erste Loslösung des eigentlichen engeren Schauspielerproblems aus dem der dionysischen Verzauberung. Das Spiel mit dem Rausche statt des Rausches selbst, der Komödiant an Stelle des Ekstatikers, das ichsüchtig maskenfrohe Individuum statt des im Gott versinkenden — das bezeichnet das Entstehen des eigentlichen Schauspielertypus. Eine Mittelwelt entsteht, ungemein nietzschisch, zwischen dem Gott und dem Individuum, zwischen Dionysos und Sokrates: „Diese *Mittelwelt* zwischen Schönheit und Wahrheit offenbart sich in einem Spiel mit dem Rausche, nicht in einem völligen Verschlungensein durch denselben. Im Schauspieler erkennen wir den dionysischen Menschen wieder, den instinktiven Dichter, Sänger, Tänzer, aber als *gespielten* dionysischen Menschen. Er sucht dessen Vorbild in der Erschütterung der Erhabenheit zu erreichen oder auch in der Erschütterung des Gelächters: er geht über die Schönheit hinaus und er sucht doch die Wahrheit nicht. In der Mitte zwischen beiden bleibt er schwebend." (Die dionysische Weltanschauung. 1870.) Und schon verrät sich Nietzsches Schätzung des Schauspielers an sich, des nur noch gespielten dionysischen Menschen, in unzweideutigen Formeln der Verachtung: „Noch im Munde des innerlich überzeugtesten Schauspielers klingt uns ein tiefsinniger Gedanke, ein Gleichnis, ja im Grunde jedes Wort wie abgeschwächt, verkümmert, entheiligt; wir glauben nicht an diese Sprache, wir glauben nicht an diese Menschen, und was uns sonst als tiefste Weltoffenbarung berührte, ist uns jetzt ein widerwilliges Maskenspiel.. Man fühlt etwas wie eine Entweihung." (Musik und Tragödie. 1871.) (Was genau so noch sieben Jahre später sein Instinkteinwand gegen den Parsifal bleibt, im Brief an einen Freund: „Vieles, was für das innere Auge erträglich ist, wird bei der Aufführung kaum auszuhalten sein: denken Sie sich unsere Schauspieler betend, zitternd und mit verzückten Hälsen.") Die negative Wertung des Schauspielers — des von seiner religiösen Wurzel losgelösten, Selbstsinn und Selbstgenuß gewordenen Schauspielertums — ist also durchaus keine Folge der Gesamtabkehr von Wagner; sie ist in Nietzsches wagnerischster Zeit schon vollkommen ausgebildet, man sieht es. Eine Briefstelle wie die an Deussen (Februar 1870) zeigt nur die sozusagen praktische Gegenseite dieser allgemeinen Prägung: „Es ist traurig, aber für die unsäglich dürftige deutsche Geselligkeit charakteristisch, daß Du Vergnügen am Umgange mit Schauspielern hast. Mir ist es auch so gegangen. Der Heiligenschein der freien Kunst fällt auch auf ihre unwürdigsten Diener. Im übrigen idealisieren wir diese Schicht der Gesellschaft: und mitunter redet auch der kleine Dämon mit, dem Sophokles sich mit Wonne entflohen fühlte.. Mir ist dies Wesen augenblicklich fatal.

Welcher Prozeß mußte sich mit Notwendigkeit vollziehen, wenn in Nietzsches Verhältnis zu Wagners Persönlichkeit und Werk die Erkenntnis der großartigen Schauspielernatur dieses Menschen und dieses Werkes die Dankbarkeit des Liebeswahns durchbrach? Es geschah völlig das Nämliche, was Nietzsches theoretische Wertung des Schauspielers schon gleichsam wahrsagerisch vordeutet, die Kurve vom dionysisch Verzauberten bis zum Komödianten, dem man nicht glaubt, wiederholt sich: Dionysos und der dionysisch verwandelte Mensch, als Maske des Gottes, wird zum Komödianten; der dionysische Magier der Musik zum listigen Rattenfänger, der mächtige Anführer des Seelenreigens zum ehrgeizigen Verführer, der weise Meister zum klugen Maëstro, der Gott zum Regisseur. Das wurde das Erlebnis, welches Nietzsche niemals verwunden hat. Man kennt die tragischen Stufen dieses rasch verlaufenden Geschehens. In Nietzsches zu seinen Lebzeiten veröffentlichten Schriften begegnen wir der ersten Andeutung über die Schauspielernatur Wagners in dem schmerzlich verherrlichenden Gedicht „Richard Wagner in Bayreuth", diesem Jüngeropfer, das sich ein schon Entzauberter, ein schon Entgleitender, dem Abfall zugleitender Geist mit inbrünstiger Willensdankbarkeit noch einmal in letzter Abschiedsstunde abrang. „Wenn man versucht hat," lautet die höchst bedeutsame Stelle in der Vierten Unzeitgemäßen, „die großartigsten Entwicklungen aus inneren Hemmungen oder Lücken herzuleiten, wenn zum Beispiel für Goethe das Dichten eine Art Auskunftsmittel für einen verfehlten Malerberuf war, wenn man von Schillers Dramen als von einer versetzten Volksberedsamkeit reden kann.. wenn man in ähnlicher Weise Wagners Entwicklung mit einer solchen inneren Hemmung in Verbindung setzen wollte, so dürfte man wohl in ihm eine schauspielerische Urbegabung annehmen, welche es sich versagen mußte, sich auf dem nächsten trivialsten Wege zu befriedigen und welche in der Heranziehung aller Künste zu einer großen schauspielerischen Offenbarung ihre Auskunft und ihre Rettung fand." Noch ist die Tatsache dieser schauspielerischen Urbegabung hier gefühlsmäßig neutral gefärbt. Daß Nietzsche in Wirklichkeit bereits zu entschiedener Verneinung, zum Widerwillen weitergegangen war, beweisen uns indessen die Nachlaßaufzeichnungen. In den frühsten kritischen Bemerkungen zum Wagnerproblem, die wir von Nietzsche besitzen, Notizen aus dem Januar 1874 bereits, mehr als zwei Jahre vor der entscheidenden Enttäuschung von Bayreuth, in diesen „Gedanken über Richard Wagner" nimmt das Problem des Schauspielers, des Theaters bereits eine merkwürdige Mittelstellung ein, und zwar durchaus in zweiflerischem Sinne. Man bemerkt deutlich, wie die Entwurzelung Wagners bei Nietzsche an der Stelle des Schauspielerhaften in Wagner und seiner Kunst beginnt. „Wagner versucht die Tyrannis mit Hilfe der Theatermassen. Es ist wohl kein Zweifel, daß Wagner als Italiener sein Ziel erreicht haben würde. Der Deutsche hat keine Achtung vor der Oper und betrachtet sie immer als importiert und als undeutsch. Ja, das ganze Theater nimmt er nicht ernst.. Es liegt etwas Komisches darin: Wagner kann die Deutschen nicht überreden, das Theater ernst zu nehmen.. Jemand, der heute im Theater klatscht, schämt sich morgen darüber: denn wir haben unseren Hausaltar, Beethoven, Bach — da bleicht die Erinnerung.. Die eine Eigenschaft Wagners: Unbändigkeit, Maßlosigkeit.. die andere Eigenschaft ist eine große schauspielerische Begabung, die versetzt ist, die sich in anderen Wegen Bahn bricht als auf dem ersten nächsten: dazu nämlich fehlt ihm Gestalt, Stimme und die nötige Bescheidung.. Wagner ist ein geborener Schauspieler, aber gleichsam wie Goethe ein Maler ohne Malerhände. Seine Begabung sucht und findet Auswege. Nun denke man sich diese versagten Triebe zusammen wirkend.. Wagner steht zur Musik wie ein Schauspieler: deshalb kann er gleichsam aus verschiedenen Musikerseelen sprechen und diverse Welten (Tristan, Meistersinger) nebeneinander hinstellen.. Als Schauspieler wollte er den Menschen nur als den wirksamsten und wirklichsten nachahmen: im höchsten Affekt.. Was auf Wagner stark wirkte, das wollte er auch machen. Von seinen Vorbildern verstand er nicht mehr, als er auch nachahmen könnte. Schauspielernatur.." Die Schauspielernatur Wagners drückt sich für Nietzsche aber nicht nur im Werke verhängnisvoll und wirkungssüchtig aus; nicht nur zur Musik steht er wie ein Komödiant. Daß Wagner auch und vor allem gegen sich selber, vor sich selber der geniale Komödiant blieb, als den ihn schon die sorgfältige und klug vorbereitete Altmeisterlichkeit seines Stiles, selbst in seinen Briefen, verrät — das verzeiht Nietzsche ihm am wenigsten. Schon in „Wagner in Bayreuth" klingt für Wagners Leben der Begriff der Komödie auf: „Das Leben Wagners, ganz aus der Nähe und ohne Liebe gesehen, hat.. sehr viel von der Komödie an sich, und zwar von einer merkwürdig grotesken." Noch ist das dort ohne den Verdacht ausgesprochen, Wagner selber möchte der Komödienmeister dieser merkwürdig grotesken Komödie sein. Aber der allzu nahe Anblick der Festspiele von 1876 bringt die schon dünne Scheidewand zum endgültigen Einsturz: „Ich bin nicht imstande, irgendeine Größe anzuerkennen, welche nicht mit *Redlichkeit gegen sich* verbunden ist", lautet es im Nachlaß zur „Morgenröte"; „die Schauspielerei gegen sich flößt mir Ekel ein: entdecke ich so etwas, so gelten mir alle Leistungen nichts." Die „Genealogie" nimmt das auf: „Man verspricht uns eine Selbstbiographie Richard Wagners: wer zweifelt, daß es eine kluge Selbstbiographie sein wird?" Und der Fall Wagner rechnet schonungslos ab: „Das, was bisher als ‚Leben Wagners' in Umlauf gebracht ist, ist fable convenue, wenn nicht Schlimmeres. Ich bekenne mein Mißtrauen gegen jeden Punkt, der bloß durch Wagner selbst bezeugt ist. Er hatte nicht Stolz genug zu irgendeiner Wahrheit über sich .. er blieb, ganz wie Victor Hugo, auch im Biographischen sich treu, — er blieb Schauspieler." (Man muß sich hier erinnern, daß Nietzsche Richard Wagners Lebenserinnerungen, die als „Mein Leben" 1911 erschienen, als einer der wenigen Vertrautesten aus eigener Lesung kannte: er besorgte in Basel für Wagner die Verbesserungen des Privatdruckes. Der komödiantische Nachgeschmack dieses Buches muß für Nietzsche sehr stark gewesen sein: die Stellen über das „Leben" Wagners mehr als ein Jahrzehnt später beweisen das.) Ja, man darf zweifeln, ob es die Musik oder die Persönlichkeit Wagners war, die *zuerst* das großartig schauspielerische Urelement ihres Wesens vor Nietzsche enthüllte. Zuweilen scheint es, als ob nicht der Meister dem Mantel seiner Musik, sondern diese Musik erst ihrem Herzog nachgefolgt sei. Gewiß ist, daß die lebenbedrohende Krise von 1876 ausschließlich durch den lang vorbereiteten, dennoch jähen Tiefenblick in die schauspielerische Urnatur Wagners und seiner Musik — dieser wirkungsbewußtesten, wirkungsfreudigsten, wirkungssüchtigsten aller bedeutenden Musiken — herbeigeführt wurde. Die Verfratzung des geliebten Bildes einer dionysischen Natur in eine komödiantische, einer orphischen Urmusik für dionysisch Verwandelte zur großen romantischen Zauberoper für satte Bürger des neuen Deutschen Reichs wurde Nietzsche zu einer beinah tödlichen Selbstentschleierung: *so* hatte er im Wesentlichsten, Wesenhaftesten seiner Natur sich täuschen lassen, vielmehr sich selber getäuscht! War *dies* Erlebnis Schauspielerwirkung und Schauspieltrug gewesen, was fortan war Wesen, war *sein* Wesen? Wir haben ein Beispiel in kleineren Ausmaßen für die giftige, lebensgefährliche Wirkung der aufgehobenen Selbsttäuschung auf Nietzsche in dem Lou-Erlebnis der Jahre 1882 und 1883. „Wer konnte ahnen, daß ihre Worte ‚Heroismus', ‚Kämpfe für ein Prinzip', ihr Gedicht ‚An den Schmerz', ihre Erzählungen von den Kämpfen für die

Erkenntnis einfach Betrügerei sind?" (An Rée über Lou.) „Ein solches Gedicht wie das ‚An den Schmerz' ist in Ihrem Munde eine tiefe Unwahrheit" (an Lou). Was diese Enttäuschung für Nietzsche so furchtbar machte, daß sie ihn eingestandenermaßen an den Rand des Wahnsinns und Selbstmordes brachte, war die Erkenntnis, daß hier sein „typisches Erlebnis, das immer wieder kommt", ihn angerührt habe: gerade dort dem Schauspieler zum Opfer zu fallen, wo er den lebendigsten Menschen suchte und sah, dort die Maske zu durchschauen, wo er an ein Antlitz zu glauben sich sehnte. „Nach Liebe suchen — und immer die Larven, die verfluchten Larven finden und zerbrechen müssen!" ist der immer erneute Aufschrei dieser zur Enttäuschung vorherbestimmten Seele (Reden, Gleichnisse und Bilder 1882—1888). Alles, was Nietzsche jemals an Erkenntnis über die Notwendigkeit der Illusion und der Lüge, über den lebenerhaltenden Wahn, über die tödliche Hellsichtigkeit theoretisch formuliert hat, kommt aus dem Schmerz über das Erlebnis, Dionysos zum Komödianten verfratzt gesehen, den großen Komödianten als den Gott verehrt zu haben. Noch der Wille zur Macht zieht erkenntnistheoretisch, erkenntnispraktisch aus dieser Erschütterung den Schauder des „Nihilisten" über die entdeckte „Falschheit" der „wahren Welt" mit der letzten Folgerung: „ob nicht die Lüge etwas Göttliches ist? ob nicht der Wert aller Dinge darin beruht, daß sie falsch sind? ob man nicht an Gott glauben sollte, nicht weil er nicht wahr ist, sondern weil er falsch —?.. ob nicht gerade das Lügen und Umfälschen, das Sinneinlegen ein Wert, ein Sinn, ein Zweck ist?" Das „Jenseits" ergänzt: „Warum dürfte die Welt, die uns etwas angeht, — nicht eine Fiktion sein?" Und auch alles was Nietzsche an äußerstem Mißtrauen gegen den Typus des Künstlers, des Propheten, des Gläubigen — der sein eigner Typus war — aufgehäuft und verlautbart hat — alles hat seinen Grund in dem vergiftenden Erlebnis des Schauspielers, das Nietzsche niemals verwunden, niemals überstanden hat, von dem er niemals genesen ist. „Wie? Ein großer Mann? ich sehe immer nur den Schauspieler seines eigenen Ideals" (Jenseits) — das wurde jetzt das Instinktmißtrauen dieses verehrungssüchtigen Geistes, dem Verehrung das Kennzeichen des Menschen ausmachte („Der Mensch ist das *verehrende* Tier"). „In meiner Jugend hatte ich Unglück," lautet eine Aufzeichnung aus dem späteren Nachlaß; „es lief mir ein sehr zweideutiger Mensch über den Weg. Als ich ihn als das erkannte, was er ist, nämlich ein großer Schauspieler, der zu keinem Ding ein echtes Verhältnis hat (selbst zur Musik nicht), war ich so angeekelt und krank, daß ich glaubte, alle berühmten Menschen seien Schauspieler gewesen, sonst wären sie nicht berühmt geworden, — und an dem, was ich ‚Künstler' nannte, sei eben das Hauptsächlichste die *schauspielerische* Kraft." Das bezieht sich auf die Stelle des „Jenseits", die Nietzsche auch in „Nietzsche contra Wagner" herübergenommen hat: „Das ‚Werk', das des Künstlers, des Philosophen, erfindet erst Den, welcher es geschaffen hat, geschaffen haben soll; die ‚großen Männer', wie sie verehrt werden, sind kleine, schlechte Dichtungen hinterdrein.. Diese großen Dichter zum Beispiel, diese Byron, Musset, Poe, Leopardi, Kleist, Gogol — ich wage es nicht, größere Namen zu nennen, aber ich meine sie —.. welche Marter sind diese großen Künstler und überhaupt die höheren Menschen für den, der sie einmal erraten hat!" Man hört den Nachgroll dieser unheilbarsten Enttäuschung, die Bitterkeit dessen, dem man seine verehrende Kraft gelähmt und vergiftet hat, aus allen Wagnerstellen des „Falls" und des späteren Nachlasses: gerade der Schauspielerbegriff trägt überall den Tonfall eines unstillbaren Hasses, mit dem ein Wesen nur das ihm Todfeindliche, das eigentlich Lebenbedrohende verfolgt: „Sie wissen nicht, wer Wagner ist: ein ganz großer Schauspieler!.. Der Schauspieler Wagner ist ein Tyrann, sein Pathos wirft jeden Geschmack, jeden Widerstand über den Haufen.. War Wagner überhaupt ein Musiker? Jedenfalls war er etwas anderes *mehr*: nämlich ein unvergleichlicher histrio, der größte Mime, das erstaunlichste Theatergenie, das die Deutschen gehabt haben.. Er gehört wo anders hin, als in die Geschichte der Musik: mit deren großen Echten soll man ihn nicht verwechseln. Wagner *und* Beethoven — das ist eine Blasphemie.. Wagner war auch als Musiker nur das, was er überhaupt war: er *wurde* Musiker, er *wurde* Dichter, weil der Tyrann in ihm, sein Schauspielergenie, ihn dazu zwang. Man errät nichts von Wagner, solange man nicht seinen dominierenden Instinkt erriet.. Wagner will die Wirkung, er will nichts als die Wirkung. Er hat darin die Unbedenklichkeit.. die jeder Theatermensch hat.. Auch im Entwerfen der Handlung ist Wagner vor allem Schauspieler.. Wagner bedeutet.. die Heraufkunft des Schauspielers in der Musik.. noch nie wurde die Rechtschaffenheit der Musiker, ihre ‚Echtheit' gleich gefährlich auf die Probe gestellt.." Fünfmal wird in der Nachschrift zum „Fall" der Satz wiederholt: „Die Anhängerschaft an Wagner zahlt sich teuer;" und die drei Schlußforderungen Nietzsches, die ihm „den Mund geöffnet" haben, lauten: „daß das Theater nicht Herr über die Künste wird. Daß der Schauspieler nicht zum Verführer der Echten wird. Daß die Musik nicht zu einer Kunst zu lügen wird." Schonungsloser noch als im Fall Wagner, wo ein bösartig scherzender Ton von angestrengter Leichtigkeit und erzwungener Heiterkeit festgehalten wird, lautet die Anklage auf Schauspielertum in den Nachlaßaufzeichnungen: hier wird er der Cagliostro, der geniale Charlatan von intellektueller Charakterlosigkeit, der alte umgetriebene Rattenfänger, der bedenkenlose Demagoge und Volkstribun in Dingen der Kunst und nicht nur der Kunst. „Ein Zeitalter der Demokratie treibt den Schauspieler auf die Höhe — in Athen ebenso wie heute. Richard Wagner hat bisher alles darin überboten und einen hohen Begriff vom Schauspieler erweckt, der Schauder machen kann. Musik, Poesie, Religion, Kultur, Buch, Familie, Vaterland, Verkehr — alles vorerst *Kunst*, will sagen Bühnenattitüde!" „Wagner war ein großer Schauspieler: aber ohne Halt und inwendig die Beute von allen Sachen, welche stark berauschen." Und vollends ohne Schonung, mit äußerster Rachsucht zergliedernd: „Wagner, im Banne einer unglaubwürdig krankhaften Sexualität, wußte nur zu gut, *was* ein Künstler damit einbüßt, daß er vor sich die Freiheit, die *Achtung* verliert. Er ist verurteilt, Schauspieler zu sein. Seine Kunst selbst wird ihm zum beständigen Fluchtversuch, zum Mittel des Sichvergessens, des Sichbetäubens, — es verändert, es bestimmt zuletzt den Charakter seiner Kunst.. Ein solcher ‚Unfreier' hat eine Haschisch-Welt nötig.. er hat wagnersche Musik nötig.. eine gewisse Katholizität des Ideals vor allem ist bei einem Künstler beinahe der Beweis von Selbstverachtung, von ‚Sumpf'.." Diesen *letzten* Wagner des Parsifal — „im Grunde ein zerbrochener und überwundener Mensch, der aber die große Schauspielerei seines Lebens auf die Spitze brachte" — ihn hat Nietzsche zuletzt auch noch dichterisch, im Zarathustra, zur Rechenschaft gezogen, in der Szene und Gestalt des Zauberers, der mit seiner Kunst und „rührenden Gebärde" Zarathustras Liebe erschleichen will und dem Zarathustra zuruft: „Halt ein, du Schauspieler! Du Falschmünzer! Du Lügner aus dem Grunde! Ich erkenne dich wohl!.. Du Pfau der Pfauen, du Meer der Eitelkeit, was spieltest du vor mir, du schlimmer Zauberer, an wen sollte ich glauben?.." „Den Büßer des Geistes," sagte der alte Mann, „den — spielte ich.. Und gesteh es nur ein: es währte lange.. bis du hinter meine Kunst und Lüge kamst! Du *glaubtest* an meine Not.. ich hörte dich jammern ‚man hat ihn zu wenig geliebt, zu wenig geliebt!' Daß ich dich soweit betrog, darüber frohlockte inwendig meine Bosheit." „Du magst

Feinere betrogen haben als mich," sagte Zarathustra hart. „Ich bin nicht auf der Hut vor Betrügern, ich *muß* ohne Vorsicht sein, so will es mein Los. Du aber — *mußt* betrügen: soweit kenne ich dich!.. Ich errate dich wohl: Du wurdest der Bezauberer aller, aber gegen dich hast du keine Lüge und List mehr übrig — du selber bist dir entzaubert! Du erntetest den Ekel ein, als deine Eine Wahrheit. Kein Wort ist mehr an dir echt, aber dein Mund: nämlich der Ekel, der an deinem Munde klebt." „Wer bist du doch!" schrie hier der alte Zauberer.. „wer darf also zu *mir* reden, dem Größten, der heute lebt?" — und ein grüner Blitz schoß aus seinem Auge nach Zarathustra. Aber gleich darauf verwandelte er sich und sagte traurig: „O Zarathustra, ich bin's müde, es ekelt mich meiner Künste, ich bin nicht *groß*, was verstelle ich mich! Aber, du weißt es wohl — ich suchte nach Größe! Einen großen Menschen wollte ich vorstellen und überredete viele: Aber diese Lüge ging über meine Kraft. An ihr zerbreche ich. O Zarathustra, alles ist Lüge an mir; aber daß ich zerbreche — dies mein Zerbrechen ist echt!" Diese Stelle und noch mehr die Antwort Zarathustras verrät zugleich, wie Nietzsche das Ende Wagners, eine Buße des Schauspielers Wagner, sich erwünscht hätte: „Du schlimmer alter Zauberer, *das* ist dein Bestes und Redlichstes, was ich an dir ehre, daß du deiner müde wurdest und es aussprichst: ‚ich bin nicht groß..' und wenn auch nur für einen Hauch und Husch, diesen Einen Augenblick warst du — echt." Aber Nietzsche sollte diesen echten Augenblick seines Zauberers nicht erleben, und so zielt noch der bitterste Satz, den Nietzsche jemals gegen das Leben gewagt hat, geheim auf das eigne schwerste Erlebnis, die groß verhängnisvolle Begegnung mit dem alten Zauberer — jener Spruch in Zarathustras Vorrede: „Unheimlich ist das menschliche Dasein und immer noch ohne Sinn: ein Possenreißer kann ihm zum Verhängnis werden."

Ein Possenreißer — das wurde die letzte Verwandlung des dionysischen Magiers, als der Wagner dem hingerissenen Jünger der Tribschener Tage erschien. Ein Gaukler — das war das tragische, in jedem Sinne lebensgefährliche Endurteil des Enttäuschten über sein ehemaliges Liebeswahnbild. Ein Gaukler, der wirken will, weil er nicht sein darf, ein Possenreißer, der sein eigentliches, leidendes Ich verbergend, mit eben dem prunkt und prahlt, wonach er sich hoffnungslos verzehrt — das ist der Wagner des „Falls". Es scheint das Ende des Maskenproblems für Nietzsche, das ihn ja in Wagner, als Wagner zuerst am längsten beunruhigte. Aber alles, was Nietzsche verfolgt und mit undankbarer, selbstquälerischer Seelenzergliederung entlarvt, nimmt eine gespenstische Rache: es wendet sich, in die letzte Enge getrieben, ihm halb flehend, halb drohend entgegen und weist ihm das Antlitz — sein eigenes Antlitz. Schon der Zauberer des Zarathustra birgt ja ebensoviel geheime Züge und Selbstanklagen Nietzsches, als er Züge Wagners trägt. Denn nicht umsonst weiß Zarathustra: „Der schlimmste Feind, dem du begegnen kannst, wirst du immer dir selber sein; du selber lauerst dir auf in Höhlen und Wäldern." Und mit den Blicken seines Ich schaut ihm auch die Maske des Zauberers entgegen. Im Fall Wagner heißt es: „Man ist Schauspieler damit, daß man Eine Einsicht vor dem Rest der Menschen voraus hat: was als wahr wirken soll, darf nicht wahr sein. Der Satz ist von Talma formuliert: er enthält die ganze Psychologie des Schauspielers, er enthält auch dessen Moral. Wagners Musik ist niemals wahr. — Aber man hält sie dafür: und so ist es in Ordnung." Dieser Lehr- und Leitsatz eines großen Komödianten, von dem Napoleon es lernte, kaiserlich zu gehen, er enthält nicht nur die ganze Seelenkunde und Moral des Schauspielers: er ist der Leitsatz für Nietzsches eigenes Verfahren des erkennend Lehrenden, für all seine angewandte und mitzuteilende Erkenntnis; er ist der Grundsteinsatz seiner sokratischen Erkenntnistheorie, die immer zugleich Erlebniswertung sein sollte und wollte. „Was als wahr wirken soll, darf nicht wahr sein" — dieser Satz, die Erkenntnis seiner Gültigkeit für Nietzsche selber ward die Rache Wagners. Der Jünger durfte sich hingeben, wie er war, mit dem schönen Vorrecht der Jugend. Der selber Meister gewordene erkennt, daß dem Meister, ja noch der Weisheit und Kunst des Meisters die Maske ziemt, die das schmerzliche Vorrecht des Alters ist. Des Alters, das nicht mehr um seinetwillen lebt, sondern in vielen fortleben muß und will. Denn die Maske allein ist es, die als wahr wirkt. Nur in der Maske, nur als Wahnbild verführt alles Leben zum Leben. Diese Erkenntnis schlief schon im dionysisch hoffenden und gläubigen Jünger der „Geburt"; Aufzeichnungen aus dem Nachlaß zu diesem Buch benennen sie bereits: „*Bildung* ist ein fortwährendes Wechseln von Wahnvorstellungen zu den edleren hin.. Was ist Erziehung? Daß man sofort alles Erlebte unter bestimmten Wahnvorstellungen begreift. Der *Wert* dieser Vorstellungen bestimmt den Wert der Bildungen und Erziehungen.. Diese *Wahnvorstellungen* werden nur durch die *Wucht der Persönlichkeiten* mitgeteilt.. Zauberische Einwirkung von *Person* auf *Person*.. Jede *Neuschaffung einer Kultur* somit durch starke vorbildliche Naturen, in denen sich die Wahnvorstellungen neu erzeugen." Aber erst dem selbständig gewordenen Geist, dem in der grenzenlosen Öde der Enttäuschung nach einem Horizonttrugbild Lechzenden wird die bloße Erkenntnis zum Erlebnis: die Maske ist unvermeidlich, sie ist notwendig.

In der Zeit von „Menschliches Allzumenschliches" spricht sich dies Bewußtsein der *Notwendigkeit* der Maske zuerst mit nackter Deutlichkeit aus, nicht ohne eine gewisse Bitterkeit und zum Teil auch noch in durchaus schopenhauerschen Wendungen: „Die Mediokrität ist die glücklichste Maske, die der überlegene Geist tragen kann, weil sie die große Menge, das heißt die Mediokren, nicht an Maskierung denken läßt —: und doch nimmt er sie gerade ihretwegen vor — um *sie* nicht zu reizen, ja nicht selten aus Mitleiden und Güte." — „Tiefdenkende Menschen kommen sich im Verkehr mit andern als Komödianten vor, weil sie sich da, um verstanden zu werden, immer erst eine Oberfläche anheucheln müssen." — „Entweder verstecke man seine Meinungen, oder man verstecke sich hinter seine Meinungen. Wer es anders macht, der kennt den Lauf der Welt nicht oder gehört zum Orden der heiligen Tollkühnheit." In diesen Äußerungen überwiegt noch das Verneinende, die Schutzmaßregel, die Mimikry der Maske; es sind noch „Aphorismen zur Lebensweisheit". Aber schon findet sich der Gedanke der notwendigen Maske auch ins Bejahende erhoben, zum erstenmal ins bewußt Erzieherische gesteigert in dem Aphorismus aus „Menschliches Allzumenschliches": „*Der Wirkende ein Phantom, keine Wirklichkeit.* — Der bedeutende Mensch lernt allmählich, daß er, sofern er wirkt, ein Phantom in den Köpfen anderer ist, und gerät vielleicht in die feine Seelenqual, sich zu fragen, ob er das Phantom von sich zum Besten seiner Mitmenschen nicht aufrecht erhalten müsse." Das ist der Schauspieler, der erlebt hat, daß, was als wahr wirken soll, nicht wahr sein dürfe. Aber „wenn der Mensch anfängt zu entdecken, inwiefern er eine Rolle spielt und inwieweit er Schauspieler sein *kann, wird* er Schauspieler", weiß die Fröhliche Wissenschaft. Je tiefer eine Natur wirkt, um so unvermeidlicher, um so notwendiger wächst um sie die schützende Maske. „Unser Zweifel an der Mitteilbarkeit des Herzens geht in die Tiefe," lauten Aufzeichnungen im Willen zur Macht; „.. immer verkleidet: je höherer Art, um so mehr bedarf der Mensch des Inkognitos.. Sich an viele verständlich machen, ist unmöglich. *Jede* Handlung wird mißverstanden. Und man muß, um nicht forwährend gekreuzt zu werden, seine Maske haben. Auch um zu verführen." Und im „Jenseits", endgültiger: „Alles, was tief ist, liebt die Maske.. sollte nicht erst der *Gegensatz* die rechte

Verkleidung sein, in der die Scham eines Gottes einherginge?... Ein solcher Verborgener, der aus Instinkt das Reden zum Schweigen und Verschweigen braucht und unerschöpflich ist in der Ausflucht vor Mitteilung, *will* es und fördert es, daß eine Maske von ihm an seiner Statt in den Herzen und Köpfen seiner Freunde herum wandelt; und gesetzt, er will es nicht, so werden ihm eines Tages die Augen darüber aufgehn, daß es trotzdem dort eine Maske von ihm gibt, — und daß es gut so ist. Jeder tiefe Geist braucht eine Maske: mehr noch, um jeden tiefen Geist wächst fortwährend eine Maske, dank der beständig falschen, nämlich *flachen* Auslegung jedes Wortes, jedes Schrittes, jedes Lebenszeichens, das er gibt."

Aber der tiefe Geist ist immer auch der leidende — „es bestimmt beinahe die Rangordnung, wie tief Menschen leiden können" — und so wird die Maske des Wirkenden immer auch die Maske eines Leidenden, der sein Leid vor allen verbergen muß, da er ja zum Leben verführen will — und man glaubt nur dem Glücklichen, dem glücklich Scheinenden. „... Der geistige schweigende Hochmut des Leidenden, dieser Stolz des Auserwählten der Erkenntnis, des ‚Eingeweihten', des beinah Geopferten findet alle Formen von Verkleidung nötig, um sich vor der Berührung mit zudringlichen und mitleidigen Händen und überhaupt vor allem, was nicht seinesgleichen im Schmerz ist, zu schützen. Das tiefe Leiden macht vornehm; es trennt. Eine der feinsten Verkleidungsformen ist der Epikureismus und eine gewisse.. zur Schau getragene Tapferkeit des Geschmacks.. Es gibt heitere Menschen, welche sich der Heiterkeit bedienen, weil sie um ihretwillen mißverstanden werden.. Es gibt ‚wissenschaftliche Menschen', welche sich der Wissenschaft bedienen.. weil Wissenschaftlichkeit darauf schliessen läßt, daß der Mensch oberflächlich ist.. Es gibt freie freche Geister, welche verbergen und verleugnen möchten, daß sie zerbrochene stolze unheilbare Herzen sind.. und bisweilen ist die Narrheit selbst die Maske für ein unseliges allzugewisses Wissen. — Woraus sich ergibt, daß es zur feineren Menschlichkeit gehört, Ehrfurcht ‚vor der Maske' zu haben und nicht an falscher Stelle Psychologie und Neugierde zu treiben" (Jenseits).

Ehrfurcht vor der Maske — bei dieser Forderung endet der Zerbrecher der verfluchten Larven. Ehrfurcht vor der Maske ist vor allem die Forderung, die er für sich selber geltend macht. „Es gibt Menschen, die gar nicht anders gesehen werden wollen, als durch andre hindurchschimmernd. Und daran ist viel Klugheit" (Morgenröte). Damit gibt Nietzsche das kluge

Verfahren preis, die eigentümliche Verkleidungstechnik, die seine Darstellungen fremder Seelen und Geister zu seltsam hintergründlichen Bildnissen seiner selbst macht. Nietzsche spricht eben dort am deutlichsten, am hüllenlosesten von sich, wo er am wenigsten von sich zu reden scheint. „Gar nicht von sich zu reden, ist eine sehr vornehme Heuchelei", sagt das „Menschliche". Dieser vornehmen Heuchelei macht sich Nietzsche besonders gern in *der* Form schuldig, daß er sich aus fremden Masken reden läßt. Im Ecce homo, „wo er über nichts einen Zweifel läßt", hat er „auch darin den Mut zum Äußersten gehabt", daß er dies sein am längsten geübtes Verfahren preisgibt, es sich selbst zugibt — denn der Maskenliebende trug auch noch eine letzte schützende Maske vor sich selber. „An allen psychologisch entscheidenden Stellen von ‚Wagner in Bayreuth' ist nur von mir die Rede, — man darf rückhaltlos meinen Namen oder das Wort ‚Zarathustra' hinstellen, wo der Text das Wort Wagner gibt. Das ganze Bild des dithyrambischen Künstlers ist das Bild des präexistenten Dichters des Zarathustra, mit abgründlicher Tiefe hingezeichnet und ohne einen Augenblick die wagnersche Realität auch nur zu berühren. Wagner selbst hatte einen Begriff davon; er erkannte sich in dieser Schrift nicht wieder.. Dies ist die fremdartigste ‚Objektivität', die es geben kann: die absolute Gewißheit darüber, was ich *bin*, projizierte sich auf irgendeine zufällige Realität, — die Wahrheit über mich redete aus einer schauervollen Tiefe." „Ins Große gerechnet," heißt es an anderer Stelle des Ecce homo über die beiden letzten Unzeitgemäßen, „nahm ich zwei berühmte und ganz und gar noch unfestgestellte Typen beim Schopf, wie man eine Gelegenheit beim Schopf nimmt, um etwas auszusprechen, um ein paar Formeln, Zeichen, Sprachmittel mehr in der Hand zu haben.. Dergestalt hat sich Plato des Sokrates bedient als einer Semiotik für Plato.. Ich möchte jetzt nicht verleugnen, daß diese Schriften im Grunde bloß von mir reden. Die Schrift ‚Wagner in Bayreuth' ist eine Vision meiner Zukunft; dagegen ist in ‚Schopenhauer als Erzieher' meine innerste Geschichte, mein *Werden* eingeschrieben. Vor allem mein *Gelöbnis!*"

Zu solcher „Semiotik für Plato" hat sich die sokratische Maskenliebe Nietzsches fast aller der großen Typen bedient, die in seinen Schriften wiederkehren, keineswegs nur seiner beiden großen Lehrer. Zu diesen Masken Nietzsches gehört vor allen andern Sokrates. Dann Heraklit, Empedokles, Epikur, von Neueren Lionardo, Shakespeare, Pascal, Napoleon. Und nicht zuletzt auch Goethe. Wer sich die Mühe gibt, den fast unzählbaren Stellen nachzugehen, an denen sich Nietzsche über Goethe geäußert hat, wird über die selbstbekennende Bedeutung dieser Äußerungen vielleicht erstaunt, gewiß aber in keinem Zweifel sein: Nietzsche bediente sich dieser olympischen Maske mit kühnster Vorliebe als eines aussagenden, ihn selber aussagenden Mundes. Es gibt einige Stellen, in denen das Selbstbildhafte von Nietzsches Goetheantlitz wie mit prophetischer Gewalt jählings durchbricht, doppelgängerische Visionen, denen Nietzsches tiefe Ahnungsangst, sich selbst zu erblicken, seine hohe Willensweisheit, sich selbst zu verhüllen, fast mühsam die schützende Goethemaske vorzuhalten scheint. Dazu gehört vor allem der Abschnitt über Goethes Irrungen im zweiten Bande des „Menschlichen". Hier hat Nietzsche die große Wage der eigenen Natur, sein zwischen Künstlerschaft und Erkennertum schmerzlich und gefährlich schwebendes Doppelgeschick unter dem Bilde von Goethes dichterischer und wissenschaftlicher Doppelanlage, halb unwissentlich, verborgen und ausgedrückt. Er rühmt Goethe als die große Ausnahme unter den großen Künstlern, weil er nicht in der Borniertheit seines wirklichen Vermögens gelebt habe.. „Er meinte zweimal etwas Höheres zu besitzen, als er wirklich besaß — und irrte sich, in der zweiten Hälfte seines Lebens, wo er ganz durchdrungen von der Überzeugung erscheint, einer der größten wissenschaftlichen Entdecker und Lichtbringer zu sein. Und ebenso sehr in der ersten Hälfte seines Lebens: er *wollte* von sich etwas Höheres, als die Dichtkunst ihm erschien — und irrte sich schon darin. Die Natur habe aus ihm einen *bildenden* Künstler machen wollen — das war sein innerlich glühendes und versengendes Geheimnis, das ihn endlich nach Italien trieb, damit er sich in diesem Wahne noch recht austobe und ihm jedes Opfer bringe. Endlich entdeckte er, der Besonnene.. wie er von der größten Leidenschaft seines Wollens.. Abschied nehmen müsse. Die schmerzlich schneidende und wühlende Überzeugung, es sei nötig, Abschied zu nehmen, ist völlig in der Stimmung des Tasso ausgeklungen: über ihm, dem ‚gesteigerten Werther', liegt das Vorgefühl von Schlimmerem als der Tod ist, wie wenn einer sich sagt: ‚nun ist es aus — nach diesem Abschiede; wie soll man weiter leben, ohne wahnsinnig zu werden!' Diese beiden Grundirrtümer seines Lebens gaben Goethe zur Poesie.. eine so unbefangene und fast willkürlich erscheinende Haltung.. Goethe erscheint wie ein Grieche, der hier und da eine Geliebte besucht, mit dem Zweifel, ob es nicht eine Göttin sei, der er keinen rechten Namen zu geben wisse. Allem seinem Dichten merkt man die anhauchende Nähe der Plastik und der Natur an .. er meinte vielleicht immer den Verwandlungen Einer Göttin auf der Spur zu sein .. Ohne die Umschweife des Irrtums wäre er nicht Goethe geworden .." Dem Bilde dieses goetheschen Zwiespalts, dieses schmerzlichsten Abschieds von sich selber, von dem Lieblingswahnbild seiner selbst, ihm hat Nietzsche ersichtlich den eigenen lebensgefährlichen Kampf zwischen dem „wissenschaftlichen Entdecker und Lichtbringer" und dem zwar nicht bildenden aber dichterisch-musikalischen Künstler anvertraut; gesteigerte Wertherstimmung, Tassoverzweiflung, Vorgefühl von Schlimmerem als der Tod ist — das sind Masken des von Wagner und Wagnerillusion bitterlich scheidenden Nietzsche: „Nun ist es aus, nach diesem Abschiede; wie soll man weiterleben, ohne wahnsinnig zu werden!" Der unbefangenen und fast willkürlichen Haltung Goethes zur Poesie entspricht die nämliche Haltung zur Philosophie, zur Erkenntnis, zur „Wahrheit" bei Nietzsche. Der Grieche Goethe, der hier und da eine Geliebte besucht, mit dem Zweifel, ob es nicht eine Göttin sei — auch das ist Nietzsche, all dessen Denken und Dichten man wahrlich die anhauchende Nähe einer Musik anmerkt; auch er meinte immer den Verwandlungen einer Gottheit auf der Spur zu sein — des Dionysos. Und ohne die tragischen Umschweife auch seines Irrtums wäre Nietzsche wahrlich nicht Nietzsche geworden — auch dies sein innerstes Denkerschicksal der Verwandlung drückt noch diese seine geheimnisvolle und vergeheimniste Goethemaske aus. Aber auch kleinere Gelegenheitscharakteristiken erweisen sich als geheime Selbstbildnisse: so etwa die auffallende Kennzeichnung Herders im zweiten Bande des „Menschlichen". In ihm formt Nietzsches Maskenfreude und Maskentechnik eines ihrer durchtriebensten Probestücke: wir haben hier das Beispiel sogar eines zweimaligen Proszeniums, ein „Schauspiel im Schauspiel" noch einmal. Ganz im Vordergrunde sehen wir die Kennzeichnung Herders und der tragischen Vorläuferschaft seines Johannesgeschicks: der größte und fruchtbarste Anreger gewesen zu sein, den seine Nation vor der frühromantischen Gruppe um Friedrich Schlegel — und vor Nietzsche jemals gehabt hat, aber keinerlei Vollendung seiner selbst jemals erlebt zu haben. Aus dem Mittelgrunde hören wir ein Gleichnis Wagners, in dem auch sein Verhältnis zum jungen Nietzsche nicht unerwähnt bleibt: ‚Herder ist das alles nicht, was er von sich wähnen machte (und selber zu wähnen wünschte) .. das ahnte er wohl zu Zeiten und wollte es sich doch selber nicht glauben, er, der ehrgeizige Priester, der so gern der Geisterpapst seiner Zeit gewesen wäre.. er scheint lange als Prätendent mehrerer Königstümer des Geistes, ja eines Universalreiches gelebt zu haben und hatte seinen Anhang, welcher an ihn glaubte: der junge Goethe war unter ihm.. mehr als irgend einem unserer sogenannten Klassiker geht ihm die einfältige wackere Mannhaftigkeit ab." Ganz im Tiefengrunde aber dieses Bildnisses ahnen wir das uneingestandene heimliche Selbstbildnis, jenes „Selbstbildnis mit Tod", mit dem Tod der Selbsterkenntnis, das an so vielen Stellen seiner Schriften die traurigen und glaubenslosen Augen aufschlägt; was er von Herder und Wagner aussagt, er sagt es im innersten unwissenden Herzen von sich selber: „Er sah und pflückte die Erstlinge der Jahreszeiten früher als alle andern.. sein Geist war zwischen Hellem und Dunklem, Altem und Jungem und überall dort wie ein Jäger auf der Lauer, wo es Übergänge, Senkungen, Erschütterungen, die Anzeichen inneren Quellens und Werdens gab: die Unruhe des Frühlings trieb ihn umher, aber er selber war der Frühling nicht!" Das ist er ewige Wanderer Zarathustra. Und auch dies noch ist Zarathustra: „Gerade wenn er an sich zweifelte, warf er sich gern die Würde und die Begeisterung um: es waren bei ihm allzuoft Gewänder, die viel verleugnen, ihn selber täuschen und trösten mußten. Er hatte wirklich Begeisterung und Feuer, aber sein Ehrgeiz war viel größer! Dieser blies ungeduldig in das Feuer, daß es flackerte, knisterte und rauchte — sein *Stil* flackert, knistert und raucht —, aber er wünschte die große Flamme, und diese brach nie hervor! Er saß nicht an der Tafel der eigentlich Schaffenden: und sein Ehrgeiz ließ nicht zu, daß er sich bescheiden unter die eigentlich Genießenden setzte. So war er ein unruhiger Gast, der Vorkoster aller geistigen Gerichte.. Nie wirklich satt und froh, war Herder überdies allzu häufig krank.. etwas Wundes und Unfreies blieb an ihm haften.." Kein Zweifel, eine solche Kennzeichnung ist ein Ecce homo, ein Ecce homo seiner selbstquälerischen, selbstzweiflerischen Stunden. „Könntest Du wissen, wie verzagt und melancholisch ich im *Grunde* von mir als produzierendem Wesen denke!.. ich empöre mich gegen das viele, unsäglich viele Unfreie, das mir anhaftet. Von einem wirklichen Produzieren kann aber gar nicht geredet werden, solange man noch so wenig aus der Unfreiheit, aus dem Leiden und Lastgefühl heraus ist: werde ich's je erreichen? Zweifel über Zweifel.." Das ist ein Geständnis Nietzsches an einen Freund, aus den Jahren, in denen diese Herderdarstellung entstand: besagen nicht beide im Grunde ganz dasselbe? Der Nachlaß ist reich an solchen durchscheinenden Kennzeichnungen von Künstlern und Schriftstellern, in denen Nietzsche gerade das „zweite Gesicht" herausarbeitet, — ohne Wissen und Absicht zumeist, wie aus der Tatsache sich ergibt, daß solche Charakteristiken oft zugleich die schärfste Polemik bieten (über Sainte-Beuve, Renan, Flaubert). Er notiert etwa, nach der Lesung Taines, über den späten englischen Nachfolger von Nietzsches Liebling Claude Lorrain, den „großen Landschaftsmaler Turner, der, statt zu den Sinnen, zur Seele und zum Geiste reden will, malt philosophische und humanitäre Epopeen. Er gibt sich für den ersten der Menschen, und starb toll .. ‚Infolge der tiefen Aufmerksamkeit auf das Moralische am Menschen ist seine optische Sensibilität désaccordée.. Übertrieben, brutal, schreiend, dissonant' (Taine)". Oder er bemerkt sich zu Balzac: „ ‚Tiefe Verachtung für alle Massen.' ‚Es gibt innere Rufe, denen man gehorchen muß: irgend etwas Unwiderstehliches zieht mich zum Ruhm und zur Macht.' ‚Mes deux seuls et immenses désirs, être célèbre et être aimé.' 1832." Das sind unzweifelhaft Masken von Nietzsches eigenem Wesen oder doch Teilen dieses Wesens.

Ein „musikalisches" Beispiel verspinnender Maskentechnik ist etwa das wundervolle „Meistersingervorspiel" zum achten Hauptstück des Jenseits. Es ist technisch einmal wirklich Vorspiel, indem es die Motive jenes Hauptstücks meisterlich verdichtet und als „Musik" voraushören läßt. Es ist dann Zergliederung des Meistersingervorspiels selbst — und zwar die denkbar vollkommenste —, vielmehr, es ist das Meistersingervorspiel in Worten *noch einmal*; es ist, in der ersten Zurückrückung, eine endgültige Kennzeichnung des deutschen Wesens, als die es sich auch in den allerletzten Takten bekennt (gleichsam bei „aufgehendem Vorhang"), und es ist im ferngeschauten Hintergrunde eine Selbstdarstellung Nietzsches, seines gemischten und großartig zweideutigen Wesens, seines nach rückwärts wie nach vorwärts deutenden Werks, in seiner ahnenhaft vorbestimmten, prachtvoll unzeitgemäßen Eigenart, mit all seinem Vorgestern und seinem Übermorgen. Es ist in jedem Sinne das Meisterstück seines zweideutigen Stils.

Und auch noch den Ehrgeiz dieses zweideutigen Stils selber verrät Nietzsche unter einer Maske, nämlich unter der Maske seiner Kennzeichnung Sternes, im „Menschlichen", wo durchaus von Nietzsches damaligem Stilideal die Rede ist. Die „unendliche Melodie", die er an Sterne dort rühmt — „wenn mit diesem Worte ein Stil der Kunst zu einem Namen kommt, bei dem die bestimmte Form fortwährend gebrochen, verschoben, in das Unbestimmte zurückübersetzt wird, so daß sie das Eine und zugleich das Andre bedeutet" — diese unendliche Melodie ist die seines neuen eigenen Stilehrgeizes, seiner neuen Musik jenseits Wagner. Er selbst ist der große Meister der Zweideutigkeit, als den er Sterne kennzeichnet — „dies Wort billigerweise viel weiter genommen, als man gemeinhin tut .. Der Leser ist verloren zu geben, der jederzeit genau wissen will, was Sterne eigentlich über seine Sache denkt, ob er bei ihr ein ernsthaftes oder ein lächelndes Gesicht macht: denn er versteht sich auf beides in Einer Faltung seines Gesichtes, er versteht es ebenfalls und will es sogar, zugleich Recht und Unrecht zu haben, den Tiefsinn und die Posse zu verknäueln .. So bringt er bei dem rechten Leser ein Gefühl von Unsicherheit darüber hervor, ob man gehe, stehe oder liege: ein Gefühl, welches dem des Schwebens am verwandtesten ist. Er, der geschmeidigste Autor, teilt auch seinem Leser etwas von dieser Geschmeidigkeit mit. Ja, Sterne verwechselt unversehens die Rollen und ist bald ebenso Leser, als er Autor ist; sein Buch gleicht einem Schauspiel im Schauspiel, einem Theaterpublikum vor einem andern Theaterpublikum."

Dies Stilideal (das durchaus dem ironischen des romantischen Theoretikers entspricht: der Ernst muß heiter, der Scherz ernsthaft schimmern, fordert Novalis) kennzeichnet vollkommen den Stil des *Schriftstellers* Nietzsche, und noch der Dichter Nietzsche sucht es, gleich Jean Paul, für die Dichtung gesteigert möglich zu machen. Es ist selber wiederum der Stil der ironischen Maske, der Doppelherme, die sokratische Fratze und platonisches Antlitz vereinigt, dieser köstlich hinterlistige, zweideutig schillernde Romantikerstil, in dem schon der Wagnerjünger die philosophische Geschichte des Sokratismus zu erzählen wünscht: „Es gibt auch eine Art, diese Geschichte zu erzählen, *ironisch* und *voll Trauer*" (Es ist der Stil, durch den der Schriftsteller Nietzsche am stärksten und weitesten europäisch gewirkt hat, derjenige zugleich, mit dem er am meisten Schule gemacht hat: es war das Erlernbare seiner Prosa, das Element, mit dem er sich am meisten der allgemeinen europäischen Skepsis annäherte.) Es ist, im letzten Grunde, der Stil des Sokrates, der hier seine Verzauberungskraft auf Nietzsche ausübt, der Stil der „listigen Selbstverkleinerung", der ironischen Maske, jenes Sokrates, den ein Bruchstück des späten Nachlasses wiederum selbstbildhaft kennzeichnet:

„Immer ironice: es ist eine köstliche Empfindung, einem solchen wahrhaftigen Denker zuzusehen. Aber es ist noch angenehmer, zu entdecken, daß dies alles Vordergrund ist, und daß er im Grunde etwas anderes will und auf sehr verwegene Weise will. Ich glaube, daß der Zauber des Sokrates der war: er hatte seine Seele und dahinter noch eine und dahinter noch eine. In der vordersten legte sich Xenophon schlafen, auf der zweiten Plato und auf der dritten noch einmal Plato, — aber Plato mit seiner eigenen zweiten Seele. Plato selber ist ein Mensch mit vielen Hinterhöhlen und Vordergründen." Es ist Platon als der große Cagliostro (wie ihn Wille zur Macht mit dem bedeutsamen Ton des Wagnerhasses benennt), der in diesem Stil verführend vorschwebt: „Steht vielleicht die Rechtschaffenheit Platos außer Zweifel?" fragt Wille zur Macht. „Aber wir wissen zum mindesten, daß er als absolute Wahrheit *gelehrt* wissen wollte —, was nicht einmal bedingt ihm als Wahrheit galt: nämlich die Sonderexistenz und Sonderunsterblichkeit der ‚Seele'." Fällt hier vielleicht jäh ein Licht auf die Bedeutung der Lehren vom Übermenschen und von der Ewigen Wiederkunft als großer erzieherischer Lügen in der Maske „absoluter Wahrheiten"?

Gewiß scheint nur, daß gerade diese Kennzeichnungen des Sokrates und Platon am deutlichsten erweisen, wie Nietzsches Wesen und Werk, sein Stilvordergrund und der letzte geheime Hintergrund und Vorbehalt seiner Lehre dem sokratischen Dämon der Maske verfallen mußten, den er als Wagners Schauspielertum so leidenschaftlich gehaßt hat.

Jede Zeile seines Werks verrät den, der sich nicht verraten möchte, den „Wanderer" des „Jenseits", der nur eine Bitte hat: „eine Maske mehr! eine zweite Maske!" Den „geistigeren Menschen, der bisweilen hinter die Masken gesehen hat und zu sehen versteht, der überhaupt begriffen hat, wie sehr alles Maske ist .." (Nachlaß zur Umwertung), dessen letzte listige Dankbarkeit, wie die des sterbenden Sokrates in jenem „verhüllten und schauerlichen Worte", seiner Maske gilt: „Wir wollen nichts mehr ans Herz nehmen, wir wollen zur *Maske* beten, als zu unserer letzten Gottheit und Erlöserin" (Nachlaß zur Umwertung). Als Leidender wie als Wirkender hat Nietzsche die erlösende und verführende Maske geliebt als die Form gerade seines Leidens und Wirkens. Der dionysisch Leidende, der „Zerrissene", der frühchristliche ἀνὴρ δίψυχος in ihm empfand die Wohltat der Maske als Bedingung seines „Wiedererstehens": Wert und Reiz seiner Schriften war ihm gerade dies, „daß hier ein Leidender und Entbehrender redet, wie als ob er *nicht* ein Leidender und Entbehrender sei." Und der sokratisch Wirkende hüllte sich in die wechselnden Masken seiner „Vordergründe", um wirken zu *dürfen*: über seine letzten Absichten hübsch schweigsam zu leben, ist ihm die Form seiner Menschlichkeit und außerdem auch die Sache der Klugheit und Selbsterhaltung — „wer liefe mir nicht davon, wenn er dahinter käme, was für Pflichten aus meiner Denkweise wachsen". Ja, die listigste aller Masken wächst um diesen Geist, dessen Schärfe sokratisch und dessen Tiefe dionysisch ist, zuletzt noch dadurch, daß er seine beiden wichtigsten Masken noch miteinander vertauscht: daß der leidende Geist die Maske des sokratischen Willens, daß der wirkende Wille die Maske des dionysischen Leidens vornimmt. Daß Zarathustra eine Maske des Sokrates wird, und der Immoralistische Kritiker eine Maske des Musikers. Daß der musikalische, der „deutsche" Mensch in Nietzsche zur Maske des hellenischen Menschen, der über- und gegendeutsche Mensch in ihm zur Maske des tief deutschen Menschen wurde. Wie ein letztes Gleichnis nur dieser Doppenherme, darin jedes Antlitz die Maske des andern ist und sein soll, wirkt die Tatsache, daß Nietzsche die beiden Völker, deren Wesen dem seinen als Parabel dient, als maskenliebend, als tiefe Schauspieler ihrer eigenen letzten Möglichkeiten kennzeichnet: die Deutschen wie die Griechen sind ihm, jede in ihrer besonderen Art, Schauspieler. Die berühmte Stelle des „Jenseits" über die Deutschen charakterisiert sie als das bewußt hintergründlichste, vielfältigste, widerspruchvollste Volk; den europäischsten unter den deutschen Philosophen, Leibniz, kennzeichnet ein Hinweis der „Umwertung" zur Maske des Deutschtums und zugleich Nietzsches selber:

„Leibniz ist interessanter als Kant — typisch *deutsch:* gutmütig, voll edler Worte, listig, geschmeidig, schmiegsam, ein Vermittler (zwischen Christentum und der mechanistischen Weltansicht), ungeheuer verwegen für sich, verborgen unter einer Maske, und höfisch-zudringlich, anscheinend bescheiden.. Leibniz ist gefährlich, als ein rechter Deutscher, der Vordergründe und Vordergrundsphilosophien nötig hat, verwegen und geheimnisvoll in sich bis zum Äußersten." Von den Griechen aber sagt Nietzsche kein andres Wort so oft aus als das: welche Schauspieler sind sie! Die Maske ist ihm das Symbol alles südlich-hellenischen Wesens:

„Im europäischen Süden volkstümlich ist und bleibt die *Maske!* .. Gar das antike Leben! Was versteht man von dem, wenn man die Lust an der Maske, das gute Gewissen alles Maskenhaften nicht versteht! Hier ist das Bad und die Erholung des antiken Geistes: — und vielleicht war dies Bad den seltenen und erhabenen Naturen der alten Welt noch nötiger als den gemeinen" (Fröhliche Wissenschaft). Damit schließt Nietzsche, wie so oft, auch im Zeichen der Maske die beiden entgegengesetzten Wesens- und Willensstrebungen seines Ich, die deutsche und die hellenische Strebung, zu jener Doppelherme einer geheimnisvollen Einung zusammen, die in ihrer beunruhigenden Zweiheit selber die nur ihm eigentümliche Maske bleibt. Die Frage, welche der beiden entgegengesetzten Kräfte in Nietzsche die eigentlich herrschende war, die sich platonisch der andern als einer Semiotik für sich selber bediente, sie bleibt ungelöst: jede bediente sich der andern als eines weise verschweigenden sokratischen Mundes.

## WEIMAR

„Weimar .. wie Bethlehem in Juda .."
„Die Liebe herrscht nicht, aber sie bildet, und das ist mehr."
Goethe.

Von den kleinen vorbedeutsamen Neigungen und Wünschen des Kindes Nietzsche hat die Schwester den jahrelang gehegten Knabentraum überliefert: sein späteres Leben (damals wohl noch in dem „theologischen" Rahmen gesehen, den es, im letzten Grunde, nie verleugnet hat) möchte sich in einem kleinen Häuschen entweder am *Rhein,* oder in *Rothenburg* ob der Tauber, oder endlich in *Weimar* abwirken und vollenden. Dieser kindische Wunschtraum hat, auf Augenblicke, etwas ergreifend Hellsichtiges für Nietzsches Zukunft sowohl wie für die Grundanlagen seines geistigen Wesens. Zunächst verrät sich darin die frühe unehrgeizige Neigung zum edlen Abseits, dieselbe Neigung, die später den Plan des „Musenklosters" gebar und Stifters Nachsommer zu seinem Lieblingsbuche machte; die den reifen Nietzsche die Luft der großen Hauptstädte instinktiv meiden ließ (hat er doch sogar sein aus vorsichtiger Ferne geliebtes Paris niemals gesehen); die zuletzt den Einsiedler von Sils-Maria bildete. Es ist schon ganz und gar dieselbe Stimmung und Grundanlage, der er in einem Basler Sommerbrief vom Jahre 1872 an Rohde Worte gibt: „Ich habe immer nur den *einen* Wunsch: nicht hastig zu werden.. Ich preise Basel, weil es mir erlaubt, ruhig, wie auf einem Landgütchen, zu existieren. Dagegen ist mir schon der Klang eines Berliner Organs verhaßt wie die Dampfmaschine". Weiter nach der Mitte zu aber schläft als Bild in jenem dreifach verkleideten Kinderwunsch wirklich schon die keimhafte erste Vordeutung der drei großen Kulturkreise, deren Vereinigung und eigentümliche Vermählung später das geistige Bild „Nietzsche" bestimmen sollte.

„*Der Rhein*", das ist hier, wenn auch aus noch romantischem Sehwinkel, schon das lockende Phantom des Südens, eines deutsch-italischen Südens; ist die seiner Frühschau nächste Bildform der Römischen Landschaft. Grade vom östlicheren Deutschland aus gesehen liegt ja über den Rheinufern schon ein deutlicher Südzauber; für die erste Generation nach Goethe, die durch Reisen so viel unverwöhntere, war er naturgemäß noch unvergleichlich viel stärker. Wie stark empfand Goethe von Weimar aus das Italienische, besser das Deutsch-Südhafte seiner rheinisch-mainischen Heimat, ihr unmittelbares römisches Kulturerbe, ihre Zugehörigkeit zu allen Landschaften innerhalb des großen römischen Limes! (Es ist nicht zufällig, wenn noch bis in die Mitte des Jahrhunderts hinein die großen englischen und deutschen Sammelwerke von Landschaftsansichten in Stahl- oder Kupferstich mit Vorliebe rheinische und italienische Ansichten vereinigen, wenn sie Titel tragen wie „Der Rhein, Italien und Griechenland": diese byronische Stufenfolge empfand wirklich der Reisende und Reisesüchtige des europäischen Nordens damals noch mit jugendlicher Frische.) So mag auch dem Knaben Nietzsche im Worte Rhein schon etwas von der Musik des Südens aufgeklungen sein, die er später so inbrünstig lieben lernte, wie dem jungen Studenten in den Umrissen des Siebengebirges, dieser Albaner Berge des rheinischen Rom, eine erste Ahnung der geformteren Landschaftslinien des Südens aufging. Nichts bezeichnender als gleich der erste Rheinbrief des ins Bonner Semester reisenden mulus: klingt es nicht, als wollte sich der Zwanzigjährige durchaus eine Italienische Reise nach goetheschem Vorbilde vorzaubern? „Durch die Gegend gehen noch alte Römerstraßen; auf einem Trümmerhaufen eines uralten römischen Kastells haben wir gestern abend .. im Mondenschein ‚integer vitae' gesungen. Meine Anschauungen über Volksleben und Sitten bereichern sich täglich. Ich merke auf alles, auf Eigentümlichkeit des Essens, der Beschäftigung, der Feldwirtschaft usw." So erscheint jenes Ideal einer rheinischen Wahlheimat wirklich als Vorbedeutung der späteren italischen Wanderverbannung und alles dessen, was der ausgesprochene Südbegriff Nietzsches umfassen wird.

*Rothenburg* — das ist das Sinnbild eines zweiten Kulturkreises, der für Nietzsche bestimmend ward, wenn auch nicht ihm selber bestimmend erschien. Es ist das spätgotisch-reformatorische Deutschland, das sich in diesem abseitigeren, innigeren Kleinen Nürnberg versinnlicht (eine Generation früher hätte wohl noch mit Wackenroder „Nürnberg" gesagt, wo

Nietzsche das unberührtere Rothenburg nennt); das Deutschland Luthers, Dürers und der ältesten deutschen Musik, das winklig fromme und zugleich unbeugsam protestierende Deutschland, aus dem Nietzsche seine ältesten Ahnenkräfte zieht, dem er den eigentlichen Rhythmus seines theologischen und reformatorischen Blutes verdankt — das meistersingerliche Deutschland, dem er im „Jenseits" das schönste Denkmal geformt hat mit der großen Ausdeutung des Meistersinger-Vorspiels, als eines Gleichnisses deutschen Wesens und im innersten heimlichsten Schatten seiner selbst.

*Weimar* jedoch — landschaftlich, geistig und sinnbildlich dem jungen Thüringer am nächsten — Weimar stellt auch den wirklichkeits- und erfüllungsnächsten der drei Märchenwünsche des Knaben dar. Und wie von den dreien gerade er leibhaftig in Erfüllung ging, — so tragisch doppelsinnig, wie wohl kaum je ein unschuldiger Knabentraum vom Schicksal verwirklicht ward, so ist auch der Kulturkreis, den das magische Wort Weimar öffnet, für Nietzsches geistige Gesamterscheinung zwar nicht der entscheidendste, nicht der sichtbarste oder bewußteste, doch gewiß der umfänglichste von den dreien, der, welcher die meisten Einströmungen in sich aufnimmt. Das Lutherisch-Protestantische blieb für Nietzsche Bluterinnerung und Ahnenerbe; das Südlich-Romanische jenseitige Sehnsucht, lockende und fruchtbare Gefahr, Fernschau seiner Zukunft, — wenn man will, eine ins Künftige vorgeworfene Romantik; das Weimarische aber ist in seinem Leben Atemluft, ist in seinem Werk überall deutliche oder verborgene Gegenwart; und zwar Gegenwart in einem eindringlichen, einem klassischen Sinn, der noch genauer zu umschreiben sein wird. Jenes Protestantisch-Christliche, nordisch Moralistische seines Vergangenheiterbes verdichtete sich seiner Jugend zu der Nachfolge seines großen Lehrers, des christlich-pessimistischen Ethikers Schopenhauer. Sein Zukunftsglaube, seine griechischen Hoffnungen, sein nach vorwärts gekehrter Romantizismus kristallisierte im Erlebnis Wagners. Aber seine geistige Gegenwart, die Bildungsluft seiner Jugend, der humanistische Kulturbegriff seiner Basler Jahre, der werktätige, lebenbejahende, lebenverklärende Kulturwille seiner Reife, — ja noch das Jahrhundert, in das seine Gesamterscheinung im Rückblick eingeordnet erscheint, dessen gewaltiger Ausklang sie bildet: all das ist erfüllt von der Atmosphäre Weimar, schwingt um Weimars sinnlich-symbolischen Kern, um den Namen Goethe.

Die drei Namen gehören immer wieder zusammen, wo immer und wie immer man Nietzsches Bild umschreiben und deuten mag. Er selber sagt in einem Nachlaßbruchstück des Jahres 1874: „Die größten Ereignisse, welche die Philologie getroffen haben" (will sagen, welche ihn selber, als Philologen und Mehr-als-Philologen, getroffen haben), „sind das Erscheinen Goethes, Schopenhauers und Wagners: man kann damit einen Blick tun, der weiter reicht." Dieser weiter reichende Blick, wir nennen ihn heute Nietzsche. Aber wenn das Ereignis Schopenhauer das früheste, entscheidend aufwühlende war, das Ereignis Wagner das tiefste, süß und schmerzlich verwandelnde, so war das Ereignis Goethe seinem Leben das längste, still begleitende, das dauerndste. Während Schopenhauers Testament und Lehre gar bald zu seinen Überwindungen gehört, als Rückschlag in Veraltetes für abgetan erklärt und in die Vergangenheit zurückgebannt wird, während das romantische Liebeswahnbild der wagnerschen Zukunftsmusik aus bitterster, nie verwundener Enttäuschung heraus als nordisches Trugphantom und unechte Zukunft entlarvt wird (an seine Stelle tritt der Magier des Ostens, Zarathustra, und die Musik des Südens) — während dieser Überwindungen und Verwandlungen bleibt Goethe bis zuletzt eine gegenwärtige Macht, eine ehrfürchtig geatmete Luft, bleibt eine Form Nietzsches, die einzige, die er niemals zerbrochen hat, weil sie, sich wandelnd, ihm verwandt blieb, verwandt bleiben konnte. Nietzsches inbrünstiger Blick warf sich, weiter reichend, weiter wollend, in künftige Landschaften, die weit jenseits des weimarischen Himmelsrandes blauen; aber sein Fuß verließ bis zuletzt nicht die Strahlungsgrenze des Kreises, dessen ausstrahlender Mittelpunkt Goethe heißt.

Das Verhältnis des Zarathustradichters zu seinem Goetheerlebnis ist weitaus verwickelter und verschränkter als die fast bildhaft einfache und einleuchtende Fabel seiner Wagnerliebe, seines Schopenhauer-Jüngertumes. Es ist, mit alleiniger Ausnahme der Gestalt des Sokrates, vielleicht das verflochtenste Verhältnis zu einem geistigen Ahnen überhaupt, das bei Nietzsche zu beobachten ist. Es versagt sich dem unzweideutigen Bilde so gut wie der raschen Formel. Doch eine Eingrenzung ist ohne weiteres bildhaft klar und formelhaft gegeben: Nietzsches Goetheerlebnis wird völlig begrenzt durch den Namen Weimar. Wird es so sehr, daß die Ganzheit seines Goethebildes dadurch vollständig verloren geht. Der vorweimarische Goethe tritt so gut wie überhaupt nicht in den Gesichtskreis: in den schlechthin zahllosen durch die Werke, den Nachlaß, die Briefe zerstreuten Äußerungen und Bekenntnissen zu Goethe wird kaum einmal der Straßburger Goethe gestreift, der Werther-Goethe nur in Verneinung. In Adalbert Stifters Briefen bezeichnet sich Nietzsche beifällig die Stelle: „Haben ja Goethes größte Werke (die ersten kleineren nicht) Deutschland kalt gelassen, es ist natürlich, was höher ist als die Welt, wird von ihr geschmäht.." Nichts von dem faustischen Glück und phantastischen Reichtum der Jugendlyrik, nichts von Sturm und Drang. Nirgends scheint ihm *der* Dichter nah zu sein, dem ein volles, ganz von einer Empfindung volles Herz den Dichter macht. (Er führt gelegentlich entstellte Zeilen der Harzreise im Winter an und verrät dabei, daß ihm der Dichter dieser Stelle unbekannt ist.) Nietzsches frühster Goethe schon ist der Weise von Weimar, der weltumfassende, weltdeutende, weltverschweigende Goethe Eckermanns und der Eckermannjahre. Und wo es der Dichter Goethe ist, ist es fast ausschließlich der antikisch gelassene, artistisch weise, jenseits kräftiger Jugendwirklichkeit im lehrhaft Parabolischen ruhende Künstler des letzten Altersstils, des eigentlichen weimarischen Stils. Es ist sehr bezeichnend, wie Nietzsche sich noch spät, 1887 an Peter Gast, zu dem „frühsten und *stärksten* Eindruck" bekennt, den er überhaupt von Goethe gehabt habe — zu der „Löwennovelle"; dieser Novelle, die gewiß zum Bewußtesten, Mittelbarsten, artistisch Klügsten und sorglich Gebildetsten gehört, was Goethes wählerischer Klassizismus jemals hervorgebracht hat; die ganz lehrhafte Absicht ist, ganz Komposition, ein ganzer kluger Stufenaufbau von Wirksamkeiten, Andeutungen, Sinnbildern; und deren „anfänglich ganz realer und am Schluß ganz ideeller Charakter" (Goethe) auf den Gleichniswert und die Gleichnisabsichten gerade dieser Spätkunst hinweist. Wenn ein episches Gebilde dieser Art und Absicht innerhalb des goetheschen Gesamtwerks auf Nietzsche den frühsten und stärksten Eindruck machen konnte, so besagt das etwas, besagt viel über seine besondere Goethevorstellung und Goetheliebe. In seiner Vorliebe für gerade dieses Werk ist nahezu alles bezeichnend wahlverwandt: die stufenbauende Sinnbildlichkeit, der fast romanisch bewußte Klassizismus, die Vorder- und Hintergründlichkeit, die Scheinwirklichkeit, das Bedeuten, die hohe Kunst des sinnlich-mystischen Endens — alles konnte für den jungen Nietzsche das ahnungsvoll Verführerische, geheim Vorklingende eigener Möglichkeiten haben. Nur so erklärt sich die Liebe schon des Kindes zu diesem Alterswerk, in dem wohl kaum je ein zum Erlebnis der Dichtung erwachender Mensch seine frühste Goetheerfahrung gesucht, noch gar seine innigste Goethedankbarkeit gefunden hat. Nicht zufällig nehmen gerade die ästhetischen Verhandlungen über die „Novelle" in Eckermanns Gesprächen einen bedeutenden Raum ein: diese Dichtung ist ein Symbolum der eckermannschen Goethewelt. Diese Eckermannwelt aber, die von Heine verspottete, diese weimarische Spätwelt ist die eigentliche Goethesphäre Nietzsches. Schopenhauers Goethebild hat ersichtlich sehr stark und in gewissem Sinne einengend auf Nietzsche gewirkt. Aber vor allem war es doch die Vorherbestimmung der eignen Natur, die gerade mit diesem Goethebilde sich selber beschenkte. Kein Buch hat, neben der Lutherbibel und der Welt als Wille und Vorstellung auf Nietzsche einen solchen Einfluß geübt und üben können, wie „das beste deutsche Buch, das es gibt" — Goethes Gespräch mit Eckermann. Die Bekenntnisse zum Eckermann-Goethe häufen sich in den Frühjahren: „Über Goethe hat uns neuerdings jemand belehren wollen, daß er mit seinen 82 Jahren sich ausgelebt habe: und doch würde ich gerne ein paar Jahre des ausgelebten Goethe gegen ganze Wagen voll frischer hochmoderner Lebensläufe einhandeln, um noch einen Anteil an solchen Gesprächen zu haben, wie sie Goethe mit Eckermann führte, und um auf diese Weise vor allen zeitgemäßen Belehrungen durch die Legionäre des Augenblicks bewahrt zu bleiben. Wie wenige Lebende haben überhaupt, solchen Toten gegenüber, ein Recht zu leben!" — so äußert sich Nietzsche in der Unzeitgemäßen Betrachtung vom Nutzen und Nachteil der Historie für das Leben; und im Nachlaß zu dieser Schrift heißt es: „Goethe ist vorbildlich: der ungestüme Naturalismus, der allmählich zur strengen Würde wird. Er ist als stilisierter Mensch höher als je irgendein Deutscher gekommen. Jetz ist man so borniert, daraus ihm einen Vorwurf zu machen und gar sein Altwerden anzuklagen. Man lese Eckermann und frage sich, ob je ein Mensch in Deutschland so weit in einer edlen Form gekommen ist. Von da bis zur Einfachheit und Größe ist freilich noch ein großer Schritt, aber wir sollten nur gar nicht glauben, Goethe überspringen zu können, sondern müssen es immer, wie er, wieder anfangen." Die wörtliche Anführung von Eckermannstellen bleibt bis ins „Menschliche" hinein beliebt (sogar in den philologischen Vorlesungen), und die Zitate aus der goetheschen Spätzeit im ganzen erscheinen kaum zählbar. Man bemerkt den Einfluß der Gespräche beim frühen Nietzsche allenthalben: in Wertungen und Vorlieben (Claude Lorrain, Napoleon, Lord Byron), in Ablehnungen (die Revolution, der Nationalismus, das Allzudeutsche), in der erzieherischen Gesamthaltung, in der

Stellung zum Griechentum, zum hellenischen Problem „Kultur und Barbarei". Nietzsches ganzer erzieherischer Kulturenthusiasmus der Basler Jahre, so sehr er von Wagner geweckt ist, so sehr er tätig-jugendlichen Gegenschlag gegen den entwicklungsfeindlichen Pessimismus Schopenhauers bedeutet, er wurzelt doch völlig im weimarischen Kulturboden. In der Krise des Jahres 1870 stand Goethes Haltung, dem nur Kultur und Barbarei Dinge von Bedeutung waren, Nietzsche vorbildlich vor Augen. (Man denkt an die Szene, wo Nietzsche und Burckhardt beieinander in Tränen angetroffen werden, als eben die — falsche — Nachricht vom Brand des Louvre eingetroffen war — das war „Weimar".) Jenes Märzgespräch des Jahres 1830 mit Eckermann hat auf Nietzsche zeitlebens nachgewirkt: „Wie hätte ich, dem nur Kultur und Barbarei Dinge von Bedeutung sind, eine Nation hassen können, die zu den kultiviertesten der Erde gehört und der ich einen so großen Teil meiner eigenen Bildung verdankte! Überhaupt ist es mit dem Nationalhaß ein eigenes Ding. Auf der untersten Stufe der Kultur werden Sie ihn immer am stärksten und heftigsten finden. Es gibt aber eine Stufe, wo er ganz verschwindet und wo man gewissermaßen *über* den Nationen steht und man ein Glück oder ein Wehe seines Nachbarvolkes empfindet, als wäre es dem eigenen begegnet. Diese Kulturstufe war meiner Natur gemäß, und ich hatte mich darin lange befestigt, ehe ich mein sechzigstes Jahr erreicht hatte."

Das klingt, beinahe bis in den Tonfall hinein eckermannisch, bei Nietzsche nach: „Vor dem bevorstehenden Kulturzustande habe ich die größten Besorgnisse. Wenn wir nur nicht die ungeheuren nationalen Erfolge zu teuer in einer Region bezahlen müssen, wo ich wenigstens mich zu keinerlei Einbuße verstehen mag. Im Vertrauen: ich halte das jetzige Preußen für eine der Kultur höchst gefährliche Macht.. Es ist mitunter recht schwer, aber wir müssen Philosophen genug sein, um in dem allgemeinen Rausch besonnen zu bleiben — damit nicht der Dieb komme und uns stehle oder verringere, was für mich mit den größten militärischen Taten, ja selbst mit allen nationalen Erhebungen nicht in Vergleichung kommen darf" (nach der Rückkehr vom Kriegsschauplatz nach Basel, an Gersdorff, November 1870). „Als ich von dem Pariser Brande vernahm" (dem angeblichen Louvrebrand während der commune), „so war ich für einige Tage völlig vernichtet und aufgelöst in Tränen und Zweifel: die ganze wissenschaftliche und philosophisch-künstlerische Existenz erschien mir als eine Absurdität, wenn ein einzelner Tag die herrlichsten Kunstwerke, ja ganze Perioden der Kunst austilgen konnte.." (an denselben, Juni 1871).

Und auch Nietzsches „Guter Europäer" ist zuletzt noch eine weimarische Reminiszenz, eine Erinnerung mindestens ebensosehr an die klassische deutsche Epoche der Weltbildung, Weltliteratur, als eine Zukunftsvision des kommenden Europäischen Menschen, der, in Goethes Sinne, über den Nationen steht, indem er die eigene in sich zur höchsten ihr möglichen Stufe hinaufsteigert. Und wenn Eckermann von Goethe immer wieder hörte: „Man studiere vor allen Dingen die alten Griechen und immer wieder die Griechen.." „im Bedürfnis nach etwas Musterhaftem müssen wir immer zu den alten Griechen zurückkehren, in deren Werken stets der schöne Mensch dargestellt ist. Alles übrige müssen wir nur historisch betrachten.." — so ist gerade das die eigentliche leitende Vorstellung in des jungen Nietzsche begeisterter Sorge um die Zukunft deutscher Bildung. Es sind eckermannsche, weimarische Worte, die Nietzsche in seiner Basler Antrittsrede von 1869 über Homer und die klassische Philologie dieser Sorge leiht: „Das Schwert des Barbarentums schwebt über dem Haupte jedes Einzelnen, der die unsägliche Einfachheit und edle Würde des Hellenischen aus den Augen verliert; kein noch so glänzender Fortschritt der Technik und Industrie, kein noch so zeitgemäßes Schulreglement, keine noch so verbreitete politische Durchbildung der Massen können uns vor dem Fluche lächerlicher und skythischer Geschmacksverirrungen und vor der Vernichtung durch das furchtbar schöne Gorgonenhaupt des Klassischen schützen."

Es gehört zu den merkwürdigsten Zeugnissen der tief hinabreichenden Doppelung von Nietzsches Wesen, daß gerade der junge Erzromantiker, der Jünger des schopenhauerischen, christlich-indischen Pessimismus und der Myste des wagnerischen neuen Eleusis, daß gerade er mit solcher Inbrunst dem gegenromantischsten deutschen Bilde sich hingab, dem Bilde des klassischen Goethe; während er geflissentlich aus diesem Bilde alle „romantischen" Züge ausmerzt, an denen sich die Frühromantik doch selber gebildet und bereichert hatte. Wirklich hat wohl niemand, trotz gelegentlicher unwirscher Angriffe gegen die Auffassung vom Olympier, jemals mit solcher gewollten Blickenge einzig das „Klassische" an und in Goethes Natur und Leben, Wesen und Kunst mächtig und streithaft ausdeutend herausgetrieben, keiner die fremde Vorbildlichkeit seines Griechenwillens, seiner entdeutschten Überdeutschheit so verklärend erhöht, wie gerade der

Erbe der goethefremdesten Romantik, dessen eigener Geistesweg (sein Stil versinnlicht es) geradezu ins immer Unklassischere, bis in die Auflösung eines Barocks von verzückter Logik hinwegführte. Ihn, dem als phantastisch-tragischer Umwälzer und Umwerter, als aristokratischer Revolutionär geistig zu enden bestimmt war, — der, während es für Goethe „selbst im Großen nicht Gewalt" gibt, mit dem „zerschmetternden Blitzschlag der Umwertung die Erde in Konvulsionen zu versetzen" wähnte, — ihn band dennoch ein dunkles Gegengefühl mahnend an Goethe, nicht den jugendlich götterstürzenden des Prometheusgedichtes, sondern an den demütig-stolzen, der „in Geheimnissen wandelnd", sich als Organ seines Jahrhunderts fühlte, der, zu Rom im tiefsten entzaubert und erhellt, die neue untitanische Welt sich aufgehen ließ und von dort an Herder, seinen Lehrer und „Humanus" schrieb: „Alle Wege bahnen sich vor mir, weil ich in der Demut wandle." Dieser nietzschefremdeste Goethe mußte, nach geheimen Gesetzen geheimerer Anziehungen und Befruchtungen, der Goethe Nietzsches werden: in keiner Zeitspanne seines Denkens hat er sich auch nur flüchtig zu einem andern Goethebild bekennen können, als zu dem klassischen, ja klassizistischen, weimarischen Weisen, dem erbebewußten, erbebelasteten, erbeverantwortlichen Hüter einer Überlieferung, die ehrfürchtig nach rückwärts, edlen Mißtrauens nach vorwärts gewandt, das Schicksal echter Menschenzukunft, aller Humanität bewahrt. Das wichtigste, rückhaltloseste Bekenntnis Nietzsches zu diesem weimarischen Goethe des Klassizismus, des antiken Erbes an Humanität („Goethe imaginierte eine europäische Kultur, die die volle Erbschaft der schon erreichten Humanität macht", Wille zur Macht) und des „antikischen" Stils, eines Stils der groß und heimwehmütig verzichtenden Konvention, wir besitzen es in dem Abschnitt über „die Revolution in der Poesie", im ersten Bande des „Menschlichen". Es ist das entschiedenste Bekenntnis zu der Metamorphosenweisheit, daß nur also beschränkt je das Vollkommene möglich war; zu dem Goethe der Pandora und der Achilleïs, dem Homeride zu sein, auch nur als letzter, schön war. Keine Äußerung Nietzsches zur Kunst ist gegenshakespearischer als diese; keine so sehr aus dem Geiste eines mehr goethisch französierenden als französischen Attizismus heraus getan. Goethe wird hier geradezu in der Richtung Voltaires verfremdet, sowie dem Bilde Voltaires Goethezüge geliehen werden. „Man lese nur von Zeit zu Zeit Voltaires Mahomet, um sich klar vor die Seele zu stellen, was durch jenen Abbruch der (klassischen) Tradition ein für allemal der europäischen Kultur verloren gegangen ist. Voltaire war der letzte der großen Dramatiker, welcher seine vielgestaltige, auch den größten tragischen Gewitterstürmen gewachsene Seele durch griechisches Maß bändigte.. wie er auch der letzte große Schriftsteller war, der in der Behandlung der Prosarede griechisches Ohr, griechische Künstlergewissenhaftigkeit, griechische Schlichtheit und Anmut hatte; ja, wie er einer der letzten Menschen gewesen ist, welche die höchste Freiheit des Geistes und eine schlechterdings unrevolutionäre Gesinnung in sich vereinigen können, ohne inkonsequent und feige zu sein." (Wieviel mehr kennzeichnet ein solcher Satz die Art Goethes als die Voltaires!) Doch diese letzte antikische Überlieferung reißt verhängnisvoll ab: „Lessing machte die französische Form, das heißt die einzige moderne Kunstform, zum Gespött in Deutschland und verwies auf Shakespeare; und so verlor man die Stetigkeit.. und machte einen Sprung in den Naturalismus — das heißt in die Anfänge der Kunst zurück. Aus ihm versuchte sich Goethe zu retten, indem er sich immer von neuem wieder auf verschiedene Art zu binden wußte; aber auch der Begabteste bringt es nur zu einem fortwährenden Experimentieren, wenn der Faden der Entwicklung einmal abgerissen ist."

So erhält die entschlossene und bewußte Selbstbindung, Selbstbegrenzung des römischen Goethe für Nietzsche den Schimmer eines leise trauernden Zu spät. Das einmal Losgebundene knüpft sich doch nie wieder. Goethes ‚gereifte künstlerische Einsicht aus der zweiten Hälfte seines Lebens" wird damit zu einer Weisheit mehr als zu einer Fruchtbarkeit, mehr zu einer „Abendröte der Kunst" als zu einem neuen Tag — jene gereifteste Einsicht, die Nietzsche dennoch, trotz ihres „schönen Umsonst", als unzeitgemäß und zukunftsvoll ehrt: „Er gewann mit ihr einen solchen Vorsprung über eine Reihe von Generationen, daß man im großen Ganzen behaupten kann, Goethe habe noch gar nicht gewirkt und seine Zeit werde erst kommen." Und hier folgt dann die eindringlich bildhafte Kennzeichnung des goetheschen Spätstils, des Klassizismus etwa der Wahlverwandtschaften, der Pandora, des Divan, der Wanderjahre; vielleicht die schönste Maske des weimarischen Goethe, die Nietzsche gebildet hat, und nicht ohne Runen des eignen Wesens und Wünschens: „Gerade weil Goethes Natur ihn lange Zeit in der Bahn der poetischen Revolution festhielt.. so wiegt seine spätere Umwandlung und Bekehrung so viel: sie bedeutet, daß er das tiefste Verlangen empfand, die Tradition der Kunst wieder zu gewinnen und den stehen gebliebenen Trümmern und Säulengängen des

Tempels mit der Phantasie des Auges wenigstens die alte Vollkommenheit und Ganzheit anzudichten. . So lebte er in der Kunst als in der Erinnerung an die wahre Kunst: sein Dichten war zum Hilfsmittel der Erinnerung. . geworden. Seine Forderungen waren zwar in Hinsicht auf die Kraft des neuen Zeitalters unerfüllbar; der Schmerz darüber wurde aber reichlich durch die Freude aufgewogen, daß sie einmal erfüllt *gewesen* sind und daß auch wir noch an dieser Erfüllung teilnehmen können. Nicht Individuen, sondern. . idealische Masken; keine Wirklichkeit, sondern eine allegorische Allgemeinheit; Zeitcharaktere, Lokalfarben zum fast Unsichtbaren abgedämpft und mythisch gemacht; das gegenwärtige Empfinden und die Probleme der gegenwärtigen Gesellschaft auf die einfachsten Formen zusammengedrängt, ihrer reizenden spannenden pathologischen Eigenschaften entkleidet, in jedem anderen als dem artistischen Sinn wirkungslos gemacht; keine neuen Stoffe und Charaktere, sondern die alten längstgewohnten in immerfort währender Neubeseelung und Umbildung: das ist die Kunst, so wie sie Goethe später *verstand*, so wie sie die Griechen, ja auch die Franzosen *übten*." Der weimarische Klassizismus ist niemals vollkommener, liebevoller, schmerzlich klarer in seiner Größe und tragischen Begrenztheit geschildert worden, als es hier geschehen ist. Man kann unmöglich Züge des eignen Ideals hier verkennen, wie denn wirklich manche Züge des hier umrissenen Stilbildes in Nietzsches Aphoristik, selbst in die idealischen Masken seines Zarathustra, dieses so ungoetheschen Lehrgedichtes, eingegangen sind. Ja, diese goetheschen Stilforderungen sind im Grund schon in einer gedrungenen Nachlaßbemerkung zur historischen Unzeitgemäßen deutlich aufgestellt: „Der Weg zum Stil muß gemacht, nicht übersprungen werden: dem hieratisch bedingten ‚Stile', das heißt einer Konvention, wird man nicht ausweichen können. Goethes Theaterleitung." Eine Aufzeichnung zur Morgenröte verteidigt bereits mit den schärferen Tönen der Spätzeit den goetheschen Klassizismus gegen das revolutionärromantische Stilideal: „die Deutschen meinen, daß die Kraft sich in Härte und Grausamkeit offenbaren müsse, sie unterwerfen sich dann gerne und mit Bewunderung . . daß es Kraft gibt in der Milde und Stille, das glauben sie nicht leicht. Sie vermissen an Goethe Kraft und meinen, Beethoven habe mehr: und darin irren sie!!" Ein Gegensatz, welcher von einer berühmten Stelle der Fröhlichen Wissenschaft wieder aufgenommen wird, in jener Gegenüberstellung des nordisch-romantischen und südlich-klassischen Menschen, verkörpert in der Begegnung von Teplitz. In solchen Stellen deutet sich schon die Richtung an, in der Nietzsche den weimarischen Klassizismus sich ausweitet, ausbaut, auslegt, um seine Vorbildlichkeit sich zu erhalten, um ihn nicht, gleich Schopenhauer, gleich Wagner, gleich so vielen anderen, nach rückwärts sich entgleiten zu sehen. Es ist die immer entschiedenere Richtung ins Überdeutsche, Überchristliche, Hellenische, in die erhabene Einsamkeit Zarathustras hinüber, die Nietzsche diesem Klassizismus zu geben bemüht scheint. Es ist, als ob Nietzsches immer einsameres, jeder Art von Gemeinsamkeit (aber alle Kultur ist Gemeinsamkeit) immer ferneres Denken und Erleben mit einer stets innigeren Dankbarkeit, einer Art von augenschließendem Geborgensein, das man sonst nie bei ihm spürt, in dem Erhorchen eines geheimen Zusammenklangs mit Goethes Natur ausruhe, vertrauend sich bestärke. Der klassische Goethe wird zum Schicksalsgefährten des dionysischen Zarathustra, der Romdeutsche gesellt sich dem Überdeutschen, der Revolutionsfeind dem Hasser der Demokratie, der Gegner der Romantik dem Widersacher Wagners, der „dezidierte Nichtchrist" dem Antichristen, der Griechenschüler dem Griechenjünger. „Goethes vornehme Isoliertheit — es bedarf für die Höchstgeborenen einer Art Burgen- und Raubrittertum.." (Nachlaß zur Umwertung) — das ist eine Apologie von Zarathustras siebenter Einsamkeit durch Goethe. „Gut deutsch sein heißt sich entdeutschen.. das will man mir heute nicht zugeben. Goethe hätte mir vielleicht Recht gegeben" (ebenda). „Goethe stand über den Deutschen in jeder Beziehung und steht es auch jetzt noch: er wird ihnen nie angehören.. Wie Beethoven über die Deutschen weg Musik machte, wie Schopenhauer über die Deutschen weg philosophierte, so dichtete Goethe seinen Tasso, seine Iphigenie über die Deutschen weg" (Menschliches). „Goethe tat den Deutschen nicht not, daher sie auch von ihm keinen Gebrauch zu machen wissen. Man sehe sich die besten unserer Staatsmänner und Künstler daraufhin an: sie alle haben Goethe nicht zum Erzieher gehabt, nicht haben können" (Menschliches). „Goethe steht zu seiner Nation weder im Verhältnis des Lebens, noch des Neuseins, noch des Veraltens. Nur für wenige hat er gelebt und lebt er noch: für die meisten ist er nichts als eine Fanfare der Eitelkeit, welche man von Zeit zu Zeit über die deutsche Grenze hinüberbläst. Goethe, nicht nur ein guter und großer Mensch, sondern eine *Kultur* — Goethe ist in der Geschichte der Deutschen ein Zwischenfall ohne Folgen: wer wäre imstande, in der deutschen Politik der letzten siebzig Jahre zum Beispiel ein Stück Goethe aufzuzeigen! (während jedenfalls dabei ein Stück Schiller, und vielleicht sogar ein Stückchen Lessing tätig gewesen ist)" (Menschliches). „Was Goethe eigentlich über die Deutschen gedacht hat? Aber er hat über viele Dinge um sich herum nie deutlich geredet und verstand sich zeitlebens auf das feine Schweigen: wahrscheinlich hatte er gute Gründe dazu.. Es gibt Worte Goethes, in denen er, wie vom Auslande her, mit einer ungeduldigen Härte über das abspricht, was die Deutschen sich zu ihrem Stolze rechnen.." (Jenseits). „Goethe ist eine Ausnahme: er lebte unter Deutschen auf feine Weise verschanzt und verkleidet.. Goethe isoliert, zwischen Pietismus und Griechentum; zweifelhaft, ob er nicht französisch schreiben soll" (Nachlaß der Umwertungszeit). Kein Zweifel, das sind lauter auf feine Weise verkleidete Augenblicke Nietzsches, Masken Zarathustras, sind Rechtfertigungen des zur Hyperioneinsamkeit unter Deutschen verurteilten Nietzsche („ich war immer verurteilt zu Deutschen"), der im Ecce homo anklagt: „Zehn Jahre — und niemand in Deutschland hat sich eine Gewissensschuld daraus gemacht, meinen Namen gegen das absurde Stillschweigen zu verteidigen, unter dem er vergraben lag", des Nietzsche, der an Burckhardt und andre schrieb, seine letzten Schriften hätten nicht deutsch, sondern französisch geschrieben werden müssen — bis zu einem gewissen Grade seien sie französisch geschrieben und jedenfalls möchte es leichter sein, sie ins Französische zu übersetzen als ins Deutsche. Im Ekel vor dem Dogma von der Gleichheit findet Nietzsche sich mit dem Unrevolutionärsten unter den deutschen Geistern: „Die Lehre von der Gleichheit! — Aber es gibt gar kein giftigeres Gift: denn sie *scheint* von der Gerechtigkeit selbst gepredigt, während sie das *Ende* der Gerechtigkeit ist.. daß es um jene Lehre von der Gleichheit herum so schauerlich und blutig zuging, hat dieser ‚modernen Idee' par excellence eine Art Glorie und Feuerschein gegeben, so daß die Revolution als *Schauspiel* auch die edelsten Geister verführt hat. Das ist zuletzt kein Grund, sie mehr zu achten. Ich sehe nur Einen, der sie empfand, wie sie empfunden werden muß, mit *Ekel* — Goethe.'" (Götzendämmerung). „Was Goethe über Wagner gedacht haben würde?" fragt der Fall Wagner; „Goethe hat sich einmal die Frage vorgelegt, was die Gefahr sei, die über allen Romantikern schwebe: das Romantikerverhängnis. Seine Antwort ist: am Wiederkäuen sittlicher und religiöser Absurditäten zu ersticken. Kürzer: Parsifal." Und auch Nietzsches Auffassung der Romantik als ausgesprochener décadence, des romantischen Künstlers als des décadents an sich scheint eine Weiterbildung der berühmten Bestimmung aus dem Eckermanngespräch vom

März 1829, in der Goethe das Klassische das Gesunde und das Romantische das Kranke nennt. Daß der leidenschaftliche Antichrist den klassischen Goethe als entschiedenen Nichtchristen in Anspruch nimmt und es verschmäht, etwa der Äußerungen des Eckermann-Goethe über Luther und den Protestantismus, über die Kultur der Evangelien (aus dem Todesmonat) sich zu erinnern, kann nicht wundernehmen. „Es ist eine Probe davon, ob man etwas *klassischen Geschmack* im Leibe hat, wie man zum neuen Testament steht — vgl. Tacitus —; wer davon nicht revoltiert ist.. der weiß nicht, was klassisch ist. Man muß das ‚Kreuz' empfinden wie Goethe" (Wille zur Macht). „Ich erinnere daran, wie der letzte Deutsche vornehmen Geschmacks, wie Goethe das Kreuz empfand" (Fall Wagner) — ein Hinweis vor allem auf das 66. Venetianische Epigramm, wohl auch auf Stellen der Wanderjahre (II. 2) und der Paralipomena zum Faust („Landstraße. Ein Kreuz am Wege"). „Goethe ist der letzte Deutsche, vor dem ich Ehrfurcht habe: er hätte drei Dinge empfunden, die ich empfinde, — auch verstehn wir uns über das ‚Kreuz' " (Götzendämmerung).

Als die mächtige Ausnahme ist der klassische Goethe hier überall hinaufgesteigert, als einsamer Genosse Zarathustras. Und mächtige Ausnahme ist er vor allem als das Eine — als die griechische Natur unter Deutschen. Tiefer als irgendeiner — Nietzsche nimmt selbst den Liebling seiner erwachenden Jahre, nimmt Hölderlin nicht aus — hat ihm Goethe das edle Geheimnis des Hellenentums erkannt und erlebt: die wetteifernde Lebensliebe, die aus den verzauberten Zwiegesprächen Platons redet und schwärmt: „Das Maß des Studiums liegt darin: Nur was zur Nachahmung reizt, was mit Liebe ergriffen wird und fortzuzeugen verlangt, soll studiert werden.. In *der* Art hat Goethe das Altertum ergriffen: immer mit wetteifernder Seele. Aber wer sonst?" (Wir Philologen. 1874/75). Oder geheimnishafter, dunkelklarer, im Nachlaß zur Geburt der Tragödie: „Die Griechen sind die Künstler des *Lebens;* sie haben ihre Götter, um leben zu können, nicht um sich dem Leben zu entfremden. Wichtig der Idealismus der Lebenden zum Leben. Ein Kreuz mit Rosen umhüllt, wie Goethe in den ‚Geheimnissen' ". (Hier blickt, ganz früh, schon Nietzsches späteste Dionysosgestalt hervor, der leidende und der tanzende Gott, der „Christ im Tanz": „Ich würde nur an einen Gott glauben, der zu tanzen verstünde", bekennt Zarathustra. Vielleicht ist niemals das erzieherische Sehertum Nietzsches dem goetheschen so unmittelbar nahe gewesen wie im Augenblick dieser den Nietzsche der letzten Dionysosdithyramben bereits vorwegnehmenden Formel, die bedeutsam an das goethesche Bruchstück vom Humanus rührt, dem Heiligen, dem Weisen — „dem besten Mann, den ich mit Augen sah"; an jenes tiefsinnig vergeheimnissende Rosenkreuzergedicht, das sich mit den Versen einläutet: „Ein wunderbares Lied ist euch bereitet.."). Wohl begegnen wir Äußerungen Nietzsches, in denen seiner künderischen Ungeduld Goethe nicht griechisch genug ist, sein Klassizismus allzu weimarisch, allzu hell, zu bewußt, zu geschichtlich — zu sehr innerlich ohne neue ungeheure Hoffnung. So legt er etwa in der Götzendämmerung die Grenzen der goetheschen Antike gegen das „wahre", d. i. Nietzsches Hellenentum ziemlich schroff fest: „Wenn wir den Begriff ‚griechisch' prüfen, den Winckelmann und Goethe sich gebildet haben, finden wir ihn unverträglich mit jenem Elemente, aus dem die dionysische Kunst wächst — mit dem Orgiasmus. Ich zweifle in der Tat nicht daran, daß Goethe etwas derartiges grundsätzlich aus den Möglichkeiten der griechischen Seelen ausgeschlossen hätte. Folglich verstand Goethe die Griechen nicht. Denn erst in den dionysischen Mysterien, in der Psychologie des dionysischen Zustands spricht sich die Grundtatsache des hellenischen Instinkts aus." Ähnlich heißt es im Willen zur Macht, daß die dionysischen Erfahrungen für alles Griechische die große Tiefe, das große Schweigen seien; ohne diesen verborgenen unterirdischen Zugang kenne man die Griechen nicht. Selbst der edle Eifer solcher Freunde des Altertums, wie Goethes und Winckelmanns, habe gerade hier etwas Unerlaubtes, fast Unbescheidenes. Ja, Nietzsche nennt das Griechentum Goethes gelegentlich geradezu historisch falsch und sodann „zu weich und unmännlich". (Die „strengere, männlichere Linie" meint Nietzsche nicht umsonst vor Goethe, dem Sprachbildner, voraus zu haben.) Gewiß ist, daß der kranken Hellsichtigkeit des umwertenden letzten Nietzsche in Goethes Klassizismus ein ungriechischer Erdenrest zu tragen peinlich blieb. Eine letzte Schranke des Verzichtwillens (wie in dem Abschnitt des „Menschlichen" über die Revolution in der Poesie), ja zuletzt der Furcht, eine Spur jener deutschen „Feigheit vor der Realität" empfindet die Sensibilität Nietzsches in Goethes Natur, in Goethes griechischem Klassizismus, selbst in seiner geschichtlichen Auffassung des Hellenentums. Eine Furcht vor den letzten tragischen und heldischen Untergründen alles Menschlichen scheint ihm zuweilen diesen weimarischen Klassizismus zu speisen, eine Scheu vor äußerster Erkenntnis dies Künstlertum: er führt als bedeutsam das Bekenntnis Goethes an, daß die Hervorbringung einer Tragödie ihn zerstören würde. „Was Goethe bei Heinrich von Kleist empfand, war sein Gefühl des Tragischen, von dem er sich abwandte: es war die unheilbare Seite der Natur. Er selbst war konziliant und heilbar", heißt es in der zweiten Hälfte der siebziger Jahre, und schon 1873, schärfer: „Goethe über Kleist: *fürchtet sich*". Das „Menschliche" parodiert ziemlich wegwerfend die Faustidee als angeblich größten deutschen „tragischen Gedanken" — „wie man unter Deutschen sagen hört"; und auch hier erinnert der Schlußsatz: „Goethe sagt einmal, für das eigentlich Tragische sei seine Natur zu konziliant gewesen." In den Vorstudien zur Geburt der Tragödie schon wird diese Schutzgrenze des goetheschen Klassizismus gegen die tragische Erkenntnis — die lebendige Grenze des sich selbst organisierenden Weisen, aber nicht des sich opfernden Heroen, gegen das gierig Formlose, chaotisch Dunkle — bezeichnet: „Bei Goethe ist gemäß seiner epischen Natur die Dichtung das Heilmittel, das ihn gegen die volle Erkenntnis *schützt*: bei den tragischen Naturen ist die Kunst das Heilmittel, das von der Erkenntnis befreit. Den einen beunruhigt das Leben: sofort weicht es wie ein Bild vor ihm zurück, und er findet das beunruhigte Leben darstellenswert."

All diesen Zeugnissen zu Goethe ist ersichtlich der offene oder leise Vorwurf einer untragischen, undionysischen Grundanlage und Gesinnung Goethes gemeinsam; und nicht umsonst wertet der junge Nietzsche Schiller, als den Ausdruck einer tragischen Kultur, höher als Goethe, der ihm Ausdruck einer „epischen Kultur" ist. Denn „daß die tragische Gesinnung nicht absterbe", ist dem Nietzsche von „Wagner in Bayreuth" die einzige Hoffnung und die einzige Gewähr für die Zukunft des Menschlichen. Ganz gewiß, mit dem dionysischen Ideal des jungen Nietzsche war das eigene Goethebild nicht völlig vereinbar. Den reifen aber drängt gleichwohl ein tiefes Verwandtschaftsverlangen, die sich in den erwähnten Äußerungen scheinbar doch ausschließenden Begriffe goethisch und dionysisch dennoch in eine letzte Vereinigung münden zu lassen. Ja, Goethes klassische Griechheit ist trotz solcher skeptischer Einzelbruchstücke doch am Ende der beiden Denkerjahrzehnte Nietzsches unbezweifelter, ist mächtiger, herrischer gesteigert, als in der Epoche der „Geburt". Wenn für den jungen Basler Nietzsche Goethe im wesentlichen doch noch der beschauliche Mensch hohen Stils ist, mehr eine erhaltende und verträgliche Kraft, als eine aktive und schöpferisch bejahende Natur, mehr ein klassizistischer als ein klassischer Mensch, so ist das Goethebild von Sils Maria unverkennbar gesteigert ins Jasagende, Jatuende eines überfließend Lebensgläubigen hinauf — deutliche Zarathustrazüge überfremden das vertraute Bildnis von Eckermanns Hand, und selbst der höchste Name des Dionysos wird dem apollinisch besonnenen Seher und Bildner von Weimar zu geheimnisvoller Einheit verbunden. Nun versinnbildlicht sich das letzte Rauschideal der großen hellenischen Gesamtheit aller Lebenskräfte, ihrer Neigung zu froh fatalistischer, tätiger und gläubiger Bejahung alles lebendig Menschlichen in Goethe: „Was er wollte, das war Totalität; er bekämpfte das Auseinander von Vernunft, Sinnlichkeit, Gefühl, Wille (— in abschreckendster Scholastik durch Kant gepredigt, den Antipoden Goethes); er disziplinierte sich zur Ganzheit, er *schuf* sich.. er nahm vor allem die praktische Tätigkeit zu Hilfe; er umstellte sich mit lauter geschlossenen Horizonten; er löste sich nicht vom Leben ab, er stellte sich hinein; er war nicht verzagt und nahm soviel als möglich auf sich, über sich, in sich" (Götzendämmerung). „Totalität" als Gipfel und Sinn des goetheschen Klassizismus feiert auch der Wille zur Macht: „Bei Goethe eine Art von fast freudigem und vertrauendem Fatalismus, der nicht revoltiert, der nicht ermattet, der aus sich eine Totalität zu bilden sucht, im Glauben, daß erst in der Totalität alles sich erlöst, als gut und gerechtfertigt erscheint." Merkmal der hellenischen leiblich-seelischen Vollkommenheit, der „Wohlgeratenheit", ist es Nietzsche, wenn einer, gleich Goethe, mit immer größerer Lust und Herzlichkeit an den Dingen der Welt hänge — „dergestalt nämlich hält er die große Auffassung des Menschen fest, daß der Mensch der Verklärer des Daseins wird, wenn er sich selbst verklären lernt". Ausdruck aber solcher Wohlgeratenheit, Form solcher Verklärung des Daseins, wird — immer im Willen zur Macht — die klassische Kunst, die „Apotheosenkunst" (im Gegensatz zu einer Kunst des Leidens und der Rache, eines im Grunde romantisch-christlichen Pessimismus), welche „aus Dankbarkeit und Liebe" kommt: „dithyrambisch vielleicht mit Rubens, selig mit Hafis, hell und gütig mit Goethe, und einen homerischen Glorienschein über alle Dinge breitend". Bis zuletzt die Götzendämmerung den freudigen und vertrauenden Fatalismus des goetheschen Menschen, — den Glauben, daß nur das Einzelne verwerflich sein könne, daß im Ganzen sich alles erlöse und bejahe — diesen Glauben, der nicht mehr verneinen kann, den höchsten aller möglichen Glauben nennt: „Ich habe ihn auf den Namen des Dionysos getauft." Damit hat Nietzsche den Menschen des goetheschen Ideals, somit Goethe selber doch wiederum gerettet für sein eigenes dionysisches Ideal, hat den Klassizismus von Weimar, der ihm für Augenblicke zu winckelmannisch, zu undionysisch, zu bildungshaft rückwärts gewandt erschienen war, dennoch seiner eigenen Traumschau von Hellas vermählt. Auch das ist ein Beispiel jener Kunst der Versöhnung von Gegensätzen, in der Nietzsche, eingestandenermaßen bewußt, seine tiefste Schöpferkraft entfaltete. War schon der Begriff einer „deutschen Klassik", des „klassischen deutschen Menschen" eine solche Vereinigung des Nichtzuvereinenden — denn „klassisch" und „deutsch" erscheinen nicht nur für Nietzsche, sondern auch an sich als einander aufhebende Begriffe, so gut wie klassisch und romantisch, plastisch und musikalisch —, so vereinigt das Bild des Griechen Goethe nun noch einmal ein Gegensatzpaar: den Gegensatz von Apollo und Dionysos, wie ihn die Geburt der Tragödie thematisch durchführte. Hinter dem apollinischen Haupte Goethes, des besonnensten, apollinisch gebändigtsten Menschen, läßt Nietzsche, seiner eigenen Eingrenzung Goethes zum Trotz, dennoch das Geheimnis des Dionysos und seiner orgiastischen Lebensallheit aufglänzen, hinter der klassischen Maske das antlitzlose Mysterium, hinter dem apollinischen Rom Goethes Hölderlins dionysisches Eleusis. Der „Mensch Goethes", der weimarischen zugleich und der orgiastischen Klassik, er wird Sinnbild für Nietzsches Willen, die Elemente seiner Herkunft, seiner Bildung, seines eckermannischen, weimarischen Kulturkreises, eingehen zu lassen in die Hoffnung und Forderung seines Neuen Menschen, des dionysischen Griechenmenschen, den der geschichtliche Goethe, nach Nietzsches Meinung, „nicht verstand"; Sinnbild für Nietzsches Sehnsucht, den Neuen Menschen aus Vorgestern und Übermorgen, aus deutschem Bildungs- und Bildwerdungsdrang, aus hellenischem Bildnerrausch und Bildnerglück gezeugt werden zu lassen. Eine Maske dieses zukünftigen Menschen, eine Zarathustramaske mehr, das ist Nietzsches doppelgesichtiger klassischer Goethe.

Und noch ein Letztes besagt diese Liebe zum weimarischen Goethe: Überschaut man die Lebenslegende Nietzsches im Ganzen, so gewinnt es Gleichniswert, daß der Bogen dieses seltenen, in allem so gleichnishaften Lebens kehrt, woher er kam; daß *Weimar* die letzte Heimkehr von dieser Odyssee der Erkenntnis heißen sollte, und daß so auf gespenstisch zweideutige Weise sich der kindliche Wunsch erfüllte, dereinst in der Stadt Goethes seine Tage zu vollenden. Wie Nietzsche leiblich aus tödlichem Süden noch einmal in die thüringische Heimat zurückkehrt, um die Sonne über den kargen Hügeln von Weimar sinken zu sehen, so scheint auch seine geistige Gestalt, wie wir sie jetzt langsam in die Folgereihe der deutschen und europäischen Geistesgeschichte sich einordnen sehen, einer vorbestimmten Rückkehr nach Weimar verhaftet zu sein. Die merkwürdige Neigung des nietzscheschen Denkens, sich immer wieder, bis hart an die Schwelle des Ausgangs, an Goethe rechtfertigend zu messen, als dem Einzigen, der „sich wandelnd ihm verwandt" blieb, sie bildet gleichsam Nietzsches eigenes Siegel auf die Einfügung seiner ganzen Gestalt in die engere weimarische Epoche der deutschen Entwicklung. Tatsächlich sehen wir die Gesamterscheinung Nietzsche ja heute schon immer deutlicher eingeordnet in die mit ihm und durch ihn zu Ende gegangene Epoche der deutschen Humanität, die von Herder bis Nietzsche reicht und innerhalb deren die deutsche Romantik, Herders und Goethes Tochter, wiederum nur einen engeren Bezirk, einen schönen Augenblick des weltumarmenden Rausches darstellt. Nietzsche ist, unbeschadet seiner engern Herkunft aus der Romantik — auch sein geistiger Vater Schopenhauer vereinigte ja erzromantische mit völlig klassischen, gegenromantischen Elementen —, ein Kind jenes klassizistischen Weltbürgertums, des Jahrhunderts der Bildung in goetheschem Sinne: der Bildung, Entbarbarisierung, Bildwerdung durch Liebe zum Hellenentum. Er stellt diese Bildungs- und Humanitätsepoche, in unvergeßlicher Haltung, noch einmal dar, indem er sie zugleich auflöst und zersetzt. Er gehört ihr an in demselben Verhältnis, wie Wagner (zusammen mit Brahms) der damaligen Epoche der deutschen Musik: er ist der, auf welchen, in seiner Sphäre, nichts mehr folgt. Am deutlichsten wird das Verhältnis vielleicht an dem, freilich soviel engeren Beispiel Heines und dessen Stellung zur eigentlichen deutschen Romantik. Wie Heine, bewußt und mit jenem ganzen Überverstandestum seines mittelmeerischen Bluterbes, das ihn Nietzsche so verhängnisvoll verwandt macht, die deutsche Romantik eben mit den Mitteln dieser Romantik auflöst, wie seine „süße und leidenschaftliche Musik und göttliche Bosheit" (ein Wort über Heine aus dem Ecce homo, das ebenso für Nietzsche selber gültig ist) der Romantik ihr letztes freies Waldlied singt: in demselben Sinn und mit gesteigerter Wirkung hat Nietzsche das Jahrhundert Goethes, das Jahrhundert des eckermannschen Weisen von Weimar, zu Ende gesungen, zergrübelt, zerspottet. Leidenschaftlicher, trauervoller, mächtiger und vor allem reiner als Heine — aber doch in der geschichtlich gleichen Gesamthaltung. Und auch mit ähnlichem Schicksal wie das des allzu hellsichtigen Spötters, der halbdichterisch den romantisch-klassischen Kosmos des Faustproblems in ein bloßes Tanzpoem auflöste: die schöpferische, dichterisch schaffende Entwicklung ging nicht über ihn selber hinweg. Er ermöglichte eine neue Welt, aber er schuf sie nicht; er zersang eine Welt, aber er tönte keine neue; er zertrümmerte Tempel, aber er baute keine, denn „man soll nicht bauen, wo es keine Zeit mehr ist". Was auch ihm blieb, war die Ahnung des Kommenden, der „die Tat von seinen Gedanken" sein würde — nenne man ihn den Übermenschen oder leihe man ihm menschlichere Namen. Denn so sehr sein Zarathustra, nicht nur sprachlich, der dritte große deutsche Schritt, der Schritt „über Goethe hinaus", wie er an Rohde schrieb, sein sollte und wollte: Zarathustra selber wußte, trotz aller verzückten Selbststeigerungen im Sinn und Stil des Ecce homo, nur allzu schmerzlich darum, daß auch er nur der Ruf nach dem großen Mittag sei, nicht dieser Mittag selber. Daß er noch eben der alten Welt verhaftet sei, deren Gott er begraben hatte. Daß er — wie der junge Schwärmer der „Geburt" es von dem weimarischen Hellenismus Goethes und seines Freundes aussprach — auch bei *seinem* „mutigsten Ringen nicht weitergekommen sei als zu jenem sehnsüchtigen Blick, den die goethesche Iphigenie vom barbarischen Tauris aus nach der Heimat und über das Meer sendet". Zarathustra, der groß Untergehende, ahnte im Geheimsten, daß für ihn selber das Wort gelte, mit dem weissagerisch die letzte Unzeitgemäße Betrachtung, über Richard Wagner in Bayreuth, ausklingt: daß auch er seinem Volke einmal nicht so sehr der Seher einer Zukunft sein könnte, „wie er uns vielleicht erscheinen möchte", sondern der Deuter und Verklärer einer Vergangenheit, jenes schönsten und vollkommensten Augenblicks unserer geistigen Vergangenheit, den wir mit dem Namen von Nietzsches Sterbestadt benennen.

# NAPOLEON

> „Er war es, und man sah ihm an, daß
> Er es war; das war alles.. Er war durchaus dämonischer Art, im höchsten Grade,
> so daß kaum ein anderer ihm zu vergleichen ist. Dämonische Wesen solcher
> Art rechneten die Griechen unter die
> Halbgötter.. Sein Leben war das Schreiten eines Halbgotts.. Von ihm könnte
> man sehr wohl sagen, daß er sich in
> dem Zustande einer fortwährenden Erleuchtung befunden.. Er war einer der
> produktivsten Menschen, die je gelebt
> haben."
>
> Goethe über Napoleon.

Schüler der Griechen ist Nietzsche auch darin, daß ihm, wie er es von seinen Lehrmeistern sagt, „das Abstrakteste immer wieder zu einer Person zusammenrinnt", umgekehrt wie bei den Neueren, denen „auch das Persönlichste sich zu Abstraktionen sublimiert". „Die Griechen," sagt das Bruchstück von 1873 über die Philosophie im tragischen Zeitalter der Griechen, „waren darin das Gegenstück aller Realisten, als sie eigentlich nur an die Realität von Menschen und Göttern glaubten und die ganze Natur gleichsam nur als Verkleidung, Maskerade und Metamorphose dieser Göttermenschen betrachteten. Der Mensch war ihnen die Wahrheit und der Kern der Dinge, alles andre nur Erscheinung und täuschendes Spiel." So hat, ganz so griechisch, freilich nur ein Einziger unter den Neueren nicht sowohl gedacht als empfunden und geglaubt — der einzige Hölderlin. „Denn immer suchen und missen, Immer bedürfen ja, wie Heroen den Kranz, die geweihten Elemente zum Ruhm das Herz der fühlenden Menschen.." „Was wäre denn der Himmel und das Meer Und Insel und Gestirn und was vor Augen Den Menschen alles liegt, was wär es noch, Dies tote Saitenspiel, gäb ich ihm Ton Und Sprach und Seele nicht?" Das ist griechisch. Nietzsches mittelbares und nordisches

Griechentum ist minder gegenwärtig als das Hölderlins; nicht kindlich eingeboren und äthernah wie das des schwäbischen Hellenen. Aber auch er empfindet aus griechischem Gefühl heraus, gegenromantisch, in aller Nur-Natur die alte Frage der Elemente: „Sage, wo ist Athen?" „Euer Blick nach fernen Meeren," heißt es in der Zeit des Zarathustra, „eure Begierde, den Felsen und seine Spitze zu betasten — eine Sprache ist es nur für eure Sehnsucht. Menschen sucht nur euer Blick und eure Begierde, und das, was mehr ist als Mensch!" Und wiederum: „Mit Menschlichem wollen wir die Natur durchdringen.. wir wollen aus ihr nehmen, was wir brauchen, um über den Menschen hinaus zu träumen. Etwas, das *großartiger* ist als Sturm und Gebirge und Meer soll noch entstehen — aber als Menschensohn!" Wie hier die Natur ganz in griechischer Weise zum Bilde des Menschen und des Göttermenschen zusammenrinnt, so auch die gedankliche Landschaft Nietzsches. Seine Ideenwelt, die zweite oder beinah die „erste Natur" für dies so ganz nach innen gerichtete Auge, mit all ihrem inneren Sturm, Gebirge und Meer, ja noch mit dem felsig Abstraktesten in ihr, sie verrät immer wieder die gleiche hellenische Sehnsucht, zur Person, zur menschlichen Verkörperung zusammenzurinnen. Der „metaphysische" Gebirgsrahmen des Engadin, die Griechenküste von Portofino formen sich zur Traumschau des Übermenschen; die Landschaft der philosophischen Gedanken Nietzsches, moralkritischer wie sittlich fordernder, kunstgläubiger oder religionszergliedernder Art, immer verdichtet sie sich zu heldischen Gestalten übermenschlichen Maßes. Nietzsche denkt unwillkürlich in großen menschlichen Schaubildern. Er mythologisiert noch sein erkennend Gewonnenes zu mächtigen Vorgestalten. Seine Dankbarkeit kennt kaum eine kritische Vorbehaltsgrenze für solche Mythologisierung, wo ihm geschichtliche Gestalten als Kristallisationskerne gegeben sind. Seine ganze Geschichtsbetrachtung und Geschichtsphilosophie wird durch diesen Willen zur Heroisierung bestimmt. Wie ihm ein Volk nur der Umschweif der Natur ist, um zu fünf, sechs großen Männern zu kommen, so scheint ihm eine geschichtliche Epoche, ein bestimmter Abschnitt der Entwicklung philosophischen, religiösen oder künstlerischen Lebens fast nur um der Vermenschlichung in einer oder mehreren überlebensgroßen Gestalten willen da zu sein. Daher die Verführungskraft gewisser Zeiten der Geschichte für Nietzsche, etwa des vorsokratischen Griechenland, der italienischen Renaissance. Er ist, mehr noch als Carlyle, der echte Vertreter einer Geschichtsschreibung aus dem Enthusiasmus goetheschen Sinnes, deren Leitspruch Jakob Burckhardt geprägt hat in dem Satz, daß die verehrende Kraft in uns so wesentlich sei als das zu verehrende Objekt.

Dieser Enthusiasmus kann der Form nach sehr kritisch sein, wie er denn bei Nietzsche recht häufig zu einer Überstilisierung ins kraß Verneinende umschlägt; selbst dann aber bleibt die ursprüngliche Neigung des Vergrößerns, des „ungeheuern Heraustreibens" die nämliche, wie etwa im Fall des Sokrates, Paulus, Luther, Wagner. Die Gegenstilisierung geht hier, wie man weiß, ins Fratzenhafte; aber der Maßstab der Verzerrung bleibt immer der gleiche, gewaltig überhöhende. Man kann diese Neigung des nietzscheschen Denkens — in der Form ist sie romantisch und von Schopenhauers Genielehre stark bestimmt, in der Wurzel ist sie griechisch — man kann sie am reinsten an der Entstehung Zarathustras und seines Übermenschen beobachten; hier, wo ein geschichtlicher Stoff kaum gegeben war, ein kristallisierender Kern durch doppelgängerische Zerspaltung erst künstlich geschaffen werden mußte, sieht man die heroisierende, mythologisierende Neigung Nietzsches am hemmungslosesten tätig, am mächtigsten lebendig. (Das Ecce homo hingegen bietet stellenweise schon das Gegenstück zu jenen großen Verfratzungen ins äußerste Verneinende: nämlich die Verfratzung ins ausschweifend Übersteigernde.) Frei von allen Einengungen durch geschichtliche Gegebenheiten ist hier der mythologisierende Steigerungswille bis zu seiner höchsten Grenze gegen das schlechthin Göttliche tätig, bis dorthin, wo die mythische Steigerung, die Heroisierung, bereits in den mythischen Superlativ, die Gott-Gleichsetzung, übergeht; genau wie gleichzeitig die steigernde Lebensbejahung in der höchsten Höhe des Willens zur ewigen Lebenswiederkunft hinaufgesteigert wird — „war *das* das Leben? wohlan: noch einmal!" Der Übermensch, zu dem Zarathustra selbst ja nur Vortraum, Brücke und Hinübergang sein soll, ist die höchste Objektivationsstufe (um sich der schopenhauerschen Wendung zu bedienen) des Willens zur Mythologisierung alles Gegebenen, der für den Griechen in Nietzsche Zeugnis gibt. Wie dem Griechen die gegebene Natur nur „Verkleidung, Maskerade und Metamorphose des Göttermenschen" bedeutete, so ist zuletzt auch Nietzsches ganze übrige Gedankenwelt, einschließlich seiner zweiflerischen, zergliedernden, positivistischen Erkenntnisse und Neigungen, ihm doch nur Maske und Material zur Formung des Übermenschen, als „der Wahrheit und des Kernes" *seiner* Dinge; seine Gedanken ihm nur „Erscheinung und täuschendes

Spiel" seines Willens, eines Willens zur höchsten griechischen Realität: zur Gestalt.

Ist die Eingebung des Übermenschen die reinste — sozusagen von allem Noch-Geschichtlichen gereinigte — Formung von Nietzsches hellenisch mythologisierendem Denken, so sind jene groß angeschauten heroischen Gestalten ersichtlich Vorstufen zu ihm hin, undeutlichere, weissagende Traumbilder gleichsam und Versuche; gleichwie den in den hellenischen Hauptgöttern verdichteten Kräften eine Reihe niederer, undeutlicherer Natur- und Halbgötter in der mythologischen Stufenordnung untergelagert ist. In die geistige Ahnenfolge zum Zarathustra hinauf, als der obersten Vorstufe zum künftigen Übermenschen, ordnen sich alle großen Menschheitsbilder Nietzsches unverkennbar ein, und zwar schon zu einer Zeit, wo die Gestalt Zarathustras Nietzsche noch längst nicht aufgegangen ist. Am deutlichsten wird das vielleicht bei der Reihe der vorplatonischen Philosophen, denen Nietzsche das wundervolle Bruchstück über die Philosophie im tragischen Zeitalter der Griechen gewidmet hat. Gestalten wie ein Empedokles, vor allem Heraklit sind schon ganz unmittelbare Ahnen seines späteren Sohnes Zarathustra. Andre vorweggenommene Zarathustrazüge verfremden schon früh seine mythologischen Bildnisse von Wagner und Schopenhauer, seine dichterischen Überhöhungen Friedrichs des Zweiten, des Hohenstaufen, Lionardo da Vincis, selbst eines Cesare Borgia; in großartiger Weise ins Mythische gehoben wird Goethe, dessen apollinisches Haupt durch dionysische Züge dem Haupte Zarathustras angeähnlicht wird. Diese großen Einzelgestalten sind nun für Nietzsche nicht eigentlich „Übermenschen", wenigstens nicht, sofern man die Bedeutung des Wortes im „Zarathustra" zugrunde legt: der Übermensch ist durchaus eine künftige, keine jemals wirklich gewesene Wirklichkeit, er ist eine geforderte, keine geschichtliche Gestalt. Er ist im letzten Grunde vielleicht sogar, wie der Gedanke der Ewigen Wiederkunft, für Nietzsche nicht sowohl eine Idee aus irgendeiner (künftigen oder metaphysischen) höheren Wirklichkeit, als vielmehr ein εἴδωλον ἡγεμονικόν, ein Leitwahn, erzieherisch aufgestellt. Die großen „Wohlgeratenen", wie Nietzsche die mächtigen und seltenen Wegweiser unter den Menschen nennt, sind selbst doch wiederum nur Schattenrisse, Versprechungen und jenseitige Erinnerungen an das platonische Urschaubild des Übermenschen. Die gelegentliche Anwendung der Bezeichnung Übermensch auf sie darf darin nicht beirren.

Nietzsches Große Menschen — Halbgötter im griechischen Sinn, prophetische Gestalten nach christlich-alttestamentlicher Anschauung — sind Brechungen des einen platonischen Urlichts „Übermensch": selbst ihre Summe gäbe nicht das Urbild, sondern nur eine Regenbogenbrücke zu ihm hinüber. Dennoch gibt es für Nietzsche Grade der Annäherung an das Ideal des Übermenschen; einmalige geschichtliche Menschwerdungen, durch welche das Urbild noch strahlender hindurchleutet als durch andre Große. So sieht Nietzsche fast immer Heraklit; zuweilen Goethe-Mephistopheles; vor allem aber das große „antike" Ereignis der neueren Geschichte: Napoleon. Nicht den Bonaparte, sondern den Cäsar Napoleon.

Nietzsches verehrende Kraft steigert sich zu oft pindarischem Dank, wenn er von Napoleon zu sprechen hat. So hat er von keinem Menschen der nachantiken Welt jemals geredet. „Das Hauptereignis des letzten Jahrtausends ist das Erscheinen Napoleons;" „Napoleon, der erste und vorangehendste Mensch neuerer Zeit;" „die Geschichte der Wirkung Napoleons ist beinahe die Geschichte des höheren Glücks, zu dem es dieses ganze Jahrhundert in seinen wertvollsten Menschen und Augenblicken gebracht hat;" „man verdankt Napoleon fast alle höheren Hoffnungen dieses Jahrhunderts" und so fort. Es ist die zeitlich nächste, unmittelbar noch von der großväterlichen Geschlechterfolge erlebte, einsam riesige Verleiblichung des antiken Ideals, die Nietzsche an Napoleons Erscheinung erschüttert hat. Sein Napoleon hat keine romantischen und keine revolutionären Züge, ist kein Bruder Byrons oder Beethovens. Er ist am verwandtesten der dämonisch gewaltigen, aber cäsarisch gemeisterten Naturgewalt, als welche Goethe Napoleon erlebte. Aber noch mehr, noch entschiedener als für Goethe ist Napoleon hier ein Stück wirklichen Altertums — so wie, in ganz andrer, unvergleichbarer Sphäre Hölderlins Erleben ein Stück nachgeborener hellenischer Wirklichkeit gewesen ist; man erinnert sich der ganz späten stammelnden Zeilen, in denen der schon im Chaotischen ertrinkende Geist Hölderlins die unbeschreiblich fremde Ahnenherkunft seines gewaltigen Zeitgenossen, seinen Zusammenhang mit griechischem Blute zu wittern scheint, und welche beginnen:

> „Fragen möcht ich, woher er ist?
> Lodi, Arcole ..
> Ha, umsonst nicht hatt' er geweissagt,
> Da er über den Alpen stand,
> Hinschauend nach Italien und Griechenland .."

und jener andern, in denen auch Hölderlin „Buonaparte" als eine Rückkehr zur Natur empfindet, wie Nietzsche es tut:

> „Der Dichter laß ihn unberührt
> Wie den Geist der Natur . ."

Napoleon ist Natur — ist antike Natur, leibhaftes Altertum — damit ist die unerhörte Ausnahmestellung seiner Gestalt unter Nietzsches geschichtlichen Wertungen schon gedeutet. Die Genealogie der Moral sagt das vielleicht am entschiedensten: „Das antike Ideal selbst trat *leibhaft* und mit unerhörter Pracht vor Auge und Gewissen der Menschheit. . Wie ein letzter Fingerzeig zum *andern* Wege erschien Napoleon, jener einzelnste und spätestgeborene Mensch, den es jemals gab, und in ihm das fleischgewordene Problem des vornehmen Ideals an sich — man überlege wohl, *was* es für ein Problem ist: Napoleon, diese Synthesis von Unmensch und Übermensch. ." (Es ist dies übrigens, bezeichnend genug, die einzige Stelle in den Schriften dieser Jahre, in der das Wort Übermensch mit einem bestimmten geschichtlichen Namen überhaupt verbunden wird.) „Napoleon war ein Stück ‚Rückkehr zur Natur', so wie ich sie verstehe", sagt die Götzendämmerung; zu einer antiken, nicht einer rousseauschen Natur. „Napoleon gehört in seiner ganzen Verachtung der ‚christlichen Tugenden' und der ganzen moralischen Hypokrisie zum Altertum (Thukydides)", lautet eine Nachlaßstelle der Umwertungszeit. Gerade deshalb wird er dort als der äußerste Gegenpol Rousseaus gekennzeichnet: "..antik, Menschenverächter. . er machte sich nichts aus den christlichen Tugenden, nahm sie als gar nicht vorhanden." Die Rückkehr zu der ichgewissen antiken Moral, wie Nietzsche sie versteht, gesellt Napoleon gewissermaßen zu den großen philosophischen Gestalten des hellenischen Geistes; sie nähert ihn eben dadurch auch Zarathustra: „Bei Menschen wie Napoleon," sagt eine späte Stelle des Nachlasses, „ist jedes Absehen von *sich* eine Gefahr und Einbuße: sie müssen ihr Herz verschlossen halten; ebenso der Philosoph — Zarathustra." Antik ist die ungeheure Schlichtheit, der klare Umriß seiner Gestalt und seines Schicksals; auch diese erhabene Einfachheit gesellt ihn auf der einen Seite den mythischen Heroen zu; auf der andern gemahnt sie an die mächtige Einseitigkeit („Einäugigkeit" sagt Nietzsche, John Stuart Mill zitierend) der frühen griechischen Philosophie, welche die Welt gewissermaßen aus Einem Satz (d. i. aus einem gebieterischen Willensakte) gedanklich erschafft und aufbaut. „Napoleon, als ein vollkommen zu Ende gedachter und ausgearbeiteter

Typus Eines Triebes, gehört zu der antiken Menschheit: deren Merkmale — der einfache Aufbau und das erfinderische Ausbilden und Ausdichten Eines Motivs oder weniger Motive — leicht genug zu erkennen sind" (Morgenröte).

Antik ist in Napoleons Wesen auch der große schicksalhafte Fatalismus, der Cäsarglaube an den Stern, der heldische Hochmut, durch den er sich den hohen prometheischen Figuren des antiken Mythenschatzes zuordnet: „Napoleons Wesen", findet das „Menschliche", „wuchs sicherlich gerade durch seinen Glauben an sich und seinen Stern und durch die aus ihm fließende Verachtung der Menschen zu der mächtigen Einheit zusammen, welche ihn aus allen modernen Menschen heraushebt, bis endlich aber dieser selbe Glaube in einen fast wahnsinnigen Fatalismus überging, ihn seines Schnell- und Scharfblicks beraubte und die Ursache seines Unterganges wurde." Durchaus antik ist gerade dies Element des Frevlerischen im Bilde Napoleons; denn „das Beste und Höchste, dessen die Menschheit teilhaftig werden kann, erringt sie durch einen Frevel" — das ist, mit den Worten der Geburt der Tragödie, ein griechisches Grundempfinden.

Daß Napoleon ein antiker Mensch war, das allein macht ihn für Nietzsche zum Wertmaßstab, zum Gewicht, zum Richter aller modernen Kultur. „Alles was wir jetzt Kultur, Bildung, Zivilisation nennen, wird einmal vor dem untrüglichen Richter Dionysos erscheinen müssen", weiß die Geburt der Tragödie; für die Zarathustrazeit ist die Idee des Übermenschen solch ein richtendes Schaubild. Unter allen geschichtlichen Annäherungen aber an die übermenschlich-dionysische Form menschlichen Seins scheint Napoleon der Wesenseinheit mit einem richtenden „Maß der Dinge" für Nietzsche am nächsten gekommen zu sein. Sein Dasein kann nicht mit den moralischen Maßstäben der Neueren gewertet und gemessen werden (das meinte auch Goethe, wenn er 1807 zu Riemer sagte, daß außerordentliche Menschen, wie Napoleon, aus der Moralität herausträten, daß sie zuletzt wie physische Elementarursachen, wie Feuer und Wasser, wirkten); vielmehr wertet und mißt eine Natur wie die seine alle andern Seinsformen durch ihr bloßes Dasein, wie bei Nietzsches verehrtestem frühhellenischen Philosophen das Feuer die Dinge *richtet*. „Die Revolution," heißt es im späten Nachlaß einmal, „ermöglichte Napoleon: das ist ihre Rechtfertigung. Um einen ähnlichen Preis würde man den anarchistischen Einsturz unsrer ganzen Zivilisation wünschen müssen.

Napoleon ermöglichte den Nationalismus: das ist dessen Entschuldigung."
Napoleon hat für Nietzsches Empfinden geradezu ein neues säkulares
Gewicht in die Schalen des Jahrtausends geworfen: von ihm an, durch
ihn ist eine neue, ist die alte, die antike Wertung des Lebens wieder in
ihre Geltung eingesetzt worden. Eine neue Epoche der Weltgeschichte
geht von ihm an und aus, das Geschehen der kommenden Jahrhunderte
schwingt um seinen granitenen Kern, Europas Schicksal speist sich aus
dem seinen. Diese Vorstellungen und ihre geschichtlichen Folgerungen
waren ja schon Napoleons Zeitgenossen nicht fremd; hyperbolisch verdichtet sie Hegels bekanntes Wort, nach Jena: „Ich habe die Weltseele
reiten sehen!" Für Nietzsche ist eine solche Verdichtung mehr als eine
Hyperbel: Napoleon das „ens realissimum", wie er ihn mit spinozistischer
Wendung gerne nennt, *war* für ihn dies leibgewordene Schicksal der
Europa-Welt.

„Napoleon verdankt man's" sagt die Fröhliche Wissenschaft, „und ganz
und gar nicht der französischen Revolution.. daß sich jetzt ein paar
kriegerische Jahrhunderte aufeinander folgen dürfen, die in der Geschichte
nicht ihres gleichen haben, kurz, daß wir ins klassische Zeitalter des
Kriegs getreten sind, des gelehrten und zugleich volkstümlichen Kriegs
im größten Maßstabe (der Mittel, der Begabungen, der Disziplin)...Denn
die nationale Bewegung, aus der diese Kriegsglorie herauswächst, ist nur
der Gegen-choc gegen Napoleon und wäre ohne Napoleon nicht vorhanden. Ihm also wird man einmal es zurechnen dürfen, daß der *Mann*
in Europa wieder Herr über den Kaufmann und Philister geworden ist;
vielleicht sogar über ‚das Weib', das durch das Christentum und den
schwärmerischen Geist des achtzehnten Jahrhunderts, noch mehr durch
die ‚modernen Ideen' verhätschelt worden ist. Napoleon, der in den modernen Ideen und geradewegs in der Zivilisation etwas wie eine persönliche Feindin sah, hat mit dieser Feindschaft sich als einer der größten
Fortsetzer der Renaissance bewährt: er hat ein ganzes Stück antiken
Wesens, das entscheidende vielleicht, das Stück Granit, wieder heraufgebracht. Und wer weiß, ob nicht dieses Stück antiken Wesens auch endlich
wieder über die nationale Bewegung Herr werden wird und sich im
*bejahenden* Sinne zum Erben und Fortsetzer Napoleons machen muß:
— der das Eine Europa wollte, wie man weiß, und dies als *Herrin der Erde*."
(Jene „persönliche Feindschaft" Napoleons gegen die Zivilisation, in welcher Gegnerschaft Nietzsche hier die eigentliche Größe seines Heroen

erblickt, klingt noch deutlich nach in einer Nachlaßbemerkung zur selben Schrift: „Im Grunde haben alle Zivilisationen jene tiefe Angst vor dem ‚großen Menschen', welche allein die Chinesen sich eingestanden haben, mit dem Sprichwort: ‚Der große Mensch ist ein öffentliches Unglück'. Im Grunde sind alle Institutionen darauf hin eingerichtet, daß er so selten als möglich entsteht und unter so ungünstigen Bedingungen, als nur möglich ist, heranwächst.")

Alle diese Elemente der „napoleonischen Antike" — man sieht, bis zu welchem Grade sie die Elemente auch des neuen Zarathustraideals sind: deutlich ist schon hier, vor dem Zarathustra, die Vorläuferschaft Napoleons gekennzeichnet, als eines antikischen Täufers gleichsam vor dem kommenden Übermenschen und Gottmenschen. „Erbe und Fortsetzer Napoleons im bejahenden Sinne" zu werden, im Ja zu allem, was entscheidend, graniten antik war in Napoleons nicht zur letzten bejahenden Vollendung gelangter Gestalt — solch ein Ehrgeiz schläft in der Wahnschau Zarathustra. Jenes Eine Europa als Herrin der Erde stellt sich nur als die moderne Verkleidung, als der politische Ausdruck dar für die alte griechische Ökumene, für die Erneuerung des weltbindenden hellenischen Genius.

Napoleons römischer Cäsarismus war selber nur ein solches politisches Symbol für die Sehnsucht nach einer noch tieferen, einer geistigen neuen Welteinheit. Aus der hellenischen Antike herüber spann sich die letzte Bindung, welche auch die nachantiken Völker noch zu einer ökumenischen Gemeinschaft vereinigte: die christliche, „katholische" Gemeinschaft, deren politischer Ausdruck das Heilige Römische Reich Deutscher Nation gewesen war. Die Reformation zerstörte diese letzte hellenische Einheit, die Revolution auch ihr schon erstarrtes politisches Sinnbild. Napoleon brachte mit dem antiken Erbe seines Wesens noch einmal eine Möglichkeit antiken Fundamentes herauf (wie, bedeutsam, im selben verhängnisvollen Augenblick Goethe und Hölderlin durch den Schutt eines christlichen Jahrtausends bis zu dem nämlichen antiken Granit vordrangen) — und es bleibt für Nietzsches antik orientierten Weltblick die tragische deutsche Versündigung, Napoleons Dasein zu einem großartigen „Umsonst" gemacht zu haben, gleichwie „Goethe in der Geschichte der Deutschen ein Zwischenfall ohne Folgen" ward (Menschliches), ein „bloßer Zwischenfall, ein schönes Umsonst" (Götzendämmerung). Hier liegt eine der untersten Wurzeln von Nietzsches leidenschaftlichem Deutschenhaß bloß, einem tragisch adligen, überaus deutschen Haß, der psychologisch und mehr als psychologisch nur mit den unsterblichen Klagen und Anklagen Hyperions verglichen werden darf und wie diese aus innigster Ehrfurcht vor deutschen Möglichkeiten und Zukünften stammt. Daß die Deutschen den antiken Genius in sich ersticken, sie, in denen etwas schläft, das hellenisch sein *könnte* — das ist beider gemeinsame Klage wider die deutsche „Wirklichkeit". Und ein Sinnbild dieser tiefen Verschuldung gegen sich selbst — der eigentlichen Urschuld des deutschen Wesens — ist, für Nietzsche, das Verhalten der Deutschen gegen Napoleon, in jenem Schicksalsaugenblick, da sie, das grenzenlos weltweite, goethisch allhafte, hölderlinisch antike Volk Europas, sich zur ichsüchtigen Verengerung, zur kleinen Nurdeutschheit, zum „Nationalismus" entschlossen und entschieden. All das grollt hyperionisch in den Anklagen des Ecce homo: „Die Deutschen haben, als auf der Brücke zwischen zwei décadence-Jahrhunderten eine force majeure von Genie und Wille sichtbar wurde, stark genug, aus Europa eine Einheit, eine politische *und wirtschaftliche* Einheit, zum Zweck der Erdregierung zu schaffen, mit ihren ‚Freiheitskriegen' Europa um den Sinn, um das Wunder von Sinn in der Existenz Napoleons gebracht, — sie haben damit alles, was kam, was heute da ist, auf dem Gewissen, diese *kulturwidrigste* Krankheit und Unvernunft, die es gibt, den Nationalismus, diese névrose nationale, an der Europa krankt, diese Verewigung der Kleinstaaterei Europas, der *kleinen* Politik: sie haben Europa selbst um seinen Sinn, um seine *Vernunft* — sie haben es in eine Sackgasse gebracht. — Weiß jemand außer mir einen *Weg* aus dieser Sackgasse? Eine Aufgabe, groß genug, die Völker wieder zu *binden*?.."

Denn Bindung, diese griechischeste Idee, erneute Bindung war die große Mission Napoleons in Nietzsches Augen. Er war der gewaltigste in jener Reihe von „Gegen-Alexandern", von deren Notwendigkeit „Richard Wagner in Bayreuth" spricht: Gegen-Alexander, welche „die mächtigste Kraft haben, zusammenzuziehn und zu binden,.. das Gewebe vor dem Zerblasenwerden zu bewahren. Nicht den gordischen Knoten der griechischen Kultur zu lösen, wie es Alexander tat, so daß seine Enden nach allen Weltrichtungen hin flatterten, sondern *ihn zu binden, nachdem er gelöst war* — das ist jetzt die Aufgabe." Damals schien ihm Wagner ein solcher Gegen-Alexander; im Ecce homo, wo Nietzsche sich bewußt ist, von sich selber ausgesagt zu haben, was er in früher dankbarer Blindheit von Wagner zu sagen gewähnt hatte — im Ecce homo fühlt sich Nietzsche allein als solcher Gegen-Alexander, allein im Wissen um den einzigen Weg aus der Sackgasse, um die Aufgabe, groß genug, die Völker wieder zu binden. Auch hier ist Nietzsche in seinem Gefühl Erbe der napoleonischen Idee, als ein „Vereinfacher der Welt", wie die frühe Schrift Wagner nennt, indem sie unwissentlich schon Nietzsche meint. Der große Vereinfacher der Welt — ihr Erlöser durch Heimkehr zum Altertum: so stand Napoleon vor Nietzsches steigerndem Blick; so ging er, in tragischer Vorläuferschaft, in sein geschichtliches Weltbild ein; so formte er mit an den Zügen Zarathustras und seines Übermenschen. Ohne Napoleon kein Zarathustra; ohne dieses „ens realissimum" kein Übermensch.

Wie tief die Beglückung Nietzsches im Anblick des großen Schaubildes Napoleon war, bezeugt er, der listige Liebhaber aller Mittelbarkeit und Maske, wohl am innigsten in der Auslegung von Goethes Verhältnis zum Wesen Napoleon. Die Erfurter Audienz von 1808 blieb Nietzsche stets einer der bezauberndsten, symbolhaltigsten Augenblicke der geistigen Weltgeschichte; wie denn dem philosophisch gerichteten Betrachter jene seltenen sinnbildlichen Begegnungen zweier geistiger Reiche in der Person großer Stellvertreter immer einen magischen Magnet für synthetische Spekulationen gebildet haben — Alexander und der kynische Philosoph, Jesus vor Pilatus, Savonarola und Lorenzo Medici, Luther vor Karl dem Fünften, Bach bei Friedrich dem Großen, Wagner und das romantisch sterbende deutsche Königtum. Wenn Goethe selber nach jener Begegnung (über welche er, wie man weiß, bedeutend zu schweigen liebte) „gerne gestand, daß ihm in seinem Leben nichts Höheres und Erfreulicheres begegnen konnte, als vor dem französischen Kaiser, und zwar auf eine solche Weise, zu stehen" (an Cotta 1808), so steigert Nietzsche dies Gefühl schlechthin zum Ausdruck der entscheidenden Minute von Goethes Leben, zum Bekenntnis eines höchsten sinnbildlichen Augenblicks seines Daseins. Er sieht in Goethe Napoleonerlebnis — das sich der griechischen Schauweise Nietzsches entsprechend in der leibhaften Begegnung von 1808 am erschütterndsten verdichtet haben mußte, wie das Goethes anschauendem Wesen ja auch wirklich am gemäßesten war —, er sieht darin wahrhaft ein verwandelndes Erlebnis des größten deutschen Menschen: „Das Ereignis, um dessentwillen Goethe seinen Faust, ja das ganze Problem ‚Mensch' *umgedacht* hat, war das Erscheinen Napoleons", heißt es im „Jenseits". Wie Goethes Dasein für Nietzsche eine Rechtfertigung des Deutschen, die Apologie und Theodicee deutschen Wesens und Unwesens ist, so wird die Szene „Goethe vor Napoleon" noch einmal eine Rechtfertigung des Deutschen vor dem Auge des antiken Menschen selber, vor Napoleons menschenwägendem Blick. „Man verstehe doch," sagt mit bezeichnender Ungeduld wiederum das „Jenseits", „man verstehe doch endlich das Erstaunen Napoleons tief genug, als er Goethe zu sehen bekam: es verrät, was man sich jahrhundertelang unter dem ‚deutschen Geiste' gedacht hatte. ‚Voilà un homme!' — das wollte sagen: ‚Das ist ja ein Mann! Und ich hatte nur einen Deutschen erwartet'!" — Die tiefste Goethedankbarkeit Nietzsches speist sich eben hier: Goethe, indem er sich vor Napoleons erstem Blick als eine Natur leibhaftig auswies, machte zugleich das deutsche Wesen wieder einmal vor dem Richterstuhl der Antike echtbürtig, bezeugte durch sein Dasein, daß wirklich, mit Nietzsches Worten, in den Deutschen etwas sei, was hellenisch sein könnte. Voilà un homme — das bedeutete ein gegenchristliches, ein hellenisches Ecce homo; das wollte sagen: endlich ein Mensch meinesgleichen, ein Mann antiken Maßes. Nietzsche hat etwas wie eine Begegnung von Brüdern, die einander erkennen, aus jener Stunde von Erfurt herausgelesen: dort, wo er am ehrfürchtigsten, am dankbarsten von Goethe redet, ebendort dichtet er ihn ganz unverkennbar zu einem deutschen Halbbruder Napoleons — es ist das Höchste, was er von Goethe zu sagen weiß. Gleich Napoleon ist Goethe kein nationales, sondern ein welthaftes Ereignis, gleich ihm eine Rückkehr zur antik gefaßten Natur; wie Napoleon, ist er der Mensch der antiken Ganzheit, der stärksten Wirklichkeit, wie er ein hellenischer, positiver Fatalist; und wie Napoleon, ist auch Goethe eine Maske des großen Gottes, eine Maske des Dionysos.

Man höre die Götzendämmerung: „Goethe — kein deutsches Ereignis, sondern ein europäisches: ein großartiger Versuch, das 18. Jahrhundert zu überwinden durch eine Rückkehr zur Natur, durch ein Hinaufkommen zur Natürlichkeit der Renaissance.. Was er wollte, das war Totalität; er bekämpfte das Auseinander von Vernunft, Sinnlichkeit, Gefühl, Wille. er disziplinierte sich zur Ganzheit, er *schuf* sich. Goethe war, inmitten eines unreal gesinnten Zeitalters, ein überzeugter Realist: er sagte Ja zu allem, was ihm hierin verwandt war, — *er hatte kein größeres Erlebnis als jenes ens realissimum, genannt Napoleon.* Goethe konzipierte einen starken.. Menschen, der sich den ganzen Reichtum der Natürlichkeit zu gönnen wagen darf.. weil er das, woran die durchschnittliche Natur zugrunde gehen würde, noch zu seinem Vorteile zu brauchen weiß; den

Menschen, für den es nichts Verbotenes mehr gibt, es sei denn die *Schwäche*.. ein solcher freigewordener Geist steht mit einem freudigen und vertrauenden Fatalismus mitten im All, im Glauben, daß nur das Einzelne verwerflich ist, daß im Ganzen sich alles erlöst und bejaht — er verneint nicht mehr. Aber ein solcher Glaube ist der höchste aller möglichen Glauben: ich habe ihn auf den Namen des Dionysos getauft."

Unverkennbar sind hier napoleonische mit goetheschen Zügen verschmolzen zum Bild eines antiken Idealbildes, in welchem heraklitische Philosophie und dionysische Lebenssteigerung sich wiederum vereinigen: die beiden größten Schaubilder der neueren Menschheit und die beiden mächtigsten Leitidole des nietzscheschen Hellenentums in zweimaliger Vermählung — eine echt nietzschemäßige Vereinung, die im Zarathustra ihre dichterische Form gefunden hat. Ja, wenn Goethes Bild sichtlich — wie an der Stelle der Götzendämmerung — ins realistisch Antike, Tathafte, ins Napoleonische hinübergedichtet wird, dem Halbgott angenähert wird, so läßt Nietzsche, wie zum Ausgleich, dafür Napoleon auch in Goethes eigenste Sphäre hinübergreifen, indem er den klassischen Verfasser cäsarischer Denkwürdigkeiten an die Seite des eckermannschen Selbstbildners rückt. Als „die paar guten Bücher, die von diesem Jahrhundert übrig bleiben werden, richtiger: die mit ihren Ästen über dies Jahrhundert hinwegreichen, als Bäume, welche nicht in ihm ihre Wurzeln haben", nennt er in den Aufzeichnungen zur Umwertung — das Mémorial von St. Helena und Goethes Gespräche mit Eckermann.

Tatsächlich haben auch Napoleons Schriften auf die Bildung und selbst auf die Formung von Nietzsches Gedankenwelt stark gewirkt, sowie die eindringlichste Wirkung Goethes auf ihn nicht vom Dichter, sondern von dem Weisen, dem antiken Philosophenbilde der Eckermanngespräche ausging. Man glaubt selbst ganz unmittelbare Anlehnungen hier oder da in den Schriften zu gewahren. So in den Abschnitten über das „Grundproblem ‚Mann und Weib'" im „Jenseits", die eine bis ins Wörtliche gehende Übereinstimmung mit Äußerungen Napoleons zeigen („ein Mann, der Tiefe hat, in seinem Geist wie in seinen Begierden .. kann über das Weib immer nur *orientalisch* denken.. er muß sich hierin auf die ungeheure Vernunft Asiens, auf Asiens Instinktüberlegenheit stellen, wie dies ehemals die Griechen getan haben, diese besten Erben und Schüler Asiens .."); oder in gewissen politischen Wertungen, Unterscheidungen, Völkerzeichnungen, zum Beispiel in den Urteilen über England oder über die Zukunft Rußlands. Ganz napoleonisch ist seine Beurteilung Skakespeares, des „großen Barbaren", eines „wüsten Genies", gegen das „sein Artistengeschmack die Namen Molière, Corneille und Racine nicht ohne Ingrimm in Schutz nimmt", während ihm Voltaire „der letzte der großen Dramatiker war, welcher seine vielgestaltige, auch den größten tragischen Gewitterstürmen gewachsene Seele durch griechisches Maß bändigte". So sagte Napoleon: „Shakespeare war seit zweihundert Jahren selbst von seinen Landsleuten vergessen, da beliebte es Voltaire, um den Engländern zu schmeicheln, jenen zu erheben; und jedermann wiederholt seitdem, daß Shakespeare der erste dramatische Dichter der Welt sei. Ich habe ihn gelesen; es gibt in seinem Werk nichts, was an Corneille oder Racine reichte. Es ist nicht einmal möglich, seine Stücke ohne Achselzucken zu Ende zu lesen." Wie ein Vorspruch zur Genealogie der Moral klingt Napoleons „Man muß stark sein, um gut sein zu können". Und jene „Synthesis von Unmensch und Übermensch", als welche Napoleon in diesem selben Buche vorkommt, scheint unmittelbar auf das eigene Wort Napoleons zurückzugehen: „Ein Mann wie ich ist stets entweder un dio oder un diavolo."

Der Nachlaß der letzten Jahre ist überdies reich an Auszügen napoleonischer Worte und Erinnerungen, die im Aufbau seines Hauptwerks ihre Stelle hätte finden sollen. Wörtlich aber und unübersetzt schreibt sich Nietzsche einen Satz aus, der antiker, griechischer klingt als alle andern und den der Stolz des letzten Nietzsche, der Stolz eines empedokleisch hinabgehenden Zarathustra gerne symbolisch wieder aufnahm — die Griechenformel: „J'ai refermé le gouffre anarchique et débrouillé le chaos. J'ai ennobli les peuples." Nur Zarathustra weiß, gleich Napoleon, einen Rückzug aus der Sackgasse des „Europäischen Nihilismus", aus dem Chaos des anarchischen „Letzten Menschen" — „Kein Hirt und Eine Herde" —, weiß eine Aufgabe, groß genug, die Völker wieder zu adeln, indem er sie wieder bindet. („Mit der Genesung Zarathustras steht Cäsar da," lautet eine mystische Verkürzung aus dem Zarathustra-Nachlaß.) Aus seinem stolzen antiken Wort „amor fati — das ist meine innerste Natur" tönt es wie ein Nachhall des napoleonischen Lakonismus „Ich war Fatalist von jeher"; und die Gesamtstimmung des rückschauenden Ecce homo in ihrem prometheischen Frevelmut erklingt dunkler wieder in dem Wort des an einen Felsen geschmiedeten korsischen Prometheus: „Alles in allem — welch eine Ballade war mein Leben."

## SCHERZ, LIST UND RACHE

> *„. . Sollst schwankweis' deine Sach fürtragen."*
> Goethe, Hans Sachsens poetische Sendung.

> *„. . Der Scherz, dem eine Stelle zu gönnen in diesem durchweg zweideutigen Leben kaum irgendein Blatt zu ernsthaft sein kann."*
> Schopenhauer, Vorrede zur Welt als Wille und Vorstellung.

Als die beiden stärksten und ältesten Überlieferungskräfte, die im deutschen Schrifttum seit seinen althochdeutschen Anfängen in einer Folge wirksam sind, erscheinen uns die mystische und die didaktische Überlieferung. Uranfänglich beide verschmolzen; dann auseinanderstrebend; jene vorlutherisch gipfelnd in den Schriften Eckharts, Seuses und Taulers, und in der hymnischen geistlichen Lyrik; diese, im uralten Runen-, Rätsel- und Reimspruch wurzelnd, in volkstümlicher Fülle sich ausblühend. Beide auch wohl hier und dort gemeinsam ein Werk höheren Ranges speisend, wie Wolframs Parzival, oder die geistlichen Spiele von der Passion des Herrn und vom Tode des Menschen. Die große Stromenge der Reformation, von der an unsre engere Überlieferung zählt, erweist deutlich die Triebmacht der beiden Grundströmungen: die mystische Sprachkraft hat uns Bibeldeutsch und Kirchenlied geschenkt, die lehrhafte das Reimwesen Hans Sachsens und der Satiriker; und damit die beiden urelterlichen Formen, auf deren Ahnenschaft all unsre Dichtung und all unsre gehobene Prosa sich irgendwie, wenn auch nicht ausschließlich auf sie, ahnenmäßig zurückleitet.

Der Sprachbildner Nietzsche zeigt, gleich Goethe, beide Ahnenkräfte noch deutlich sichtbar im Bild seiner Sprache; wenn auch, genau wie bei Goethe, gerade im Hauptwerk die beiden Triebkräfte eine neue, jedesmal höchst deutsche und einmalige, in jedem Sinne gewagte Verbindung und Verschmelzung eingehen. Zarathustras Sprache ist Urenkelgebild aus dem von den Mystikern herrinnenden Geistblute der Bibelsprache; aber die weltlich-lehrhafte Reim- und Rätselfreudigkeit der Hans Sachsischen Überlieferung, das uralte Eulenspiegelelement der deutschen Sprache lebt sich nicht minder deutlich aus in Nietzsches Vorliebe für den derb deutschen Knittelvers, den alten „reformatorischen" Lehr-, Spott- und Strafspruch. Es ist bedeutsam, daß Nietzsches Werk genau wie das Goethes gerade in seiner höchsten und strengsten Aufgipfelung und wiederum in seiner unbekümmertsten Formlosigkeit des kindlichen Augenblicks, also an seinen beiden Polen, sich mit der volkstümlichen Überlieferung am innigsten berührt; was dazwischen liegt, ist bei beiden am „undeutschesten": Nietzsches Aphoristik und abhandelnde Prosa ist der lateinischen, insbesondere der französischen Sprachwelt um vieles mehr verpflichtet als der deutschen, ebenso wie Goethes erzählende und lehrhafte Prosa ihre teilhaft französische Abstammung nirgends verleugnet oder verleugnen möchte.

Über Goethe geht denn auch sichtbar der Weg der beiden „reformatorischen" Überlieferungen zu Nietzsche hin; ja die Hans Sachs-Kleinwelt seiner Spruchweisheit verrät die goethesche Zwischenstufe noch entschieden deutlicher, als es die Sprache des Zarathustra tut, von der Nietzsche selber meinte, sie stelle den dritten Schritt der deutschen Sprache nach Luther und Goethe dar. Wie Goethes Spruchweisheit in Reimen eine weitergebildete, humanisierte Hans Sachsenwelt darstellt (wobei der Name Hans Sachsens zugleich für viele kleinere und verwandte volkstümliche Erscheinungen stellvertretend dasteht), so ist die Provinz des deutschen Knittelreims in Nietzsches weitem Sprachreich wiederum von Goethes Landschaft aus besiedelt. Bis ins einzelne ist Nietzsches Knittel- und Spottvers eine mehr oder weniger bewußte Weiterbildung der goetheschen altdeutschen Reimhandhabung, eine Weiterbildung ins Grellere, nervös Geistreichere, Heinesche, ja ins bewußt Parodische, Verzerrte, Grinsende hinüber — auf kleinstem Raum vielleicht das deutlichste Teilbeispiel der stilauflösenden Kräfte in Nietzsches Stilbildung.

Ein Zeugnis der bewußten Abhängigkeit von Goethes altdeutschem Reimspruch gibt schon der goethesche Singspieltitel „Scherz, List und Rache", den Nietzsche dem Versvorspiel „in deutschen Reimen" zur Fröhlichen Wissenschaft lieh. Die Reimsprüche dieses Vorspiels, aus dem Jahre vor dem Zarathustra, bilden, mit noch einigen Ergänzungen des Nachlasses, gleichsam eine bejahende Goethe-Parodie. Gerade die berühmtesten dieser Sprüche sind dem goetheschen Vorbild sprachlich am meisten verpflichtet. Das prachtvolle „Ecce homo" mit seinem ausbrechenden: „Ja! ich weiß, woher ich stamme!" ist ganz goethesche Form („Ja! ich rechne mir's zur Ehre, Wandle fernerhin allein!" „Ja! Wer eure Verehrung nicht kennte! Euch, nicht ihm, baut ihr Monumente"). „Ja! mitunter mach' ich Eis .." „Ja! mein Glück — es will beglücken" — beginnen andre Sprüche des „Vorspiels". In Rhythmus und Bildlichkeit als „vornietzschisch" erweist sich etwa Goethes Stufenspruch:

> „Haben da und dort zu mäkeln,
> An dem äußern Rand zu häkeln,
> Machen mir den kleinen Krieg.
> Doch ihr schadet eurem Rufe:
> Weilt nicht auf der niedern Stufe,
> Die ich längst schon überstieg!"

Das ist der Typus etwa der Nietzschesprüche „Einladung", „Zwiegespräch", „Ecce homo", „Schlußreim", „An die Jünger Darwins"; ist zugleich das Urbild von „Meine Härte". „Römischer Stoßseufzer": „Nur deutsch! Nicht teutsch! So will's jetzt deutsche Art!.." ist Nachbildung von Goethes „An die T .. und D ..": „Verfluchtes Volk! kaum bist du frei .." Und ganz den Hans Sachsischen Spruchgedichten Goethes nachgeformt ist etwa „Das Wort":

> „Lebend'gem Worte bin ich gut:
> Das springt heran so wohlgemut ..
>
> Doch bleibt das Wort ein zartes Wesen,
> Bald krank und aber bald genesen.
> Willt ihm sein kleines Leben lassen,
> Mußt du es leicht und zierlich fassen,
> Nicht plump betasten und bedrücken,
> Es stirbt oft schon an bösen Blicken —
> Und liegt dann da, so ungestalt,
> So seelenlos, so arm und kalt,
> Sein kleiner Leichnam arg verwandelt,
> Von Tod und Sterben mißgehandelt .."

Auch gewisse volkstümlich deutsche Derbheiten, die Goethe mit dem Deutsch der Reformationszeit gern teilt und die gerade in Nietzsches Munde recht gewaltsam und fragwürdig klingen, sind ersichtlich einzig der Überlieferung des Reimstils zuliebe herübergenommen.

Die höchste Steigerung ins Vollkommne, die der deutsche Reimspruch bei Goethe erfährt, zeigen die Sprüche des Westöstlichen Divan: hier wird, zum Teil noch innerhalb der altertümelnden („Knittelvers-")Reimart, die große Wage zwischen Weisheit und Gesang, zwischen Übermut und Besonnenheit, zwischen Spott und Entrückung erreicht, jener rätselhafte Doppeleinklang einer mystischen Didaktik, der in deutscher Dichtung ganz und gar einzig ist. Zu solchem Gesang des Wissenden, solcher Spruchweisheit des Trunkenen hat Nietzsche gleichfalls, aus innerster Wahlverwandtschaft heraus, seine Spruchdichtung hinaufgesteigert, auch hier der goetheschen Form und Handhabung weiterbildend dankbar. Das Spruchgedicht „An Hafis" gibt etwa diesen westöstlichen Typus bei Nietzsche (schon im Stofflichen die Luft des Divan erneuernd):

„. . Bist alles und keins, bist Schenke und Wein,
Bist Phönix, Berg und Maus,
Fällst ewiglich in dich hinein,
Fliegst ewig aus dir hinaus —
Bist aller Höhen Versunkenheit,
Bist aller Tiefen Schein,
Bist aller Trunkenen Trunkenheit
— Wozu, wozu *dir* — Wein?"

Oder das verwandte „Der Halkyonier":

„So sprach ein Weib voll Schüchternheit
Zu mir im Morgenschein:
,Bist schon du selig vor Nüchternheit,
Wie selig wirst du — trunken sein!' "

Divanisch in solcher Art sind vielleicht gerade die vollkommensten Sprüche Nietzsches: „Vorausbestimmt zur Sternenbahn..", „Wer viel einst zu verkünden hat..", „Nach neuen Meeren", „Alle ewigen Quellbronnen Quellen ewig hinan", „Pinie und Blitz"; die Schlußstrophe der „Musik des Südens"; vor allem aber jenes „Ecce homo"-Spruchgedicht: „Ja! ich weiß woher ich stamme!..", ganz der mystisch lehrenden Gattung angehörig, welcher auch das tiefste Gedicht des Divan, „Selige Sehnsucht", gehört: „Sagt es niemand, nur den Weisen.." Divanisch sind selbst technische Einzelheiten, wie die reiche Reimform (Goethe: überall an — Schall an; Lauf stört — aufhört; Erzklang — Herz bang): Wohl- und Wehebuch — Ehebruch; verkünden hat — zu zünden hat; schaudert dir — zaubert hier; Stund um Stund dahier — Rund um Rund dafür.

Die Elemente der Weiterbildung, die Nietzsche in Goethes Reimspruchweise hineinbringt, sind zugleich (wie es nicht anders zu erwarten ist) durchweg Elemente der Zersetzung, einer Zersetzung ins Farbigere, doppelsinnig Geistreiche, Überspitzte und zuweilen bis zum Unwirksamen Wirkungssüchtige. Was bei Goethe noch dem Hans Sachs der Reformation gehört, ist bei Nietzsche schon Wagner-sachsisch (zuweilen selbst beckmesserhaft); was bei Goethe geläutert volkstümlich, wird bei Nietzsche schon parodisch populär; was dort humorvoll, wird hier burlesk, was dort lustig spottend, wird hier ironisch boshaft; das Geistige wird geistreich, das Leuchtende grell, das Doppeldeutige antithetisch; Lachen wird Gelächter, Beweglichkeit Nervosität, Überlegenheit Bewußtsein der Überlegenheit; alles wird schillernder, wirksamer, spitzer, farbiger, geistiger — alles uneinfacher, undeutscher, ungoethescher. Es vollzieht sich ein Auflösungsvorgang, vergleichbar etwa dem, den das romantische Element (die volkstümlichere Seite des romantischen Wesens, genauer bestimmt) bei Heine und durch Heine erleidet: eine Auflösung in die Parodie, als Parodie. Ein Beispiel für diese bewußte Neigung zur Parodie ist der Eingangsspruch „An Goethe" zu den Liedern des Prinzen Vogelfrei, im Anhang der Fröhlichen Wissenschaft:

> „Das Unvergängliche
> Ist nur dein Gleichnis,
> Gott, der Verfängliche,
> Ist Dichter-Erschleichnis ..
>
> .. Weltspiel, das herrische,
> Mischt Sein und Schein: —
> Das Ewig-Närrische
> Mischt *uns* — hinein!"

Typisch ist, auch hier, für den nietzscheschen Reimspruch die ganz ungoethesche Neigung zur Schlußüberraschung (die auch seinem Prosarhythmus so eigentümlich ist), äußerlich gekennzeichnet durch den überaus beliebten Gedankenstrich vor dem letzten Wort der letzten Reimzeile: „Stets ist drunten — Hölle!" „Verloren bist du, glaubst du — an Gefahr." „Wie jeder, der einst Ketten trug, hört überall er - Kettenklirren." „Der Sonne fluchen alle Matten; der Bäume Wert ist ihnen — Schatten!" „Wer einst den Blitz zu zünden hat, Muß lange — Wolke sein." Bezeichnend wird der Hang zur „lateinischen" Antithese, die dem französischen Prosa-Aphorismus oder dem antikisierenden Distichon soviel besser ansteht, als dem treuherzigeren Reimspruch des deutschen Knittelverses — eine Neigung, die Nietzsches Reimzeilen nicht selten gewissen Versen der antithetischen Lyrik Conrad Ferdinand Meyers merkwürdig anähnlicht:

„. . Sein Überglück ward ihm zum Ungemach,
Sein Überlicht geht eurem Dunkel nach."

„. . Ich kann nicht selbst mein Interprete sein.
Doch wer nur steigt auf seiner eignen Bahn,
Trägt auch mein Bild zu hellerm Licht hinan."

„Vorausbestimmt zur Sternenbahn
Was geht dich, Stern, das Dunkel an?
Roll selig hin durch diese Zeit!
Ihr Elend sei dir fremd und weit! .."

„Nicht mehr zurück? Und nicht hinan?
Auch für die Gemse keine Bahn?
. . Fünf Fuß breit Erde, Morgenrot,
Und *unter* mir — Welt, Mensch und Tod!"

„Wer viel einst zu verkünden hat,
Schweigt viel in sich hinein .."

Als vollkommenster Typus auch hier, abermals, das wundervolle „Ecce homo": „Ja! ich weiß, woher ich stamme! .." neben dem mystischen, gleichfalls auf der Grenze ins Divanlyrische schwebenden „Sils Maria":

„Hier saß ich, wartend, wartend — doch auf nichts,
Jenseits von Gut und Böse, bald des Lichts

Genießend, bald des Schattens, ganz nur Spiel,
Ganz See, ganz Mittag, ganz Zeit ohne Ziel.

Da plötzlich, Freundin! wurde Eins zu Zwei —
— Und Zarathustra ging an mir vorbei .."

Dazu kommt eine ganze Reihe bezeichnender Lieblingsgewohnheiten, welche Nietzsches späte Prosa mit so viel gefährlichen kleinen Reizen überladen. Da ist die komische Verkleidung geflügelter Worte und Sprichwörter:

„Wer seinen ‚Gott' liebt, züchtigt ihn."

„Zum Teufel ging sein Kopf — nein! nein! zum Weibe!"

„Auch die reinste Heiligkeit
Trägt nicht Gold im Munde.

Da ist die Vorliebe für das Spiel mit Klang-Verbindungen: „Rollt' ich mich rundes Rollefaß", „Minervas Liebling U—hu—hu", „Meiner Weisheit A und

O.. nur das ew'ge Ah! und Oh!.." Da ist die Einmischung fremdsprachlicher Brocken in Strophe und Vers: „..Unbegeistert, ungespäßig, Unverwüstlich-mittelmäßig, Sans génie et sans esprit!" „O peuple des meilleurs Tartuffes, Ich bleibe dir treu, gewiß!" „..Amore dei, selig aus Verstand.." „Darwin neben Goethe setzen heißt: die Majestät verletzen — Majestatem genii!" „Das schreibt und schreibt sein unaussteh-Lich weises Larifari, Als gält es primum scribere, Deinde philosophari —", ein aus Nietzsches namentlich späterer Prosa eingedrungener Alexandrinismus, der ihm gelegentlich wohl sogar eine seiner schönsten rein singenden Strophen auseinandersprengte — man denke an die kaum begreifliche Spielerei, welche die dritte Strophe des venezianischen Liedes „Mein Glück" mit einem unglücklichen und beinah ruchlosen Gallizismus befleckt:

> „Du strenger Turm, mit welchem Löwendrange
> Stiegst du empor hier, siegreich, sonder Müh!
> Du überklingst den Platz mit tiefem Klange —:
> Französisch, wärst du sein accent aigu?"

Alle diese Elemente einer farbig schillernden Zersetzung dringen denn sichtlich auch in die reine Singdichtung ein; die beiden getrennten Geschlechter aus dem „Motto" Nietzsches: „Lied heißt ‚Worte als Musik'.. Sinnspruch heißt ‚Sinn ohne Lied' — Darf ich euch von beiden bringen?" — sie verschmelzen mit einander zu jenem Gefährlichen Vielleicht, dessen Philosoph zu sein Nietzsche sich rühmt und das er auch als Dichter so sehr geliebt hat („Wie schade, daß ich das damals zu Sagende nicht als Dichter zu sagen wagte — ich hätte es vielleicht gekonnt"). Kein Zufall, sondern lebendigster Ausdruck dieser Natur, die unterm Sternbild der Wage geboren ward, ist es, wenn die vollkommensten Gedichte Nietzsches gerade die sind, in die das Spruchelement von „Scherz, List und Rache" eingegangen ist — in denen Ironie, Maskenfreude und selbsthassende Selbstüberwindung lehrhaft den Gesang sprengen oder zu sprengen drohen; und die vollkommensten seiner Sprüche eben jene, die sich, gleich den zwitterhaften Gebilden der höchsten Divansphäre, dem Lyrismus einer mystischen Geheimlehre zu nähern scheinen. „Wenn ich minutenlang denken darf, was ich will," schreibt der Primaner aus Pforta an Mutter und Schwester, „da suche ich Worte zu einer Melodie, die ich habe, und eine Melodie zu Worten, die ich habe, und beides zusammen, was ich habe, stimmt nicht, ob es gleich aus *einer* Seele kam. Aber das ist mein Los!" Niemals hat die bohrende Selbstschau des späten Nietzsche etwas eindringlicher Endgültiges über sich selber ausgesagt, als hier der Schüler über das Los einer „neuen Seele" gleichsam vorwissend verriet. Zwischen Wort und Melodie, zwischen Singen und Reden, zwischen Sinn ohne Lied und Wort als Musik schweben Nietzsches echteste Gebilde in einer Sphäre ewiger äußerster Spannung und ewigen Trugausgleichs, obendrein noch um dies ihr Los wissend, um ihr „Kentauren"-schicksal (wie er selber es nannte). Die Form von Nietzsches Sinnspruch, die ganz individuelle Weiterbilung der reformatorisch-goetheschen Knittelverstradition, ist nur *ein* Abbild dieses beständigen Suchens nach dem Andern, das Nietzsches Seelengeschick ist, des Suchens der Worte nach Melodie, der Melodie nach Worten.

Und wie Nietzsche im Zarathustra den großartigen Versuch wagt, Sinn ohne Lied und Wort als Musik einmal zu vermählen, im Gebild wiederum eins werden zu lassen, was „aus *einer* Seele kam", so hat er auch im engeren Bezirk seiner Sinnspruchtechnik diesen Versuch unternommen, sich eine eigene neue Spruchform zu bilden, welche die innere Zweiheit aus Sinn und Lied in sich aufheben könnte. Bezeichnend genug: es ist gerade die Zeit des Zarathustra, in der diese Erneuerung seiner Spruchweisheit Nietzsche aufgeht. Als sei auch dies ein Kennzeichen der äußersten Entdeutschung und des ungeduldigen Griechenwillens seiner letzten Auflösungsjahre, so wirft er jetzt, von 1882 an, die vorher so gern gehegte Hans Sachsisch-goethesche Spruchform wie eine seelenlos gewordene Hülse fort, als eine seiner vielen „Schlangenhäute"; und was er an Spruchform von jetzt ab bildet, zeigt, soweit es nicht in den Zarathustra übergegangen ist, einen vollständig andern, einen von jeder deutschen Überlieferung gelösten neuen Typus. Es sind jene „Reden, Gleichnisse und Bilder" der Jahre 1882 bis 1888, die man als Bruchstücke zu den Dionysos-Dithyramben unter den „Dichtungen" findet. Es sind der Form nach in der Tat Bruchstücke von dithyrambischem Ton, durch Pindars Hymnen sichtlich bestimmt, gleich den großen Dionysos-Dithyramben des Jahres 1888. Aber zugleich bilden sie in sich abgeschlossene Einzelsprüche, aphoristische Dithyramben etwa, welche unverkennbar das Erbe von „Scherz, List und Rache" übernommen haben und die Nachfolger der früheren deutschen Knittelverse Nietzsches in griechischerer Luft sind. Alle Elemente des Hans-Sachsischen Sinnspruchs sind hier wieder vereinigt, nur in einer neuen, innigeren Verschmelzung, die sozusagen von vornherein „von beidem bringt", nämlich den Gegensatz von Lied und Sinn in sich bewahrend aufhebt. Zugleich knapper und „unendlicher" als jene behaglicheren Sprüche in Reimen; undeutscher zugleich und nietzschescher; Beispiel einer „letzten Form", wie Hölderlins späteste Hymnen; Ausdruck einer inneren Spannung, die, übermäßig zum Sichaussagen gedrängt, unaufhaltsam der Grenze des Stammelns und Lallens entgegenwächst. Das fatalistische Element in diesen Sprüchen ist nicht umsonst so gespensterhaft; es sind Schaumwellen eines Stroms, der immer unverkennbarer einem fernher dunkel brausenden Sturz entgegenschießt, ihm entgegengeschlürft wird, eines Schicksals, in dem Wollen und Gewolltwerden eins sind und sich als eines schon erkennen:

> „Die Sphinx.
>
> „Hier sitzest du, unerbittlich
> Wie meine Neubegier,
> Die mich zu dir zwang:
> Wohlan, Sphinx,
> Ich bin ein Fragender, gleich dir;
> Dieser Abgrund ist uns gemeinsam —
> Es wäre möglich, daß wir mit Einem Munde redeten!"
>
> „Was gschieht? fällt das Meer?
> Nein, mein Land wächst!
> Eine neue Glut hebt es empor!"
>
> „So ist's jetzt mein Wille:
> Und seit das mein Wille ist,
> Geht alles mir nach Wunsch —
> Dies war meine letzte Klugheit:
> Ich wollte das, was ich muß:
> Damit zwang ich mir jedes ‚Muß' ..
> Seitdem gibt es für mich kein ‚Muß' .."

Aber im übrigen ist da die aus den Reimsprüchen vertraute Gegensatztechnik:

> „Sie haben ihren Gott aus nichts geschaffen:
> Was Wunder: nun ward er ihnen zu nichte"
>
> „Und nur wenn ich mir selbst zur Last bin,
> Fallt *ihr* mir schwer!"
>
> „Ihr Verzweifelnden! Wie viel Wut
> Macht ihr denen, die euch zuschauen!"
>
> „Seines Todes ist man gewiß:
> Warum wollte man nicht heiter sein?"

> „Dies allein erlöst von allem Leiden
> (— wähle nun!):
> Der schnelle Tod
> Oder die lange Liebe."

Die zugeschärften Schlußüberraschungen sind da, wie früher in Reimfassung:

> „ ‚Liebe den Feind,
> Laß dich rauben von dem Räuber':
> Das Weib hört's und — tut's."

> „Der schönste Leib — ein Schleier nur,
> In den sich schamhaft — Schönres hüllt."

Die früheren Spielereien mit Klang und Fortspinnung — zuweilen fast bis zur unfreiwilligen Verhöhnung des Wagnerstils:

> „Ich bin einer, dem man Schwüre schwört:
> Schwört mir dies!"

> „Was um euch wohnt,
> Das wohnt sich bald euch ein:
> Gewöhnung wird daraus
> Wo lang du sitzest,
> Da wachsen Sitten."

> „Milch fließt
> In ihrer Seele; aber wehe!
> Ihr Geist ist molkicht."

> „Man geht zugrunde,
> Wenn man immer zu den Gründen geht."

Und auch hier alle die Sondergrillen der späten Prosa Nietzsches: die Neigung zum Sperrdruck, zur Frageform, zur mutwilligen Umbildung und Neubildung von Worten, zur parodischen Anführung:

> „Wenn das Geld in den Kasten springt,
> Springt die Seele immer mit hinein!"

„Ein Wolf .. sprach: ‚Du heulst besser noch als wir Wölfe'."

„Wo Gefahr ist .. da wachse ich aus der Erde" (wohl eine Umbildung von Hölderlins „Wo aber Gefahr ist, wächst das Rettende auch").

„.. Zu meiner Hölle will ich den Weg mir mit guten Sprüchen pflastern."

So erweist sich diese späteste Spruchform Nietzsches als weit genug, um alle möglichen Eigenheiten seiner Prosa noch in sich aufzunehmen, ohne daß sie Gefahr liefe, wie jene überlieferungsgebundenere Reimform davon zersprengt oder zersetzt zu werden, weil sie von vorneherein aus einem einheitlichen Rhythmus geboren ist. Aber, als ob auch diese in sich einheitlichere Spruchform Nietzsche noch zu schmerzlich zwiespältig vorkomme, als ob er das Aphoristische seiner Form immer als einen dunklen Vorwurf, eine leise Klage empfinde, treibt er selbst diese griechischere, reimlos entdeutschte hohe Spruchform bedeutsam in den *Gesang* hinüber, wie er zuletzt denn alles in sich dem lösenden und erlösenden Gesange entgegentreibt — daß ich dich singen hieß, meine Seele, siehe, das war mein Letztes —, und so sind es denn auch die ergreifendsten, die vollkommensten Sprüche dieses letzten Typus, des dithyrambischen Bruchstücks, die an der Pforte des Liedes „immer leise klopfend schweben". Noch nicht Gesang, aber schon jenseits der Rede, noch nicht Mystik, aber schon jenseits des „Wissens", ein Abbild von Nietzsches Zwielichtseele, ein rührendes und gefährliches „Vielleicht". So der in griechische Lyrik ausmündende Spruch „Fleiß und Genie":

> „Dem Fleißigen neid' ich seinen Fleiß:
> Goldhell und gleich fließt ihm der Tag herauf,
> Goldhell und gleich zurück
> Hinab ins dunkle Meer, —
> Und um sein Lager blüht
> Vergessen, gliederlösendes."

So etwa „das eherne Schweigen", mit der Doppelgesichtigkeit seiner Kehrzeile, ein vollkommenes Symbolum:

> „Fünf Ohren — und kein Ton darin!
> Die Welt ward stumm. .
>
> Ich horchte mit dem Ohr meiner *Neugierde*:
> Fünf Mal warf ich die Angel über mich,
> Fünf Mal zog ich keinen Fisch herauf.
> Ich fragte, — keine Antwort lief mir ins Netz . .
>
> Ich horchte mit dem Ohr meiner *Liebe* —"

Oder endlich jener schwermütigste Abendspruch des „Einsamsten" voll klagloser Frage:

> „Nun, da der Tag
> Des Tages müde ward, und aller Sehnsucht Bäche
> Von neuem Trost plätschern,
> Auch alle Himmel, aufgehängt in Goldspinnnetzen,

> Zu jedem Müden sprechen: ‚ruhe nun!' —
> Was ruhst du nicht, du dunkles Herz,
> Was stachelt dich zu fußwunder Flucht ..
> Wes harrest du?"

Hier mündet denn Nietzsches späteste Spruchform sichtlich schon hingegeben, widerstandslos getrieben, dem Gesange entgegen, entgegen der dithyrambischen Abendseligkeit des letzten Nietzsche, die vielleicht am schönsten in dem dreiteiligen Dionysos-Dithyrambus „Die Sonne sinkt" sich ausgeströmt hat, noch Spruch, aber zugleich reiner Gesang, in einer fremdartigen Einheit, für die wir nur den Namen „griechisch" wissen, Spruch und Lied, Weisheit und Musik:

> „.. Heiterkeit, güldene, komm!
>     Du des Todes
> Heimlichster, süßester Vorgenuß!
> — Lief ich zu rasch meines Wegs?
> Jetzt erst, wo der Fuß müde ward,
>     Holt dein Blick mich noch ein,
>     Holt dein *Glück* mich noch ein.
>
> .. *Siebente* Einsamkeit!
>     Nie empfand ich
> Näher mir süße Sicherheit,
> Wärmer der Sonne Blick.
> — Glüht nicht das Eis meiner Gipfel noch?
>     Silbern, leicht, ein Fisch
>     Schwimmt nun mein Nachen hinaus .."

# ANEKDOTE

> „Geschichte ist eine große Anekdote. Eine Anekdote ist ein historisches Element, ein historisches Molekül.. Ein Anekdotenmeister muß alles in Anekdoten zu verwandeln wissen."
>
> *Novalis.*

„Nur das Persönliche ist das ewig Unwiderlegbare. Aus drei Anekdoten ist es möglich, das Bild eines Menschen zu geben; ich versuche es, aus jedem Systeme drei Anekdoten herauszuheben, und gebe das übrige preis."

So Nietzsche in einem späteren Vorwort zu seiner Bruchstück gebliebenen Darstellung der „Philosophie im tragischen Zeitalter der Griechen". Wie er in den Philosophengestalten dieses Bruchstücks dichterische Überhöhungen seiner eigenen philosophischen Möglichkeiten gibt, so geben jene Sätze des Vorworts den aphoristisch gedrängten Kern seiner Denkmethode. Aus drei Anekdoten das Bild, aus drei Anekdoten das System — und das übrige preisgegeben: das ist wirklich eine gültige Formel für den Vorgang des Bilderdenkens bei Nietzsche, für seinen philosophischen Rhythmus.

Nietzsche war, so ausgesprochen wie wenige große Typen, eine durchaus „anekdotische Natur". Einer solchen Natur ist es Gabe zugleich und Begrenzung, daß sie das Geschehen, um es zu meistern, nicht langsam ordnend vereinfacht und architektonisch im System vor sich aufbaut, sondern daß sie es von vorneherein im Brennspiegel des Moments am deutlichsten erfährt, in der Form des schlechthin einmaligen Augenblicks am liebsten sich versinnlicht. Es ist die Gabe und Begrenzung des Romantikers, des romantischen äußersten Individualismus. Novalis, Friedrich Schlegel und Jean Paul sind, in drei verschiedenen Brechungen, die großen Vertreter der romantischen Anekdotenmeisterschaft. Und an der Verwitterungsgrenze der Romantik, dort, wo sie sich mit einer ihr feindlichsten geistigen Grundkraft jeweils kämpfend auseinandersetzt, zugleich besiegt und unbesieglich, in Heine, Hebbel, Nietzsche beweist sich noch ein zweites Mal der anekdotische Urcharakter alles Romantizismus. Ja, er wird nur um so deutlicher herausgetrieben gerade da, wo Romantik mit Zweifel, Begeisterung mit Hohn streitet, wo der äußerste Individualismus gleichsam in beiderlei Gestalt seinen Sieg feiert: dort wird die Anekdote (in ihrem strengsten Sinne) die echtbürtige Form, geradezu der notwendige und unvermeidliche Ausdruck, der einzige, der beide Strebungen zugleich enthalten kann. Formen wie Atta Troll oder das Wintermärchen Deutschland, wie Flauberts Versuchung des heiligen Antonius und vor allem Bouvard und Pécuchet bezeichnen die Möglichkeiten dieses anekdotischen Typs. (Ein Beispiel in engerer Welt, aber von sehr reinem Typus, bietet Wesen und Kunst Theodor Fontanes, des klassischen Anekdotenmeisters, dessen Skepsis das spätromantische Erdreich seiner Balladen nicht verleugnet.) An dieser Stelle aber, an der äußersten Grenze des alten romantischen Landes, steigt ja die Pyramide von Nietzsches Lebenswerk auf, des Bodens diesseits wie jenseits der Grenze gleichermaßen teilhaftig.

Nietzsches ganze Technik, das liegt zutage, ist Handhabung der romantischen Anekdotenmeisterschaft, die Novalis feiert. Auch ihm ist die Anekdote Element und Molekül, seines Denkens wie seines Stiles. Seinen Aphorismus als Notform und Notbehelf des Kranken und ahasverisch Wandernden auffassen konnte nur völliges Mißkennen seines geistigen Grundrisses. Vielmehr ist er eine seelische Urform, gleich dem sibyllischen Fragment von Novalis, gleich dem Streckvers Jean Pauls, gleich dem anekdotischen Gleichnis der hebbelschen Tagebücher. Seine sozusagen väterliche Herkunft aus dem Aphorismus der französischen Skepsis ist wesentlich nur formbestimmend; entscheidend wirkt das mütterliche Erbe der Romantik. (Auch hier gilt Nietzsches Mahnung aus dem Nachlaß der Zarathustrazeit: „Das Mütterliche verehrt mir: der Vater ist immer nur ein Zufall.") Und wenn wirklich, wie die Theoretiker jener Notform wollen, eine Entsagung im Typus seines Aphorismus durchschimmert, so ist es eine viel tiefer als in individuellen äußeren Begrenzungen und Hemmungen begründete; sie käme eher aus dem sibyllisch wissenden Urgefühl, dem ein Bruchstück aus der Ruinenstätte des Willens zur Macht Worte gibt: man soll nicht bauen, wo es keine Zeit mehr ist — oder, mit den Worten des „Fall Wagner": „Was heute gut gemacht, meisterhaft gemacht werden kann, ist nur das Kleine. Hier allein ist noch Rechtschaffenheit möglich." Man wird nicht die frühsten, scheinbar ja mehr gebauten Schriften, bis zur letzten Unzeitgemäßen hin, als eine Ausnahme oder gar einen Einwand empfinden. Denn gerade diese Arbeiten, in denen der Ehrgeiz zu bauen, im schopenhauerschen Sinne symphonisch zu komponieren, kühne Gewölbe zu schlagen, freilich ganz unverkennbar ist, gerade sie verraten auffallend, daß sie dennoch zusammengesetzt, aus hundert einzelnen Eingebungen und einander kreuzenden kurzen Ideenkurven, aus lauter kleinen „rechtschaffenen" Vollkommenheiten ehrgeizig aufgetürmt sind. Es sind Mosaiken, kein Zweifel, und daß sie es sind, macht gerade den unsagbaren, flimmernden und beunruhigenden Reiz aus, der namentlich der „Geburt", der „Schopenhauer als Erzieher" und „Richard Wagner in Bayreuth" so eigentümlich ist. Liest man sie wirklich auf strenge Gedankenarchitektur und logisches Fortschreiten hin, so wirken sie fast peinlich durch das unausgesetzte neue Atemholen; aber man liest sie in Wirklichkeit unwillkürlich so, als wären es schon die späteren Bücher, die sich zum Mosaik, zur Technik des Einzelbruchstücks dann offen bekennen. Und nicht anders steht es ja mit den nicht so offensichtlich aphoristischen Büchern der letzten Jahre, dem Jenseits, der Genealogie, dem Antichrist, den Wagnerpolemiken, dem Ecce homo: ihre Technik ist die einer virtuosen Aufhäufung, der nur durch geschickte Verwendung der leitmotivischen Wiederaufnahme, durch Spiralrückkehr zu gewissen Mittelgedanken der Charakter des Bauwerks, der Komposition angetäuscht ist. Vor allem aber Zarathustra: kein Bau, sondern gigantische Aufschüttung, keine Architektur, sondern eine Traum- und Rauschfolge, kein aufgipfelndes Gebirgsganzes, sondern eine Landschaft von Ausbruchskratern. Und wie im Ganzen, so wiederum im Einzelnen: man sehe die Zarathustradichtung einmal darauf hin an, wie viele ihrer Abschnitte ausschließlich um den anekdotischen Augenblick herum kristallisiert sind, oder über ihm, wie über einer Krypta, aufgebaut sind. (Schon die Titel zeigen das nicht selten.) Die Vorrede etwa ist ganz und gar um die Seiltänzeranekdote — ein Erlebnis des Knaben Nietzsche auf dem Naumburger Marktplatz — herum gelegt, bis zur Herübernahme des episodischen Anlasses. Wie viele der einzelnen Abschnitte sind Verherrlichungen eines höchsten Augenblicks, Ausdeutungen eines bildhaft übereindringlichen Moments, einer symbolfähigen Anekdote! Noch die Briefe Nietzsches quellen über von der Lust am Anekdotischen, am raschen und springenden Gleichnis, am Leitmotiv und parodierenden Zitat. Und bis in die philologische Luft hinein folgt ihm die Neigung zum gespitzten Moment, zur Häufung winziger Einzelreize: „Ich habe leider Neigung für das Pariser Feuilleton, für Heines Reisebilder usw. und esse ein Ragout lieber als einen Rinderbraten", lautet der kokette Seufzer des jungen

Philologen an die Frau seines Lehrers Ritschl; und dieser selbst urteilt, Nietzsche schreibe sogar seine philologischen Abhandlungen absurd spannend, wie ein Pariser Romancier.

Aber am merkwürdigsten und kennzeichnendsten bleibt wohl, daß selbst seinem Verhältnis zur Musik, dieser strömendsten und unanekdotischsten, weil ungeistigsten Kunst, die Neigung zum anekdotischen Herausheben einzelner Schönheiten, kleiner Sonderwelten und in sich verschlossener Augenblicke ist. So, wenn er etwa von Wagner (der ihm, wie immer, auch hier unbewußtes Gleichnis seiner selbst ist) aussagt, bewunderungswürdig, liebenswürdig sei Wagner nur in der Erfindung des Kleinsten, in der Ausdichtung des Details; er sei unser größter *Miniaturist* der Musik, der in den kleinsten Raum eine Unendlichkeit von Sinn und Süße dränge. „Will man mir glauben, so hat man den höchsten Begriff Wagner nicht aus dem zu entnehmen, was heute von ihm gefällt.. es gibt noch einen Wagner, der kleine Kostbarkeiten beiseite legt: unsern größten Melancholiker der Musik, voll von Blicken, Zärtlichkeiten und Trostworten, die ihm keiner vorweggenommen hat.. Ein Lexikon der intimsten Worte Wagners, lauter kurze Sachen von fünf bis fünfzehn Takten, lauter Musik, die *niemand kennt*" — oder wenn er empfiehlt, sich Sammlungen von reinen Melodien aus Beethoven oder Chopin anzulegen. Selbst seine Art, Musik gleichnishaft zu erleben, verrät noch den Kultus des erhöhten Augenblicks. So umschreibt „Menschliches" den Eindruck von Chopins Barcarole: „Fast alle Zustände und Lebensweisen haben einen *seligen Moment. Den* wissen die guten Künstler herauszufischen. So hat einen solchen selbst das Leben am Strande, das so langweilige, schmutzige, ungesunde, in der Nähe des lärmendsten und habgierigsten Gesindels sich abspinnende. Diesen seligen Moment hat Chopin, in der Barcarole, so zum Ertönen gebracht, daß selbst Götter dabei gelüsten könnte, lange Sommerabende in einem Kahne zu liegen." Und vielleicht gilt seine frühe Liebe zu Schumann am innigsten eben dem Meister der kleinsten musikalischen Form, der huschendsten Augenblicke voll geistigen Übermuts, flüchtigen Glückes oder zarten Herzwehs, diesem größten Meister des musikalischen Augenblicks, den wenigstens die deutsche Musik jemals besessen hat. Aber auch seine musikalische Spätliebe, die zu Bizets Carmenmusik, steht ganz im Zeichen der Dankbarkeit für das Kleinste, für den flüchtigsten Moment: die Randbemerkungen Nietzsches in einem Klavierauszug der „Carmen", den er im Januar 1882 an Gast sandte, sind gerade dafür ungemein bezeichnend (das Exemplar befindet sich heute im Nietzsche-Archiv). Fast alle Anmerkungen und Ankreuzungen beziehen sich auf einzelne harmonische oder melodische Augenblicke. So lautet die Anmerkung zum tragischen d-moll-Motiv der Einleitung kennzeichnend genug: „Ein *Epigramm* auf die Leidenschaft, das Beste, was seit Stendhal sur l'amour geschrieben worden ist"; zum „uner*bitt*lich" der Kartenlegszene heißt es: „Dies Dur ist ganz schauerlich"; zum Fortissimo-Dureinsatz des Seitenthemas im Zwischenspiel zum vierten Akt: „Für mich ist dies Dur zu Tränen rührend" — und so fort.

Nietzsche hat im „Fall Wagner" selbst die Verwandlung und Auflösung des Stiles charakterisiert, die den romantischen Anekdotenmeister, den äußersten Individualisten erkennen läßt. Womit kennzeichnet sich jede literarische décadence? fragt er. Und seine Antwort (wie man ohne Zweifel beobachtet hat, eine Umschreibung von Sätzen aus Bourgets „Baudelaire", 1883) lautet: damit, daß das Leben nicht mehr im Ganzen wohnt. „Das Wort wird souverän und springt aus dem Satz hinaus, der Satz greift über und verdunkelt den Sinn der Seite, die Seite gewinnt Leben auf Unkosten des Ganzen, — das Ganze ist kein Ganzes mehr." (Man vergleiche im Vorbeigehen das französische Urbild dieser Stelle, die bei Bourget lautet: „.. Une même loi gouverne le développement et la décadence de cet autre organisme qui est le langage. Un style de décadence est celui où l'unité du livre se décompose pour laisser la place à l'indépendence de la page, où la page se décompose pour laisser la place à l'indépendence de la phrase, et la phrase pour laisser la place à l'indépendence du mot.") „Aber das ist," so steigert Nietzsche Bourgets kühle Beobachtung ins leidenschaftlich Klagende und Anklagende, „das ist das Gleichnis für jeden Stil der décadence: jedesmal Anarchie der Atome, Disgregation des Willens, ‚Freiheit des Individuums', moralisch geredet, — zu einer politischen Theorie erweitert ‚gleiche Rechte für alle'. Das Leben, die gleiche Lebendigkeit, die Vibration und Exuberanz des Lebens in die kleinsten Gebilde zurückgedrängt, der Rest *arm* an Leben.. Das Ganze.. zusammengesetzt, gerechnet, künstlich, ein Artefakt."

Was Nietzsche hier zur Charakteristik Wagners verwertet und ausdeutet, er sagte (und klagte) es in der Tiefe von sich selber. Bei Wagner stehe, meint er, im Anfang die Halluzination: nicht von Tönen, sondern von Geberden; zu ihnen suche er erst die Tonausdeutung. Gerade das aber gilt für Nietzsches Gedankenmusik: im Anfang steht der Augenblick, der mystische Blitz, der vereinzelte und losgelöste Moment, die Eingebung, das Gehorchen bis zum Grotesken — man denke an seine Schilderung der „Inspiration" im Ecce homo, diese prachtvolle Verklärung des seherischen Augenblicks. Oder es heißt etwa im Willen zur Macht: „Hier ein kleines Ideal, das ich alle fünf Wochen einmal auf einem wilden und einsamen Spaziergange erhasche, im azurnen Augenblick eines frevelhaften Glücks." Kein Zweifel, dieser azurne Augenblick — „wie ein Blitz leuchtet ein Gedanke auf, mit Notwendigkeit, in der Form ohne Zögern, — ich habe nie eine Wahl gehabt.. man hört, — man sucht nicht; man nimmt, — man fragt nicht, wer da gibt.." er bezeichnet den klassischen Urbeginn des nietzscheschen „Gedankens"; bei ihm steht „im Anfang die Halluzination": nicht des Gedankens, sondern des Gleichnisses, des Bildes („die Unfreiwilligkeit des Bildes, des Gleichnisses ist das Merkwürdigste; man hat keinen Begriff mehr, was Bild, was Gleichnis ist, alles bietet sich als der nächste, der wichtigste, der einfachste Ausdruck an"), als das Chaos einer werdenden Welt im Zustand der fruchtbaren „Anekdote", des ausdeutbaren Augenblicks. Und wie Wagner, nach Nietzsche, zu der Urhalluzination der Geberden erst die Tonsemiotik sucht und erfindet, wie er das Motiv zum Leitmotiv herrisch ausdeutet und umschafft, so Nietzsche selber: auch seine Bücher bilden sich wie Wagners ungeheure Häufungen aus einer „Anarchie der Atome, einer Freiheit des Individuums, moralisch geredet", zu einem Kunstgebild von Ganzem, künstlich, zusammengesetzt, ja auf Zusammensetzung durch den — wiedererkennenden — idealen Hörer berechnet; einem Ganzen aus selbständigen Leitmotiven, von denen jedes einzelne sich suchen läßt und seine tiefere Bedeutung erraten haben will — ja einem solchen Ganzen, in welchem der Autor selber das eigentliche herrschende Leitmotiv schmerzlich zu suchen scheint. (Ist es ein Zufall, daß das einzige Buch Nietzsches, in dem ein einziges gebieterisches Leitmotiv unzweideutig herrschen und ordnen sollte, daß der Wille zur Macht ein ehrfurchtgebietendes Trümmerchaos von Bruchstücken geblieben ist?) Die Exuberanz des Lebens in die kleinsten Gebilde zurückgedrängt, der Rest *arm* an Leben.. das Ganze lebt überhaupt nicht mehr: es ist zusammengesetzt, künstlich, ein Artefakt — ist diese Kennzeichnung des Dekadenzstils im allgemeinen und des Wagnerstils im besonderen nicht vor allem — eine Kritik Zarathustras, nämlich Zarathustras als Gestalt, als lebendiger Versinnlichung, als der geschauten Einheit seiner Reden und Gleichnisse? Ist nicht gerade Zarathustra im ungemeinen Sinn ein solches Artefakt großartigsten Maßstabes, mit einer Exuberanz des Lebens und Lebenwollens in seinen kleinsten Teilgebilden, als Ganzes aber eine erhabene Abstraktion, ein stummer Umriß statt einer lebendigen, gedichteten und verdichteten Figur, ein flimmerndes Mosaikbild statt eines Prophetenleibes? Zarathustra wurde ein Gefäß für tausend Eingebungsaugenblicke, ein Rahmenumriß für lauter anekdotische Miniaturen, jede für sich einmalig und tief erlebt und erlitten; er wurde ein Musikdrama um einer Fülle philosophischer Einzelmotive willen, lauter kurzer Sachen von fünf bis fünfzehn Takten, lauter Kostbarkeiten, die niemand kennt — aber er wurde kein Mund, kein Mensch, keine Gestalt, die *da* wäre, nur eine, die da sein *soll* aus dem herrischen Willen dessen heraus, der sie erdachte; genau wie Wagners „Musikdrama", als Gattung und Typus, sein Dasein nur Wagners gebieterischem Willen, nicht eigner Lebensfülle verdankt. Figaro, Don Juan, Fidelio *sind* — die Nibelungen aber, aus gewaltigstem Ehrgeiz geboren, *sollen* da sein: das ist auch das Verhältnis von Lutherbibel und Faust zum Zarathustra. Artefakte sind Nibelungen wie Zarathustra eines ungeheuren zusammenfassenden Willens, nicht Geburten; dämonisch überlebendig im Einzelnen, starr als Ganzes; und wie alles, was künstlich ist, „geschlossnen Raum verlangend" — nämlich die vorausgesetzte und voraussetzende individuelle Welt ihres Ersinners, den gläsernen Himmel dieser und nur dieser Einzelseele. Vielbesagend, wie Nietzsche sich die Geburt der Gesänge Beethovens vorstellt; er will, daß sie entstanden wie seine eignen Schriften: aus dem Geiste der musikalischen Anekdote als ein Mosaik der kleinsten Kostbarkeiten, der fünf bis fünfzehn Takte — so wie die Symphonie Zarathustra später wirklich entstand. Und merkwürdig genug zugleich, wie er hier, in seiner positivistischen Zeit, jene Eingebung abzuleugnen sich müht, die er doch später, im Gefühl, daß sie allein ein Werk vom Range Zarathustras gültig mache, zur Mutter dieses ehrgeizigsten zugleich und selbsthassendsten seiner Werke machte. „Man ersieht jetzt aus den Notizbüchern Beethovens," heißt es in der ersten nachwagnerischen Periode, „daß er die herrlichsten Melodien allmählich zusammengetragen und aus vielfachen Ansätzen gewissermaßen ausgelesen hat." Und an andrer Stelle, deutlicher noch und unzweideutiger selbstdarstellend: „Betthovens Musik erscheint häufig wie eine tiefbewegte *Betrachtung* beim unerwarteten Wiederhören eines längst verloren geglaubten Stückes ‚Unschuld in Tönen'; es ist Musik *über* Musik. Im Liede der Bettler und Kinder auf der Gasse, bei den eintönigen Weisen wandernder Italiener, beim Tanze in der Dorfschenke oder in den Nächten des Karnevals — da entdeckt er seine ‚Melodien': er trägt sie wie eine Biene zusammen, indem er bald hier bald dort einen Laut, eine kurze Folge erhascht. Es sind ihm verklärte *Erinnerungen* aus der ‚bessern Welt': ähnlich wie Plato es sich von den Ideen dachte.. Man dürfte Beethoven den idealen Zuhörer eines Spielmanns nennen." Hört man aus dieser Kennzeichnung der beethovenschen Musik nicht das Eingeständnis des künftigen Zarathustrakomponisten, dem ja Zarathustra wirklich „unter die Symphonien" zu gehören schien? Nicht nur der „ideale Zuhörer eines Spielmanns", die betrachtende ‚Musik *über* Musik", die „Zweite Unschuld" sind ja deutliche Nietzschezüge. Vor allem ist geheim nietzschisch das Bild des einsamen Musikanten auf der Suche nach den Bruchstücken einer platonischen Urmusik, der seine Melodien, versprengte Fernblitze des tönenden Urfeuers, in winzigen Bruchstücken auf Wandergassen zusammenträgt, verklärte Erinnerungen einer bessern Welt; nietzschisch und Nietzsche deutend die Vorstellung vom Entstehen der großen einsamen Triumphgesänge, die der Beethoven der missa solemnis sich zusang, als seien es Endergebnisse geduldig und entsagend gehäufter Wandervisionen, winziger abgesprengter Urmotive, mystischer Anekdoten der Musik. War die Neunte, war vollends die Messe ein solches platonisches Mosaik für den Dichter Zarathustras, warum durfte nicht auch Zarathustra selber so entstehen — eine aus tausend Einzelflügen und Einzelaufschwüngen bienengeduldig zusammengetragene „Erinnerung an Schöneres als ich", wie es in Nietzsches „Herbst"-gedicht heißt? Es *gab* für Nietzsche aber ein höheres Künstlertum als das platonisch beethovensche dieser Stelle, als das nordische Betrachten und Musizieren über Musik; und nicht zufällig schließt sich, schon so früh, an diese Beethovenstelle das Gegenbild der unbeethovenschen Musik, der Musik, die Nietzsche gern gewesen wäre: „Mozart steht ganz anders zu seinen Melodien: er findet seine Inspirationen nicht beim Hören von Musik, sondern im Schauen des Lebens, des bewegtesten *südländischen* Lebens: er träumte immer von Italien, wenn er nicht dort war."

Nietzsche war sich seiner allzu romantisch-anekdotischen, seiner zusammenlegenden Gedankennatur bewußt — das scheint diese Beethovenerklärung zu gestehen. Aber sie weist doch, gerade sie, auch auf die Stelle hin, wo Nietzsche dem Fluch des individualistischen Leitmotivs, der Anarchie der Atome sich entzieht. Er ist, mit Novalis, freilich der rechte

Anekdotenmeister, der alles in Anekdoten zu verwandeln weiß; aber er weiß doch auch wieder die Anekdote zur Geschichte hinauf, zur Idee hinüber zu verwandeln. „Aus drei Anekdoten ist es möglich, das Bild eines Menschen zu geben" — freilich ist das eine romantische Technik und eine Dekadenzneigung. Aber „abgerechnet, daß ich ein décadent bin, bin ich auch dessen Gegensatz", prägt Nietzsche. Vor allem der Gegensatz. Denn nicht auf den drei Anekdoten, wie bei dem romantischen Skeptiker, dem Fontanetypus, liegt doch zuletzt bei Nietzsche der Ton. Sondern auf dem „Bild"; und zwar auf dem Bild in platonischer Zuschärfung, als εἶδος, als Idee. Das leuchtet gerade aus jener Beethovenstelle vor. „Erinnerung an Schöneres als ich" — solch platonisches Erglänzen geht auch über seinem anekdotischen Individualismus auf. Sein Aphorismus, seine psychologische Anekdote erweist sich als eine musikalische Urform eben durch das ihr einwohnende platonische Heimweh. Aller Ton ist Heimweh, ist Gleichnis. Und alle psychologische Unerbittlichkeit, aller asketische Zynismus, alles „cave musicam!" in Nietzsches aphoristischer Selbstdarstellung kann nicht darüber hinwegtrügen, daß hier ein Musiker, ein Platoniker sich eine musikalische Form, einen heimlichen Dialog geschaffen hat: über das romantische Fragment Schlegels, die mystisch-realistische Gegensatzvermählung in Novalis' Hellblicken und Ahnungen hinaus den nüchterneren und zugleich leidenschaftlicheren Typus seines in Zarathustras anekdotischer Bilderrede gipfelnden Aphorismus, lauter in sich abgeschlossene kleine Welten, dennoch voll eines geheimen Zwiespalts, in sich vollkommen, und dennoch, wie alles Vollendete, nicht allein sich, sondern eine ganze mitverwandte Welt ausdrückend. Lauter winzige Kostbarkeiten von fünf bis fünfzehn Takten, aber von symphonischer Gewalt („mein Ehrgeiz ist, in zehn Sätzen zu sagen, was jeder andre in einem Buche sagt — was jeder andre in einem Buche nicht sagt"). Hier begegnet sich die Anekdote mit dem Gleichnis, der Zynismus mit dem Glaubenssymbol, das geschichtliche Molekül mit der geschichtlichen Philosophie. Drei Anekdoten geben den Menschen, das Bild, die Musik. In diesem Aphorismus ist sokratische Musik, wie in dem Scheinrationalismus platonischer Dialoge die Musik schläft, der Sokrates erst im Angesichte des Todes opfern wird. Sokrates, der wahre Anekdotenmeister, dessen Erfindung und ironisches Geheimnis die erzieherische Anekdote war, der alles in Anekdoten zu verwandeln wußte, er ist auch hier das geheime Vorbild, wie er es für alle die ist, in denen „Skepsis und Sehnsucht sich begatten". Das Ecce homo ward vielleicht das Meisterstück dieses Ehrgeizes nach sokratischer Musik, nach der mystischen Anekdote. Aufgelöst in lauter Bruchstücke fast durchweg rein anekdotischen Charakters, ein Musterbeispiel für die Selbstherrlichkeit des Einzelsatzes und Einzelwortes im Stil aller décadence, zeigt dennoch das Ganze dieses einzigartigen Selbstbekenntnisses eine Geschlossenheit, eine innere Einheitlichkeit und selbst Strenge, die das vollkommene Gegenteil einer Anarchie der Atome ist. So wird das Ecce homo geradezu ein Abbild der Wirkung Nietzsches selber: ein Leben aus mühsam abgerungenen oder bewußt gesteigerten Einzelaugenblicken, Einzelaufschwüngen, Einzelinspirationen, ein Werk aus Anläufen, Enttäuschungen, Paradoxen, asketischen Selbstverneinungen — und, dennoch, das Ganze unvergleichlich in königlicher Einheit ruhend. Ein Gewitter von Blitzen, — und dennoch die Klarheit eines stetigen Tages ausstrahlend. Vom scharfen, ichsüchtigen Reiz der persönlichen Anekdote und des einmaligen geistigen Abenteuers, — und zugleich, auf schwer erklärbare Weise zugleich, voll vom Zauber des enteinzelten Schicksals, vom Hauch des Gleichnisses und von der Stille eines unvergänglichen Bildes.

Ganz zuletzt ist ja selbst noch Nietzsches Ewigkeitslehre, der Gedanke der Ewigen Wiederkunft, die Ausgeburt und die Verherrlichung eines höchsten Augenblicks: seine „Ewigkeit" ist Kult des mystischen Augenblicks, eines solchen, wie er ihn am Felsblock von Surlej, am See von Silvaplana, im August des Jahres 1881 erlebte. Wir erleben alle Ewigkeit nur in der Form des dionysischen Augenblicks, wir bejahen alle Ewigkeit nur im Ja zum rechtfertigenden Nun, zum faustisch verhängnisvollen Augenblick des „Verweile doch!" — das ist die äußerste Folgerung, die Nietzsches ewigkeitssüchtiger Wille aus der eigenen anekdotischen Uranlage zieht, die kühnste Steigerung seines sokratischen Individualismus in platonische Metaphysik hinauf: der Platoniker in ihm schmiedet den goldenen Augenblick zu Zarathustras „hochzeitlichem Ring der Ringe, dem Ring der Wiederkunft" — das steht, außer im Zarathustra selber, am schönsten wohl in den Bruchstücken, die das Schlußstück „Dionysos" des Willens zur Macht bilden sollten:

„Gesetzt, wir sagen Ja zu einem einzigen Augenblick, so haben wir damit nicht nur zu uns selbst, sondern zu allem Dasein Ja gesagt. Denn es steht nichts für sich, weder in uns selbst, noch in den Dingen: und wenn nur ein einziges Mal unsere Seele wie eine Saite vor Glück gezittert und getönt hat, so waren alle Ewigkeiten nötig, um dies Eine Geschehen zu bedingen und alle Ewigkeit war in diesem einzigen Augenblick unseres Jasagens gutgeheißen, erlöst, gerechtfertigt und bejaht."

# NACHSOMMER

„In seiner Fülle ruhet der Herbsttag nun,
Geläutert ist die Traub'.."
*Hölderlin.*

„Genug ist nicht genug. Gepriesen werde
Der Herbst.."
*Conrad Ferdinand Meyer.*

Nietzsche, der Mörike mißachtet hat und dem Heines „süße und leidenschaftliche Musik und göttliche Bosheit", nicht Goethe oder Hölderlin, „den höchsten Begriff vom Lyriker gegeben", hat Adalbert Stifter geliebt — das ist eines der sinnbildlichen, zuweilen selber beinahe boshaften Paradoxa, welche diesem Lebensbild auch schon vordergründlich den Reiz des Äußersten, romantikerhaft Widerspurchsvollen geben. Nicht eine Jugendliebe Nietzsches war es, gleich der später verleugneten und bitter verhöhnten für Schumann, dessen Musik dem Dichter der frühen „Studien", des Kondor und der Feldblumen, so nahe ist (beider Kunst ist eine Landschaft im großen Königreiche Jean Pauls), — sondern eine Liebe des reifen Nietzsche, und sie galt dem herbstlichen Dichter allein des „Nachsommer". Man kennt die oft angeführte Stelle des „Menschlichen", an der Nietzsche die wenigen Bücher des deutschen Prosaschrifttums aufzählt, die es verdienten, wieder und wieder gelesen zu werden; außer Goethes Schriften und namentlich den Gesprächen mit Eckermann, „dem besten deutschen Buche, das es gibt", was nennt er? Vier Bücher unter sich voneinander weltenferner, aber alle ihm innig blutsverwandter Geister: die skeptischen Aphorismen seines moralistischen Vorläufers Lichtenberg, die pietistisch gottnahe Jugend Jung-Stillings, das epikurisch goldne Lachen eines Höheren Menschen in den Leuten von Seldwyla — und Adalbert Stifters Heimwehverklärung eines antikisch überdeutschen Gemeinschaftslebens im sich neigenden Jahrhundert Goethes.

Einer jener leitenden Zufälle, die in Nietzsches Lesungen so häufig erscheinen, führte ihn zu diesem so entlegenen Buch, das selbst heute noch nahezu verborgen fortwirkt (Schicksal oft der innigsten deutschen Schöpfungen und Gebilde), ja das man bis heute (1917) nicht einmal in seiner unverstümmelten Urgestalt, in der Nietzsche es las, überhaupt mehr zugänglich findet: ein Freund Nietzsches entdeckte darin die schönste Liebesgeschichte, die er je gelesen — und eine tiefe Wahlverwandtschaft hielt fortan den Dichter Zarathustras mit dem Bildner nachgoethisch melancholischen Spätglücks verbunden. Zeugnisse dieser Wahlverwandtschaft geben die Briefe an den Musikerfreund: „Sobald ich Sie mir den ‚Nachsommer' lesend vorstelle, bin ich glücklich," schreibt Nietzsche an Gast; „eigentlich hatte ich mir's auf unser Zusammensein aufsparen wollen; bestimmt für Sie war das Buch, seitdem ich es kenne." Denn gerade die „Löwenmusik" seines „Venediger maëstro" erscheint ihm, noch acht Jahre nach diesem Brief, erquicklich, heilkräftig, innig, heiter, verklärt wie etwa Goethes „Novelle" von 1826, oder wie Stifters Nachsommer. „In *dieser* Richtung," fügt Nietzsche hinzu, „liegt noch eine ganze Welt der Schönheit." Für ein „herrliches Adagio" Gasts schlägt er den Titel Nachsommer-Musik vor — die venezianische Musik des Freundes und das Spätwerk des österreichischen Dichters sind ihm Beglückungen aus derselben Welt einer neuen Schönheit. Und er selber schreibt an Gast, er möchte dahinter kommen, *warum* das so sei.

Warum liebte Nietzsche gerade dies Buch gerade dieses so nietzschefernen Dichters? Warum ward es ihm Gleichnis? Deutet nicht auch eine solche Liebe, wie alle Liebe, das Wesen des Liebenden? Es gibt mehr als nur einen Gleichklang im Wesen dieser beiden Dichter, die doch aus einer Gesamtschau durch die ganze Breite des deutschen Wesens voneinander getrennt scheinen. Es gibt eine verborgene Brüderlichkeit der Seelen, welche oft gerade die feindlichsten Geister einander verkettet — eine solche Brüderlichkeit verband den Nachsommerdichter mit dem Weisen von Sils. Worin konnte sie wurzeln?

Eine eingeborene Herbstlichkeit der Seele, eine tiefe Oktoberseligkeit — um ein Wort Nietzsches aufzunehmen — ist von Anbeginn in Nietzsches Wesen deutlich, und sie ist es, die ihn zu solchen nachsommerlichen Beglückungen gleichsam vorherbestimmt, wie sie Stifters Spätkunst wohl am zauberhaftesten ausstrahlt. (In deutscher Dichtung hat sich die Magie des Nachsommers vielleicht nur noch einmal ähnlich stark, wenn auch in völlig anderer Art, verdichtet — in gewissen Herbstgedichten aus dem „Jahr der Seele"). Der Klosterschüler von Pforta schon kann (im September 1863) an die Mutter schreiben: „Ich liebe den Herbst sehr, ob ich ihn gleich mehr durch meine Erinnerung und durch meine Gedichte kenne" (die Einschränkung höchst bezeichnend für den unerfahrungshaften, vielmehr vorbestimmten Charakter dieser Herbstliebe schon des jungen Nietzsche!); „aber die Luft ist so kristallklar, und man sieht so scharf von Erde nach Himmel, die Welt liegt wie nackt vor Augen." Sechs Jahre später, in Herbstbriefen an Rohde, ist Nietzsche sich noch inniger klar über Deutung und Bedeutung seiner eingeborenen Herbstseligkeit. Im September 1869 heißt es etwa: „.. Weiß es Zeus und der herbstlich reine Himmel, so kräftig trägt's mich gerade in dieser Zeit ins Positive, so manche üppige Stunde mit reicher Einsicht und wirklicher Veranschaulichung geht an mir vorüber.." „Es ist ein reiner, blauer, kühler Herbstmorgen, man spürt nie *mehr* die verkümmerte Flügelhaftigkeit seiner Seele." Und einen Monat später, vertiefter, klassischer, nietzschescher:

„Draußen vor den Fenstern liegt der gedankenreiche Herbst" (der gedankenreiche) „im klaren, mildwärmenden Sonnenlichte, der nordische Herbst, den ich so liebe wie meine besten Freunde, weil er so reif und wunschlos-unbewußt ist. Die Frucht fällt vom Baume, ohne Windstoß.

Und so ist es mit der Liebe der Freunde: ohne Mahnung, ohne Rütteln, in aller Stille fällt sie nieder und beglückt. Sie begehrt nichts für sich und gibt alles von sich..

Ich sollte auch meinen, daß jemand, der den Herbst, wenige Freunde und die Einsamkeit wahrhaft liebt, sich einen großen, fruchtbar-glücklichen Lebensherbst prophezeien darf.

,Drum dulde, daß der Parzen eine
Den Herbst mir spinne, lieb und lang
Aus halbverkühltem Sonnenscheine
Und Müßiggang.'

Aber Du weißt, welchen Müßiggang wir meinen: haben wir doch schon zusammen gelebt, als *echte σχολαστικοί*, d. h. Müßiggänger."
Das ist schon der Ton halkyonischen Spätglücks, der fortan in Nietzsches Werken und Briefen immer wieder aufklingt und immer ein Widerschein seiner dankbarsten, gesteigertsten Augenblicke; schon ein prophetisch vorgefühlter höchster Augenblick aus dem großen, fruchtbar-glücklichen Lebensherbst, da er den hohen „Müßiggang eines Gottes am Po entlang"

wandelt, da er, mit den Eingangsworten des Ecce homo, „an diesem vollkommenen Tage, da alles reift und nicht nur die Traube braun wird", rückwärts auf sein Leben sieht: „ich sah rückwärts, ich sah hinaus, ich sah nie so viel und so gute Dinge auf einmal . Wie sollte ich nicht meinem ganzen Leben dankbar sein?" Und es ist schon, vorweggenommen, ganz die tiefe oktoberselige Dankbarkeit, die sich auch in einem Freundesbrief seines letzten Herbstes hymnisch ausströmt: „Reinstes Oktoberlicht überall .. Ich bin jetzt der dankbarste Mensch von der Welt — herbstlich gesinnt in jedem guten Sinne des Wortes: es ist meine große Erntezeit. Alles wird mir leicht, alles gerät mir, obwohl schwerlich schon jemand so große Dinge unter den Händen gehabt hat.." Und auch die Idee des „Müßiggangs" ist schon hier umschrieben, jenes „griechischen" Müßiggangs, der im Zarathustra wie im Ecce homo verherrlicht wird, und dessen eigentliche Verklärung gerade Stifters Nachsommer darstellt, wie kein anderes Dichtwerk deutscher Sprache; ein Abglanz arkadischen, antiken Spätglücks von zartestem Epikureismus, dessen Sinnbild Nietzsche in Claude Lorrains Bildern liebte. (Aber auch Stifter hat Claude Lorrains „ruhige Größe und Würde" besonders geliebt.)

Immer bleibt der in seiner Fülle ruhende „vollkommene Herbsttag", der „Claude Lorrain ins Unendliche gedacht", ein Lieblingsvorwurf des Dichters wie des Musikers Nietzsche. Sein oft dichterisch gesteigerter Vortrag „Über die Zukunft unsrer Bildungsanstalten", von 1871/72, läßt die philosophische Unterhaltung des erdichteten Weisen (in Schopenhauers Maske) an einem solchen arkadischen Tage zu Rolandseck geschehen: „Es war einer jener vollkommenen Tage, wie sie, in unserm Klima wenigstens, nur eben diese Spätsommerzeit zu erzeugen vermag: Himmel und Erde im Einklang ruhig neben einander hinströmend, wunderbar aus Sonnenwärme, Herbstfrische und blauer Unendlichkeit gemischt" (auch hier, man hört es, selbst im Sprachlichen, schon die Einzelheiten des letzten Turiner Herbstes). Und zwölf Jahre später, zu Zarathustras Glückseligen Inseln gesteigert: „Herbst ist es umher und reiner Himmel und Nachmittag. Seht, welche Fülle ist um uns! Und aus dem Überflusse heraus ist es schön hinauszublicken auf ferne Meere." In der Dichtung über „Richard Wagner in Bayreuth" ist selbst die Beglückung durch Wagners Musik, damals ihm noch eine Kunst der Zukunft, ins Herbstliche umgebogen, als ein innerer Herbst nacherlebt: „Ganz von ferne her wird es uns zumute sein, als ob Siegfried von seinen Taten erzählte: im rührendsten Glück des Gedenkens webt die tiefe Trauer des Spätsommers, und alle Natur liegt still in gelbem Abendlichte." Noch das eigne musikalische Schaffen Nietzsches huldigt dem Herbstgotte als Musageten: ein Brief an Gersdorff aus dem Herbst 1871 berichtet von einer größeren vierhändigen Komposition, in der alles wiederklinge von einem schönen sonnenwarmen Herbste.. „Seit sechs Jahren hatte ich nichts mehr komponiert, und *dieser* Herbst hat mich wieder stimuliert!" Am reinsten endlich, dichterisch verzaubert und verzaubernd, erklingt der innere Herbst wohl in dem Dionysos-Dithyrambus „Die Sonne sinkt":

> „.. Nicht lange durstest du noch,
> Verbranntes Herz!
> Verheißung ist in der Luft..
> Die große Kühle kommt..
> Seid mir gegrüßt.. ihr kühlen Geister des Nachmittags.
>
> Tag meines Lebens!
> Gen Abend geht's..
>
> Heiterkeit, güldene, komm!
> Du des Todes
> Heimlichster, süßester Vorgenuß..
> Müßig steht nun mein Kahn.
> Sturm und Fahrt — wie verlernt er das!
> Wunsch und Hoffen ertrank,
> Glatt liegt Seele und Meer.
>
> *Siebente* Einsamkeit!
> Nie empfand ich
> Näher mir süße Sicherheit,
> Wärmer der Sonne Blick.."

Die güldene Heiterkeit solchen inneren Herbstglücks, in welchem schon die Verheißung der großen Kühle und der heimlichste Vorgenuß des Todes webt, sie hat Nietzsche vor allem zu Stifters Herbstdichtung verlockt, über der Jean Pauls Ruf schwebt: „O Ruhe, du sanftes Wort! Herbstflor aus Eden!.. Ruhe der Seele, wann hältst du unser Haupt, daß es still liege, und unser Herz, daß es nicht klopfe?" Alle Masken, unter denen ein vorherbestimmter Herbst der Seele Nietzsche jemals verführt hat, dies Werk versammelt sie. Hier herrscht, wieder mit Worten des „Hesperus", jene „innere Windstille, die nirgends so groß und so magisch ist, als in Seelen, an denen Wirbelorkane hin- und hergerissen haben." Hier lockt das Zauberbild eines bis zu letzter epikurischer Reife und überwirklicher Selbstgenugsamkeit gesteigerten Lebens, wie es als „Musenkloster" schon im frühen Briefwechsel mit Rohde auftaucht und wie es, mit den Augen des Liebenden gesehen, einzig vielleicht als die Tage von Tribschen einmal für Nietzsche etwas wie Gegenwart geworden ist. Hier verführt ein äußerster Adelsstolz der Lebensauffassung, ein fast kindlich anmutender Verzicht, auch nur einen Blick zu tun auf den ungeheuren sozialen Unterbau, der das Leben seiner Höheren Menschen trägt und ermöglicht, dies Leben der gelassenen Schönheit, der dankbaren Naturnähe und antiken Muße, der geläutertsten humanistischen Kultur, des überweltlichen Abendfriedens. Welch ein Traum- und Wunschbild für Nietzsche, der schon in seinen ersten Basler Jahren schreibt — Jahre bevor er den Nachsommer kennen lernte —, er habe immer nur *einen* Wunsch: nicht hastig zu werden, „und solch wohlgemutes Spätsommerwetter predigt diese Lehre anschaulich, blau und goldgefärbt"; der Basel so liebt, weil es ihm erlaube, ruhig, wie auf einem Landgütchen, zu existieren; und der in Sorrent, in jenem Herbst und Winter 1876 und 1877, tatsächlich einmal ein solches gemeinsames humanistisches Nachsommerglück, jenseits der Welt, zu verwirklichen versucht hat. Den Griechenliebenden stimmt hier eine tiefe, lautere, innigstem männlichen Heimweh entströmende Liebe zu den Werken der Alten dankbar, wie nur ein gemeinsamer Liebeskult dankbar und verwandt stimmt. Man denke an die unvergleichlichen Seiten über das griechische Bildwerk im Treppenhause des Asperhofes, das Mädchen von Cumae, oder über die geschnittenen Steine. Selbst die gewissen kunstgeschichtlichen Altersliebhabereien, die als solche Nietzsche freilich fernlagen, vermitteln doch einen Hauch eckermannscher, ja burckhardtscher Atemluft, der ihm vertraut entgegenschlagen mußte: den zarten sinnlichen Humanismus und Historizismus, der ihn auch in Basel umgab, die echt stiftersche Philologie des Auges, die sich bei Nietzsche nur in entsinnlichte, geistigere Welten des Sehens zurückgezogen hat.

Noch stärker aber als die Eckermannstimmung dieses späten, bewußt ausklingenden Klassizismus und Humanismus, dessen melancholische Verklärung der Nachsommer sein will, noch stärker ist wahrscheinlich die Wirkung des Werkes als einer ganz einzigartigen erzieherischen Utopie auf Nietzsche gewesen — denn als eine solche stellt sich diese Dichtung dar, die selbst innerhalb eines so „schulmeisterlichen", so pädagogisch ernsthaften Schrifttums wie des deutschen ihr Gegenstück nur noch in den Wanderjahren findet, allenfalls noch in gewissen Teilen von Gottfried

Kellers Werk; nicht zufällig war auch er ein Liebling Nietzsches: noch Wille zur Macht nennt die beiden Namen auszeichnend neben einander: „Was relativ aus der Fülle geboren ist im 19. Jahrhundert, mit *Behagen*.. unter Dichtern ist z. B. Stifter und Gottfried Keller Zeichen von mehr Stärke, innerem Wohlsein, als — —" (hier bricht die Aufzeichnung ab). Das Bild eines erzieherischen Idealismus von hohem Rang, von platonischem Ernste, goethescher Nüchternheit, jeanpaulischer Flamme mußte dem großen ungeduldigen Erzieher des Übermenschen mit der Kraft eines tröstlichen Phantoms und Wunschbildes sich eindrücken. Das hat es getan; und ein Zeugnis davon enthält dasselbe Buch, in dem Nietzsche den Nachsommer so auszeichnend aus der deutschen Prosa heraushebt. Der Aphorismus über den Dichter der Zukunft ist ersichtlich unter dem nachwirkenden Eindruck von Stifters erzieherischer Spätprosa entstanden — er kennzeichnet beinahe den Nachsommer. „Wie früher die Künstler an den Götterbildern fortdichteten, so wird der Dichter an dem schönen Menschenbilde fortdichten und jene Fälle auswittern, wo.. sich die schöne große Seele auch jetzt noch in harmonische, ebenmäßige Zustände einzuverleiben vermag, durch sie Sichtbarkeit, Dauer und Vorbildlichkeit bekommt und also, durch Erregung von Nachahmung und Neid, die Zukunft schaffen hilft. Dichtungen solcher Dichter" (hier wird die Nähe Stifters besonders deutlich) „würden dadurch sich auszeichnen, daß sie gegen die Luft und Glut der *Leidenschaften* abgeschlossen und verwahrt erschienen: der unverbesserliche Fehlgriff, das Zertrümmern des ganzen menschlichen Saitenspiels, Hohnlachen und Zähneknirschen und alles Tragische und Komische im alten gewohnten Sinne würde in der Nähe dieser neuen Kunst als.. Vergröberung des Menschenbildes empfunden werden. Kraft, Güte, Milde, Reinheit und ungewolltes, eingeborenes Maß in den Personen und deren Handlungen: ein geebneter Boden, welcher dem Fuße Ruhe und Lust gibt: ein leuchtender Himmel auf Gesichtern und Vorgängen sich abspiegelnd.. dies alles wäre das Umschließende Allgemeine Goldgrundhafte, auf dem jetzt erst die zarten Unterschiede der verkörperten Ideale das eigentliche Gemälde — das der immer wachsenden menschlichen Hoheit — machen würden". Das ist, unwissentlich oder nicht, das Gemälde des Nachsommers, ohne Zweifel. Der Schluß dieses Aphorismus aber klingt ganz wie aus Stifters kunstbetrachtenden Schriften genommen, wenn er hinzufügt: „Von Goethe aus führt mancher Weg in diese Dichtung der Zukunft: aber es bedarf guter Pfadfinder und vor allem einer viel größeren

Macht, als die jetzigen Dichter, das heißt die unbedenklichen Darsteller des Halbtiers und der mit Kraft und Natur verwechselten Unreife und Unmäßigkeit, besitzen." Man erinnert sich hier der Vorrede Stifters zu den Bunten Steinen und der Briefe an Heckenast aus den fünfziger Jahren. Diese Briefe Stifters (in der Ausgabe von Aprent) hat Nietzsche besessen und sich gerade in den Briefen, die den Nachsommer betreffen, eine Reihe von Stellen ausdrücklich angemerkt, wie z. B. diese, die ersichtlich auf die angeführten Äußerungen Nietzsches gewirkt haben: „Ich hoffe, daß die Reife des Mannes und der weitere Blick in diesem Werke ist, nebst der Ruhe, der Heiterkeit und der Innigkeit der Kunst, welche breite Teile des menschlichen Lebens umfaßt. So schwebt es mir vor.. Viele, besonders moderne Leser, werden verblüfft sein, denn es sind die heutigen Redekünste gar nicht vorhanden, ich muß gestehen, daß ich sie verachte, wie einen guten Teil der heutigen gespreizten, aber leeren Musik" (1857). Und auch die andere Briefstelle Stifters, aus dem folgenden Jahr, hat Nietzsche sich bezeichnet, das Bewußtsein des Unzeitgemäßen und zugleich der Nachfolge Goethes darin dankbar als verwandt begrüßend: „Ist mein Vorbild gut, so wird es geduldig stehen bleiben, die Lästerer werden schweigen und allgemach zu ihm übergehen.. Mein Werk ist.. mit goethescher Liebe zur Kunst geschrieben, mit inniger Hingebung an stille reine Schönheit ist es empfangen und gedacht worden. Das sind Dinge, welche der heutigen Dichtkunst fast abhanden kommen.. Heute wird wilde Lust gezeichnet, die die Welt bewegt, oder Leidenschaften und Erregungen. Das halten sie für Kraft, was nur klägliche Schwäche ist.. Ich habe ein tieferes und reicheres Leben, als es gewöhnlich vorkommt, in dem Werke zeichnen wollen.." (1858). Hier ist die Einwirkung auf die Stelle vom Dichter als Wegzeiger für die Zukunft, im zweiten Bande des Menschlichen, ganz unverkennbar.

Aber unter dem geheimen Zeichen des Herbstes steht auch noch diese pädagogisch-dichterische Wegeweisung in eine Goethezukunft. Denn die erzieherische Leidenschaft (und Nietzsche wußte das schmerzlich, wenn er es sich auch zu verleugnen strebte), immer erwacht sie im Anhauch des Herbstes, der großen Kühle, des Endes. Sie steht, ganz zuletzt und geheim, im Zeichen des Todes, wie alles, was dem Kommenden schon leidenschaftlicher dient als sich selber; sie ist eine Verheißung in der Luft und fast schon eine Form des Endes. Sie wird zur herrischen Passion immer erst dort, wo ein Leben sich am Rande des Lebens weiß, ja „mit einem Fuße jenseits des Lebens". Sie wird Leidenschaft und Naturtrieb, zu formen, zu verewigen, mit dem Augenblick, wo ein Leben sich selber als ein Letztes erkennt, als ein Äußerstes, das keiner Kette mehr zum natürlichen Gliede dient, sondern sich als Ausgangsglied einer geistigeren Kette setzen muß, wenn es sich nicht vernichtet fühlen will — und solcher „Augenblick" kann die Form eines ganzen Menschenlebens annehmen (innerster Sinn der priesterlichen Ehelosigkeit, und letzte Ursache auch des tiefen mitleidigen Mißtrauens, der aus Verachtung und Ehrfurcht immer neu gemischten Scheu, mit der das lebendige Leben, das Leben, das sich Kette weiß, zu den Erscheinungen ausgesprochenen Lehrer- und Erziehertums von jeher hinauf- und hinübergeblickt hat). Stifters erzieherische Leidenschaft, die all sein dichterisches Werk erfüllt — keines so stark wie den Nachsommer — sie war ganz und gar von dieser Art. Sie kam aus dem zuerst unbewußten, später schmerzlich klaren Gefühl einer eingeborenen und vorherbestimmten „Kinderlosigkeit", dem Gefühl, ein Ende darzustellen, auszudrücken, ein Ende zu sein. Stifter hat das am erschütterndsten im „Hagestolz" ausgesprochen (man erinnere sich des Schlusses), den bereits ein Zeitgenosse Stifters nicht umsonst die tiefste deutsche Erzählung nannte, und am großartigsten in seiner Neuformung der Legende vom Ewigen Juden, dem Abdias. Aber im Grunde ist seine ganze Kunst eine einzige Formung dieses Grunderlebnisses; selbst bis in die Art seiner Erzählung hinein reicht dies Fatum des Ausganges. Und dies hat Nietzsche als etwas tief Schicksalsverwandtes im Nachsommer erlebt, auch er ein „Kinderloser", ein Ausgang und Ausklang, eine Maske des Endes und beinah ein Wille zum Ende, so leidenschaftlich er sich — das große vorbildliche Willensopfer seines Lebens! — ins Gegenteil hinüberdeutete (wie ganz stifterisch erklingt das Ahasver-, das Hagestolzmotiv in den schwer ernsten Briefen an Rohde, vom 18. Juli 1876 und vom 22. Februar 1884! „Nein, Wandrer, nein! *Dich* grüß ich nicht Mit *dem* Getön! Ich singe, weil die Nacht so schön: Doch *du* sollst immer weiter gehn Und nimmermehr mein Lied verstehn! Geh nur von dann' — Und klingt dein Schritt von fern nur an, Heb ich mein Nachtlied wieder an.. Leb wohl, du armer Wandersmann!".. ‚Ach, Freund, was für ein tolles, verschwiegenes Leben lebe ich! So allein, allein! So ohne ‚Kinder'!'). Auch er ein Erzieher aus Fatum und Passion, ein Erträumer edelster Formen menschlicher Kulturgemeinsamkeit und verantwortungsfrohen, verzichtwilligen Glückes; auch über ihm, in ihm, etwas von jenem unsäglichen Herbstflor aus Eden, der Magie des Endes, welche den innigsten Zauber der Dichtungen Stifters ausmacht und, vielleicht, dereinst auch einmal von der Gesamterscheinung Nietzsches ausstrahlen wird. Nietzsche kannte (und erkannte, im Nachsommer, ergriffen wieder) das dankbar entsagende, abendrötliche Glück einer eingeborenen Seelenjahreszeit, die sich aussingt, die sich am Ende vielleicht nicht weiß aber fühlt; kannte die Grundstimmung des alternden Stifter nach der furchtbaren Enttäuschung des Revolutionsjahrs (bis dahin war er, nach seinem eigenen Zeugnis, „heiter wie die antiken Völker" gewesen), die den Jünger Jean Pauls entscheidend und endgültig in die Nachsommerwelt hinübertrieben: die Grundstimmung des „Unwiederbringlich". Die klar bewußte Empfindung Stifters, mit seiner Schau einer spätgoetheschen Daseins-Utopie, seiner Verklärung des deutsch-humanistischen Bildungsideals etwas nunmehr Unwiederbringliches, für immer als lebendige Lebensform Verscherztes festgehalten zu haben, diese gefaßte Trauer, welche dem eckermannschen Goethe nicht fremd war (er schreibt 1825 an Zelter: „Laßt uns so viel als möglich an der Gesinnung halten, in der wir herankamen; wir werden, mit vielleicht noch Wenigen, die Letzten sein einer Epoche, die so bald nicht wiederkehrt"), sie gibt dem Nachsommerbuch den durchdringenden „Rosengeruch des Unwiederbringlichen", den gerade Nietzsche in allen Dingen des Daseins schmerzlich liebte: „Im Grunde," heißt es in einem Brief seiner letzten Jahre, „im Grunde war es auch diesen Herbst wieder hübsch.. ein wenig melancholisch, aber gerade so, wie unsereiner alle Genüsse des Lebens gewürzt findet, mit einem alten kleinen Rosengeruch des *Unwiederbringlichen*." Es ist das melancholische antike Spätglück Epikurs, das Nietzsche in Stifter wie in einem Schicksalsverwandten wiederfindet, und vielleicht ist auch die Stelle der Fröhlichen Wissenschaft, die von diesem epikurischen Glück redet, nicht ohne einen Blick auf die sanfte Melancholie des Nachsommers entstanden: „Solch ein Glück hat nur ein fortwährend Leidender erfinden können, das Glück eines Auges, vor dem das Meer des Daseins stille geworden ist, und das nun an seiner Oberfläche und an dieser bunten zarten schaudernden Meereshaut sich nicht mehr satt sehen kann: es gab nie zuvor eine solche Bescheidenheit der Wollust." Daß das edelste Glück eine Herbstfrucht am Baume des Leidens ist, diese spätantike Lieblingsidee Nietzsches ist so recht ein Torspruch zu der Nachsommerwelt seiner Lieblingsdichtung.

Aber die innerste Nähe, bis zu der die Wahlverwandtschaft Nietzsches mit Stifter geht, ruht wohl in einem letzten Heimweh, in dem unstillbarsten, das es gibt: in beider Heimweh nach Vollkommenheit. Nach dem herbstlich seligen Ruhen im Siebenten Tag, in der sonntäglichen Stille einer Schöpfermuße und wunschlosen Nur-Gegenwart, nach dem hochzeitlichen „Und siehe, alles war sehr gut", womit die Nachsommerdichtung schließt und worin Nietzsche auch die Dichtung seines Lebens münden läßt, im hohen Oktoberglück seines Ecce homo. Vollkommenheit — auch sie, wie das erzieherische Ideal, eine Traumform des Todes, ja seine nächste, unmittelbarste Vorform, die Hermesgestalt, in welcher er die todbereite Seele zur Schattenwelt führt und verführt — Vollkommenheit, nicht umsonst Lieblingswort des späten, schon geheim todestrunkenen Nietzsche („An diesem vollkommenen Tage" Ecce homo. „Gestern und vorgestern höchste irdische und engadinische Vollkommenheit" August 1888. „Was wir an Wagner vermissen: .. die Lichtschauder des Südens, das glatte Meer — Vollkommenheit." Fall Wagner. „Was allein kann uns wiederherstellen? — Der Anblick des Vollkommenen." Nachlaß der Umwertungszeit) — und das ernste Symbolum seiner inneren Unstillbarkeit, seines großen Ungenügens an sich selber, seines Griechenheimwehs — Vollkommenheit ist auch Adalbert Stifter Leittraum und wehe Inbrunst gewesen, ihm, der wie kaum ein andrer deutscher Künstler schon an der Wortwerdung seiner von Wirklichkeit nicht befleckten Heimwehträume, seiner halb antiken, halb mönchischen Traumschau mit Nietzsches Ausdruck wie an einer Bildsäule arbeitete und der Hölderlins Anruf an die Jungen Dichter „Seid nur fromm, wie der Grieche war!" ergreifend nachgelebt hat. Auch Stifter hütete und hegte, auf seine eigene abgewandte, bürgerlich ungeistige, träumerisch genaue deutsche Weise in sich einen Griechentraum, wie Goethe, Hölderlin, oder wie Nietzsche es in höherer, nicht in reinerer Sphäre taten. Auch er schuf sich und seine mild leuchtende Nachsommerwelt aus einem Trotzdem, wie Hölderlin auf pindarisch feierlichere, Nietzsche auf lutherisch ungeduldigere Art, auch er zwang einen inneren Herbst ins Unverwelkliche — das hat Nietzsche dem Nachsommer abgehorcht und gedankt. Für ihn war dies Werk eine jener Begegnungen mit sich selber, wie sie durch die Namen Schopenhauer und Schumann, Stendhal und Bizet gekennzeichnet sind, Begegnungen, deren menschlich liebenswerteste den Namen Rohdes, deren tragisch verhängnisvollste den Namen Richard Wagners trägt. Es war ein Stück seiner selbst, dessen Steigerung ihn sich deutete, dessen Verklärung ihn dankbar stimmte, dessen Gefahr und Grenze seine Gefahr und Grenze war.

Ja, wenn es anginge, das vorherbestimmte Geschick einer Seele more geometrico durch einen bestimmten Ort festzustellen und deutlich zu machen, so umschlösse vielleicht das Wort Nachsommer, in seinem stifterschen Tonfall, am vollkommensten den Schicksalspunkt, den Augenblick der Vorherbestimmung, von dem Nietzsches seelische Lebenswanderung ausging und in den sie irgendwie zurückbog. Nichts, gewiß, kann äußerlich betrachtet stifterferner sein als Nietzsches geistige Ahasverlegende. Aber als was sich auch Nietzsche selber gedeutet, wohinauf sich gesteigert, wohinüber sich verwandelt hat, ob er sich als ankündenden Föhnsturm, als Tauwind neuer heißerer Menschheitssommer, als frechen Mistral oder Entscheidung brütenden Hohen Mittag empfunden hat — immer lebt dennoch, wie in seinem Ecce homo, wie bei seinem Liebling Claude, in der innersten Landschaft seines Wesens ein schwermütig endebewußtes, aber in diesem Bewußtsein nur desto inniger gegenwarttrunkenes Nachmittagslicht, ein Herbstglück des höchsten Augenblicks im Vorgefühl der großen Kühle, aber eines Augenblicks „ins Unendliche gedacht", reif und reif machend, dankbaren und verklärenden Auges („ich sah nie so viel und so gute Dinge auf einmal", „ich habe nie etwas der Art auf Erden für möglich gehalten"), ein Herbstglück, singend von blauer, heiter-tiefer Spätmusik („was ich eigentlich von der Musik will: daß sie heiter und tief ist, wie ein Nachmittag im Oktober"), und voll einer vielleicht tödlichen, aber „unbändigen" und reinsten Vollkommenheit.

# CLAUDE LORRAIN

> „Jeder wird mit seinem Norden oder Süden gleich geboren, ob in einem äußern dazu — das macht wenig."
>
> *Jean Paul.*

> „Wir sind nichts; was wir suchen, ist alles."
>
> *Hölderlin.*

Als ein vertrautes Bildzeichen unsrer immer zwiespältigen deutschen Möglichkeiten steht hundertjährig, seit Faustgedicht und Lutherbibel zusammengehörig deutscher Grundstein sind, die Frage da: Luthers oder Goethes Romfahrt und was daraus ward, Luthers oder Goethes Rombild und Rombegriff — was erscheint als die deutschere Lösung eines überaus deutschen Problems, eines in Wiederholungen und Abwandlungen immer wieder unausweichlichen deutschen Schicksals: des „Nordmenschen im Süden"? Beide Gestalten sind, vermöge alles dessen, was sie in diese südliche Krise ihres Daseins trieb, vollkommene Sinnbilder des edlen Ungenügens an sich selber, das von je alles höhere Deutschtum kennzeichnete. Wessen Haltung, wessen entscheidende Verwandlung „in Rom" uns deutscher vorkommt, wird freilich immer nur aus der Notwendigkeit eines eigenen innern Vorherbestimmtseins, einer innern Nachfolge, und also höchst persönlich, entschieden werden, einseitig ungerecht, wie alles Lebendige irgendwie zu sein hat. Aber immer wieder wird, für Zeiten und für einzelne Menschen, der große Magnetberg der deutschen Seele im Süden drohen und erglänzen, wird Südweh mit Fieberglück und Fiebergefahr in deutsche Seelen hauchen, ein verführerischer Föhnwind. Immer wieder wird es in besonderem Sinn sehr deutsch klingen, als eine nur deutsche Seelenmöglichkeit, was Goethe, neunundsiebzigjährig, Eckermann gestand: „Ich kann sagen, daß ich nur in Rom empfunden habe, was eigentlich ein Mensch sei. Zu dieser Höhe, zu diesem Glück der Empfindung bin ich später nie wieder gekommen; ich bin, mit meinem Zustande in

Rom verglichen, eigentlich nachher nie wieder froh geworden." Immer ebenso deutsch wird dies klingen, wie Luthers, des enttäuschtesten Romfahrers, gewaltig protestantisches „Je näher Rom, je ärger Christen" und sein noch in den Tischreden nachgrollendes Urteil: wenn Deutsche nach Italien kämen, so würden sie ärger denn die Italiener selbst, so daß diese ein Sprichwort hätten: ein deutscher Welscher sei ein diabolo incarnato. „Darum hüt dich vor einem teutschen Welschen!" Tiefe, weissagerische und nichts aufhaltende Einsicht zweier Völker in uraltes Völkerwanderungsverhängnis.

Heute steht Nietzsches Wanderergestalt, wegefragend und wegeweisend, als jüngste sichtbar in der langen Ahnenreihe deutscher Prediger des Südens. Die tausendjährige Seelengeschichte unseres Volks verdichtet sich immer wieder zu deutenden und ausdeutbaren Gestalten, die jenes Südglück und Südweh als ihr bestimmendes deutsches Erlebnis bezeugen. Nietzsches tiefe innere Jenseitigkeit, sein seelisch „ultramontan" getränktes Überdeutschtum, sein Gegendeutschtum in hohem Sinne selber („gut Deutsch sein heißt sich entdeutschen" spitzt er zu und lebt des heiter gewissen Glaubens, Goethe hätte ihm darin recht gegeben) — alles, so persönlich es sich bei ihm schärft, ist doch nur eine sinnbildliche, eine wiedergekehrte Urhaltung edelsten Deutschgeistes, ältester deutscher Tragik.

Solch ein nordischer Mensch, geboren und gebildet hart nördlich der großen Weingrenze der Menschheit, mit dem ganzen selbstrichterlichen Gewissen des gotischen Nordgeistes, aber aus alter Ahnenmischung heraus mit dunklerblütigen Antrieben und Fühlungen reich und gefährlich stachelnd begabt: verleiblicht er nicht ein deutsches Schicksal gerade in seiner Mischung, als welche immer zu Problem und Aufgabe wird: werde fertig mit dir — werde als Eines, was du als Zwiespältiges bist? Nietzsches wildes und tödlich großes Südheimweh ist nur scheinbar persönlichstes Fatum; sein Gotenuntergang in Rauschglück und Hybris des Südens ist streng gesetzhaft, ist feierliches Symbol des ewig erneuten Gotenunterganges, der, vorherbestimmt, germanisches Seelengeschick bleibt. Deutsch ist die schmerzlich anklagende Verleugnung der ach allzu nordischen Heimat, die großartige gewaltsame Selbstentdeutschung, und deutsch die seelische Schöpfung eines Innern Südens, für den der äußere erdkundliche Süden, der Süden „gemeiner Wirklichkeit", nur Gleichnis, nur Anreizung und Verheißung bedeutet.

Denn nie der erlebte, sondern der ersehnte, der einzuverleibende Süden ist dem Nordmenschen das Erste und Entscheidende. Und nicht erst die gegenwärtige Erfahrung bestimmt auch Nietzsches Willen zum Süden. Noch mehr als schon Goethes, ist sein Italien ein Vorherbestimmtsein, ein Erlebenwollen und Erlebenmüssen: der geheime Süden seiner verborgensten Natur verlangt nach Befruchtung. Und wie mächtig auch immer durch das Gegenwartglück italischen Himmels bestätigt, bleibt dieser innere Süden immer doch deutlich sichtbar eine mitgebrachte nordische Leitidee. Süden ist kein Erlebnis, sondern ein Zustand der deutschen Seele, und vielleicht ihr geheimnisvoll fruchtbarster, tragisch adligster: im Heimwehstand gab sie immer ihr Unvergänglichstes. Ihr wirkliches Heimkommen, die Erfüllung ihres nordischen Traums zahlt sich irgendwie mit Untergang in „römischem Fieber". Südglück und Südgefahr sind untrennbar. Und vielleicht hat niemals ein Deutscher eben die Gefahr des Südens, seines Südens, so sehr als Glück empfunden, wie gerade Nietzsche. Sein Südweh hat etwas Gefahrbewußtes, Gefahrstolzes; ein todesmutiges „dennoch" ist darin. Ihn reißt, mit Hölderlin, das wunderbare Sehnen dem Abgrund zu. Den Süden als tödliche Vollkommenheit, als Ergänzung und Gift, Eroberung und Untergang — dies Gotenschicksal nimmt Nietzsche in seinen Willen auf: amor fati, der jasagende Wille zum Verhängnis, das ist, das empfindet und prägt er selbst als seine innerste Natur; und dies sein Fatum trägt je länger je deutlicher die Fieberzüge des Südens. Aber das sich selber eingrenzende Nurdeutschtum, das sich vor Südgefahr wahrt und hütet, erscheint ihm als feige, als Flucht, und damit zuletzt gerade als undeutsch (denn undeutsch, im Guten wie im Bösen, ist es, sich nur zu bewahren statt sich verschwendend hinzugeben), erscheint ihm als Scheu vor dem eigenen, groß unentrinnlichen Schicksal. Süden wird für ihn geradezu die Formel und das magische Schlüsselwort für alles Überdeutsche, für die Entwirklichung zu höherer Wirklichkeit, für die Erfüllung auch innerster deutscher Natur, die ja doch im Grunde, wie Nietzsches Ideallandschaft, das Engadin, „alle Mitten zwischen Eis und Süden" in sich schließt. „Die Deutschen," sagt eine späte Nachlaßstelle — zu einer Zeit, da er fast nur noch erbarmungslose Verneinungen deutschen Wesens laut werden läßt, in erbittert enttäuschter Liebe — „die Deutschen sind vielleicht nur in ein *falsches* Klima geraten! Es ist etwas in ihnen, das *hellenisch* sein könnte, — das erwacht bei der Berührung mit dem *Süden* — Winckelmann, Goethe, Mozart. Zuletzt: wir sind noch ganz *jung*. Unser letztes Ereignis ist immer noch Luther." Oder eine mißtrauische Faustbetrachtung derselben Zeit sagt, der echte deutsche Mephistopheles steige über die Alpen, glaube, daß ihm dort alles zugehöre (der diabolo incarnato Luthers!). „Deshalb wird ihm wohl, wie es Winckelmann wohl wurde, wie Mozart. Er betrachtet *Faust* und *Hamlet* als Karikaturen, die zum Lachen erfunden sind, insgleichen *Luther*. Goethe hatte gute *deutsche* Augenblicke, wo er über das alles inwendig lachte. Aber dann fiel er selber wieder in die feuchten Stimmungen zurück." Es ist also im letzten Gefühlsgrunde doch immer wieder eine gesteigerte deutsche Gegenwart oder Möglichkeit, die Nietzsche in seinem Süden ahnt und die er in ihm liebt, wie ein Vorphantom deutscher Zukünfte. Wohl ist ihm zunächst auch die schlechthin gegenwartfrohe, aufatmende Dankbarkeit vertraut, das Gefühl, entronnen zu sein den „verhaßten Nebeln des traurigen Nordens", wie es Goethe so übergewaltig empfand; jenes strömende Rauschgefühl des vom Nord Genesenden, der sein ganzes voriges Leben jählings wie ein Gespensterdasein hinter sich fühlt, im Frühtaumel ersten Südglücks: „Ich habe nicht Kräfte genug für den Norden," heißt es in einer gegensätzlich zugeschliffenen Aufzeichnung: „dort herrschen schwerfällige und künstliche Seelen, die so beständig und notwendig an Maßregeln der Vorsicht arbeiten, wie der Biber an seinem Bau. Unter ihnen habe ich meine ganze Jugend verlebt! Das fiel über mich her, als ich zum ersten Male den Abend über Neapel heraufkommen sah, mit seinem samtnen Grau und Rot des Himmels. Du hättest sterben können, ohne dies zu sehen — Schauder, Mitleid mit mir, daß ich mein Leben damit anfing, alt zu sein, und Tränen und das Gefühl, noch gerettet zu sein, im letzten Augenblick. Ich habe Geist genug für den Süden." Oder ein andermal, spät noch, an Brandes aus Nizza: „Ich bewundere beinahe jedermann, der unter einem bedeckten Himmel den Glauben an sich nicht verliert. In Petersburg wäre ich Nihilist: hier glaube ich, wie eine Pflanze glaubt, an die Sonne." Und dichterisch etwa in den Versen „Im Süden", aus den „Liedern des Prinzen Vogelfrei":

„. . Wo bin ich doch? Ach, weit! Ach weit!

Das weiße Meer liegt eingeschlafen,
Und purpurn steht ein Segel drauf.
Fels, Feigenbäume, Turm und Hafen,
Idylle rings, Geblök von Schafen, —
Unschuld des Südens, nimm mich auf!

> Nur Schritt für Schritt — das ist kein Leben,
> Stets Bein vor Bein macht deutsch und schwer.
> Ich hieß den Wind mich aufwärts heben,
> Ich lernte mit den Vögeln schweben, —
> Nach Süden flog ich übers Meer."

Aber gerade diese „nur gegenwärtigen" Dankstimmungen sind bei Nietzsche eher selten. Es ist vielmehr bezeichnend für seine vorbestimmte Haltung zum Süden, wie wenig gerade die wirkliche Gegenwart etwa der Landschaft das Eigentliche seines Südglücks ausmacht. Für Nietzsche scheint zuweilen die Landschaft überhaupt erst als Gleichniswert Bedeutung zu bekommen: so nennt er das Oberengadin *seine* Landschaft, „so fern vom Leben, so metaphysisch"; oder spricht ein andermal von der bleichsüchtigen Schönheit des Lago Maggiore im Spätherbst, welche alle Linien vergeistige und die Gegend halb zur Vision mache: „Sie entzückt mich nicht, aber redet traulich-traurig zu mir — ich kenne dergleichen nicht nur aus der Natur" (Nachlaß zur Morgenröte). Daß gewisse Landschaften geradezu als Vorspuk und doppelgängerischer Traum eigenen Erlebens erscheinen können, ist Nietzsche ein vertrauter Gedanke: „In mancher Naturgegend entdecken wir uns selber wieder, mit angenehmem Grausen; es ist die schönste Doppelgängerei." (Eine Empfindung, die Hebbel, in einer Tagebuchstelle, ganz ähnlich festgehalten hat: „Ich glaube oft, schon etwas gesehen zu haben, was ich erweislich zum erstenmal sehe, namentlich Landschaften." 1837.) Für diese Mittelbarkeit und parabolische Übertragung ist bezeichnend die häufige Verkleidung seiner Natureindrücke in das Gleichnis der sehnsüchtigen Landschaftsphantasien Claude Lorrains. Selbst die Vorliebe für diesen Maler, den einzigen, den Nietzsche öfter und mit Liebe nennt, ist wiederum mittelbar: er verdankt sie deutlich einmal den Gesprächen Goethes mit Eckermann, seinem deutschen Lieblingsbuch, in dem Betrachtungen über Claude Lorrains Landschaften ja mehrmals und stets mit dem Ton tiefer Bewunderung begegnen — Goethe nennt Claude Lorrain „einen vollkommenen Menschen", ein Ton, der Nietzsche aufhorchen lassen mußte, und sagt von seinen Bildern, mit einer dem jungen Nietzsche gewiß schopenhauerisch vertraut anklingenden Doppelwendung, sie hätten die höchste Wahrheit, aber keine Spur von Wirklichkeit. Dann aber dankt er diese bezeichnende Vorliebe sichtlich auch dem Umgang mit Jakob Burckhardt, der Claude Lorrain besonders liebte und sogar die Eindrucksvergleiche mit seinen Landschaften gelegentlich gern anwandte — „diese Melodie ist ein Claude Lorrain in Tönen", schreibt er einmal über Glucks Armida. Ganz so spricht Nietzsche über zwei Sätze einer Symphonie von Peter Gast als dem „schönsten Claude Lorrain in Musik, den ich kenne.." (Es scheint überaus kennzeichnend für den geistigen Typus, auf den gerade die Kunst Claude Lorrains, — diese Kunst der „höchsten Wahrheit, aber ohne Spur von Wirklichkeit", — von bestimmendem Eindruck ist, daß noch ein anderer gleichzeitiger Künstler, ein Dichter und Seelendeuter wie Nietzsche, ein schweizerischer Südliebender und Geschichtsausdeuter gleich Burckhardt, in Claude Lorrain einen Meister ihm besonders verwandter Art geliebt hat: das war Conrad Ferdinand Meyer. Die seelische Wirkung dieser Kunst auf die drei geistig in mehr als einer Hinsicht schicksalsverwandten Südverherrlicher muß etwas von der Magie gehabt haben, die Schopenhauer der Musik, als der metaphysischen Kunst, zuschreibt: ihr unaussprechlich Inniges, vermöge dessen sie als ein so ganz vertrautes und doch ewig fernes Paradies sich darstellte, scheint darauf zu beruhen, daß sie Regungen ihres innersten Wesens wiedergab, „aber ganz ohne die Wirklichkeit und fern von ihrer Qual".) Die Landschaftsträume dieses lothringischen Vorromantikers südlicher Weitblicke, die mit dem Fernklang ihrer zarten Hintergründe „unendliche Sehnsucht erregen", sind ja wirklich ein vollkommenes Gleichnis für das übertragene Südglück vom Norden aus, für jenes Süd- und Heimweh aus einer inneren Nördlichkeit heraus, wie Nietzsche es zeitlebens empfand. „Vorgestern gegen Abend," schreibt er schon in den siebziger Jahren, „war ich ganz in Claude Lorrainsche Entzückungen untergetaucht und brach endlich in langes, heftiges Weinen aus. Daß ich dies noch erleben durfte! Ich hatte nicht gewußt, daß die Erde dies zeige und meinte, die guten Maler hätten es erfunden." Und er fährt fort, dankbar aufatmend in der fremd leichten Luft einer griechischen Augenblicksgegenwart: „Das Heroisch-Idyllische ist jetzt die Entdeckung meiner Seele: und alles Bukolische der Alten ist mit einem Schlage jetzt vor mir entschleiert und offenbar geworden — bis jetzt begriff ich nichts davon." Aber noch ganz zuletzt, 1888 im Ecce homo, lautet es, mit eben demselben Seufzer des Spätglücks „Bis heute — noch nie.." immer noch ganz ähnlich und abermals, charakteristisch, mit dem Gleichnisblick auf Claude Lorrain: „Ich habe nie einen solchen Herbst erlebt, auch nie etwas der Art auf Erden für möglich gehalten, — ein Claude Lorrain ins Unendliche gedacht, jeder Tag von gleicher unbändiger Vollkommenheit." Oder, aus derselben Zeit,

an Gast: „Landschaftlich ist Turin mir in einer Weise mehr sympathisch als dies kalkige, bauarme und stupide Stück Riviera, daß ich mich gar nicht genug ärgern kann, so spät davon loszukommen. Ich sage kein Wort von der verächtlichen und feilen Art Mensch daselbst, — die Fremden nicht ausgenommen. Hier kommt Tag für Tag mit gleicher unbändiger Vollkommenheit und Sonnenfülle herauf: der herrliche Baumwuchs in glühendem Gelb, Himmel und der große Fluß zart blau, die Luft von höchster Reinheit — ein Claude Lorrain, wie ich ihn nie geträumt hatte zu sehen."
Schon diese letzte Stelle belegt übrigens, wie zweiflerisch die Äußerungen Nietzsches über die unmittelbare, unübertragene Wirklichkeit des Südens lauten können. Gar nicht fremd ist auch ihm die jähe Verachtung, die den Nordländer im Süden, selbst einen Goethe, zuweilen wie ein Anfall von tiefem Ekel überkommt. „Ein vollendeter plötzlich ausbrechender Widerwille gegen Italien trieb mich aus Bergamo schnell wieder zurück," schreibt er 1872 an Malwida, und im folgenden Jahre versichert er ihr: „Ich würde jedenfalls *nur* Ihretwegen (und nicht irgendwelcher Malereien halber) nach Florenz gekommen sein." Die gerühmte Umrißschönheit des klassischen Golfs findet ihn wählerisch: „Es ist mir schwer, mich von einer Gegend, und führe sie die berühmtesten Namen, zu überzeugen. Ich habe fehlerhafte Linien bei Sorrent gesehen." In seiner Nizzaer Zeit schreibt er (1885 an Malwida): „Ich liebe diese Küste nicht, ich verachte Nizza, aber im Winter hat es die trockenste Luft in Europa," und zur selben Zeit an Gast: „Ich bin Nizzas, einer lärmend-widerlichen Franzosenstadt, im Grunde meiner Seele müde" — das klingt nicht eben nach sonderlichem Respekt vor der lateinischen Wirklichkeit, wie man ihn von der betonten Verehrung gerade des späten Nietzsche für alles Französische eigentlich erwarten sollte; er weiß sich nur „leider davon nicht zu helfen, da, bei genauestem Nachforschen, die klimatischen Bedingungen dieses Ortes sich nicht zum zweiten Male in Europa wiederholen wollen."
Es wird hier, wie an manchen Stellen, sichtbar, wie auch Nietzsches Verhältnis zur französischen Kultur durchaus auf jener idealen Antithese „Nord gegen Süd, Nord im Süd" aufgebaut ist. Daß jene für 1869 mit Erwin Rohde geplante Reise nach Paris, der „Hochschule des Daseins" (wie er als Vierundzwanzigjähriger schreibt) nicht zur Ausführung kam, dieser Umstand hat ohne Zweifel die starke Stilisierung alles Französischen bei dem mittleren und späten Nietzsche sehr begünstigt. Ein Schicksalsinstinkt vielleicht hieß ihn auch späterhin immer der fernverehrten

Wirklichkeit „Paris" ausweichen, wie er ja auch die Wirklichkeit von Rom nur widerwillig berührte, „diesen für den Dichter des Zarathustra unanständigsten Ort der Erde". Das französische Volkstum, wie Nietzsche es sich, aus Bildungsdankbarkeit und sehr mittelbarer Kenntnis heraus, dichtet (Völker, als Ganzes, sind ja immer Dichtungen, der Liebe, des Stolzes oder des Neides), dies schön jenseitige Frankreich hat geradezu etwas von einem verklärten Wunschbild deutscher Möglichkeiten an sich; denn es zeigt vor allem gerade jenen idealen Ausgleich nördlicher und südlicher Elemente, den Nietzsche im deutschen Wesen („es ist etwas in ihm, das hellenisch sein *könnte*") zugleich vermißt und, als Erfüllung einer Uranlage, fordert. „Im Wesen der *Franzosen*", steht im „Jenseits", „ist eine halbwegs gelungene Synthesis des Nordens und Südens gegeben, welche sie viele Dinge begreifen macht und andre Dinge tun heißt, die ein *Engländer* nie begreifen wird; ihr dem Süden periodisch zugewandtes und abgewandtes Temperament, in dem von Zeit zu Zeit das provenzalische und ligurische Blut überschäumt, bewahrt sie vor dem schauerlichen nordischen Grau in Grau und der sonnenlosen Begriffsgespensterei und Blutarmut, — unsrer *deutschen* Krankheit des Geschmacks.. Auch jetzt noch gibt es in Frankreich ein Vorverständnis und ein Entgegenkommen für jene seltneren.. Menschen, welche.. im Norden den Süden, im Süden den Norden zu lieben wissen, — für die geborenen Mittelländler, die ‚guten Europäer'. Für sie hat Bizet Musik gemacht, dieses letzte Genie, welches eine neue Schönheit und Verführung gesehn, — der ein Stück *Süden der Musik* entdeckt hat."

Diese Versüdlichung der Musik, deren Möglichkeit Nietzsche entzückt aus der „afrikanischen Trockenheit und Glut" der Carmen heraushört, eine Verheißung noch „unerhörter" Südbeglückungen, ist für ihn gerade in den letzten Jahren Glaubenssatz und tiefgewisse Hoffnung, und ihm ein Symbol und Unterpfand der kommenden neuen Versüdlichung des allzu nordisch werdenden Europa (denn auch Frankreich selbst sieht er von dieser Gefahr bedroht). Eine späte Nachlaßaufzeichnung französiert diesen Gedanken kühn: „Il faut méditerraniser la musique." Den Freund Gast, seinen Musiker des Südens, mahnte er: „*Bleiben Sie südlich*, und sei es auch nur *dem Glauben nach!*" Das Gedicht „Musik des Südens" aus dem Herbst 1884 schließt mit verwandtem Wunschrausch:

> „O zögre nicht, nach südlichen Geländen,
> Glücksel'gen Inseln, griechischem Nymphenspiel
> Des Schiffs Begierde hinzuwenden —
> Kein Schiff fand je ein schöner Ziel!"

Im „Jenseits" fugiert er dann diese beiden Leitthemen „Musik" und „Süden" zu einer Vision des Ohres, einem Vortraum künftiger „mittelmeerischer" Musik:

„Gesetzt, daß einer den Süden liebt, wie ich ihn liebe, als eine große Schule der Genesung, im Geistigsten und Sinnlichsten, als eine unbändige Sonnenfülle und Sonnenverklärung, welche sich über ein selbstherrliches, an sich glaubendes Dasein breitet: nun, ein Solcher wird sich etwas vor der deutschen Musik in acht nehmen lernen.. Ein solcher Südländer, nicht der Abkunft, sondern dem *Glauben* nach, muß, falls er von der Zukunft der Musik träumt, auch von einer Erlösung der Musik vom Norden träumen und das Vorspiel einer tieferen, mächtigeren, vielleicht böseren und geheimnisvolleren Musik in seinen Ohren haben, einer überdeutschen Musik, welche vor dem Anblick des blauen wollüstigen Meers und der mittelländischen Himmelshelle nicht verklingt, vergilbt, verblaßt, wie es alle deutsche Musik tut, einer übereuropäischen Musik, die noch vor den braunen Sonnenuntergängen der Wüste Recht behält."

Hier, gerade an der Stelle des „Jenseits", taucht wohl zum erstenmal deutlicher eine jenseitige Bedeutung von Nietzsches Süden auf. Jene seltsame Mittelbarkeit seines Süderlebens gewinnt ihren Sinn: es wird wie durchsichtig, und läßt etwas wie einen tieferen Süden hervorschimmern; das Morgenländische darin wird sichtbar, ein geheimes inneres Morgenland zugleich. Wir beobachten in Nietzsches letzten Jahren etwas Ähnliches, zusammengedrängter, wie bei Goethe, dessen Westöstlicher Divan als Zeugnis einer zweiten großen, diesmal nur inneren Südreise dasteht, eine Spiralwindung höher über der italienischen Reise. „Flüchte du, im reinen Osten Patriarchenluft zu kosten" — der Geleitspruch des Divan begleitet das Zarathustrajahrzehnt. Was Nietzsche im italienischen Genius als höchste Möglichkeit bewundert, wird jetzt eben der Blick für das Groß-Morgenländische: „Lionardo da Vinci hat vielleicht allein von jenen Künstlern (der Renaissance) einen wirklich überchristlichen Blick gehabt. Er kennt ‚das Morgenland', das innewendige so gut als das äußere. Es ist etwas Über-Europäisches und Verschwiegenes an ihm, wie es Jeden auszeichnet, der einen zu großen Umkreis von guten und schlimmen Dingen gesehn hat." Die Fröhliche Wissenschaft sieht mit einem solchen Lionardoblick auf den südlichen Katholizismus, in seinem Gegensatz zu dem „immer gutmütigeren und flacheren Norden": „Die ganze römische Kirche ruht auf einem südländischen Argwohn über die Natur des Menschen, der vom Norden aus immer falsch verstanden wird: in welchem Argwohne der europäische Süden die Erbschaft des tiefen Orients, des uralten geheimnisreichen Asien und seiner Kontemplation gemacht hat." Früh schon, in seiner Baseler Antrittsrede von 1869, spricht Nietzsche, mit dem Blick für den Gleichniswert ganzer Epochen und Kulturen, von dem idealen griechischen Altertum als „vielleicht nur der schönsten Blüte germanischer Liebessehnsucht nach dem Süden." Jetzt, nach dem Zarathustra, bekommt auch dieses ideale Altertum aus nordischem Südheimweh immer mehr einen deutlich morgenländischen Hinter- und Untergrund:

„Den *Süden* in sich wieder entdecken und einen hellen glänzenden geheimnisvollen Himmel des Südens über sich aufspannen; die südliche Gesundheit und verborgene Mächtigkeit der Seele sich wieder erobern; Schritt vor Schritt umfänglicher werden, übernationaler, europäischer, übereuropäischer, morgenländischer, endlich *griechischer* — denn das Griechische war die erste große Bindung und Synthesis alles Morgenländischen und eben damit der *Anfang* der europäischen Seele, die Entdeckung *unserer* ‚neuen Welt' —: wer unter solchen Imperativen lebt, wer weiß, was *dem* eines Tages begegnen kann? Vielleicht eben — ein *neuer Tag!*"

Nicht ohne tiefere Symbolik zeigen Nietzsches letzte Jahre auch in ihrem landschaftlichen Geschmack die ausgesprochene Vorneigung zu immer brauneren, gelberen, immer glühenderen Wüstentönen; bezeichnend genug strebt er in seinen Aufenthaltsplänen gern über den nur italischen Süden hinaus; er will ernstlich nach Korsika, nach Spanien, nach Tunis, in die Oase Biskra; er möchte eine gute Zeit unter Muselmännern leben, um sich Auge und Urteil für alles Europäische zu schärfen; die Vorliebe für gewisse braune Wüstenstimmungen ist in den späteren Teilen des Zarathustra unverkennbar. Da von diesen Reiseabsichten sich nichts verwirklichen durfte, weiß er selbst den sinnlichen Eindruck italienischer Gegenwart ins Glühendere, Morgenländischere, Afrikanischere für sich zu steigern; so schreibt er 1886 an Gast: „Bei der Reise nach Nizza empfand und sah ich ganz deutlich, daß hinter Alassio etwas Neues beginnt, in Luft und Licht und Farbe: nämlich das *Afrikanische*. Der Ausdruck ist ganz exakt: ich habe die Urteile vorzüglicher Kenner Afrikas eingezogen.. Alles hundertmal feiner, delikater, weißgelber, undeutscher, indifferenter als selbst Genua und seine Umgebung." (Daß dies kein Einfall des Augenblicks bei Nietzsche ist, bezeugt noch zwei Jahre später ein Brief an Seydlitz aus Nizza: „Die Tage kommen hier mit einer

unverschämten Schönheit daher; es gab nie einen vollkommeneren Winter"
— man bemerkt die gesteigerte Sprache des letzten Jahres! — „Alle Farben mit einem leuchtenden Silbergrau durchgesiebt; geistige, geistreiche Farben; nicht ein Rest mehr von der Brutalität der Grundtöne. Der Vorzug dieses kleinen Stücks Küste zwischen Alassio und Nizza ist eine Erlaubnis zum Afrikanismus in Farbe, Pflanze und Lufttrockenheit: das kommt im übrigen Europa nicht vor.") Wenige Wochen früher wendet er das Erlebnis der Landschaft um das Vorgebirge von Portofino ins Griechische, selbst ins Tropische, Robinsonhafte: „Denken Sie sich eine Insel des griechischen Archipelagos, mit Wald und Berg willkürlich überworfen, welche durch einen Zufall eines Tags an das Festland herangeschwommen ist und nicht wieder zurück kam. Es ist etwas *Griechisches* daran, ohne Zweifel: andererseits etwas Piratenhaftes, Plötzliches, Verstecktes, Gefährliches; endlich, an einer einsamen Wendung, ein Stück *tropischen* Pinienwaldes, mit dem man aus Europa weg ist, etwas Brasilianisches, wie mir mein Tischgenosse sagt, der die Erde mehrmals umreist hat. Ich lag nie soviel herum, in wahrer Robinson-Insularität und -Vergessenheit; mehrfach auch lasse ich große Feuer vor mir emporlodern." Diese archipelagischen Landschaften und diese kindlich einsamen Feuer waren es, welche die Entstehung der großen Robinsondichtung von der Einsamkeit Zarathustras umgaben. Auch hier wieder ist das Gleichnishafte der landschaftlichen Beglückung, das Bedürfnis nach Ausdeutung und Verfremdung sehr stark zu spüren, eine Flucht in reinen Osten, in die Unschuld eines äußersten Südens.

Und so wird denn vielfältig deutlich: aller Süden ist für Nietzsches Erleben ein entwirklichtes Gleichnis höherer Wirklichkeit, ein geheimnisreiches Medium, durch das hindurch er eine Urheimat gerade seiner Menschlichkeit, und darüber hinaus auch seiner deutschen Menschlichkeit ahnt und verehrt. Gerade wie er in seinem Liebling Claude Lorrain nicht so sehr den Maler liebt, als den deutenden Künstler, welcher den perspektivischen Charakter des Daseins, von dem die Fröhliche Wisenschaft spricht, unter allen Landschaften am eindringlichsten versinnlicht, und der die sinnliche Gegenwart wiederum, heimwehweckend, in Gleichniszustand zu erheben weiß. „Drei Landschaften des Claude Lorrain gaben mir zu denken", schreibt er 1883 aus Rom. Zu denken — diese Wendung besagt und bezeugt viel von Nietzsches seltsam übertragendem und vertiefendem Bilder- und Landschaftserleben. Sie läßt auch das unsinnlich Mittelbare, gedanklich Ungegenwärtige, das nordisch Grübelnde seines Südglücks

— eines sehr ungoetheschen Südglücks — ahnen. Eine solche Claude-Landschaft, eine Landschaft mehr des Deutens als des Seins, des nordgeborenen Gleichnisses mehr als des gegenwärtigen Glücks ist der mächtige, bis an die Wüste des Verstummens grenzende Süden, den Nietzsche verherrlicht und verkündet; dessen Opfer er selber wenige Wochen nach jenem letzten Südrausch des Turiner Herbstes werden sollte: „Ich habe nie einen solchen Herbst erlebt, auch nie etwas der Art auf Erden für möglich gehalten, — ein Claude Lorrain ins Unendliche gedacht, jeder Tag von gleicher unbändiger Vollkommenheit." Und italisches Land, dessen alten Himmel nordische Dankbarkeit so oft mit tieferer, edlerer Bläue beschenkte, ist auch hier nur Gleichnis, nur Übergang und Hinübergang zu dem „innewendigen Morgenland"; ist nur die Seelenbrücke aus der weinlosen Landschaft des zu nördlichen, nie gegenwarttrunkenen Heimwehmenschen hinüber in das gegenwartlos gegenwärtigste Gleichnisland eines reinen Ostens, der die Heimat Zarathustras ist, Heimat alles dessen, was Zarathustra zu sein — sich sehnte.

# VENEDIG

> „. . Da ward mir der Sinn des Gesangs erst aufgeschlossen. Als Stimme aus der Ferne klingt es höchst sonderbar, wie eine Klage ohne Trauer, es ist darin etwas unglaublich, bis zu Tränen Rührendes.. Und doch läßt sich wohl denken, daß ein Zuhörer in der Nähe wenig Freude an solchen Stimmen haben möchte, die mit den Wellen des Meeres kämpfen.. Gesang ist es eines Einsamen in die Ferne und Weite, damit ein andrer, Gleichgestimmter, höre und antworte."
>
> *Goethe,* Italiänische Reise (Venedig).

In Nietzsches Wandererlegende stehen vier Städte eingeschrieben, auf deren Namen nun ein Abglanz des seinen wie ein Geschenk späten Dankes fällt. Nur diese vier sind mehr als zufällige Bühnenrahmen eines ganz innerlichen heldischen Dramas, mehr als bloße Meilensteine am Wege des philosophischen Pilgers. Ihre Namen bezeichnen und versinnlichen wirklich verschiedene Himmelsrichtungen seiner geistigen Landschaft, ihre Umrisse bedeuten die Enden seiner inneren Welt.

Da ist *Basel,* die späte Insel eines aristokratischen Humanismus, eine letzte der alten vornehmen Stadtrepubliken des vorrevolutionären Europa und deren, immer noch, geistigste. Bewußte Grenzstadt von Deutschtum und Überdeutschtum ganz im Sinne Nietzsches, der alle ehemals „deutschen" Tugenden jetzt reiner und häufiger in der Schweiz zu finden meinte als im „Reich" — „edelstes Beispiel Jakob Burckhardt". Basel, das sich durch die Berufung des ganz jungen Nietzsche selber mit unverwelklichem Kranze ehrte, es stellt in Nietzsches Leben den ganzen Schatz der Überlieferung dar, aus dem sich das fremdartig Neue und Unerhörte dieses Umwerters allezeit dankbar gespeist hat. „Basel hat mir dein Bild und das Jakob Burckhardts gegeben", lautet das Dankbekenntnis an Overbeck, den Basler Kirchenhistoriker; und an Burckhardt selbst, den vornehmsten

Sohn und Vertreter Basels, auf den es Nietzsche, nach Frau Cosimas Worten, „in Basel einzig ankam": „Ich kenne niemanden, der mit mir eine solche Menge Voraussetzungen gemein hätte wie Sie." Basel — das bedeutet Nietzsches Grundlage Schulpforta in freierer und geläuterter Welt, schon mit großartigstem Fernblick; es bedeutet erlesene humanistische Überlieferung und skeptisch vertiefte Geschichtsphilosophie, Dienst am Andenken der höchsten, der hellenischen Menschlichkeit, und nicht nur am Andenken. Basel — das heißt zum letztenmal für Nietzsche geistig-vornehme Bürgerlichkeit und Bürgerheimat, ihm, dem bis zuletzt alles „Illegitime" zuwider blieb (wie viel für seine nie verloschene Heimwehliebe zu diesem seinem letzten Bürgertum sagt nicht die Nachschrift des letzten Briefes an Jakob Burckhardt, aus den ersten Tagen der Turiner Katastrophe: „Sie können von diesem Brief jeden Gebrauch machen, der mich in der Achtung der Basler nicht heruntersetzt"); Basel heißt zum letztenmal bejahend gewertetes und gedeutetes, meistersingerlich gesteigertes Deutschtum, noch ohne den grellen Hohn seines späten Überdeutschtums, aber schon mit all dessen edelster Ungeduld (nicht umsonst erscheint ihm Böcklins Kunst als Symbol einer der deutschen Kultur ratsamen Verschweizerung); es heißt auch Tribschen, die Geburt einer Tragödie aus dem Geist der Musik, heißt reformatorisch ungeheure Hoffnung, „Musenkloster", Freundschaftskult, „Seligkeit inter pares" — heißt zuletzt Abschied, bitterster Abschied von aller Pietät und Gläubigkeit seiner Jugend und von den beglückendsten Wahngebilden ihrer allzu verschwenderischen Dankbarkeit: vom Wahn vor allem der fruchtbarsten und entscheidendsten Zweisamkeit seines Lebens — der mit Richard Wagner. Basel — im Rückblick war es für Nietzsche die notwendige verwandelnde Schwelle zu sich selber („‚ich lechze nach mir' — das war eigentlich das fortwährende Thema meiner letzten zehn Jahre," schreibt er 1877 nach Basel) — doch zu sich selber als einem unvermeidlich fortan Einsamen. Basel, das heißt in diesem Leben die Geburt der Tragödie — „incipit tragoedia".

Aber unten im Süden lockt schon *Genua*, die Stadt des Columbus, der Hafen neuer Meere, wo sich „der Wille weitet", wo man „nicht mehr den Mut hat feige zu sein". Die Stadt, die für Nietzsche ein Gesicht vergangner kühner und selbstherrlicher Geschlechter ist und ein Bild ebensolcher kommender. Vor allem ein Abbild seiner eignen kühnsten, abenteuerlichsten und einsam erobernden Augenblicke. „Ich sehe immer den Bauenden, wie er mit seinen Blicken auf allem fern und nah um ihn her Gebauten ruht, und ebenso auf Stadt, Meer und Gebirgslinien, wie er mit diesem Blick Gewalt und Eroberung ausübt: alles dies will er *seinem* Plane einfügen und zuletzt zu seinem Eigentume machen.. Wie diese Menschen in der Ferne keine Grenzen anerkannten und in ihrem Durste nach Neuem eine neue Welt neben die alte hinstellten, so empörte sich auch in der Heimat immer noch jeder gegen jeden und erfand eine Weise, seine Überlegenheit auszudrücken und zwischen sich und seinen Nachbar seine persönliche Unendlichkeit dazwischen zu legen. Jeder eroberte sich seine Heimat noch einmal für sich, indem er sie mit seinen architektonischen Gedanken überwältigte.. Im Norden imponiert das Gesetz und die allgemeine Lust an Gesetzlichkeit und Gehorsam, wenn man die Bauweise der Städte ansieht.. Hier aber findest du, um jede Ecke biegend, einen Menschen für sich, der das Meer, das Abenteuer und den Orient kennt, einen Menschen, welcher dem Gesetze und dem Nachbar.. abhold ist:.. er möchte.. dies alles mindestens im Gedanken noch einmal neu gründen.. seinen Sinn hineinlegen: sei es auch nur für den Augenblick eines sonnigen Nachmittags.." (Fröhliche Wissenschaft). Das ist Genua, die Stadt mit dem Blick auf ein stolzestes Vorgebirge Europas, auf Zarathustras griechische und übergriechische Halbinsel, die Stadt, aus der zum allererstenmal der neue Ton, der Zarathustraton, in Nietzsches Briefen laut wird: „Hier in Genua bin ich stolz und glücklich, ganz principe Doria! — oder Columbus? Ich wandre.. mit einem Jauchzen des Glücks über die Höhen und mit einem Blick in die Zukunft, wie ihn vor mir noch niemand gewagt hat.." (1881 an die Schwester). Genua — das heißt Meer, heißt Meeresheimlichkeit, Meeresglück, Meeresschauder; heißt Morgenröte und Jenseits, horizontlose Hoffnung und verwegenste Entdeckerwollust, Gottlosigkeit aus Tiefe, Einsamkeit aus Menschenglauben, Zynismus aus Willen zur höchsten Ehrfurcht — Genua, das heißt Zarathustra.

Dann, meerfern und eisnahe, glänzt *Turin* herüber, ganz sichere Gegenwart, königliche Gewißheit der erreichten meisterlichen Reife, der erfüllten Vorherbestimmung, der Herrschaft — „meine Residenz von nun an": „wenn man hier heimisch ist, wird man König..", nicht nur von Italien. Nietzsches „klassischer Ort", und nicht nur „für die Füße und Augen". Keine neue Großstadt, wie die neuen Städte des „Reichs" („diese gebauten Laster"), ganz unmodern, eine „Residenz des 17. Jahrhunderts", würdevoll ernst, feierlich legitim, voll vornehmer Ruhe und Einheit des Geschmacks — der letzte würdigste Rahmen eines sich tragisch vollendenden

Geschicks, das letzte Geschenk italischen Südens an seinen nordischen Verherrlicher, Rausch trügerischer Vollkommenheit und hellenischer Hybris, „Müßiggang eines Gottes am Po entlang" — Turin, das heißt: Wille zur Macht und Ecce homo.

Die letzte Stadt aber, abseits im phantastischen Zwielicht, ist *Venedig*. Es ist die Stadt, die Nietzsches Herzen bis zuletzt am nächsten blieb. Die Stadt seiner Liebe. „Venedig, der einzige Ort auf Erden, den ich liebe," heißt es 1887 an Overbeck, und 1885 an Gersdorff: „Zuletzt ist Venedig die einzige Stadt, die ich liebe." 1884 an Gast: „Außer Capri hat im Süden nichts mir einen solchen Eindruck gemacht wie Ihr Venedig." (Es erscheint auch ihm, wie Platen es mit einer Lieblingswendung Nietzsches ausdrückt, als die vollendete Stadt, die Stadt an sich, mit der verglichen Rom „plump und zu bunt, und Neapel ein Haufe von Häusern" ist.) Ein Jahr später: „Ich habe entdeckt, daß Venedig mir bisher allein gefallen und wohlgefallen hat"; und noch im letzten Jahre, aus Turin: „Venedig — ein geweihter Ort für mein Gefühl.."

Nicht eindeutig unmittelbar, wie bei den andern drei Städten Nietzsches, ist die Sphäre seines Wesens zu umschreiben, die sich zu dem Symbol, zu der magischen Chiffer „Venedig" verdichtet. Ein seltsames Zwielicht dämmert nicht bloß um die eignen Äußerungen Nietzsches über Venedig; es umhüllt auch, scheint es, das Wesen dieser Liebe, dieser „Weihe" selber. Wenn Basel, Genua, Turin ganz bestimmte, einseitig klare Vorstellungen innerhalb der Lebenslegende Nietzsches hervorrufen, so klingen im Worte Venedig irgendwelche Zwielichttöne geheimnisvoll doppeldeutig herauf. Ja, es scheint recht eigentlich, als wenn alles, was Nietzsches Wesen und Schicksal an letzter unauflösbarer Zweideutigkeit berge, um das Wort Venedig wie um einen Kristallkern sich herumlagere. Es ist die einzige Stadt, die er liebt; aber er zählt sie gleichwohl zu seinen verbotenen Orten. Es ist die Stadt, in der, feindselig und geliebt, ihm Richard Wagner in „heiliger Stunde" starb, und zugleich die, in welcher *sein* Musiker, Peter Gast, sein Gegen-Wagner und Künder eines überdeutschen, mittelmeerischen Südens der Musik lebt und jene „Löwenmusik" schafft, die ihm „vielfach selber eine Art idealischen Venedigs ist": „es ist möglich, daß zwanzig bezaubernde Melodien daraus einmal mit dem Wort und Begriff ‚Venedig' zusammenwachsen werden." Es ist die Geburtsstadt des Tristan, des dämmerndsten Zwielichtwerkes, dessen Bezauberung für Nietzsche ohnegleichen in der Geschichte der Kunst ist, und zugleich der hellen

„Löwenmusik", der Musik des Südens, der gegenwagnerischsten, gegenromantischsten aller möglichen Musik, wie Nietzsche sie erträumte. Es ist die Stadt, deren Einsamkeit zauberisch tiefer und unaufhebbarer ist als die irgendeiner andern: „hundert tiefe Einsamkeiten bilden zusammen die Stadt Venedig — dies ihr Zauber," heißt es in der Zeit der Morgenröte; zugleich aber ist es die Stadt der menschenvereinigendsten Magie, des berückendsten aller Zweisamkeit vortäuschenden Zauber: der Musik. „Wenn ich ein andres Wort für Musik suche, so finde ich immer nur das Wort Venedig," sagt Ecce homo. Musik aber: das ist die süßeste Gestalt *des* Wahns, den Nietzsche wie keinen andern „am nötigsten brauchte" — des Wahns, „nicht dergestalt einzeln zu sein": „Wie lieblich ist es, daß Worte und Töne da sind: sind nicht Worte und Töne Regenbögen und Scheinbrücken zwischen ewig Geschiedenem?

Zu jeder Seele gehört eine andre Welt.. Zwischen dem Ähnlichsten grade trügt der Schein am schönsten; denn die kleinste Kluft ist am schwersten zu überbrücken.

Für mich — wie gäbe es ein Außer-mir? Es gibt kein Außen! Aber das vergessen wir bei allen Tönen; wie lieblich ist es, daß wir vergessen!.. Wie lieblich ist.. alle Lüge der Töne!" (Zarathustra).

Eine Stadt des Gleichnisses, wie keine andre, ist Venedig für Nietzsche geworden. Des Gleichnisses von allem dem, was ihn „am nächsten angeht" — wie das „Schicksal der Musik" —, des Gleichnisses, vor allem, der eignen innersten Zweideutigkeit und Doppelseelenheit. Wie nach seinem eignen Zeugnis das Engadin, alle Mitten zwischen Eis und Süden bergend, seine eigentliche Landschaft ist, ihm blutsverwandt, ja noch mehr, „so fern vom Leben, so metaphysisch" — gerade so ist Venedig, Mitte und Mittler zwischen Morgenland und Niederland, halb Byzanz, halb Brügge, aus Land und Lagune zu rätselhaftem Doppeldasein mischgeformt, die blutsverwandte Stadt seiner Seele, die einzige, die er liebt — lieben kann. Es ist recht eigentlich seine civitas metaphysica, so wie ihm der in Venedig, von Venedig geborene Tristan als „das eigentliche opus metaphysicum aller Kunst" erscheint. Die Welt, sagt er, sei in Venedig *vergessen.* Damit erklingt schon die Stimmung des Tristan, wie Nietzsche sie in der vierten Unzeitgemäßen in Worte zu fesseln sucht; von seinem Venedig gilt, was er dort von Wagners tiefstem, todesnächsten Werk ausspricht: es ist die Stadt, „auf der der gebrochene Blick eines Sterbenden liegt, mit seiner unersättlichen süßesten Sehnsucht nach den Geheimnissen der Nacht und des Todes, fern weg von dem Leben, welches als das Böse, Trügerische, Trennende in einer grauenhaften, gespenstischen Morgenhelle und Schärfe leuchtet.. Dem Geheimnis gemäß, von dem sie redet, dem Totsein bei lebendigem Leibe, dem Eins-sein in der Zweiheit." Ein tiefer Zufall, wo nicht mehr, hatte ja auch jene Lieblingsdichtung Nietzsches, Byrons vergessensdurstiges, todessüchtigstes Gedicht, den Manfred, während der drei venezianischen Jahre dieses ruhelosen Wanderers sich vollenden lassen — „forgetfulness!" ist eine klagende Tristanbitte an die Geister —, in eben den Jahren, welche die Welt als Wille und Vorstellung entstehen sahen; und nicht zufällig spricht Nietzsche von dieser venezianischsten Dichtung in Tönen wie sonst einzig vom Tristan: „Mit Byrons Manfred muß ich tief verwandt sein: ich fand alle diese Abgründe in mir, — mit dreizehn Jahren war ich für dies Werk reif." Der zauberisch verführenden Tristan-Zweideutigkeit Venedigs, einer metaphysischen Zweideutigkeit aus äußerster Todesnähe und letzter Lebenssüße gemischt — dieser maskenhaften Schönheit Venedigs sind von je alle Naturen erlegen, die, gleich Byron, gleich Nietzsche, einer tragisch unheilbaren Dopplung in der Uranlage ihres Wesens sich dunkel bewußt waren und die in dem Wunder der Lagunen einem halb bestürzenden, halb beglückenden Doppelgängersinnbild des eigenen Daseins begegneten — man denkt aus der deutschen Reihe an Platens Venezianische Sonette, an Conrad Ferdinand Meyers „Auf dem Canal grande" und noch an Thomas Manns „Tod in Venedig" — alle Naturen, welche die Schönheit nicht nur, mit Platon, zum höchsten Leben verführt, sondern denen sie zugleich, geheimnisvoll zugleich, eine Verführung zum Tode bedeuten muß: „Wer die Schönheit angeschaut mit Augen, Ist dem Tode schon anheim gegeben", beginnt jenes Gedicht Platens, das er, bedeutsam und fast hellseherisch, „Tristan" überschrieben hat. Ihnen allen ist hier, wenn irgendwo, wirklich „die Zweideutigkeit des Lebens wie zu ihrem Körper zusammengeronnen" — so sagt es Georg Simmel in einer kleinen, nietzschenahen Studie über Venedig, die „künstliche Stadt", die Stadt der äußersten Spannung von Schein und Sein, die Stadt, die ganz und gar und wie keine andere der Welt eine tragische und gefährliche Lüge ist. Zweideutig ist hier alles — Plätze, Brücken, Fassaden — schon dem Auge; „zweideutig ist das Doppelleben der Stadt, einmal als der Zusammenhang der Gassen, das andere Mal als der Zusammenhang der Kanäle, so daß sie weder dem Lande noch dem Wasser angehört — sondern jedes erscheint als das proteische Gewand, hinter dem jedesmal das andere als der eigentliche Körper lockt; zweideutig sind die kleinen dunkeln Kanäle, deren Wasser sich so unruhig regt und strömt — aber ohne daß eine Richtung erkennbar wäre, in der es fließt, das sich immerzu bewegt, aber sich nirgends hinbewegt. Daß unser Leben eigentlich nur ein Vordergrund ist, hinter dem als das einzig Sichere der Tod steht — dies ist der letzte Grund davon, daß das Leben, wie Schopenhauer sagt, ‚durchweg zweideutig' ist .." Was hier rein zergliedernd gesehen und schopenhauerisch gesagt ist von Venedigs doppeldeutigem Wesen, von Venedigs Metaphysik, Nietzsche hat das Nämliche musikalisch erlebt und wagnerisch ausgesprochen. Seine Liebe zu dieser Stadt, eine Liebe, die so fremd, so fast widerspruchsvoll und scheinbar wurzellos in der ganz anders gerichteten Philosophie seines letzten „genuesischen" Jahrzehnts schwimmt, wie eine vergessene Insel aus der frühsten Schopenhauerlandschaft seiner Jugend — sie ist im Tiefengrunde eins mit seiner Liebe zu *der* Kunst, die er selbst die zweideutige nennt: zur Musik, zu einer auf wagnerische Art (liebend oder feindselig auf wagnerische Art) erlebten Musik. Immer wieder flüchtet auch der späteste Nietzsche, der ruhelose Wanderer, aus den wechselnden Landschaften der Erkenntnis in die landschaftslose Ruhe Venedigs, in den jahreszeitenlosen Traum einer Stadt, in der „die Welt vergessen ist", in *die* Kunst, welche, nach Luthers Wort, „nichts mit der Welt zu tun hat" — in die Musik, für die Venedig ihm nur ein anderes Wort ist. Immer aufs neue kehrt seine Liebe aus der südlicheren, sonnenhafteren, böseren Welt, die er auch aus der Musik seines Venediger Meisters „Pietro Gasti" herauszuhören glaubte, zu jenem wahrhaft venezianischsten Kunst- und Klanggebilde aller Zeiten zurück, zu den „Geheimnissen der Nacht und des Todes, fern weg von dem Leben" — zum Tristan Wagners. Sein letzter Lebensrückblick noch bekennt es: keine andere, mozartisch hellere Kunst, keine lebendigere Kunst des „Tages" blieb dem Herzen seines Herzens so nahe wie die Musik dieses Werkes, auf dem der gebrochene Blick eines Sterbenden liegt, die von dem Tot-sein bei lebendigem Leibe redet, von dem Eins-sein in der Zweiheit: „Ich suche heute noch," sagt Ecce homo, „nach einem Werke von gleich gefährlicher Faszination, von einer gleich schauerlichen und süßen Unendlichkeit, wie der Tristan ist, — ich suche in allen Künsten vergebens." Die „Gefahr", der Zauber, die schauerliche und süße Unendlichkeit, das Eins-sein in der Zweiheit — diese Tristanformeln kennzeichnen sein Erlebnis Venedig: zu geheimnisvoller, jenseitiger, metaphysischer Einheit strömen hier die Gegensätze seines Wesens zusammen. Und alles was er auf den verschiedensten Wegen als Ziel, als Endglück und Endsinn ersehnte — Glück und Geheimnis des Südens, der Gefahr, des Leidens, der Musik, selbst der Schauder der Todesnähe: alles vereint sich ihm rätselhaft irgendwie in dem „Jenseits des Tages", in der Nacht, die Venedig heißt. Das drückt sich am ergreifendsten aus in der seltsamen venezianischen Stelle des Ecce homo-Bekenntnisses: „Wenn ich jenseits der Alpen sage, sage ich eigentlich nur Venedig. Wenn ich ein anderes Wort für Musik suche, so finde ich immer nur das Wort Venedig. Ich weiß keinen Unterschied zwischen Tränen und Musik zu machen — ich weiß das Glück, den *Süden* nicht ohne Schauder von Furchtsamkeit zu denken." Hier sind wir an der innersten Schwelle von Nietzsches Musikheiligtum; an der Wurzel seines Verhängnisses, das ihn „am Schicksal der Musik wie an einer offenen Wunde leiden" läßt. Hier begibt sich in Nietzsche etwas wie eine immer erneute Geburt der Musik aus dem Geist Venedigs, vergleichbar jenem nächtlichen Erlebnis, das in einem Brief an Gast berührt wird: „Die letzte Nacht an der Rialtobrücke brachte mir noch eine Musik, die mich zu Tränen bewegte, ein unglaubliches altmodisches Adagio, *wie als ob es noch gar kein Adagio vorhergegeben hätte.*" Dies unglaubliche Adagio war die Musik Venedigs, war Venedig selber. Sogar der gegenmusikalische Bildnergeist eines Goethe hat sie vernommen, er, dessen Süden sonst Rom hieß und nicht Venedig; er hat bekannt, daß ihm im nächtlichen Venedig „der Sinn des Gesangs erst aufgeschlossen" ward, dort, wo er von den rufenden Nachtliedern der Gondoliere spricht: „Als Stimme aus der Ferne klingt es höchst sonderbar, wie eine Klage ohne Trauer, es ist darin *etwas unglaublich, bis zu Tränen Rührendes..* Gesang ist es eines Einsamen in die Ferne und Weite, damit ein anderer, Gleichgestimmter, höre und antworte." Auch der Wagner des Tristan hat sie vernommen, diese uralte sonderbare Stimme Venedigs, herschallend aus entlegenen Kanälen in der nächtlich schweigenden Stadt, und sie ist in sein Werk eingegangen. Während der Arbeit am Tristan schreibt er in einem Herbstbrief an Mathilde Wesendonk: „Die Melodien der Gondoliere sind jedenfalls uralt, so alt als Venedig.. Diese tief melancholischen Melodien, mit tönender, mächtiger Stimme gesungen, von der Ferne über das Wasser hergetragen, in noch weiterer Ferne verhallend, haben mich erhaben bewegt." Der nämliche Eindruck hat den denkbar verschieden gerichteten Geistern die verwandtesten Worte entlockt. Was Goethe in Venedig, beinahe widerwillig, ausdrückt („ich schrieb es meiner Stimmung zu; aber mein Alter sagte: è singolare, come quel canto intenerisce.."), es ist fast ein Gleichnis für das Geschick der allzu musiknahen Seele Zarathustras, einer Seele, der es dennoch nie vergönnt war, völlig in ihrer „Musik" aufzugehn und „eins zu sein", sondern die der hoffnungslosen Einsamkeit des Wortes und Nur-Wortes bis an die Schwelle des Wahns verhaftet blieb — „sie hätte singen sollen, diese neue Seele, und nicht reden", klagt immer wieder das schmerzliche Wort des späten Nietzsche über den Jüngling, dem Wagners verwandelnde Nähe die „Geburt der Tragödie aus dem Geiste der Musik" zeugte. Auch Zarathustras Stimme ist eine Stimme aus der Ferne, und aus ihrem schmerzlich heldischen Willen zum ewig Versagten, dem Lebendigsten Leben, darf man wohl eine ewige Klage ohne Trauer höchst sonderbar heraushören. Gesang ist auch seine Stimme eines Einsamen in die Ferne und Weite, das „Lied eines Liebenden", damit ein anderer, Gleichgestimmter, höre und antworte. Aus den hundert Einsamkeiten, die zusammen die Stadt Venedig bilden, aus der unmittelbarsten siebenten Einsamkeit seines gespenstig grellen, überwach bewußten Tags horcht er „mit dem Ohr seiner Liebe" — aber „kein Laut der Liebe erreicht ihn mehr". Immer und immer wieder schlägt die Musik und nur die Musik ihm den trügerisch beglückenden Regenbogen, die Scheinbrücke zwischen dem Ewig-Geschiedenen, hinüber zum ersehnten „Eins-sein in der Zweiheit", aus dem Kerker des schopenhauerisch unmitteilbaren Individuums hinweg. „Für mich — wie gäbe es ein Außer-mir? Zu jeder Seele gehört eine andere Welt. Aber das vergessen wir bei allen Tönen. Wie lieblich ist alle Lüge der Töne!" Und immer wenn Zarathustra seine Seele singen heißt („Daß ich dich singen hieß, meine Seele, siehe, das war *mein Letztes!*"), dann geschieht es am Rande der äußersten, unerträgbarsten Einsamkeit, ist es ein verzücktes Rufen in die letzte Ferne und Weite, ob nicht endlich einer zuhöre, ob nicht vielleicht doch einer antworte. Mit solchem, mit diesem selben Fragegesang eines Einsamen in die Ferne, wie Goethe ihn in Tränen hörte, klingt das kleine Gedicht „Venedig" aus, das Nietzsche, im Ecce homo, unmittelbar der Stelle folgen läßt, an der er von Venedig als nur einem andern Worte für Musik spricht:

„An der Brücke stand
Jüngst ich in brauner Nacht.
Fernher kam Gesang:
Goldener Tropfen quoll's
Über die zitternde Fläche weg.

> Gondeln, Lichter, Musik —
> Trunken schwamm's in die Dämm'rung hinaus ..
>
> Meine Seele, ein Saitenspiel,
> Sang sich, unsichtbar berührt,
> Heimlich ein Gondellied dazu,
> Zitternd vor bunter Seligkeit.
> — Hörte jemand ihr zu? .."

Hörte jemand ihr zu?.. Diese Frage, Klage halb, halb Glück, trunken ins Zwielicht hinausgleitend aus einer einsamsten Seele, die sich unsichtbar berührt fühlt, — diese Frage, die auch im Tristanvorspiel erklingt, feierlich sonderbar, und wie eine Klage ohne Trauer — auf die gleichgestimmt nur eine zweite fernere Frage hört und antwortet — diese Tristanfrage ohne eine andere als eine jenseitige, eine metaphysische Antwort: das ist Nietzsches Venedig. „Venedig" — diesem Klang antwortet in seiner Legende kein Begriff, kein Name, keine Idee, keine Hoffnung —, sondern ein Hauch Musik, ein fern fragender Gesang voll zweideutiger Schwermut, ein rührendes und unglaubliches Adagio über abendlichen Wassern.

# PORTOFINO

> „Wir sind dem Aufwachen nahe, wenn wir träumen, daß wir träumen."
>
> *Novalis.*

> „Besucht Herders Schöpfungen, wo griechische Lebensfrische und indische Lebensmüde sich sonderbar begegnen, so geht ihr gleichsam in einem Mondschein, in welchen schon Morgenröte fällt — aber eine verborgne Sonne malt ja beide."
>
> *Jean Paul.*

Zwei Landschaften leben in der Dichtung vom Untergang Zarathustras. Einmal, „alle Mitten zwischen Eis und Süden" haltend, das entrückteste Hochtal des Erdteils, das Engadin, wo „Italien und Finnland zum Bunde zusammenkommen", wo eine „beständige sonnige Oktoberluft" weht: dies, sagt Nietzsche, ist „*meine* Landschaft: so fern vom Leben, so metaphysisch". Hier kam, nach seinem eignen Zeugnis, „die Grundkonzeption des Zarathustra, der Ewige-Wiederkunftsgedanke, diese höchste Formel der Bejahung", mit der Gewalt einer verzückenden Vision über ihn. Die andre Landschaft aber ist die des Golfes von Rapallo, die von dem königlichen Vorgebirge von Portofino beherrscht wird — „eine kleine vergessene Welt von Glück", wie Nietzsche ihr noch im Ecce homo dankt. Auf den Wanderungen durch diese Landschaft „fiel mir der ganze Zarathustra ein, vor allem Zarathustra selber, als Typus: richtiger, *er überfiel mich..*"

Beide Landschaften sind, als Bild und Atemluft, in den Zarathustra zu geistiger Unvergänglichkeit eingegangen. Von beiden gilt, was Nietzsche vom Engadin bezeugt: er empfinde diese Landschaft als sich blutsverwandt, ja noch mehr. Beide gewinnen für ihn den höchsten Grad von Wirklichkeit und Eindringlichkeit, den ihm ein sinnlicher Eindruck überhaupt gewähren konnte: sie wurden ihm gleichnisfähig, sinnbildlich, deutbar zweideutig.

Er erlebte sie als sinnliches Gleichnis seiner selbst: „Manche Landschaften sehen wir wieder, wenn wir sie zum ersten Mal betreten." Ist das Engadin Nietzsches „Landschaft der Mitte", in deren kühler und hoher Symbolik sich alle äußersten Gegensätze seiner Natur zum Bunde begegnen, ein Gleichnis der gegensatzvermählenden Kraft in ihm, so ist ihm die Landschaft des Golfs von Rapallo das Natursinnbild aller der Kräfte, die in seinem Wesen zum Äußersten drängen. Und der Zauber dieser Landschaft, wie ihn Nietzsche empfand und wie er in den Zarathustra hinübergegangen ist, er ist vor allem ein Zauber des Äußersten. „Der Zauber, der für uns kämpft, das ist die *Magie des Extrems*, die Verführung, die alles Äußerste übt", heißt es im Willen zur Macht. Gerade das ist auch die Magie dieser Landschaft. Wo immer Nietzsche von ihr redet, deutet er sie, wie von einem fremden Rausch entzückt, ins Äußerste. Nicht in Italien glaubt er dort zu sein: er dichtet die Küste des Genueser Golfs zur Küste des edelsten Meeres, des griechischen Archipelagos hinüber; das Vorgebirge wird ihm zur griechischen Insel, die etwas Piratenhaftes, Plötzliches, Verstecktes, Gefährliches hat. Ja, etwas Tropisches, Brasilianisches glaubt er zu spüren, eine wahre Robinson-Insularität und Robinson-Vergessenheit. Vor allem aber ist es das augengemäß Äußerste dieser Landschaft, das ihn mit der Verführung alles Äußersten bezaubert: das mächtige Vorgebirge von Portofino selbst, in der kühnsten und edelsten Linie der ganze Küste zum Meere abstürzend, wie es sich von der Genueser Seite her bietet; es hat sich unauslöschlich der Phantasie Nietzsches eingeprägt. Jenes „hohe Joch zwischen zwei Meeren", auf dem Zarathustra „voll wahrsagerischen Geistes wandelt", sein erstes Urbild ist das Vorgebirgsjoch von Portofino, hoch oben, zwischen den beiden Golfen von Genua und von Rapallo, dort, wo man an unwetterverkündend überklaren Tagen die Küste von Korsika am äußersten Rande des Meeres auftauchen sieht, das unnatürlich weitgedehnt nicht daliegt, sondern wie eine Wand den Horizont hinauf zu stehen scheint, phantastisch unwirklich das Ganze aus der groß verzerrenden Schau der Höhe, und beinahe traummäßig in seiner gedankenhaften Symmetrie und Starrheit. Es ist die Traumlandschaft Zarathustras; nicht die, in der ihm die Offenbarung des Großen Mittags kommt, der Gedanke der Ewigen Wiederkunft aller Dinge in sich selber, der Gedanke, daß in alle Ewigkeit der wollende Mensch in der hohen Mitte der Zeiten steht, die Einst und Dereinst, Tier und Übermensch zum immer neuen Bunde verknüpft — das ist die Landschaft von Sils Maria —, sondern die Landschaft eher eines „letzten Morgentraums": „Im Traum, im letzten Morgentraum stand ich heute auf einem Vorgebirge, — jenseits der Welt, hielt eine Wage und *wog* die Welt" (Zarathustra). Auch dies Vorgebirge jenseits der Welt ist eine erhöhte Traumschau von Portofino, und seltsam verbindet sich mit ihr, innerhalb und außerhalb des Zarathustra, die Stimmung des letzten Träumens, unmittelbar vor dem Erwachen in einen neuen Tag hinein. Jene Stimmung der „Morgenröte", der Zauber des Zwielichts — man weiß nicht, ist es ein Zwielicht der Frühe oder des Abends —, welcher vielleicht den verzauberndsten Reiz der Schriften Nietzsches ausmacht, in Wahrheit eine Magie des Extrems, der rieselnden Traumschauder des ersten Zweifels an einer scheinbaren Wirklichkeit, wie er unter der dünner und bunter werdenden Haut des letzten Morgentraums sich regt, das Erwachen ankündigend, ja schon das erste Aufatmen des Erwachens selber. Die Gesamtheit von Nietzsches Werk strömt ja diese köstlich und gefährlich verwirrende Magie des Halbtraums aus, in ihrer leise beunruhigenden Mischung aus freudigem Zweifel an der Wirklichkeit des bisher als wirklich Gegebenen, an dem Traum, in dem wir alle träumen und geträumt werden — und aus dem erschrockenen Wunsche, noch einen Augenblick weiter zu träumen. „Wie wundervoll und neu und zugleich wie schauerlich und ironisch fühle ich mich mit meiner Erkenntnis zum gesamten Dasein gestellt! Ich habe für mich entdeckt, daß die alte Mensch- und Tierheit, ja die gesamte Urzeit und Vergangenheit alles empfindenden Seins in mir fortdichtet, fortliebt, forthaßt, fortschließt, — ich bin plötzlich mitten in diesem Traume erwacht, aber nur zum Bewußtsein, daß ich eben träume und daß ich weiterträumen muß — um nicht zugrunde zu gehn: wie der Nachtwandler weiterträumen muß, um nicht hinabzustürzen" (Fröhliche Wissenschaft). „Du fühlst es noch nicht einmal, daß du träumst: o, da bist du noch ferne vom Aufwachen!" lautet eine späte Nachlaßstelle in höchst eigentümlichem Übereinklang mit einem Fragment von Novalis. Die Herrschaft eines noch träumend schon Erwachenden über Traum und Wachen, das Zwielicht von freiwilligem Wahn und wissendem Erwachen — das vereinigt hier den frühsten Romantiker mit dem letzten: beide sind Magier des Äußersten, Zauberer alles „Hinüber", Brückenschlager ins Unbekannte und Meister des Endes. Ein Meister des Endes, ein Traumdeuter jeder Art von Ende und Äußerstem, das zugleich einen neuen Beginn, irgendein Erwachen, ein Hinüber ahnen läßt — als solcher, wenn irgendwo, hatte Nietzsche seine Meisterschaft, wie Novalis darin die seine hatte vor allen anderen Romantikern. Eine Meisterschaft des Endes ist die Kunst seiner Seelendeutung, die vor allem eine Psychologie des Niedergangs ist und sein will. „Ich habe für die Zeichen von Aufgang und Niedergang eine feinere Witterung als je ein Mensch gehabt hat, ich bin der Lehrer par excellence hierfür.." (Ecce homo). Wie Novalis bezaubern ihn alle Dinge, welche von der Magie des Todes bereits umspielt werden; ja, er erlebt sie am dankbarsten, am innigsten, indem er sie *als* Ausgang, als Form des Endes, als verführerisch farbigen Tod ausdeutet — klassisches Beispiel die schwermütig dankbare Stelle des „Menschlichen" über die letzte Kunst: „Wie man sich im Alter der Jugend erinnert und Gedächtnisfeste feiert, so steht bald die Menschheit zur Kunst im Verhältnis einer *rührenden Erinnerung* an die Freuden der Jugend. Vielleicht daß niemals früher die Kunst so tief und seelenvoll erfaßt wurde als jetzt, wo die Magie des Todes dieselbe zu umspielen scheint. Man denke an jene griechische Stadt in Unteritalien, welche an Einem Tage des Jahres noch ihre griechischen Feste feierte, unter Wehmut und Tränen darüber, daß immer mehr die ausländische Barbarei über ihre mitgebrachten Sitten triumphiere; niemals hat man wohl das Hellenische so genossen, nirgendswo diesen goldenen Nektar mit solcher Wollust geschlürft als unter diesen absterbenden Hellenen." Aber so genoß Nietzsche selber alle Kunst, es ist kein Zweifel; im gleichzeitigen Nachlaß zum „Menschlichen" findet sich die Bemerkung: „Untergang der *letzten Kunst* erleben wir: Bayreuth überzeugte mich davon." Und keine Kunst war ihm all sein Lebtag je so nahe wie diejenige, in der sich nach seiner eigenen Deutung die Zeitalter *aussingen:* „Jede wahrhaft bedeutende Musik ist *Schwanengesang.*"

Der Leidenschaft zu allem, was sich aussingt, was das Äußerste seiner Art ist, zu allem Vollkommenen, das, mit Goethe zu reden, über seine Art hinausgeht, um etwas anderes, Unvergleichbares zu werden — dieses Vorgebirgstypus seines ganzen Seelen-Sehens ist Nietzsche sich völlig bewußt, und bewußt bildet er ihn zur Form, zum Stil seines Denkens und Deutens aus. Ja, im Bewußtsein seiner Meisterschaft des Endes und Endens macht er diese besondere Meisterschaft sogar zum Prüfstein jeder Meisterlichkeit überhaupt und stellt in der Fröhlichen Wissenschaft geradezu ein Ideal auf, das den Namen Portofinos trägt: „Die Meister des ersten Ranges geben sich dadurch zu erkennen, daß sie im Großen wie im Kleinen auf eine vollkommene Weise das Ende zu finden wissen, sei es das Ende einer Melodie oder eines Gedankens, sei es der fünfte Akt einer Tragödie oder Staatsaktion. Die Ersten der zweiten Stufe werden immer gegen das Ende hin unruhig und fallen nicht in so stolzem, ruhigem Gleichmaß ins Meer ab, wie zum Beispiel das Gebirge bei Portofino — dort, wo die Bucht von Genua ihre Melodie zu Ende singt." (Bezeichnend genug ist ihm in seinen gleichzeitigen Randbemerkungen zu Carmen gerade die letzte Szene „ein dramatisches Meisterstück — zu studieren! Auf Steigerungen, Kontraste, Logik usw.") Daß Nietzsche dies Kennzeichen der Meisterschaft des ersten Ranges vor allem in den eigenen Schriften findet und finden darf, versteht sich. Jede Erinnerung an irgend ein Kapitel, einen Abschnitt, irgend einen längeren Aphorismus bringt ein Beispiel mit für seine bewußte Kunst des Endens. Selbst bis in den Bau seiner Sätze wirkt sich diese Kunst des Endes aus: ein Lieblingstypus Nietzsches ist die Satzform, welche den ebenmäßigen Grat des Gedankens über seinen scheinbaren Abschluß hinaus zu einem überraschenden Vorgebirge verlängert und umbiegt, zu einem Kap, das jählings eine neue Fernschau bietet, das zu neuen Küsten wie ein erster Brückenpfeiler hinüberweist — und sich zugleich schon zur Fläche des Schweigens hinunterfallen läßt. Diesem Vorgebirgstypus seiner Sätze begegnet man durchgehend:

„Mein Ehrgeiz ist, in zehn Sätzen zu sagen, was jeder andre in einem Buche sagt, — was jeder andre in einem Buche *nicht* sagt."

„Geist hat der Schauspieler, doch wenig Gewissen des Geistes. Immer glaubt er an das, womit er am stärksten glauben macht — glauben an *sich* macht."

„Und als ich meinen Teufel sah, da fand ich ihn ernst, gründlich, tief, feierlich: es war der Geist der Schwere, — durch ihn fallen alle Dinge."

„Es ist eine Feinheit, daß Gott Griechisch lernte, als er Schriftsteller werden wollte, — und daß er es nicht besser lernte."

„Wer von Grund aus Lehrer ist, nimmt alle Dinge nur in Bezug auf seine Schüler ernst — sogar sich selbst."

Noch seine Wortbildungen bestimmt der Drang zum endenden und verheißenden „Hinüber" in jenem Lieblingstypus, dessen berühmtestes Beispiel das Wort Übermensch geworden ist: überdeutsch, überhellenisch, überhistorisch, übernational, Übertier, Hyperhellenen. Und schließlich ist die ganz unverhältnismäßige Häufigkeit im Gebrauch des Wortes „extrem", in der letzten Stilperiode, oder der Satzanfänge mit „Zuletzt" nur die winzigste Kristallwerdung jener Magie und Verführungskraft des Extrems, winzig aber sinnbildlich auch sie noch: auch im Stil gibt es keine Zufälle, am wenigsten in einem so durchaus „fatalen" Stil wie dem Nietzsches.

„Immer auf den extremsten Ausdruck bedacht" — das ist eine Kennzeichnung Nietzsches für Wagners Musik. Sie trifft in jedem Sinne — noch eindringlicher als beinah alles, was Nietzsche zu einer Selbstzeichnung beitrug, indem er es von Wagner aussagte — auf Nietzsches „Musik" zu. Nicht nur in dem Sinn, daß er selbst immer nach dem extremsten Ausdruck eines jeden Gedankens strebte; auch in dem, daß er auf das Extrem, den Abschluß, das Finale noch dieses Ausdrucks selber am hingebendsten bedacht war — wie übrigens wiederum auch Wagner selbst, der Zauberer aller Steigerungsschlüsse, alles Aus- und Hinüberklingens. Ja noch in dem Sinne selbst, daß die Summe aller seiner Werke, daß sein ganzes Leben der denkbar äußerste Ausdruck seines Wesens und seiner Möglichkeiten geworden ist. Und hat jemals ein Mensch dem Sinn des eigenen Seins einen derart äußersten Ausdruck gegeben wie Nietzsche im Ecce homo? Wenn das Wesen des großen Stils, mit Nietzsche, in einem ungeheuren Heraustreiben von Einzelheiten bestände, so trüge dies ungeheuerlich herausgetriebene, man möchte sagen übermäßig ausgedrückte Leben gewiß alle Merkmale des großen Stils. Die Eingebung des Übermenschen weist schon im Wort das Mal des Äußersten, so wie die Idee der Ewigen Wiederkunft nur eine äußerste scheinmetaphysische Heraustreibung des schlichten „Ja" zum Leben ist (im Gegensatz zum theoretischen „Nein" des schopenhauerschen Pessimismus). Die Titel seiner Bücher, mit ihrer allzu bildmäßigen Zuspitzung, sind sich allesamt der Verführung, die alles Äußerste übt, übermäßig bewußt; in allen ist ein Sichrecken, ein Überdehnen des Ausdrucks so gut wie in den Überschriften der einzelnen Aphorismen. „Jenseits von Gut und Böse", „Morgenröte", „Menschliches, Allzumenschliches", die „Unzeitgemäßen Betrachtungen" haben das innere „Hinüber"; „Antichrist", „Umwertung aller Werte", „Götzendämmerung", „Ecce homo" die äußerste, zur anführenden Parodie grell übersteigerte Hybris; die „Geburt der Tragödie aus dem Geiste der Musik" den pomphaft aufgetreppten Händelschluß des Themas, den Stolz, auf eine vollkommene Weise das Ende zu finden; die Unzeitgemäße Betrachtung „Vom Nutzen und Nachteil der Historie für das Leben", der spätere Untertitel der „Geburt": „Griechentum und Pessimismus", die „Fröhliche Wissenschaft" den polaren Spannungsreiz zwischen äußersten Gegensätzen. „Zarathustra" aber ist in jedem Sinne die Verkörperung und Vereinigung aller äußersten Gegensätze, aller Jenseitigkeiten in Nietzsches Wesen, ist der Name für ein „Jenseits aller bisherigen Länder und Winkel des Ideals", um sich des Wortes der Fröhlichen Wissenschaft zu bedienen. Ihn kennzeichnet das ungeheuerlichste Heraustreiben alles Einzelnen, das wir an einem deutschen Werke hohen Stils überhaupt kennen; sein Stil ist das Äußerste an sich, sein Bewegungsstil die Steigerung an sich, sein Ehrgeiz das beständige Über-sich-hinaus. „Zarathustra hat weiter gesehn, weiter gewollt, weiter *gekonnt*, als irgendein Mensch..", sagt der Superlativismus des Ecce homo; und Abbild, Gleichnis dieses Ehrgeizes, das äußerste, kühnste Vorgebirge der bisherigen Menschheit zu sein, ist die Sprache Zarathustras, diese Sprache, mit der Nietzsche „tausend Meilen über das hinaus, was bisher Dichtung hieß", zu fliegen wähnte. Und dieses ganze Leben Nietzsches, für das Zarathustra nur die äußerste Ausdrucksformel war, ist es nicht selbst noch einmal wie auf den äußersten Ton seines tragischen, groß frevlerischen Endes hin komponiert und ausgedichtet? Ist die Art seines geistigen Ausgangs nicht etwas wie ein letztes Zeugnis seiner Meisterschaft des Endes, die auch in diesem fünften Akt der Tragödie des eigenen Lebens noch auf eine vollkommene Weise das Ende zu finden wußte? Gewisse Wendungen des Ecce homo, der letzten Briefe klingen zuweilen so seltsam auf, als rede hier der Meister des ersten Ranges als Meister des eigenen Endes, über das sein Wille Herr sei; als sinke „an diesem vollkommenen Tage, wo alles reift.. ich sah rückwärts, ich sah hinaus, ich sah nie so viel und so gute Dinge auf einmal.. Wie sollte ich nicht meinem ganzen Leben dankbar sein?" (Ecce homo) — als sinke „an diesem vollkommenen Tage, wo alles reift.. ich sah rückwärts, dunkel bewußten Willen in so stolzem, ruhigem Gleichmaß zum Meere ab, wie das Gebirge bei Portofino — dort, wo die Bucht von Genua ihre Melodie zu Ende singt.

Aber mag das im Zwielicht bleiben — gewiß ist, daß die Gesamterscheinung Nietzsches, soweit sie sich der Geistesgeschichte und Geistesverwandtschaft einordnet, daß sie in ihrem ganzen Umriß an diese Gleichnislandschaft Zarathustras auf phantastische Art erinnert, ihr „blutsverwandt, ja noch mehr" scheint. Das ganze Bild Nietzsche ist selber ein solches äußerstes Vorgebirge, ein mächtiger letzter Ausläufer des großen Hochgebirgszuges, der sich von der deutschen Frühromantik her, wie von der klassischen, idealistisch-humanistischen Bildungszeit aus herzieht, ein weithinausgreifendes, doch tief landeinwärts verwurzeltes Kap und Wahrzeichen, mit prachtvollem Steilabsturz edel absinkend zu einer Fläche hinunter, die bis jetzt nur Ahnungen von neuen Küsten des Geistes spiegelte. Aber wie dies Vorgebirge ein letzter Ausläufer und äußerster Absturz ist, ein stolzes und schön tragisches Sich-Aussingen großer bewegender Kräfte, so ist es zugleich auch eine hinüberweisende Verheißung, ein Sichloslösen von alten Küsten, eine Insel schon, ein erster Brückenpfeiler über neue Meere zu neuen Ufern. „Ein Vorspiel bin ich," sagt Zarathustra, der Wahrsager, „voll jenes wahrsagerischen Geistes, der auf hohem Joche zwischen zwei Meeren wandelt — zwischen Vergangenem und Zukünftigem als schwere Wolke wandelt..." Und Nietzsches ganze geistige Stellung ist gekennzeichnet durch die schwebende, zwitterhafte Traumstimmung kurz vor einem Erwachen, dem Aufwachen so nahe, daß der Traum sich des Träumens schon bewußt ist, aber ihn um so inbrünstiger, noch einen Augenblick, um Verweilen bittend. Zwischen alter romantischer Nacht und neuem glühenden Tag, zwischen Heimatserdteil und kolumbisch unbekannten Meeren, halb äußerste Kühnheit der Sehnsucht und Erkenntnis (Erkenntnis ist bei Nietzsche immer eine Form der Sehnsucht), halb letzte Heimwehzärtlichkeit, die nicht los kann von den Küsten der eigenen Jugend; das schwebende „Oder?" eines Augenblicks zwischen zwei Welten, denen beiden, deren keiner er angehört — so sehen wir Nietzsche.

So sah er sich selber, in all seinen äußersten Augenblicken (die immer seine eigentlichsten waren), in jenen wahrsagerischen Augenblicken, in denen er immer auf hohem Joche zwischen zwei Meeren wandelte. Seinen klassischen Ausdruck findet der Augenblick dieses äußersten, schwebenden inneren „Oder?" vielleicht in den letzten Sätzen der „Morgenröte", die zugleich auch ein klassisches Beispiel seiner Meisterschaft des Endes sind, jener Virtuosität in der Kadenz, auf die Nietzsche so stolz war und in der er, wissentlich und unbewußt, am meisten sich selber gab und verriet: es sei das einzige Buch, das mit einem „Oder?" — schließe, sagt er von der Morgenröte bedeutsam im Ecce homo. Aber auch Nietzsches mächtiger Torso schließt seinen geistigen Umriß, von woher wir uns ihm auch nähern, immer wieder mit einem letzten „Oder?", so gut wie alle seine Schriften von der „Geburt" bis zum „Ecce" in der Doppelung eines solchen Oder ausklingen. Kaum eines freilich mit so gelassenem Stolz, solch königlichem Verzicht, solch meisterlicher Zuversicht angesichts alles „Jenseits", wie die Morgenröte:

„Alle diese kühnen Vögel, die ins Weite, Weiteste hinausfliegen, — gewiß! irgendwo werden sie nicht mehr weiter können.. Aber wer dürfte daraus schließen, daß es vor ihnen *keine* ungeheure freie Bahn mehr gebe, daß sie so weit geflogen sind, als man fliegen *könne*! Alle unsere großen Lehrmeister und Vorläufer sind endlich stehen geblieben.. auch mir und dir wird es so ergehen! Was geht das aber mich und dich an! Andere Vögel werden weiterfliegen! Diese unsere Einsicht und Gläubigkeit fliegt mit ihnen um die Wette hinaus und hinauf.. dahin, wohin wir strebten, und wo alles noch Meer, Meer, Meer ist!" So die große Bogenlinie der bejahenden Bescheidung, mit der hier die Landschaft Nietzsches voll stolzen Gleichmaßes zum Meere der Zukunft absinkt. Aber vor dem alleräußersten Steilabsturz wendet sich der Umriß noch einmal empor, wie zu einer letzten fragenden Anstrengung, einem deutenden Hinüber, einem suchenden Vielleicht — fast schon losgelöst von der Küste, die sich in ihm aussingt, fast schon Insel, fast schon Brückenpfeiler zu einer unbekannten Küste hinüber, der Heimatküste des Großen Menschen, die drüben ist, die drüben sein muß, dort, wo für das Auge die Sonne im Leeren hinabgeht:

„Und wohin wollen wir denn? Wollen wir denn *über* das Meer? Wohin reißt uns dieses mächtige Gelüste, das uns mehr gilt als irgendeine Lust? Warum doch gerade in dieser Richtung, dorthin, wo bisher alle Sonnen der Menschheit *untergegangen* sind? Wird man vielleicht uns einstmals nachsagen, daß auch wir, *nach Westen steuernd, ein Indien zu erreichen hofften,* — daß aber unser Los war, an der Unendlichkeit zu scheitern? Oder, meine Brüder? Oder? —"

> „Wenn ich dem Meere hold bin
> Und allem, was Meeresart ist, ..
>
> Wenn jene suchende Lust in mir ist,
> Die nach Unentdecktem die Segel treibt, ..
>
> Wenn je mein Frohlocken rief: ‚Die Küste schwand,
> Nun fiel mir die letzte Kette ab —
>
> Das Grenzenlose braust um mich,
> Weit hinaus glänzt mir Raum und Zeit,
> Wohlan, wohlauf! altes Herz! —'
> O wie sollte ich nicht nach der Ewigkeit brünstig sein .."

## KÜNDERTUM

„.. Denn weil
Die Seligsten nichts fühlen von selbst,
Muß wohl .. in der Götter Namen
Teilnehmend fühlen ein andrer —
Den brauchen sie; jedoch ihr Gericht
Ist, daß sein eigenes Haus
Zerbreche der, und das Liebste
Wie den Feind schelt' und sich, Vater und Kind,
Begrabe unter den Trümmern,
Wenn einer, wie sie, sein will, und nicht
Ungleiches dulden, der Schwärmer."
*Hölderlin.*

„Das Leben eines wahrhaft kanonischen Menschen muß durchgehends symbolisch sein. Wäre unter dieser Voraussetzung nicht jeder Tod ein Versöhnungstod?"
*Novalis.*

Prophetisches wächst nur im Halblicht. Nicht Dunkelmännerei redete, wie alles 18. Jahrhundert argwöhnt, dem heiligen Dunkel das Wort. Wie der Kristall nur im Berge wächst, und, berührt, im Wachstum erstarrt, so wächst auch die Gewalt des menschenumschaffenden seherischen Wortes nur schlafend. Es gehört mit zu Nietzsches tragischem Übergangsgeschick, daß seine geistige Berufung und seine „geistliche Auserwählung" — um es theologisch auszudrücken — gerade in die unehrfürchtigsten Jahrzehnte fielen, welche die Geistesgeschichte vielleicht jemals gesehen hat; in die Blütejahrzehnte des „historischen" Jahrhunderts, das sich seiner geschichtlichen Pietät selbst so sehr rühmte und das dabei innerlich ehrfurchtsloser, im goetheschen Sinn, gewesen ist als irgendeines vor ihm. Beinahe quälend scheint uns die schmerzhaft grelle Beleuchtung, in der wir Nietzsches Werdejahre erblicken, jedem Dämmerlicht der Legende entrissen, scheinwerferhaft bestrahlt, dank der Fülle der persönlichen Zeugnisse, welche wir der geschichtlichen Schulung seiner Zeitgenossen schulden, und für deren zeitlich kleines Einzelgut nur der Geschichtsforscher in uns, der Erbe des 19. Jahrhunderts, noch widerwillig dankbar ist. Fast berührt es sinnbildlich, wenn das allzuhelle Tageslicht des inneren Intellektualismus, das in ihm den seherischen Menschen immer wieder mit dem großen europäischen Schriftsteller kämpfen ließ, wenn dies Tageslicht nun auch noch die äußere Bildwerdung stört. Nicht als ob Nietzsches so fast unheimlich, so, wie die Hölderlins, fast stilisiert reine Gestalt eine solche Helle nicht „ertrüge". Aber das Schauspiel des einwohnenden Kampfes seiner eigentlichsten und reinsten Urstrebungen mit den Neigungen und Moderdünsten jener siebziger und achtziger Jahre, die „ihn erwürgen halfen", es ist recht eigentlich trostlos quälend wie der Anblick jedes Ringens, in dem der große Gegenspieler fehlt. Großes wächst, wo sich ein Edles gegen Edles wehrt. Hier aber fehlte ein gegnerisch Edles; darum wütete die Waffe gegen das eigene Haupt. Und bei der allzugroßen Nähe dieser Leiden und dieses vor uns aufwachsenden trügerischen Triumpfes ist es zuweilen, als sähe man etwas, das nicht schaubar sein sollte. „Hieraus machen wir kein Geheimnis; aber wir ziehen einen Schleier über diese Leiden, eben weil wir sie so hoch verehren", — so lautet in den Wanderjahren die Antwort auf die Frage der Wanderer, warum die Passion unter jenen erzieherischen Wandgemälden fehle. Schauerlich zugleich und gleichnishaft vertraut ist der aus den Lebenszeugnissen sich aufbauende Anblick, wie hier, inmitten grellster und zweiflerischer Modernität, inmitten zynischer Unbedingtheiten und glaubensloseester Enttäuschtheit, eine prophetische Berufung sich vollzieht. Wie der Berufene sich weigert gleich jenem anderen erschrocken Erwählten, des Jeremia, vor den Toren der großen, übermütigen, zum Untergange schon ausersehenen Stadt, wie er sich sträubt „warum gerade ich?", wie in ihm, mit dem Worte der Annette von Droste, „der Prophet, ein verzweifelnd Wild, Kämpft gegen das mählich steigende Bild" — das Bild seiner Aufgabe, seiner Sendung, seines Martyriums. „Die Nachgekommenen", heißt es im Nachlaß der letzten Jahre, „sagen von ihm: ‚Seitdem stieg er immer höher und höher.' Aber sie verstehen nichts von diesem Martyrium des Aufsteigens: ein großer Mensch wird gestoßen, gedrückt, gedrängt, hinaufgemartert in *seine* Höhe." Wir sahen nie zuvor ein großes wegeweisendes und stellvertretendes Leben, ein Martyrium des Aufsteigens in solcher fast grauenhaften Nähe (wie verschweigt sich jedes Bild der alten Heiligen und Weisen mit den bunten Bildern ihrer Legende! wie umbilderte sich Dante, wie verrätselten sich Lionardo und Shakespeare, wie umlog sich Napoleon, wie verschwieg sich Goethe!) — wir werden vielleicht nie wieder eines aus solcher Nähe sehen. Aber *daß* wir es sehen, gehört mit zu Nietzsches besonderer und einmaliger Gestalt und Tragik; diese Nähe des Betrachtenden gehört gerade zu *seinem* Geschick hinzu, diese schamlose Zeithelle um den einsamen Flüchtling ist ein Stück schon seines eigenen zeitlosen Bildes — und darum brauchen wir die Augen nicht wegzuwenden von diesem allzu überhellten, allzu nahen Leben.

Die Kindheit hat im Vordergrunde nichts Weissagendes. Schön, still, heiter, hergebracht fast und ein wenig zu maßvoll, zu sehr behütet in einer nur weiblichen Atmosphäre und nicht ohne mädchenhafte Züge. Dennoch fehlt es nicht an kindlichen Vorzeichen der künftigen nietzscheschsten Eigenschaft: des amor fati, des Gehorsams vor dem in den eigenen Willen aufgenommenen Gesetz, der Bejahung der Notwendigkeit. (Die Geschichtchen von dem langsamen Heimweg im Platzregen, gemäß der Schulvorschrift; von der Selbstmarterung nach dem Vorbild des Scaevola). Es fehlt nicht an dem leisen Schimmer einer unbeschreiblichen Fremdheit und verborgenen Hoheit, der später den Freund Rohde, nach jahrzehntelanger Trennung, so erschütterte („Eine unbeschreibliche Atmosphäre der *Fremdheit*, etwas mir damals völlig *Unheimliches*, umgab ihn. Es war etwas in ihm, was ich sonst nicht kannte.. Als käme er aus einem Lande, wo sonst niemand wohnt." Rohde 1886 an Overbeck). Wie es den Mitschülern des Knaben Hölderlin war, „als schritte Apollon durch den Saal", so bezeugt ein „sonst sehr freisinniger" und skeptischer ehemaliger Primaner des Naumburger Domgymnasiums, es sei ihm der junge Nietzsche, damals Quintaner oder Quartaner, „immer wie der zwölfjährige Jesus im Tempel erschienen". („Mit zwölf Jahren habe ich Gott in seinem Glanze gesehen" lautet eine mystische späte Äußerung Nietzsches.) Es wird berichtet, daß seine Mitschüler vor ihm kein rohes Wort zu sagen gewagt hätten: einmal habe sich ein Junge auf den Mund geklopft und ausgerufen: „Nein, das kann man vor Nietzsche nicht sagen!" „Was tut er euch denn?" „Ach, er sieht einen so an, da bleibt einem das Wort im Mund stecken." Ja, schon aus Nietzsches allererstem Schuljahr in der allgemeinen Bürgerschule zu Naumburg ist überliefert, daß der Sechsjährige ernsthaft, nachdenklich, mit „würdigen, höflichen Formen" den andern derben und lärmenden Knaben so fremdartig gewesen sei, daß keinerlei Annäherung stattgefunden habe; nur zuhören mochten seine kleinen Mitschüler: sie erzählten, „er könne Bibelsprüche und geistliche Lieder mit einem solchen Ausdruck hersagen, daß man fast weinen müßte", und sie pflegten ihn den „kleinen Pastor" zu nennen. Die Arbeiten, die der Pfortenser Nietzsche auf den „Synoden" der von ihm mit zwei Freunden gegründeten Vereinigung Germania vorlegte — ein erster Vorklang der späteren Lieblingsidee des „Musenklosters" — kündigen den späteren Nietzsche schon unverkennbar an. Und auch die seltsam frühe Liebe zu Hölderlin, seinem Liebling aus der Gymnasialzeit, wie er später einmal an Rohde schreibt, deutet auf eine zeitige Ahnung seines eigenen, Hyperion und Empedokles so spukhaft wahrträumenden Schicksals. Der Siebzehnjährige widmet diesem Lieblingsdichter sogar einen (noch erhaltenen) Aufsatz, durch den er sich begreiflicherweise den „freundlichen Rat" seines Klassenlehrers zuzieht, „sich doch an einen gesünderen, klareren, *deutscheren* Dichter zu halten". Ergreifend spricht sich endlich das Vorgefühl, zum Dienst eines neuen, noch unbekannten Gottes vorherbestimmt und aufgespart zu sein, in dem Gedicht aus, das der von Schulpforta scheidende künftige Student der Gotteswissenschaft seinem unbekannten Führer zusingt:

„Dem unbekannten Gott.

Noch einmal, eh ich weiterziehe
Und meine Blicke vorwärtssende,
Heb' ich vereinsamt meine Hände
Zu dir empor, zu dem ich fliehe,
Dem ich in tiefster Herzenstiefe
Altäre feierlich geweiht,
Daß allezeit
Mich deine Stimme wieder riefe.
Darauf erglüht tief eingeschrieben
Das Wort: dem unbekannten Gotte.
Sein bin ich, ob ich in der Frevler Rotte
Auch bis zur Stunde bin geblieben:
.. Ich will dich kennen, Unbekannter,
Du tief in meine Seele Greifender,
Mein Leben wie ein Sturm Durchschweifender,
Du Unfaßbarer, mir Verwandter!
Ich will dich kennen, selbst dir dienen."

Wie ein schauerlich gesteigertes Echo dieser Jünglingsdichtung tönt es noch aus dem Dionysos-Dithyrambus des Jahres 1884 nach, der dem

„Zauberer" Zarathustras in den Mund gelegt wird und ein Jahr später als „Klage der Ariadne" zur selbständigen Dichtung umgeformt wird:

> „.. Unnennbarer! Verhüllter! Entsetzlicher!
> Du Jäger hinter Wolken!
> .. Grausamster Jäger,
> Du unbekannter — Gott!
>
> Triff tiefer!
> Triff einmal noch!
> .. Wozu — mich martern,
> Du schadenfroher unbekannter Gott?
>
> .. Sprich endlich!
> Was willst du, Wegelagerer, von *mir*?
> Du Blitzverhüllter! Unbekannter! sprich,
> Was *willst* du, unbekannter — Gott?
>
> .. *Mich* — willst du? Mich?
> Mich — ganz?
> .. Gib, ja ergib,
> Grausamster Feind, mir — *dich*.
>
> Davon!
> Da floh er selber
> Mein letzter einziger Genoß,
> Mein großer Feind,
> Mein Unbekannter,
> Mein Henker-Gott!
>
> Nein! Komm zurück,
> Mit allen deinen Martern!
> Zum Letzten aller Einsamen
> O komm zurück,
> Mein unbekannter Gott! Mein Schmerz! Mein letztes — Glück!"

Aber noch schläft der unbekannte Gott in der Wiege einer heitersten Jugend und Unbefangenheit. Die Lebensäußerungen, die Briefe des jungen Studenten bezeugen eine bewahrte Einfalt, eine zuweilen fast rührende Spätkindlichkeit, die angesichts des kommenden Verhängnisses mehr ergreift, als es eine heldische oder leidvolle Kindheit tun könnte. Selbst die leisen Ankündigungen unzeitgemäßer Abkehr von seiner studentischen Umgebung (der er sich im übrigen nach besten Kräften einzuordnen strebt) sind noch durchaus harmloser Art und entbehren nicht einer gewissen Komik: so, wenn er, statt den kölnischen Karneval des Jahres 1865 zu besuchen, „zum größten Erstaunen seiner Bekannten und Freunde" sich —

im ersten Semester — arbeitsam zurückzieht, um seinen Vortrag für den Gustav Adolf-Verein über die kirchlichen Zustände der Deutschen in Nordamerika auszuarbeiten. Oder wenn er im Oktober desselben Jahres nach dem Abschied vom Rheinland der Bonner Burschenschaft Franconia seinen Austritt anzeigt mit jenem merkwürdigen, halb kindlich ungeschickten, halb fremd hochmütigen Brief, über den sich der Konvent begreiflich genug so entrüstete, daß er Nietzsche ausschloß: „.. Möge die Franconia recht bald das Entwicklungsstadium überstehen, in dem sie sich jetzt befindet", schreibt der Student des zweiten Semesters. Die Unzeitgemäßen Betrachtungen, die Basler Vorträge über die Zukunft unserer Bildungsanstalten kündigen sich an.

Das rheinische Jahr war das letzte Kindheitsjahr Nietzsches. Die Schwester vergleicht es einem Schlaf- und Traumzustand, in dem die eigentlichen persönlichen Kräfte dem Erwachen entgegenreiften. Nietzsche selber nannte es sein verlorenes Jahr. Er fühlte, noch war er nicht er selber, er suchte, und fand sich nirgends. „Ich ging von Bonn weg wie ein Flüchtling", schreibt er noch zwei Jahre später. In Leipzig erst ruft das Schicksal, unüberhörbar, wiederholt, gebieterisch zum Erwachen auf. Mit sonderbarer Schnelligkeit reift die bis dahin nordisch späte Entwicklung Nietzsches einer außerordentlichen Blüte entgegen. Alle Umstände begünstigen, mit seltsamer Scheinabsichtlichkeit, den einzig notwendigen Weg des jungen Studenten. Schon das häßliche Philologengezänk, das seinen Bonner Lehrer Ritschl nach Leipzig übersiedeln ließ, war ein solcher Wink (bezeichnend genug für die Gerechtigkeitsliebe wie für den inneren Gehorsam des jungen Nietzsche, daß er in diesem Professorenstreit menschlich und sachlich zwar auf Seite von Ritschls Gegner Jahn sich fühlt, dennoch aber dem Lehrer, von dem er entscheidender zu lernen glaubt, nach Leipzig hinüberfolgt). Im Lehrer folgt er dem Schicksal. Auf sächsischem Heimatboden erwartet ihn die erste tiefe Liebe seines Lebens, die zu Erwin Rohde. Es erwartet ihn das geistig bestimmende und aufwühlende Erlebnis der Welt als Wille und Vorstellung (man erinnert sich, wie Nietzsche einer Art von Daimonion Erwähnung tut, das ihm zu diesem irgendwo aufgestöberten Buche geraten habe); es erwartet ihn, vor allem, die große Wendung seines Lebens, die persönliche Berührung mit der mächtigen Natur Richard Wagners. (Auch diese vollzieht sich nicht ohne merkwürdige Zufälle und „Anzeichen", wie sie der spätere Nietzsche sich einzuprägen liebte: Man denkt an die halb schnurrige, halb spukhafte E.T.A. Hoffmann-Szene, wie das fratzenhafte Schneidermännchen verhindern will, daß Nietzsche, in einer Schnee- und Regennacht des Jahres 1868, der Einladung folge, die ihm Richard Wagners erste Bekanntschaft bringen soll; man denkt an die geradezu phantastisch unwahrscheinliche Berufung des Studenten als Professor nach Basel, noch vor der Doktorpromotion, eine Berufung, die einzig und allein Tribschen ermöglichte und ohne die Nietzsches Leben und Lebenswerk in unberechenbar andere Bahnen hinübergetrieben worden wäre.)

Wagner — das bedeutet, von woher man auch Nietzsches Leben und Werk betrachten möge, die Taufe und die Berufung Nietzsches. Von diesem wahrhaft verwandelnden Augenblick an zählt seine geistige Persönlichkeit. „Ich habe die Erfahrung gemacht," zeichnet der zweiundzwanzigjährige Hebbel in sein Tagebuch, „daß jeder tüchtige Mensch in einem großen Mann untergehen muß, wenn er jemals zur Selbsterkenntnis und zum sichern Gebrauch seiner Kräfte gelangen will; ein Prophet tauft den zweiten, und wem diese Feuertaufe das Haar sengt, der war nicht berufen!" Es war die Erfahrung auch des vierundzwanzigjährigen Nietzsche. Vom Rauschglück, in einem großen Manne unterzugehen und sein eigentliches Selbst aus diesem Feuerbade tiefer, bewußter, tätiger und ewiger zurückzuerhalten, von solchem Glück strömen die Briefe dieser Epoche über: „Ich habe einen Menschen gefunden, der wie kein anderer das Bild dessen, was Schopenhauer das Genie nennt, mir offenbart.. Dies ist kein anderer als Richard Wagner.. *Niemand* kennt ihn und kann ihn beurteilen, weil alle Welt auf einem anderen Fundamente steht und in seiner Atmosphäre nicht heimisch ist. In ihm herrscht eine so unbedingte Idealität, eine solche tiefe und rührende Menschlichkeit, ein solch erhabener Lebensernst, daß ich mich in seiner Nähe wie in der Nähe des Göttlichen fühle" (1869 an Gersdorff). „Ich habe das unschätzbare Glück, den wahren Geistesbruder Schopenhauers, der sich zu ihm wie Schiller zu Kant verhält, als wirklichen Freund zu besitzen, einen Genius, der dasselbe furchtbar erhabene Los empfangen hat, ein Jahrhundert früher zu kommen, als er verstanden werden kann.. Ich merke, wie mein philosophisches, moralisches und wissenschaftliches Streben *einem* Ziele zustrebt und daß ich — vielleicht der erste aller Philologen — zu einer Ganzheit werde. Wie wunderbar neu und verwandelt sieht mir die Geschichte aus, vornehmlich das Hellenentum!" (1870 an Deussen). „Ich habe auch mein Italien.. es heißt Tribschen.. Liebster Freund, was ich dort lerne und schaue, höre und verstehe, ist unbeschreiblich. Schopenhauer und Goethe, Äschylus und Pindar leben noch, glaub es mir" (1869 an Rohde). „Mein Anhören wagnerscher Musik ist eine jubelnde Intuition, ja ein staunendes Sichselbstfinden" (1868 an Rohde).

Als ein staunendes Sichselbstfinden, eine erste jubelnde Schau seiner künderischen Aufgaben und Möglichkeiten dürfen wir die Taufe Nietzsches im Bade des Wagnererlebnisses ansehen. Ihr unvergängliches Denkmal ist die „Geburt der Tragödie", eines der merkwürdigsten Liebesbücher aller Zeiten und vielleicht selbst heute noch das innigste, reinste und ergreifendste, wenn auch weder das bedeutendste, noch das schönste Buch Nietzsches. Seine „fremde Stimme" — so nannte sie der Nietzsche von 1886 — war nicht nur ein „Zwiegespräch mit dem großen Künstler Richard Wagner"; sie war auch das erste Gespräch dieser Seele mit sich selber, ein halb grübelndes, halb verzücktes Fragetauschen: „Wer bist du?" „Wer bin ich?" „Man versteht," fragt der letzte Nietzsche, „an welche Aufgabe ich bereits mit diesem Buche zu rühren wagte?.. Dionysos redete zu mir.."

Enthält die Geburt der Tragödie die erste Verkündigung des Propheten in Nietzsche, so sind die Unzeitgemäßen Betrachtungen das erste Zeugnis des „Zürnens". Beides, Verkündigung und Zürnen, ist ja unabtrennbar von der prophetischen Sendung; jedes ist nur die Gegenhalbkugel des andern. Es gibt kein seherisches Amt der Vorverkündung irgendeines Kommenden, das nicht in einem unvermeidlichen Gegensatz zur bloßen Gegenwart, als des Nichtseinwerdenden, Nichtseinsollenden, seinen Ausdruck, ja seine Rechtfertigung fände. „Lob und Fehm" sind nur die beiden Flügel des prophetischen Aufflugs. Das Recht zum einen ist die Pflicht zum andern. „Jede hohe Klage und Träne über irgendeine Zeit sagt, wie eine Quelle auf einem Berge, einen höheren Berg oder Gipfel an" — so drückt Jean Pauls Levana dies Gesetz aller Kündung aus. Als solche Quelle auf einem höheren Berge ist die hohe Klage und Träne der Unzeitgemäßen Betrachtungen zu begreifen. Diese vier Bücher, namentlich die drei letzten, sind der erste Umblick, die erste erstaunte und befremdete Niederschau des aus der frühsten verzückten Erschütterung langsam sich zurückgewinnenden Geistes, der das Land um sich her verwandelt findet. „Wo bin ich doch — ach weit, ach weit". Sie sind der Ausdruck einer hohen Ungeduld, die weiter gesehen hat, weiter gewesen ist als alle um ihn und sich nun in eine Gegenwart zurückversetzt findet, die ihr keine Gegenwart mehr sein kann, in eine Zeit hineingenötigt, in der sie sich unzeitgemäß vorkommen muß. Dem entspricht auch das eigentümliche innere Unbehagen, das Suchen und Tasten, Nicht aus noch ein wissen, das die Äußerungen gerade dieser Zeit kennzeichnet. Denn unzweifelhaft scheint nach dem wahrhaft prachtvollen Ausbruch der Geburt der Tragödie, diesem Geschenk, das ein Glücksrausch ohnegleichen dem Geiste Nietzsches machte, die Zeit der Unzeitgemäßen Betrachtungen, äußerlich, fast einen Rückschlag zu bedeuten. Erschien der junge Nietzsche in der Zeit der „Geburt" auch persönlich „elastisch, feurig, selbstbewußt wie ein junger Löwe" (Erinnerungen Deussens), quellen die Briefe dieser Zeit über vom Stolz auf die Freundesnähe des Genius, von der „Seligkeit inter pares", so schleicht sich in den folgenden Jahren, wie ein Anzeichen des langsam unterhöhlten Glaubens an Wagners Menschtum und Kunst, ein zaghafter, tastender, oft tief entmutigter Ton in seine Briefe. Ein Zweifel an der inneren Berechtigung zu dem dionysischen Glück der Tribschener Gemeinsamkeit und an ihrem künstlerisch-philosophischen Ausdruck, eine Ungewißheit, wo seine Aufgabe sei, und ob er überhaupt eine Aufgabe im strengen Sinne habe, scheint ihn unablässig zu beunruhigen. „Wenn du nur nicht eine viel zu gute Meinung von mir hättest!" schreibt er noch 1874 aus Basel an Gersdorf. „Ich glaube fast, daß du dich einmal über mich etwas enttäuschen wirst.. Könntest du wissen, wie verzagt und melancholisch ich *im Grunde* von mir selbst, als produzierendem Wesen, denke! Ich suche weiter nichts als etwas Freiheit, etwas wirkliche Luft des Lebens und wehre mich, empöre mich gegen das viele, unsäglich viele Unfreie, das mir anhaftet. Von einem wirklichen Produzieren kann aber gar nicht geredet werden, so lange man noch so wenig aus der Unfreiheit, aus dem Leiden und Lastgefühl des Befangenseins heraus ist: werde ich's je erreichen? Zweifel über Zweifel.." Und noch zwei Jahre später, an denselben: „.. Ich muß mein Glück immer mehr im Glück meiner Freunde suchen. Alle meine eigenen Pläne sind ja wie Rauch; ich sehe sie nah vor mir und möchte sie fassen. Denn es ist traurig, ohne sie zu leben, ja kaum möglich." An Rohde lautet es ähnlich, 1874, über seine „quälerische Verzagtheit": „Eigentlich lebe ich ja durch euch, meine Freunde, ich gehe vorwärts, indem ich mich auf euch stütze; denn mit meinem Selbstgefühle steht es schwach und erbärmlich und *ihr* müßt mir immer wieder mich mir selber gewährleisten. Dazu seid ihr mir die besten Vorbilder.., sowohl du als Overbeck.." Ja, noch 1877 an Seydlitz: „Werden Sie sich nicht (in mir) täuschen? Der Himmel weiß, Sie werden einen sehr einfachen Menschen finden, welcher von sich keine große Meinung hat." Wie schmerzhaft bescheiden, in sich selber ungewiß, heißt es 1873 an Malwida: „Mein Parnassus der Zukunft ist, wenn ich mich sehr anstrenge und einiges Glück, sowie viel Zeit habe — vielleicht ein mäßiger Schriftsteller zu werden." Und welch Zeugnis quälendster Zweifel an sich selber gibt, zum psychologischen Aphorismus versachlicht und vermittelbart, die Stelle der „Morgenröte": „Wer wagt es, einen Blick in die Wildnis bitterster.. Seelennöte zu tun, in welchen wahrscheinlich gerade die fruchtbarsten Menschen aller Zeiten.. geschmachtet haben! jene Seufzer der Einsamen und Verstörten zu hören: ‚Ach, so gebt doch Wahnsinn, ihr Himmlischen! Wahnsinn, daß ich endlich an mich selber glaube!.. Der Zweifel frißt mich auf, ich habe das Gesetz getötet.. wenn ich nicht *mehr* bin als das Gesetz, so bin ich der Verworfenste von allen..' Und nur zu oft erreichte diese Inbrunst ihr Ziel zu gut.." Das ist ein Zweites Gesicht der Seelennot, aus welcher Werke wie der Zarathustra, Gebärden wie die des Ecce homo entstehen. Aus solchen Zweifeln, aus solchem Gebet um den Wahnsinn des Glaubens an sich selbst stieg, den Jünger, den Skeptiker, den europäischen Schriftsteller und Moralisten Nietzsche als Stufen zu sich hin unter sich lassend, der künderische Nietzsche.

Das langsame, wie unterirdische Wachsen und Kristallreifen des Glaubens an sich selber gewahrt man, unter der zweiflerischen Schicht, seit den Tribschener Tagen unverkennbar. Von der Philologie lebt der junge Hochschullehrer schon im Frühjahr 1871, „in einer übermütigen Entfremdung, die sich schlimmer gar nicht denken läßt" (an Rohde). Lob und Tadel, ja alle höchsten Glorien auf dieser Seite machen ihn schaudern. „So lebe ich mich allmählich in mein Philosophentum hinein und glaube bereits an mich; ja, wenn ich noch zum Dichter werden sollte, so bin ich selber hierauf gefaßt." Aber je höher die Wasser des Glaubens an sich in den unterirdischen Gewölben dieser Seele ansteigen, desto mehr verliert sich jener Übermut, desto ernster scheint ihr alles zu werden, was mit ihr geschieht. Eine Art Angst wird spürbar: „Wer bin ich? und was geschieht mit mir?" Ein Jahr später schon als jene übermütige Entfremdung klingt der erste Ton dieses neuen Ernstes auf: er schreibt an Rohde, ein ungeheurer Ernst erfasse ihn bei allem, was er über die Geburt der Tragödie vernehme — „weil ich in solchen Stimmen die Zukunft dessen, was ich vorhabe, errate. Dieses Leben wird noch sehr schwer". Die Ahnung eines Weges, den niemand gehen kann außer ihm und den er eben deshalb gehen muß, tut sich allmählich vor ihm auf: „Es gibt in der Welt einen einzigen Weg, auf welchem niemand gehen kann, außer dir: wohin er führt? Frage nicht, gehe ihn" — klingt es aus Schopenhauer als Erzieher. Das Jauchzen über ein inneres Wachsen, ein geheimes Bergsteigen in ihm wird kaum zurückgedrängt durch die Scheu, diesen Jubel vorzeitig zu verraten, ehe er ausbrechen darf (erst Zarathustra ist dieser Jubel). Das Glück und der Schauder zugleich eines, der sich unaufhaltbar verwandelt und gesteigert fühlt, ohne Gewißheit, ohne Ahnung selbst, wohinein verwandelt, wohinauf gesteigert, das angstvolle beseligte „Warum denn ich?", das wir als Vorzustand alles prophetischen Wesens kennen, es spricht aus ungezählten Äußerungen dieser Krisenjahre, deren Ausdruck nur, nicht deren Ursache die endgültige Entfremdung von Wagner 1876 und der gefährliche „niedrigste Punkt seiner Vitalität" (Winter 1879/80) darstellen. Noch im Rückblick hat Nietzsche den vorbereitenden Verwandlungscharakter der Jahre vor dem Anruf Zarathustras sehr stark empfunden. „Was begab sich damals eigentlich mit mir?" heißt es im Vorredennachlaß der Jahre 1885 bis 1888. „Ich verstand mich nicht, aber der Antrieb war wie ein Befehl. Es scheint, daß unsere ferne einstmalige Bestimmung über uns verfügt; lange Zeit erleben wir nur Rätsel. Die Auswahl der Ereignisse, das Zugreifen und plötzliche Begehren, das Wegstoßen des Angenehmsten, oft des Verehrtesten: dergleichen erschreckt uns, wie als ob aus uns eine Willkür, etwas Launisches, Tolles, Vulkanisches hier und da herausspränge. Aber es ist nur die höhere Vernunft und Vorsicht unserer zukünftigen Aufgabe. Der lange Satz meines Lebens will vielleicht — so fragte ich mich unruhig — *rückwärts* gelesen werden? Vorwärts, daran ist kein Zweifel, las ich damals nur ‚Worte ohne Sinn'." Aber schon in der Fröhlichen Wissenschaft lautete es ähnlich: „Wenn wir Kritik üben, so ist es nichts Willkürliches und Unpersönliches — es ist.. ein Beweis davon, daß lebendige treibende Kräfte in uns da sind, welche eine Rinde abstoßen. Wir verneinen und müssen verneinen, weil etwas in uns leben und sich bejahren *will*, etwas, das wir vielleicht noch nicht kennen, noch nicht sehen!" Langsam, ganz langsam, mit behutsamster Selbstentschleierung wächst den inneren Wandlungen Nietzsches ein eigener Sinn zu. „.. Von Monat zu Monat," lautet es im August 1875, „sehe ich einiges über meine Lebensaufgabe bestimmter, ohne noch den Mut gehabt zu haben, es irgend jemandem zu sagen. Ein ruhiger, aber ganz entschiedener Gang von Stufe zu Stufe — das ist es, was mir verbürgt, noch ziemlich weit zu kommen. Es kommt mir so vor, als ob ich ein geborner *Bergsteiger* sei. — Sehen Sie, wie stolz ich reden kann." Das Wort von der Aufgabe seines Lebens erhält einen immer stärker werdenden Klang, zumal seit der Krise des Jahres 1876, die den letzten Rest der Selbsttäuschung, im Dienst fremder Aufgabe zu stehen, endgültig hinwegspült — mag dieser Dienst als Nachfolge Wagners oder als philologischer Dienst am Altertum, an der bloßen Bewahrung und Ausdeutung des vornehmsten Bildungsschatzes betrachtet werden. Alles das nimmt jetzt für Nietzsche die Perspektive eines Gebirgsweges zu seiner eigentlichen Höhe hinauf, zu sich selber hin, an, eines ruhigen, aber ganz entschiedenen Ganges von Stufe zu Stufe. „Ich weiß es, fühle es, daß es eine höhere Bestimmung für mich gibt, als sie sich in meiner Basler so achtbaren Stellung ausspricht; auch bin ich mehr als ein Philologe, so sehr ich für *meine* höhere Aufgabe auch die Philologie selbst gebrauchen kann. Ich lechze nach *mir* — das war eigentlich das fortwährende Thema meiner letzten zehn Jahre" (1877). Noch die Vorrede von 1886 zum „Menschlichen" blickt auf diese Zeit mit einem gewissen Schicksalsstolze zurück: „Jenes verborgene und herrische Etwas, für das wir lange keinen Namen haben, bis es sich endlich als unsere *Aufgabe* erweist, — dieser Tyrann in uns nimmt eine schreckliche Wiedervergeltung für jeden Versuch, den wir machen, ihm auszuweichen oder zu entschlüpfen, für jede vorzeitige Bescheidung, für jede Gleichsetzung mit solchen, zu denen wir nicht gehören, für jede noch so achtbare Tätigkeit, falls sie uns von unserer Hauptsache ablenkt, ja für jede Tugend selbst, welche uns gegen die Härte der eigensten Verantwortlichkeit schützen möchte." Und 1887 heißt es über die Aufgabe an Fuchs: „*Jene Leidenschaft*, für die man lange keinen Namen hat, rettet uns aus allen Digressionen und Dispersionen, jene *Aufgabe*, deren unfreiwilliger Missionär man ist." Zum ersten Male im Jahre 1878 ist dieser, Zarathustra ankündigende Ton der Aufgabe und des Verhängnisses da: „Ich habe meinem *Amte* und meiner *Aufgabe* zu leben — einem Herrn und einer Geliebten und Göttin zugleich: viel zu viel für meine schwache Kraft und tieferschütterte Gesundheit. Äußerlich gesehen, ist es ein Leben wie das eines Greises und Einsiedlers .. Trotzdem bin ich mutig, vorwärts, excelsior! —" (An Seydlitz). Noch mischt sich, bis heran an die Schwelle Zarathustras, immer wieder etwas wie erschrockene Abwehr dieses Amtes, seines neuen Herrn, dieser Aufgabe, seiner Geliebten und Göttin, ein; ein ungläubiges Erstaunen vor so viel unterirdischen Quellen in einer Natur, die, wie er immer wieder sich und den Freunden gesteht, nicht zu den reichsten gehört; noch klingt es „viel zu viel für mich", und noch immer erbittet er von der Hilfe des Freundes den eigenen Glauben an sich und an seine Berufung. „Im ganzen bin ich erstaunt, um es Dir zu gestehen" — heißt es im März 1881 an Rohde, „*wieviel* Quellen der Mensch in sich fließen lassen kann. Selbst einer, wie ich, der nicht zu den Reichsten gehört. Ich glaube, wenn ich alle die Eigenschaften besäße, die Du vor mir voraus hast, ich würde übermütig und unausstehlich. Schon jetzt gibt es Augenblicke, wo ich auf den Höhen über Genua mit Blicken und Empfindungen herum wandele, wie sie von eben hier aus vielleicht einmal der selige Columbus auf das Meer und auf alle Zukunft hinausgesandt hat.. Solche Freunde wie Du müssen mir helfen, den Glauben an mich in mir selber aufrechtzuerhalten." Aber schon begegnet, im nämlichen Brief, der Satz: „.. ich wünsche niemandem das Los, an welches ich anfange mich zu gewöhnen, weil ich anfange zu begreifen, daß ich ihm gewachsen bin." Oder, wenige Monate später, an die Schwester: „Wohin alles bei mir noch strebt, ist nicht mit einem Wort zu sagen — und hätte ich das Wort, ich würde es nicht sagen.." Aber schon sagt er es, schon drängt es sich, im Vorgefühl kommender Ekstasen, gebieterisch aus ihm heraus: „Es hängt von Zuständen ab, die nicht bei mir stehen, sondern beim ‚Wesen der Dinge', ob es mir gelingt, meine große Aufgabe zu lösen. Glaube mir: bei mir ist jetzt die Spitze alles moralischen Nachdenkens und Arbeitens in Europa und noch von manchem anderen. Es wird vielleicht einmal noch die Zeit kommen, wo auch die Adler scheu zu mir aufblicken müssen, wie auf jenem Bilde des heiligen Johannes, das wir als Kinder so sehr liebten." Und wieder: „Ach, meine gute liebe Schwester, Du meinst, es handle sich um ein *Buch*? hältst auch Du mich immer noch für einen Schriftsteller? Meine Stunde ist da."

Meine Stunde ist da — das ist nicht zufällig Wort und Tonfall des Matthäus-Evangeliums. Meine Stunde ist da — so spricht nur der prophetische Mensch, der seine Wüstenjahre, die Jahre der Stummheit oder der Selbstverwechslung hinter sich weiß und der seine Höhle verläßt, glühend und stark wie eine Morgensonne, die aus dunklen Bergen kommt. Es ist die Stunde Zarathustras. Und wörtlich ist die Stimmung dieses Briefes in den Schluß des verkünderischen Hauptwerks übergegangen: „Trachte ich denn nach Glücke? Ich trachte nach meinem Werke! Wohlan! .. Zarathustra ward reif, meine Stunde kam.. mein Tag hebt an: herauf nun, herauf, du großer Mittag!" Zarathustra bezeichnet den Augenblick der „Berufung". Den Moment, von dem an Nietzsche den langen Satz seines Lebens von rückwärts zu lesen beginnt, zu verstehen beginnt, von dem an die „Aufgabe", dies geheimnisvolle Kultbild der voraufgehenden Jahre, sich ihm entschleiert hat. „Hat jemand, Ende des 19. Jahrhunderts, einen deutlichen Begriff davon, was Dichter starker Zeitalter Inspiration nannten? Im andern Fall will ich's beschreiben. Mit dem geringsten Rest von Aberglauben in sich würde man in der Tat die Vorstellung, bloß Inkarnation, bloß Mundstück, bloß Medium übermächtiger Gewalten zu sein, kaum abzuweisen wissen." (Wie deutlich wird hier die von intellektualer Selbstprüfung kaum noch gebändigte Verkündung des eigenen Prophetentums!) „Der Begriff Offenbarung in dem Sinne, daß plötzlich, mit unsäglicher Sicherheit und Feinheit, etwas sichtbar, hörbar wird, das einen im tiefsten erschüttert und umwirft, beschreibt einfach den Tatbestand. Man hört, — man sucht nicht; man nimmt, —, man fragt nicht, wer da gibt; wie ein Blitz leuchtet ein Gedanke auf, mit Notwendigkeit, in der Form ohne Zögern, ich habe nie eine Wahl gehabt. Eine Entzückung, deren ungeheure Spannung sich mitunter in einen Tränenstrom auslöst, bei der der Schritt unwillkürlich bald stürmt, bald langsam wird; ein vollkommenes Außersichsein mit dem distinktesten Bewußtsein einer Unzahl feiner Schauder und Überrieselungen bis in die Fußzehen; eine Glückstiefe, in der das Schmerzlichste und Düsterste nicht als Gegensatz wirkt, sondern.. als eine notwendige Farbe innerhalb eines solchen Lichtüberflusses; ein Instinkt rhythmischer Verhältnisse, der weite Räume von Formen überspannt (die Länge, das Bedürfnis nach einem weitgespannten Rhythmus ist beinah das Maß für die Gewalt der Inspiration..). Alles geschieht im höchsten Grade unfreiwillig, aber wie in einem Sturm von Freiheitsgefühl, von Unbedingtsein, von Macht, von Göttlichkeit. Die Unfreiwilligkeit des Bildes, des Gleichnisses ist das Merkwürdigste; man hat keinen Begriff mehr, was Bild, was Gleichnis ist, alles bietet sich als der nächste, der richtigste, der einfachste Ausdruck an. Es scheint wirklich, um an ein Wort Zarathustras zu erinnern, als ob die Dinge selber herankämen und Gleichnis sein möchten.. ‚alles Sein will hier Wort werden, alles Werden will von dir reden lernen'. Dies ist *meine* Erfahrung von Inspiration; ich zweifle nicht, daß man Jahrtausende zurückgehen muß, um jemanden zu finden, der mir sagen darf: ‚es ist auch die meine!' —"

Solche Töne waren in deutscher Prosa nie zuvor gewagt worden — sie schienen den äußersten Gipfeln der deutschen Musik vorbehalten, sei es den verzückten Gemeinschaftsentrückungen der Messe in H-moll („Cum sancto spiritu", „Sanctus") und der „Solemnis" („Cum sancto spiritu", „Et vitam venturi saeculi"), sei es der inbrünstig frevelnden Selbstvereinzelung der Letzten Quartette und Sonaten. Und nur die seltensten Aufschwünge des dichterischen Wortes verraten etwas von einer prophetisch sprengenden Innengewalt, wie sie aus diesem Bekenntnis redet: der Ganymed des jungen Goethe, der Pater ekstaticus der Faustverklärung, Novalis' Nachthymnen, Hölderlins letzte Gesänge, die „Entrückung" des Siebenten Ringes. Seit dem Erlebnis dieses Offenbarungssturmes (das in der Empfängnis des Gedankens von der Ewigen Wiederkunft seinen höchsten Augenblick erreichte), seit diesem Augenblick erscheint Nietzsches ganze Selbstwertung endgültig verwandelt, zum verkünderischen Range hinaufgehoben. Wenn er vorher „über alle seine Hauptsachen sehr schweigsam" erscheint (man denke an die fast zaghafte Art, in welcher das erste Aufdämmern des Gedankens der Ewigen Wiederkunft am Schlusse der Fröhlichen Wissenschaft eingestanden wird), so reißt ihm jetzt ein übermächtiges Selbstgefühl das Geständnis seiner Sendung von den Lippen. Die Selbstzeugnisse der Zarathustrajahre strömen über vom alten Glück der Berufung, von der neuen Seligkeit des Auserwähltseins:

„Alles, was ich gedacht, gelitten und gehofft habe, steht darin und in einer Weise, daß mir mein Leben jetzt wie *gerechtfertigt* erscheinen will. Und dann wieder schäme ich mich vor mir selber: denn ich habe hiermit nach den höchsten Kronen die Hand ausgestreckt, welche die Menschheit zu vergeben hat" (Rom 1883). „Die Zeit des Schweigens ist *vorbei:* Mein Zarathustra, der Dir in diesen Wochen übersandt sein wird, möge Dir verraten, wie hoch mein Wille seinen Flug genommen hat.. Es ist ein Anfang, mich zu erkennen zu geben — nicht mehr! — Ich weiß ganz gut, daß niemand lebt, der so etwas machen könnte, wie dieser Zarathustra ist" (Sils Maria 1883). „Meine Aufgabe ist ungeheuer; meine Entschlossenheit aber nicht geringer. Was ich *will*, das wird Ihnen mein Sohn Zarathustra zwar nicht sagen, aber zu raten aufgeben; vielleicht ist es zu erraten. Und gewiß ist dies: ich will die Menschen zu Entschlüssen drängen, welche über die ganze menschliche Zukunft entscheiden.." (Venedig 1884). Hielt er sich vorher verborgen, hinter Masken und Vordergründen, so beglückt es ihn jetzt, erraten zu werden. Er freut sich, daß Heinrich von Stein sich feinfühlig in Bezug auf das verborgene Pathos eines Einsam-Daherziehenden erwiesen hat: „Mir selber war in seiner Nähe zumute, wie jenem Philoktet auf seinem Eilande beim Besuche des Neoptolemos — ich meine, er hat auch etwas von meinem *Philoktet-Glauben* erraten ‚ohne *meinen* Bogen wird *kein* Ilion erobert!' " (1884 an Gast). (Wieviel besagt die Wahl gerade dieses Gleichnisses für Nietzsches innerstes Gefühl — es umhüllt den Philoktet-Schrei der Fröhlichen Wissenschaft: „Ihr habt kein Gefühl dafür, daß prophetische Menschen sehr leidende Menschen sind.")

In allen diesen Äußerungen ist sichtlich der höchste Grad des Selbstgefühls und Selbstbewußtseins erreicht, die königliche Stufe des höchsten philosophischen Stolzes erstiegen, jenes Stolzes, den Nietzsche vorausahnend in der Schilderung Heraklits vorwegnahm (1873): „Heraklit war stolz: und wenn es bei einem Philosophen zum Stolz kommt, dann gibt es einen großen Stolz .. Seine Begabung ist die seltenste, in einem gewissen Sinne unnatürlichste, dabei selbst gegen die gleichartigen Begabungen ausschließend und feindselig. Die Mauer seiner Selbstgenügsamkeit muß von Diamant sein, wenn sie nicht zerstört und zerbrochen werden soll, denn alles ist gegen ihn in Bewegung .. Die Nichtachtung des Gegenwärtigen und Augenblicklichen liegt im Wesen der großen und philosophischen Natur .. Es ist wichtig, von solchen Menschen zu erfahren, daß sie einmal gelebt haben. Nie würde man sich den Stolz des Heraklit .. imaginieren können .. niemand wird, wenn er nicht durch die Historie belehrt ist, an eine so königliche Selbstachtung und Überzeugtheit, der einzige beglückte Freier der Wahrheit zu sein, glauben mögen." Diesen Grad des Stolzes hat Nietzsche nun selber erreicht; ja, es ist eine Höhe und Fülle des Stolzes, ein Überfluß an Selbstgewißheit und Schenkerfreude, für welche nicht mehr der Name des philosophischen Stolzes genügt, sondern die nur als prophetischer Stolz wertbar ist. Nun gehört er sich selber zu den Menschen, die, mit einem Worte des Nachlasses, „wandelnde Gesetzgebungen sind". Der Begriff der Aufgabe gewinnt erst jetzt seine ganze Fülle und Schicksalhaftigkeit. „Die Aufgabe, die auf mir liegt, ist trotzdem meine Natur — so daß ich jetzt erst einen Begriff habe, was *mein* mir vorherbestimmtes Glück war. Ich spiele mit der Last, welche jeden Sterblichen zerdrücken würde .. denn das, was ich zu tun habe, ist furchtbar in jedem Sinne des Wortes .." (1888 an die Schwester). „Wenn ich Dir einen Begriff meines Gefühls von *Einsamkeit* geben könnte! Unter den Lebenden so wenig als unter den

Toten habe ich jemanden, mit dem ich mich verwandt fühlte. Dies ist unbeschreiblich schauerlich .. Im übrigen liegt die *Aufgabe*, um derentwillen ich lebe, klar vor mir — als ein Faktum von unbeschreiblicher Traurigkeit, aber verklärt durch das Bewußtsein, daß Größe darin ist, wenn je der Aufgabe eines Sterblichen Größe eingewohnt hat" (1886 an Overbeck). Die Wertung seines Werks erhält Töne, die nicht einmal das hohe Selbstgefühl des Künstlers wagt, die nur ein Bewußtsein prophetischer Sendung vor dem Absturz in fratzenhafte Anmaßung bewahren kann: „Wer den geringsten Begriff von mir hat, setzt voraus, daß ich mehr erlebt habe, als irgend jemand. Das Zeugnis davon ist sogar in meinen Büchern geschrieben: die Zeile für Zeile aus neuen Reichen des Lebens sind und damit, als Substanz, einen wirklichen Zuwachs, ein Mehr zum Begriff des Lebens selber darstellen" (1888 an die Schwester).

Selbst die erlittene „unbeschreiblich schauerliche Einsamkeit" wird zur gesetzhaften Unzeitgemäßheit umgedichtet; wie Schopenhauer, genießt er die Wonnen eines erhabenen Unerkanntseins, die süße Bitternis des Wissens, daß ja die Welt, mit Hebbel, immer der Wirt bleibt, der erst illuminiert, wenn der Kaiser wieder fort ist. „Mein Werk hat *Zeit* —, und mit dem, was diese Gegenwart als *ihre* Aufgabe zu lösen hat, will ich durchaus nicht verwechselt sein. Fünfzig Jahre später werden vielleicht einigen (oder einem: — es bedürfte eines Genies *dazu*!) die Augen dafür aufgehen, was *durch mich getan ist*. Augenblicklich aber ist es nicht nur schwer, sondern durchaus unmöglich (nach den Gesetzen der ‚Perspektive') von mir öffentlich zu reden, ohne grenzenlos hinter der Wahrheit *zurückzubleiben*" (Venedig 1884). „Wer weiß, wie viele Generationen erst vorübergehen müssen, um einige Menschen hervorzubringen, die es in seiner ganzen Tiefe nachfühlen, *was* ich getan habe!" (1884 an die Schwester). „Es liegt in der unbeschreiblichen Fremdheit und Gefährlichkeit meiner Gedanken, daß erst sehr spät — und gewiß *nicht* vor 1901 — die Ohren sich für diese Gedanken aufschließen werden" (1887 an Malwida). „Denke daran, daß einem Menschen, wie ich bin, *niemals* die Gegenwart gerecht werden *darf* und daß jeder Kompromiß zu Ehren des ‚guten Rufs' meiner nicht würdig ist" (1883 an die Schwester). „Auch bin ich Menschenkenner genug, um zu wissen, wie sich in fünfzig Jahren das Urteil über mich herumgedreht haben wird, und in welcher Glorie von *Ehrfurcht* dann der Name Deines Sohnes strahlt, wegen *derselben* Dinge, derentwegen ich bis jetzt mißhandelt und beschimpft worden bin" (1887 an die Mutter). „War jemals ein Mensch verwegener zu den Dingen gestellt als ich? Man muß es *aushalten* können: das ist die Probe; was man dazu ‚sagt', davon ‚denkt', ist mir gleichgültig. Schließlich — ich will nicht für heute und morgen, sondern für Jahrtausende recht behalten" (1886 an Deussen).

Die höchste Steigerung des säkularen Selbstgefühls wagt sich immer ungehemmter hervor: das Wort „Jahrtausend", das auch die Ecce homo-Schilderung der Inspiration beschließt, taucht zugleich mit dem Worte „Verhängnis" immer häufiger auf: „Unter uns gesagt — es ist nicht unmöglich, daß ich der erste Philosoph des Zeitalters bin, ja vielleicht noch ein wenig mehr, irgend etwas Entscheidendes und Verhängnisvolles, das zwischen zwei Jahrtausenden steht" (1886 an Seydlitz). „Meine philosophische Stellung ist bei weitem die unabhängigste, so sehr ich mich auch als Erbe von mehreren Jahrtausenden fühle: das gegenwärtige Europa hat noch keine Ahnung davon, um welche furchtbaren Entscheidungen mein ganzes Wesen sich dreht, und an welches Rad von Problemen ich gebunden bin — und daß mit mir eine Katastrophe sich vorbereitet, deren Namen ich weiß, aber nicht aussprechen werde" (1887 an Overbeck). Endlich im Ecce homo, mit schauerlicher Hybris, in dem Abschnitt „Warum ich ein Schicksal bin": „Ich kenne mein Los. Es wird sich einmal an meinen Namen die Erinnerung an etwas Ungeheures anknüpfen, — an eine Krisis, wie es keine auf Erden gab, an die tiefste Gewissenskollision .. Ich widerspreche, wie nie widersprochen worden ist, und bin trotzdem der Gegensatz eines neinsagenden Geistes. Ich bin ein *froher Botschafter*, wie es keinen gab, ich kenne Aufgaben von einer Höhe, daß der Begriff dafür bisher gefehlt hat; erst von mir an gibt es wieder Hoffnungen. Mit alledem bin ich notwendig auch der Mensch des Verhängnisses."

Dieser Stolz, diese unbedingte Gewißheit einer Höhe für Jahrhunderte, einer tausendjährigen Sendung, bricht jetzt in eine verzückte Verherrlichung des Fatums aus, äußert sich als unbedingte und leidenschaftliche Bejahung des Geschehens, das ihn auf diese innere Höhe trug. Es gibt keinen Irrtum mehr: siehe da, alles war sehr gut, alles ist vollkommen, alles ist gut - das wird jetzt das herrschende Gefühl; amor fati — das wird die herrschende Formel dieses letzten Glücks. „Amor fati — das ist meine innerste Natur" heißt es im Epilog zum Fall Wagner; „Fatum ist ein erhebender Gedanke für den, welcher begreift, daß er *dazu* gehört," lautet der stolze Satz im Nachlaß der Umwertung. Und im Ecce homo tönt es zurück: „Meine Formel für die Größe am Menschen ist amor fati;

daß man nichts anders haben will, vorwärts nicht, rückwärts nicht, in alle Ewigkeit nicht. Das Notwendige nicht bloß ertragen, noch weniger verhehlen — aller Idealismus ist Verlogenheit vor dem Notwendigen —, sondern es lieben.." Unwillkürlich kommt vor solchen Tönen die Erinnerung an eine ähnliche Spätverherrlichung der Notwendigkeit in Beethovens letztem Werk, dem F-Dur-Quartett op. 135, wo die düstere Schicksalsfrage „Muß es sein?" in den fanatischen Triumpfruf des „Es *muß* sein! es muß sein!" umschlägt, in Töne von eben dem maßlos ekstatischen Prophetenfanatismus, wie er aus solchen Stellen Nietzsches erklingt. (Der letzte Stil Nietzsches, der Götzendämmerung- und Ecce homo-Stil, scheint überhaupt eine merkwürdige seelische Verwandtschaft mit dem Stil der letzten Quartette Beethovens zu verraten, von denen der Nietzsche der Zarathustra-Zeit sagte, daß in ihnen an einigen Stellen der Himmel offener als irgendwo stehe.) Es ist die Stimmung, in der Nietzsche der vollendeten Fröhlichen Wissenschaft den Vorspruch Emersons gab: „Dem Dichter und Weisen sind alle Dinge befreundet und geweiht, alle Erlebnisse nützlich, alle Tage heilig, alle Menschen göttlich."

Kein Schauder des Zweifels, kein Anhauch der Skepsis, kein Schatten inneren Zögerns reicht mehr in diese Höhe. Eine schützende Übertreibung des Selbstbewußtseins bewahrt vor jedem tödlichen Rückfall in Selbstzweifel — den Nachtwandelnden erreicht kein zweiflerischer Selbstanruf mehr. Sogar das Gefühl der Instinktabwehr, jenes Wissen „Ich *darf* mich nicht mehr irren", das nach der Wagnerenttäuschung so stark, durch das Erlebnis mit Rée und der Lou bis zur äußersten Reizbarkeit des Mißtrauens verschärft erscheint, selbst dies ist verschwunden. Ein starkes, sieghaft heiteres „Ich *kann* mich nicht mehr irren" ist an seine Stelle getreten und wendet jedes neue Ereignis, jede Begegnung und jeden Zufall sogleich, mit dem Fatalismus des sich auserwählt Wissenden, ins Notwendige, Fördernde, freudig Bejahte. „Es hängt alles zusammen," schreibt er im Mai 1888 über die Entstehung seines Hauptwerks an Brandes, „es war schon seit Jahren alles im rechten Gange, man baut seine Philosophie wie ein Biber, man ist notwendig und weiß es nicht: aber das alles muß man *sehn*, wie ich's jetzt gesehen habe, um es zu glauben." Alle Zufälle selbst des äußeren Lebens werden jetzt bedeutsam, Zeugnisse einer Schicksalsleitung, Beweise einer dämonischen Lenkung (die letzten Briefe sind voll davon): Nietzsche hat jenen letzten Gipfel erreicht, auf dem, mit Hebbel, der Zufall der Ausdruck des göttlichen Willens ist, auf dem die „anscheinende Absichtlichkeit im Schicksale des Einzelnen", über der Schopenhauer grübelte, großartige Wirklichkeit, unmittelbarstes Erlebnis geworden ist, wie nur bei *dem* Menschen, der sich religiös geführt weiß, der den „Finger Gottes" in jeder Wendung seines perönlichen Geschicks sichtbarlich wahrnimmt. „Wer einen eigenen Willen in die Dinge zu legen hat, über den werden die Dinge nicht Herr; zuletzt arrangieren sich die *Zufälle* noch nach unsern eigentlichsten Bedürfnissen. Ich erstaune oft, wie wenig die äußerste Ungunst des Schicksals über einen Willen vermag. Oder vielmehr: ich sage mir, wie sehr der Wille selbst Schicksal sein muß, daß er immer wieder auch *gegen* das Schicksal recht bekommt, ὑπὲρ μόρον —" (1888 an Deussen). Ja, dieser Fatalismus geht in seiner Bejahung so weit, daß er die Zeitspanne des Zweifels, die Jahre des Schwankens, die Stunden des verzweifelten Ringens mit einer großartigen Verengung des Blickfeldes geradezu auslöscht. So heißt es im Ecce homo mit kühnster Vereinfachung des wirklich gegangenen Weges zu sich hinauf: „.. Die organisierende, die zur Herrschaft berufene ,Idee' wächst in der Tiefe.. sie bildet der Reihe nach alle dienenden Vermögen aus, bevor sie irgend etwas von der dominierenden Aufgabe, von ,Ziel', ,Zweck', ,Sinn' verlauten läßt. Nach dieser Seite hin betrachtet ist mein Leben einfach wundervoll.. ich habe in keinem Fall auch nur geahnt, was in mir wächst.. Es fehlt in meiner Erinnerung, daß ich mich je bemüht hätte, — es ist kein Zug von *Ringen* in meinem Leben nachweisbar, ich bin der Gegensatz einer heroischen Natur. Etwas ,wollen', nach etwas ,streben', einen ,Zweck', einen ,Wunsch' im Auge haben — das kenne ich alles nicht aus Erfahrung.. Ich will nicht im geringsten, daß etwas anders wird als es ist; ich selber will nicht anders werden.. Aber so habe ich immer gelebt. Ich habe keinen Wunsch gehabt."

Das ist wohl das Äußerste einer Selbststeigerung in die Gegenart, an Deutung in den amor fati von Anbeginn. Selbst die seelische Herkunft des eigenen Prophetentums wird, bis zur Ablehnung des Prophetennamens, verleugnet in den Ecce homo-Sätzen über Zarathustra: „Hier redet kein Prophet, keiner jener schauerlichen Zwitter von Krankheit und Willen zur Macht, die man Religionsstifter nennt.." Aber war es nicht gerade dies schauerliche Zwittertum und Zwitterschicksal aus Krankheit und Willen, in dem Nietzsche selber Wesen und Wurzel seiner Philosophie sah, noch in den Vorreden des Jahres 1886 zum Beispiel? Die für den Prophetentypus so bezeichnende Verengung des Blickfeldes, seit den Jahren des

„Menschlichen" überaus merkwürdig zu beobachten, wird hier vollends unverkennbar; das scheinwerfende Auge, das nur noch den eigenen gefährlichen Schicksalsweg zu erhellen hat, läßt alles Durchmessene und alles Seitliche in um so nächtlicherem Dunkel liegen: immer mehr Dinge und Erlebnisse „gehen ihn nicht mehr an". Das Zeitliche fällt ab. Die Stimmung des goetheschen Spruches herrscht: „Nichts vom Vergänglichen, Wie's auch geschah: Uns zu verewigen Sind wir ja da!" — „Comme l'uom s'eterna .." zeichnet sich Nietzsche das Motto zum letzten Hauptstück des Willens zur Macht aus Dantes Inferno ein. Das Bewußtsein der eigenen Zeitbedingtheit, des eigenen Alters sogar weicht zurück vor dem gottbildenden Rausch der künderischen Augenblicke. So heißt es in den letzten Aufzeichnungen zu eben diesem Schlußstück des Willens zur Macht: „Wie viele neue Götter sind noch möglich! Mir selber, in dem der religiöse, das heißt *gottbildende* Instinkt mitunter zur Unzeit lebendig wird: wie anders, wie verschieden hat sich mir jedesmal das Göttliche offenbart! So vieles Seltsame ging schon an mir vorüber, in jenen zeitlosen Augenblicken, die ins Leben herein wie aus dem Monde fallen, wo man schlechterdings nicht mehr weiß, wie alt man schon ist und wie jung man noch sein wird .."

Come l'uom s'eterna — die große Entpersönlichung beginnt. Der Vorgang der prophetischen Entkleidung vom Nur-Ich, die Auflösung ins Überpersönliche, das Verlieren des Bewußtseins der Einzahl, das „stufenweise Zurücktreten aus der Erscheinung", wie es der alte Goethe, das „Zurücktreten des siegreichen Individuums in den Gott", wie es der junge Nietzsche nennt. Selbst im Willen zur Macht heißt es freilich noch zweiflerisch, scheinbar unbeteiligt: „Dichter und Seher .. legen Wert darauf, als Individuen gar nicht in Betracht zu kommen, bloße Mundstücke zu sein" — aber in Wahrheit wird gerade diese Tendenz unbewußt seit dem Zarathustra immer mächtiger in ihm selbst. „Die Vehemenz der inneren Schwingungen war erschrecklich, die letzten Jahre hindurch" lautet eine Briefstelle des Jahres 1887; „nunmehr, wo ich zu einer neuen und höheren Form übergehn muß, brauche ich zu allererst eine neue Entfremdung, eine noch höhere *Entpersönlichung*". Die Vorrede zur Genealogie der Moral sagt: „Wir Philosophen haben kein *Recht* darauf, irgendworin *einzeln* zu sein: wir dürfen weder einzeln irren, noch einzeln die Wahrheit treffen." Ahnungsvoll taucht der Gedanke der inneren Mehrheit schon in der positivistischen Zeit auf: „Seltsam! Ich werde in jedem Augenblick von dem Gedanken beherrscht, daß meine Geschichte nicht nur eine persönliche ist, daß ich für viele etwas tue, wenn ich so lebe und mich forme und verzeichne: es ist immer, als ob ich eine Mehrheit wäre und ich rede zu ihr traulich-ernst-tröstend" (Nachlaß zur Morgenröte). Und Zarathustra wird dann das höchste Gleichnis der sich teilenden, sich austeilenden schenkenden Tugend, welche spricht: „Was liegt an mir?"

„Was liegt an mir?" — das wird das immer häufiger aufgenommene Leitwort des letzten Jahrfünfts. „Es liegt gar nichts daran," hatte Nietzsche schon 1882 an Gast über die Fröhliche Wissenschaft geschrieben, „was meine jetzigen Leser über dieses Buch und über mich denken — aber es liegt etwas daran, daß ich so von mir gedacht habe, wie in diesem Buche zu lesen ist." Ein Jahr später, im Zarathustrajahr, lautet es an denselben: „Ich habe mir jetzt diesen Gesichtspunkt vor die Seele gestellt: je mehr man mich vergißt, um so besser hat es mein Sohn, als welcher heißt Zarathustra." Was liegt an mir? — es ist die feinste Formel eines äußersten Stolzes, im Munde dessen, der die möglichste Steigerung des Ichgefühls und des Ichwillens lehrte, im Gegensatz zur christlichen Entselbstung. Sie taucht bezeichnend erst mit dem Augenblick der seherischen Selbstgewißheit auf, und diese Tatsache besagt, daß nur die höchsten Formen des Menschentums ihm das große Anrecht auf die Entselbstung haben, daß nur der Prophetische Mensch sich opfern darf, weil er allein Wert genug hat, um geopfert zu werden. Das Zugrundegehen des prophetischen Ich war ein frühes Thema des Hölderlin liebenden Jünglings. Der Nietzsche der „Geburt" schon zeigt die heldische Gleichgültigkeit für das Einzelschicksal des dem Gotte dienenden Mundes. „Mag das Individuum, aus dem, durch einen höheren Instinkt, jene Abneigung gegen die jetzige Barbarei hervorströmt, zugrunde gehen: der pythische Gott war nicht verlegen darum, einen neuen Dreifuß, eine zweite Pythia zu finden, so lange überhaupt der mystische Dampf noch aus der Tiefe quoll" (Vortrag über die Zukunft unserer Bildungsanstalten, Basel 1871/72). Nun erlebt er in sich selber, ahnt er für sich selber, wie die schicksalsgemäße Enteinzelung, das Zurücktreten aus der Erscheinung des Individuums unaufhaltbar ihren Gang bis zum Letzten geht: bis zum Untergang des seherischen Mundes, bis zur Erfüllung des prophetischen Gesetzes, das geschrieben steht. Denn das künderische Wort tötet den Mund, der es formte; und der Mensch, der sich ganz aussagte und die ganze in ihm und durch ihn schwingende Welt Wort und Form werden ließ, dieser Mensch stirbt. Und so ist in Nietzsche seit dem frühsten Erwachen einer Ahnung von den prophetischen Kräften in ihm zugleich die Ahnung eines Unterganges nach prophetischen Gesetzen lebendig, eine Ahnung, die immerfort anwächst, bis die schaurige Erfüllung wird. Schüler der Griechen, weiß er, wie alle Hybris endet und im geheimen enden will; Prophetie aber, Voraufsagen, Heraufholen, Heraufzwingen des Künftigen — wie sehr immer Werkzeug dieses Künftigen und Kommenden selber — sie ist unter Menschen die stärkste Hybris, — und auch die tödlichste.

Den Schluß des von ihm vertonten „Hymnus an das Leben" empfindet er selber (1887 an Gast) „als das Stärkste von *Hybris* in griechischem Sinne, von lästerlicher Herausforderung des Schicksals durch einen Exzeß von Mut und Übermut: — mir läuft noch jedesmal, wenn ich die Stelle sehe (*und* höre), ein kleiner Schauder über den Leib. Man sagt, daß für solche ‚Musik' die Erinnyen Ohren haben." Das Gefühl, ein Eumenidengefolge hinter sich zu haben, unter seinen Füßen ein Reich von Geistern, die, leise hörend, eines Tages heraufstürmen werden, verläßt Nietzsche kaum jemals. Daß die Menschheit ihr Höchstes und Bestes durch einen Frevel erringt, daß die Spitze der Weisheit sich gegen den Weisen kehre, weil Weisheit ein Verbrechen an der Natur sei — diese Vorstellungen aus der Prometheus-Welt erfüllen schon das Erstlingswerk und noch im Ecce homo sind sie unheimlich lebendig: „Es gibt etwas, was ich die rancune des Großen nenne: alles Große, ein Werk, eine Tat, wendet sich, einmal vollbracht, unverzüglich gegen den, der sie tat." Namentlich das ganze Jahrzehnt seit der Morgenröte liegt unter der wachsenden Wolke dieses mystischen Gedankens von der Rache des Werks an seinem Schöpfer, vom Mord am Täter durch die Tat: „Ich halte es für möglich, daß ein mit Tatsachen reichlich angefüllter und logisch meisterlicher Geist in einer ungeheuren Aufregung des Intellekts eine unerhörte Masse von Schlüssen hintereinander macht und so zu Resultaten kommt, welche ganze Generationen von Forschern erst einholen: ein Phantasieren ist es auch — er wird es büßen müssen" (Nachlaß zur Morgenröte). In den Briefen bricht das noch unmittelbarer, noch ahnungshafter durch: „Ach, Freund, mitunter läuft mir die Ahnung durch den Kopf, daß ich eigentlich ein höchst gefährliches Leben lebe, denn ich gehöre zu den Maschinen, welche *zerspringen* können! Die Intensitäten meines Gefühls machen mich schaudern und lachen .." (1881 an Gast). Nach dem zweiten Teile Zarathustra, im Juli 1883, an denselben: „Dabei ist mir der Gedanke gekommen, daß ich wahrscheinlich an einer *solchen* Gefühlsexplosion und -expansion einmal sterben werde .." Im Februar 1884 an Overbeck: „Der ganze Zarathustra ist eine Explosion von Kräften, die Jahrzehnte lang sich aufgehäuft haben: bei solchen Explosionen kann der Urheber leicht selber mit in die Luft gehen. Mir ist öfter so zumute: — das will ich Dir nicht verbergen." Im Oktober 1885, in einem Briefentwurf an denselben: „Für einen, der solche Dinge denkt, wie ich sie denken muß, ist die Gefahr immer ganz in der Nähe." Und noch Mitte Dezember 1888, an Gast: „Ich sehe jetzt mitunter nicht ein, wozu ich die *tragische* Katastrophe meines Lebens, die mit Ecce beginnt, zu sehr beschleunigen sollte."

Solch Gefühl, „aus der Familie des Untergangs" zu sein — mit einem Wort von Novalis an Friedrich Schlegel — verdichtet sich in Nietzsche langsam zum großen prophetischen Verlangen nach dem Untergang, gleichsam als dem Siegel seiner Sendung. „Ich weiß keinen besseren Lebenszweck, als am Großen und Unmöglichen zugrunde zu gehen ..", das ist das stolze und ahnungsvolle Bekenntnis des jungen Nietzsche der Unzeitgemäßen Betrachtungen, in dem das faustische „Den lieb' ich, der Unmögliches begehrt" nachzutönen scheint. Die Vorarbeiten zu „Richard Wagner in Bayreuth" feiern fast mit der Trunkenheit des Novalis die „wunderbare Bedeutung des Todes", des heldischen Endes: „Der Tod ist das *Gericht*, aber das frei gewählte, das ersehnte Gericht, voll schauerlichen Liebreizes, als ob es mehr sei als eine Pforte zum Nichts. Der Tod ist das Siegel auf jede große Leidenschaft und Heldenschaft.. Für ihn reif sein ist das Höchste, was erreicht werden kann, aber auch das Schwierigste und durch heroisches Kämpfen und Leiden Erworbene. Jeder solcher Tod ist ein Evangelium der Liebe .." Eine merkwürdige Aufzeichnung, noch vor dem Zarathustra, aus dem Jahre 1882 lautet: „*Das, was kommt*. Eine Prophetie. — Selbstbesiegung der Moral. — Befreiung. — Mitte und Anfang vom Untergange. — Kennzeichen des Mittags. — Der freiwillige Tod." „Ich verschweige nicht ein immer tieferes Verlangen nach dem Tode," heißt es 1887 an Overbeck. Aber es ist nicht der Tod schlechthin, nicht irgendeine Erlösung, wonach ihn verlangt, sondern der Wunsch, in großer Weise zu enden. „Denn groß ist auch der Tod des Großen," klingt es aus Hölderlins Empedokles, derselben Dichtung, die schon den Schüler Nietzsche als Verherrlichung des Kündertodes „immer ganz besonders ergriffen" hatte; eine Aufzeichnung seiner Schülerzeit, die uns erhalten ist, lautet: „Empedokles' Tod ist ein Tod aus Götterstolz, aus Menschenverachtung, aus Erdensattheit und Pantheismus." In der Zarathustra-Dichtung ist dies empedokleisch

313

große Untergehen — „So gehst du festlich hinab, Du, das Gestirn, und trunken Von deinem Lichte glänzen die Täler" — verherrlicht und ersehnt, in der Zarathustra-Dichtung, die ja vor allem andern den Untergang Zarathustras besingt, die gleich mit dem Wunsch und Willen zum Untergang beginnt: „‚Du großes Gestirn .. ich muß gleich dir *untergehen*, wie die Menschen es nennen, zu denen ich hinab will .. Segne den Becher, welcher überfließen will, daß das Wasser golden aus ihm fließe und überall hin den Abglanz deiner Wonne trage. Siehe! dieser Becher will wieder leer werden ..' Also begann Zarathustras Untergang." Dem Willen zum freien Untergange, zum schenkenden Tode gelten die liebenden Seligsprechungen in Zarathustras „Vorrede":

„Was groß ist am Menschen, das ist, daß er eine Brücke und kein Zweck ist: was geliebt werden kann am Menschen, das ist, daß er ein Übergang und ein Untergang ist.

Ich liebe die, welche nicht zu leben wissen, es sei denn als Untergehende, denn es sind die Hinübergehenden ..

Ich liebe den, welcher die Zukünftigen rechtfertigt und die Vergangenen erlöst: denn er will an den Gegenwärtigen zugrunde gehen.

Ich liebe den, welcher seinen Gott züchtigt, weil er seinen Gott liebt: denn er muß am Zorne seines Gottes zugrunde gehen ..

Ich liebe den, dessen Seele übervoll ist, so daß er sich selber vergißt und alle Dinge in ihm sind: so werden alle Dinge sein Untergang ..

Ich liebe alle die, welche wie schwere Tropfen sind, einzeln fallend aus der dunklen Wolke, die über den Menschen hängt: sie verkündigen, daß ein Blitz kommt, und gehn als Verkündiger zugrunde.

Seht, ich bin ein Verkündiger des Blitzes und ein schwerer Tropfen aus der Wolke .."

Vor dem Blitze — das ist, in jedem Betracht, der prophetische Zustand des letzten Nietzsche. Vor dem Blitze, den er selber zu künden hat, und vor dem, der ihn selber verzehren wird. Es ist, mit dem Wort seiner Spruchdichtung, das Warten der Wolke („Wer viel einst zu verkünden hat, Schweigt viel in sich hinein, Wer einst den Blitz zu zünden hat, Muß lange — Wolke sein".), und zugleich das Warten der Pinie („Zu einsam wuchs ich und zu hoch, Ich warte — worauf wart' ich doch? Zu nah ist mir der Wolken Sitz: Ich warte auf den ersten Blitz."). Aber es ist beide Male derselbe Blitz: die Verkündigung ist zugleich der Untergang des Verkündigers, gemäß dem Gesetz jeden Kündertums und dem Schicksal aller

Propheten: sie verkündigen, daß der Blitz kommt, und gehn als Verkündiger zugrunde. Den Namen seines tödlichen Blitzes der Verkündigung — Zarathustra nennt ihn selber in jener seligpreisenden Vorrede: „Seht, ich bin ein Verkündiger des Blitzes .. dieser Blitz aber heißt *Übermensch.*" Und in dem phantastisch-mystischen Spätgedicht von der Klage der Ariadne lautet die letzte Einführung des Gottes aus der Wolke: „.. Ein Blitz. Dionysos wird in smaragdener Schönheit sichtbar."

Übermensch oder Dionysos — zwei Namen für die nämliche Traumschau: für das Zukunftsbild, die Zukunftsgewißheit des Neuen Menschen. Zwei Namen, die den deutschen Gedanken des höchsten Werdens mit dem griechischen Glück des höchsten Seins vermählen. Zwei Nietzscheformeln für den Inhalt seiner Verkündung, die in Zarathustra nur ihren mächtigsten dichterischen Ausdruck gefunden hat, die aber sein ganzes Werk von der „Geburt" bis in die letzten Seiten des Ecce homo und des Willens zur Macht hinein in allen Graden der Klarheit und der Selbstgewißheit, des Zweifels und des Kampfes erfüllt. In der Geburt der Tragödie schon ist Dionysos „durchaus der erste Name" — wie Nietzsche den Namen Wagners, seiner frühsten Maske des Dionysos, als durchaus den ersten Namen innerhalb des Ecce homo empfand. Ecce homo selber sagt von „Richard Wagner in Bayreuth": „Es ist alles an dieser Schrift vorher verkündend: die Nähe der Wiederkunft des griechischen Geistes, die Notwendigkeit von Gegen-Alexandern, welche den gordischen Knoten der griechischen Kultur wieder binden, nachdem er gelöst war .. und niemals wird man einen großartigeren Ausdruck für das Ereignis Zarathustra, den Akt einer ungeheuren Reinigung und Weihung der Menschheit, finden, als er in den Seiten 43 bis 46 (in der heutigen Gesamtausgabe Band I, S. 536—38) gefunden ist." Aber auch im Ecce homo ist Dionysos der letzte Name, der in dieser Schrift steht, und der dionysische Dithyrambus „Ruhm und Ewigkeit" bildet ihren in Zungen redenden Abschluß, ihren äußersten Aufflug und Absturz. Und auch die letzten Seiten für das letzte Hauptstück des unvollendeten sagenden (nicht singenden) Hauptwerks, des Willens zur Macht — das Stück, das den Namen Dionysos tragen sollte — auch sie fassen noch einmal in dem Gefühl eines ungeheuren Glücks die Fernschau des neuen Menschen, die „Nähe der Wiederkunft des griechischen Geistes", mit dem Namen des Gottes; in Worten, die zugleich schwärmerisch und klar, prophetisch und erkennend sind, heilig nüchternen Worten, die vielleicht die schönsten Seiten bilden, welche der Prosaiker Nietzsche dem nur singbaren Geheimnis seiner Kündung geliehen hat:

„Zu den höchsten und erlauchtesten Menschenfreuden, in denen das Dasein seine eigene Verklärung feiert, kommen.. nur die Allerseltensten und Bestgeratenen: und auch diese nur, nachdem sie selber und ihre Vorfahren ein langes vorbereitendes Leben auf dieses Ziel hin, und nicht einmal im Wissen um dieses Ziel, gelebt haben. Dann wohnt ein überströmender Reichtum vielfältigster Kräfte und zugleich die behendeste Macht eines ‚freien Wollens' und herrschaftlichen Verfügens in Einem Menschen liebreich beieinander; der Geist ist dann ebenso in den Sinnen heimisch und zu Hause, wie die Sinne in dem Geiste zu Hause und heimisch sind.. Solche vollkommenen und wohlgeratenen Menschen empfinden an sich eine Art *Vergöttlichung des Leibes*.. Von jener Höhe der Freude, wo der Mensch sich selber und sich ganz und gar als eine vergöttlichte Form und Selbstrechtfertigung der Natur fühlt, bis hinab zu der Freude gesunder Bauern und gesunder Halbmensch-Tiere: diese ganze lange ungeheure Licht- und Farbenleiter des *Glücks* nannte der Grieche, nicht ohne die dankbaren Schauder dessen, der in ein Geheimnis eingeweiht ist, nicht ohne viele Vorsicht und fromme Schweigsamkeit — mit dem Götternamen: *Dionysos*. Was *wissen* denn alle neueren Menschen, die Kinder einer brüchigen, vielfachen, kranken und seltsamen Zeit, von dem Umfange des griechischen Glücks, was könnten sie davon wissen! Woher nähmen gar die Sklaven der ‚modernen Ideen' ein Recht zu dionysischen Feiern!

Als der griechische Leib und die griechische Seele ‚blühte'.. entstand jenes geheimnisreiche Symbol der höchsten bisher auf Erden erreichten Weltbejahung und Daseinsverklärung. Hier ist ein *Maßstab* gegeben, an dem alles, was seitdem wuchs, als zu kurz, zu arm, zu eng befunden wird: man spreche nur das Wort Dionysos vor den besten neueren Namen und Dingen aus, vor Goethe etwa oder vor Beethoven, oder vor Shakespeare, oder vor Rafael: und auf einmal fühlen wir unsere besten Dinge und Augenblicke *gerichtet*. Dionysos ist ein Richter. Hat man mich verstanden? — Es ist kein Zweifel, daß die Griechen die letzten Geheimnisse ‚vom Schicksal der Seele' und alles, was sie über die Erziehung und Läuterung, vor allem über die unverrückbare Rangordnung und Wertungleichheit von Mensch und Mensch wußten, sich aus ihren dionysischen Erfahrungen zu deuten suchten: hier ist für alles Griechische die große Tiefe, das große Schweigen, — *man kennt die Griechen nicht*, solange hier der verborgene unterirdische Zugang noch verschüttet liegt. Zudringliche Gelehrtenaugen werden niemals etwas in diesen Dingen sehen.. selbst der edle Eifer solcher Freunde des Altertums wie Goethes und Winckelmanns hat gerade hier etwas Unerlaubtes, fast Unbescheidenes. Warten und Sichvorbereiten; das Aufspringenen neuer Quellen abwarten; in der Einsamkeit sich auf fremde Gesichte und Stimmen vorbereiten; vom Jahrmarktsstaube und -Lärm dieser Zeit seine Seele immer reiner waschen; alles Christliche durch ein Überchristliches überwinden .. denn die christliche Lehre war die Gegenlehre gegen die dionysische; den Süden in sich wieder entdecken .. die südliche Gesundheit und verborgene Mächtigkeit der Seele sich wieder erobern .. *griechischer* werden ..: wer unter solchen Imperativen lebt, wer weiß, was dem eines Tages begegnen kann? Vielleicht eben — ein *neuer* Tag!"

Er sollte dem Künder begegnen, dieser griechische neue Tag. Aber dieser Tag war der Blitz — es war der Tag, an dem er seine letzten Zeilen, in den mächtigen Buchstaben des tödlichen Rauschs, mit dem Namen seines Gottes, mit „Dionysos" unterzeichnete. Der Tag, an dem er, prophetenhaft auch dies noch, zur vorzeitigen langen Nacht hinabging.

> „So sterben,
> Wie ich ihn einst sterben sah —,
> Den Freund, der Blitze und Blicke
> Göttlich in meine dunkle Jugend warf.
> Mutwillig und tief,
> In der Schlacht ein Tänzer —
>
> Unter Kriegern der Heiterste,
> Unter Siegern der Schwerste,
> Auf seinem Schicksal, ein Schicksal, stehend,
> Hart, nachdenklich, vordenklich —:
>
> Erzitternd darob, daß er siegte,
> Jauchzend darüber, daß er sterbend siegte .."

Letzter Wille.

# SOKRATES

„.. Allmächtiger weckst du
Die reine Seele Jünglingen auf und lehrst
Die Alten weise Künste; der Schlimme nur
Wird schlimmer, daß er bälder ende,
Wenn du, Erschütterer, ihn ergreifest."

„Wer das Tiefste gedacht, liebt das Lebendigste."

*Hölderlin.*

„.. Was aber ein solcher vom Dämon Besessener ausspricht, davor muß ein Laie Ehrfurcht haben, und es muß gleichviel gelten, ob er aus Gefühl oder aus Erkenntnis spricht, denn hier walten die Götter und streuen Samen zu künftiger Einsicht.. Ihn belehren zu wollen, wäre wohl selbst von einem Einsichtigeren, als ich, Frevel, da ihm sein Genie vorleuchtet und ihm oft, wie durch einen Blitz, Hellung gibt, wo wir im Dunkel sitzen und kaum ahnen, von welcher Seite der Tag anbrechen werde."

*Goethe* über Beethoven. 1810.

Wenn Nietzsche Christ war — auf eine heimliche, parodische und widerspruchsvolle Art Christ — so war er es auch darin, daß er seine Feinde liebte. Mit einer Liebe freilich, in der christlicher Selbsthaß und hellenisch wetteifernder Neid eine echt nietzschesche Vermählung eingehen. Nietzsche ist niemandem dankbarer gewesen, hat sich niemandem mehr hingegeben, als denen, die er beleidigte und verfolgte, ein andrer Saulus. So steht ihm Sokrates, diese fragwürdigste Erscheinung des Altertums, wie ihn die Geburt der Tragödie nennt, so nahe — „um es nur zu bekennen" —, daß er „fast immer einen Kampf mit ihm kämpft" (in einem nachgelassenen Bruchstück des Jahres 1875 mit dem überaus bezeichnenden Titel „Wissenschaft und Weisheit im Kampfe".) Wie charakteristisch, dies „so nahe, daß ich fast immer einen Kampf mit ihm kämpfe.."! In solcher feindlichen Nähe des Verwandtesten liegt ein Gesetz und eines der wichtigsten für den Ablauf gerade seines Lebens beschlossen.

Wenn man von Richard Wagner absieht, in dessen Erlebnis für Nietzsche der geliebte Feind und verhaßte Geliebte sich allzu unvergleichbar und einmalig durchdringen, und wenn man die Gestalt Christi in dem Schatten von Scheu und Ehrfurcht läßt, mit dem selbst der leidenschaftliche Gegenchrist der letzten Jahre den Stifter des von ihm mit solcher Saulus-Rachsucht verfolgten Christentums umgibt („Christus am Kreuz ist das erhabenste Symbol — immer noch" lautet es noch im späten Nachlaß aus der Zeit des Antichrist), dann ist wirklich Sokrates, wie jene Nachlaßstelle es aussprach, ihm der nächste der Feinde gewesen, mit denen ein Leben lang zu ringen ihm Notwendigkeit und Gesetz bedeutete; Sokrates wirklich derjenige, mit dessen beunruhigender Nähe er fast immer einen Kampf gekämpft hat. Mehr als mit Paulus, mit Luther, mit Pascal, mit Schopenhauer hat er mit dem gespenstischen Satyrschatten von Platons großem Lehrer gerungen. Gerungen wie mit der tödlichsten Gefahr seines Lebens und zugleich wie Jakob mit dem Engel: um den Segen und den Sinn seines Lebens. Denn in dem ingrimmigen „Ich lasse dich nicht!", mit dem Nietzsche die Gestalt des Sokrates zeitlebens umfangen hat, war Todhaß und Segensbitte immer vereinigt. Nur so ist der ganz besondere Ton zu verstehen, in dem die „Geburt der Tragödie", mit einer fast hebbelschen Wendung, Sokrates „den einen Wendepunkt und Wirbel der sogenannten Weltgeschichte" nennt. Auch der Geschichte seiner eigenen Welt, seines individuellen Kosmos war und blieb der Lehrer Platons der eine Wendepunkt und „Wirbel des Seins". Man kann, wenn man will, Nietzsches geistige Entwicklung geradezu um sein Verhältnis zu Sokrates herumschwingend sehen, nicht anders wie die „Geburt der Tragödie" um Sokrates den Mörder der Tragödie herum komponiert ist, wie die Götzendämmerung um den Kern von Haß herumlagert, der „das Problem des Sokrates" genannt ist. Nicht nur das aufklärerische „Menschliche" sieht „die Straßen der verschiedensten philosophischen Lebensweisen zu Sokrates zurückführen", dem „einfachsten und unvergänglichsten Mittler-Weisen". Aus seinen eigenen verschiedenen philosophischen Lebensgegenden führten ihn wirklich die Straßen immer wieder zu dem rätselhaft-klaren Mittler-Weisen zurück.

In Nietzsches Liebeshaß für Sokrates begegnen sich Selbsthaß und Selbstverklärung zu sonderbarer Einheit. Wen haßt er in Sokrates? Den

Menschen, den Typus, den er am meisten gehaßt hat — den Menschen und Typus Nietzsche. Den theoretischen Menschen, der dazu bestimmt ist, den Mythos aufzulösen und ein Wissen um Gut und Böse an die Stelle der Götter zu setzen. Er haßt in Sokrates den Vergifter des wahren Griechentums, jenes vorsokratischen Hellenentums aus Mythos und Orphik, welches für ihn das eigentliche Hellenentum war und blieb. Er haßt den Logiker in ihm, den Aufklärer, den Nicht-Mystiker, den Optimisten — den, der die Tragödie zugunsten der Dialektik verriet und dessen angewandte Sophistik vom Mythos zum Wissen ums Menschlich-Allzumenschliche hinüber verlockte. Er hat ihn gehaßt mit dem ganzen Hasse des Aristophanes — und beinahe noch mit den Mitteln dieses Hasses.

Eine „ungeheure Bedenklichkeit" ergreift ihn jedesmal angesichts des Sokrates und „reizt ihn immer und immer wieder an, Sinn und Absicht dieser fragwürdigsten Erscheinung des Altertums zu erkennen. Wer ist das, der es wagen darf, als ein Einzelner das griechische Wesen zu verneinen, das.. als der tiefste Abgrund und die höchste Höhe unserer staunenden Anbetung gewiß ist? Welche dämonische Kraft ist es, die diesen Zaubertrank in den Staub zu schütten sich erkühnen darf? Welcher Halbgott ist es, dem der Geisterchor der Edelsten der Menschheit zurufen muß: ‚Weh! Weh! Du hast sie zerstört, die schöne Welt Mit mächtiger Faust; sie stürzt, sie zerfällt!'" (Geburt der Tragödie). „Als der hellenische Genius seine höchsten Typen erschöpft hatte, da sank der Grieche auf das Geschwindeste.. Ein einziger mächtiger Querkopf wie Sokrates — da war der Riß unheilbar. In ihm vollzieht sich die Selbstzerstörung der Griechen.." „Das ältere Griechentum hat seine Kräfte in der Reihe von Philosophen offenbart. Mit Sokrates bricht diese Offenbarung ab: er versucht sich selbst zu erzeugen und alle Tradition abzuweisen.. Von Sokrates an: das Individuum nahm sich zu wichtig mit einem Male" (Wissenschaft und Weisheit im Kampfe. 1875). (Bedeutsam wird hier der Blutschandecharakter des reinen Individualismus, der „sich selbst zu erzeugen versucht", selbstrichtend hervorgehoben, wie schon in der Geburt der Tragödie „ein weiser Magier nur durch Inzest gezeugt" werden konnte.) Ja, es ist für Nietzsche sogar in dem so aufklärungsfreundlichen „Menschlichen" „keine müßige Frage, ob nicht Plato, von der sokratischen Verzauberung frei geblieben, einen noch höheren Typus des philosophischen Menschen gefunden hätte, der uns auf immer verloren ist." Und noch im Ecce homo nennt er als die eine der zwei entscheidenden Neuerungen, welche die

Geburt der Tragödie enthalten, das Verständnis des Sokratismus: „Sokrates als Werkzeug der griechischen Auflösung, als typischer décadent zum ersten Male erkannt."

Sokrates ist ihm „der Typus einer vor ihm unerhörten Daseinsform: des theoretischen Menschen" (Geburt der Tragödie); seine Dialektik Symptom der décadence — Dialektik als die Waffe der Schwachen —; seine Verherrlichung des *Wissens* als Grundlage jeder Ethik (das Wissen um das Gute gleichbedeutend mit dem Üben des Guten, kein Mensch wissentlich und freiwillig böse) widriger Rationalismus eines Häßlichen und Mißgeborenen, der die Kräfte seiner Leidenschaft entwurzeln muß, um ihrer Herr zu sein, statt daß er sie auf- und ausblühen lassen dürfe. Sokrates ist ihm „eine wahre Monstrosität per defectum". Und zwar nimmt er an ihm ein ungeheuerliches Fehlen jeder mystischen Anlage wahr, „so daß Sokrates als der spezifische *Nicht-Mystiker* zu bezeichnen wäre, in dem die logische Natur durch eine Superfötation des Logischen ebenso exzessiv entwickelt ist wie im Mystiker jene instinktive Weisheit" (Geburt der Tragödie). Sokrates ein Monstrum — diese Bezeichnung des äußersten Hasses kehrt öfter wieder. Im Basler Vortrag über Sokrates und die Tragödie wird sie erläutert: „Die Wissenschaft und die Kunst schließen sich aus: von diesem Gesichtspunkte aus ist es bedeutsam, daß Sokrates der erste große Hellene ist, welcher häßlich war; wie an ihm eigentlich alles symbolisch ist. Er ist der Vater der Logik, die den Charakter der Wissenschaft am allerstärksten darstellt: er ist der Vernichter des Musikdramas, das die Strahlen der ganzen alten Kunst in sich gesammelt hatte." Die „Unehrerbietigkeit, daß die großen Weisen Niedergangstypen sind", ist Nietzsche „zuerst im Falle des Sokrates aufgegangen: ich erkannte Sokrates und Plato als Verfallssymptome, als Werkzeuge der griechischen Auflösung, als pseudogriechisch, als antigriechisch .. Sokrates gehörte, seiner Herkunft nach, zum niedersten Volk: Sokrates war Pöbel. [„Der Pöbel kam mit der Dialektik zum Siege" Wille zur Macht.] Man weiß, man sieht es selbst noch, wie häßlich er war. Aber Häßlichkeit, an sich ein Einwand, ist unter Griechen beinahe eine Widerlegung. War Sokrates überhaupt ein Grieche?" (Götzendämmerung). Kein Grieche — das vernichtendste Urteil, das Nietzsches an tödlichen Pfeilen reicher Köcher barg. Ein Skythe, ein frühster „Moderner", ein décadent — so stellt Nietzsches Haß Sokrates wie Paulus an den Pfahl seiner Seelendeutung. Auf décadence, meint er in der Götzendämmerung weiter, deute bei Sokrates nicht nur die zugestandene Wüstheit und Anarchie in den Instinkten: eben dahin deute auch die Superfötation des Logischen.. Alles sei übertrieben, buffo, Karikatur an ihm; alles sei zugleich versteckt, hintergedanklich, unterirdisch („Alles was tief ist liebt die Maske" klingt es kontrapunktisch aus dem „Jenseits"). Ja, Sokrates „war der Hanswurst, der sich ernst nehmen machte" („Ich will kein Heiliger sein, lieber noch ein Hanswurst.. vielleicht bin ich ein Hanswurst," respondiert es aus den Verstecken des Ecce homo). Hier verrät sich, was sich viele Male verrät: Nietzsche trifft sich selber mit den rachsüchtigen Pfeilen, deren Ziel das Satyrantlitz seines Sokrates ist. Es ist im Gedanken an Sokrates und zugleich an Nietzsche selber (im Nachlaß der Fröhlichen Wissenschaft) gesagt: „Wenn dieser Mensch nicht ein großer Tugendhafter wird, so wird er fürchterlich werden, sich und andern." Nietzsche spielt hier auf die bekannte, auch von ihm selber auf seine „französische" Art erzählte hellenische Anekdote an, wonach auf dem Markt von Athen ein Fremder auf Sokrates zugetreten sei und sein Gesicht eine Höhle aller schlimmen Begierden genannt habe — worauf Sokrates nur erwidert habe: „Du kennst mich, Fremdling." (Diese gefährliche sokratische Doppelmöglichkeit bekannte noch Goethe von sich, als er zwei Jahre vor seinem Tode zu Eckermann sagte: „Wollte ich mich ungehindert gehen lassen, so läge es wohl in mir, mich selbst und meine Umgebung zugrunde zu richten.") Von ihm selber, kentaurenhaft mit Eigenschaften überlastet, die in der Weise nie an einem Menschen zugleich beobachtet wurden, gilt es, was der Nachlaß zum „Menschlichen" von Sokrates aussagt: „Der platonische Sokrates ist im eigentlichen Sinne eine Karikatur; denn er ist überladen mit Eigenschaften, die nie an *einer* Person zusammen sein können." Ein „morbides Element" findet Wille zur Macht im Sokrates: „Mit Moral sich abgeben widersteht am meisten, wo der Geist reich und unabhängig ist. Wie kommt es, daß Sokrates Moral-Monoman ist?.. Moral und Religion als Hauptinteressen sind Notstandszeichen." Aber gilt das nicht vor allem für Nietzsche, den leidenschaftlichsten unserer Moralisten? Den Antichristen, in dem „der religiöse, das heißt *gottbildende* Instinkt mitunter zur Unzeit lebendig wird?"

Kein Zweifel, in allem dem zeichnet Nietzsche, mit den schärfsten, ja verzerrenden Strichen des Hasses, das Bild des aufklärerischen Rationalisten, des Logikers aus Verfall, als den er sich selber haßt. Aber durch diese Zeichnung hindurch schimmert, wie in einem Palimpsest, überall noch das Bild des andern Sokrates, als den Nietzsche sich auch fühlte;

das Bild eines Sokrates, der den Logiker in sich überwand und in den Dienst einer höheren Aufgabe stellte; das Bild, mit dem Wort der „Geburt", des musiktreibenden Sokrates. Dies Bild, aus dem Eingang des platonischen „Phaidon", kehrt bei Nietzsche immer wieder und es verrät durch seine Wiederkehr eine sehnsüchtige Gleichsetzung von Sokrates' Seelengeschick mit dem eignen. „Jener despotische Logiker hatte hier und da der Kunst gegenüber das Gefühl einer Lücke, einer Leere, eines halben Vorwurfs, einer vielleicht versäumten Pflicht. Öfters kam ihm, wie er im Gefängnis seinen Freunden erzählt, ein und dieselbe Traumerscheinung, die immer dasselbe sagte: ‚Sokrates, treibe Musik!' Er beruhigt sich bis zu seinen letzten Tagen mit der Meinung, sein Philosophieren sei die höchste Musenkunst, und glaubt nicht recht, daß eine Gottheit ihn an jene ‚gemeine, populäre Musik' erinnern werde. Endlich im Gefängnis versteht er sich dazu, jene von ihm gering geachtete Musik zu treiben. Und in dieser Gesinnung dichtet er ein Proömium auf Apollo.. Jenes Wort der sokratischen Traumerscheinung ist das einzige Zeichen einer Bedenklichkeit über die Grenzen der logischen Natur: vielleicht — so mußte er sich fragen —.. gibt es ein Reich der Weisheit, aus dem der Logiker verbannt ist?" (Geburt der Tragödie.) Das ganze Erstlingswerk gilt im Grunde der einen Frage, die es selber stellt: „Wird jenes Umschlagen der unersättlichen optimistischen Erkenntnis in tragische Resignation und Kunstbedürftigkeit zu immer neuen Konfigurationen des Genius und gerade des *musiktreibenden Sokrates führen?*" Ein Nachlaßbruchstück zur „Geburt" bezeichnet geradezu den tragischen Menschen als den musiktreibenden Sokrates. Und wenn dem Erstlingsbuch „der *sterbende Sokrates* das neue, sonst noch nie geschaute Ideal der edlen griechischen Jugend wurde", so war es für Nietzsche wohl auch wieder die geheime letzte Musik dieses sterbenden Vorbildes, von welcher dieser mächtigste Zauber ausging.

Was für eine Musik deutete Nietzsche in den Ausgang seines Sokrates hinein? Es war die Musik der Flötenspielerin, mit der Alkibiades zum Gastmahl im Hause des Agathon kam, die Musik, wie Conrad Ferdinand Meyer sie gedeutet hat, in dem Gedicht auf das Ende des Symposions:

„.. Still! Des Todes Schlummerflöten klingen!"

„Er ging in den Tod," sagt die Geburt der Tragödie, „mit jener Ruhe, mit der er nach Platons Schilderung als der letzte der Zecher im frühen Tagesgrauen das Symposion verläßt, um einen neuen Tag zu beginnen;

indes hinter ihm, auf den Bänken und an der Erde, die verschlafenen Tischgenossen zurückbleiben, um von Sokrates, dem wahrhaften Erotiker, zu träumen." Es war die Musik, deren Name Platon lautet.

Nietzsche hat das Bild dieses Sokrates geflissentlich nur als Ahnung und Schatten vor sich und uns aufsteigen lassen. Aber gewiß ist, daß nie der Haß gegen den amusischen Logiker Sokrates in ihm so unverlöschlich geworden wäre, wenn nicht der große musische Lehrer Sokrates immer ein geheimes Liebesbild für ihn gewesen wäre. Gleichwie sein Haß auf Paulus nie so gewaltig, so fast kirchenväterhaft fanatisch in ihm aufgestanden wäre, hätte nicht eine unterirdische Christlichkeit der Werte (um sich Nietzsches Wort über Kant zu bedienen) dem Bilde seines großen Gegenspielers die glühenden Farben des Bruderhasses geliehen. Der große Lehrer Sokrates war es, den Nietzsches verzerrende Feindseligkeit von denjenigen Zügen reinigen wollte, die er an sich selber als Einwand gegen das eigne Lehrertum erlebte und haßte. Im Verhältnis zu Sokrates ist Nietzsches Philosophie wirklich das, was er sie selber nennt, nämlich umgedrehter Platonismus: er steigert den Sokrates, wie es Platon getan hat, aber ins Verneinende, um, wie Platon durch Sokrates hindurch, so am Gegensatz zu Sokrates die eigne Lehre, das eigne Lehrertum, den eignen Platonismus verführend erglänzen zu lassen.

„So einen Lehrer werden die Basler nicht wieder bekommen," urteilte Jakob Burckhardt schon 1875, im Gespräch mit einem Freunde. Das war weiter und tiefer gültig, als es selbst Burckhardt meinen konnte. Denn als Lehrer und sokratischer Erzieher erscheint uns Nietzsche vor allem andern, seiner Anlage wie seiner Auswirkung nach; und er selber als der Sokrates, mit dem er fast immer einen Kampf auskämpft. Der harte oder sich härtende Fanatiker der Erkenntnis um ihrer selbst willen, der unvergleichliche dämonisch rachsüchtige Seelenzergliederer, der luziferische „freie Geist" stehen freilich zunächst verdeckend vor dem Bilde dieses sokratischen Nietzsche. „Daß aus meinen Schriften ein Psychologe redet, der nicht seinesgleichen hat," heißt es im Ecce homo, „das ist vielleicht die erste Einsicht, zu der ein guter Leser gelangt — ein Leser, wie ich ihn verdiene.." Aber dieser unvergleichbare Psychologe in Nietzsche vermag ja den Erzieher auf die Dauer so wenig zu verhehlen wie der Logiker in Sokrates den, welcher der Lehrer Platons sein konnte: die Meisterschaft der Seelendeutung, so selbstherrlich, selbstsinnhaft sie zumal in den mittleren Schriften zuweilen sich gebärdet, sie tritt in den Dienst des erzieherischen Ideals, genau wie der sophistische Selbstgenuß der Logik bei Sokrates in den Dienst der erzieherischen „Umwandlung durch Erkenntnis" tritt. Und wiederum im Ecce homo, dieser böse hellsichtigsten seiner Schriften, hat Nietzsche auch das selber ausgesagt:

„Im Grunde wollte ich mit diesen Schriften (Schopenhauer als Erzieher, Richard Wagner in Bayreuth) *etwas ganz anderes als Psychologie treiben: — ein Problem der Erziehung ohnegleichen*, ein neuer Begriff der Selbst-Zucht, Selbst-Verteidigung bis zur Härte, ein Weg zur Größe und zu welthistorischen Aufgaben verlangte nach seinem ersten Ausdruck." Nicht Erkenntnis, als welche immer letzten Grundes ein hybrider Selbstgenuß des Ich bleibt, wenn sie „um der Erkenntnis willen" erstrebt wird, nicht Erkenntnis war — trotz aller Überwucherung der Erkenntnisleidenschaft in den Jahren zwischen der Trennung von Wagner und dem ersten Aufdämmern Zarathustras — die vorherrschende Passion dieses zuletzt dennoch der gefährlichen Erkenntnis und tödlichen Selbsterkenntnis geopferten Lebens: sondern Erziehung des Lebendigen zum Leben, Steigerung der Freude am Sein in den Willen zum Schaffen, Umwandlung des nur ichfrohen Einzelwesens zum vorleuchtenden Bild. Erziehung, nicht Erkenntnis; Weisheit, nicht Wissenschaft, Bildung, nicht Gebildetheit — das sind die Leitvorstellungen des jungen Erziehers Nietzsche. „Ich bin gegen das Betätigen des egoistischen Erkennenwollens. Vor allem nötig: Freude am Vorhandenen, und diese weiter zu tragen ist des Lehrers Aufgabe" (Einleitung in das Studium der klassischen Philologie, 1871). Hier wurzelt, wie die beiden letzten Unzeitgemäßen Betrachtungen, auch die Schrift vom Nutzen und Nachteil der Historie für das Leben. Hier auch der jugendliche Schwärmereifer des Vortragstorso Über die Zukunft unsrer Bildungsanstalten, obwohl sich dieses der Form nach *gegen* den realistischen Verfall des alten humanistischen Gymnasiums, mit seiner vorwiegend anschauenden Bildung, richtet, gegen das Überwuchern einer Schule „zur Überwindung der Lebensnot" innerhalb eines zur „Bildungsanstalt" bestimmten Organismus. Dem dreiundzwanzigjährigen Studenten schwebt, inmitten der abgezogensten philologischen Probleme, der denkbar theoretischen Studien dennoch die sokratische Lebensaufgabe eines wahrhaft praktischen Lehrertums vor; er schreibt im Herbst 1867:„Ich habe mich mehr beflissen, zu lernen, wie man Lehrer ist, als zu lernen, was man sonst auf Universitäten lernt .. Als Ziel schwebt mir vor, ein wahrhaft praktischer Lehrer zu werden und vor allem die nötige Besonnenheit und Selbstüberlegung bei jungen Leuten zu wecken, die sie befähigt, das Warum? Was? und Wie? ihrer Wissenschaft im Auge zu behalten. Man wird nicht verkennen, daß in dieser Betrachtungsweise ein philosophisches Element liege. Der junge Mann soll erst in jenen Zustand des Erstaunens geraten, den man das φιλόσοφον πάθος κατ' ἐξοχὴν genannt hat." Der eben berufene Hochschullehrer wiederholt das in höherer Tonlage, in einer Art von schopenhauerschem Platonismus. Im letzten Brief aus Leipzig, unmittelbar vor der Abreise nach Basel, schreibt er an Gersdorff: „Auf meine Zuhörer jenen schopenhauerischen Ernst zu übertragen, der auf der Stirne des erhabenen Mannes ausgeprägt ist — dies ist mein Wunsch, meine kühne Hoffnung: etwas mehr möchte ich sein als ein Zuchtmeister tüchtiger Philologen: die Lehrergeneration der Gegenwart, die Sorge für die nachwachsende Brut, alles dies schwebt mir vor der Seele." Immer platonischer werden, bis zum Zarathustra hinauf, die Betonungen, mit denen das erzieherische Ideal Nietzsches ausgedrückt wird. Im „Menschlichen" wird es fast seherisch: „.. Ein neueres und volleres Auf- und Ausblühen des Lehrerideals, in welches der Geistliche, der Künstler und der Arzt, der Wissende und der Weise hineinverschmelzen, wie deren Einzeltugenden als Gesamttugend auch in der Lehre selber, in ihrem Vortrag, ihrer Methode zum Vorschein kommen müßten, — dies ist meine Vision, die mir immer wiederkehrt und von der ich fest glaube, daß sie einen Zipfel des Zukunftsschleiers gehoben hat." (Das ist ganz das Jenseitsbild einer romantischen Antike, welches schon Novalis im Ofterdingen feiert: die alten Dichter, heißt es dort, sollen zugleich Wahrsager und Priester, Gesetzgeber und Ärzte gewesen sein.) Erziehung wird geradezu der Name seiner Art von Religion. „Meine Religion, wenn ich irgend etwas noch so nennen darf", heißt es in Entwürfen zu der Betrachtung „Wir Philologen" (1874/75), „liegt in der Arbeit für die Erzeugung des Genius; Erziehung ist alles zu Hoffende .. Erziehung ist Liebe zum Erzeugten, ein Überschuß von Liebe über die Selbstliebe hinaus .." Und früh streift Nietzsche, im Kolleg vor seinen Basler Schülern, das Geheimnis seines eignen Lebens und sein eignes tragisches Verhängnis mit den fast goetheschen Worten: „Nur aus Liebe entstehen die tiefsten Einsichten."

Hier sind wir schon mitten im sokratischen Mythos der Erziehung. Nur aus Liebe entstehen die tiefsten Einsichten — das ist ein griechischer Satz. Der Satz, um den die Philosophie Platons dem jungen Nietzsche zu schwingen scheint: das eigentliche Sesamwort, das dem um die Zukunft deutscher Bildung innerlich bemühten enthusiastischen Basler Lehrer den Zugang zur Bildungs- und Erziehungswelt der Alten, diesen mit unbeschreiblichen Fremdheiten für alle Modernen verschütteten Zugang, zu öffnen vermag: „Die griechische Kultur der klassischen Zeit ist eine Kultur der Männer .. Wahrscheinlich sind junge Leute niemals wieder so aufmerksam, so liebevoll, so durchaus in Hinsicht auf ihr Bestes (virtus) behandelt worden wie im sechsten und fünften Jahrhundert — also gemäß dem schönen Spruche Hölderlins ‚denn liebend gibt der Sterbliche vom Besten'" (Menschliches) — schon 1869 an Rohde vorklingend: „Immer wenn ich mich zum Briefschreiben an Dich niedersetze, fällt mir das Wort Hölderlins (meines Lieblings aus der Gymnasialzeit) ein ‚denn liebend gibt der Sterbliche vom Besten!'" Damit ist eine sokratische Erziehungsidee ausgedrückt, die gerade im deutschen Zweiten Humanismus (welchen Nietzsche großartig abschließt), im Jahrhundert von 1770 bis 1870 immer wieder auftaucht, als ein Stück echten antiken Erbes. Die Briefe des Schweizer Geschichtschreibers Johannes v. Müller formulieren sie, in der schwärmerischen Weise des späten Rokoko, aber doch voll erlebten Wissens um das Gesetz, vielleicht am meisten antik: „Die Ideen werden in den Armen eines weisen Freundes geboren," heißt es 1773, im Jahre, da Goethe auf das verwandelnde Hererlebnis zurücksah, und sechs Jahre später, klopstockischer: „Es ist unmöglich, einen geliebten Freund zu haben und nicht Unsterblichkeit eifrig zu wünschen." Vom fünfundsiebzigjährigen Goethe aber hörte Eckermann das Wort, das geisterhaft in der Wage zwischen Hölderlins „Liebend gibt der Sterbliche vom Besten" und Nietzsches „Nur aus Liebe entstehen die tiefsten Einsichten" zu schweben scheint, das Wort: „Überhaupt lernt man nur von dem, den man liebt."

Nietzsche hat auf diese hölderlinische Weise seinen deutschen Platonismus entscheidend über Sokrates hinaus, ja gegen Sokrates geführt; wie ehedem Platon selber seiner an Sokrates erwachten und erwachsenen erzieherischen Dämonie über Sokrates hinaus, ja gegen Sokrates gehorcht hat. Was den platonischen Sokrates über den xenophontischen, den „wirklichen" hinaushebt, die Wendung aus dem Rationalistischen ins Mystische, aus dem Logischen ins Erotische — eben dies macht auch Nietzsche gegen seinen allzu wirklich gesehenen, erbarmungslos entmytheten Sokrates geltend, zugunsten seines eigenen erzieherischen Platonismus. „Eine Umwandlung des Wesens durch Erkenntnis ist der gemeine *Irrtum* des

Rationalismus, mit Sokrates an der Spitze," lautet es 1870 an Deussen. Nietzsche geht weiter: selbst die Umwandlung der Erkenntnis ohne Umwandlung des Wesens wird ihm ein gemeiner rationalistischer Irrtum. Denn diese Umwandlung geschieht, wie Platon von Sokrates nicht lernte aber durch ihn erlebte, nur liebend. Erkenntnis, wo sie Weisheit, nicht Wissenschaft, wo sie fruchtbar und überpersönlich werden soll, ist ein Zeichen und eine Frucht der Liebe; Goethes „man lernt nur liebend" wandelt Nietzsche in allen Phasen ab. Das eigene Erlebnis seines Schopenhauerrausches, seiner Wagnerliebe findet immer neue Formeln für diese erste Stufe der Großen Erziehung, deren zweite ihm die Gemeinsamkeit gleicherzogener und Gleiches hoffender Freunde, deren dritte die eigene hinaufziehende und vorbildliche Meisterschaft darstellt.

„Wer uns nicht fruchtbar macht, wird uns sicher gleichgültig .. In allem Verkehr von Menschen dreht es sich *nur* um Schwangerschaft" (Nachlaß aus der Zarathustrazeit). „Der Mensch ist dazu bestimmt, entweder Vater oder Mutter zu sein, in irgendwelchem Sinne" (Nachlaß zum Menschlichen). „Wenn man keinen guten Vater hat, so soll man sich einen anschaffen" (Menschliches). „Schopenhauer als Erzieher", die am meisten sokratische der vier Unzeitgemäßen Betrachtungen, ist ganz der Ausdruck solcher erlebten Weisheit. In dieser Schrift begegnet der eigentliche Mitte-Satz, um den alle frühen Schriften Nietzsches als um ihren feurigen Kern herum gelagert sind: „Nur der, welcher sein Herz an irgendeinen großen Menschen gehängt hat, empfängt damit die erste Weihe der Kultur." Und hier heißt es auch: „Dem Menschen kann nichts Fröhlicheres und Besseres zuteil werden, als einem jener Siegreichen nahe zu sein, die, weil sie das Tiefste gedacht haben, gerade das Lebendigste lieben müssen und als Weise sich am Ende zum Schönen neigen —" womit Nietzsche, bedeutsam, gerade zu den Strophen seines Lieblingsdichters Hölderlin hinüber grüßt, die dem Sokrates gewidmet sind:

„ ,Warum huldigest du, heiliger Sokrates,
Diesem Jünglinge stets? kennest du Größers nicht?
Warum siehet mit Liebe,
Wie auf Götter, dein Aug' auf ihn?'

Wer das Tiefste gedacht, liebt das Lebendigste,
Hohe Jugend versteht, wer in die Welt geblickt,
Und es neigen die Weisen
Oft am Ende zu Schönem sich."

So hatte zu Beginn des Jahrhunderts der erste große Erzieherdichter von Bayreuth, der Dichter des „Titan" und der Sokratiker der Erziehlehre „Levana" das Gesetz gesehen: „Freilich hält jeder Jüngling und jeder große Mensch, der einen andern für groß hält, ihn eben darum für zu groß. Aber in jedem edeln Herzen brennt ein ewiger Durst nach einem edlern, im schönen nach einem schönern.. weil der hohe Mensch nur an einem hohen reift.. Ein geglaubter großer Mensch ist doch der einzige Vorschmack des Himmels." So hatte der junge Goethe einst den Mythos des Sokrates empfunden, in seinem Frankfurter Brief an Herder, bei Übersendung des Götz: „Jetzt studier' ich Leben und Tod eines andern Helden.. Noch ist's nur dunkle Ahndung. Den Sokrates, den philosophischen Heldengeist.. den göttlichen Beruf zum Lehrer der Menschen.. Ich weiß nicht,.. ob ich mich von dem Dienste des Götzenbildes, das Plato bemalt und verguldet, dem Xenophon räuchert, zu der wahren Religion hinaufschwingen kann, der statt des Heiligen ein großer Mensch erscheint, den ich nur mit Liebenthusiasmus an meine Brust drücke, und rufe: mein Freund und mein Bruder! Und das mit Zuversicht zu einem großen Menschen sagen zu dürfen! — Wär' ich einen Tag und eine Nacht Alkibiades, und dann wollt' ich sterben!" (Ende 1771) — Goethe, der wenige Monate zuvor an denselben Herder „in der ersten Empfindung" geschrieben hatte: „Mein ganzes Ich ist erschüttert.. Herder, Herder, bleiben Sie *mir*, was sie *mir* sind. Bin ich bestimmt Ihr Planet zu sein, so will ich's sein, es gern, es treu sein.. Adieu, lieber Mann. Ich lasse Sie nicht los. Ich lasse Sie nicht! Jakob rang mit dem Engel des Herrn. Und sollt' ich lahm drüber werden!.. Jetzt eine Stunde mit Ihnen zu sein, wollt' ich mit — bezahlen."

Auch Nietzsche hat erlebt, was Goethe in diesen Briefen mit der heiligen Schamlosigkeit seiner Frühjahre ausgedrückt hat. Auch er bezeugt den lernenden Liebesenthusiasmus, der dem jungen Menschen sein pindarisches „Werde, der du bist!" (Nietzsches Lieblingswort) unablässig zuruft. „Ich für mein Teil," heißt es 1872 an Rohde, „ich für mein Teil gebe für einen solchen Zuschauer, wie Wagner ist, alle Ehrenkränze, die die Gegenwart spenden könnte, preis; und ihn zu befriedigen, reizt mich mehr und höher als irgendeine andere Macht. Denn es ist *schwer* — und er sagt alles, ob es ihm gefällt oder nicht, und ist für mich wie ein gutes Gewissen, strafend und belohnend." Und wie Wagner, so war auch Schopenhauer ein Herdererlebnis des jungen Nietzsche gewesen, wenn auch erst in Wagner sich ihm das erfüllte, was ihm der verstummte Mund, das bloße Testament Schopenhauers nicht mehr sein konnte. „Ich lerne sehr viel in Wagners Nähe," schreibt Nietzsche 1869 an Rohde, „es ist dies mein praktischer Kursus der schopenhauerschen Philosophie." Wie unbeschreiblich beglückt ist er noch in Leipzig, von Wagners Lippen zu hören, was dieser Schopenhauern verdanke und wie er der einzige Philosoph sei, der das Wesen der Musik erkannt habe! Beide, der Philosoph und der Musiker, sind ihm *ein* Erlebnis, *ein* Glück. Aber die eigentliche Erfüllung Schopenhauers bringt doch die Nähe Wagners erst, und wie Wagner ihm zuerst die leibhaftige Illustration dessen ist, was Schopenhauer ein Genie nennt, so wird später, in „Schopenhauer als Erzieher" zum Beispiel, Schopenhauer sehr oft nur eine Maske für Wagner, eine Maske, die Nietzsches „Liebenthusiasmus" für Wagner seiner Dankbarkeit und schwärmerischen Hingabe gewissermaßen schamhaft vorhält. Denn nicht Leser, und wäre es der dankbarste, will ja der junge Mensch sein, sondern Sohn und Zögling. Sagen können will er: „Ich lasse dich nicht!", mit dem ganzen Planetenglück, in dem der erwachende Goethe um Herders Gestirn schwang. „Ich ahnte, in Schopenhauer jenen Erzieher und Philosophen gefunden zu haben, den ich so lange suchte. Zwar nur als Buch: und das war ein großer Mangel. Um so mehr strengte ich mich an, durch das Buch hindurch zu sehen und mir den lebendigen Menschen vorzustellen, dessen großes Testament ich zu lesen hatte, und der nur solche zu seinen Erben zu machen verhieß, welche mehr sein wollten und konnten als nur seine Leser: nämlich seine Söhne und Zöglinge" (Schopenhauer als Erzieher).

So war es der große Mensch, den Nietzsche suchte, nicht die große Lehre, der Philosoph, nicht die Philosophie, der lebendige Mund, nicht das starre Testament. Nicht der verehrungswürdige Tote, sondern der vorlebende Zeitlose. „Ich mache mir aus einem Philosophen gerade so viel als er imstande ist, ein Beispiel zu geben" (Schopenhauer als Erzieher). Und wiederum: „Es ist gleichgültig, wie die Sätze lauten, die Natur des Mannes steht uns für hundert Systeme ein. Als Lehrender mag er hundertmal unrecht haben: aber sein Wesen selber ist im Recht, daran wollen wir uns halten. Es ist an einem Philosophen etwas, was nie an einer Philosophie sein kann: nämlich die Ursache zu vielen Philosophien, der große Mensch" (Nachlaß zur dritten Unzeitgemäßen). Die Schrift über den Erzieher Schopenhauer kommt aber nicht nur, wie die Geburt der Tragödie, aus dem Erlebnis des platonischen Liebesenthusiasmus, sie formuliert auch bereits das Gesetz dieses Erlebnisses selber, das griechische Gesetz der erzieherischen Liebe. „Wie kann sich der Mensch kennen?.. Um.. das wichtigste Verhör zu veranstalten, gibt es dies Mittel. Die junge Seele sehe auf das Leben zurück mit der Frage: was hast du bis jetzt wahrhaft geliebt, was hat deine Seele hinangezogen, was hat sie beherrscht und zugleich beglückt? Stelle dir die Reihe dieser verehrten Gegenstände vor dir auf, und vielleicht ergeben sie dir, durch ihr Wesen und ihre Folge, ein Gesetz, das Grundgesetz deines eigentlichen Selbst.. Deine wahren Erzieher und Bildner verraten dir, was der wahre Ursinn und Grundstoff deines Wesens ist.. Deine Erzieher vermögen nichts zu sein als deine Befreier." Was zehn Jahre später, im Zarathustranachlaß, zur meisterlich knappen Formel verdichtet lautet: „An welche Menschen hast du einmal geglaubt? Ihre Summe verrät dir deinen Glauben an dich." Deine Erzieher vermögen nichts zu sein als deine Befreier — oder mit Briefworten an Deussen, aus dem Jahre 1870: „Man wird wahrscheinlich *die* Philosophie wählen und lieben, die uns unsre Natur am meisten erklärt" — damit stellt Nietzsche bereits das sokratische Gesetz auf (ein Gesetz voll immanenter Tragik), daß alle Liebe nur ein Weg zu sich selber sei — das Gesetz, dessen grausame Anwendung auf ihn selber ihm erst später aufgehen sollte, dessen Melancholie aber schon den Abschiedsgesang „Richard Wagner in Bayreuth" schwermütig überschattet.

Und wie die große Philosophie nur eine listige Verlockung war, mit der Eros den jungen Geist zu dem großen erzieherischen Menschen hin verlockte, und über den Erzieher hinweg zuletzt zur eignen Vollendung, so ist, wenige Jahre später, für Nietzsche sogar die große Kunst nur eine listige Maske des Eros, um die junge Seele zu verführen zu etwas, das mehr ist als Kunst, nämlich —? „Die ästhetischen Triebe und Vorneigungen der Jugend," heißt es im Nachlaß zur Fröhlichen Wissenschaft, „sind die Ankündigungen von etwas, das mehr als ästhetisch ist. Seltsam!" Aber das ist, in der Form einer nachdenklichen Randbemerkung, die platonische Lehre vom zeugenden Schönen, von der Schönheit als dem zum Göttlichen verführenden Sendboten, wie die große Rede des Sokrates im Phaidros diese Lehre in mythologischer Form ausspricht. Das Schöne redet nicht vom Schönen, sondern von etwas, das mehr als das Schöne ist — früh versteht Nietzsche so die platonische Kernlehre. „Der schönste Leib — ein Schleier nur, In den sich schamhaft — Schönres hüllt", heißt ein fast hebbelisch anmutender Spruch in den „Reden, Gleichnissen und Bildern", der christliche und antike Schönheitsmetaphysik seltsam ineinander aufhebt. Die Geburt der Tragödie bereits erscheint ganz und gar als ein Protest gegen die unausdeutbare Schönheit, selig in ihr selbst, die Schönheit, die *nur* schön ist. Und „Richard Wagner in Bayreuth" lehnt sich, mit leidenschaftlicher Abwehr jeder genießerischen Auslegung des wagnerischen Musikkultes, dagegen auf, daß es den wahren Schülern Wagners um die Kunst allein zu tun sein könnte: „Man könnte uns nicht mehr Unrecht tun, als wenn man annähme, es sei uns um die Kunst allein zu tun: als ob sie wie ein Heil- und Betäubungsmittel zu gelten hätte, mit dem man alle übrigen elenden Zustände von sich abtun könnte." „Kunst allein" — bei Schopenhauer noch eine Form der Erlösung, der höchste Aufschwung der Seele, ja die unmittelbare seligmachende Anschau des Weltengrundes: hier wird sie beinah verächtlich verneint. Was schon der junge Nietzsche in der Kunst bejaht? Ihre verwandelnde Kraft. Ihre magische Fähigkeit, neue Lebensgemeinsamkeiten, neue Seinsformen vorzubereiten und heraufzuführen. Das schimmert schon durch in dem Basler Brief an Rohde, nach dem großen Mannheimer Wagnerkonzert des Jahres 1871: „Wenn ich mir denke, daß nur einige hundert Menschen aus der nächsten Generation das von der Musik haben, was ich von ihr habe, so erwarte ich eine völlig neue Kultur!" Das Herz seines Glaubens an Wagner ist ja die begeisterte Gewißheit, daß der Musik und Persönlichkeit Wagners diese verwandelnde, kulturerneuernde, ja kulturschaffende Kraft innewohne. Die Vorstellung der „hundert verwandelten Menschen", von Burckhardts Renaissanceauffassung wie von dem idealen Bayreuth her in Nietzsche geweckt, sie taucht immer wieder in den ersten Schriften und frühen Briefen auf. „Nehme man an, daß jemand glaube, es gehörten nicht mehr als hundert produktive, in einem neuen Geiste erzogene und wirkende Menschen dazu, um der in Deutschland jetzt gerade modisch gewordenen Gebildetheit den Garaus zu machen, wie müßte es ihn bestärken, wahrzunehmen, daß die Kultur der Renaissance sich auf den Schultern einer solchen Hundert-Männer-Schar heraushob" (Vom Nutzen und Nachteil der Historie). Hier spricht noch, vorsichtig, vermutend, mittelbar der am großen historischen Vielleicht Erzogene. Aber in derselben Schrift erklingt diese Hoffnung auch mahnend, gläubig, unbedingt: „Zieht um euch den Zaun einer großen und umfänglichen Hoffnung.. Formt in euch ein Bild, dem die Zukunft entsprechen soll, und vergeßt den Aberglauben, Epigonen zu sein.. Sättigt eure Seelen am Plutarch und wagt es, an euch selbst zu glauben, indem ihr an seine Helden glaubt. Mit einem Hundert solcher unmodern erzogenen, das heißt reif gewordenen und an das Heroische gewöhnten Menschen ist jetzt die ganze lärmende Afterbildung dieser Zeit zum ewigen Schweigen zu bringen." Solche Vorstellungen einer tempelritterlichen platonischen Akademie wandeln in den verschiedensten Masken durch Nietzsches Frühzeit. Anlaß und Stimmung lassen ihn zuweilen mehr das heiter sokratische, bald mehr das grüblerisch christliche Element dieser neuen Hundertschaft betonen.

Die Ideen eines Templertums der Wahrheit, eines Mönchtums der Kunst, einer Freimaurerloge der „auf Musik Getauften", einer Akademie der an den Großen Menschen Gläubigen verbinden sich kentaurisch miteinander, so wie es nur bei Nietzsche möglich ist. Bald erscheint die Bewahrung der bedrohten alten humanistischen Kultur als die wesentliche Aufgabe, bald die Neuschaffung einer neuen dionysischen Kultur „aus dem Geiste der Musik". Einmal hat die „Akademie" fast rückwärts gewandten, dann wieder einen fast ausschweifend zukunftsmusikalischen Charakter. Immer aber bleibt die Grundvorstellung einer Gemeinsamkeit, die den Sauerteig der kommenden Kultur zu bilden haben werde. Ganz pessimistisch, bezeichnenderweise, taucht sie zuerst im Jahre 1870 auf. In einer Stimmung, die merkwürdig an Flauberts Briefe anklingt, schreibt Nietzsche unmittelbar bei Ausbruch des Krieges an Rohde: „Unsre ganze fadenscheinige Kultur stürzt dem entsetzlichsten Dämon an die Brust. Was werden wir erleben!.. Was sind alle unsre Ziele! Wir können bereits am Anfang vom Ende sein! Welche Wüstenei! Wir werden wieder Klöster brauchen. Und wir werden die ersten fratres sein." Daß dies mönchische Schwelgen in äußerster Hoffnungslosigkeit nicht nur der Ausbruch einer augenblicklichen Kulturverzweiflung war, im plötzlichen Anblick des Chaos, das beweisen ähnliche Zeugnisse der folgenden Zeit. Das Bündnis Wagners und Schopenhauers verrät ihm (Nachlaß zu Richard Wagner in Bayreuth), „daß vielleicht bald einmal die Kultur nur noch in der Form klosterhaft abgeschiedener Sekten existiert, die sich zu der umgebenden Welt ablehnend verhalten".

Den ausführlichen Plan einer halb griechischen, halb klösterlichen Akademie enthält der Brief vom 15. Dezember 1870 an Rohde. Dort lautet es aus Basel: „Etwas wahrhaft Umwälzendes wird von der Universitätsweisheit aus nicht seinen Ausgang nehmen können. Wir können nur dadurch zu wirklichen *Lehrern* werden, daß wir uns selbst mit allen Hebeln aus dieser

Zeitluft herausheben.. Also wir werfen einmal dieses Joch ab, das steht *für mich* ganz fest. Und dann bilden wir eine neue *griechische* Akademie.. Sei es auch, daß wir wenig Gesinnungsgenossen bekommen, so glaube ich doch, daß.. wir eine kleine Insel erreichen werden.. Wir sind dann unsre gegenseitigen Lehrer, unsre Bücher sind nur noch Angelhaken, um jemand wieder für unsre klösterlich-künstlerische Genossenschaft zu gewinnen.. Um Dir zu zeigen, wie ernsthaft ich das meine, so habe ich bereits angefangen, meine Bedürfnisse einzuschränken, um einen kleinen Rest von Vermögen mir noch zu bewahren.. Sollten wir nicht imstande sein, eine neue Form der Akademie in die Welt zu setzen, und sollt' ich nicht, sehnsüchtigster Gewalt, Ins Leben ziehn die einzigste Gestalt?'.. Unsre Philosophenschule ist doch gewiß keine historische Reminiszenz oder eine willkürliche Laune — treibt uns nicht eine Not auf diese Bahn hin?" Unterschrift: „Dein getreuer Frater Fridericus." Von einer Art Ordensgemeinschaft der höheren Menschen, vom Plan eines „Jahrbuchs der Freunde" ist an andern Stellen die Rede — wobei ihm „nichts ferner liegt als eine Konkurrenz mit so erbarmungswürdigem Zeug, wie die Bayreuther Blätter sind" (1878). „Wo sollen wir den Garten Epikurs erneuern?" lautet es 1879 an Gast. Und gerade in dieser Zeit zeichnet sich Nietzsche dankbar in Adalbert Stifters Briefen die Stelle aus: ‚Darum spricht mich der Umgang mit einzelnen höheren Menschen („höheren Menschen"!) so an, und wenn es möglich zu machen wäre, daß ich mit Ihnen den Nachsommer des Lebens begehen kann.. wozu aber auch Freund E. gezogen werden müßte und Freundin Eichendorff, so würde ja ein Traum meiner Jugend erfüllt, den ich nur damals nicht verstand.. Wir alle würden uns heben. Der Gedanke ist zu schön, als daß er einmal wahr werden könnte. Und doch sollte der Versuch gewagt werden. Wir Menschen plagen uns ab, um die Mittel zum Leben zu erwerben, nur das Leben lassen wir dann bleiben" (1859).

Aber auch in zukunftsgläubigeren Stimmungen bestärkt sich Nietzsche in diesen Jahren, jenseits schon von Bayreuth, bei den verschollenen Hoffnungen seines Nachsommer-Verwandten Adalbert Stifter, wenn er sich dessen Brief vom Jahre 1855 anmerkt, der die frühsten Hoffnungen Zarathustras aufhorchen machen konnte, und der zugleich Nietzsche an die Stimmung der Geburt der Tragödie und des Richard Wagner in Bayreuth seltsam gemahnen mußte. Wie dort Stifter, so hatte Nietzsche selber gehofft, und so sollte später Zarathustra für Augenblicke hoffen: „Ein neuer gewaltiger Mensch wird aufstehen, und mit einfachen aber allmächtigen Schlägen den Flitter, die Gespreiztheit und die Selbstsucht .. zerschlagen, womit jetzt das Götterbild der Kunst behängt wird .. Er wird kommen, ihm wird sich ein Kreis zuscharen, und das Leben und alles, was mit ihm zusammenhängt, also auch der Staat, wird sich heben." Man versteht, warum Nietzsche sich gerade damals diesen Brief Stifters bezeichnete, der mit einem Hauch seherischer Verkündung, Stifters Luft sonst fremd, auf ihn und seinen eben jetzt vergangenen, eben jetzt erwachenden Hoffnungen hinzudeuten schien.

Weit über „Bayreuth" hinaus ins Griechische hinüber wächst nun die Idee von der Gemeinschaft der Auserwählten langsam der platonischen Fernschau Zarathustras entgegen. Schon „in ‚Richard Wagner in Bayreuth' hatte sich ‚der Gedanke von Bayreuth' in etwas verwandelt, das den Kennern meines Zarathustra kein Rätselbegriff sein wird: in jenen *großen Mittag*, wo sich die Auserwähltesten zur größten aller Aufgaben weihen — wer weiß? Die Vision eines Festes, das ich noch erleben werde .." (Ecce homo). Im Zarathustrakapitel Von der schenkenden Tugend findet man diese Vision, Bayreuths letzte Verkörperung, als letztes Abschiedswort an die Jünger erwähnt: „Mit einer andern Liebe werde ich euch dann lieben. Und einst noch sollt ihr mir Freunde geworden sein und Kinder Einer Hoffnung: dann will ich zum dritten Male bei euch sein, daß ich den großen Mittag mit euch feiere. Und das ist der große Mittag, da der Mensch auf der Mitte seiner Bahn steht zwischen Tier und Übermensch und seinen Weg zum Abende als eine höchste Hoffnung feiert: denn es ist der Weg zu einem neuen Morgen."

Das Glück der eignen Jüngerschaft war dem jugendlichen Nietzsche zuteil geworden — das Fest des Hohen Mittags mit gleichgerichteten ebenbürtigen Freunden („es gibt nur inter pares vollkommene Freundschaft"), es war ihm nicht gegönnt. Zum letzten Male ruft der Nachgesang zum „Jenseits" „Aus hohen Bergen" nach diesen Freunden, nach dieser platonischen „Seligkeit inter pares", nach diesem Fest des Hohen Mittags:

„O Lebens Mittag! Feierliche Zeit!
   O Sommergarten!
Unruhig Glück im Stehn und Spähn und Warten: —
Der Freunde harr' ich, Tag und Nacht bereit,
Wo bleibt ihr Freunde? Kommt! 's ist Zeit! 's ist Zeit!

.. Im Höchsten ward für euch mein Tisch gedeckt: —
   Wer wohnt den Sternen
So nahe, wer des Abgrunds grausten Fernen?

>Mein Reich — welch Reich hat weiter sich gereckt?
>Und meinen Honig — wer hat ihn geschmeckt?
>.. Da *seid* ihr, Freunde! — Weh, doch ich bin's nicht,
>   Zu dem ihr wolltet?
>.. Ein andrer ward ich? Und mir selber fremd? ..
>Ihr wendet euch? — O Herz, du trugst genug,
>   Stark blieb dein Hoffen:
>Halt *neuen* Freunden deine Türen offen!
>.. Daß *alt* sie wurden, hat sie weggebannt:
>Nur wer sich wandelt, bleibt mit mir verwandt.
>O Lebens Mittag! Zweite Jugendzeit!
>   O Sommergarten!
>Unruhig Glück im Stehn und Spähn und Warten!
>Der Freunde harr' ich, Tag und Nacht bereit,
>Der *neuen* Freunde! Kommt! 's ist Zeit! 's ist Zeit!"

Aber „dies Lied ist aus, — der Sehnsucht süßer Schrei Erstarb im Munde" — denn Freund Zarathustra kam, der „Gast der Gäste", mit dem allein er nun, aus Eins zu Zwei verwandelt, das Fest des Hohen Mittags, „das Fest der Feste", feiert.

Fortan gab es für Nietzsche nur noch die dritte Stufe der sokratischen Lebensform: die Stufe der eignen Meisterschaft, den erzieherischen Blick hinab, die Lust der großen Verantwortlichkeit. Nachdem er Jünger und Freund gewesen war, wird er das dritte und schwerste: der Lehrer und Meister. Der Untergang in einem großen Manne war Nietzsche gegönnt gewesen. Das Phantom einer Freundes- und Kulturgemeinschaft, jener entscheidenden Hundertschaft von Männern, auf der sich nach seiner Geschichtsphilosophie (die auch diejenige Burckhardts war) alle großen Kulturen erbaut haben, es hatte ihm die Jahre bis zum Zarathustra hin ertragen helfen. Nun, auf der Höhe, ist er nur noch das Eine: der große Lehrer, das Genie der Erziehung, der sokratische Meister, dessen Bild Nietzsche frühzeitig in seinem Vortrag über die Zukunft unsrer Bildungsanstalten zu zeichnen versucht hatte. Die große erzieherische Verantwortung ist jetzt das bewußte Leitideal geworden, wie sie es im Grunde dieser Natur von Kind auf heimlich gewesen war (man erinnere sich der vielen kleinen „pädagogischen" Anekdoten, die aus der Kindheit und Jugend Nietzsches sich erhalten haben). Das klassische, das wahrhaft sokratische Verhältnis des Schülers zum Meister, des Meisters zum Schüler ist ein Grundproblem, welches ihn in allen seinen Schriften beschäftigt. „Wer von Grund aus

Lehrer ist, nimmt alle Dinge nur in Bezug auf seine Schüler ernst, — sogar sich selbst" (Jenseits). „Wer Lehrer ist, ist meistens unfähig, etwas Eigenes noch für sein eignes Wohl zu treiben, er denkt immer an das Wohl seiner Schüler, und jede Erkenntnis erfreut ihn nur, wenn er sie lehren kann" (Menschliches). „Zur Humanität eines Meisters gehört, seine Schüler vor sich zu warnen" (Morgenröte). „Anders liebt der Gesell, anders der Meister den Meister" (Menschliches). In der Blüte seines Schopenhauer-Enthusiasmus urteilt schon der Student, in einem Brief, über des Philosophen „bornierte Nachtreter": „Solche Schüler wie Frauenstädt sind im Grunde eine beleidigende Grobheit gegen den Meister."

Und wie das Verhältnis von Schüler und Meister, so beschäftigt ihn auch das Verhältnis der idealen Schüler untereinander fortwährend. Ganz sokratisch, ganz griechisch sieht er es an: als den edlen Agon, den Wettstreit um den Preis der vornehmsten Schülerschaft. Es ist ihm das Kennzeichen der wahren Meisterschaft, daß sie es versteht, die gute Eris, den edlen Neid unter denen zu wecken, auf die sie wirkt — so drängten sich die Jünglinge Athens dialektisch wetteifernd um das spöttisch kluge, aufreizend fragende Satyrantlitz, das beständig den „Besten und Gerechtesten" aus ihrer Zahl herauszusuchen schien. Neidisch — so sah Nietzsche den idealen Schüler und den idealen Griechen. Von diesem fruchtbaren griechischen Neide spricht Nietzsche wohl zuerst gelegentlich des hesiodischen Wortes von den zwei Göttinnen Eris, in der Studie „Homers Wettkampf" (1871/72). Nicht Aristoteles allein, sondern das gesamte griechische Altertum denke anders über den Neid als wir. „Der Grieche ist *neidisch* und empfindet diese Eigenschaft nicht als Makel, sondern als Wirkung einer *wohltätigen* Gottheit: welche Kluft des ethischen Urteils zwischen uns und ihm! .. Je größer und erhabener ein griechischer Mensch ist, um so heller bricht aus ihm die ehrgeizige Flamme heraus, jeden verzehrend, der mit ihm auf gleicher Bahn läuft .. Jeder große Hellene gibt die Fackel des Wettkampfes weiter; an jeder großen Tugend entzündet sich eine neue Größe." Ganz in der Richtung seines Leitgedankes verfolgt Nietzsche vor allem die erzieherische Wirkung und Nutzung dieses hellenischen Urtriebes. „Jede Begabung muß sich kämpfend entfalten, so gebietet die hellenische Volkspädagogik: während die neueren Erzieher vor nichts eine so große Scheu haben als vor der Entfesselung des sogenannten Ehrgeizes.. ‚Auch der Künstler grollt dem Künstler!' Und der moderne Mensch fürchtet nichts so sehr an einem Künstler als die persönliche

Kampfregung, während der Grieche den Künstler nur im persönlichen Kampfe kennt. Dort wo der moderne Mensch die Schwäche des Kunstwerks wittert, sucht der Hellene die Quelle seiner höchsten Kraft!.. Nur der Wettkampf machte Plato zum Dichter, zum Sophisten, zum Redner. Welches Problem erschließt sich uns da, wenn wir nach dem Verhältnis des Wettkampfes zur Konzeption des Kunstwerkes fragen!" Aus dem Gedanken des Wettkampfes als wichtigstem erzieherischen Grundgesetz heraus warnt noch die „Morgenröte": „Man verdirbt einen Jüngling am sichersten, wenn man ihn anleitet, den Gleichdenkenden höher zu achten als den Andersdenkenden." Wettkampf — noch mit dem Meister selber — das bleibt das sokratische Ideal. Es war des Sokrates höchster Ruhm, daß er einen Schüler wie Platon über sich hinaus erziehen konnte, gleichwie Platon einen Sokrates über Sokrates hinaus erschuf. „Man vergilt einem Lehrer schlecht, wenn man immer nur der Schüler bleibt," mahnt Zarathustra, „und warum wolltet ihr nicht an meinem Kranze rupfen? Ihr verehrt mich; aber wie, wenn eure Verehrung eines Tages umfällt? Hütet euch, daß euch nicht eine Bildsäule erschlage!" (Das Gleichnis ist eine Erinnerung an die Stelle bei Aristoteles, die es einen untragischen Tod nennt, von einer Bildsäule erschlagen zu werden.)

Verantwortungsstolz und Verantwortungslust des geborenen Großen Lehrers strömen aus diesen und allen Sätzen Zarathustras. Im Jahr der Wagnerabkehr, bedeutungsvoll, macht sich zum erstenmal das Bewußtsein von der Bedeutung des eignen Seins als eines neuen Beispiels und Vorbildes geltend: „In der Hauptsache habe ich soviel erkannt: das einzige, was die Menschen aller Art wahrhaft anerkennen und dem sie sich beugen, ist die hochsinnige Tat. Um alles in der Welt keinen Schritt zur Akkommodation! Man kann den großen Erfolg nur haben, wenn man sich selbst treu bleibt. Ich erfahre es, welchen Einfluß ich jetzt schon habe, und würde mich selbst nicht nur, sondern viele mit mir wachsende Menschen schädigen oder vernichten, wenn ich schwächer und skeptisch werden wollte" (1876 an Gersdorff). Aber er kennt auch die jähe Verantwortungsangst des großen Lehrers. Ein Jahrzehnt später macht ihm der Gedanke Schrecken, was für Unberechtigte und gänzlich Ungeeignete sich einmal auf seine Autorität berufen werden. „Aber das ist die Qual jedes großen Lehrers der Menschheit: er weiß, daß er, unter Umständen und Unfällen, der Menschheit zum Verhängnis werden *kann*, so gut als zum Segen" (1884 an die Schwester). Denn der große Lehrer ist, wie er die stärkste verwandelnde Wirklichkeit unter Menschen ist, zugleich auch unvermeidlich ein Phantom, das wirklichkeitsfernste unter allen Liebesphantomen der Menschen. Früh weiß Nietzsche, daß „der Wirkende ein Phantom, keine Wirklichkeit" ist: „Der bedeutende Mensch lernt allmählich, daß er, insofern er wirkt, ein Phantom in den Köpfen anderer ist, und gerät vielleicht in die feine Seelenqual, sich zu fragen, ob er das Phantom von sich zum Besten seiner Mitmenschen nicht aufrecht erhalten müsse" (Menschliches). Solche Seelenqual, diese Vorstellung einer Pflicht zur erzieherischen Lüge gewinnt stetig größere Macht über Nietzsches philosophische Haltung. Sie wird ihm langsam sein eigentliches sokratisches Grundgesetz. Was er weise verschweigt, zeigt ihm, wie Schillern den Meister des Stils, den Meister der Erziehung. „Es ist die Form meiner Menschlichkeit, über meine letzten Absichten hübsch schweigsam zu leben; und außerdem auch die Sache der Klugheit und Selbsterhaltung. Wer liefe nicht von mir davon! — wenn er dahinter käme, was für Pflichten aus meiner Denkweise wachsen.. Diesen würde ich zerbrechen und jenen verderben.. es ist sehr möglich, daß ich eines Tages stumm werde, aus Menschenliebe!" (1884 an Malwida). Das ist die erzieherische Güte des Sokrates, die Lüge als die Menschenfreundlichkeit der Erkennenden (wie es im Nachlaß zum Zarathustra heißt), die Bewahrung eines letzten zerstörenden Geheimnisses, gegen alle Versuchungen der erleichternden Beichte, jenes letzte Schweigen, das schon der junge Nietzsche gerade dem Sokrates zuschreibt. Von ihm redet das verlarvte Selbstgeständnis des Aphorismus „Der sterbende Sokrates" in der Fröhlichen Wissenschaft — vielleicht die kühnste, sicherlich die nietzschehafteste Ausdeutung des Bildes vom Sterbenden Sokrates, das Nietzsche so tief beunruhigt hat.

„Ich bewundere," heißt es dort, „die Tapferkeit und Weisheit des Sokrates in allem, was er tat, sagte — und nicht sagte. Dieser spöttische und verliebte Unhold und Rattenfänger Athens, der die übermütigsten Jünglinge zittern und schluchzen machte, war nicht nur der weiseste Schwätzer, den es gegeben hat: er war ebenso groß im Schweigen. Ich wollte, er wäre auch im letzten Augenblicke des Lebens schweigsam gewesen — vielleicht gehörte er dann in eine noch höhere Ordnung der Geister. War es nun der Tod oder das Gift oder die Frömmigkeit oder die Bosheit — irgend etwas löste ihm in jenem Augenblicke die Zunge und er sagte: ‚O Kriton, ich bin dem Asklepios einen Hahn schuldig.' Dieses lächerliche und furchtbare ‚letzte Wort' heißt für den, der Ohren hat:

‚O Kriton, das Leben ist eine Krankheit!' Ist es möglich! Ein Mann wie er, der heiter und vor aller Augen wie ein Soldat gelebt hat — war Pessimist! Er hatte eben nur eine gute Miene zum Leben gemacht und zeitlebens sein letztes Urteil, sein innerstes Gefühl versteckt! Sokrates, Sokrates hat am Leben gelitten! Und er hat noch seine Rache dafür genommen — mit jenem verhüllten schauerlichen frommen und blasphemischen Worte! Mußte ein Sokrates sich auch noch rächen? War ein Gran Großmut zu wenig in seiner überreichen Tugend? — Ach, Freunde! Wir müssen auch noch die Griechen überwinden!" Und noch ein letztes Mal, geheimnisvoll, verschwiegen, sokratisch, preist der Wille zur Macht die Verstellung der großen Meisterschaft: „Gesetzt, man denkt sich einen Philosophen als großen Erzieher, mächtig genug, um von einsamer Höhe herab lange Ketten von Geschlechtern zu sich hinaufzuziehen: so muß man ihm auch die unheimlichen Vorrechte des großen Erziehers zugestehen. Ein Erzieher sagt nie, was er selber denkt: sondern immer nur, was er im Verhältnis zum Nutzen dessen, den er erzieht, über eine Sache denkt. In dieser Verstellung darf er nicht erraten werden; es gehört zu seiner Meisterschaft, daß man an seine Ehrlichkeit glaubt.. Ein solcher Erzieher ist jenseits von Gut und Böse; aber niemand darf es wissen."

Zusammen mit dem vorigen Aphorismus der Fröhlichen Wissenschaft gibt dieses Bruchstück aus dem Trümmerfelde des letzten Werks etwas wie ein letztes sokratisches Selbstbildnis, wie ein unheimliches Spiegelgespenst. Dieser Philosoph als großer Erzieher, dem man die unheimlichen Vorrechte des großen Erziehers zugestehen müsse; der niemals sage, was er selber denke; der in der Meisterschaft seiner Verstellung nicht erraten werden dürfe, innerlich jenseits von Gut und Böse, aber unerkannt von seinen Nächsten: das ist, unzweifelhaft, das Bild des Sterbenden Sokrates, wie ihn die Fröhliche Wissenschaft ein Halbjahrzehnt früher gemalt hatte — aber eines Sokrates, in dem auch noch die Griechen überwunden sind, der, anders als der im letzten Augenblick sich „am Leben rächende" Sokrates Nietzsches, schweigend hinüberzugehen weiß und damit „in eine höhere Ordnung der Geister" sich einordnet. Zugleich aber, ebenso unzweifelhaft, ist es das Bild Zarathustra-Nietzsches, der allein sich, gleich Sokrates, mächtig genug glaubt, um von einsamer Höhe herab lange Ketten von Geschlechtern zu sich hinaufziehen zu können. Was bedeutet diese Begegnung Zarathustras mit dem Sterbenden Sokrates in einem und demselben Bilde? Im Bilde dessen, dem es das Letzte war, seine Seele singen, sein Wort aber verstummen zu lassen und ein letztes Geheimnis großmütig mit hinüberzunehmen? Redet hier nicht, dreimal mit äußerster Scheu verhüllt, ein Geständnis Nietzsches? War er der großmütigere Sokrates, der keinem Kriton das lächerliche und furchtbare „letzte Wort" anvertraute, das da besagte, das Leben sei eine Krankheit? Verschwieg er, der heiter und vor aller Augen wie ein Soldat gelebt hatte, verschwieg er, daß auch er Pessimist gewesen war, daß auch er eben nur eine gute Miene zum Leben gemacht und zeitlebens sein letztes Urteil, sein innerstes Gefühl versteckt hatte? War es dies sein Verschweigen, das unheimliche Vorrecht des großen Erziehers, der nie sagt, was er selber denkt, sondern immer nur, was er im Verhältnis zum Nutzen dessen, den er erzieht, über eine Sache denkt? War eben dies die Verstellung, in der er nicht erraten werden durfte, die Meisterschaft, die an seine Ehrlichkeit glauben machte? War er jenseits von Gut und Böse, das ist: jenseits des Lebens (wie er im Ecce homo mit einem Fuße zu stehen selber bekannt hat)? War sein äußerster dionysischer Lobpreis des Lebens und nur des Lebens die Form des Schweigens, unter der ein großer Erzieher zum Leben nicht an das Leben glaubte? Und hat gar auch er zuletzt noch seine Rache genommen mit jener verhüllten schauerlichen frommen und blasphemischen Gebärde Ecce homo? „Aber niemand darf es wissen."

Gewiß ist nur eins: war Nietzsche, in und trotz all seiner stolzen und schauerlichen Einsamkeit, wirklich dieser sokratische Philosoph des „Willens zur Macht", der Philosoph als geborner großer Erzieher, so war er es mit der ebenso eingeborenen Tragik, vermöge seiner zwiespältigen nordisch hellenischen Natur nicht jene persönlichen Schüler finden zu können, festhalten zu dürfen, nach denen er ein ganzes Leben hindurch mit solcher Sehnsucht ausspähte. Und vielleicht wurzelte diese Unmöglichkeit eben in dem, was *seine* letzten Worte verschwiegen, was „niemand wissen durfte". Man hat wohl, um sich das Schauspiel dieses grausigen Zwiespalts hinwegzudeuten, gesagt, Nietzsches äußerster Individualismus habe überhaupt im Grunde den „Jünger" verschmäht, wie er für sich den Namen des „Propheten", des „Religionsstifters" trotz Zarathustra verschmähte. Anders als selbst der einsame Schopenhauer, habe er geflissentlich jede Art von Jüngerschaft von sich abgewehrt. Man beruft sich mit gutem Scheine auf Stellen, in denen der strenge Wille zur völligen Einsamkeit eines geistigen Einsiedlertums alle andern Neigungen und Versuchungen überwunden zu haben scheint; in denen geradezu mit Verachtung von jeglicher Jüngerschaft gesprochen wird. Etwa in dem wahrhaft schauerlichen Nizzaer Brief an die Schwester, vom März 1885: „Glaubst Du wirklich, daß Steins Arbeiten, die ich nicht einmal zur Zeit meiner schlimmsten Wagnerei und Schopenhauerei gemacht haben würde, von einer ähnlichen Wichtigkeit sind, wie die ungeheure Aufgabe, die auf mir liegt?.. Oder hältst Du es meiner Würde gemäß, mich um seine Freundschaft zu bewerben? Ich bin viel zu stolz, um je zu glauben, daß ein Mensch *mich* lieben könne. Dies würde nämlich voraussetzen, daß er wisse, wer ich bin. Ebenso wenig glaube ich daran, daß ich je jemanden lieben werde: dies würde voraussetzen, daß ich einmal — Wunder über Wunder! — einen Menschen meines Ranges fände.. Was *mich* beschäftigt, bekümmert, erhebt, dafür habe ich nie einen Mitwisser und Freund gehabt: es ist schade, daß es keinen Gott gibt, damit es doch Einer wüßte." Oder, stiller und minder byronisch, in Freundesbriefen: „Es kann gar nicht still und hoch und einsam genug um mich sein, daß ich meine innersten Stimmen vernehmen kann!" (1883 an Gersdorff). „Ich habe niemanden, der um mein Werk weiß: niemanden, den ich stark genug wüßte, mir zu helfen.. diesen würde ich zerbrechen und jenen verderben: *lassen* Sie mich nur in meiner Einsamkeit!!!.. Es war zuletzt eine Eselei von mir, mich ‚unter die Menschen' zu begeben: ich mußte es ja vorher wissen, was mir da begegnen werde" (1884 an Malwida). „Ich fühle mich zu meiner Einsamkeit und Burg *verurteilt*. Da gibt es keine Wahl mehr. Das, was mich noch leben heißt, eine ungewöhnliche und schwere Aufgabe, heißt mich auch den Menschen aus dem Wege zu gehn und mich an niemanden mehr anzubinden. Es mag die extreme Lauterkeit sein, in die mich eben jene Aufgabe gestellt hat, daß ich nachgerade ‚die Menschen' nicht mehr riechen kann, am wenigsten die ‚jungen Leute', von denen ich gar nicht selten heimgesucht werden (— o, sie sind zudringlichtäppisch, wie junge Hunde!)" (1887 an Malwida). Eine Abwehr, die gesteigert erscheint in Zarathustras Abschied am Schlusse des ersten Teiles, wiederkehrend am Ende des Ecce homo-Vorwortes: „Allein gehe ich nun, meine Jünger! Auch ihr geht nun davon und allein! So will ich es.

Wahrlich, ich rate euch: geht fort von mir.. vielleicht betrog euch Zarathustra.

Ihr sagt, ihr glaubt an Zarathustra? Aber was liegt an Zarathustra! Ihr seid meine Gläubigen: aber was liegt an allen Gläubigen!..

Nun heiße ich euch, mich verlieren und euch finden. Und erst, wenn ihr mich alle verleugnet habt, will ich euch wiederkehren."

Sicherlich ist das die gegensokratischste Haltung eines vorbildlichen Menschen, die sich denken läßt. Aber es ist nur die eine, die nordisch einsame, protestantisch-einzelhaft bestimmte Richtung seines Wesens. Gewiß, Nietzsche war durch das Lou-Erlebnis des Jahres 1882 in das äußerste Mißtrauen gegen jede jüngerhafte Annäherung nicht nur, sondern vor allem gegen den eigenen wählenden erzieherischen Instinkt hineingetrieben worden. Und gewiß hatte er durch die persönliche Nähe zu Bayreuth einen zu tiefen Niederblick in die menschliche und geistige Unzulänglichkeit jener Art von Jüngerschaft getan, die, gierig nach den Wonnen der Niederwerfung, eine mächtige künstlerische Persönlichkeit zu umdrängen pflegt, als daß er der Versuchung hätte erliegen können, einem Jüngertum um jeden Preis dankbar zu werden, wie etwa Schopenhauer. Aber es bleibt trotzdem die Tatsache bestehen, daß Nietzsche den stärksten Antrieb zur schul- und schülerbildenden Gemeinschaft in sich erleben konnte und erlebt hat (welche Kraft der Hinaufsteigerung, bis zur vollkommenen Umdeutung und Umschaffung, in den Briefen an die imaginäre Lou oder selbst an Gast!). Es bleibt bestehen, daß Nietzsche, weit entfernt von jedem Erfahrungspessimismus, den er aus dem Anblick des Bayreuther Jüngertums hätte ziehen können, vielmehr die jünger- und schülerbildende Kraft Wagners mit tiefem und schmerzlichem, mit *griechischem* Neide betrachtet hat; er hat in ihm den einzigen Mann gesehn, der ihm die wenigen Menschen seiner Gegenwart wegnehmen konnte und weggenommen hatte, auf die unmittelbar von Mensch zu Mensch zu wirken sich verlohnt hätte. Diesen sokratischen Neid auf den sophistischen Wagner bezeugen die Gastbriefe: „Mich ekelt davor, daß Zarathustra als Unterhaltungsbuch in die Welt tritt; wer ist ernst genug dafür! Hätte ich die Autorität des ‚letzten Wagner', so stände es besser. Aber jetzt kann mich niemand davon erlösen, zu den ‚Belletristen' geworden zu werden." „Was den eigentlichen Wagner betrifft, so will ich schon noch zu einem guten Teile sein *Erbe* werden.. Im letzten Sommer empfand ich, daß er mir alle die Menschen weggenommen hatte, auf welche in Deutschland zu wirken überhaupt Sinn haben kann.." (1883 an Gast). So spricht nicht der, welcher in erhabener Selbstgenugsamkeit sich mit künftiger, mit einer Meisterschaft jenseits des Todes tröstet, so spricht nur der sokratische Mensch, dem ohne ein gegenwärtiges Wirken von Mensch zu Mensch das Leben ein Irrtum ist.

Mit fast sokratischen Worten drückt Nietzsche sein sokratisches Los schon im Jahre der entscheidenden Loslösung von seinem ehmals vergötterten Meister aus, genau im Augenblicke der beginnenden eignen meisterlichen Reife: er nennt sich, wie Sokrates es hätte tun können, den Menschenräuber. „Bin ich doch immer auf Menschenraub aus, wie nur irgendein Korsar; aber nicht um diese Menschen in die Sklaverei, sondern um mich mit ihnen in die Freiheit zu verkaufen" (1876 an Seydlitz). „Wenn der Mensch keine Söhne hat, so hat er kein volles Recht, über die Bedürfnisse eines einzelnen Staatswesens mitzureden", hieß es schon im „Menschlichen"; „Nachkommen haben — das erst macht Menschen stetig, zusammenhängend und fähig, Verzicht zu leisten: es ist die beste Erziehung .. Unsre Werke und Schüler erst geben dem Schiffe unseres Lebens den Kompaß und die große Richtung", im Nachlaß zur Fröhlichen Wissenschaft. Aber erst seit dem Augenblick, in dem der ehemalige Meister die Augen schließt, fühlt Nietzsche sich als sein echtgeborener Erbe und Nachfolger („der Tod Wagners ist mir eine große Erleichterung"), und genau von diesem Augenblick an, seit dem Zarathustrajahr, das nicht ganz zufällig auch Wagners Todesjahr ist, häufen sich auch in Nietzsches persönlichsten Äußerungen die Rufe nach Schülern und Erben seines Lebens, die Zeugnisse eines verzehrenden Dranges nach unmittelbar menschlichem Wirken: „Worum ich Epikur beneide, das sind seine *Schüler* in seinem Garten; ja, *da* läßt sich schon das edle Griechenland, und da *ließe* sich gar das unedle Deutschland *vergessen!* Und daher meine Wut, seit ich im breitesten Sinne begriffen habe, was für erbärmliche Mittel (die Herabsetzung meines Rufes, meines Charakters, meiner Absichten) *genügen,* um mir das Vertrauen und damit die Möglichkeit von Schülern zu nehmen. ‚Um des Ruhmes willen' habe ich nicht eine Zeile geschrieben, das glauben Sie mir wohl: aber ich meinte, meine Schriften könnten ein guter *Köder* sein. Denn zuletzt: der Trieb des Lehrens ist *stark* in mir. Und *insofern* brauche ich sogar Ruhm, daß ich Schüler bekomme.." (1883 an Gast). „Ich habe, kurz gesagt, *noch bei Lebzeiten* Jünger nötig: und wenn meine bisherigen Bücher nicht als Angelruten wirken, so haben sie ‚ihren Beruf verfehlt'. Das Beste und Wesentliche läßt sich nur von *Mensch zu Mensch* mitteilen, es kann und soll nicht ‚publik' sein" (1884 an Overbeck). „Mein Verlangen nach Schülern und Erben macht mich hier und da ungeduldig und hat mich, wie es scheint, in den letzten Jahren sogar zu Torheiten verleitet, welche lebensgefährlich waren" (1885 an Overbeck). „Es mag sein, daß ich im Stillen immer geglaubt habe, an dem Punkte meines Lebens, *an dem ich angelangt bin,* nicht mehr allein zu sein: daß ich da von vielen Gelübde und Schwüre empfangen würde, daß ich etwas zu gründen und zu organisieren hätte, und dergleichen Gedanken, mit denen ich über Zeiten gräßlicher Vereinsamung mich hinwegtröstete. Inzwischen ist es anders gekommen. Es ist alles noch zu früh.." (1884 an Overbeck). Selbst die unbedingte Hingabe, die ihm so oft, gerade im Hinblick auf die Wagnergefolgschaft, verdächtig erschienen war, er verschmäht sie nun nicht mehr, ja, er würde sie fordern. Wenn es schon im „Menschlichen" bezeichnend genug, aber noch unpersönlich hieß, ohne die blinden Schüler sei noch nie der Einfluß eines Mannes und seines Werkes groß geworden, wenn dem jugendlichen Nietzsche der Tribschener Zeit alle Bildung mit dem Gehorsam beginnt, so wird diese Forderung jetzt tief persönlich gewandt: „Unter einem Jünger", schreibt er 1884 an Malwida, „würde ich einen Menschen verstehen, der mir ein unbedingtes Gelübde machte —, und dazu bedürfte es einer langen Probezeit und schwerer Proben." Als es, nach dem Zarathustra, einen Augenblick lang so scheint, als habe er diesen unbedingt hingegebenen Jünger gefunden, bei dem Engadiner Besuch des jungen Wagnerenthusiasten Heinrich v. Stein, im Sommer 1884, welcher Glücksrausch! Welch ergreifende Dankbarkeit für das trügerische Augenblicksbild einer praktisch erziehenden, von Mensch zu Mensch lehrenden und formenden Lebenstätigkeit und Lebensaufgabe! „Das Erlebnis des Sommers war der Besuch Baron Steins," schreibt Nietzsche an Overbeck; „das ist ein prachtvolles Stück Mensch und Mann und mir wegen seiner *heroischen* Grundstimmung durch und durch verständlich und sympathisch. Endlich, endlich ein neuer Mensch, der zu mir gehört und instinktiv vor mir Ehrfurcht hat!.. In seiner Nähe empfand ich fortwährend auf das schärfste, welche praktische Aufgabe zu meiner Lebensaufgabe gehört, wenn ich nur erst genug jüngere Menschen einer ganz bestimmten Qualität besitze! — einstweilen ist es noch unmöglich, davon zu reden, wie ich denn auch noch zu keinem Menschen davon geredet habe. Welch sonderbares Schicksal, 40 Jahre alt zu werden und alle seine wesentlichsten Dinge, theoretische wie praktische, als Geheimnisse mit sich noch herumzuschleppen!"

Sicherlich, Nietzsche ersehnte sich die Jünger Zarathustras mit aller leidenschaftlichen Inbrunst des menschenbildenden „Genies des Herzens", jenes dionysisch-sokratischen Genies des Herzens, welches er selber in einem „kuriosen Stück Psychologie" des „Jenseits" beschreibt und dessen Schilderung er, bedeutsam, im Ecce homo wörtlich anführt, „um einen Begriff von mir als Psychologen zu geben". „Das Genie des Herzens, wie es jener große Verborgene hat, der Versucher-Gott und geborene Rattenfänger der Gewissen, dessen Stimme bis in die Unterwelt jeder Seele hinabzusteigen weiß, welcher nicht ein Wort sagt, nicht einen Blick blickt, in dem nicht eine Rücksicht und Falte der Lockung läge, zu dessen Meisterschaft es gehört, daß er zu scheinen versteht — und nicht das, was er ist, sondern was denen, die ihm folgen, ein Zwang *mehr* ist, um sich immer näher an ihn zu drängen, um ihm immer innerlicher und gründlicher zu folgen .. Das Genie des Herzens, das alles Laute und Selbstgefällige verstummen macht und horchen lehrt, das .. den Seelen ein neues Verlangen zu kosten gibt .. das Genie des Herzens, das .. den verborgenen und vergessenen Schatz, den Tropfen Güte und süßer Geistigkeit unter trübem dicken Eise errät und eine Wünschelrute für jedes Korn Goldes ist .. das Genie des Herzens, von dessen Berührung jeder reicher fortgeht, nicht begnadet und überrascht, nicht wie von fremdem Gute beglückt und erdrückt, sondern reicher an sich selber, sich neuer als zuvor, aufgebrochen, von einem Tauwinde angeweht .. unsicherer vielleicht, aber voll Hoffnungen, die noch keinen Namen haben .." „Ich verbiete übrigens jede Mutmaßung darüber, wen ich an dieser Stelle beschreibe", setzt Ecce homo als bedeutsames cave nomen über diese Selbstanführung, in der Nietzsche und Sokrates, Zarathustra und Dionysos ineinander verwandelt, durcheinander verkleidet, miteinander verschwiegen sind. Es war die Maske der eignen dionysisch-sokratischen Meisterlichkeit, die Maske des jüngersuchenden Gottes, zu dessen Meisterschaft es gehört, daß er zu scheinen versteht. Aber es war zugleich das Sehnsuchtswahnbild einer Genialität des Herzens, die in ihm nur als Wunsch und schmerzlich ferner Traum, nicht als Fähigkeit und göttliche Gegenwart lebendig war. Denn freilich, diese Jünger, diese sokratischen Schüler seines Traums, sie blieben dem wirklichen Nietzsche versagt, weil sie ihm notwendig versagt bleiben mußten vermöge einer inneren Schranke, die zur Schwelle umzuwandeln ihm nicht gegönnt war, vermöge einer letzten Individualität, das ist einer letzten Unteilbarkeit, Unmitteilbarkeit des Individuums, deren Nietzsche sich melancholisch bewußt war. Die persönliche Meisterschaft von Mensch zu Mensch blieb ihm versagt; aus den nämlichen Gründen vielleicht, aus denen sein Erlebnis der eignen Jüngerschaft zu Wagner sich nicht hatte vollenden können: aus einer innersten Unschmelzbarkeit, einem protestantischen Trotz des Individuums, einem nordischen Stolz und Willen zur siebenten Einsamkeit des Ich. Ein Verhältnis wie das zu Heinrich v. Stein zeigt es: er hielt den Jünger nicht, weil er ihn im letzten Grunde nicht behalten wollte (der Tod kam hier einer Trennung nur zuvor); wie er den Meister Wagner, den Freund Rohde nicht behielt, weil er unbewußt in der Tiefe bereits entschlossen war, sie nicht zu halten. „Richard Wagner in Bayreuth" und der Glückwunschbrief an den Freund vom 18. Juli 1876 sind zwei tragische Zeugnisse für diese Tiefenstimmung, für den Willen zur Einsamkeit

Aber auch die Zuflucht der siebenten Einsamkeit versagte sich tragisch dem, dessen sokratische Leidenschaft ihn dennoch immer wieder „auf Menschenraub" aussandte, ihn aus der „Philosophie, wie er sie verstand und lebte, dem freiwilligen Leben in Eis und Hochgebirge" (Ecce homo) zu dem zog, was „großartiger ist als Sturm und Gebirge und Meer" — nämlich dem „Menschensohn". Wenn selbst ein Schopenhauer, der Enkel niederländisch harter Calvinisten, es in seiner freigewählten Rembrandteinsamkeit nicht bis ans Ende aushielt, sondern sich aus dem Echo eines dürftigen Jüngertums antwortende und bestärkende Stimmen schuf, um wie viel mehr zog es den zu Menschenlaut und Menschendankbarkeit, der aus seinem alten lutherschen Musikerbe die Stimmen platonischer Gesänge sich erhorchte, dem mit Zweien die Weisheit begann: „Was ich immer am nötigsten brauchte, war der Glaube, nicht dergestalt einzeln zu sein.. eine Blindheit zu zweien" (Zweite Vorrede von 1886 zum ersten Bande des Menschlichen). Und so sehen wir denn dem schauerlichen Geheimnis zu, wie der Einsamste, den seit Jahren kein Laut der Liebe mehr erreicht, sich die Freunde, die Jünger, die Liebe, die er braucht, erdichtet; wie er, dem Saul aus Rembrandts letzten Jahren ähnlich, den Laut der Liebe, die Musik der Zweisamkeit, nach der ihn dürstet, sich erzwingt. Als Sinnbild dient hier die maßlose Stilisierung und Übersteigerung der Musik Peter Gasts, des treuen Kurwenal, zum Inbegriff seiner erträumten Musik des Südens: „Man wird alt, man wird sehnsüchtig, schon jetzt habe ich, wie jener König Saul, Musik *nötig* — der Himmel hat mir zum Glück auch eine Art David geschenkt.. Eigentlich sollte ich auch Menschen um mich haben, von derselben Beschaffenheit, wie diese Musik ist, die ich liebe.. Aber nicht jeder kann suchen, der finden möchte.." (1886 an Rohde). Er dichtet die Musik, die er nicht mehr hören wird; er dichtet die Schüler, die er nicht mehr sehen wird; ein andrer Moses auf Nebo, erdichtet er seinen Augen das Land, das sein Fuß nicht mehr betreten wird; und was er selber nicht mehr sein kann, jener sokratisch verwandelnde Große Erzieher, von dem sein ganzes Leben träumt, als das dichtet er sich zu Ende — und so entsteht Zarathustra.

Zarathustra, diese mächtigste erzieherische Utopie, die seit Platon ein sokratischer Wille auftürmte; Zarathustra als der „ideale Meister", als der singende Sokrates, den Nietzsche über Sokrates hinaus erträumt, als der Mythos des dionysischen Erziehers, des Erziehers und Zuchtmeisters zum Übermenschen hinauf, als der gütigste und „boshaftigste aller Menschen-Fischfänger: *der* nämlich bin ich von Grund und Anbeginn, ziehend, heranziehend, hinaufziehend, aufziehend, ein Zieher, Züchter und Zuchtmeister, der sich nicht umsonst einstmals zusprach: ‚Werde, der du bist!' " (Zarathustra). Es ist die höchste Aufgipfelung von Nietzsches mythenbildender Kraft, diese Vision des „Mittagsfreundes", aber ganz in der nämlichen Richtung, in der sie von Anbeginn sich auswirkte. „Der mythenbildende Trieb geht (künftig) aus nach dem Freunde" lautet eine bedeutsame Stelle im Nachlaß zur Fröhlichen Wissenschaft. Ein solcher Mythos war schon Wagner, den Nietzsche zum Alabanda eines mächtigeren Hyperion aufsteigerte; solche Mythen waren die Freunde, Rohde vor allem, waren die in Nietzsches Vorstellung teilnehmenden Alten, vor allem Burckhardt, Keller, Taine (man erinnert sich der gewaltsamen Blindheit, mit der die Briefe an Burckhardt das Phantom einer Seligkeit unter Ebenbürtigen aufrecht zu erhalten suchen); ein solcher war Gast und Gasts Löwenmusik, war Bizets Carmen. Zarathustra ist nur der sehnsüchtig mächtigste unter ihnen, noch gesteigert durch den äußersten Willen zur mythenbildenden Kraft, wie er seinen Ausdruck findet in dem ausgesprochen erzieherischen Leitwahn des Gedankens von der Ewigen Wiederkunft aller Dinge, vom Ring des Seins, vom Großen Ja zur Liebe und Ewigkeit. Erzieherisch, nicht als „Wahrheit" mächtig — so ganz sokratischer List voll ist diese seine Offenbarung von Nietzsche hingestellt („es ist der große *züchtende* Gedanke".. „der Gedanke der Wiederkunft als *auswählendes* Prinzip" Wille zur Macht) — so bediente sich Sokrates der neugewonnenen Dialektik als einer Verführung zur Erkenntnis des „Guten", und der Erkenntnis des „Guten" noch einmal als Verführung — wozu? Zu neuen Göttern, also zur Gottlosigkeit, wie man ihm vorwarf? Die Antwort und Rechtfertigung im Falle des Sokrates hieß Platon. Und die rechtfertigende Antwort im Falle Nietzsches? Aber Nietzsches Worten horchte, Nietzsches neuem Gebot gehorchte kein Platon. Das „Ohr seiner Liebe" horchte ins Leere, wie Zarathustras Mund, auch zu zweien allein, ins Leere sprach. „Nach einem solchen Anruf, wie mein Zarathustra es war, aus der innersten Seele heraus, nicht einen Laut von Antwort zu hören, nichts, nichts, immer nur die lautlose, nunmehr vertausendfachte Einsamkeit — das hat etwas über alle Begriffe Furchtbares, daran kann der Stärkste zugrunde gehen — ach, ich bin nicht der Stärkste!" (1887 an Overbeck). Aber dies furchtbare Schweigen war die unausbleibliche Buße für die tragisch unschuldige Schuld Nietzsches, für den großen tragischen Irrtum seines Lebens, einen Irrtum, den er nicht beging, sondern der er war: jenen großen Irrtum, durch ein Gebilde der Sehnsucht wie Zarathustra, durch einen aus Erkenntnis und Willen geborenen Glaubenssatz, wie den der Ewigen Wiederkunft, so wirken zu können, wie er träumte: sokratisch, das ist verwandelnd. Er verkannte im Letzten tragisch die ewige Gültigkeit des Goethewortes, das seine Jugend doch selber gläubig umschrieben hatte: „Überhaupt lernt man nur von dem, den man liebt" — und nur aus Liebe entstehen die tiefsten, das heißt die seelenverwandelnden und welterneuernden Einsichten. Zarathustra aber konnte nur schenken — er war zu stolz, zu großartig ichsüchtig, um zu empfangen; zu einsam wuchs er und zu hoch; er wartete auf Liebe — und empfing den Blitz.

Kam seinen letzten Ecce homo-Tagen, diesen Turiner Herbsttagen voll glühender Euphorie und Todesnähe vielleicht eine Ahnung solchen Schicksals? Manche Stellen des Ecce homo, gewisse absichtlich vergeheimnissende Wendungen seiner letzten Briefe deuten auf irgend eine Art von innerem Rubikon, den zu überschreiten er sich im Begriff wähnt; als falle eine letzte innere Schranke, als bereite sich eine letzte Genesung vor, eine Genesung gleich der, für welche des sterbenden Sokrates letzte Worte danken. Kam in diesen Tagen einer hohen Entrücktheit irgend etwas zu ihm, jener Musik des sterbenden Sokrates vergleichbar, etwas, dem er sein Leben lang zu opfern versäumt hatte und das nun, vor dem Ende, dies Opfer verlangte? Kam ihm in diesen Tagen noch eine letzte Möglichkeit über sich hinaus nahe, eine Möglichkeit über Zarathustra hinaus? Etwas wie eine Antwort auf die lange Frage seines ganzen Lebens, ein neues Wozu?

Wir wissen es nicht. Nur, daß es nicht sein sollte, wissen wir, und daß, was immer auch Nietzsche in diesem goldnen Schicksalsherbst begegnete, eine Form seines Schicksals, seines vorher bestimmten Endes geworden wäre — wie er denn selbst dies Fatum in allen letzten Begegnungen empfunden und bezeugt hat. Dies Leben sollte als der gewaltige Block schließen, als welcher es, verhängnisvoll zeitverhaftet und zeitlos über sich hinausdeutend, am äußersten Rande einer abgelaufenen Weltzeit lagert. Zu spät kommen sollte hier jede Jüngerdankbarkeit und zu spät kommen sollte alles, was ihn bittend hätte beschwören können:

> „Dort ist kein Weg mehr über eisige Felsen
> Und Horste grauser Vögel — nun ist not:
> Sich bannen in den Kreis, den Liebe schließt .."

Und deshalb darf die Klage verstummen, daß wir von der „Musik des Sokrates" vor Nietzsches Ende so wenig ahnen können wie von der des völlig vollendeten Lehrers des Platon, und verstummen auch die späte Klage Nietzsches über sich selber: „Sie hätten singen sollen, diese neue Seele — und nicht reden!"

Sie sang dennoch, auch sie. Wie des „häßlichsten Menschen" Sokrates amusische doch geheim musiksüchtige Seele sich gleichwohl aussang, im Augenblick des Todes zum einen Male, im Platon zum andern — und so inbrünstig aussang, daß ihre Melodie bis zu uns und bis zu allen Künftigen hinüberdringt: so hat Nietzsches griechensüchtig nordische Seele sich dennoch im Geheimen den eignen Tod zugesungen, ihrer eignen platonischen Neugenesung, platonischen Unsterblichkeit innig gewiß; gewiß seiner künftigen seelenklärenden und seelenbildenden Gewalt („einige werden posthum geboren .." „es kann so kommen, daß einmal ganze Jahrtausende auf meinen Namen ihre höchsten Gelübde tun .."); und selig, auch er, der „Unseligste", in der sokratischen Gewißheit, welcher eines der allerletzten überlieferten Worte des todesnahen Goethe Ausdruck gibt (elf Tage vor seinem Tode zu Eckermann gesprochen) — der Gewißheit, daß Gott fortwährend in höheren Naturen wirksam bleiben wird, um die geringeren heranzuziehen.

# ELEUSIS

„Denn Sterblichen geziemt die Scham ..
Muß zwischen Tag und Nacht
Einstmals ein Wahres erscheinen,
Dreifach umschreibe du es,
Doch ungesprochen auch, wie es da ist,
Unschuldige, muß es bleiben."

*Hölderlin*, Germanien

„Verderblicher denn Schwert und Feuer ist
Der Menschengeist, der götterähnliche,
Wenn er nicht schweigen kann und sein Geheimnis
Unaufgedeckt bewahren."

*Hölderlin*, Empedokles.

Einen sonderbaren Griechenglauben überliefert uns Zosimos, ein später Geschichtschreiber, schon des fünften Jahrhunderts, aber noch nicht Christ: die Hellenen, sagt er, glauben daran, daß ihre Mysterien von Eleusis, dieser große allhellenische Kult, „das Menschengeschlecht zusammenhielten." Das Menschengeschlecht — nicht etwa nur, wie man erwarten sollte, das hellenische Volk in seiner stolz abgegrenzten Gesamtheit; denn Nichtgriechen, „sprachlose Barbaren" jeder Art, durften ja überhaupt nicht in die eleusischen Mysterien eingeweiht werden, was noch dem letzten hellenischen Sklaven freistand. Dennoch ersann griechisches religiöses Denken die erhaben ausschweifende Idee eines Kultes, von dessen ehrfürchtig bewahrter Übung und Fortdauer geheimnisvoll der Zusammenhalt, die Einheit alles Menschlichen abhänge: ohne dieses Mysterium, an dem doch die weitaus größere Zahl der Menschen überhaupt keinen Anteil haben konnte und sollte, ohne Eleusis würde die heilige Gemeinsamkeit aller derer, die ein Menschenantlitz zu den Göttern heben, zum Chaos auseinanderstürzen. Vielleicht ist niemals die schauende Ahnung, die religiöse Gewißheit von der innersten Bedeutung des Mysteriums, als eines weltbindenden, weltbewahrenden Geheimnisses, so großartig still ausgesprochen worden wie in dieser schlichten Überlieferung über den griechischen Eleusinienglauben. Weisheit des mütterlichen Asien klingt hier herauf, babylonische vielleicht und altägyptische Mysterienüberlieferung, die, jenseits alles Dogmas, ihre Gläubigen mit dem versiegelnden Geheimnis belud, daß das bloße Dasein des jeweiligen Mysteriums allein den Bau der Welt mit ehernen Klammern verniete, seine Bewahrung allein das Chaotische immer wieder zur Schöpfung zusammenbinde, wie nur dem mütterlichen Schoß Demeters das Sein immer neu sich entbindet. Seltsam entselbsteter Stolz eines Kultes, der sich bewußt bleibt, durch strenge Jahrhunderte hindurch bis in die letzten Stadien der Auflösung hinein, daß *er* allein die Verantwortung trage für den geistig-geistlichen Zusammenhalt aller Menschen, auch derer, die von ihm gar nichts ahnen, und die als Proselyten niemals denkbar noch erwünscht wären! Wie fern das alles, wie gegenchristlich, wie frommstolz — wie griechisch! Denn es scheint — Überlieferungen wie die des Zosimos verraten es uns —, daß jenes echt hellenische Gefühl geistig schwebender und göttlich vorbestimmter Überlegenheit über das Gewimmel der Barbaren, daß es zugleich dennoch, höchst unnationalistisch und ganz unfanatisch, ein echtes, ein religiös verwurzeltes Bewußtsein der Verantwortlichkeit für die gesamte außerhellenische Menschheit in sich schloß. Der Besitz von Mysterien wie der Eleusinien verpflichtete. Wenn ganz Hellas zu den Weihen sich hintrug, von denen Pindar sang: „Gesegnet, wer, nachdem er das geschaut, unter die Erde geht: er kennt den Endsinn des Lebens und den zeusgegebenen Anfang" — dann schlief noch im dumpfesten der teilnehmenden Mysten das Gefühl auszeichnender Verantwortung. Daß die, freilich todüberdrohte, Schweigepflicht über das „Angeschaute", über den Inhalt nicht sowohl als das Erlebnis des Mysteriums, daß sie niemals gebrochen worden ist, gibt davon Zeugnis. Durch Enthüllung, durch frevelhaftes „Aussagen" sind die eleusischen Mysterien niemals zerstört worden; selbst die Feindseligkeit der christlichen Kirchenväter muß die Mischung ihrer Anklagen aus unreinen und mittelbaren Quellen speisen. Zu gewaltig war offenbar jenes Gefühl der Verantwortung. Man hatte die Hände am Riegel des Chaos. Und die eingeborene Chaosscheu des Griechen, das innere Maß, mit dem er sein großes und gefährliches asiatisches Erbe verwaltete und formte, niemals hat es sich in stärkerer Selbstzucht bewährt als vor den Eleusinien. Der erkorene Liebling des schon reifen, schon zweiflerisch sich lösenden Athen, Alkibiades, erfuhr das, er, dem alles erlaubt schien, alles ins Erlaubte gedeutet wurde:

die ihm nachgesagte höhnische Nachahmung der Eleusinien in seinem Hause war der Stadt, die sich in ihm spiegelte, zu viel. Das Volk, das einen Aristophanes ertrug, es ertrug keine Berührung dessen, was das Wort Eleusis umhüllte.

Über keinem der antiken Mysterien, von denen wir wissen, lag eine solche Weihe: die Angst, gerade sie zu schänden, entsprach dem, was sie dem letzten der Griechen zu geben hatten und zu gewährleisten schienen. Der bindenden und bewahrenden Kraft, die Eleusis ausstrahlte, entsprach, nach dem Volksgefühl, die schlummernde Gewalt letzter Zerstörungen und Sprengungen, wenn jemals das Unberührbare berührt würde. Daher die ungeheure Seelenmacht der eleusischen Scheu, die, als bloßes Verschweigen, freilich auch anderen antiken Geheimkulten geschuldet und gegeben wurde, die aber als einzige in unserer Überlieferung dies Verantwortungsgefühl für die Welt einschließt. Nirgendwo sonst hängt die Pforte aller menschlichen Zukünfte in den Angeln eines örtlich bestimmten, örtlich geübten Kultes. Hier wurde ein Sakrament mit unbegrenzter dämonischer Vollmacht des Lösens und Bindens nicht genossen, aber geschaut, erlitten und verschwiegen. Und ganz gemäß dem bildlichen und anschauenden hellenischen Denken war diese welthafte Verantwortlichkeit Ausdruck einer Erkenntnis, die man begrifflich abgezogen etwa ausdrücken könnte: das Dasein des menschlich Wertvollsten, die ewige Wirksamkeit derjenigen Kräfte, die den Menschen erst zum Menschen formen, hängt ab davon, daß irgendwo in der Welt ein Mysterium, das ist eine geistig zeugende und seelenbindende Gewalt vorhanden sei, geübt und weitergegeben werde. Daß irgendwo in der Welt, und immer wieder, eine mysterienbildende Kraft zwei oder drei versammelt im Namen des Gottes — das allein erhält die Welt. Lähmt aber unzeitig unheiliges Wort das wirkende Geheimnis, so zerbröckelt die Welt in ihre chaotische Ur- und Unform zurück.

Überall, wo griechisches Erleben, griechische Wesensüberlieferung hindrang, dorthin ist auch der eleusische Gedanke, die eleusische Scheu und Verantwortung mitgewandert. Nur einen Bruchteil ihres Erbes übernahm, wider Wissen und Willen, die antike christliche Kirche. Auch außerhalb dieser blieb (oder wurde wieder) Eleusis mehr als nur ein Sinnbild ähnlich dem Bilde von Saïs. Seine Überlieferung behielt die Kraft, immer in Zeiten der Krisen, deren Erdbeben bis zu den immer gleichen Quellen des Menschlichen hinab schütterte, ein Element der Geistesgeschichte zu werden. Die Rettung und Bewahrung des Mysteriums — versteht sich, nicht der Eleusinien als solcher, sondern des Mysteriengedankens überhaupt — das bleibt eine stets neugestellte Frage seit den späten Tagen sinkenden Altertums: wie retten wir die Mysterien in Zeiten der Auflösung, der Individualisierung? Denn das ist das unableugbare Verhängnis: für den einzelnen, für das losgelöste Ich, das Ich des Verstandes und der erkenntnislüsternen Scheidungen, für diesen einzelnen, und sei er des geistig höchsten Ranges, gibt es kein Mysterium. Nur innerhalb einer Gemeinschaft, nur als Gemeinschaft ist es vorhanden, und wären es nur jene zwei oder drei des Schriftwortes. Das ist das Grundgefühl in Nietzsches tiefsinnig heitrer Briefstelle (an Gast 1881): „*Einer* mit seinen Gedanken *allein* gilt als Narr, und oft genug auch sich selber: mit zweien aber beginnt die ‚Weisheit'.." (Was an Novalis' gemeinschaftsüchtige Mystik nicht nur anklingt: „Gemeinschaftlicher Wahnsinn hört auf Wahnsinn zu sein und wird Magie".) Weisheit des einzelnen als einzelnen — das ist die Leidenserfahrung so vieler Denker die spätchristlichen, namentlich aber die protestantischen Jahrhunderte hindurch — ist „gottlos", das ist „von Gott verlassen". Die grauenvollste seiner Klosteranfechtungen, bekennt Luther, war die versucherisch höhnende Stimme: „Solltest du allein klug sein?", und Pascal, dem doch der Gedanke die Größe des Menschen ausmacht, endet beim hassenswerten Ich. „Der isolierte Mensch gelangt niemals zum Ziele", schreibt Goethe im Jahr, da der erste Faust vollendet erscheint, an Willemer, und verdichtet damit unbewußt noch einmal dasselbe Erlebnis erkennender Verzweiflung, das den großen Faustmonolog formte. Und Novalis, wenige Jahre früher, in den „Lehrlingen zu Saïs": „Von selbst geht keinem, der los sich riß und sich zur Insel machte, das Verständnis auf." Das Umrißbild der neueren europäischen Geistesgeschichte zeigt immer wieder die bleibende Fragehaltung: können wir das Mysterium retten? wie verwandeln wir das unrettbare? oder wie schaffen wir es aus dem ersterbenden alten um ins lebendig neue, dennoch uralte? Erschütternde, große und fratzenhafte Bilder dieser frommen und angstvollen Geistesmühsal drängen sich namentlich in der deutschen Entwicklung der letzten beiden Jahrhunderte, bis hinunter etwa zu den geheimen Gesellschaften des 18. Jahrhunderts, deren verklärtes und gesteigertes Bild Goethe in der Turm-Gesellschaft der Lehrjahre, in der pädagogischen Provinz der Wanderjahre, besonders aber in dem ganz eleusischen Bruchstück der „Geheimnisse" uns bedeutsam erhalten hat;

bis hinauf zur Vernunftkritik, die ja doch ein τέμενος, einen heiligen Hain, einen unbetretbaren Bezirk noch oder wieder abgrenzen und schützen will, bis zu den großen, dreifach stufenhaft aufgebauten Geistwelten des romantischen Denkens, bis hinauf endlich zu Novalis und Hölderlin, zu Schopenhauers musikalischer Metaphysik, zum Wagner der Tristanhöhe. Mehr: die Geistesgeschichte der Großen zeigt innerhalb ihrer selbst und ihrer Entwicklung den tragisch hoffnungslosen Versuch, Mysterium und Einsamkeit, dies nicht zu Vereinende, dennoch zu vereinigen, zu einem Mysterium auf dem Boden des Einzel-Ich zu gelangen. Nirgends tragischer als bei dem spätesten Erben aller jener mysterienbildenden deutschen Möglichkeiten, dem letzten Thron-Erben der Bildungsepoche von Kant-Goethe bis zu Wagner — bei Nietzsche.

In keiner sichtbar gewordenen Gestalt kämpft so deutlich, so vorbildlich verhängnisvoll die mysterienauflösende Strebung des Nur-Ich und seiner ganzen verstandhaften Erbarmungslosigkeit gegen jede Art heiligen Dunkels mit der warnenden Scheu des bis zuletzt innerlich religiös gebundenen Mysten, wie in dem Voltaire-Schüler, der sich zum Zarathustra hinauf und hinüber steigert. Zarathustra ist das mächtigste Sinnbild, aber nicht sowohl ein triumphierendes als ein tragisches, dieses in sich schon verurteilten Willens zum Mysterium des einzelnen. „Immer einmal eins — das gibt auf die Dauer *zwei!*" dies Nietzsche-Bekenntnis verrät das Rätsel der Geburt Zarathustras als aus der Selbstspaltung schauerlichster Einsamkeit heraus geschehend, die Geburt Zarathustras, des „Mittagsfreundes":

„Um Mittag war's, da wurde Eins zu Zwei..
Und Zarathustra ging an mir vorbei."

Schon eines der frühsten Bruchstücke des Nachlasses, aus dem Jahre 1872, verrät die Selbstzerreißung des einsamen Intellekts, aus der über ein Jahrzehnt später Zarathustra hervorging, die Geburt einer Tragödie aus dem Geist der Vereinsamung. Das kleine Bruchstück heißt „Ödipus. Reden des letzten Philosophen mit sich selbst" und beginnt: „Den letzten Philosophen nenne ich mich, denn ich bin der letzte Mensch. Niemand redet mit mir als ich selbst, und meine Stimme kommt wie die eines Sterbenden zu mir!.. Geliebte Stimme.. durch dich täusche ich mir die Einsamkeit hinweg und lüge mich in die Vielheit und die Liebe hinein, denn mein Herz sträubt sich zu glauben, daß die Liebe tot sei, es erträgt den Schauder der einsamsten Einsamkeit nicht und zwingt mich zu reden, *als ob ich Zwei wäre."* Diese Stimme, dieses Liebesphantom eines „letzten Menschen", der dem Schauder der einsamsten unentrinnbarsten Vereinzelung nicht mehr standhalten kann — dies Gespenst der eigenen Stimme wird zehn Jahre später zum Zarathustra. Aus tiefster „Gottverlassenheit" im griechischen Sinn, unter der Nietzsche wie kaum ein anderer gelitten, kam die Vision dieses „Gastes der Gäste". Denn im Sinne griechischer religiöser Empfindung gibt es ja kein protestantisches „Mit seinem Gotte allein"; das ist eine *nordische* Grundform religiösen Erlebens. Nietzsche aber, seines betonten, protestantischen und äußersten Individualismus ungeachtet, ersehnte und wähnte sich als „innere Mehrzahl" zu empfinden, als Glied einer unwirklichen Gemeinschaft, als Myste. „Was ich immer wieder am nötigsten brauche, das war der Glaube, *nicht* dergestalt einzeln zu sein, einzeln zu *sehn* .. eine Blindheit zu Zweien" — „Es ist immer, als ob ich eine Mehrheit wäre" — „Mit Zweien beginnt die Weisheit."

„..Ein Zaubrer tat's der Freund zur rechten Stunde,
Der Mittagsfreund — nein! frag nicht, wer es sei —
Um Mittag war's, da wurde Eins zu Zwei ..

Nun feiern wir, vereinten Siegs gewiß,
Das Fest der Feste:
Freund Zarathustra kam, der Gast der Gäste!
Nun lacht die Welt, der grause Vorhang riß,
Die Hochzeit kam für Licht und Finsternis.."

Es war das hellseherische Verhängnis des Aufklärers und Logikers Nietzsche, des erkenntnissüchtigen Individualisten, daß er, zugleich von religiösen Grundantrieben dunkel getragen, völlig durchschaute, daß und weshalb das Nur-Individuum nur mysterienauflösend sein und wirken *könne;* daß es nur, soweit es irgendeiner eleusischen Gemeinschaft angehört, der „Anschauung", nicht des bloßen Wissens, teilhaftig werden, mysterienbildend und -erhaltend wirken kann.

„Es ist der Ehrgeiz des Intellekts, nicht mehr individuell zu erscheinen" lautet die verräterische Wendung des Menschlichen Allzumenschlichen. Es ist auch der Fluch des Intellekts, zu wissen, daß dieser Ehrgeiz niemals in Wirklichkeit, über den Schein hinaus, befriedigt werden kann. Denn der Intellekt ist das ewig Unschmelzbare, das Individuum an sich, das Unteilbare, das Unmitteilbare. Und jede „Mitteilung" des Ich, die nur aus dem Verstande gespeist wird, die aus dem Ehrgeiz oder sehnsüchtigen Wahn kommt, nicht mehr ichhaft zu erscheinen, sondern eine „Mehrheit" zu sein, trägt den Fluch, aus der blutschänderischen Hochzeit des Geistes mit sich selbst gezeugt zu sein: sie zeugt nicht weiter, sie verwandelt nicht, sie wird niemals zur Weisheit, die mit Zweien beginnt. Das große tragische Beispiel ist Zarathustras höchster Gedanke, die Trugoffenbarung der Ewigen Wiederkunft, dieser Gedanke, der durch seine verwandelnde Gewalt die Geschichte der Menschheit in zwei Stücke reißen sollte, der das Mysterium der höheren Menschen werden, durch seine züchtende und auslesende Kraft den Übermenschen aus dem Schoße des Menschen rufen sollte — und der doch niemals das Herz eines Menschen erschüttert hat noch verwandeln wird. Weil er nicht aus der Gewalt eines Herzens, sondern aus der Einsamkeit eines Wissens kam, das nach einem neuen Wozu? schrie. „Ein Wozu? ein *neues* Wozu? — *das* ist es, was die Menschheit nötig hat." Aber nicht aus dem Wissen um diese Not gebiert sich ein neues Wozu — sondern nur aus der Not selbst, nicht aus dem Nur-Ich, sondern aus der Liebe. Nietzsche ahnte, Nietzsche wußte das; aber sein Herz schauderte vor Einsamkeit, und er „log sich in die Vielheit", in die Liebe hinüber. Die Tragödie Nietzsches, die großartige aber innerlich tief hoffnungslose Magie seines Zarathustra war die Unauskämpfbarkeit, das tödliche Gleichgewicht der beiden herrschenden Gegenkräfte seiner Natur: der sokratisch zersetzenden, individualistischen Erkenntnisgier und des prophetisch bauenden, gemeinschaftsüchtigen Mysterienwillens. Die ganze Unseligkeit seines Jahrhunderts („die tiefe Unfruchtbarkeit des 19. Jahrhunderts" nennt Nietzsche sie einmal) ruft aus diesem Zwiespalt. Grell, wie kaum ein zweiter, veranschaulicht gerade Nietzsches geistiges Schicksal sie. Der brennende Schrei nach dem Mysterium, nach dem „neuen Wozu?", ohne das die Menschheit verdorrt, und das Spottlachen des Intellektualismus, der sich im unentreißbaren Besitz aller Mittel der Entschleierung, der zudringlich lüsternen Erkenntnis weiß — sie klingen zu grauenvollem Zerrklang ineinander, nirgends schauriger als im Ecce homo. Aber dieser Zerrklang schrillt durch all seine Erlebnisse und Gestaltungen: das Verhältnis zu Schopenhauer, Wagner, den Freunden; Zarathustra, die Eingebung der Wiederkunft, der Wille zur Macht — lauter Zeugnisse eines unhemmbaren Willens, einer glühenden Inbrunst zur Schaffung eines lebenerhaltenden, lebensteigernden Kultes, eines neuen Mythos und eleusinisch verjüngten Jahrtausends; und zugleich einer entzaubernden Logik, einer dämonisch entgötternden Skepsis, einer Lust am Spiel mit dem Frevelwort, mit dessen Aussprechen das

Chaos hereinstürzt. Phantastisch-tragisches Schauspiel von bösem verführenden Reiz: geheimnisbildende und geheimniszersetzende Kräfte in gleicher Mischung kämpfend durchdrungen, wie kaum jemals zuvor! Der Goethe der Wanderjahre gegen Voltaire, Novalis gegen Lichtenberg, Hölderlin gegen Heine — im entstehenden Feuerwirbel dieser seelischen Urgegenkräfte mußte ihr Gefäß zersplittern. Die beiden letzten Worte im Selbstbericht des Ecce sind die voltairesche Formel „Ecrasez l'infâme!" und die Mysterienformel „Dionysos gegen den Gekreuzigten".

Aber wie im Ecce homo selbst nicht diese letzten Prosaworte der Selbstbiographie den Abschluß des Buches bilden, sondern der noch in den allerspätesten Tagen unmittelbar vor dem Zusammenbruch angefügte Dionysos-Dithyrambus „Ruhm und Ewigkeit", so scheint uns auch die geistige Tragödie Nietzsches gerade im Augenblick des Untergangs dennoch den Triumpf des griechischen Grundgesetzes über das skeptische, den Sieg von Eleusis über Ferney zu offenbaren. Als letzter sinnbildlicher Eindruck der bis zum Grausigen gesteigerten Selbsthingabe dieses Buchs bleibt nicht jene verhängnisvolle Doppelheit der beiden Endformeln; sondern es haften die Strophen des dionysischen Dithyrambus:

> „Still!
> Von großen Dingen — ich *sehe* Großes! —
> Soll man schweigen
> Oder groß reden:
> Rede groß, meine entzückte Weisheit!
>
> .. O Nacht, o Schweigen, o totenstiller Lärm!
> Ich sehe ein Zeichen —,
> Aus fernsten Fernen
> Sinkt langsam funkelnd ein Sternbild gegen mich ..
>
> Höchstes Gestirn des Seins!
> Ewiger Bildwerke Tafel!
> Du kommst zu mir?
> Was keiner erschaut hat,
> Deine stumme Schönheit, —
> Wie? flieht sie vor meinen Blicken nicht?"

Die Idee, das Erlebnis der „entzückten Weisheit" — der dionysischen —, ihrer stummen Schönheit und ihres totenstillen Lärms, dies eleusisch angeschaute Erlebnis großer Dinge, von denen man schweigt oder groß redet — groß, d. i. in der Entrückung und im verhüllenden Mantel des Dithyrambus - diese griechische Idee triumphiert in Nietzsche erst im

Verwandlungsaugenblicke seiner geistigen Auflösung, seiner inneren Sprengung und Enteinzelung. Aber wie spüren ihr Dasein und Wachsen von Anbeginn seiner geistigen Existenz: die eleusische Scheu, das eleusische Schweigen, das in Nietzsche, selbst in seiner gewollt nüchternen Zeit, noch einen Horizont von Ehrfurcht um seine verwegensten Erkenntnisse lagert, sie sind das echteste Zeugnis eines eingeborenen Griechenheimwehs. Er ist Hölderlin, dem Liebling seiner Gymnasialjahre, immer noch viel näher, seiner Götterscheu und eleusischen Scham, als seine späteren Jahre es wahr haben möchten — ist doch, wie man weiß, der ganze Zarathustra empedokleïsch unterbaut. Der Nietzsche der Geburt der Tragödie wie der des Jensiets und des Ecce gehorcht, und sei's im Sträuben gegen ihn, dem tiefen Leitgefühl des letzten Hölderlin, daß dem Sterblichen gezieme die Scham und daß ein Wahres dreifach umschrieben, aber ungesprochen bleiben müsse. Ein pindarisches Grundgefühl vom Frevel alles aussagenden Wissens über die hohen Dinge hält Nietzsches entgötternden Erkenntniswillen doch immer wieder in den Seidenzügeln einer griechischen Scheu:

„Halten wir ein! denn es frommt nicht immer, wenn
Die lautre Wahrheit ihr Antlitz offen zeigt.
Öfter ist auch
Schweigen das Weiseste, was sich der Geist aussinnt des Menschen"
(Pindar).

Früh und stark ist dies Frevelbewußtsein in der Geburt der Tragödie ausgedrückt, mit hellsichtiger Prophetie seiner selbst und des eignen Verhängnisses:
„Es gibt einen uralten, besonders persischen Volksglauben, daß ein weiser Magier nur aus Inzest geboren werden könne .. Ja, der Mythos scheint uns zuraunen zu wollen, daß die Weisheit und gerade die dionysische Weisheit ein naturwidriger Greuel sei, daß der, welcher durch sein Wissen die Natur in den Abgrund der Vernichtung stürzt, auch an sich selbst die Auflösung der Natur zu erfahren habe. ‚Die Spitze der Weisheit kehrt sich gegen den Weisen; Weisheit ist ein Verbrechen an der Natur': solche schrecklichen Sätze ruft uns der Mythos zu .. Das Beste und Höchste, dessen die Menschheit teilhaftig werden kann, erringt sie durch einen Frevel." Immer wieder kehrt dieser Inzestschauder vor letzter Erkenntnis, letzter Entschleierung, letzter Selbstschau und Selbstsagung. Der späteste Nietzsche des Ecce homo, dem immer mehr zum eigentlichen

Wertmesser wurde, wieviel Wahrheit ein Geist ertrage und wage — der nämliche prägt gleichzeitig (in der Götzendämmerung) die entschlossene Absage an die Erkenntnis: „Ich will, ein für alle Mal, vieles nicht wissen. Die Weisheit zieht auch der Erkenntnis Grenzen." Das ist eine noch höhere, noch ehrfürchtigere Scheu vor der Entschleierung des Kultbildes von Saïs, als sie sich schon beim jungen Basler Nietzsche ausdrückt, der 1871 an den Freund Gersdorff schreibt: „Das Wort ist ein gefährliches Ding.. Wie vieles darf man nicht aussprechen! Und gerade religiöse und philosophische Grundanschauungen gehören zu den pudendis. Es sind die Wurzeln unseres Denkens und Wollens: deshalb sollen sie nicht ans Licht gezogen werden." Diese beiden Zeugnisse rahmen die ganze Erkenntnismühsal Nietzsches mit einem seltsamen und ergreifenden Vorbehalt von Scheu und gleichsam von bösem Gewissen. Wer ermißt ganz die Erfahrungstiefe aus Gewissenskämpfen im Grunde solcher Worte: „Auch der Mutigste von uns hat nur selten den Mut zu dem, was er *eigentlich* weiß"? (Götzendämmerung). „Der Reiz der Erkenntnis wäre gering, wenn nicht auf dem Wege zu ihr so viel Scham zu überwinden wäre" (Jenseits). Hört man aus all diesem nicht den Jüngling von Saïs, mit der Jünglingsinbrunst, das Nichtzuschauende dennoch anzuschauen? Nicht das Verrätergewissen dessen, der die Weihen von Eleusis geschaut, der das Unsagbare aussagt — und der weiß, daß der Tod, irgend ein Tod, darauf steht?

Die Gegenstände, die verstandesmäßigen Begründungen und Äußerungen der eleusischen Scheu wechseln bei Nietzsche entsprechend der jeweils beherrschenden Vorstellung von der Möglichkeit eines neuen Mysteriums; Möglichkeiten, die von Schopenhauer über Wagner bis zum Zarathustra, der ewigen Wiederkunft und dem Willen zur Macht sich wandelnd dennoch verwandt bleiben. Aber gemeinsam bleibt allen, sogar der erkenntnissüchtigsten Zeit, — der nach der Abwendung von Wagner —, daß sich Nietzsche immer wieder als den verhängnisvoll Neubegierigen, als einen Mysterienfrevler aus innerster Not, getrieben, nicht wollend, empfindet. Es fehlt nicht völlig ein Alkibiadesübermut in der Parodierung von älteren Formen des Mysteriums; aber es überwiegen die Bekenntnisse eines leidvollen Zwangs zur Überklarheit, wie aus dem schuldlos schuldigen Gewissen des Epopten, der verraten mußte, was Unverratbares er geschaut hat.

Im Anfang sind diese Gewissensbedenken öfter noch stark schopenhauerisch gefärbt; woher denn überhaupt, in einer ganz mit Schopenhauer geschauten Welt, der Trieb zur Wahrheit? „Was weiß der Mensch eigentlich von sich selbst!.. Verschweigt die Natur ihm nicht das Allermeiste, selbst über seinen Körper, um ihn, abseits.. in ein stolzes gaukerisches Bewußtsein zu bannen und einzuschließen! Sie warf den Schlüssel weg: und wehe der verhängnisvollen Neubegier, die durch eine Spalte einmal aus dem Bewußtseinszimmer heraus und hinab zu sehen vermöchte, und die jetzt ahnte, daß auf dem Erbarmungslosen, dem Gierigen, dem Unersättlichen, dem Mörderischen der Mensch ruht, in der Gleichgültigkeit seines Nichtwissens, und gleichsam auf dem Rücken eines Tigers in Träumen hängend. Woher, in aller Welt, bei dieser Konstellation der Trieb zur Wahrheit!" (Über Wahrheit und Lüge im außermoralischen Sinn. 1873). Das ist noch eine vorwiegend verneinende, mehr lebenfürchtende als lebenehrende Anschauungsart. Aber die späterhin in höheren Spiralen wieder aufgenommene Frage: Woher wohl der Trieb zur Wahrheit? wird in dieser Frühzeit bereits verdrängt von ihrem Spiegelbild: „Wozu wohl der Drang nach Verhüllung?" Die Geburt der Tragödie wie, in ihrer besonderen Sphäre, die ganze Unzeitgemäße vom Nutzen und Nachteil der Historie für das Leben antworten darauf.

„Ohne Mythus", sagt die Geburt der Tragödie, „geht jede Kultur ihrer gesunden schöpferischen Naturkraft verlustig: erst ein mit Mythen umstellter Horizont schließt eine ganze Kulturbewegung zur Einheit ab." Dies Schleiergewölk des Mythos und seiner innersten und tiefsten Auswirkung, des Mysteriums, schafft erst den Kulturkreis, den es einzuengen scheint: „Jede Art von Kultur", sagt eine Nachlaßstelle dieser Zeit, „beginnt damit, daß eine Menge von Dingen *verschleiert* werden." Die historische „Unzeitgemäße Betrachtung" mahnt: „Versetzt nur ein paar solcher moderner Biographen in Gedanken an die Geburtsstätte des Christentums oder der lutherischen Reformation; ihre nüchterne pragmatisierende Neubegier hätte gerade ausgereicht, um jede geisterhafte actio in distans unmöglich zu machen.. Alles Lebendige braucht um sich eine Atmosphäre, einen geheimnisvollen Dunstkreis.. Aber selbst jedes Volk, ja jeder Mensch, der reif werden will, braucht einen solchen umhüllenden Wahn, eine solche schützende und umschleiernde Wolke." Ein Satz aus dem Nachlaß von 1872 sagt es schonungsloser: „Die Menschheit hat an der Erkenntnis ein schönes Mittel zum Untergang." Und im Willen zur Macht, fast ein Schatten der Kassandraworte Schillers: „Das Begreifen ist ein Ende.."

All das ist griechisch, kein Zweifel. Und Nietzsche, dessen Anfangshaltung schon der Einspruch gegen den schamlosen Historizismus seines erkenntnislüsternen Jahrhunderts war, ist auch hier Griechenschüler, Erbe des griechischen geschichtlichen Gefühls, dessen frühster Meister Herodot keine Formel so bedeutsam häufig wiederholt wie jenes kindlich geheimnisvolle: „Mehr darf ich nicht sagen; ich weiß wohl, welche Bewandtnis es mit diesem oder jenem hat, aber ich will es nicht sagen." Griechisch, eleusisch erlebt Nietzsche schon Bayreuth: „Wir, die Jünger der wiederauferstandenen Kunst, werden zum Ernste, zum tiefen heiligen Ernste .. Willen haben! Das Reden und Lärmen .. von der Kunst .. müssen wir jetzt als eine schamlose Zudringlichkeit empfinden; zum Schweigen verpflichtet uns alles, zum fünfjährigen pythagoräischen Schweigen .. Wer bedürfte nicht des reinigenden Wassers, wer hörte nicht die Stimme, die ihn mahnt: Schweigen und Reinsein! Schweigen und Reinsein! Nur als denen, welche auf diese Stimme hören, wird uns auch der große Blick zuteil .. und nur in diesem Blicke liegt die *große Zukunft* des Ereignisses von Bayreuth" (Richard Wagner in Bayreuth). Schweigen und Reinsein — und an dem Gehorsam vor dieser eleusischen Formel die Zukunft hängend — sicherlich, das ist griechisch.

Und die Griechen sind es auch immer wieder für Nietzsche, welche die Einbettung einer ganzen Kultur ins Geheimnis, die Umlagerung des Daseins mit den Gewölken des Mythos, die lebenerhaltende Scheu vor dem Begreifen, dem Betasten, vor dem Anblick der nackten Nur-Erkenntnis am vollkommensten gefühlshaft erfaßt, am folgerechtesten erzwungen, am heiligsten bewahrt haben. Sie sind ihm die vorbildlichen Meister der Scham, die tiefsten Anbeter des olympischen Scheins. („Das Gefühl echter Scham war bei keinem Volke so einheimisch und gleichsam angeboren, wie bei den Griechen", sagt Nietzsches romantischer Vorläufer Friedrich Schlegel.) Sie bekehren ihren Schüler von dem Wahn der Liebe zur „Wahrheit um jeden Preis". „.. Dieser Wille zur Wahrheit, zur ‚Wahrheit um jeden Preis', dieser Jünglingswahnsinn in der Liebe zur Wahrheit ist uns verleidet: dazu sind wir zu erfahren, zu ernst, zu lustig, zu gebrannt, zu tief .. Wir glauben nicht mehr daran, daß Wahrheit noch Wahrheit bleibt, wenn man ihr die Schleier abzieht; wir haben genug gelebt, um dies zu glauben .. man soll nicht alles nackt sehn, nicht bei allem dabei sein, nicht alles verstehn und ‚wissen' wollen .. Man sollte die *Scham* besser in Ehren halten, mit der sich die Natur hinter Rätsel und bunte Ungewißheiten versteckt.. O diese Griechen! Sie verstanden sich darauf, zu *leben*: dazu tut not, tapfer bei der Oberfläche, der Falte, der Haut stehen zu bleiben, den Schein anzubeten, an Formen, an Töne, an Worte, an den ganzen Olymp des Scheins zu glauben! Diese Griechen waren oberflächlich — *aus Tiefe!*" (Vorrede zur Fröhlichen Wissenschaft, aus dem Herbst 1886).

Oberflächlich aus Tiefe — die Weisheit hellenischer Scheu und hellenischen Lebensinstinktes bleibt für Nietzsche nicht in der Ebene eines Schopenhauer-Pessimismus, als pudenda origo, noch weniger bleibt sie die bloße Schattung einer überscharfen Gegensatzpsychologie auf dem Hintergrund der hellenischen Geistesgeschichte. Ganz aus eigenem Erleben, aus eigenen Opfern getränkt, und ursprünglich, ja bis zuletzt im Widerstreit mit der sokratischen Begier, der Erkenntnisleidenschaft seines Psychologenauges geht diese Instinktweisheit als seelisches Gesetz, aufzeigbar, in seine Seelenforschung ein; findet als eingeborener Schutzinstinkt alles fruchtbar Lebendigen ihre Stelle in seiner Lehre von den biologischen Werten, geht als Gesetz des Abstandes, als Lehre von den geistigen Rangordnungen (Rangordnung der Probleme und der „Wahrheiten") in seine Umwertungsphilosophie über, um schließlich in dem Stufenaufbau seines erzieherischen Machtwillens, seiner Lehre von der großen hinaufziehenden, menschheitsteigernden Ehrfurcht wieder ganz im Untheoretischen sich auszuformen, wiederum ins Unbetretene, nicht zu Betretende zu münden: in die ganz religiöse Ehrfurcht vor den Mysterien außer sich und in sich, in die Idee der großen einmaligen Verantwortung. Gleich allen „Gesetzen" Nietzsches, ist auch dies durch eigenes Erleben und Erleiden gerechtfertigt. „Wie oft habe ich", schreibt er im Herbst 1882, „in allen möglichen Dingen, gerade *dies* erlebt: Alles klar, aber auch alles zu Ende!" Aus dieser Erfahrung heraus, — durch Schopenhauer früh im theoretisch Verneinenden vorbereitet, durch das Erlebnis des Tristan-Wagner und das Bild der eleusischen Griechen im Positiven unterbaut und zur Gesetzmäßigkeit verbreitert — wird der sokratische Wahrheitsfanatiker und unbedingte Logiker Nietzsche dennoch zum ebenso leidenschaftlichen Anwalt aller erhaltenden Schutzwarnungen der menschlichen Natur gegen die tödliche Nichts-als-Wahrheit; jenes warnenden Instinkts, welcher, mit den Worten des Jenseits, ahnt, daß man der Wahrheit *zu früh* habhaft werden könnte. Noch der Erkennende selber „vermeidet die Selbsterkenntnis und läßt seine Wurzeln in der Erde stecken" (Nachlaß der Zarathustrazeit). Herrischer und unbedingter, wie stets, im Ecce homo: „Daß man wird, was man ist, setzt voraus, daß man nicht im Entferntesten ahnt, *was* man ist." Das sind ganz goethesche Empfindungen, vergleichbar den bekannten Briefworten an Zelter (1812): „Man geht nie weiter, als wenn man nicht weiß, wohin man geht" — und jener Stelle in den Gesprächen mit Eckermann (1829): „Ich kenne mich auch nicht, und Gott soll mich auch davor behüten." In ein Widmungsexemplar der „Morgenröte", gerade des Buchs, das von Nietzsches intellektualistischer Zeit des „freien Geistes" den Gipfel und die Paßhöhe bezeichnet, schreibt er 1883 den Sinnspruch:

> „Wer viel einst zu verkünden hat,
> Schweigt viel in sich hinein:
> Wer einst den Blitz zu zünden hat,
> Muß lange — Wolke sein."

Wolke sein — gebärende zugleich des dionysischen Blitzes und Augenblicks, und schützende und umschleiernde allem was reif werden will, geheimnisvoller Dunstkreis und Atemluft allem Lebendigen — in sich hinein schweigende, wartende Verkündigung: in diesem Lieblingsbild Nietzsches liegt seine Doppelhaltung zum Geheimnis zugleich und zum Wort, als der eigentlichen Lebensgefahr allen Geheimnisses. Seltsamster Widerspruch dieses doppelgesichtigen Geistes: nur das in Worten Unmitteilbare ist diesem berauschtesten Liebhaber des Wortes, den die deutsche Sprache jemals besaß, das eigentlich Mitzuteilende. Der Prediger, der Diener am Wort und der Magier des Wortes, er predigt, daß man aus dem Worte nichts lernt: „Wofür man vom Erlebnis her keinen Zugang hat, dafür hat man kein Ohr." Das drückt, gerade von dem Schauen der eleusischen Mysterien, der Epoptie, Aristoteles aus, wenn er berichtet, dies Schauen sei ein παθεῖν, ein Erleben, kein μαθεῖν, kein Erlernen. Und es wäre goethisch, wäre nietzschisch gedacht, wenn man vermutete, daß wir von den Eleusinien deshalb nichts wissen, weil die dort geschauten Offenbarungen (die δρώμενα) sich dem Worte versagten, sich nicht beschreiben ließen, weil ihr Wesen, ihr Bestes nicht durch Worte (λεγόμενα) deutlich wurde. Nietzsche als eleusischer Mystagoge, als großer Erzieher durch Geheimnisse zum Geheimnis, bekennt sich zu diesem aristotelischen παθεῖν als höchster Form alles fruchtbaren Lernens und „Wissens"; bekennt sich zu dem erzieherischen Urwort aus Wilhelm Meisters Lehrbrief: „Die Saatfrüchte sollen nicht vermahlen werden. Die Worte sind gut, sie sind aber nicht das Beste. Das Beste wird nicht deutlich durch Worte." „Die letzten bedeutenden Worte wollen mir nicht aus der Brust, durch die sonderbarste Naturnotwendigkeit gebunden, vermag ich nicht, sie auszusprechen" — so bekennt Goethe während der Arbeit an Wilhelm Meister gegen Schiller, aus dessen Distichon über die „Sprache" es wie ein Echo tönt: „.. *Spricht* die Seele, so spricht ach! schon die *Seele* nicht mehr!" „Gewissen Geheimnissen," ergänzen die Wanderjahre, „und wenn sie offenbar wären, muß man durch Verhüllen und Schweigen Achtung erweisen." Ganz so empfindet es Nietzsche; und „das Wort" bleibt ihm nicht nur, wie in dem Jünglingsbrief, „ein gefährliches Ding: wie vieles darf man nicht aussprechen! —", sondern es wird ihm auch, ihm, dem Meister und Anbeter des Wortes, geradezu ein verächtliches Ding. Bereits im „Menschlichen" erklingt es bezeichnend, daß der beste Autor *der* sein werde, der sich schämt, Schriftsteller zu werden. „Man liebt seine Erkenntnis nicht genug mehr, sobald man sie mitteilt", sagt das Jenseits, und die Götzendämmerung: „Wofür wir Worte haben, darüber sind wir innerlich schon hinaus. In allem Reden liegt ein Gran *Verachtung*." „Singe, sprich nicht mehr" — redet Zarathustras hymnische Weisheit zur eignen Seele, und Wille zur Macht erläutert: „Im Verhältnis zur Musik ist alle Mitteilung durch Worte von schamloser Art: das Wort verdünnt und verdummt.. das Wort macht das Ungemeine gemein .." In den Paralipomena zum Zarathustra lautet es, überschroff: „Wir verachten alles, was sich erklären läßt", und: „Er hat gelernt, sich auszudrücken, aber man glaubt ihm seitdem nicht mehr. *Man glaubt nur den Stammelnden.*" Hier nimmt Nietzsche ersichtlich aus eigenstem Erleben das Erbe seines ersten großen Lehrers und Meisters im Worte auf, den Gedanken Schopenhauers: „Das eigentliche Leben eines Gedankens dauert nur, bis er an den Grenzpunkt der Worte angelangt ist.. Sobald nämlich unser Denken Worte gefunden hat, ist es schon nicht mehr innig, *noch im tiefsten Grunde ernst*.. Sagt doch auch der Dichter: sobald man spricht, beginnt man schon zu irren." Und hier rührt er an die Geisteswelt des ihm so vielfach tief verwandten Hebbel, der seinem Tagebuch anvertraut: „Ich kann mir keinen Gott denken, der *spricht*" — ein Wort, vielleicht im letzten Grunde einsinnig mit Nietzsches lästerlich frommem: „Ich würde nur an einen Gott glauben, der zu tanzen verstünde", das heißt an einen Gott, der sich dionysisch, nicht bloß als „Wort Gottes" offenbarte. Ganz hellenisch vollends, ganz eleusisch aber ist dies immer wiederkehrende cave verbum ausgedrückt in der merkwürdig vereinsamten Stelle des „Menschlichen", die sich völlig wie in geheimen Formeln bewegt:

„Von zwei ganz hohen Dingen: *Maß* und *Mitte*, redet man am besten nie. Einige wenige kennen ihre Kräfte und Anzeichen, aus den Mysterienpfaden innerer Erlebnisse und Umkehrungen: sie verehren in ihnen etwas Göttliches und scheuen das laute Wort." Das Auftauchen dieser antiken Schweigeformel mitten in dem ganz diesseitigen, aufklärungsfrohen und beinahe rationalistischen Buche vom Menschlichen Allzumenschlichen (dessen erste Auflage Voltaire, „einem der größten Befreier des Geistes", gewidmet war) hat etwas geheimnisvoll Widerspruchsvolles und beweist die Stärke der gerade damals ganz im Verborgenen rauschenden geheimnisbildenen Kräfte in Nietzsches Wesen. Selten wird die geologische Oberschicht seines mittleren positivistischen Denkens so feuerflüssig durchbrochen wie mit dieser Stelle, aus der, mitten zwischen Voltaire, plötzlich Herodot redet. Jenes cave verbum, die Scheu vor dem lauten Wort, das immer ein vorlautes ist, wird allmählich zum Siegel jeder Art Ehrfurcht vor den „letzten", das ist „mysterienhaltigen" Dingen, die keiner verwegener, grüblerisch heftiger, verzweifelt neugieriger zu entkernen versucht hat, als eben Nietzsche. Aber sein innerstes Wesen, die verehrende Kraft in ihm — mit Jakob Burckhardt zu reden — neigte sich von Anbeginn der spätgoetheschen Weisheit aus dem Bereich der pädagogischen Provinz: „Eins bringt niemand mit auf die Welt, und doch ist es das, worauf alles ankommt, damit der Mensch nach allen Seiten zu ein Mensch sei: — Ehrfurcht!" Eine goethesche Verachtung des unehrfürchtigen Menschen spricht aus der Briefstelle seines vorletzten Jahres: „Dieser Art Mensch, der die Ehrfurcht fehlt, muß man aus dem Wege gehn"; oder aus den Sätzen des Jenseits: „Es ist viel erreicht, wenn der großen Menge .. jenes Gefühl endlich angezüchtet ist, daß sie nicht an alles rühren dürfe; daß es heilige Erlebnisse gibt, vor denen sie die Schuhe auszuziehn und die unsaubere Hand fernzuhalten hat, — es ist beinahe ihre höchste Steigerung zur Menschlichkeit." Schließlich, ergänzend und schärfer, im Nachlaß der letzten Jahre: „Ich schätze es höher, wenn einer auch als Historiker zu erkennen gibt, wo für seinen Fuß der Boden zu heiß oder zu heilig ist .. Die deutschen Gelehrten, welche den historischen Sinn erfunden haben .. verraten samt und sonders, daß sie aus keiner herrschenden Kaste stammen; sie sind als Erkennende zudringlich und ohne Scham." Immer wieder die Mahnung: „Ihr Wissenden, sorgt nur, daß es euch nicht an der Scham gebreche!" „Schone, was solch zarte Haut hat! Was willst du Flaum Von solchen Dingen schaben!" „Wir sind gewöhnt, bei allem Vollkommenen die Frage nach dem Werden zu unterlassen. Das Vollkommene soll nicht geworden sein."

Die ehrfürchtige Scham, die dem fragebegierigen eignen Forschergeist die Frage verbietet, ruht auch bei Nietzsche durchaus auf dem Gefühlsgrunde einer ungeheuren Verantwortung, deren er sich in immer wachsendem Maß bewußt wird. Damit „das Vollkommene" werden *kann*, muß „das Werden" unangetastet bleiben. Und Verantwortung vor dem Geheimnis der Welt, deren innerstes Wesen die Wandlung ist — Wandlung im eigentlichsten Sinn, im Sinne eines Sakramentes, gefaßt — liegt auch in der gebieterisch anwachsenden Ehrfurcht vor sich selber, die in den ungeheuren, scheinbar frevlerischen Selbststeigerungen des Ecce homo gipfelt. Denn je mehr Nietzsche jenes Mysterium „aus dem Geist der Musik", das er vordem, entzückt und enttäuscht, in andern suchte, je mehr er es mit entsetzter und andächtiger Scheu vielmehr in sich selber wachsen spürt, je mehr er sich selbst Träger möglicher Mysterien einer eleusisch angeschauten Zukunft wird, desto tiefer wird seine Scheu vor Selbstanrührung, vor Selbsterkenntnis und jeder inneren Horizontlosigkeit. „Ich schließe Kreise um mich und heilige Grenzen; ich baue ein Gebirge aus immer heiligeren Bergen." „Du Schickung meiner Seele, die ich Schicksal heiße! Du In-mir! Über-mir! Bewahre und spare mich auf zu einem großen Schicksal!" (Von alten und neuen Tafeln.) „Es ist möglich, daß ich für alle kommenden Menschen ein Verhängnis, *das* Verhängnis bin, — und es ist folglich *sehr möglich*, daß ich eines Tages stumm werde, aus Menschenliebe!" (1884 an Malwida). „Ich habe nur selten den Mut zu dem, was ich eigentlich weiß" (1887 an Brandes). Ist es nicht symbolbergend, wenn er, der den Genuesen Columbus so gern unter den Ahnen seines sucherischen Willens nach neuen Meeren nennt, wenn er, der „dem Meere hold ist und allem was Meeresart ist", dessen Frohlocken rief: „Die Küste schwand — nun fiel mir die letzte Kette ab — das Grenzenlose braust um mich.." — wenn er dennoch, in seinem vorletzten Frühling, seine Scheu vor der bösen und, wie ihm vorkommt, schamlosen Unbegrenztheit des großen Meeres dem Freunde Gast gesteht: „Das Meer hat, wie alle großen Dinge, etwas Stupides und *Indezentes*"? So scheut auch sein inneres Columbus-Auge den Anblick der Horizontlosigkeit seines künftigen Geistesschicksals, und die zu deutliche Ahnung der Küsten, an welchen zu landen seinem „Genueser Schiff" noch vorbestimmt sein möchte. Das Ecce homo, in seiner schon tödlichen Überbewußtheit, prägt selbst das noch mit vollkommener Schein-Objektivität, als Gesetz des eignen Lebens, als „Meisterstück in der Kunst der Selbsterhaltung". „Man muß die ganze Oberfläche des Bewußtseins — Bewußtsein ist eine Oberfläche — rein erhalten vor ingendeinem der großen Inperative. Vorsicht selbst vor jedem großen Worte, jeder großen Attitüde! Lauter Gefahren, daß der Instinkt zu früh ‚sich versteht' — .. Die lange geheime Arbeit und Künstlerschaft meines Instinkts .. seine *höhere Obhut* zeigte sich in dem Maße stark, daß ich in keinem Falle auch nur geahnt habe, was in mir wächst, — daß alle meine Fähigkeiten plötzlich, reif, in ihrer letzten Vollkommenheit eines Tages *hervorsprangen* .. Noch in diesem Augenblick sehe ich auf meine Zukunft — eine *weite* Zukunft! — wie auf ein glattes Meer hinaus: kein Verlangen kräuselt sich auf ihm."

Ein Geführtwerden, Durchwaltetwerden von überindividuellen, geheimnishütenden Kräften, denen unbedingt zu vertrauen ist — das ist die späteste Form von Nietzsches Ehrfurcht vor sich selber, nach Goethe die oberste Ehrfurcht. Selbst jene äußerste Hybris in gewissen Teilen des Ecce homo und der letzten Briefe, innersten Grundes ist sie vielleicht noch ein frommer Ausdruck des Gefühls, zum höchsten, überindividuellen und schon allwelthaft angeschauerten Augenblick gelangt zu sein, den der Mensch als Einzelwesen überhaupt noch zu erreichen fähig ist; ist nur eine Art hymnischen Dankglücks, daß er sich diesen göttlichen Augenblick lang, mit den Worten der Wanderjahre, „für das Beste halten darf, was Gott und Natur hervorgebracht haben, ja, daß er auf dieser Höhe verweilen kann, ohne durch Dünkel und Selbstheit wieder ins Gemeine gezogen zu werden". Sie ist eine Hybris aus dem Gefühl der Vollendung, der beginnenden Entwirklichung zu einer andern Wirklichkeit, des Hinüberganges, ein siegfrohes Gloria des „vollkommenen Tages, wo alles reift", wie es die Selbstwidmung zum Ecce mit einem festlich bejahenden „Und siehe, alles war sehr gut" anstimmt: „Wie sollte ich nicht meinem ganzen Leben dankbar sein?" Ein Gefühl, im tiefsten nicht nur verwandt, sondern eins mit der frommstolzen Götterscheu des letzten, des schon hinübergehenden Hölderlin: „Alle Scheidenden sprechen wie Trunkne und nehmen gerne sich festlich" (Hyperion):

> „Denn alles ist gut. Drauf starb er. Vieles wäre Liebes
> Zu sagen. Und es sahn ihn, wie er siegend blickte,
> Den Freudigsten, die Freunde noch zuletzt."
>
> (Patmos.)

Es ist der Augenblick einer hohen Euphorie, bevor das Individuum die Grenze des Individuellen sprengen muß; und eine Ahnung dieses Augenblicks schlief ja schon von früh an, immer leiser schlummernd, in Nietzsches umschleiert prophetischem Gefühl. Unwissentlich spricht er das Gesetz seines eignen hölderlinisch hohen Ausgangs schon während seiner Basler Lehrzeit aus, in der Vorlesung über die Geschichte des griechischen Schrifttums: „Das ist althellenisch: das siegreiche Individuum gilt als Inkarnation des Gottes, *tritt* in den Gott *zurück*."

War etwas von diesem Triumph des Sichaufgebens, von diesem siegreichen Zurücktreten in den Gott in dem euphorischen Rausch des Turiner Nietzsche? („Am 30. September großer Sieg; siebenter Tag; Müßiggang eines Gottes am Po entlang.. Ich habe nie einen solchen Herbst erlebt, auch nie etwas derart auf Erden für möglich gehalten.. jeder Tag von gleicher unbändiger Vollkommenheit." Ecce homo.) Und war vielleicht die letzte Welle äußerster und fast mänadischer Erkenntnislust, die gerade im letzten, im Ecce homo-Jahre mitten zwischen den ganz entgegengesetzten Bindungen einer magischen Scheu hindurch noch einmal Nietzsches Geistigkeit überflutet, aber schonungsloser, feindseliger, selbsthenkerisch grausamer, als je in den aufklärerisch überhellten Büchern seiner mittleren Zeit — war sie vielleicht *nicht* bloß eine regelmäßige Wiederkehr des intellektualen Kältestroms in Nietzsches Natur, sondern war sie schon eine Form der insgeheim selber gewollten Auflösung, war die Vorverkündigung, ja der Weg des Zurücktretens in den Gott? Scheint nicht Nietzsche selbst dies noch, in eben dieser Zeit der „Umwertung", zu erkennen? „Gesetzt, wir leben infolge des Irrtums, was kann denn da der ‚Wille zur Wahrheit' sein? Sollte er nicht ein ‚Wille zum Tode' sein müssen?" Wußte er nicht allzu gut, mit Hebbel, der Mensch sei der Basilisk, der stirbt, wenn er sich selbst sieht? Und erzwang er sich nicht dennoch dies tödliche Spiegelbild? „Zarathustra! Selbstkenner! Selbsthenker!" schließt der Dionysos-Dithyrambus von 1888. Für jeden gibt es eine tödliche Erkenntnis, für jedes Wesen ein Wort der Beschwörung, davor es in Staub zerfällt — suchte er seine letzte Erkenntnis, um Erkenntnisse zu schauen, die sich dem Individuum ebenso versagen, wie die Mysterien dem Worte? Scheint es nicht zuweilen, als wolle er die von ihm selber immer verkündete und geforderte Scheu nur deshalb sprengen, um den Logiker in sich, den Erzfeind seiner mystischen Erkenntnisse, zum Schweigen zu bringen, um ihn aufzuheben mit dem Mittel der Logik selber: indem er die Auflösung des Individuums durch Erkenntnis beschleunigt — denn „das Wissen ist der Tod", das Begreifen ist ein Ende, in jedem Sinne? Nicht nur die Menschheit, auch der Mensch „hat an der Erkenntnis ein schönes Mittel zum Untergang".

So glauben wir den spätesten Intellektualismus Nietzsches, der die prophetische, die Zarathustraschicht bis zu allerletzt immer wieder durchbricht, zuweilen im ungewissen Lichte des Opfers, eines Selbstopfers, aufschimmern zu sehen; und seine groß frevelnden Lästerungen des ihm dennoch im tiefsten Heiligen — Sinnbild: der Wagner des Tristan — erscheinen nur als schmerzliche Akte einer Selbstzerstörung, die Hohnverzerrung des Mysteriums als Vorbote und Form der Selbstaufgabe, die gewaltsam unfromme Enthüllung als Wille zum großen Ende. Bewußt, ein Empedokles, wirft er sich in den Krater der tödlichen Erkenntnis, der mörderisch lockenden Hellsichtigkeit einer logischen Verzückung und eines zersetzenden Enthusiasmus. Äußerster eleusinischer Rausch ist in diesem festlichen Hinabgehn ins Unbetretene, nicht zu Betretende, in dem feierlich trunkenen Stolz des Wissens: „Also begann Zarathustras Untergang." Geheimnisvoll führt das Gewölk des Wahns, in dem ihn sein geistiger Tod, ein Wahltod und Opfertod, überkommt, einen Willigen und fromm Verwandlungssüchtigen hinüber, gemäß den seltsam verhüllten Worten aus einem Bruchstück, das der schon umnachtete, schon seinen Göttern zurückgegebene Hölderlin aus Klopstocks mystischer Ode „Die Zukunft" sich zum Troste niederschrieb, „zur Vollendung aus Hüllen der Nacht hinüber In der *Erkenntnisse* Land."

Im vergehenden, dennoch ewigen, Augenblick solchen Hinüberganges wird der Kampf zwischen Erkenntnis und Schweigen, zwischen Übermut und Ehrfurcht, zwischen Frevel und Frommheit nicht ausgekämpft und entschieden, sondern vereinigend aufgehoben und zu großartiger Vorbildlichkeit verdichtet und verewigt. Der innerhalb des Ich unlösbare logisch-dionysische Zwiespalt wird anschaubare Einheit im Bilde von Nietzsches Leben mit dem Augenblick, wo er die Brücke des Geheimnisses betritt, er selber Brücke und Brückenschlager, Opfer und Pontifex in einem. Der mächtige Augenblick des verwandelnden Opfers verwandelt auch das ganze auf ihn zuströmende, geheim auf ihn hinzielende Leben aus einer schmerzlich zerspaltenen Unvollkommenheit in ein Traumspiel von mysterienhafter Eindringlichkeit, von beispielhafter, heroischer Triumphtragik. Die von ihm selber dunkel beglückt und schreckensvoll deutlich erahnte Möglichkeit seines eigenen Mysteriums wird zu überpersönlicher Wirklichkeit; sein Leben gehört fortan selbst zu den deutbar großen mystischen Schaubildern, deren Scheu und Geheimnis, deren den irdischen Tod entwaffnendes Gleichnis die Menschheit zusammenhält. Denn die Bilder der großen, das unschaubar Göttliche sichtbar stellvertretenden Menschen wachsen — Sinn und Wert jeder Lebens-Legende! — langsam zu neuen ehrfurchtheischenden Mysterien heran, zu neuen, ganz und gar entpersönlichten zeitlosen Möglichkeiten des „augenschließenden Anschauens", wie die vielleicht wörtliche und zugleich die innerste Bedeutung des Wortes „Mystik" besagt. Nietzsches Leben und Ausgang verleiblicht nur eine besondere Form dieses Hinaufgehens ins Mystische, erfüllt nur im Vordergrunde eine tragische Möglichkeit seines Jahrhunderts mit seiner vorbildlichen Selbstbefreiung. Er selber hat Form und Formel des eigenen Mysteriums begrifflich ausgesprochen in der Nachlaßstelle zum Zarathustra: „Wenn Skepsis und Sehnsucht sich begatten, entsteht die Mystik." Nicht zwar diese verhängnisträchtige Paarung an sich macht Nietzsches Besonderheit und Bedeutung aus; auch ein Flaubert konnte seine und seines geistesgeologischen Zeitalters seelische Lage bekennen mit den Worten: „Ich bin Mystiker und ich glaube an nichts." Nietzsches aktive Leistung und tapferes Selbstopfer — das Opfer des Nur-Logikers in ihm, das erhrfurchtgebietendste sacrificium des Intellekts seit Pascal — ist gerade die entschlossene Überwindung dieses seines skeptischen Fanatismus durch einen empedokleïsch großen Hinübergang ins Überlogische, die tätige Selbstbefreiung eines logischen Radikalismus, der folgerichtig nur zu der grausigen Donquixoterie Bouvards und Pécuchets hingeführt hätte, dorthin, wo tatsächlich die letzten gemeinschaftlich-menschlichen Bindungen vom Worte äußerster nihilistischer Ironie — der dünnsten Maske des Chaos — zerätzt werden.

Noch einmal, zum letztenmal, kehrt Nietzsche in höherer Hinaufbiegung zurück zu einer Geburt der Tragödie aus dem Geist des Mysteriums; noch einmal sucht sein heldisch gespannter langer Wille nach einer neuen, einer stärkeren Bindung des Menschengeschlechtes, da sein überschärftes Verstandes-Gewissen ihm, anders als Pascal, als Strindberg, die entspannende Zurücklehnung ins Ave crux spes unica verbietet. War es ein erhaben sinnloser und unfruchtbarer Einzelwahn wie jene monomanische Wiederkehr des Gleichen, dies falsch-dionysische Mysterium des Einsamen, war es ein anderes, ein blutvoller atmendes Leitbild, das ihm als menschenverknüpfend, menschheitbindend zuletzt in jener Turiner Wintersonnenwende vor- und voranschwebte? Wer will es ahnen? *War* es Dionysos, der es ihm wies, Dionysos selber, der „Zweimalgeborene" wie sein Beiname „Dithyrambus" ihn verrät, — der brennende Gott, der auch seine Jünger zum zweitenmal geboren werden läßt, im verzückten Augenblick und im Erschauen seines eleusisch verhüllten Geheimnisses? Oder war es eher jener andere Dionysos, — denn auch Dionysos trägt ein doppeltes Antlitz — dessen Leiden, Zerreißung und Auferstehen eben in den Mysterien von Eleusis von den Schauenden miterduldet werden, jener Leidende Gott, dessen uralte Passion die Weltwerdung und Welterneuerung durch den Schmerz bedeutet, dessen Leid der Welt ihren letzten Sinn tröstlich deutet und sie den Tod als überwunden schauen läßt? Jene dunkel glühende Gottheit, die sterbend und wiedererstehend lehrt, daß „die Gottheit groß ist und der Geopferte groß", — daß die Gottheit und der Geopferte *eins* sind? „Dergleichen ist nie gedichtet, nie gefühlt, nie *gelitten* worden", sagt die verzückte Selbstentäußerung des Ecce homo über das Nachtlied Zarathustras, welches endet: „Und auch meine Seele ist das Lied eines Liebenden" — „dergleichen ist nie *gelitten* worden: *so leidet ein Gott, ein Dionysos* .. Auch die tiefste Schwermut eines solchen Dionysos wird noch Dithyrambus .. Die Antwort auf einen solchen Dithyrambus .. wäre Ariadne .. Wer weiß außer mir, was Ariadne ist! Von allen solchen Rätseln hatte niemand bisher die Lösung .."

Aber die Lösung solcher Rätsel anders als begrifflich hat immer nur der schon von einem inneren Verstummen, von einem Schauder des letzten Schweigens Angerührte. Gleichviel wie es laute — das stolze Hinübergehen dieses Mannes, die tödliche Selbstentzückung, Selbstentrückung in den auflösenden Wahn, es war wohl auch, wie das Ende aller großen, das ist: stellvertretenden, vorbildlich sich vollendenden Menschen, eine Maske des Gottes. Eine Opfermaske des großen Allebendigen, „das nach Flammentod sich sehnt", weil es aus der Flamme stammt; das im Feuerrausche siegreich „in den Gott zurück tritt", aus dem er kam:

> „Ja! ich weiß, woher ich stamme:
> Ungesättigt gleich der Flamme
> Glühe und verzehr' ich mich.
> Licht wird alles, was ich fasse,
> Kohle alles, was ich lasse:
> Flamme bin ich sicherlich!"

# ANHANG

## ALEXANDER (DER ÖSTLICHE NIETZSCHE)

Vortrag gehalten an der Universität
Bonn im Jahre 1921

In großen Finsternissen erinnert sich eine Welt ihrer Fackelträger. Auf solchem Weg über dem Abgrund — über jeder Art Abgrund —, wie ihn unser Erdteil jetzt zu gehen und zu suchen hat, ruft er instinktmäßig alle erhellenden Kräfte seines Wesens aus seiner schicksalvollen Vergangenheit herüber. Und wirklich werden in einer solchen Krise, wie sie uns und alles Unsere heute scheidet, alle Geister der Vergangenheit irgendwie zu Lichtbringern — selbst die luziferischen Geister, und vielleicht gerade sie. Nicht in *dem* Sinne allerdings, daß wir uns ihres überlieferten Wortes als eines Rates oder gar Orakels in den schweren Entscheidungen des Augenblicks bedienen sollten. Es hieße die prometheischen Menschen unserer europäischen Vergangenheit *mißbrauchen*, wollten wir ihre Einzelworte nutzen, um in den Einzelnöten des Augenblicks einen Rat und Ausweg zu finden, oder gar unsre Neugier über die wahrscheinlichen Zukunftsformen begonnener Entwicklungen zu befriedigen. Überlieferte Meinungen und Wertungen Luthers oder Goethes oder Bismarcks zu bestimmten Einzelproblemen können z. B. Deutschland keine heute gestellte Frage zulänglich beantworten — aber „Luther" und „Goethe" und „Bismarck", als Erfahrungen ihres Volks, können es allerdings.

Jedes prophetische Wort, das scheint ein Gesetz, trifft im *Einzelnen* stets anders zu und anders ein, als es vom prophetischen Genius gemeint gewesen war — aber es trifft desto furchtbarer ein. Wie der Dichter immer klüger ist als der Privatmensch im Dichter, und wie jeder Dichter *mehr* sagt als er zu sagen glaubt, es *richtiger* weiß als er es gemeint hat.

Und so werden wir auch die politische Prophetie eines bewußt unpolitischen Geistes wie Nietzsche nicht zum Orakel für den Gang einzelner geschichtlicher Ereignisse unserer Zeit herabwürdigen; sondern wir werden sie als einen Vorklang, eine erste Vorform und eine Vorforderung des heutigen gemeinsamen Schicksals an einen vorausgeworfenen Einzelnen nehmen. Immer wird erst Einzelnen, gleichsam zu Versuch und Versuchung, *das* Schicksal Problem und innere Drohung, welches Menschenalter später die Gesamtheit erreicht. In der Tatsache, daß die selben Probleme, die uns als Volk gestellt sind heute, vor einem Menschenalter und früher einzelnen Geistern als Probleme *ihres* Lebens gestellt worden sind, in dieser Tatsache empfinden wir die erhöhte Notwendigkeit dessen, was wir heute zu erleben und zu meistern haben; wir fühlen: es mußte kommen, was sich vorbereitete. Es ist das Wesen der großen Menschen und Wegbereiter eines Volks, daß sie ihm nicht nur vorleben, sondern auch vorgelebt werden, d. h. daß in ihnen die Natur, der Volksgeist, das Schicksal, die Gottheit die Aufgaben sich zuerst stellt, deren die Zukunft gewürdigt werden soll. Was alles z. B. noch deutsches Gesamtschicksal werden kann, ist im Leben der bedeutenden (in Goethes Sinn *bedeutenden*) deutschen Menschen ziemlich vollständig vorgebildet und vorgelebt.

Im Menschen Nietzsche war zuerst die jüngste und schwerste der vielen deutschen Aufgaben gestellt und bis zum Zersprengtwerden des leiblichen Gefäßes erfüllt — bis zu demselben Zersprengtwerden durch eine innere Doppelseelenhaftigkeit, welches die leibliche Form des deutschen Volkes genau ein Menschenalter später als Nietzsche erlitt — (1888—1918) —, bis zu dem nämlichen Hinübergeführtwerden in eine neue, höhere Form der Wesenheit und Wirkung, wie sie der Untergang Nietzsches für Nietzsches *Werk* bedeutete, und wie wir sie, als Folge und Sinn eines so unerhörten Sturzes für das deutsche Wesen erhoffen, das seine höchsten Auswirkungen noch vor sich hat. Auch in diesem Zusammenhang gilt das Wort der „stillsten Stunde" an Zarathustra: „O Zarathustra, du sollst gehen als ein Schatten dessen, was kommen muß".

Daß wirklich ein besonderer und sonderbarer Zusammenhang zwischen Nietzsches Lebenswerk und den Krisen und Katastrophen der letzten Jahre bestehe, ist wie so oft außerhalb Deutschlands eher als in Deutschland selbst erkannt und gesagt worden, wenn auch, wie fast immer, wenn es sich um deutsche Dinge handelt, nur in der Form der gehässigen Albernheit oder des freiwillig blinden Fanatismus. Wir wissen alle, wie laut man in den Ländern der Gerechtigkeit Nietzsche als einen der geistig Schuldigsten des Großen Krieges, oft in der fratzenhaftesten Weise, ausgerufen hat; wie man in der Philosophie Nietzsches das eigentliche odium generis humani zu sehen sich zweckmäßig erzog — was besonders der besten geistigen Jugend Frankreichs nicht leicht gefallen sein mag, die erst eben durch das Erlebnis Nietzsches als ein sie bestimmendes hindurchgegangen war. Im englischen „Spectator" schloß während des Krieges Lord Cromer, der Organisator Ägyptens, seinen langen Aufsatz gegen Nietzsche mit den Worten: „Einer der Gründe, warum wir an diesem Kriege teilnehmen, ist der, daß wir die Welt, den Fortschritt und die Kultur davor bewahren müssen, der Philosophie Nietzsches zum Opfer zu fallen." In der „Revue des deux Mondes" der ersten Kriegsjahre ward etwa Louis Bertrand nicht müde, den Krieg, mit seinen Kirchenzerstörungen, als unmittelbares Werk Nietzsches zu dennunzieren. Robert Cecil sprach im November 1916 aus, die Alliierten betrachteten es als ihre Mission, den „Willen zur Macht", die „Teufelslehre des Deutschen", durch den „Willen zum Frieden" zu ersetzen. Und es mochte dem zu entsprechen *scheinen*, wenn, wie man immer wieder hörte, kein ernstes Buch draußen so oft im Besitz der deutschen Kämpfer gefunden wurde als, außer Lutherbibel und Faust, der Zarathustra. Aber es ist nun — und das macht eben den Fall Nietzsches so einzigartig in der europäischen Geistesgeschichte — es ist ein Schauspiel, fremdartig paradox, daß trotzdem die Gegner Deutschlands ihre geistigen Waffen gegen Deutschland dem Arsenal Nietzsches selber entnehmen konnten und entnommen haben. Es verdankt ja Nietzsche ein gut Teil seines Ansehens in den geistigen Schichten Frankreichs gerade dieser bequemen Ausmünzbarkeit zu Gunsten des geistigen und selbst des politischen Frankreich und gegen das „Reich". Und diese Ausmünzbarkeit war nicht einmal eine Fälschung: man gelangte zu ihr in der folgerichtigen Auslegung von Nietzsches politischen Hoffnungen selber. Die geheime Doppelung Nietzsches, die wir auf allen Gebieten seiner geistigen Wirksamkeit beobachten konnten, wir sehen sie auch in seinen politischen Äußerungen, politischen Wünschen, Zielen, Prophezeiungen tätig:

Wir sehen *einmal* den „Westler" Nietzsche — um einen russischen Ausdruck aufzunehmen —, den Patrioten eines napoleonischen Europa als Herrin der Erde; den Romanisten, der aus Enttäuschung an deutschem Wesen „nur an französische Bildung zu glauben" sich viel Mühe gibt, den rhetorischen Anwalt des romanischen, lateinischen Südens und Südwestens,

Frankreichs „als Sitz der geistigsten und raffiniertesten Kultur Europas" — obwohl er den Boden des französischen Sprachgebiets niemals, außer im Dienste der Krankenpflege im Jahre 1870, betreten hat. Wir sehen zum *andernmal* Nietzsche als den äußersten Verächter aller westlichen Ideen, aller westlichen Zivilisation, die von „Kultur" abgründlich weit geschieden sei, und ihrer libre-penseurs; wir hören ihn Europa als eine untergehende Welt beurteilen; und sehen mit Befremden den französischen Positivisten zum russischen Nihilisten, zum gegeneuropäischen Propheten gewandelt, zum Bruder Dostojewskis, dieses gegenfranzösischsten Geistes, zum Schüler der großen Metaphysiker und Moralisten Asiens. Die politische Prophetie Nietzsches gipfelt denn auch, folgerichtig, in zwei von einander ganz getrennten höchsten Vorstellungen. Die erste, man darf nur mit Nietzsche sagen die napoleonische, ist die Idee des *Einen Europa*, wie Napoleon es, nach Nietzsche, geträumt habe, und dies einige Europa als Herrin der Erde (in Jenseits von Gut und Böse, im Willen zur Macht).

Die zweite Vorstellung aber ist die Verkündung des Untergangs von Europa als bisheriger Bildungs- und Kulturvormacht der Erde; die Vorstellung von den nihilistischen Katastrophen Europas, die nahe bevorstünden. Man findet sie am kürzesten vielleicht in der Vorrede zum Willen zur Macht formuliert. Hierher gehört auch jener europäische Geisteszustand, den Nietzsche wie nichts anderes verabscheute und verachtete: der stupide und tief inhumane Nationalismus eines vergreisten und überindividualisierten Europa, ein Zustand, dem Nietzsche mit der leidenschaftlichsten Sorge, der Sorge um das Herz des Erdteils, das Deutschland nach 1870 anheimfallen zu sehen glaubte: „Wir sind nicht deutsch genug, wie heute das Wort ‚deutsch' gang und gäbe ist", sagt er in der Fröhlichen Wissenschaft, „nicht deutsch genug, um dem Nationalismus und dem Rassenhass das Wort ‚deutsch' gang und gäbe ist", sagt er in der Fröhlichen Wissenhaben, derenthalben sich jetzt in Europa Volk gegen Volk wie mit Quarantänen abgrenzt, absperrt ... Wir sind wenig versucht, an jener verlogenen Rassenselbstbewunderung und Unzucht teilzunehmen ..."

Verlogene Rassenselbstbewunderung und Unzucht — es ist genau der Zustand des nicht mehr erneuerbaren, nicht mehr verwandelbaren, sich selbst widrig genügenden Europa des Westens, wie Nietzsche es schon damals sah, und dessen Führung er mit Ingrimm in den Händen des siegreichen Deutschland erblickte. „Ein wenig reine Luft! Dieser absurde Zustand Europas soll nicht mehr lange dauern!" heißt es im Willen zur Macht, der den Streit der europäischen Nationalitäten und Nationalismen kennzeichnet als „das Ringen um den Vorzug innerhalb eines Zustandes, der nichts taugt." Und immer mehr arbeitet sich in den letzten Schriften Nietzsches der Gegensatz zu dem vergreisten Zustande Europas heraus: die tiefen unausgeschöpften Gründe und Urgründe der schweigenden Mutter Asien, als der großen Demeter der Völker, die „von Vorgestern und von Übermorgen" zeitlos dem Heute zusieht. Der heutige Gegensatz Frankreich-Deutschland in Europa wird hier von Nietzsche in höherer Lage aufgebaut zu dem Gegensatz Europa-Asien. Der Nachlaß der letzten Jahre ist voll von Äußerungen einer Ungeduld, die nicht mehr nur überdeutsch, die schon übereuropäisch wirkt: die Ungeduld eines Geistes, der im Begriff ist, Europa zu verlassen.

Nehmen wir irgendwelche späten Stellen Nietzsches zum Problem des modernen Europa; sehr viele klingen fast wie von einer asiatischen Küste her gesagt: fremd, fern, mit einer Überlegenheit von Jahrtausenden. Aus dem Nachlaß des Jahres 1886: „Die Europäer bilden sich im Grunde ein, jetzt den höheren Menschen auf der Erde darzustellen" — *Charakteristik des Europäers:* der Widerspruch zwischen Wort und Tat; der Orientale ist sich treu im täglichen Leben. Wie der Europäer *Colonien* gegründet hat, beweist seine Raubtier-Natur". Wie von einem Asiaten, einem Inder oder Chinesen gesprochen, klingt das prophetische Wort aus dem Willen zur Macht: „Die europäische Tatkraft wird zum Massenselbstmord treiben". „Die asiatischen Menschen", heißt es in anderen Aufzeichnungen der letzten Jahre, „sind hundertmal großartiger, als die europäischen". Und fast schopenhauerisch ehrfürchtig, von Asiens den Schleier der Maja durchdringendem Blick, klingt es: „Die Todesfurcht ist eine Europäer-Art von Furcht. — Orientalisch". „... der Chinese", sagt der Wille zur Macht, „ist ein wohlgeratener Typus, nämlich dauerfähiger, als der Europäer..." Aus dem Munde Nietzsches ist das eine entscheidende Höherwertung, denn ihm ist „Dauer unter Menschen ein Wert ersten Ranges".

In allen solchen Stellen verrät sich schon ein heimlicher Gegensatz zum Guten Europäer der westlichen Zivilisation; wir gewahren einen ganz anderen Nietzsche: den *östlichen Nietzsche*. Und eben für diesen östlicheren Nietzsche, einen verborgeneren Nietzsche, möchte hier die Aufmerksamkeit in Anspruch genommen werden. Diesen östlichen Nietzsche, der mehr der dichterischen, prophetischen, mystischen Seite seines Wesens angehört, der Morgenröte und Zukunftsseite, wie das Ideal des Guten Europäers, zunächst wenigstens, dem Schriftsteller, dem Psychologen, dem

Skeptiker Nietzsche, *der* Seite seines Wesens, die Abend und Vergangenheit ist. Die Spuren solcher geheimen Veröstlichungen des Westlers und Guten Europäers Nietzsche sind vielleicht entlegener — außerhalb des Zarathustra wenigstens —, aber nicht leicht verkennbar. Ihr großes Denkmal, der Zarathustra selbst, in seinem sonderbaren Mischstil aus biblischer Bildlichkeit, Korandidaktik, indischer Metaphysik, darf hier beiseite stehen: ich möchte nur belegen, wie wenig der *morgenländische* Ehrgeiz dieser seltsam didaktisch-metaphysischen Halbdichtung der Gedankenwelt auch der übrigen, der „europäischen" Bücher Nietzsches fremd ist.

Friedrich Schlegel sagt einmal, daß die größten Denker, die tiefsinnigsten Philosophen Europas sich fast immer durch eine entschiedene Vorliebe für das orientalische Altertum auszeichneten. Dies Wort deutet auch auf die Linie, die von Friedrich Schlegel über Schopenhauer und den Westöstlichen Divan, an Fechners Zend-Avesta vorüber zu Nietzsche gehen wird. Es ist der Einfluß Schopenhauers natürlich, der den jungen Nietzsche dem Osten zuführte (wir verdanken diesem jungen Nietzsche, nicht zu vergessen, die Lebensarbeit Paul Deussens), der Einfluß auch des östlichen Wagner: „Indien" durch das Medium der Welt als Wille und des Tristan erlebt. Sehr früh zeigt sich die Neigung des *Historikers* Nietzsche, zu orientalisieren, unter dem Einfluß schopenhauerscher Wertungen. In seiner Basler Vorlesung über Geschichte der griechischen Literatur (Wintersemester 1875/76) stehen einige merkwürdige Sätze über die Entstehung des tragischen Ernstes bei den Griechen: „Ebenso kam, im 6. Jahrhundert, noch einmal eine große Sturzwelle asiatischer Einflüsse, der Same der Tragödie, Philosophie und Wissenschaft wurde mitgeschleppt, das Ernster-Tieferwerden der Hellenen kam ihnen nicht von innen: denn ihr eigentliches Talent war, wie Homer zeigt, die Ordnung, Verschönerung und Verflachung, das Spielen und εὖ σχολάζειν. Während des 6. und 5. Jahrhunderts war im fernen Indien die Erscheinung des *Ernstes* des *Lebens* übermächtig geworden: aus der zuletzt die buddhaistische Philosophie und Religion hervorging. Die letzten Wellen dieser tiefen Bewegung schlugen an griechischen Boden an". Hier haben wir also ganz deutlich Nietzsches auch sonst vielfach ausgedrückte Anschauung vom Wesen des Asiatischen als dem Urgrund und Mutterboden alles Hellenischen. Eine Auffassung, die keineswegs etwa nur für den *jungen* Nietzsche charakteristisch bleibt. „„... das Griechische", sagt noch der Wille zur Macht, „war die erste große Bindung und Synthesis alles Morgenländischen und eben damit der *Anfang* der europäischen Seele, die *Entdeckung unsrer ‚neuen Welt'* ..."

Der Anreiz, griechische Gedanken morgenländisch auszudrücken, ist für den jungen Nietzsche ersichtlich stark, wie auch noch der letzte Nietzsche, in Briefen, den Wunsch ausspricht, eine gute Zeit unter Muselmännern zu leben, um sich Auge und Urteil für alles Europäische zu schärfen. In Nietzsches Handexemplar der ersten drei Unzeitgemäßen Betrachtungen (1873) fand ich einmal in Weimar eine handschriftliche Eintragung Nietzsches, die so lautet:

„Dein Los, das dir vom Leben zugewiesen ist, ist das Suchen nach dir selber: darum lasse ab von dem Suchen nach anderen Dingen.
Der Kalif Ali."

Diese Eintragung, die das pindarische Lebensleitwort Nietzsches, das γένοι' οἷος ἐσσί, „Werde, der du bist!", orientalisch umschreibt, ist merkwürdig wegen ihrer frühen Vordeutung der späteren Östlichwerdung Nietzsches. Sie ist eine von den frühsten ganz leisen Andeutungen Zarathustras und seines Wortes: „Fliehe, mein Freund, in *deine* Einsamkeit!"

In den Schriften Nietzsches ist seit dem Menschlichen, Allzumenschlichen, dem äußersten westlichen Pol seines Wesens, eine immer sich steigernde Freude an östlichen Bildern und Wendungen, an östlichen Problemen und Werten wahrzunehmen. „Der europäische Süden", heißt es etwa in der Fröhlichen Wissenschaft, „hat die Erbschaft des tiefen Orients, des uralten geheimnisreichen Asien und seiner Kontemplation gemacht". Von Lionardo wird als einzigem Künstler der Renaissance gerühmt, er kenne das Morgenland, das inwendige so gut als das äußere. Diese Stilisierung Lionardos ist schon eine Vorform Zarathustras; wie Zarathustra ja auch Züge von Nietzsches Lieblingsgestalt, dem arabisch gebildeten Hohenstaufen Friedrich II., ererbt hat. Nietzsche äußert sich selbst über die Gründe, die ihn gerade den Persischen Weisen zum Urbilde seiner groß didaktischen Dichtung wählen ließen. „Ich mußte Zarathustra, einem *Perser*, die Ehre geben: Perser haben zuerst Geschichte im Ganzen, Großen *gedacht*. Eine Abfolge von Entwicklungen, jeder präsidiert ein Prophet. Jeder Prophet hat seinen *Hazar*, sein Reich von tausend Jahren." Hier sehen wir zum ersten Mal eine Annäherung an buddhistische Vorstellungskreise deutlich werden: die Vorstellung der immer neu wiederkehrenden Buddha, deren jeder ein zeitlich begrenztes geistiges Reich beherrscht, bis zur Ausschöpfung der ihm mitgegebenen geistigen Gewalt. Die Orientwerdung von Nietzsches Welt ist im Zarathustra vollendet, aber wie ohne eigentliche Berührung mit den westlichen praktischen Problemen.

Wie zeigt sich nun dieses Orientalisieren Nietzsches in seiner Deutung der europäischen Dinge? Das deutlichste Zeichen seiner Ostwendung ist hier sein Verhältnis zu Rußland und den russischen Dingen. Für den Ausdruck seiner Slavenliebe mag ja der Wahn von der eigenen polnischen Abstammung wohl formal steigernd mitgewirkt haben — („ich selbst bin immer noch Pole genug, um gegen Chopin den Rest der Musik hinzugeben") —, die eigentlichen Motive lagen doch unterirdischer. Schon in seinen rassentheoretischen Äußerungen, die Gobineau bis ins kraß Dilettantische hinein zu folgen lieben, fallen die Stilisierungen des Deutschtums, soweit Nietzsche es bejaht, als eines halbslavischen Wesens auf: Luther, Bismarck sind ihm Slavenköpfe. Er berührt sich hier, dies eine Mal, mit seinem sonst so verachteten Gegner Treitschke. Treitschke, dessen tschechische Ahnenschaft sich auch vielleicht nicht völlig verleugnet in Äußerungen wie dieser aus dem ersten Bande seiner Politik: „Die eigentlichen Kulturträger und Bahnbrecher in Deutschland waren im Mittelalter das süddeutsche Volk, das keltisch gemischt ist, und in der neueren Geschichte die slavisch gemischten Norddeutschen"; das könnte Nietzsche formuliert haben. Das slavische Problem, nicht das deutsche, ist für Nietzsche das wichtigste für die Zukunft Europas. Rußland aber ist für ihn, wie für Dostojewski, nicht Europa, sonderen Asien: den aufgesperrten Rachen Asiens nennt er es einmal, in einer seiner „westlichen" Äußerungen. Und es ist sehr seltsam: so oft Nietzsche auf russische Dinge zu sprechen kommt, wird er gegenwestlich gestimmt — man hat das vielleicht zu wenig beachtet. Von dieser Gegenwestlichkeit, die manche Nachlaßstelle seiner letzten Jahre so klingen läßt, als stünde sie in Dostojewskis politischen Schriften, gibt eine Seite aus dem Nachlaß zur Umwertung den besten Begriff: „Englands Kleingeisterei ist die große Gefahr jetzt auf der Erde. Ich sehe immer mehr Hang zur Größe in den Gefühlen der russischen Nihilisten, als in denen der englischen Utilitarier ... Wir brauchen ein unbedingtes Zusammengehen mit Rußland und mit einem neuen gemeinsamen Programm, welches in Rußland keine englischen Schemata zur Herrschaft kommen läßt. Keine amerikanische Zukunft! ... Ein Ineinanderwachsen der deutschen und slavischen Rasse ... Mir scheint das erfinderische Vermögen und die Anhäufung von Willenskraft am größten und unverbrauchtesten bei den Slaven zu sein, dank einem absoluten Regimente; und ein deutsch-slavisches Erdregiment gehört nicht zu dem Unwahrscheinlichsten". Ja, Nietzsche sieht sogar an einer Stelle des Nachlasses zur Umwertung im jetzigen Deutschland „eine vorslavische Station: es bereitet dem panslavistischen Europa den Weg".

Hier begegnet sich, wie gesagt, Nietzsches Auffassung höchst merkwürdig mit der Meinung Dostojewskis, der in einem Aufsatz vom Jahre 1877 über „Die deutsche Weltfrage" zweimal, und zweimal gesperrt, den Satz wiederholt: „Daß die Abhängigkeit vom Bündnis mit Rußland allem Anschein nach die Schicksalsbestimmung Deutschlands ist, besonders seit dem deutsch-französischen Kriege". Es ist kaum anzunehmen, daß Nietzsche die politischen Schriften Dostojewskis gekannt hat, obwohl sie ihm durch seine russischen Bekannten im Engadin möglicherweise hätten vermittelt werden können. Umso bezeichnender ist die Übereinstimmung der beiden Geister gerade in politischen Meinungen über die Zukunft Europas. „Das Ende der Welt naht", schrieb Dostojewski kurz vor seinem Tode in sein Tagebuch. „Das Ende des Jahrhunderts wird eine Erschütterung mit sich bringen, wie es eine solche noch nie gegeben hat. Rußland muß bereit sein ..."
Der Glaube an die politische Zukunft Rußlands, wie ihn schon die vorigen Stellen zeigten, konnte bei Dostojewski, dem panslavistischen Fanatiker und Romantiker der russischen Heiligen Weisheit von Byzanz, kaum stärker sein als bei Nietzsche. Was Nietzsche an Rußland und Russentum Vertrauen einflößt, ist seine asiatische Kraft zur langen Dauer und längsten Geduld; eben das also, was er am Chinesen zu rühmen wußte. „Der Vorteil der Kirche, wie der Rußlands, ist: sie können warten." „Die Kraft zu wollen, und zwar einen Willen lang zu wollen", sagt das Jenseits, „ist ... am allerstärksten und erstaunlichsten in jenem ungeheuren Zwischenreiche, wo Europa gleichsam nach Asien zurückfließt, in Rußland. Da ist die Kraft zu wollen seit langem zurückgelegt und aufgespeichert, da wartet der Wille — ungewiß, ob als Wille der Verneinung oder der Bejahung — in bedrohlicher Weise darauf, ausgelöst zu werden ..." Und Nietzsche wünscht „eine solche Zunahme der Bedrohlichkeit Rußlands, daß Europa sich entschließen müßte, gleichermaßen bedrohlich zu werden, nämlich *einen Willen zu bekommen*, durch das Mittel einer neuen über Europa herrschenden Kaste, einen langen furchtbaren eigenen Willen, der sich über Jahrtausende hin Ziele setzen könnte: — damit endlich die langgesponnene Komödie seiner Kleinstaaterei und ebenso seine dynastische wie demokratische Vielwollerei zu einem Abschluß käme. Die Zeit für kleine Politik ist vorbei: schon das nächste Jahrhundert bringt den Kampf um die Erd-Herrschaft, — den *Zwang* zur großen Politik." Daß Nietzsche aber nicht an die Möglichkeit eines dauernden europäischen Widerstandes gegen Rußland glaubte, verrät er an vielen Stellen: das gegenwärtige Deutschland als eine vorsla-

vische Station, dem panslavistischen Europa den Weg bereitend, ist nur eine seiner Formulierungen.

Europa, meint Nietzsche in der Umwertungszeit, werde sich eines Tages zu Rußland verhalten wie Griechenland in seinen späteren Zeiten zu Rom. Die Gewalt werde einmal geteilt sein zwischen Slaven und Angelsachsen. Der geistige Einfluß könne dann wohl in den Händen des typischen Europäers sein — also wohl des Deutschen und Franzosen als einer Art graeculi. Ja, Rußland ist ihm, in der Götzendämmerung, geradezu ein anderes, ein neues *imperium Romanum:* es setzt sich in Zukunft an die Stelle der großen südlichen und südwestlichen Imperien der europäischen Vergangenheit. Rußland ist ihm auch in dieser Hinsicht das gegennapoleonische Land. Es ist ihm das Land einer künftigen Zwangseinigung Europas unter asiatischer Herrschaft — Rußland, mit Dostojewski, als Vormacht des nördlichen Asiens gefaßt —, wie Frankreich die Möglichkeit einer solchen europäischen Einigung in der Vergangenheit unter Napoleon besessen und verscherzt hatte. Der Alexanderzug des letzten westlichen Imperators gegen den asiatischen Osten, gegen Moskau, das Indien des Nordens, wird sich in umgekehrter Richtung wiederholen, wie er sich im Kleinen, symbolischerweise, schon nach dem Brande Moskaus ereignete: der Osten wird den Westen überwinden, nachdem der Westen den Osten besiegt hat.

Und dazu stimmt denn sehr merkwürdig die Beobachtung, daß die Berührung mit russischen Dingen Nietzsche sofort — gegengriechisch stimmt. Etwa in seinem Brief über die erste Bekanntschaft mit Dostojewski an Overbeck (Februar 1887): „... ganz so zufällig ist es mir im 21. Lebensjahr mit Schopenhauer und im 35. mit Stendhal gegangen!" (die drei symbolischen Stufennamen Nietzsches) „Der Instinkt der Verwandtschaft ... sprach sofort, meine Freude war außerordentlich ... (Es sind zwei Novellen, die erste eigentlich ein Stück Musik, *sehr* fremder, sehr *un*deutscher Musik; die zweite ein Geniestreich der Psychologie, eine Art Selbstverhöhnung des γνῶϑι σαυτόν). Beiläufig gesagt: diese *Griechen* haben viel auf dem Gewissen — die Fälscherei war ihr eigentliches Handwerk, die ganze europäische Psychologie krankt an den griechischen *Oberflächlichkeiten;* und ohne das Bischen Judenthum usw. usw. usw." Was hier zu beobachten ist: die Hinabstilisierung der Griechen ins modern Französische, genau wie an jener Stelle der Basler Vorlesung von 1875/76, ist jedesmal die Folge einer Hingabe Nietzsches an russische Wertungen und Gedankengänge. Als seien „russisch" und „griechisch" nur stellvertretende Symbole für Asien und Europa als geistige Weltgegensätze, so wie innerhalb des geistig-politischen Europa Russentum und Franzosentum die äußersten Gegenmöglichkeiten darstellen. Nach Schopenhauer und Beyle-Stendhal Dostojewski — diese Folge zeichnet den Weg Nietzsches von der pessimistischen Deutschromantik über den skeptischen Individualismus des französischen Napoleoniden zum russischen ‚Jenseits von Gut und Böse' Europas, zum Nihilismus, einem Nihilismus mit ungeheuren Hoffnungen, ja einem Nihilismus mit neuen vorsokratischen Möglichkeiten.

Selbst in den musikalischen Wertungen zeigt sich diese Wendung Nietzsches zum Russischen: „Böse Menschen haben keine Lieder — wie kommt es dann, daß die Russen Lieder haben?" Oder: „Nichts redet *mehr* zu Herzen, als die heiteren Weisen der Russen, — die absolut traurige Weisen sind. Ich würde das Glück des ganzen Westens eintauschen gegen die russische Art, traurig zu sein" (Nachlaß 1883/88). Das klingt nicht mehr ‚französisch'; es ist auch nicht mehr der musikalische Pessimismus Schopenhauers. Es ist das Glück der Steppe, es ist eine europäisch neue, eine asiatische Möglichkeit des Glücks, die sich Nietzsche hier auftut.

So zeichnet sich schon bei Nietzsche in ganz feinen Umrissen die große geistig-politisch Tatsache der nächsten Menschenalter ab: Die Thronentsagung Europas, das als Herrin der Erde zu sehen noch Nietzsche sich napoleonisch erträumte; eine Thronentsagung, die sich ausdrücken wird materiell in einer sehr rasch zunehmenden Amerikanisierung der sogenannten Zivilisation, und geistig vielleicht in einer tief gehenden Asiatisierung der höchsten europäischen Geistigkeit. Nicht zufällig ist ein so großer Teil der europäischen Kunst und Literatur heute im Begriff, das Glück des ganzen Westens einzutauschen gegen die russische Art, traurig zu sein.

Und schon wie von einem inneren Osten her wird von dem letzten Nietzsche die Zukunft Europas betrachtet. Bereits früh, ja in seiner positivistischen Zeit spricht Nietzsche über das Problem der in den Militarismus irregeleiteten europäischen Tatkraft in einer Weise, die uns fast indisch berührt. Inmitten seiner Verherrlichung des Kriegerischen und der Bejahung des kriegerischen Zeitalters, in das Europa nun eintrete, inmitten dieser fast napoleonischen Verklärung des Guten Krieges nimmt sich eine Stelle in der kleinen Zwischenschrift mit dem chinesischen Zitat „Der Wanderer und sein Schatten" sehr sonderbar aus. Diese Stelle verrät, was Nietzsche von dem siegreichen Deutschland der 70er Jahre erwartet hatte, verrät zum mindesten *einen* der Gründe seiner schweren Enttäuschung, was das bismärckische Reich anging. Es ist der wenig bekannte Aphorismus

*„Das Mittel zum wirklichen Frieden:* Keine Regierung gibt jetzt zu, daß sie das Heer unterhalte, um gelegentlich Eroberungsgelüste zu befriedigen. Sondern der Vertheidigung soll es dienen; jene Moral, welche die Notwehr billigt, wird als ihre Fürsprecherin angerufen. Das heißt: sich die Moralität und dem Nachbar die Immoralität vorbehalten, weil jener angriffs- und eroberungslustig gedacht werden muß, wenn unser Staat notwendig an die Mittel der Notwehr denken soll; überdies erklärt man ihn, der genau ebenso wie unser Staat die Angriffslust leugnet und auch seinerseits das Heer nur aus Notwehrgründen unterhält, durch unsre Motivierung, weshalb wir ein Heer brauchen, für einen Heuchler und listigen Verbrecher, welcher gar zu gern ein harmloses und ungeschicktes Opfer ohne allen Kampf *überfallen* möchte. So stehen nun alle Staaten jetzt gegen einander: sie setzen die schlechte Gesinnung des Nachbars und die gute Gesinnung bei sich voraus. Diese Voraussetzung ist aber eine *Inhumanität*, so schlimm und schlimmer als der Krieg: ja, im Grunde ist sie schon die Aufforderung und Ursache zu Kriegen, weil sie, wie gesagt, dem Nachbar die Immoralität unterschiebt und dadurch die feindselige Gesinnung und Tat zu provocieren scheint. Der Lehre von dem Heer als einem Mittel der Notwehr muß man ebenso gründlich abschwören als den Eroberungsgelüsten. Und so kommt vielleicht ein großer Tag, wo ein Volk, durch Kriege und Siege, durch die höchste Ausbildung der militärischen Ordnung und Intelligenz ausgezeichnet, und gewöhnt, diesen Dingen die schwersten Opfer zu bringen, freiwillig ausruft: ‚wir zerbrechen das Schwert' — und sein gesamtes Heerwesen bis in seine letzten Fundamente zertrümmert. *Sich wehrlos machen, während man der Wehrhafteste war*, aus einer *Höhe* der Empfindung heraus, — das ist das Mittel zum *wirklichen* Frieden, welcher immer auf einem Frieden der Gesinnung ruhen muß: während der sogenannte bewaffnete Friede, wie er jetzt in allen Ländern einhergeht, der Unfriede der Gesinnung ist, der sich und dem Nachbar nicht traut und halb aus Haß, halb aus Furcht die Waffen nicht ablegt. Lieber zu Grunde gehen als hassen und fürchten, und *zweimal lieber zu Grunde gehen als sich hassen und fürchten machen*, — dies muß einmal auch die oberste Maxime jeder einzelnen staatlichen Gesellschaft werden! — Unseren liberalen Volksvertretern fehlt es, wie bekannt, an Zeit, um über die Natur des Menschen nachzudenken: sonst würden sie wissen, daß sie umsonst arbeiten, wenn sie für eine ‚allmähliche Herabminderung der Militärlast' arbeiten. Vielmehr: erst wenn diese Art Not am größten ist, wird auch die Art Gott am nächsten sein, die hier allein helfen kann. Der

Kriegsglorien-Baum kann nur mit einem Male, durch einen Blitzschlag zerstört werden: der Blitz aber kommt, ihr wißt es ja, aus der Höhe. —"

Diese Stelle: „Lieber zu Grunde gehen als hassen und fürchten, und zweimal lieber zu Grunde gehen als sich hassen und fürchten machen — dies muß einmal auch die oberste Maxime jeder einzelnen staatlichen Gesellschaft werden!" — sie hat etwas ungemein Fremdartiges innerhalb der positivistischen Periode Nietzsches. Sie hat etwas Indisches, Buddhistisches — einer der indischen Sendlinge, die seit der Wiederherstellung des europäischen Unfriedens Europas durchwandern, hätte sie aussprechen können. Und sie erscheint uns nicht zufällig vorgebildet bei einem Ahnherren Nietzsches, in der großen Stelle bei dem osthingegebenen Mystiker Novalis, Nietzsches thüringischem Landsmann und Vorfahren, in der weissagenden Mahnung an „die Christenheit oder Europa" (1799): „Unter den streitenden Mächten kann kein Friede geschlossen werden, aller Friede ist nur Illusion, nur Waffenstillstand; auf dem Standpunkt der Kabinette, des gemeinen Bewußtseins, ist keine Vereinigung denkbar ... Keine Macht hoffe die andere zu vernichten, alle Eroberungen wollen hier nichts sagen, denn die innerste Hauptstadt jedes Reichs liegt nicht hinter Erdwällen und läßt sich nicht erstürmen. — Wer weiß, ob des Kriegs genug ist; aber er wird nie aufhören, wenn man nicht den Palmenzweig ergreift, den allein eine geistliche Macht darreichen kann. Es wird solange Blut über Europa strömen, bis die Nationen ihren fürchterlichen Wahnsinn gewahr werden, der sie im Kreis herum treibt, und von heiliger Musik getroffen und besänftigt, zu ehemaligen Altären in bunter Vermischung treten, Worte des Friedens zu vernehmen, und ein großes Liebesmahl als Friedensfest auf den rauchenden Wahlstätten mit heißen Tränen gefeiert wird."

Der junge Nietzsche hatte gehofft, unter dem Eindrucke Schopenhauers oder Wagners, daß Deutschland eine solche geistig-geistliche Macht werden könnte, stark genug, die Nationen zu zwingen, ihren fürchterlichen Wahnsinn aufzugeben und, von heiliger Musik getroffen — wie Nietzsche es in seinem Erstlingswerk ausgedeutet hat —, zu neuen Altären gemeinsam zu treten. Er hat diese Enttäuschung, die tiefste Ursache seines Abfalls von Wagner, nie verwunden. Der Zarathustra ist nichts als ein großartiger Versuch, den deutschen Geist von dieser Verschuldung zu entsühnen, eine solche geistliche Macht, solchen Altar eines neuen „Wozu?" aufrichten zu helfen. Zarathustra ist der Versuch Nietzsches, der Alexander des Deutschtums zu werden: durch Eroberung des östlichen Gedankens Europa vor dem Versinken in den greisenhaften Nationalismus zu retten, den seit

Leibniz und Herder alle hohen Deutschen verabscheut haben. Es träumte ihm, wie Novalis, von solchem Alexanderzuge in den alten Osten jene selbe Weisheit für Deutschland heimzubringen, die der erste, der griechische Alexander von seinem Zuge heimbrachte. Denn bei der frühsten stellvertretend symbolischen Begegnung des hohen Westens mit dem tiefen Osten, auf dem Zuge Alexanders in die Grenzländer Indiens, bei dieser Begegnung des griechischen Königs mit den ersten indischen Brahmanen, erhielt Alexander, der gedroht hatte, denjenigen der Brahmanen zu töten, der hinter dem Ruf der brahmanischen Weisheit zurückbleibe, auf seine Frage: „wer der Geliebteste sein möge?" von einem Brahmanen die Antwort: „wer die größte Macht hat, ohne gefürchtet zu sein". Vom Geiste dieser brahmanischen Antwort — Plutarch berichtet sie uns — läßt Nietzsches Traum von der freiwilligen Entwaffnung des Stärksten einen Hauch verspüren. Vielleicht hat er, der den Plutarch so liebte, sogar an sie gedacht. „Kein Buch der Welt hat tiefer gewirkt als die Lebensbeschreibungen Plutarchs", sagt er 1875.

Die Stelle aus Wanderer und sein Schatten ist nicht vereinzelt geblieben, so vereinzelt sie sich dort ausnimmt. Der Wille zur Macht, dessen so europäischer, napoleonischer Titel allein schon solchen Gedankengängen feindselig sein sollte, nimmt sie wieder auf. Mit Notwendigkeit kommt für Europa, heißt es dort, „Eine Partei des *Friedens*, ohne Sentimentalität, welche sich und ihren Kindern verbietet, Krieg zu führen; verbietet, sich der Gerichte zu bedienen; welche den Kampf, den Widerspruch, die Verfolgung gegen sich heraufbeschwört: eine Partei der Unterdrückten, wenigstens für eine Zeit; alsbald die *große* Partei. Gegnerisch gegen die *Rach- und Nachgefühle*. — Eine *Kriegspartei*, mit der gleichen Grundsätzlichkeit und Strenge gegen sich, in umgekehrter Richtung vorgehend —." Wie deutlich ist hier die Selbstgleichsetzung Nietzsches mit der Partei eines unsentimentalen Friedens, „gegnerisch gegen die Rach- und Nachgefühle"! Es ist das, nach Nietzsches eigner späterer Definition, eine buddhistische Haltung. Denn: „Buddhas Religion machte ihre Wirkung abhängig von dem Sieg über das Ressentiment: die Seele davon frei machen — erster Schritt zur Genesung ... Nicht durch Feindschaft kommt Feindschaft zu Ende, durch Freundschaft kommt Feindschaft zu Ende: das steht am Anfang der Lehre Buddhas ..." (Wille zur Macht). Aber es steht auch am Anfang der Lehre Nietzsches: die Befreiung von den Rachegefühlen — „erster Satz meiner moralischen Diät".

Nehmen wir etwa die Charakteristik des Buddhismus im ersten Buch der Umwertung von 1888; hier kennzeichnet der letzte Nietzsche ersichtlich zugleich sich selber: „Der Buddhismus ist hundert Mal realistischer als das Christentum, — er hat die Erbschaft des objektiven und kühlen Probleme-Stellens im Leibe ... Er hat die Selbstbetrügerei der Moral-Begriffe bereits hinter sich, — er steht, in meiner Sprache geredet, *jenseits* von Gut und Böse". Er fordert „auch keinen Kampf gegen Andersdenkende; seine Lehre wehrt sich gegen nichts *mehr* als gegen das Gefühl der Rache, der Abneigung, des ressentiment (— ‚nicht durch Feindschaft kommt Feindschaft zu Ende': der rührende Refrain des ganzen Buddhismus ...)". Hier ist die Gleichsetzung der buddhistischen Erlebnisart und Denkweise mit der seinigen unbestreitbar. Sie nimmt im Torso von Nietzsches letztem Werk die verschiedensten Formen an. „Die *buddhistische* Religion drückt *einen schönen Abend* aus, eine vollendete Süßigkeit und *Milde*, — es ist Dankbarkeit gegen alles, was hinten liegt; mit eingerechnet, was fehlt: die Bitterkeit, die Enttäuschung, die Ranküne; zuletzt: die hohe geistige Liebe; das Raffinement des philosophischen Widerspruchs ist hinter ihm, auch davon ruht es aus: aber von diesem hat es noch seine geistige Glorie und Sonnenuntergangs-Glut. (— Herkunft aus den obersten Kasten —.)" Auch das ist zweifellos ein Ecce-homo-Bild des Buddhismus: die Abendstimmung der Zweiten Unschuld, der Dankbarkeit gegen Alles, was hinter ihm liegt, das geistig glühende Spätrot eines Siebenten Tages — das alles ist nietzschisch.

Aber die Annäherung, und zwar die bewußte Annäherung an gewisse buddhistische Gedankengänge und Wertungen ist überhaupt in den letzten Jahren Nietzsches gar nicht zu verkennen. Die geistige Gesamtlage Europas scheint ihm etwa derjenigen zu entsprechen, in der sich Indien beim Auftreten des Buddhismus befand. „ ... Die religiösen Kräfte könnten immer noch stark genug sein zu einer atheistischen Religion wie der des Buddha, welche über die Unterschiede der Konfessionen hinweg striche, und die Wissenschaft hätte nichts gegen ein neues Ideal. Aber allgemeine Menschenliebe wird es nicht sein! Ein neuer Mensch muß sich zeigen", so im Nachlaß 1880/81. Oder, noch deutlicher, im Willen zur Macht: „Unser Zeitalter ist in einem gewissen Sinne *reif*... wie es die Zeit Buddhas war ...", und kurz später geradezu: „im Stillen" mache „überall der Buddhismus in Europa Fortschritte". Von hier bis zu einer Analogie Buddha-Zarathustra ist nur noch ein Schritt, und selbst diesen tut Nietzsches Gedanke noch im Willen zur Macht: „Die Lehre der Ewigen Wiederkunft würde gelehrte Voraussetzungen haben, (wie die Lehre Buddhas solche hatte ...)"; sie würde also eine Lehre sein, die zunächst in der höchsten Kaste, und durch Vermittlung dieser Kaste zu wirken bestimmt wäre. Oder in Aufzeichnungen zur Vorrede der Fröhlichen Wissenschaft schreibt sich Nietzsche den „übermütigen unruhigen Zustand" zu, „worin Buddha sich zehn Tage den weltlichen Vergnügungen ergab, als er seinen Hauptsatz gefunden", was dann im Ecce Homo auf seine Weise wiederkehrt: „Müßiggang eines Gottes den Po entlang" — vielleicht die letzte und zugleich die ‚östlichste' seiner späten Selbststilisierungen als Religionsstifter.

Die Zweifarbigkeit der Wertungen Nietzsches kommt selbst noch seiner Schätzung des räumlich äußersten Ostens zu Gute. Man kennt den Gebrauch der Worte „Chinoiserie" und „chinesisch" bei Nietzsche zur Bezeichnung tiefer Vermittelmäßigung und Verflachung des Geistes. „... es entsteht vielleicht eine Art von europäischem Chinesentum ... in der Praxis klug epikuräisch, wie es der Chinese ist — reduzierte Menschen" (Nachlaß der Umwertungszeit). Dennoch werden solche Äußerungen aufs Sonderbarste gekreuzt von Worten, die wir nicht leicht besser als mit dem Wort: chinesisch, bezeichnen können. Es klingt fast wie von einem Jünger Lao-Tse's nach Europa hinüber gesprochen, wenn Nietzsche von den Deutschen sagt, sie meinten, daß die Kraft sich in Härte und Grausamkeit offenbaren müsse, sie unterwürfen sich dann gerne bewundernd und genössen andächtig den Schrecken: „Daß es Kraft gibt in der Milde und Stille, das glauben sie nicht leicht"; das ist chinesisch, wie der Spruch Zarathustras chinesisch klingt: „Die stillsten Worte sind es, welche den Sturm bringen; Gedanken, die mit Taubenfüßen kommen, lenken die Welt". Das ist nicht der Autor des „zerschmetternden Blitzschlags der Umwertung", *der* Nietzsche, welcher schwört, daß wir in zwei Jahren die Erde in Convulsionen haben werden: es ist der Weise, der sich bewußt geworden ist, daß die Welt von ihren Eremiten regiert wird — und nicht von ihren Kriegern und ihren von Händlern bezahlten Sophisten.

Daß der Große Mensch nicht sichtbar sei, das ist eine sehr unantike Auffassung. Wir können hier sie nur chinesisch nennen — der letzte Nietzsche teilt sie, unerwartet genug. Er selbst zitiert einmal den chinesischen Spruch: „Der große Mensch ist ein öffentliches Unglück". Aber er selbst denkt dann chinesisch, wenn er in Wille zur Macht urteilt, der Kampf gegen den großen Menschen sei aus ökonomischen Gründen gerechtfertigt. „Dieselben sind gefährlich, Zufälle, Ausnahmen, Unwetter, stark genug, um Langsam-Gebautes und -Gegründetes in Frage zu stellen. Das Explosive nicht nur unschädlich entladen, sondern womöglich seiner Entladung vorbeugen: Grundinstinkt aller zivilisierten Gesellschaft." Daß Nietzsche sich hier wirklich, im Gegensatz zu früheren Zitaten, mit dem Instinkt der zivilisierten Gesellschaft gleich erklärt, zeigen die unmittelbar voraufgehenden Stellen, die in den Sätzen gipfeln: „Wogegen *ich* kämpfe: daß eine Ausnahme-Art der Regel den Krieg macht ...", oder: „Der Haß gegen die Mittelmäßigkeit ist eines Philosophen unwürdig. Gerade deshalb, weil er die Ausnahme ist, hat er die Regel in Schutz zu nehmen, hat er allem Mittleren den guten Mut zu sich selber zu erhalten". Das ist asiatisch gedacht, fast unnietzschehaft, fast gegennietzschisch, vordergründig betrachtet. Es ist der Nietzsche des Ostens, der hier spricht — aber es *ist* Nietzsche! In der Zeit der Fröhlichen Wissenschaft, also unmittelbar vor dem Aufglänzen des östlichen Magierbildes Zarathustra, sagt Nietzsche ein Wort, das man viel zu wenig beachtet hat — ein Wort, das wie aus einer indischen Perspektive heraus gegen den Westen hin gesagt ist, ein Wort so uneuropäisch wie möglich: „Individuen sind Zeichen des Verfalls". Das könnten uns höchstgebildete Asiaten sagen — und sie sagen es uns wirklich.

Aber der Mensch des Westens bleibt freilich mit Naturnotwendigkeit, schicksalhaft, im Guten wie im Bösen, Individualist. Wie vereinigt also der große Vereiniger des Unvereinbaren hier wohl die Gegensätze? Durch das Mittel, den Begriff, die neue Forderung einer europäischen *Kaste* (er wendet den indischen Terminus sogar bis zum Übermaß an), der Kaste als Vermittlerin zwischen dem *westlichen* Ideal des führenden Menschen und der *östlichen* Forderung nach Entindividualisierung des höchsten Typus. Die Stelle des Jenseits, wo Nietzsche von dem notwendigen *Einen* Willen Europas, gegenüber der zunehmenden Bedrohlichkeit Rußlands, redet, enthält zugleich den bedeutsamen Hinweis auf das Mittel, das allein diesen langen, furchtbaren, eigenen Willen schaffen und erhalten könne: das Mittel einer neuen über Europa herrschenden Kaste.

Es ist diese Idee der Bildung einer neuen herrschenden Kaste in Europa, die Nietzsches letzte Jahre durchaus beherrscht. Die Bildung eines europäischen Brahmanenstandes: das ist recht eigentlich die Sorge und Bemühung des letzten Nietzsche; die späteste Form, die seine erzieherische Leidenschaft angenommen hat. Hier hinein münden alle seine Hoffnungen und kühnen Entwürfe der letzten Jahre. Ja, noch der „höchste Gedanke der Menschheit", die Idee der Ewigen Wiederkunft, ist als εἴδωλον ἡγεμονικόν, als hinaufweisendes Bild, als züchtender Gedanke, wie Nietzsche sagt, dieser Bildung eines neuen Adels in Europa dienstbar gemacht. „Es bildet sich ein Sklavenstand, sehen wir zu, daß auch ein Adel sich bildet", lautet eine charakteristische Aufzeichnung dieser Zeit. Europa hat, wie Nietzsche findet, in den letzten Menschenaltern, besonders seit der französischen Revolution, seine führenden Kräfte eingebüßt. Hier dankt Nietzsche ersichtlich wieder einmal den Theorien des normannischen Grafen Gobineau, der geistig dem Wagnerkreis so nahe stand. Die Spuren Gobineaus finden sich besonders deutlich, und nicht immer zum Vorteil, in der Genealogie der Moral; so stammt die Theorie der Aufzehrung der biologisch wertvollen Oberschichten durch die unteren, z. B. im Frankreich der fränkischen Adelsschichten durch die angeblich minderwertige gallo-romanische Mischung oder eine noch frühere, vorarische Bevölkerung, von Gobineau. „Im Wesentlichen", sagt z. B. die Genealogie der Moral, „hat die unterworfene Rasse schließlich in Europa wieder die Oberhand bekommen, in Farbe, Kürze des Schädels, vielleicht sogar in den intellektuellen und sozialen Instinkten: wer steht uns dafür, ob nicht die moderne Demokratie, der noch modernere Anarchismus und namentlich jener Hang zur ‚Commune', zur primitivsten Gesellschaftsform, der allen Sozialisten Europas jetzt gemeinsam ist, in der Hauptsache einen ungeheuren Nachschlag zu bedeuten hat — und daß die Eroberer- und Herrenrasse, die der Arier, auch physiologisch im Unterliegen ist?" Das alles ist reinster Gobineau — und es verstellt zuweilen mehr die von Nietzsche gesehene Aufgabe als daß es sie sichtbar machte.

Die Aufgabe ist nach Nietzsche nun, einen neuen Adel zu züchten, der, wie Zarathustra es ausdrückt, allem Pöbelhaften *und* allem Gewaltherrischen *in gleicher Weise* Feind ist. Der moderne westliche Begriff des ‚geistigen Adels' ist nach Nietzsche nur ein Mißverständnis der westlichen ‚Civilisation'. Im Willen zur Macht heißt es darüber: „Es gibt nur Geburtsadel, nur Geblütsadel. (Ich rede hier nicht vom Wörtchen ‚von' und dem Gothaischen Kalender: Einschaltung für Esel) ... Wo von ‚Aristokratie des Geistes' geredet wird, da fehlt es zumeist nicht an Gründen, etwas zu verheimlichen... Geist allein nämlich adelt nicht; vielmehr bedarf es erst etwas, *das den Geist adelt.* — Wessen bedarf es denn dazu? Des Geblüts." Und im Abschnitt Wir Gelehrten des Jenseits: „Für jede hohe Welt muß man geboren sein; deutlicher gesagt, man muß für sie *gezüchtet* sein: ein Recht auf Philosophie — das Wort im großen Sinne genommen — hat man nur dank seiner Abkunft, die Vorfahren, das ‚Geblüt' entscheidet auch hier. Viele Geschlechter müssen der Entstehung des Philosophen vorgearbeitet haben; jede seiner Tugenden muß einzeln erworben, gepflegt, fortgeerbt, einverleibt worden sein ..." Aber das ist wirklich, in besonderem Maße früh-indisch, brahmanisch gedacht. Und selbst das Wort ‚Kaste' scheut Nietzsche in solchem Zusammenhange nicht, so wenn er etwa in den Studien zur Umwertung von den deutschen Gelehrten des „historischen Sinns" mit der angenommen orientalischen Verachtung spricht, die einen Inder kleiden würde: sie verrieten, sagt er, samt und sonders, daß sie aus keiner herrschenden Kaste stammten, denn (das „denn" alles heutigen Orients!) — denn sie seien als Erkennende zudringlich und schamlos.

Von hier aus versteht man am besten den mächtigen Eindruck, den die Lesung des mythisch indischen Solon, des Gesetzgebers *Manu*, auf Nietzsche gemacht hat. Im Antichrist von 1888 nennt Nietzsche dieses Gesetzbuch „ein unvergleichlich geistiges und überlegenes Werk, das selbst dem verwöhntesten Psychologen etwas zu beißen gebe: es mit der *Bibel* auch nur in einem Atem zu *nennen*, sei eine Sünde wider den Geist". (Ich erinnere an die umfangreichen Charakteristiken und Auszüge „zur Kritik des Manu-Gesetzbuches" im 14. Band der Schriften.) Die Nachwirkung der Lesung dieses indischen Gesetzwerks des Manu (seine uns in Europa vorliegende Fassung ist etwa mit dem Beginn der christlichen Zeitrechnung gleichzusetzen, das Werk selbst aber ist bedeutend älter), diese Nachwirkung kann für den letzten Nietzsche nicht leicht überschätzt werden. Die ganzen Abschnitte über „Zucht und Züchtung" sind ohne diesen Eindruck nicht zu denken, die sichtlich indische Färbung ganzer Gedankenreihen gerade *hierher* stammend — nicht von späteren, buddhistischen Gedanken. Das geht bis in seine späten Ausdeutungen selbst noch des Griechischen hinein. Wie schon Friedrich Schlegel, gerade als Vorfahre Nietzsches vielleicht immer noch nicht genug gewürdigt, die Chöre des Aischylos und die Gesänge Pindars der indischen Dichtung geheimnisvoll nahe fand, so findet Nietzsche den Plato „ganz im Geiste Manus: man hat ihn in Ägypten vorgemacht". An anderer Stelle zieht Nietzsche geradezu die Parallele Plato-Buddha: beide hätten zu ihrer Zeit den Wert der Kultur und der staatlichen Organisation geleugnet. Und es steht stellvertretend für die Lösung vieler anderer verbreiteter Mißverständnisse Nietzsches, wenn der angeblich Schopenhauer an Frauenverachtung noch überbietende Einsiedler in derselben Zeit die Worte findet, er kenne kein Buch, wo dem Weibe so viele zarte und geistige Dinge gesagt würden wie im Gesetzbuch des Manu; diese alten Graubärte und Heiligen hätten eine Art, gegen Frauen artig zu sein, die vielleicht nicht übertroffen sei.

Nietzsche war stolz darauf, zu den Wiederentdeckern des tieferen Ostens zu gehören — das zeigt gerade seine Kritik und Auslegung des frühindischen Manu-Gesetzbuches. Aber er hat es sogar unmittelbar ausgedrückt, freilich in der besonderen Art ‚Unmittelbarkeit', die Nietzsche, dem Freunde transparenter Bilder, eigentümlich bleibt. „Die glücklich begonnene Entdeckung der Alten Welt", sagt der Wille zur Macht, „ist das Werk des *neuen* Columbus, des deutschen Geistes ... wir stehen immer noch in den Anfängen dieser Eroberung". Diese Columbusfahrt nach Osten, diesen neuen Alexanderzug, einen Alexanderzug des deutschen Geistes: Nietzsche selbst hat ihn zu unternehmen geglaubt, und das Zeugnis dafür ist allein schon der Name Zarathustra. Zarathustra: das Werk, über dessen Spiegel sich Orient und Okzident zugleich beugen, um ihre seltsam angeähnlichten Züge daraus zurückzunehmen.

In Nietzsches letztem Werk-Torso steht der heraklitische kurze Satz: „Dem *Werden* den Charakter des *Seins* aufzuprägen: das ist der höchste Wille zur Macht". Aber das bedeutet in Nietzsches Sprache und geheimer Denkweise zugleich auch: dem europäischen Wesen und Werden zu seiner Vollendung den Charakter des asiatischen (geistig asiatischen) Seins aufzuprägen — denn Europa, symbolisch repräsentiert durch seine späteste Möglichkeit: Deutschtum, verhält sich zu Asien, repräsentiert durch seine innerste Vollendung: Indien, wie Werden sich zu Sein verhält. Und völlig folgerichtig greift Nietzsche zu einem asiatischen, einem ‚indischen' Gedanken, um diese Vermählung der Welten des Werdens und des Seins, Europas und Asiens, ‚Deutschlands' und ‚Indiens' zu erreichen, wenn er an der selben Stelle fortfährt: „... daß alles wiederkehrt, ist die extremste Annäherung einer Welt des Werdens an die des Seins: Gipfel der Betrachtung".

Gipfel der Betrachtung: hier haben wir Nietzsches eigenes Zeugnis dafür, daß die Annäherung des höchsten Westens, der ewigen Werde-Welt, an den innersten Osten, die ewige Seins-Welt, — daß eben diese Annäherung es ist, die den höchsten Neuen Gedanken der geistigen Welt gebiert; den verwandelnden Gedanken, der die Zukunft der Welt umschaffen soll. Den Alexander-Gedanken des Neuen Europa, den Nietzsche in der Idee der Ewigen Wiederkunft erobert zu haben glaubt, den großen „züchtenden Gedanken", wie er ihn nennt — den Gedanken, der den Neuen Menschen jenseits von West und Ost schaffen wird, von dem an jener Buddha-Stelle die Rede war: „Ein neuer Mensch muß sich zeigen".

Es gibt einige winzige Splitter im Nachlaß Nietzsches, die uns eine leicht zu übersehende Wiederspiegelung geben können von dem, was als höchste

Möglichkeit der Vereinigung westlichen und östlichen Ideals in Nietzsches Seele lebte. Im Nachlaß zu den unausgeführten letzten Teilen des Zarathustra lautet ein Satz von mystischer Abkürzung: „Mit der Genesung Zarathustras steht Cäsar da". Und in den Fragmenten zum Willen zur Macht findet sich ein Motiv, das die letzten Hoffnungen des spätesten Nietzsche, sein Bild des kommenden Menschen uns wenigstens ahnen läßt, die Anmerkung: „... Der römische Cäsar mit Christi Seele ..." Hier haben wir, in der äußersten Verkürzung, ein letztes Symbolum jener Vermählung der Welt des Werdens mit der Welt des Seins, die dem spätesten Nietzsche, dem Vermähler der Götter, vorschwebte: nirgends anders als im Großen Menschen, in einer neuen Art des Großen Menschen (ohne Romantik der Größe, wie sie noch Nietzsche selbst zeigt) *kann* sich, *wird* sich jene coincidentia oppositorum, jene Hochzeit des Unvereinbaren, vollziehen. Hier haben wir den königlichen Menschen mit der Seele des Weisen — den Königssohn Gothama Buddha —; wir haben die höchste Steigerung eines gewissermaßen katholischen Ideals, einen geistigsten *Caesaro-Papismus*. Und wir haben zuletzt, in dieser Doppelung „Cäsar mit Christi Seele", einen letzten geheimen Nachklang und Nachhall des Lutherideals vom Freien Christenmenschen, der ein Herr ist über alle Dinge, ein „Herr und Gott der Welt", wie Luther sagt, und *zugleich* ein Knecht aller Dinge, jedem untertan, wie der „Vollkommene Christ" — dem höchsten Typus, dem begegnet zu sein noch der letzte, antichristliche Nietzsche selber bekannt hat.

Eine Vereinigung also von Gegensätzen, von West und Ost, Cäsar und Buddha-Christus, wie sie *jenseits* jeder *nur* geschichtlichen Möglichkeit liegt, *jenseits* jeder rein historischen Realisierung, wie die Vereinigung von Werden und Sein selber — aber von dem erhabenen Parallelismus alles religiösen Glaubens, dessen Parallelen sich in der Unendlichkeit schneiden. Jener Unendlichkeit, die mit dem Erlebnis höchster Augenblicke *eins* ist. Wir haben in diesem Spätideal des Antichristen: „Der römische Cäsar mit Christi Seele" eine höchste und rührende Form zuletzt jener verborgenen inneren Westöstlichkeit, worin der Goethe des Westöstlichen Divan sich mit Schopenhauer trifft, worin Paracelsus mit Faust, Friedrich Schlegel oder Novalis mit Herder, der Wagner des Tristan mit dem Nietzsche des Zarathustra gleichnishaft, geheim fortwirkend, und vielleicht prophetisch eine Europazukunft vordeutend, sich in der immer schöpferischen, immer neu vermählenden Mitte unseres Erdteils *begegnen*.

# ANNALEN

1844 15. Oktober Friedrich Wilhelm Nietzsche als Pfarrerssohn zu Röcken bei Lützen, Provinz Sachsen, geboren.

1849 30. Juli Nietzsches Vater, Pfarrer Karl Ludwig Nietzsche, stirbt.

1850 Übersiedlung der Familie nach Naumburg.

1858 Oktober bis 7. September 1864 Schüler des Gymnasiums Schulpforta bei Naumburg.
Beginn der Lebensfreundschaft mit v. Gersdorff und Deussen.

1864 Oktober Student der Theologie und klassischen Philologie auf der Universität Bonn. Schüler Ritschls und Jahns.

1865 Oktober Auf die Universität Leipzig. Erste Bekanntschaft mit Schopenhauers Hauptwerk.

1866 Beginn der Freundschaft mit Erwin Rohde.

1868 8. November Erste persönliche Bekanntschaft mit Richard Wagner zu Leipzig.

1869 Februar Berufung an die Universität Basel als außerordentlicher Professor der klassischen Philologie, noch vor der Doktorpromotion.
17. Mai Erster Besuch bei Wagner in Tribschen bei Luzern.
28. Mai Antrittsrede an der Universität Basel über „Homer und die klassische Philologie". Beginn der Beziehungen zu Jakob Burckhardt.

1869—71 Entstehung der „Geburt der Tragödie". (Erscheint Neujahr 1872.)

1870 März Ordentlicher Professor.
August Teilnahme am deutsch-französischen Krieg als freiwilliger Krankenpfleger; schwere Erkrankung. Oktober Rückkehr nach Basel.
Beginn der Freundschaft mit dem Theologen Franz Overbeck.

1872 Februar—März Basler Vorträge „Über die Zukunft unserer Bildungsanstalten." (Erst mit dem Nachlaß veröffentlicht.)
Angriffe Wilamowitz-Moellendorffs.
Verteidigung Nietzsches durch Richard Wagner und Erwin Rohde.
April Abschied Wagners von Tribschen. 22. Mai Grundsteinlegung des Bayreuther Festspielhauses, Wagner und Nietzsche in Bayreuth.

1873 Das Fragment: „Die Philosophie im tragischen Zeitalter der Griechen". (Erst mit dem Nachlaß veröffentlicht.)
Die erste Unzeitgemäße Betrachtung: „David Strauß, der Bekenner und der Schriftsteller".
Die zweite Unzeitgemäße Betrachtung: „Vom Nutzen und Nachteil der Historie für das Leben". (Erscheint 1874.)

1874 Die dritte Unzeitgemäße Betrachtung: „Schopenhauer als Erzieher".

1875—76 Die vierte Unzeitgemäße Betrachtung: „Richard Wagner in Bayreuth".

1875 Oktober Erste Bekanntschaft mit dem Musiker Peter Gast (Heinrich Köselitz).

1876 12. Juli Letzter Brief Wagners an Nietzsche.
August Die ersten Bayreuther Festspiele. Nietzsche in Bayreuth.
September Beginn der freundschaftlichen Beziehungen zu dem Psychologen Paul Rée. Zunehmende Krankheit. Oktober Gesundheitsurlaub von der Universität Basel. Winter in Sorrent mit Rée und Malwida v. Meysenbug.
Oktober—November Letztes Zusammensein Nietzsches mit Wagner in Sorrent

1876—78 „Menschliches, Allzumenschliches." Erster Teil.

1878 3. Januar Letzte Sendung Wagners an Nietzsche: der Parsifal.
Mai Letzter Brief Nietzsches an Wagner, mit Übersendung von „Menschliches, Allzumenschliches".

1879 Schwere Erkrankung. Aufgabe seines Lehramts an der Universität Basel. Erster Sommer im Engadin.
„Vermischte Meinungen und Sprüche."  ⎱ „Menschliches, Allzumensch-
„Der Wanderer und sein Schatten."   ⎰  liches." Zweiter Teil.

1879—80 „Der dunkelste Winter meines Lebens."

1880 März bis Juni Erster Aufenthalt in Venedig.
November ff. Erster Winter in Genua.

1880—81 „Morgenröte."

1881 Erster Sommer in Sils Maria.
27. November Nietzsche hört in Genua zum ersten Male Bizets „Carmen".

1881—82 „Die Fröhliche Wissenschaft."

1882—88 Studien und Arbeiten aus dem Ideenkreise des „Willens zur Macht. Versuch einer Umwertung aller Werte".

1882 März Sizilianische Reise.
April bis November Freundschaftsepisode mit Lou Salomé.
November ff. Winter in Rapallo.

1883 Februar In Rapallo entsteht der erste Teil von „Also sprach Zarathustra". (Gedruckt 1883.)
13. Februar Tod Wagners.
Mai—Juni Aufenthalt in Rom.
Juni bis Juli In Sils Maria entsteht der zweite Teil des „Zarathustra". (Gedruckt 1883.)
Dezember ff. Erster Winter in Nizza.

1884 Januar In Nizza entsteht der dritte Teil des „Zarathustra". (Gedruckt 1884.)
August: Heinrich v. Steins Besuch in Sils Maria.
September In Zürich Begegnung mit Gottfried Keller.
November bis Februar 1885 In Mentone und Nizza entsteht der vierte Teil des „Zarathustra". (Privatdruck 1885.)

1884—85 „Jenseits von Gut und Böse." (Erscheint 1886.)

1886 Mai bis Juni Letztes Zusammensein mit Erwin Rohde in Leipzig. Erster Plan des „Willens zur Macht".

1887 „Genealogie der Moral." Hauptplan des „Willens zur Macht".
Februar Erste Lektüre Dostojewskis.
11. November Letzter Brief an Erwin Rohde.

1887—88 Arbeit an „Wille zur Macht".

1888 April Erster Aufenthalt in Turin. Georg Brandes hält an der Universität Kopenhagen Vorlesungen „über den deutschen Philosophen Friedrich Nietzsche" („An welcher deutschen Universität wären heute Vorlesungen über meine Philosophie möglich..?" Ecce homo, Oktober 1888).
Mai bis August „Der Fall Wagner". Abschluß der „Dionysos-Dithyramben".
August bis September „Götzendämmerung". (Erscheint Januar 1889.)
September „Der Antichrist. Versuch einer Kritik des Christentums" (Umwertung aller Werte I).
Oktober bis November „Ecce homo". (Erschien 1908.)
Dezember „Nietzsche contra Wagner. Aktenstücke eines Psychologen". Erst in den „Werken" veröffentlicht.

1889 In den ersten Januartagen der geistige Zusammenbruch in Turin.
Übersiedlung nach Naumburg zur Mutter.

1897 Ostern Tod der Mutter Franziska geb. Oehler.
Übersiedlung mit der Schwester nach Weimar.

1900 25. August Friedrich Nietzsche stirbt zu Weimar.

# NAMENVERZEICHNIS

Aeschylos 101. 107 f. 126. 297. 391.
Agathon 323.
Alexander d. Gr. 17. 220 f. 315. 385 ff. 392.
Alkibiades 323. 329. 352 f. 360.
Angelus Silesius 13 f. 62. 136.
Aprent, Johannes 254.
Aristophanes 320. 353.
Aristoteles 12. 337 f. 364.

Bach, Johann Sebastian 67. 118. 123. 136. 173. 221. 304.
Balzac, H. de 186.
Baudelaire 241.
Beethoven 42. 47. 113. 118. 120. 123 f. 126. 137. 173. 176. 201 f. 215. 240. 243 ff. 304. 308. 316. 318.
Bertrand 375.
Bismarck 47. 90. 373. 380.
Bizet 127. 130 f. 158 f. 240 f. 257. 266 f. 285. 348.
Böcklin 136. 272.
Borgia Cesare 163. 214.
Bossuet 100.
Bourget 241 f.
Brahms 118. 136. 209.
Brandes, Georg 27. 38. 56. 111. 118. 130. 262. 308. 367.
Brentano, Clemens 118.
Brutus 36. 157 f.
Bülow, Hans v. 149.
Buddha 379. 386 ff. 391. 393.
Burckhardt, Jakob 11. 14. 57. 125 f. 146. 162. 197. 203. 212 f. 252. 263 f. 271 f. 324. 332. 336. 348. 366.
Byron 41. 176. 192. 196. 215. 276. 342.

Cagliostro 177.
Cäsar 15. 20. 46. 158. 224. 393.

Carlyle 212 f.
Cassius 158.
Catilina 20. 46.
Cecil, Robert 375.
Chopin 26. 126. 240. 380.
Christus, Jesus 14. 36. 65. 68. 137. 221. 393.
Claude Lorrain 51. 120. 186. 196. 250. 258. 259—270.
Columbus 40. 272. 302. 367 f.
Copernicus 26.
Corneille 224.
Cornelius, Peter (der Maler) 66.
Cosima, Frau, s. Wagner
Cromer, Lord 375.

Dante 17. 152. 158. 291 f. 310.
Darwin 32. 34. 231.
Demokrit 32.
Demosthenes 96.
Deussen, Paul 24. 113. 167. 171. 298. 307. 309. 328. 331. 378.
Dostojewski 161. 376. 380 ff. 383.
Droste-Hülshoff, Annette v. 291.
Dürer 50—71. 81. 193.

Eckermann 11. 80. 145. 195 ff. 203 f. 206 f. 208. 209. 223. 247. 252. 256. 259. 263. 322. 327. 350. 364.
Eckhardt, Meister 225.
Eichendorff 118. 334.
Emerson 308.
Empedokles 32. 37. 73. 164. 182. 214. 224. 293. 313. 371.
Epikur 146. 181. 182. 250. 256. 334. 344.
Erasmus 57.
Euripides 96.

Fechner 378.
Fichte 75 f.

397

Flaubert 186. 238. 333. 371.
Fontane 238. 245.
Förster-Nietzsche, Elisabeth 23. 24 f. 42. 52. 150. 155 f. 157. 191. 231. 273. 295. 302. 305 f. 338. 342.
Franziskus von Assisi 17. 62.
Friedrich II., der Hohenstaufe 40. 60. 62. 163. 214. 379.
Friedrich II., von Preußen 59 ff. 221.
Friedrich III., Kaiser 27 f.
Friedrich Wilhelm IV. 27.
Fuchs, Karl 159. 301.

Gast, Peter 24. 29. 40. 42. 113 ff. 125. 127 f. 130 f. 155. 195. 240. 248. 264. 265. 266. 268. 274. 277. 305. 311 ff. 334. 343 f. 348. 354. 367.
Gersdorff, Freiherr v. 25. 113. 148. 197. 251. 274. 296. 298. 326. 338. 342. 360.
Gluck 264.
Gobineau 40. 380. 390.
Goethe 5. 8. 11. 17. 18. 19. 20. 21. 27. 36 f. 38. 41. 43. 45. 47. 62. 64. 67. 70. 74. 76. 77 ff. 83. 85 ff. 88 f. 93. 100. 102. 107. 121 f. 124. 128. 136. 139. 143. 145. 159. 163. 167. 172. 182 ff. 191—210. 211 f. 214. 217. 219 f. 223. 225 ff. 229. 231 f. 243. 247 f. 252—256. 257. 261 ff. 265. 267. 270. 271. 278. 284. 291 ff. 297. 304. 310. 316. 318. 322. 326—330. 349 f. 354 f. 358. 364 f. 366. 368. 373. 374. 393.
Gogol 176.
Gorgias 96.
Grimm, Brüder 118.
Grünewald, Matthias 136
Gundolf, Friedrich 145
Gustav Adolf 38.

Hafis 207.
Händel 42. 120.
Hebbel 72. 81 f. 111. 129. 132. 136. 145. 152. 166. 237 f. 263. 296. 306. 308. 319. 331. 365. 369.
Heckenast, Gustav 254.
Hegel 16. 45. 73. 75. 84 f. 106. 218.
Heine 111. 118. 196. 209 f. 226. 229. 237 f. 240. 247. 358.
Heinse 136.
Heraklit 32. 37. 72. 99. 108 ff. 182. 214 f. 223. 305.

Herder 27. 67. 86. 92. 93. 184 ff. 199. 209. 281. 327—329. 386. 393.
Herodot 133. 362. 366.
Hesiod 108. 337.
Hoffmann, E. Th. A. 118. 295 f.
Holbein d. J. 51. 136.
Hölderlin 19. 32. 76. 80. 82. 87. 93. 136. 139. 151. 158. 203 f. 208. 211. 216. 219. 233 f. 247. 257. 259. 261. 290—293. 304. 311. 313. 318. 327 f. 351. 355. 359. 368 f.
Homer 15. 146 f. 207.
Hugo, Victor 174.
Hutten, Ulrich v. 54. 57.

Jesus Christus, s. Christus
Johannes der Evangelist 152.
Johannes der Täufer 46.
Judas 152—166.
Jung-Stilling 247.

Kant 16. 45. 53. 73. 166. 189. 207. 296. 324. 355.
Karl V. 221.
Keller, Gottfried 247. 252 f. 348.
Kleist, Heinrich v. 118. 176. 206.
Klopstock 118. 136. 152. 327. 370.
Krause Erdmuthe (Nietzsches Großmutter) 27.

Lamarck 73.
Leibniz 16. 73. 189. 386.
Lenau 13.
Leopardi 176.
Lessing 86. 200. 203.
Lichtenberg 16. 96. 247. 358.
Lionardo da Vinci 17. 54. 163. 182. 214. 267. 292. 379.
Lorenzo Medici 221.
Ludwig XIV. 120.
Luther 47. 51. 53 f. 57. 61. 62—65. 68—71. 76. 82. 86. 88. 93. 98. 103 f. 112 f. 117. 120. 122. 136. 144. 145. 158. 162. 193. 196. 204. 213. 221. 226. 243. 257. 259. 262. 277. 319. 347. 354. 373. 380. 393.

Malwida, s. Meysenburg
Mann, Thomas 276.
Mantegna 54.
Manu 391 ff.

Marées, Hans v. 136.
Matthäus der Evangelist 302.
Mazzini, Giuseppe 40.
Melanchthon 144.
Mendelssohn, Felix 118.
Meyer, Conrad Ferdinand 50. 230. 247. 264. 276. 323.
Meysenburg, Malwida v. 114 f. 123. 141. 155. 265. 299. 306. 339. 342. 345. 367.
Michelet 59.
Mill, John Stuart 216.
Milton 122.
Mirabeau 36.
Mohammed (Muhammed) 36.
Molière 224.
Montaigne 62.
Mörike 247.
Moses 36. 348.
Mozart 93. 118. 120. 124 f. 136. 243. 244. 262. 277.
Müller, Johannes v. 327.
Musset 176.

Napoleon 15. 22. 27 f. 36. 38. 41. 46. 163. 168. 179. 182. 196. 211—224. 292. 380.
Nietzsches Mutter, geb. Oehler, s. d.
Nietzsches Schwester, s. Förster-Nietzsche, Elisabeth
Nietzsches Vater 23 f. 28. 38. 138.
Novalis 8. 45. 76. 86. 136. 138. 143. 144 f. 187. 237 f. 244 f. 281. 284. 290. 304. 313. 326. 354 f. 358. 385 f. 393.

Oehler, Franziska, Nietzsches Mutter 27. 155. 249. 306.
Overbeck, Franz 24. 52. 57. 70. 140 f. 150. 271. 274. 292. 298. 306. 313 f. 344 f. 349. 382.

Paganini 40.
Paoli, Pasquale 41.
Paracelsus 393.
Pascal 36. 62. 140. 143. 159. 182. 319. 354. 371 f.
Paul, Jean 86 f. 112. 187. 237 f. 247. 251. 253. 256. 259. 281. 297. 328 f.
Paulus 62 f. 64. 69. 137—140. 143 f. 213. 318 f. 321. 324.
Pilatus 221.
Pindar 94. 215. 232. 257. 297. 329. 352. 359. 379. 391.

Platen 274. 276.
Platon 17. 36. 45. 62. 73. 76. 79. 82. 88. 94. 96. 103. 182. 188 f. 204. 214. 244. 253. 276. 319—328. 329 f. 333. 335. 338. 348. 350. 391.
Plutarch 332. 386.
Poe 176.
Pythagoras 32. 73.

Racine 120. 224.
Rafael 51. 316.
Rée, Paul 155. 308.
Rembrandt 17. 136. 347.
Renan 152. 166. 186.
Riemer 145.
Ritschl 240. 295.
Rohde, Erwin 39. 52. 57. 63. 67. 113. 117. 148. 155 f. 191. 210. 249. 252. 255. 257. 265. 292. 295. 296 f. 298. 302. 327. 330. 332. 347 f.
Rossaro 131.
Rossini 120.
Rousseau 216.
Rubens 207.

Sachs, Hans 225 ff. 229. 232 f.
Sainte-Beuve 186.
Salomé, Lou 155. 308. 343 f.
Savonarola 221.
Schiller 27. 47. 79. 86. 118. 145. 172. 202 f. 206. 296. 361. 365.
Schlegel, Friedrich 76. 184. 237. 245. 313. 362. 378. 391. 393.
Schlosser 162.
Schopenhauer 16. 26. 38 f. 52—57. 61 f. 66 f. 69 f. 73. 98. 102. 103. 111. 115 f. 121 f. 129. 131. 135 f. 138. 140. 143. 147. 156. 158. 162 f. 165. 169 f. 180. 193 f. 196 f. 202. 209. 214. 225. 239. 250. 257. 263. 276, 279. 286. 295 ff. 306. 310. 319. 326. 328. 329 f. 332. 337. 341 f. 347. 355. 357. 360 f. 363. 365. 378. 382. 383. 385.
Schumann 113. 118. 158. 240. 247. 257.
Seneca 62.
Seuse (Suso) 225.
Seydlitz, Freiherr v. 298 f. 301. 307. 344.
Shakespeare 15. 47. 157. 182. 199. 224. 262. 292. 316.
Simmel, Georg 276.

Sokrates 14. 62. 82. 97. 112. 115. 129. 151. 161. 171. 179. 182. 187 f. 194. 213. 245. 318—350
Sophokles 107. 171.
Spinoza 36 f. 218.
Stein, Heinrich v. 305. 342. 347.
Stendhal 84. 241. 257. 382. 383.
Sterne 186.
Stifter 21. 72. 86. 191. 195. 247—258. 334 f.
Strindberg 371.
Swift 159.

Tacitus 204.
Taine 155. 186. 348.
Talma 179.
Tauler 225.
Thrasymachos 103.
Thukydides 14. 104. 216.
Tieck 118.
Tolstoi 161.
Treitschke 380.
Turner 186.

Uhland 118.

Voltaire 62. 122. 159. 200. 224. 355. 358. 366.

Wackenroder 192.
Wagner, Cosima 52. 272.
Wagner, Richard 20. 39 f. 42. 46 f. 52 f. 59 f. 66. 70. 82. 85 f.—90. 97 f. 101. 109. 115 ff. 119. 121 ff. 126 f. 129 f. 133. 143 f. 156 f.—159. 161. 165. 167 f. 170 ff. 174. 176 ff. 182. 184—189. 193 f. 197. 202. 204. 209 f. 213 f. 221 f. 229. 234. 240. 242 f. 250. 257. 272—279. 286. 296 ff. 299 f. 308. 315. 319. 325. 328. 329 ff.—334. 338. 342. 344 ff. 347. 348. 355. 357. 360. 363. 370. 378. 385. 393.
Weber, Carl Maria v. 118.
Wesendonk, Mathilde 278.
Wieland 118. 136.
Willemer 354.
Winckelmann 93. 95. 128. 136. 205. 208. 262. 317.
Wölfflin, Heinrich 65 f. 79. 81.
Wolfram von Eschenbach 225.

Xenophon 327. 329.

Zarathustra (= Zoroaster) 36. 379.
Zelter 256. 364.
Zosimos 351 f.

# NACHWORT

Ein halbes Jahrhundert trennt die Entstehung des Bertramschen Nietzsche-Buches von der hier vorgelegten Neuausgabe: Jahrzehnte, in denen die Voraussetzungen, aus denen dies Werk erwuchs, hinfällig geworden zu sein scheinen, in denen zudem eine neue, andersgerichtete Auseinandersetzung mit Nietzsche begonnen hat; Jahrzehnte auch, die den Verfasser (1884–1957) dann in politische Hoffnungen und Irrtümer verstrickten, mit denen wir heute noch nicht fertig geworden sind; Jahrzehnte des inneren und äußeren Absturzes unseres Landes, für das das Buch vor allem geschrieben war in seiner Errichtung des menschlichen und nicht nur menschlichen Bildes eines der letzten großen deutschen und überdeutschen Geister. Es war das ausgesprochene Ziel des jungen Bertram, in seinem „Nietzsche" die weit herkommenden Möglichkeiten und Wirklichkeiten, Hoffnungen und Gefahren des deutschen Geistes, der, wo er echt ist, nach Nietzsche-Bertram immer auch ins Überdeutsche und zuweilen Gegendeutsche wachsen muß, in einer symbolischen Gestalt zu verdichten und in einem Augenblick sichtbar zu machen, in dem eben dieser deutsche Geist und der Erdteil, darin er wurzelte, auf den Scheitelpunkt einer seiner schwersten inneren und äußeren Krisen gekommen schien. Nietzsche ist Bertram ein durchaus „symbolischer Mensch", sein „Leben so bildhaft eindringlich wie kaum ein zweites der neueren Geistesgeschichte". In „Nietzsches Stellung und Verhängnis innerhalb der geistigen und mehr als geistigen Krise der europäischen Menschheit", in seinem „in allem so gleichnishaften Leben" sieht Bertram ein Geschehen, das den Nachkommenden vorausgeworfen ist zur Besinnung auf das, was kommen kann und vielleicht kommen muß, aber ebenso auch zur verwandelnden Bewahrung dessen, was als groß Gewachsenes und tief Erstrittenes in sich ein Recht darauf hat, durch alle Krisen und Abstürze hindurch überliefert zu werden.

In dem Bilde, der „Legende" als „symbolischer Biographie", die Bertram schuf, erkannte sich eine ganze Generation, auch und vor allem dort, wo ihre einzelnen großen Vertreter ganz verschiedene, oft gegenstrebige Wege gingen. Die schöpferische Wirkung des Buches, bis in die höchsten geistigen, vor allem dichterischen und literarischen damaligen Produktionen unseres Landes hinein und darüber hinaus war erstaunlich (George, Gundolf, Th. Mann, Benn, Gide u. a.) und sollte uns, gegenüber heute gern und allzu billig geübten Aburteilungen oder auch nur Verunglimpfungen dieses Werkes, stutzig machen, dessen letzte Auflage bezeichnenderweise 1929 und nicht während des von Bertram in verblendeter Hoffnung zunächst begrüßten 3. Reiches erschienen war, dieser verfänglichen und verfälschenden Inanspruchnahme Nietzsches. Man hat dem Werk später vorgeworfen, daß der ihm zugrunde liegende Begriff der Legende, des „Mythos" zu einer tendenziösen, wenn nicht verfälschenden Darstellung historischer und biographischer Phänomene führe und ein Menschenschicksal in einer gefährlichen Weise „heroisiere"; man sah in diesen Begriffen dann nur noch eine äußerste Subjektivierung und Willkür gegenüber sogenannten objektiven historischen Sachverhalten; ja, schließlich wurde die Bezeichnung „Bertrams Nietzsche-Legende" zu einem bloßen Schimpfwort. Richtig an all diesem ist nur soviel, daß der hier eingeführte Begriff der „Legende" in der Tat gefährlich ist, sobald er von unbefugter Hand benutzt und zur jeweils gerade opportunen Zurechtbiegung weltanschaulicher oder wie immer gearteter Interessen gebraucht wird. Dieser Gefahr ist Bertram in seinem Werk jedoch nirgends erlegen. Man hat sich bisher kaum die Mühe gemacht, der Herkunft und dem Sinn der „Legende", des „Mythos", wie sie hier im Ansatz stehen, weiter nachzudenken.[1] Für Bertram lag in diesen durchaus metaphysischen Begriffen die Möglichkeit, aus dem bloßen Historismus seiner Zeit herauszukommen und ein im goetheschen Sinne bedeutendes Menschenschicksal in seinen mehr als *nur* menschlichen Bezügen und Gründen darzustellen. „Der Mythos", heißt es einmal in der Einleitung, „das ist der zwingende Anruf, ihr Bild (das Bild der Großen Menschen) immer neu zu vollenden ..." „Mythos" also ist zunächst und vor allem „zwingender Anruf", und nicht, wie man es verstanden hat, ein Erfinden und Zurechtlegen des Überlieferten gegen seine ihm eigene Wahrheit. Die Legende gehört für Bertram gerade zum Wesen, zur innersten Wahrheit des Überlieferten. Das hat nichts mit Subjektivierung oder historisierender Hybris zu tun.

---

[1] Der einzige Ansatz hierzu ist unseres Wissens bisher nur der Aufsatz „Legende" von Ralph-Rainer Wuthenow, der in der freilich schwer zugänglichen japanischen Zeitschrift „Keisei", Nr. 21 (Tokyo 1962), S. 1 ff in deutscher Sprache erschien.

In einer 1919—20 an der Universität Bonn gehaltenen, 1946 in Köln überarbeiteten und wiederholten Vorlesung über „Aufgaben und Methoden deutscher Literaturgeschichte" kommt Bertram ausführlich auf diese Probleme zu sprechen; einige Abschnitte daraus lassen uns das, was er im Sinn hatte, vielleicht noch deutlicher verstehen als die programmatischen Sätze aus der Einleitung des Nietzsche-Buches:
„Der grundsätzliche Unterschied ist, in Kürze ausgedrückt, der, ob wir unsere mögliche und wünschbare Aufgabe als Historiker erkennen in der Herstellung und gleichsam Rekonstruktion einer historischen Wirklichkeit ‚wie sie eigentlich gewesen' — so empfand, ... nach dem Vorgang und der Formulierung Leopold von Rankes, doch im Grunde die ganze Geschichtswissenschaft des 19. Jahrhunderts. Oder ob wir unter grundsätzlichem Verzicht auf einen naturalistischen Gipsabguß, sozusagen, des Gewesenen, ob wir unsere Aufgabe erkennen in der Herstellung eines historischen Bildes, in der Umbildung einer gewesenen Wirklichkeit (die an sich durch das Prädikat ‚gewesen' noch keineswegs zur ‚Geschichte' wird!) zur Geschichte, die, als solche, nur ihre Materie dem abgelaufenen Geschehen entlehnte, nicht aber ihr Wesen. Dies aber ist unsere Auffassung von der Geschichte. — Wir sind uns, mit Überdeutlichkeit vielleicht, bewußt, daß der berühmte und vieldiskutierte Begriff der ‚voraussetzungslosen Forschung' und entsprechend voraussetzungslos gereinigten Erkenntnis in der Geschichte ein Wahn ist, der der Erkenntnistheorie der Geschichte von Grund aus widerstreitet. Wir machen uns, weit entfernt, diese Grenze zu beklagen, mit vollem Ja die Erkenntnis aus Goethes viel zu wenig gerade von den Geisteswissenschaftlern studierten Farbenlehre zu eigen: Man kann sagen, ‚daß wir schon bei jedem aufmerksamen Blick in die Welt theoretisieren. Dieses aber mit Bewußtsein, mit Selbstkenntnis, mit Freiheit und, um uns eines gewagten Wortes zu bedienen, mit Ironie zu tun ... ist nötig'. — Mit Bewußtsein, mit Selbstkenntnis, mit Freiheit — und mit Ironie — unter diesen vier Grundvoraussetzungen dürfen wir uns darüber klar sein, daß wir auch als Historiker bei jedem aufmerksamen Blick in die Welt des Gewesenen bereits theoretisieren.... Jede Art Arbeit hat ihre besondere Philosophie. Die Arbeit des Historikers möchte unter dem philosophischen Zeichen der ‚Ironie' stehen, dieser goethisch verstandenen Ironie als einer letzten schwebenden Souveränität gerade im Bewußtsein und in der Anerkennung der uns gesetzten Grenzen und Erkenntnisform, einer äußersten Unabhängigkeit gerade im Wissen der unvermeidlichen Abhängigkeit all unserer scheinbar objektivsten Erkenntnisse von unserem So-

und nicht anders Sein. ... Indem also in dieser ironischen Betrachtung des Gewesenen die Unmöglichkeit einer ‚voraussetzungslosen' objektiven historischen Erkenntnis anerkannt wird, wird diese Unmöglichkeit positiv gewertet: sie gerade ist es, die dem Historiker die letzte Freiheit, die Unbefangenheit, die Objektivität zurückgibt. ... Das Wort des strengen Naturforschers Goethe: ‚Jeder spricht nur sich selbst aus, indem er von der Natur spricht' — es gilt auch und noch mehr von der Geschichte. Geschichte ist Bekenntnis — eines besonderen Volkes, einer besonderen Generation, einer bestimmten Individualität — immer Bekenntnis. Ja Geschichte ist — und ich bitte noch einmal im Zusammenhang alles Vorherigen vorsichtig zu verstehen — Geschichte ist Dichtung. Nie und niemals ‚exakte Wissenschaft'. Sie ist immer geheimnisvoll zweideutig. Sie ist Deutung, nicht factum; selbst dort und vor allem dort, wo sie, wie es ihre nächste Aufgabe ist, facta sammelt und einem objektiven Zusammenhang einordnet. — Auch die Geschichte gleicht dem sagenhaften Kultbilde des Altertums, das jedem Opfernden immer dessen eigne Züge entgegenwies: ‚Einem gelang es, — er hob den Schleier der Göttin zu Sais — / Aber was sah er? Er sah — Wunder des Wunders — sich selbst' (Novalis). Wir rühren hier an das Geheimnis, das Sie vergessen müssen. Es ist eine Wahrheit, die nur gleichsam die Krypta all unsrer Arbeit sein darf, wenn wir diese Arbeit nicht mit einem überheblichen und unfruchtbar machenden falschen Subjektivismus vergiften wollen. Es ist eine von den Wahrheiten, die am Lichte des Tages tot und tödlich sind, aber in der tiefe fortwirkend und heilig. Eine eingemauerte Wahrheit. Nur mit solcher Vorsicht und solchem Vorbehalt dürfen Sie die Formulierung mit hinausnehmen, die in jedem Sinne eine letzte, späteste Erkenntnis bleiben muß: Geschichte ist Dichtung. ... Aber freilich ist es eine Dichtung, die als ihr Material die gewissenhaftest erforschte und gesichtete Tatsachenüberlieferung gleichsam grammatisch schon voraussetzt. Eine Dichtung, die durch die Erziehung des historischen 19. Jahrhunderts hindurchgegangen ist und immer von neuem hindurchgeht; die sich der überlieferten und aufs strengste kritisch gesichteten Tatsachen als ihrer Grenze bewußt bleibt — aber sich in dieser Grenze so bewegt, wie — mit einem Bilde Nietzsches — J. S. Bach in den Formen des Kontrapunktes: sehr frei. Eine Geschichtsdichtung, die zuletzt zurückkehren darf in diejenige geistige Haltung, die nach Goethe den eigentlichen und einzigen Wert der Geschichte ausmacht: in den Enthusiasmus."[2]

[2] Die Einleitung der oben genannten, nicht vollständig erhaltenen Vorlesung, der diese Abschnitte entnommen sind, erscheint demnächst gesondert unter dem Titel

Wer diese Abschnitte sorgfältig liest, dürfte um etwas klarer das durchaus legitime Anliegen des Bertram'schen Begriffs der „Legende" verstehen. Für ihn selbst ist die Legende, was hier nochmals betont werden muß, niemals etwas nur von Menschen Gemachtes. In einer bezeichnenden Briefstelle an seinen Freund Ernst Glöckner, in der Bertram von der Arbeit am „Judas"-Kapitel berichtet und auf einen anscheinend befürchteten Einwand eingeht, heißt es: „Daß die Legende ‚existiert', und zwar schon vor dem Beginn des Buches selbständig existierte, genügt vollkommen; die Tatsache, daß zufällig ein Poet der Verfasser des Buches ist, ist gleichgültig" (Brief v. 28. 1. 1918).[3] Ja, der „Versuch einer Mythologie" — dieser später umstrittene und nicht sehr glückliche Untertitel war von Stefan George inauguriert worden — versteht sich selbst in einer echten Bescheidung nur als ein einmal mögliches Wegstück der weit zurück und weit voraus liegenden Nietzsche-Legende. Nur so sind die jede Anmaßung und selbstherrliche, falsche Heroisierung zurückweisenden Schlußsätze der Einleitung zu verstehen, die das ganze Werk vor einem möglichen anderen Anspruch des „Mythos" zurücknehmen, diesem den Weg öffnen, und doch zugleich das hier dargestellte Wegstück in seiner eigenen Wahrheit belassen: „Das Bild Nietzsches, wie es sich aus diesen Stücken zusammenschließt, ist das Bild des Augenblicks, in dem sein Mythos uns eben zu stehen scheint. Mit dem Vorrücken seiner Bahn wird er in immer andere Häuser des Himmels eintreten. Genug, wenn Nietzsches Gestalt einmal auch so vor Augen gelebt hat; wenn sie für diesen Augenblick ihrer langsamen Bildwerdung jene Wahrheit hat, die keiner höheren Stufe künftiger Legende. keinem tieferen Mythos seines Wesens die Gültigkeit weigert".

Wir können nun, mit einem gewissen Recht, fragen, ob uns jenes „Bild des Augenblicks", in dem Nietzsches „Mythos" damals zu stehen schien, noch etwas angeht und sagt? Die Antwort muß verschieden ausfallen, je nach der Einstellung des heutigen Lesers zur Überlieferung und je nach der Weite der Verantwortung, die dieser Einstellung entspringt. Daß das Buch

„Literaturwissenschaft und Geschichte" in der Schriftenreihe Libelli der Wissenschaftlichen Buchgesellschaft Darmstadt.

[3] Bertram war vor dem Erscheinen des Nietzsche-Buches vor allem als Dichter bekannt geworden (Insel-Verlag 1913, Blätter für die Kunst u. a.). In „Gedichte", 1. Aufl. Insel 1913, hatte er ein großes Gedicht „Judas" veröffentlicht, dessen Grundauffassung mit der Judas-Auffassung im Nietzsche-Buch übereinstimmt. — Der umfangreiche Briefwechsel Bertram-Glöckner befindet sich, wie fast der gesamte Bertram-Nachlaß, im Schiller-Nationalmuseum Marbach a. Neckar. Herrn Direktor Dr. Bernhard Zeller und Herrn Fritz Glöckner, Weilburg, danken wir für die Erlaubnis zur Einsichtnahme dieser Briefe.

in seiner zuweilen etwas starken Pathetik und Epithetik, in dem hohen Ton, auf den es durchweg gestimmt ist, heute so nicht mehr geschrieben werden könnte und jeder Versuch einer unmittelbaren Nachahmung zum Anachronismus führen würde, ist ein Einwand gegen seine Neuausgabe nur dort, wo jede geschichtliche Proportion fehlt und alles nur auf seine jeweilige Modernität und seinen sogenannten Avantgardismus hin abgeschätzt wird. Man könnte hier freilich, etwa auf gleicher Ebene argumentierend, einwenden, daß das Werk zu seiner Zeit wirklich höchst „modern" und „aktuell" war; das zeigen die zahlreichen, nicht nur beiläufigen Urteile damals berühmter und bedeutender, heute noch als durchaus „modern" geltender Zeitgenossen. Schon allein diese hohen zeitgenössischen Wertungen würden, historisch gesehen, eine Neuauflage der letzten, heute nur schwer auffindbaren erweiterten Ausgabe von 1929 rechtfertigen. Aber darüber hinaus sind wir der Ansicht, daß vieles von dem, was einen Stefan George und Gundolf, einen Thomas Mann und Gottfried Benn an dem Werk begeisterte und es als einen der bedeutendsten geistesgeschichtlichen Würfe der Zeit schätzen ließ, auch heute noch groß und gut genug ist, um unsere Achtung und Aufmerksamkeit, erneute Aneignung und Auseinandersetzung zu verdienen. Unter den „Werken der Wissenschaft" aus dem Kreise um die „Blätter für die Kunst" ragt das Nietzsche-Buch unseres Erachtens als eines der reichsten, lebendigsten und in seiner Komposition einzigartigen hervor; neben ihm scheinen uns nur noch Ernst Kantorowicz „Kaiser Friedrich der Zweite", Gundolfs „Shakespeare und der deutsche Geist" und vielleicht Kommerells „Der Dichter als Führer in der deutschen Klassik" zu bestehen. Selbst Gundolfs spätere große Werke, vor allem sein „Goethe", sein „Stefan George" und sein „Shakespeare. Sein Wesen und Werk" wirken dagegen etwas erstarrt und allzu einseitig auf die ihm einzige Gestalt Stefan Georges abgestimmt — eine Ausnahme bildet vielleicht nur noch der „Cäsar".

Gundolf selbst, der dem Nietzsche-Buch mit Rat zur Seite stand, es zusammen mit Stefan George und Ernst Glöckner zu Bondi vermittelte und die Korrekturen lesen half, hat die Bedeutung des Werkes in schöner, neidloser Freundschaft anerkannt. Das zeigen die Briefe, die er damals an Bertram schrieb und aus denen hier zum besseren Verständnis einige Abschnitte mitzuteilen sind.[4] Am 6. 2. 1918: „... Ihr Nietzsche ist ganz an-

---

[4] Die Briefe liegen im Bertram-Nachlaß des Schiller-Nationalmuseum Marbach a. Neckar. Auch Th. Mann hatte sich, als sich der Druck verzögerte, bei Bondi, einem

gekommen. Ich habe die Kapitel Arion, Napoleon, Gerechtigkeit gelesen — alle mit Freude, Erleuchtung, Beifall — sie sind klar und halten den hohen Ton durch ohne Überspannung. Ich glaube, es wird ein festliches und zugleich nötiges Buch. ... Nur eins: der Haupttitel muß ... ‚Nietzsche' sein! Untertitel Beiträge zu s. Mythologie oder wie Sie wollen. Aber ‚Musik des Sokrates'[5] ist buchhändlerisch unmöglich (Bondi erbleichte) weil nämlich dann danach greifen a. Musikinteressenten, b. Sokratesforscher, und enttäuscht sind, während Nietzscheleser ahnungslos vorbeigehen. Auch ist er, vom praktischen abgesehen, mir zu anspielerisch geistreich, zu ‚kassnerisch', zu unplastisch". Am 16. 2. 1918: „Ihren Nietzsche, über dessen Untertitel ich noch brüte (statt Studien oder Beiträge: vielleicht Betrachtung oder Darstellung seiner Myth.), lese ich stückweise weiter, und freue mich seines Reichtums: es ist eine monadologische Biografie, insofern jeder Lebens- oder Gedankenkeim N's. das ganze Leben eigen entwickelt, wie jede

Onkel von Frau Katja Mann, eingesetzt. Vgl. hierzu die einschlägigen ausführlichen Kommentierungen von I. Jens in ihrer freilich oft sehr einseitigen und tendenziösen Ausgabe „Thomas Mann an Ernst Bertram. Briefe aus den Jahren 1910—1955", Pfullingen 1960. Wenn I. Jens behauptet, ohne die Hilfe Th. Manns wäre das Werk wohl kaum bei Bondi erschienen, so gehört das zu ihren auch sonst geübten Fehlurteilen und zuweilen sogar Verdrehungen.

[5] So der ursprünglich von Bertram vorgesehene Haupttitel (für Bertram war das „Sokrates"-Kapitel des Werkes das zentrale). Zwei Briefe, die St. George durch L. Thormaehlen an Bertram schreiben ließ, gehen weiter auf die Titelfrage ein. In einem Brief v. 8. 4. 1918 heißt es: „Zuerst muß der Titel endgiltig feststehen und bei den erstaunlich hohen Kosten kein solcher, der den Verkauf geradezu unterdrückt. ‚Nietzsche' als Haupttitel war wohl in München schon gesichert. Studien zu einer ‚Mythologie Nietzsches' ist nicht bloß doppelsinnig sondern ‚Studien' sind zugleich eine Sache, die es eigentlich nicht gibt. Der Untertitel wäre etwa in folgender Weise zu formulieren und Sie müßten Ihre endgiltige Fassung mitteilen: **Grundlagen einer Mythologie — Grundlagen, Grundzüge einer mythologischen Darstellung.** ... Über alle diese Fragen bittet d. M. sofort um Antwort". Am 15. 4. 1918 schreibt George dann, wohl auf gewisse Bedenken Bertrams hin: „... Wegen des Untertitels wollte ich Sie nur davor bewahren, daß Sie den vorläufig gewählten später selbst mit Bedauern lesen würden. ‚Grundzüge' u. ä. ist auch nur ein Vorschlag (kein Wunsch). Sie halten ihn für zu akademisch pompös, ich möchte darauf sagen, daß er wenigstens nicht irreführend ist und ein halbtausend-seitiges Buch mit ausdrucksvollsten Überschriften auch durch den gewählten Untertitel nicht minder anspruchsvoll wird. Meine Abneigung gegen ‚Studien' müssen Sie richtig verstehen. Es ist viel dagegen zu sagen, aber Sie machen in Ihrem Schreiben einen gewagten salto, wenn Sie den Typus Ihres Werkes mit dem Typus eines momentanen Titels verwechseln. ‚Versuch' oder ‚Anfänge' wären immer noch besser. Was ich in Ihrem Werk sehe ist eine neue und bedeutende Form der Darstellung, die Sie durch solche private Überschrift nicht zu sehr verkleinern dürfen. Die Hauptsache aber bleibt, daß Sie den Titel so wählen, daß er für jetzt und später Ihnen zusagt."

Monas das Universum trägt und spiegelt, es ist Nietzsche, der in ‚Einfällen' lebte, nicht wie Goethe aus einer Formkraft sich herausschuf und -bildete, höchst gemäß, ihn zu sehen als einen Tanz der Sterne die alle das eine rhythmische Gesetz zeigen. . es ist neu und nirgends, was die Gefahr war, langweilig." Es folgen dann einige Ratschläge, das Napoleon-Kapitel und den im Werk verwendeten Begriff „Anekdote" betreffend. Dann fährt Gundolf fort: „Sprachlich finde ich Ihr Werk überall so leicht, hell, und hoh wie Sie sichs nur wünschen mögen, und wie ich mirs für meinen ‚Goethe' wünschte, der mir jetzt vielfach oberlehrerhaft vorkommt — ich wünschte mir von Ihrer Urbanität: Sie dürfen eben von vornherein mit einem *erzogenen* Publikum rechnen...." Am 19. 2. 1918: „... Ich habe dann noch das deutsche Werden und die Ahnentafel gelesen — ich bin bisher noch auf keine matte oder erzwungene Stelle gestoßen: die schwierige Aufgabe, den divergenten, nicht nur mannigfaltigen, sondern durchweg antithetischen Gehalt zur Einheit zu bringen und ihm zugleich seine lebendige Divergenz zu lassen, ist überall gelöst und die Gestalt Nietzsches selbst wird deutlich, ohne ihre stets wechselnde Lichtwirkung einzubüßen. Ihre Art die Aufgabe anzupacken, ist die fruchtbare ... Ich beglückwünsche Sie und uns sehr zu dem Werk ... Übrigens: das Nebeneinander mit meinem ‚Goethe' braucht Sie nicht zu scheuen, ich könnte sogar stolz darauf sein (z. B. etwas wie ‚Eleusis' enthält mein Buch weder in Höhe noch Tiefe) es könnte ruhig einfach ‚Nietzsche' heißen!"

Später, am 19. 3. 1918, meldet dann Gundolf, wohl unter dem Einfluß Georges, seine einzigen wirklichen Bedenken an: das Buch zeige, so heißt es, „mit seiner Höhe des Geistes und Tons, oft zu viel Kondeszenz im Zitieren ephemerer Autoren, die unter dem Niveau des Gegenstandes und als Zeugen nicht genug Wucht haben ..."; erwähnt werden insbesondere die „Jahrzehnte-männer" Fontane und C. F. Meyer, weiter Dehmel und Th. Mann! Bertram reagierte empfindlich darauf, wie ein Brief an Ernst Glöckner von Ostern 1918 zeigt: „(Gundolf) ... kreidet mir im Vorbeigehen eine gewiße ‚Kondeszenz im Zitieren ephemerer Autoren' an, welche unter dem Niveau des Gegenstandes seien; als welche ‚Jahrzehntemänner' er Fontane, Meyer, Th. Mann besonders nennt. Es ist ja richtig, daß sie nicht in dieselbe ‚Schicksalslinie' wie Nietzsche gehören; aber daß man sich an peripherer Stelle ihrer nicht einmal erinnern darf, wäre für ‚meine Verhältnisse' doch zu hochnäsig gedacht, da ich diese Leute eben nicht so für nichts achte wie Gundolf tut. Um so schlimmer für mich. Aber ich denke, man soll sich keinen höheren Gipfelblick anmaßen, als den man selber erstiegen hat". Einige Tage vorher noch schärfer, und zum erstenmal gewisse Spannungen zum ‚Kreis' deutlich erkennen lassend, an Ernst Glöckner: „Es scheint ja, daß die Hemmnisse für den Druck weniger bei Bondi lagen und liegen, als in der Tatsache, daß das Mscr. bis jetzt noch nicht das Haarsieb der Kreiszensur völlig passiert hat u. Bondi nichts drucken soll, was nicht durchaus approbiert ist. In einigem Verdacht häretischer Anwandlungen stehe ich ja immer. Jener ‚Pferdefuß' war äußerst harmlos: er bestand darin, daß ich irgendwo ein kleines Dehmelzitat verwendet hatte, das recht charakteristisch für das ‚zu Spät' aller Jüngerschaft Nietzsches war (‚Weh, daß dein Jünger dir zu spät erschien'). Dies erwies sich jedoch als unstatthaft, G[eorge] erklärte mich für einen ‚Dämon' (Ernst als Dämon macht Dir Vergnügen!), weil ich Dehmel überhaupt zu nennen unbefangen genug gewesen war. (Du sollst nicht andere Götter haben neben mir). Nun, ich strich G[eorge] zu Gefallen die Stelle gleich, an der ja nichts lag; ein anderer als Dein nachgibiger Freund hätte sich wohl auf das quod scripsi, scripsi versteift. Du siehst, auch aus Gundolfs letzten monendis, daß es sich meist um solche Namennennungen handelt, die man bayreuthischerseits nicht gern hört. Ob ich in allen Fällen nachgebe, ist mir noch ungewiß; ich sehe keinen Grund zu der *mir* unangemessenen Hochnäsigkeit, den Namen z. B. C. F. Meyers als zu ‚ephemer' zu streichen; ich liebe und achte diesen Namen, und wollte der Himmel, daß nichts Ärgeres in meinem Buch stehen bleibt als solch ein Name. Nun, das alles sind Kleinigkeiten, die wohl kein ernsthaftes Hindernis abgeben. Ich höre also bald von George selbst, ob das Mscr. für druckreif befunden werden konnte. Wenn ich ein ‚Ja' nur nicht zum Zeichen nehmen muß, daß das Buch *zu* kreislerisch ausgefallen ist, daß ich mir das Problem Nietzsche durch Hineingeheimnissen von zu viel George verfälscht habe. Ich bin zuweilen nicht ohne Besorgnis." Es war keineswegs eine Angst Bertrams, wie man es später von Kreisseite sich zu deuten versuchte, durch ein zu starkes Sichanlehnen an den Kreisstil und die Kreiseigenheiten an Selbstständigkeit zu verlieren, die ihn zu solchen Äußerungen, zu solchem Verhalten trieb, sondern eine klar sehende, tiefe Abneigung gegen ein allzu einseitiges, zuweilen ins Hybride ausartendes geistiges Sektierertum, das um des einen Großen willen alles andere glaubte verkleinern oder nur als Vorstufe sehen zu müssen. Schon 1915 hatte Bertram Glöckner seine Reserve gegenüber einigen Kreis-Erscheinungen zum Ausdruck gebracht, so z. B. anläßlich der Lektüre von Friedemanns Platon-Buch: „... aber es scheint mir allzu arg im Blätterjargon (Typ Wolters) geschrieben, ich *kann* so etwas *nicht lesen;* muß Deinetwegen nochmals einen Versuch machen".

Es kann nicht die Aufgabe dieses Nachberichtes sein, der nur einige Hinweise geben möchte, Bertrams Verhältnis zu Stefan George und zum George-Kreis, unter dessen Signum das Nietzsche-Buch zuerst erschien, darzustellen; dazu bedürfte es weiter ausholender Zurüstungen. Was Bertram der Dichter George bedeutete und was er ihm bis zuletzt verdankte, hat er selbst in verschiedenen Schriften gesagt. Da das Nietzsche-Buch jedoch auch heute noch oft in einer zu großen Kreisnähe gesehen wird, waren hier kurz die Spannungen anzudeuten, in denen es, trotz allem, zu jenem Kreis entstand, dem sein Verfasser im Grunde nie eigentlich angehört hatte. Für das Verständnis des Werkes ist es von Bedeutung, diese Verhältnisse klar zu sehen. Die Voraussetzungen, aus denen Bertram herkam, decken sich nicht einfach mit dem Begriff des George-Kreises, auch dort nicht, wo er diesem Kreis in der Tat Wesentliches verdankt. Noch vor der eigentlichen Berührung mit Stefan George hatte Bertram über Stifter gearbeitet (Diss. 1905), hatte in der Literarhistorischen Gesellschaft Litzmanns in Bonn sich mit H. v. Hofmannsthal, mit Th. Mann, mit dem Wiener Roman auseinandergesetzt; er hat dort, kurz vor und während der Entstehung des Nietzsche-Buches, nicht nur über Stefan George, sondern in gleicher Weise auch über C. F. Meyer, über Fontane, über Flaubert referiert. Seine eigentlichen Wurzeln reichen nicht nur zu den großen Vertretern des sog. Realismus des 19. Jahrhunderts, sondern vor allem auch zu den jungen Geistern der frühen Romantik und zum Weimarer Kreis zurück. Nur aus dieser Spannweite her war es Bertram möglich, in seinem Nietzschebuch nicht einfach nur eine hehre Lebensbeschreibung Nietzsches, sondern in der Gestalt Nietzsches eine Kristallisation von einigen hundert Jahren deutscher Geistesgeschichte und deutschen Geistesschicksals zu geben. Denn eine solche Kristallisation ist das Werk im Grunde genommen. Es stellt Nietzsche als jenes „größte Ausstrahlungsphänomen der Geistesgeschichte" dar und zugleich als jenes „Erdbeben der Epoche", als das G. Benn ihn später, vermutlich nicht ohne Einfluß eben des Bertramschen Werkes, gedeutet hat.[6] Vor allem als diese geistesgeschichtliche Dar-

---

[6] Vgl. G. Benn, Nietzsche/Nach 50 Jahren, Ges. Werke I, Wiesbaden 1959, S. 483 ff. Ebendort sagt G. Benn: „... und stellte fest, daß es eine solche Fülle glänzender, ausgezeichneter Bücher über Nietzsche gibt, sowohl aus Deutschland wie aus anderen Ländern, daß es unmöglich ist, auch nur die wichtigsten zu studieren. Ich persönlich finde immer noch am großartigsten das Buch von Ernst Bertram, Nietzsche, Versuch

stellung eigensten Charakters wird das Nietzsche-Buch immer seinen Rang behalten, auch dort, wo man zugeben muß, daß Bertram Nietzsche als *Philosophen*, als metaphysischem Denker, wie er heute in die philosophische Auseinandersetzung eingerückt ist, nicht immer gerecht wird und werden konnte.

Das Nietzsche-Buch Bertrams ist kein spezifisch philosophisches Werk, und wo man es als solches zu beurteilen versucht, muß man ihm gegenüber notwendig ungerecht werden. So rückt z. B. die Lehre vom Willen zur Macht nicht mit ins Zentrum der Darstellung, und vor der Lehre von der Ewigen Wiederkunft des Gleichen schreckt Bertram zurück als vor einer Wahn- und Irrlehre — was, recht bedacht, vielleicht ehrlicher ist als eine weltanschaulich oberflächliche Heroisierung dieser Lehre. Bertram war kein Philosoph bzw. als Philosoph war er allenfalls Skeptiker; gleichwohl scheint uns, daß seine Darstellung und Deutung Nietzsches ihre eigene Berechtigung hat, wenn diese auch keinesfalls die einzige ist und, wie wir sahen, sein wollte. Andererseits steckt z. B. gerade in Bertrams Begriff der „Legende", des „Mythos" ein auch philosophisch wesentliches Problem; daß Bertram es nicht weiter ausgearbeitet hat, sollte uns nicht daran hindern, ihm weiter nachzudenken. Diese Begriffe bergen in ihrem Grunde Ansätze zu einer eigenen Geschichtsphilosophie, die unseres Erachtens bei weitem nicht hinreichend ausgeschöpft worden sind. Man darf sich dabei nicht durch den etwas ungewohnten, von Bertram in diesem Sinne später selbst nicht mehr verwendeten Begriff „Mythologie" irreführen lassen; er ist einfach in der Bedeutung zu nehmen, die ihm Bertram damals in der „Einleitung" zugemutet hatte. Worauf es ankommt, ist die Sache, die er nennen sollte. Daß dieser Begriff, wie er hier gebraucht worden ist, sich nicht deckt mit dem Wesen des „Mythologischen" im überlieferten Sinne, daß der „Mythos" von altersher noch anderes ist, hat Bertram, vielleicht in unausgesprochener Korrektur des Wortgebrauchs im Nietzsche-Buch, später selbst einmal angedeutet: „Der Mythos antwortete uns schon, bevor wir noch wahrhaft fragten. So gehört er als Eigentum den Frommen und den Dichtern vor allem. — Den Fragenden, den Suchenden geziemt eine be-

---

einer Mythologie, erschienen 1918 bei Georg Bondi". Benn hat diesen Aufsatz 1950 geschrieben. Bereits 1929 hatte Benn in der Literarischen Welt unter den Büchern, welche „*ich* immer wieder lese, Bücher, die mich überall begleiteten, Bücher, mit denen ich alterte" Bertrams Nietzsche-Buch erwähnt, neben Werken von H. Mann, Jacobsen, Hamsun, D'Annunzio, Taine, Burckhardt, Weininger, Kerr u. J. Conrad; vgl. Werke IV, Wiesbaden 1961, S. 203.

scheidene Ehrfurcht" (Der Wanderer von Milet, Insel-Verlag 1956, S. 64; vgl. auch besonders S. 7 und S. 65).

Was die Zeitgenossen am Nietzsche-Buch immer wieder und vor allem erstaunte und bezauberte, war seine in dieser Art bisher unbekannte Komposition der einzelnen Kapitel mit ihren leitmotivisch wesentliche Grundformen und Topoi der abendländisch-deutschen Geistesgeschichte anzeigenden Überschriften, und der Beziehungen der einzelnen Kapitel zueinander und zum Ganzen. In einem schmalen, noch erhaltenen Heft „Kleiner Überblick über Plan und Anlage des Nietzschebuches", das Bertram Ende 1915 an Glöckner schickte und aus dem hervorgeht, daß es zunächst vor allem die „Pädagogik" und das „Erziehungsproblem" waren, die ihn an Nietzsche fesselten (daher die große Bedeutung des Sokrates-Kapitels), notiert Bertram selbst einmal zur Komposition: „Das Thema ‚Pädagogik' möglichst in die Mitte der übrigen rücken; innerhalb der anderen immer wieder aufgenommen. — Überhaupt stehen sämtliche Themen mit einander in kommunizierender Röhren-Verbindung: immer nimmt eines zwei oder drei andere als ‚Seitenthemen' zugleich wieder mit auf, so daß eine einheitliche Verknüpfung hergestellt wird". Auf dieses musikalische Kompositionsprinzip hatte dann als einer der ersten J. Hofmiller in einer knappen, bis heute gültigen und deshalb hier wiederzugebenden Anzeige in den Süddeutschen Monatsheften (1919) hingewiesen — und als erster hatte Hofmiller in diesem Zusammenhang auch bereits deutlich die engen Beziehungen des „Nietzsche" zu Th. Manns gleichzeitig entstandenen, freilich viel „zeitnaheren" und politisierenden „Betrachtungen eines Unpolitischen" gespürt: „... Nachsommer ist auch eins der feinsten Kapitel des seltsamen Buches überschrieben, das uns Ernst Bertram über Nietzsche gegeben hat und das in seiner Art wohl überhaupt das schönste über ihn bleiben wird. Wie ganz anders als die gesamten bisherigen Veröffentlichungen dieser ‚Versuch einer Mythologie' seinen Gegenstand ins Auge faßt, mögen die Überschriften der Abschnitte zeigen: Legende. Ahnentafel. Ritter, Tod und Teufel. Das deutsche Werden (hier berührt sich Bertram vielfach mit Thomas Manns ‚Betrachtungen eines Unpolitischen'). Gerechtigkeit. Arion. Krankheit (= Philoktet). Judas. Maske. Weimar. Napoleon. Scherz, List und Rache. Anekdote. Nachsommer. Claude Lorrain. Venedig. Protofino. Prophetie (= Kündertum). Sokrates. Eleusis. Der Genuß beim Lesen dieses Buches ist demjenigen verwandt, mit welchem wir einem Werke der Kammermusik folgen: die Durchführung der Themen ist derart künstlerisch und geistreich, daß sich die schwebende Überlegenheit des Musikers

— denn dieses und nichts anderes ist Bertram seinem Wesen nach — dem Leser mitteilt und ihn an der Schöpferfreude teilnehmen läßt, die aus jeder Zeile dieses reichen, reifen Werkes klingt. Es hat mit dem musikalischen Kunstwerke gemein, daß es eine in sich völlig geschlossene Welt ist, deren Gesetze so hoch über denen alles wissenschaftlichen Räsonnements stehen wie ein guter Sonatensatz über der besten Harmonielehre. ... Es hat nicht nur die Kongenialität der Interpretation, sondern die Genialität der freien Phantasie. Seine zwanzig Kapitel sind ebensoviele Sätze eines glänzenden Variationenreigens aus einem Guß einer Inspiration, jeder mit allen anderen innerlich verbunden durch die Verwandtschaft seiner trotzdem niemals ermüdenden Thematik. Ich kenne kein Werk der Literatur, das so gearbeitet wäre. Es ist in seiner Gattung nicht nur neu, sondern einzig."

Die engste Verbundenheit Bertrams mit Th. Mann gerade während der Entstehung des „Nietzsche" und der „Betrachtungen" ist durch die Veröffentlichung der Briefe Manns an Bertram und die einschlägige Kommentierung weiteren Kreisen bekannt geworden (vgl. oben Anm. 4); die Einzelheiten dieser gemeinsamen Schaffensjahre kann man dort nachlesen. 1917—18 hat Bertram nicht nur, wie der Bertram-Glöckner-Briefwechsel zeigt, wiederholt und intensiv St. George aus dem entstehenden Werk vorgelesen, sondern ebenso auch dem befreundeten „Tom". Auch Th. Mann schätzte besonders die Anordnung des Werkes, wie sein ausführlicher „Nietzsche-Brief" an Bertram unmittelbar nach Erscheinen zeigt: „... Denn das bewunderungswürdige, in der Konzeption beruhende Geheimnis des Buches ist ja eben dies, daß in jede dieser Abhandlungen und Abwandlungen die ganze antithetische Lebensintensität, die ganze unsägliche Interessantheit, der ganze geistige Zauber des Gegenstandes hineingepreßt ist. Klug, geistreich und schön ist die Anordnung der Kapitel mit dem Eleusisabschnitt als *krönendem* Abschluß, — sie dürfte in keinem Punkte anders sein. Die Mischung aus Philologie und Musik im Grundwesen des Buches, dem Gegenstande so angemessen, sie wirkt doch neu, überraschend persönlich in dieser Anwendung. Nie ist eine wesentlich philologische Technik mit so vibrierendem Gefühl gehandhabt worden" (Brief v. 21. 9. 1918). Was Th. Mann das Buch persönlich bedeutete, sagt er im selben Brief „... Und nun lieber Freund, ich habe Ihren ‚Nietzsche' zu Ende gelesen, schon vor drei Tagen. Diese Meldung, einbegriffen alles Einzubegreifende, und das ist viel, sehr viel, vor allem an Dank, ist der Zweck meines Briefes. ... Aber — und dies Wort soll wie ein Blick und ein Händedruck sein — nicht wahr, mich an diesem Buch zu versuchen, dessen bedarf es am Ende nicht! Wie nahe es mir ist; wie mein ganzes Wesen beständig darin mit schwingt; wie geschwisterlich es, in seiner Besonnenheit, Bildung, historisierenden Würde, seiner Unantastbarkeit, Unbeschimpfbarkeit, neben meinem unbesonnenen, ungebildeten, wirren und kompromittierenden Künstlerbuche (= Betrachtungen eines Unpolitischen) steht: Sie wissen es so gut, wie ich, und niemand wird es wohl je so gut, wie wir beide, wissen". Dann: Th. Mann empfinde den „Nietzsche" nicht nur als „Ergänzung" der „Betrachtungen", „sondern geradezu als seine Erlösung, — wie denn auch umgekehrt die Wahrheit Ihrer Legende durch meine stammelnde Konfession gewissermaßen beglaubigt werden mag". Es wäre heute vielleicht endlich an der Zeit, daß die breite Th.-Mann-Forschung einmal darüber nachdächte, warum Th. Mann selbst ausgerechnet Bertrams „Nietzsche" als die „Erlösung" der politisch dann stark umstrittenen nationalen „Betrachtungen eines Unpolitischen" empfand.

Jahrzehnte später, als die schweren politischen Zerwürfnisse zwischen den einstigen Freunden wieder zu heilen begannen, schrieb Th. Mann anläßlich einer späten Veröffentlichung, die Bertram ihm zugesandt hatte, die schönen Worte, in denen zweifellos viel Erinnerung an das von Mann immer geliebte und hochgehaltene Nietzsche-Buch mitklingt: „Ihr Werk hat viel von Abschied. Wie mir denn das gegenwärtige Schrifttum, das Beste und Feinste daran, oft erscheint wie ein rasches Erinnern, Noch-einmal-Heraufrufen und Rekapitulieren des abendländischen Mythus — bevor die Nacht sinkt, eine lange Nacht vielleicht und ein tiefes Vergessen. — Nun, es heißt: ‚Ein ewig Auferstehn sei ihm die Menschenbrust'!"

Ob dem hier wieder vorgelegten Werk, zwar nicht ein „ewig Auferstehn", aber ein neues und gewandeltes Interesse zuteil werden wird, liegt nicht in unserer Hand. Genug, wenn es dem einen oder anderen Leser einer andersgewordenen Zeit noch einmal etwas von dem urbanen Geist, der hohen Verantwortung und der pathetischen, d. h. eigentlich mitleidenden Liebe, denen es seine Entstehung verdankte, wiederzuspiegeln vermag.

Der Text der Neuausgabe folgt der erweiterten und verbesserten 7. Auflage von 1929, die heute, im Gegensatz zu früheren Auflagen, kaum mehr zu finden ist. Offenbare Druckfehler der 7. Auflage wurden verbessert, gewisse Unregelmäßigkeiten aller Auflagen wurden stehen gelassen (z. B. schreibt Bertram die Titel Nietzschescher Bücher manchmal in Anführungszeichen, manchmal nicht). Angefügt wurde der Bonner Vortrag „Der östliche Nietzsche" von 1921, den Bertram unter dem Titel „Alexander" in eine Neuauflage, die er selbst nicht mehr besorgen konnte, aufnehmen wollte. Als Vorlage diente ein von Bertram korrigiertes Typoskript aus den 20er Jahren, das mit der im Schiller-Nationalmuseum Marbach a. N. liegenden Handschrift verglichen wurde. Die Handschrift zweier anderer Kapitel, „Turmbau" und „Rhythmus", von denen im Briefwechsel Bertram-Glöckner zuweilen die Rede ist, konnte nicht ermittelt werden; ob die Kapitel überhaupt zur Ausführung kamen, muß dahingestellt bleiben; das gleiche gilt für ein geplantes Kapitel „Nietzsche und Hölderlin". Am 1. 2. 1918 heißt es an Glöckner: „*Turmbau* und *Rhythmus* werden nun doch für eine ev. spätere Auflage zurückgestellt [werden] müssen; sie waren ja schon fraglich und kamen erst später hinzu". Bereits am 18. 11. 1917 hatte er an Glöckner geschrieben: „Die Kapitel *Turmbau* und *Rhythmus* habe ich, nach ernstlicher Überlegung, vorläufig kassiert; Turmbau bekäme den Anschein politischer Aktualität (gegen Angelsachsentum z. B.), den ich natürlich um jeden Preis vermeiden will, und Rhythmus zu viel ‚philologisches' Detail. Beider Extrakt ist auch über die anderen Kapitel verteilt. Sie fielen mir aus dem Rahmen etwas". „Turmbau" sollte vermutlich das von Nietzsche klar gesehene Problem des modernen europäischen Nationalismus und seiner Völkervergiftung gesondert behandeln, wie aus einem Brief Bertrams aus München an seine Mutter vom 7. 7. 1917 zu erschließen ist; dort nämlich heißt es, im Zusammenhang damals aktueller politischer und Kriegs-Fragen: „Es ist nun *kein* Halt mehr, der Wahnsinn muß sich bis zur allgemeinen Verwüstung ausrasen und Europa jagt in den Abgrund. Mögen die Gelben das Erbe antreten; die Europäer haben sich selbst unwürdig gemacht. Sogar den bisher optimistischen Herrn in Berlin wirds nun schwül. Im Reichstag gehen hinter den Kulissen sehr ernste Dinge vor, die bald zum Vorschein kommen werden. Man kann nicht gegen eine Welt *und* gegen die Mehrheit des eigenen Volks kämpfen – soviel sollte selbst einem Hohenzollern klar zu machen sein. Die Arbeiter aber *wollen* unter dieser Regierung nicht mehr: das wird deutlich.... Überhaupt das neue reiche Deutschland – man sieht hier einiges – ein Kapitel für sich. Turmbau zu Babel – kein Zweifel". Möglich, daß einzelne Gedanken des geplanten „Turmbau"-Kapitels dann in den Anfang des „Alexander" und vor allem in den gleichzeitigen, aus dem Nachlaß bereits veröffentlichten schweizer Vortrag „Nietzsches Europa" eingegangen sind (vgl. Ernst Bertram: Möglichkeiten – Ein Vermächtnis, Pfullingen 1958).

Im Bertram-Nachlaß hat sich noch ein starkes Manuskript, ein Quartbuch, erhalten, das, 1912 begonnen, von Bertram mit der Überschrift versehen ist: „Nietzsche. Aus seinen Schriften. Über ihn. Einwirkungen und Analogien, Verwandtes und Vordeutendes." In späterer Zeit hat Bertram auf die Titelseite noch den Vermerk geschrieben: „Vorarbeiten zum Nietzsche-Buch". Das Buch enthält vor allem später im Nietzsche-Buch verarbeitete Auszüge aus Nietzsches Werken (Großoktavausgabe) und zahlreiche Exzerpte aus den griechischen Klassikern bis hinüber zu den modernen Franzosen und Engländern. Auf den letzten Seiten finden sich einige aphoristische Aufzeichnungen Bertrams, die im engsten Zusammenhang mit dem Nietzsche-Buch entstanden sind und die, in ihrer Verdichtung und für Bertram vielleicht typischsten Ausdrucksweise, seine ganze Atmosphäre und geistige Haltung wiederspiegeln. Mit diesen bisher unveröffentlichten Aufzeichnungen soll dies Nachwort beschlossen werden, dessen Aufgabe es nur sein konnte, einige wenige Bruchstücke aus der reichen Geschichte des Bertramschen Nietzsche-Werkes mitzuteilen bzw. wieder in Erinnerung zu rufen.

„E[rnst] B[ertram] 1908 ff München *zu Nietzsche.*

Gedanken sind perspektivische Gebilde: um wahr zu sein, müssen sie fälschen.

Ein Satz hat nur Wert durch das Stück Prostitution, das er enthält.

Auch der vollkommenste Gedanke ist ein Torso, — aber freilich ein antiker: jede Ergänzung ist falsch, im Sinne seines Schöpfers.

Das Kreuz allein macht nicht den Heiland: es hingen auch Schächer auf Golgatha.

Alles was wir wissen, haben wir eigentlich nur einen Augenblick lang gewußt.

Weisheit ist ein Feuer; es schont auch den nicht, der es entzündete.

Das Wort des Weisen wächst in den Zeiten, wie der Krystall im Berge.

Der Mensch, der ganz gesagt hat, was er ist, stirbt.

Es ist gefährlich, das Schicksal zu spielen: man wird es.

Jeder hat ein Vorgefühl dessen, woran er sterben *kann.*

Dogmen sind Schutzwahrheiten.

Wer lange unterwegs war, denkt gern: das Ziel müsse denn doch wohl der Mühe wert sein.

Freiheit denken sie sich so, daß der Aufseher über Land ist.

Jedes Symbol wird ein Moloch: es frißt die Kinder derer, die es sich schufen.

Es gibt niemanden, der seine Häßlichkeit nicht irgendwie als Schuld empfände.

Die Weihe eines Altars ist nicht vollkommen ohne Gebeine eines Gemarterten.

Wenn eine Wahrheit aufhört, tötlich zu sein, wird sie entdeckt.

Spott ist auch eine Form des Heimwehs.

Der Künstler ist Kranker und Arzt zugleich.

Der Entbehrende ist noch nicht der Sehnsüchtige.

Nur *ferne* Berge tragen die Gralsburg.

Das Gedicht eines echten Dichters wirkt wie Musik auf einer vollkommenen Orgel: man hört auch die Schönheit *der* Register, die *nicht* gezogen sind.

Wo einer mehr erkennt als die andern, dort liegt seine wunde Stelle.

Legenden, symbolische Biographien.

Stil ist Unbarmherzigkeit.

Eindruck macht uns nur, was Ausdruck unser ist.

Spiegelnde Wasser können nicht rauschen.

Das Feuer ist auf allen Altären eins und daselbe.

Für jedes Wesen gibt es ein Wort der Beschwörung, vor dem es in Staub zerfällt.

Der Lorbeer wird dürr um eine lebendige Stirn; aber um eine tote wird er golden.

Wer ein Löwe ist, legt überall Wüsten um sich.

Der Glaube ist schon der Schatten der Erfüllung.

Zweifel ist der frömmste Pilger.

Alles was wir hören, haben wir selbst einmal gerufen.

Jeder Strom will seine Toten.

Ein Gott ist taub, den du schmähst; aber ein Götze hat hundert Ohren.

Die Berge behielten ihre Ströme, wenn sie das Meer ahnten.

Weisheit, nicht Wissenschaft! Bildsamkeit, nicht Gebildetheit!

Wer einen Garten hat, erobert kein Reich mehr.

Niemand erbittert Menschen ärger, als wer ihre Freuden nicht zu teilen sich herausnimmt.

Dunkle Fenster lassen herrlicher das Leuchtende erscheinen ...

Sonne beginnt sich mitternachts zu heben.

Sage du deine Wahrheit und du bleibst übrig.

Man muß *glauben*, um zweifeln zu dürfen.

Nietzsches Bücher, die erlittensten Bücher ihres Jahrhunderts ..."

*Thomasberg, Sommer 1965*                                          *Hartmut Buchner*

# Philosophie

GERHARD VAN DEN BERGH
**Adornos philosophisches Deuten von Dichtung**
264 S., geb., DM 48,50; ISBN 3-416-02176-2
Abhandlungen zur Philosophie, Psychologie und Pädagogik, Band 214

ALEXIUS J. BUCHER
**Ethik**
Eine Hinführung
X,297 S., fester Einband, DM 85,—;
ISBN 3-416-02158-4
Conscientia — Studien zur Bewußtseinsphilosophie, Band 17

R. J. A. VAN DIJK, M. F. FRESCO, P. VIJGEBOOM (Hg.)
**Heideggers These vom Ende der Philosophie**
Verhandlungen des Leidener Heidegger-Symposions April 1984
150 S., geb., DM 48,—; ISBN 3-416-01997-0
Neuzeit und Gegenwart — Philosophische Studien, Band 3

CHRISTOPHER M. FRY
**Sartre and Hegel**
The Variations of an Enigma in "L'Etre et le Néant"
168 S., geb., DM 49,—; ISBN 3-416-01998-9
Neuzeit und Gegenwart — Philosophische Studien, Band 4

GERD GERHARDT
**Kritik des Moralverständnisses**
Entwickelt am Leitfaden einer Rekonstruktion von „Selbstverwirklichung" und „Vollkommenheit"
343 S., fester Einband, DM 85,—;
ISBN 3-416-02181-9

GÜNTER WITSCHEL
**Kleine Schriften zu Ethik, Ontologie und Literaturwissenschaft**
118 S., geb., DM 24,—; ISBN 3-416-02048-0

HERMANN H. SALLINGER
**Geist-Körper-Problem und „Offener Interaktionismus"**
Grundlinien und Konsequenzen eines neuen Versuchs der Problemlösung
132 S., geb., DM 36,80; ISBN 3-416-02192-4
Abhandlungen zur Philosophie, Psychologie und Pädagogik, Band 220

**Wege in die Zukunft**
Pädagogische Perspektiven im pluralistischen Staat
Festschrift für Erich E. Geißler
Herausgegeben von Claudia Solzbacher und Heinz-Werner Wollersheim
352 S., geb., DM 48,—; ISBN 3-416-02171-1

HERTA SCHLOSSER
**Wandel in der marxistisch-leninistischen Auffassung vom Menschen. Dokumentation**
351 S., fester Einband, DM 98,—;
ISBN 3-416-02020-8
Mainzer Philosophische Forschungen, hg. v. Gerhard Funke, Band 34

GABRIELE E. SCHÖRNER
**Moralische Erziehung**
Studienhilfe aus dem Institut für Erziehungswissenschaft an der Rheinischen Friedrich-Wilhelms-Universität Bonn, herausgegeben von Erich E. Geißler
134 S., kart., DM 12,80; ISBN 3-416-02186-X

 **BOUVIER VERLAG · BONN**

# Literaturwissenschaft

DONNA L. HOFFMEISTER
**Vertrauter Alltag, gemischte Gefühle**
Gespräche mit Schriftstellern über
Arbeit in der Literatur
178 S., 14 Abb., geb., DM 48,—;
ISBN 3-416-02175-4
Abhandlungen zur Kunst-, Musik- und
Literaturwissenschaft, Band 382

HERMANN KORTE
**Ordnung und Tabu.**
**Studien zum poetischen Realismus**
157 S., fester Einband, DM 44,—;
ISBN 3-416-02160-6
Abhandlungen zur Kunst-, Musik- und
Literaturwissenschaft, Band 381

**Thomas Mann — Aufsätze zum Zauberberg**
137 S., geb., DM 19,80/z. Forts.: DM 17,80;
ISBN 3-416-02174-6
Sammlung Profile, Band 33

GERHARD RADEMACHER (Hg.)
**Heinrich Böll: Auswahlbibliographie zur Primär- und Sekundärliteratur**
Mit einleitenden Textbeiträgen von und über Heinrich Böll
127 S., geb., DM 29,80; ISBN 3-416-02170-3
Abhandlungen zur Kunst-, Musik- und
Literaturwissenschaft, Band 384

**Joseph Roth — Werk und Wirkung**
144 S., geb., DM 19,80/z. Forts.: DM 17,80;
ISBN 3-416-02173-8
Sammlung Profile, Band 32

STEFAN REICHERT
**Das verschneite Wort**
Untersuchungen zur Lyrik
Johannes Bobrowskis
375 S., fester Einband, DM 98,—;
ISBN 3-416-02012-X
Literatur und Reflexion, hg. v. Beda Allemann,
N. F. Band 2

**Theodor Storm**
Studien zur Kunst- und
Künstlerproblematik
142 S., geb., DM 19,80/z. Forts.: DM 17,80;
ISBN 3-416-02172-X
Sammlung Profile, Band 31

ERNST-JÜRGEN DREYER
**Robert Gund (Gound) — 1865-1925**
Ein vergessener Meister des Liedes
186 S., mit Abb. u. ein 72-seitiges Notenheft,
fester Einband, DM 78,—; ISBN 3-416-02023-5
Abhandlungen zur Kunst-, Musik- und
Literaturwissenschaft, Band 375

PAUL GERHARD KLUSSMANN / HEINRICH MOHR (Hg.)
**Die Schuld der Worte**
240 S., fester Einband, DM 54,—;
ISBN 3-416-02151-7
Jahrbuch zur Literatur in der DDR, Band 6

JÜRG BURKHARD
**Uwe Johnson:**
**Das dritte Buch über Achim**
Romaninterpretation
229 S., fester Einband, DM 58,—;
ISBN 3-416-02037-5
Studien zur Germanistik, Anglistik und
Komparatistik, hg. v. Armin Arnold und
Alois M. Haas, Band 117

 **BOUVIER VERLAG · BONN**